本书为国家社会科学基金项目
"当代美国大都市区空间蔓延的危害及其治理研究"
（项目编号：11BSS015）的结项成果

本书得到了"浙江师范大学出版基金"资助

Publishing Foundation of Zhejiang Normal University

当代
美国大都市区空间蔓延的危害及其治理 下卷

孙群郎 著

中国社会科学出版社

目 录

（下　卷）

第六章　大都市区的交通拥堵及其治理 ……………………（691）
 一　美国大都市区的交通拥堵及其危害 …………………（691）
 二　美国大都市区交通拥堵的原因 ………………………（704）
 三　公路的扩建及其效果的局限性 ………………………（735）
 四　美国城市公共交通的衰落及其危害 …………………（747）
 五　联邦政府的公共交通政策 ……………………………（765）
 六　州和地方政府的公共交通政策 ………………………（776）
 七　共同乘车计划及其效果的局限性 ……………………（798）
 八　建立高密度混合功用和公交友好的社区 ……………（809）
 九　其他交通治理措施 ……………………………………（818）
 小结 …………………………………………………………（827）

第七章　生态环境与土地资源保护 …………………………（830）
 一　大都市区蔓延与空气污染及其治理 …………………（831）
 二　大都市区蔓延与水体污染及其治理 …………………（858）
 三　大都市区蔓延与洪涝灾害及其治理 …………………（879）
 四　大都市区蔓延与开放空间的保护 ……………………（904）
 五　大都市区蔓延与野生动物栖息地的保护 ……………（945）
 六　大都市区的蔓延与农地保护 …………………………（995）
 七　增长观念的转变 ………………………………………（1035）
 小结 …………………………………………………………（1041）

第八章　大都市区问题的综合治理 …………………（1043）
   　一　欧美传统主流城市规划理论及其弊端 ……………（1043）
   　二　欧美学术界对主流城市规划理论的批判 …………（1052）
   　三　新城市主义理论的产生 ……………………………（1063）
   　四　新城市主义的实施及其困境 ………………………（1075）
   　五　增长管理运动的兴起 ………………………………（1089）
   　六　加州的增长管理及其局限性 ………………………（1106）
   　七　波特兰大都市区的增长管理及其启示 ……………（1118）
   　八　精明增长运动的兴起与发展 ………………………（1139）
   　九　马里兰州的精明增长政策 …………………………（1155）
   　十　精明增长运动所面临的挑战 ………………………（1169）
   　小结 ……………………………………………………（1176）

结　论 ………………………………………………………（1180）

主要参考文献 ………………………………………………（1191）

后　记 ………………………………………………………（1218）

第六章　大都市区的交通拥堵及其治理

交通拥堵是当代世界各国城市无一幸免的"城市病"之一。美国虽然地广人稀，公路系统发达，但美国城市仍然不能逃避交通拥堵及其他各类交通问题。导致美国大都市区交通拥堵的因素包括结构性和非结构性因素，其中结构性因素居于主导地位，包括大都市区的低密度蔓延、郊区社区街道的设计模式和土地利用模式的单一性和道路系统的不完善等。非结构性因素包括联邦政府的交通和能源政策、美国人对私人汽车的偏爱和对公共交通的厌弃等。由于大都市区的交通拥堵给美国社会造成了严重的经济、社会和环境危害，因此，美国各级政府、民间团体和私人企业等采取了一系列治理措施，但收效甚微，令人失望。笔者认为，美国的交通拥堵问题深深地植根于大都市区的空间结构之中，如果不对大都市区的空间结构加以改造，美国的交通拥堵及其危害就无法根除。

一　美国大都市区的交通拥堵及其危害

交通拥堵是当代美国大都市区最主要的交通问题。交通拥堵曾经是推动中心城市的就业和居民向郊区迁移的动力之一，而美国公路网的形成，则为这种迁移创造了条件。在美国公路网的形成过程中，联邦政府发挥了决定性作用，从20世纪初期开始，联邦政府曾多次通过《联邦援建公路法》，对各州的高速公路进行大规模援助。此外，各州和地方政府也积极地投入筑路热潮，美国形成了高度发达的公路系统,大都市区迅速在广阔的空间里蔓延开来。然而,令人称奇的是,美国公路系统的完善、人口和就业向郊区的疏散,不但没有使大都市区的交通状况得到改善,反而越来越严重。交通拥堵对美国社会产生了一系列严重的经济、社会和环境问题。

(一) 美国大都市区的交通拥堵状况

早在20世纪初期,美国城市中就出现了严重的交通拥堵,而随着大都市区的空间蔓延和汽车的广泛普及,交通拥堵的空间分布也发生了显著的变化。20世纪70年代以前,大都市区的交通拥堵主要发生在中心城市和通向中心城市的主体公路上,然而从70年代开始,由于郊区就业中心的发展,交通拥堵也出现在这些就业中心附近的公路上。美国学者肯尼思·奥斯基(C. Kenneth Orski)明确指出:"大都市区增长模式的变化已经彻底改变了交通拥堵的性质。交通拥堵已经转移到郊区,而且现在已经威胁到(郊区)的畅通性,而正是这种畅通性构成了郊区经济和生活方式的基石。"[1]

洛杉矶是美国交通最为拥堵的大都市区之一。早在20世纪20年代,由于汽车的增加和道路的不足,洛杉矶就发生了第一次交通危机。通过修建公路,这一问题得到了暂时的缓解。第二次交通危机出现于战后初期,由于郊区人口的增长和住房开发,交通流量迅速增加,再次出现了交通拥堵问题。从战后到70年代,由于众多快速车道的修建,交通拥堵再度缓解。然而,从70年代初期开始,洛杉矶大都市区又经历了第三次交通危机。[2]

前文指出,由于结构性和非结构性因素,美国大都市区的汽车流量迅速增加。比如,波士顿大都市区的东南快速路(the Southeast Freeway)在50年代后期每天通行车辆7.5万辆,而到1983年达到

---

[1] U. S. Institute of Transportation Engineers, *Urban Traffic Congestion: What Does the Future Hold?* Washington D. C. : Institute of Transportation Engineers, 1986, p. 1.

[2] Martin Wachs, *Learning from Los Angeles: Urban Form and Air Quality*, The Seventh Smeed Memorial Lecture Presented at University College, London, May 17, 1993, pp. 3 – 5.

第六章 大都市区的交通拥堵及其治理

图 6.1 华盛顿大都市区 I—270 高速公路的交通拥堵

资料来源：U. S. Institute of Transportation Engineers, *Urban Traffic Congestion: What Does the Future Hold?* Washington D. C.: Institute of Transportation Engineers, 1986, p. 2.

图 6.2 20 世纪 50 年代街道上的交通拥堵

资料来源：Stephen Verderber, *Sprawling Cities and Our Endandered Public Health*, New York: Routledge, 2012, p. 18.

16万辆，增长了一倍以上。① 又如，1978—1988年，在华盛顿特区的郊区蒙哥马利县（Montgomery County）的三条主要公路上，车流量增加了58%—83%，而该县人口仅增加了30%，就业仅增加了45%。由于汽车流量的增长超过了公路的承载能力，使许多路段的运输能力达到饱和状态。从全国范围来看，1975年，美国州际高速公路42%的路段达到了承载能力的80%以上，1987年这种路段上升到63%。②

在美国交通问题专家罗伯特·塞维罗（Robert Cervero）于80年代末调查的57个郊区就业中心（SEC）中，在交通高峰时间，其主要干道（main arterials）交通状况为A级（即拥堵程度最轻）的占3.5%，B级占5.3%，C级占28.1%，D级（即达到公路承载能力的80%—89%）占33.3%，更为拥堵的E级（即达到公路承载能力的90%）占22.8%，F级占7.1%。D、E、F三个级别合计63.2%，即主要路段的绝大部分处于交通拥堵状态。而在E和F这两个级别，大多数开车人需要等候两次红灯才能通过一个街口。除了主要干道以外，主要快速路（main freeways）的拥堵程度更严重，A级占5.5%，B级占7.3%，C级占20.1%，D级占25.4%，E级占25.4%，F级占16.4%。D、E、F三级合计占67.2%，也就是说，快速路的速度并不快，而是处于更加拥堵的状态。③ 而1994—1998年，硅谷地区在午后的交通高峰时刻，仅仅拥堵最严重的F级别的路段就几乎增加了2倍，这种路段占圣克拉拉县公路长度的比例，从11%上升到31%。④ 80年代中期，在旧金山湾大都市区，每天公路的拥堵里程加起来可达170英里。⑤

---

① U. S. Institute of Transportation Engineers, *Urban Traffic Congestion*, p. 12.
② Anthony Downs, *Stuck in Traffic: Coping with Peak-Hour Traffic Congestion*, Washington, D. C.: The Brookings Institution, 1992, pp. 1 – 2.
③ Robert Cervero, *America's Suburban Centers: The Land Use-Transportation Link*, Boston: Unwin Hyman Inc., 1989, p. 67.
④ Terry S. Szold and Armando Carbonell, *Smart Growth: Form and Consequences*, Toronto: Webcom Ltd., 2002, p. 60.
⑤ U. S. Institute of Transportation Engineers, *Urban Traffic Congestion*, p. 2.

第六章　大都市区的交通拥堵及其治理

大都市区的交通拥堵不仅在空间上，而且在时间上也有延长的趋势。那种绵延僵滞的状态不仅出现于上午和下午的交通高峰时间，而且全天都可能出现。比如在休斯敦，80 年代交通高峰时间长达 14 小时；在达拉斯的北中央快速路（North Central Expressway），全天都处于拥堵状态；洛杉矶大都市区奥兰治县的圣迭戈快车道（San Diego Freeway）和文图拉快车道（Ventura Freeway）、芝加哥大都市区的丹·瑞安快速路（Dan Ryan Expressway）、波士顿大都市区的中央干道（Central Artery）、旧金山湾大都市区的尼米兹快车道（Nimitz Freeway）、华盛顿特区的华盛顿环路（Washington Beltway）、亚特兰大大都市区的亚特兰大环路（Atlanta Perimeter），以及长岛的长岛快速路（Long Island Expressway）同样是全天候拥堵。[1]

由于交通拥堵的加剧，美国公路上的车流速度明显下降。一般认为，在交通高峰时刻，车流速度在每小时 35 英里以下就属于交通拥堵了。1975 年，美国城市化地区交通高峰时刻的车速低于每小时 35 英里的比例为 41%，到 1985 年同比上升到 56%。80 年代末，休斯敦郊区的凯蒂高速路（Katy Freeway）、旧金山南部的 101 号高速公路（Route 101）、丹佛东南部的 25 号州际高速公路，在上下午交通高峰时刻的车速只有每小时 12 英里。[2] 90 年代初期，在交通高峰时刻，芝加哥郊区肖姆堡市（Schaumburg）的西北收费公路（Northwest Tollway）的车速只有每小时 5—15 英里。[3] 90 年代末，美国州际高速公路中 70% 的路段在交通高峰时间的车速处于蠕动状态。[4]

大都市区的交通拥堵已经成为大都市区最严重的问题之一，因而受到从普通民众到政府官员的普遍关注。在美国十几个大都市区的民意调查中，交通问题已经超过犯罪、住房、污染而成为郊区居

---

[1] U. S. Institute of Transportation Engineers, *Urban Traffic Congestion*, p. 6.
[2] Robert Cervero, *America's Suburban Centers: The Land Use-Transportation Link*, pp. 8, 1.
[3] Philip Langdon, *A Better Place to Live: Reshaping the American Suburb*, Thomson-Shore, Inc., 1994, p. 175.
[4] Jim Motavalli, *Breaking Gridlock: Moving toward Transportation That Works*, San Francisco, Sierra Club Books, 2001, p. 28.

民最关切的头号问题。比如，在旧金山湾大都市区，交通拥堵问题连续6年被评为最严重的公共威胁。在这种民意调查中，把交通拥堵看作最严重问题的人，与把空气污染看作最严重问题的人，其比例是3∶1。① 1989年，美国会计事务总署（GAO）向参议院交通委员会提交的一份研究报告指出，在对2万人的调查中，80%的人认为交通拥堵是其所在社区的主要问题。② 1999年5月，美国市长会议（the U. S. Conference of Mayors）对93个中心城市和66个郊区的官员进行了问卷调查：其社区所面临的最为严重的挑战是什么？其中91%的郊区官员认为是"减轻街道和公路上的交通拥堵"③。而国会议员弗兰克·沃尔夫（Frank Wolf）更加生动地评价道："华盛顿地区正经历着一场交通噩梦。我们在（美国大都市区）交通拥堵方面屈居第二，而由于交通拥堵所浪费的时间则首屈一指，其结果就是我们的居民、企业和社区正在忍受痛苦……无怪乎'公路发飙'（road rage）已成为我们日常用语中的一个口头禅。"④ 人们用"梦魇""神经的折磨"来形容一些大都市区的交通状况，而"得克萨斯式的拥堵"则成为形容休斯敦大都市区交通状况的时髦词语。⑤ 耶鲁大学教授帕特里克·平内尔（Patrick Pinnell）则称交通堵塞为"交通心脏病发作"⑥。

（二）交通拥堵所造成的危害

美国大都市区的交通拥堵给美国社会造成了极大的危害，比如空气污染和燃料浪费（后面章节将进行详细论述）、时间浪费及经济损

---

① Robert Cervero, *America's Suburban Centers: The Land Use-Transportation Link*, p. 8.
② Meni Koslowsky, et al., *Commuting Stress: Causes, Effects, and Methods of Coping*, New York: Plenum Press, 1995, p. 18.
③ U. S. Department of Housing and Urban Development, *The State of the Cities, 1999: Third Annual Report*, Washington, D. C., June 1999, p. 19.
④ U. S. Department of Transportation, *The National Capital Region Congestion & Mobility Summit, Summary Report*, Washington, D. C., May 28, 1998, p. 1.
⑤ Robert Cervero: *Suburban Gridlock*, New Brunswick, N. J.: The Center for Urban Research, 1986, p. 38.
⑥ Philip Langdon, *A Better Place to Live*, p. 35.

失、生产效率下降、交通事故频仍、精神和身体健康损失、家庭和社会和谐问题等。

交通拥堵最直接的损失就是时间的浪费。1991 年，从圣莫妮卡（Santa Monica）到洛杉矶下午的一趟公共汽车需要 39 分钟，而到 2000 年，由于交通拥堵大加剧，这一时间延长了一倍，即需要 78 分钟。① 由于美国大都市区蔓延式的开发模式，美国人开车越来越多，1983—1990 年，美国平均每人每年的出行里程上升了 19%，而开车里程更是上升了 37%。美国人平均每天花费大约两个小时的时间开车。② 80 年代中期，华盛顿大都市区商会声明，华盛顿环路的交通状况已经达到危急地步，"就业人员和雇主在时间上的损失已经达到惊人的地步"③。根据另一资料，从 20 世纪 80 年代初到 21 世纪初，美国司乘人员困于交通堵塞的时间急剧增加，比如，明尼阿波利斯大都市区平均每人每年由 1 小时上升到 28 小时，亚特兰大由 6 小时上升到 34 小时，而达拉斯则由 6 个小时激增到 36 个小时。④

罗伯特·塞维罗列举了 1984 年美国最为拥堵的 20 个大都市区交通拥堵所导致的时间浪费（表 6.1），该表显示，从交通拥堵指数来看，休斯敦是交通拥堵最严重的大都市区，这一指数达到 11/112，随后依次是新奥尔良、纽约、底特律和旧金山等，其交通拥堵指数分别为 10576、8168、7757 和 7634。但从交通拥堵所延误的总时间来看，洛杉矶则首屈一指，1984 年整个大都市区延误时间为 7830 万小时，随后依次是旧金山、纽约、休斯敦和芝加哥，浪费时间分别为 7290 万、6270 万、3950 万和 1970 万小时。

---

① Jim Motavalli, *Breaking Gridlock*, p. 167.
② U. S. Department of Housing and Urban Development, *The State of the Cities*, 1999, p. 21.
③ U. S. Institute of Transportation Engineers, *Urban Traffic Congestion*, p. 8.
④ Howard Frumkin, et al., *Urban Sprawl and Public Health: Designing, Planning, and Building for Healthy Communities*, Washington, D. C.: Island Press, 2004, p. xiii.

表 6.1　1984 年美国 20 个交通最为拥堵的大都市区的时间浪费

排序	大都市区	交通拥堵指数	延误时间（万小时）
1	休斯敦	11/112	3950
2	新奥尔良	10/576	770
3	纽约	8/168	6270
4	底特律	7/757	1620
5	旧金山	7/634	7290
6	西雅图	7/406	1850
7	洛杉矶	6/376	7830
8	波士顿	5/538	1000
9	夏洛特	5/263	130
10	亚特兰大	5/034	1580
11	明尼阿波利斯	4/704	1120
12	达拉斯	4/630	1630
13	诺福克	4/505	500
14	芝加哥	4/501	1970
15	丹佛	4/454	750
16	华盛顿	4/188	1630
17	哈特福德	4/111	190
18	圣安东尼奥	3/938	520
19	匹兹堡	3/216	650
20	圣迭哥	2/823	860

资料来源：Robert Cervero, *America's Suburban Centers: The Land Use-Transportation Link*, Boston: Unwin Hyman Inc., 1989, p. 9.

大都市区的蔓延和交通拥堵不仅造成了巨大的时间浪费，而且还导致了车主开支的增加，因为交通拥堵使车速不断改变，甚至经常停车和冷启动，因而浪费了大量的燃料，并且还会导致其他一些不必要的开支。这一问题在郊区比在中心城市更加明显，根据得克萨斯交通研究院的研究，1982—1991 年，在美国的 50 个主要的大都市区中，平均每个郊区家庭比中心城市家庭每年多开车 3300 英里以上，多开支 753 美元。[1]

表 6.2 列举了 1991—1999 年美国 20 个城市化地区交通拥堵导致的每人每年的资金浪费，浪费最多的是洛杉矶，同期由 660 美元增长

表 6.2　美国 20 个城市化地区交通拥堵导致的每人每年的资金浪费（美元）

城市	1991 年	1993 年	1996 年	1999 年	1991—1999 年变化率（%）
纽约	390	460	570	595	52.56
洛杉矶	660	720	885	1000	51.52
芝加哥	310	390	510	570	83.87
休斯敦	600	680	785	850	41.67
费城	270	250	345	435	61.11
菲尼克斯	390	420	455	540	38.46
圣迭哥	300	310	470	675	125.00
达拉斯	570	640	770	780	36.84
底特律	400	600	840	700	75.00
旧金山	760	790	835	760	0.00
波士顿	510	550	720	715	40.20
华盛顿	740	860	1055	780	5.41
西雅图	660	740	915	930	40.91
丹佛	390	470	630	760	94.87
克利夫兰	120	200	305	350	191.67
亚特兰大	530	640	855	916	72.64
明尼阿波利斯—圣保罗	220	290	455	670	204.55
迈阿密	510	600	710	705	38.24
圣路易斯	280	340	635	745	166.07
匹兹堡	260	310	390	235	-9.62
平均值	543.05	612.63	756.55	685.5	70.55

资料来源：H. V. Savitch, "Encourage, Then Cope: Washington and the Sprawl Machine", in Gregory D. Squires, ed., *Urban Sprawl: Causes, Consequences & Policy Responses*, Washington, D. C.: The Urban Institute Press, 2002, p.157.

---

[1] U. S. Department of Housing and Urban Development, *The State of the Cities*, 1999, p.21.

到1000美元，增长率为51.52%；其次是西雅图，由660美元增长到930美元，增长率为40.91%。从增长速度的角度看，克利夫兰的起点虽然很低，仅从120美元增长到350美元，但增长率却高达191.67%；增长率最高的是明尼阿波利斯—圣保罗，由220美元增长到670美元，增长率高达204.55%。

俗话说得好，时间就是金钱，效率就是生命。时间的浪费就意味着经济的损失。由于大都市区严重的交通拥堵，每个大都市区的时间和经济损失如同天文数字。比如在2000年，洛杉矶大都市区由于交通拥堵导致的时间浪费达7.92亿小时，经济损失达146.4亿美元；纽约大都市区时间浪费达4.00亿小时，经济损失达76.6亿美元。[1] 从全国范围来看，在美国的38个主要的大都市区中，每年由交通拥堵而导致的经济损失达340亿美元。[2] 而另据美国会计事务总署（GAO）的估计，美国每年由交通拥堵而导致的生产损失高达1000亿美元。[3]

美国大都市区交通流量的增加和交通拥堵，也对美国人的生命财产造成了严重的威胁，交通事故十分频繁。1950年美国发生交通事故多达830万次，1960年上升到1040万次，1970年猛增到1600万次；就每1万辆汽车所发生的交通事故数量而言，1950年、1960年和1970年分别为1688起、1397起和1471起；就交通事故所导致的死亡人数而论，1950年、1960年和1970年分别为34763人、38137人和54600人。每年交通事故死亡人数最多的是加州，1950年加州交通死亡人数为3082人，其次是得克萨斯州，为2499人，再次是纽约州，为1961人；到1968年上述三州分别猛增到5048人、3511人和3117人。[4] 根据另一资料，仅1999年美国公路交通

---

[1] U. S. Department of Commerce, U. S. Census Bureau, *Statistical Abstracts of the United States: 2002*, 122nd Edition, Washington D. C., 2001, p. 676.

[2] Oliver Gillham, *The Limitless City: A Primer on the Urban Sprawl Debate*, Washington, D. C.: Island Press, 2002, p. 93.

[3] Jim Motavalli, *Breaking Gridlock*, p. 28.

[4] U. S. Department of Commerce, Bureau of the Census, *Statistical Abstracts of the United States: 1971*, 92nd Edition, Washington D. C., 1971, pp. 540–541.

事故死亡的人数，就相当于1961—1975年越南战争期间美国死亡人数的72%。① 关于美国交通事故、死亡和受伤人数的上升情况，还可参见表6.3。

表6.3 1960—1980年美国交通事故次数、死亡和受伤人数统计

	1960年	1970年	1980年
交通事故次数（万）	1040	1600	1793
交通死亡人数（万）	3.81	5.46	5.45
交通受伤人数（万）	307.8	498.3	523.0

资料来源：U. S. Department of Commerce, Bureau of the Census, *Statistical Abstracts of the United States: 1981*, 102nd Edition, Washington D. C., 1981, p. 622.

据研究，私人汽车司乘人员的死亡概率是非常高的，私人汽车每行驶1英里的死亡概率是公共汽车、火车和飞机的30倍乃至几百倍。据此，国家安全委员会（the National Safety Council）计算了人一生中的死亡概率，私人汽车的死亡概率为每242人中有1人死亡，即死亡概率为1/242；而公共汽车的同比为1/179003；火车的同比为1/119335；飞机的同比为1/4608。一般而言，与低密度开发的大都市区相比，高密度的大都市区由于开车里程短，而且主要依靠步行或公共交通，交通事故的死亡概率要小得多。比如，旧金山每年每10万人的车祸死亡概率只有2.45人，纽约为2.30人，波特兰为3.21人，芝加哥为6.67人，费城为5.26人。相反，如果大都市区的密度较低，开车里程就会延长，由交通事故所导致的死亡概率就会迅速提高，比如休斯敦每年每10万人的车祸死亡概率为10.08人，坦帕为16.15人，亚特兰大为12.72人，达拉斯为11.35人，菲尼克斯为9.85人。② 另据美国住房与城市发展部的一项研究，以每1万套住房为单位，在低密度蔓延的社区，每年会发生交通事故743起，而在高

---

① Oliver Gillham, *The Limitless City*, p. 119.
② Howard Frumkin, et al., *Urban Sprawl and Public Health*, p. 113.

密度规划的社区，交通事故的频率只相当于前者的47%。[1] 步行和骑车属于交通过程中的弱势群体，最容易受到交通事故的伤害。据研究，2001年，步行每英里死于车祸的概率是开车每英里死于车祸概率的23倍，而骑车每英里死于车祸的概率是开车的12倍。而在低密度蔓延的郊区，由于郊区公路大多为多车道的高速公路，而且没有人行便道，交叉路口或人行横道很少，这一问题更加严重。[2]

长时间的开车和交通拥堵还会造成对人心理和生理健康的伤害。研究表明，长时间开车首先会对人的情绪产生不良影响，比如情绪低落、沮丧、烦躁、激动、敌意、自卑乃至愤世嫉俗等不良情绪。这些情绪会对人的正常工作、家庭关系和社会关系产生消极影响。据调查，许多通勤人员说他们在开车到达工作地点或回家后，会感到异常疲乏乃至精疲力竭。比如，肖布里克（Schaubroeck）和甘思特（Ganster）于1993年的研究发现，受这些情绪的影响，人的心理适应能力就会下降，工作效率就会降低，甚至造成工作方面的失误。谢弗（Schaefer）等人于1988年的研究发现，那些通勤不畅的职员在刚刚到达就业地点时，其工作表现不如那些通勤畅通的职员的表现良好。交通拥堵还会导致就业人员工作的不稳定，马丁（Martin）于1971年的研究发现，那些长途通勤的就业人员更可能换工作。诺瓦科（Novaco）等人于1990年的研究表明，转换工作的一个主要因素就是对通勤状况的不满。长期受到交通拥堵困扰的开车人会变得脾气暴躁，一位开车人在长时间的交通拥堵中看到他人超车，会产生好斗的心理，从而做出不适当的反应，从而导致交通事故的发生。[3] 根据国家公路交通安全管理局（the National Highway Traffic Safety Administration）的一项研究，交通事故与交通拥堵有直接的关系，每年在美国的630万起交通事故中，有1/4与

---

[1] U. S. Department of Housing and Urban Development, Environmental Protection Agency, *The Costs of Sprawl: Environmental and Economic Costs of Alternative Residential Development Patterns at the Urban Fringe*, Washington, D. C. : U. S. Governmental Printing Office, April 1974, pp. 12 – 13.

[2] Howard Frumkin, et al., *Urban Sprawl and Public Health*, p. 113.

[3] Meni Koslowsky, et al., *Commuting Stress*, pp. 54, 84, 83, 55.

交通拥堵而导致的司机精神紧张有关。[①]

　　研究还表明，开车还会引起"生理上的波动"，比如心跳加快、血压升高、心电变化加速、儿茶酚胺的分泌增加等，从而导致头疼、恶心、背痛、睡眠不安、饮食习惯的变化等。在对加州一个郊区社区欧文（Irvine）的通勤人员的追踪调查中发现，经常遇到交通拥堵的通勤人员罹患感冒和流感的几率就会增多，住院治疗的情况也会增多，因缺勤而耽误工作的情况也会增多。[②] 长期开车和交通拥堵所导致的疾病还包括胸闷、背痛、腰椎间盘突出、心血管病、癌症、胃病、视力下降、痔疮、肥胖症等。以腰椎间盘突出为例，根据凯尔西（Kelsey）和哈迪（Hardy）于1975年的研究，开车人罹患腰椎间盘突出的几率是不开车人的2.16倍。凯尔西等人于1984年的跟踪调查得出了相同的结论，每星期的开车时间与患腰椎间盘突出之间存在直接关系，患有此疾的人平均每周开车达10.2小时。[③]

　　再以肥胖症为例，由于美国人的出行以开车为主，步行和骑车这种消耗体能的出行方式很少，所以许多美国人超重。1960年，美国人超重的比例达24%，1990年增加到33%，同期美国人患有肥胖症的比例几乎提高了一倍。根据美国行为危险因素监测系统（Behavioral Risk Factor Surveillance System）的调查资料，1995年美国成年人肥胖症患者的比例为12.0%，2000年上升为到19.8%，2001年再度上升为20.9%。提高社区密度，增加步行机会可以减少肥胖症的发病率，根据一项对亚特兰大土地利用、交通和居民健康的调查，随着邻里密度的提高，即从每英亩不足2套住房上升到8套住房以上，白人男子的肥胖比例会从23%下降到13%。[④]

　　交通拥堵和通勤时间的延长还对家庭和睦造成了一定的危害。美国人的单程通勤时间从1983年的18.2分钟上升到1990年的19.7分

---

① Jim Motavalli, *Breaking Gridlock*, p. 26.
② Howard Frumkin, et al., *Urban Sprawl and Public Health*, p. 143.
③ Meni Koslowsky, et al., *Commuting Stress*, p. 64.
④ Howard Frumkin, et al., *Urban Sprawl and Public Health*, pp. 95–100.

钟，再到 1995 年的 20.7 分钟。① 1990—2000 年，通勤时间在 30 分钟以上的比例由 30.5% 上升到 34.5%，而通勤时间在一小时以上的比例则从 6.1% 上升到 8%。② 洛杉矶市长朱迪思·A. 尼伯格（Judith A. Nieburger）甚至说道："许多人每天花费在公路上的时间大约是 4 小时"，而且"情况越来越糟糕"③。由于通勤占据了过多的时间，父母与子女在家团聚和交流的时间越来越少，有的父亲在孩子睡醒之前已经出发上班，而在回家之后孩子往往已经入睡。因此，家庭和谐遭到破坏，导致夫妻不和，亲子疏离，子女得不到良好的家庭教育，乃至青少年犯罪率上升。对此，国会议员弗兰克·沃尔夫（Frank Wolf）说道："今天，在第 395、270 或 95 号州际高速公路上的交通拥堵中，一位母亲或父亲每浪费一分钟，其代价就是对我们的社区细胞——家庭——所强加的机遇的丧失。当今美国家庭所遭受的压力比记忆所及的以往任何时候都大，其主要的标志就是夫妻离异、青少年暴力、青少年自杀，等等，而这些现象都在继续朝着恶化的方向发展，其中许多问题可以归咎于父亲或母亲没有充足的时间与孩子们共享。我们的交通拥堵使我们的社区付出了沉重的代价。那些不得不早起和晚归一个小时的父母，在夜晚回家之后已经疲惫不堪，因而不能花费更多的精力（与子女）一起参加少年棒球联盟、女童子军或者教堂合唱团等活动。"④

二　美国大都市区交通拥堵的原因

美国大都市区交通拥堵的原因深深地植根于其空间结构之中，其中包括大都市区的低密度蔓延、社区土地利用模式的单一性、郊

---

① U. S. Department of Transportation, *Our Nation's Travel: 1995 NPTS Early Results Report*, Washington, D. C., 1995, p. 13.

② U. S. Department of Commerce, Bureau of the Census, *Journey to Work: Census 2000 Brief*, Washington, D. C.: U. S. Government Printing Office, March 2004, p. 5.

③ Philip Langdon, *A Better Place to Live*, p. 7.

④ U. S. Department of Transportation, *The National Capital Region Congestion & Mobility Summit, Summary Report*, p. 2.

区社区的空间设计和道路系统等。这些都不利于人们步行和骑车出行，不利于人们乘坐公交和共同乘车，因而导致了人们对私人汽车的严重依赖，极大地增加了交通流量，导致了交通拥堵。除了上述结构性因素以外，导致美国大都市区交通拥堵的原因还包括诸多社会经济因素。

（一）大都市区的低密度蔓延与交通拥堵

美国大都市区最根本的空间特征之一就是其低密度蔓延性。美国地广人稀，幅员辽阔，这是美国大都市区低密度蔓延发展模式的资源条件；四通八达的公路网络为大都市区的低密度蔓延开辟了道路；美国人热爱大自然，重视个人和家庭隐私，希望拥有自己独门独户的住房，借此达到社会地位的上升，实现人人向往的"美国梦"，这是引导美国人投身郊外，建立世外桃源般的郊区社区的文化心理动力；而分区规划制度则为这种低密度蔓延式的大都市区发展模式提供了制度保障。前文第二章指出，美国郊区的住房地块越来越大，动辄即达一二英亩，三四英亩乃司空见惯，五六英亩也屡见不鲜，从而使建筑密度下降到几分之一乃至几十分之一。此外，再加上郊区蛙跳式的开发，相邻社区之间相距遥远，从而进一步降低了大都市区的社区密度。

郊区地方政府的分区制法规不仅降低了居民社区的密度，而且还极大地降低了郊区就业中心的密度，从而进一步导致了大都市区的低密度蔓延。20世纪60年代以后，美国郊区出现了众多的就业中心，它们在设计上追求一种田园般的工作环境，中心内部绿草如茵，花木繁茂，环境幽雅，空间开阔，停车场地充裕。为了确保这种幽雅的就业环境，郊区地方政府的分区制法规对就业中心的密度进行了严格的限制，包括容积率[①]、建筑高度、人均面积、建筑距离等。美国学者罗伯特·塞维罗（Robert Cervero）于80年代对6种郊区就业中心（SEC）进行了调查研究（见表6.4），其中，分区制

[①] 容积率就是建筑面积与开发土地面积之间比率（floor area ratio，FAR）。

法规对办公园区所规定的容积率上限只有0.61，这一数值本来已经很低了，但开发公司的实际开发密度更低，其容积率平均只有0.33；分区制规定的容积率最高的是小型城市（sub-cities），平均为4.03，但其实际容积率平均只有1.80。如果从建筑物占用开发土地面积的比率来看，其比率就更低了，其中最低的是中型混合开发区，只有0.24，也就是说，只有不到1/4的开发面积被建筑物所占用；即使占地比率最高的办公中心也只有0.46，即不足一半的开发面积被建筑物所占用，其余的土地都是用于道路、绿地、停车场等。从建筑物的高度来看，办公园区和大型就业长廊的平均楼层数只有2.9层，几乎完全呈平面式延伸。就单位土地面积所容纳的职员数量来看，最高的是小型城市，平均每英亩为44.7人，而最低的是大型混合开发区，平均每英亩只有5.4人。可见，郊区就业中心的开发密度是异常低下的，这种横向水平的办公建筑被称为"水平摩天大厦"（horizontal skyscrapers）[①]。

表6.4　　　　　各种郊区就业中心的密度比较

	办公园区	办公中心	大型混合开发区	中型混合开发区	小型城市	大型就业长廊
分区制法令所允许的最大容积率	0.61	2.40	3.14	1.59	4.03	1.05
实际容积率	0.33	1.55	0.89	0.76	1.80	0.36
平均楼层数	2.9	7.3	3.5	3.3	9.2	2.9
每英亩就业人员数	18.7	20.4	5.4	11.7	44.7	—
建筑物占开发面积比率	0.26	0.46	0.31	0.24	0.30	—

资料来源：Robert Cervero, *America's Suburban Centers: The Land Use-Transportation Link*, Boston: Unwin Hyman Inc., 1989, p.108. 其中"—"符号表示不详。

[①] Robert Cervero, *America's Suburban Centers*, p.36.

第六章 大都市区的交通拥堵及其治理

图 6.3 典型的低密度开发的郊区就业中心

资料来源：Robert Cervero, *America's Suburban Centers: The Land Use-Transportation Link*, Boston: Unwin Hyman Inc., 1989, p. 100.

美国郊区居民区和就业中心低密度的开发模式，导致了整个大都市区的低密度蔓延的空间结构特征。比如，纽约大都市区每平方英里人口为2029人，波士顿大都市区为1034人，芝加哥大都市区为1322人，休斯敦大都市区为606人，洛杉矶大都市区为482人，亚特兰大大都市区为672人，菲尼克斯大都市区只有223人，而密度最低的大都市区每平方英里只有几十人。[1]

美国人口与就业的郊区化，以及大都市区的低密度蔓延对交通运输产生了巨大的影响。第一，延长了人们的出行距离，增加了人们的开车次数，从而延长了平均每人的行车里程和整个大都市区总的行车里程。比如，1983—1995年，美国人的平均通勤距离从8.5英里上升到11.6英里，上升了36.5%。[2] 由于就业的郊区化和大都市区的

---

[1] U. S. Department of Commerce, U. S. Census Bureau, *Statistical Abstracts of the United States: 2002*, pp. 32 - 34.

[2] U. S. Department of Transportation, *Our Nation's Travel: 1995 NPTS Early Results Report*, p. 13.

空间蔓延,大都市区内跨县就业的情况不断增加,从而延长了通勤距离。表6.5显示,某些县就业人员跨县通勤的比例非常高,而且还在不断上升,比如,得克萨斯州奥斯丁大都市区的巴斯特罗普县的比例由1980年的43.9%上升到1990年的54.7%,同期威廉姆森县的同比由54.1%上升到60.8%。

表6.5　1980年和1990年某些大都市区跨县通勤就业的百分比　　（%）

大都市区	县	1980年	1990年
奥斯丁	巴斯特罗普县	43.9	54.7
	考德威尔县	38.1	48.8
	海斯县	30.2	45.9
	特拉维斯县	3.5	5.0
	威廉姆森县	54.1	60.8
夏洛特	卡贝勒斯县	30.5	42.9
	加斯顿县	23.1	26.1
	林肯县	40.2	48.2
匹兹堡	比弗县	28.9	39.0
	华盛顿县	32.4	36.5
	威斯特摩兰县	33.5	36.1
萨克拉门托	埃尔多拉多县	37.2	42.3
	普莱瑟县	38.2	42.8
	约洛	28.5	33.2

资料来源：Robert T. Dunphy, *Moving beyond Gridlock: Traffic and Development*, Washington, D. C.：the Urban Land Institute, 1997, p. 36.

然而,就业通勤只占美国人每天出行的一小部分,此外还有购物、访友、参加各种社会活动等,比如,在1977年美国人的所有出行中,往返通勤只占27.8%,而其他活动的出行则占72.2%。[1] 根据

---

[1] U. S. Department of Transportation, *Home-to Work Trips and Travel: 1977 Nationwide Personal Transportation Study*, Washington, D. C., December 1980, p. 33.

另一资料，1983 年，在美国 5 岁以上男性公民的出行活动之中，就业通勤及与就业相关的出行次数仅占总出行次数的 27.6%，1990 年同比下降到 25.3%。① 其他许多个人、家庭和社会活动的出行都需要开车，因此，美国人开车次数和开车里程都在增加。表 6.6 显示，1977—1990 年，美国人的开车次数和开车里程都有很大的增长，平均每人每天的开车次数由 1.84 次增长到 2.35 次，增长率为 27.72%；每人每天的开车里程由 15.36 英里增长到 20.78 英里，增长率为 35.87%。男性在开车次数、开车里程和增长率方面都高于女性。而美国人总的开车里程在 1950—1998 年间增长了 5 倍。②

表 6.6　1977—1990 年美国 16 岁以上公民平均每人每天开车情况

		1977 年	1990 年	1977—90 年变化率
平均每天开车次数	全部	1.84	2.35	27.72%
	男性	1.96	2.55	30.23%
	女性	1.74	2.18	25.36%
平均每天开车里程（英里）	全部	15.36	20.87	35.87%
	男性	18.28	26.70	46.11%
	女性	12.71	15.67	23.28%

资料来源：U. S. Department of Transportation, *1990 NPTS Report Series: Demographic Special Reports*, Washington, D. C., April 1994, p. 21.

居民开车出行的次数和里程与社区密度之间存在着紧密的相关性，比如，以每 1 万套住房为单位，在低密度蔓延的社区，每个家庭每天开车时间长达 3 个小时，而在高密度规划的社区，只相当于前者的 52%。③ 这种相关性还可从中心城市与郊区居民的出行差别

---

① U. S. Department of Transportation, *1990 NPTS Report Series: Demographic Special Reports*, Washington, D. C., April 1994, p. 54.
② U. S. Department of Housing and Urban Development, *The State of the Cities, 2000: Megaforces Shaping the Future of the Nation's Cities*, Washington, D. C., June 2000, p. 66.
③ U. S. Department of Housing and Urban Development, *The Costs of Sprawl*, pp. 12–13.

中反映出来。表6.7显示，在16岁以上的男性公民中，1983年中心城市的居民平均每天开车1.90次，郊区则为2.20次，1990年两者分别上升到2.35次和2.69次，郊区始终高于中心城市；1983年中心城市的居民平均每天开车13.60英里，郊区则达21.05英里，1990年两者分别上升到20.82英里和30.24英里，郊区同样始终高于中心城市。

表6.7　　　　16岁以上男性公民平均每天开车次数和里程

	家庭住址	1983年	1990年
平均每天开车次数	中心城市	1.90	2.35
	郊区	2.20	2.69
平均每天开车里程（英里）	中心城市	13.60	20.82
	郊区	21.05	30.24

资料来源：U. S. Department of Transportation, *1990 NPTS Report Series: Demographic Special Reports*, Washington, D. C., April 1994, p. 52.

第二，低密度蔓延不利于公共交通的运行。公共交通的运行需要一定的人口规模和密度，否则就无法运营。根据美国学者的研究，每英亩4—5户的密度可以支撑每小时一趟公共汽车的服务，每英亩7—8户的密度可以支撑半小时一趟的服务，而每英亩15户的密度可以支撑每10分钟一趟的服务。[1] 另根据美国交通部的研究，在1990年，在人口密度为每平方英里1000—3999人的社区，有18.0%的人搭乘公共交通；在人口密度为每平方英里10000—49999人的社区，有26.3%的人搭乘公共交通。[2] 但是，由于美国大都市区的密度太低，所以搭乘公共交通出行的比例也非常低。1969

---

[1] F. Kaid Benfield, et al., *Once There Were Greenfields: How Urban Sprawl Is Undermining America's Environment, Economy and Social Fabric*, New York: Natural Resources Defense Council, 1999, p. 38.

[2] U. S. Department of Transportation, *1990 NPTS Report Series: Demographic Special Reports*, p. 39.

年，所有美国人搭乘公交出行的比例为3.6%，1977年为3.0%，1983年下降到2.6%。① 在那些既在郊区居住又在郊区就业的人中，1970年搭乘公交上班的比例为4%，1980年下降到2%，下降速度更快。② 即使中心城市居民搭乘公交的比例也同样很低，1990年同比只有7.19%。③ 就这一点而言，美国与欧洲国家相比大为逊色，比如，斯德哥尔摩在交通高峰时间有70%的通勤者搭乘公交，在柏林同比为40%。④ 这一区别的原因之一就是欧洲城市的人口密度远远高于美国。美国交通部在1987年的一份文件中评价道，"城市地区的规模和密度，以及汽车的拥有量和开发模式，强烈地影响着对公共交通的需求、服务和经济行为"⑤。1995年，该部再次作出了类似的评价："我们美国人热爱汽车的神话事实上也许是出于便利的缘故。当代土地利用模式迫使（人们）使用私人汽车，无论我们是否热爱这些车辆。"⑥

第三，大都市区的低密度蔓延，不利于人们共同乘车（ridesharing）出行。在美国，共同乘车是除了独自开车以外的另一种主要的出行方式。共同乘车可以减少车流量，从而减少交通拥挤。但由于大都市区的低密度蔓延，使邻里之间的距离越来越远，居住、就业和其他活动场所越来越分散，从而使人们越来越难以共同乘车。1980年共同乘车占美国所有就业通勤的19.7%，1990年下降到13.4%，

---

① U. S. Department of Transportation, *The Status of the Nation's Local Mass Transportation: Performance and Conditions*, Report of the Secretary of Transportation to the United States Congress, Washington, D. C., June 1987, p. 14.

② U. S. Department of Transportation, *The Status of the Nation's Local Mass Transportation*, p. 46.

③ U. S. Department of Transportation, *1990 NPTS Report Series: Demographic Special Reports*, p. 118.

④ Jim Motavalli, *Breaking Gridlock*, p. 117.

⑤ U. S. Department of Transportation, *The Status of the Nation's Local Mass Transportation*, p. 18.

⑥ U. S. Department of Transportation, *Our Nation's Travel: 1995 NPTS Early Results Report*, p. 34.

2000年下降到12.2%。① 正如美国交通部在一份文件中指出的，"城市密度的逐步降低以及向郊区和远郊地区的迁移浪潮，使人们越来越难以寻找搭车伙伴"②。

第四，大都市区的低密度蔓延，为骑车和步行出行造成了极大的障碍。比如，罗斯（Ross）和邓宁（Dunning）根据1995年全国个人交通调查（National Personal Transportation Survey）资料的分析，在密度最低的地区，即每平方英里不足100套住房（相当于每套住房占地在6.4英亩以上）的地区，居民步行和骑车出行的里程只占其总出行里程的3.3%；相反，在密度最高的地区，即每平方英里超过3000套住房（相当于每英亩4.7套住房）的地区，同比高达14.9%。③ 另根据美国人口普查局的资料，1990年，在美国16岁以上的就业人员中，步行上班的比例只有3.9%，2000年下降到2.9%。④ 而单就郊区来看，这一比例就更低了，在郊区1990年的出行方式中，步行和骑车所占比例只有1.02%。⑤ 正如刘易斯·芒福德所指出的，"新的郊区形式现在产生了一种反城市布局。步行尺度被破坏后，用双脚走路作为人类交通的正常手段也随之而被破坏。小汽车使走路很不安全，而郊区的往外延伸又使走路成为不大可能"⑥。

第五，由于美国大都市区的低密度蔓延不利于公共交通、共同乘车、骑车和步行等出行方式，因此绝大多数的美国人依靠私人汽车出行。表6.8显示，1969年，美国高达90.8%的通勤依靠私人汽车，

---

① U. S. Department of Transportation, *1990 NPTS Report Series: Demographic Special Reports*, p. 64. U. S. Department of Commerce, Bureau of the Census, *Journey to Work: Census 2000 Brief*, pp. 3, 9.

② U. S. Department of Transportation, *1990 NPTS Report Series: Demographic Special Reports*, p. 64.

③ Howard Frumkin, et al., *Urban Sprawl and Public Health*, p. 102.

④ U. S. Department of Commerce, Bureau of the Census, *Journey to Work: Census 2000 Brief*, pp. 3, 9.

⑤ U. S. Department of Transportation, *1990 NPTS Report Series: Demographic Special Reports*, p. 118.

⑥ ［美］刘易斯·芒福德：《城市发展史：起源、演变和前景》，第519页。

1977年同比上升到93.0%。美国交通部在一份报告中指出："我们大都市区持续的空间扩张造成了一种越来越依赖汽车的状况。虽然存在一些例外……但实际情况是，今天的许多出行是从郊区到郊区，出发地和目的地如月朗星稀般散布开来。这反映在私人汽车出行——郊区和远郊主要的旅行方式——的高额比例当中。"[①]

表6.8　　1969—1977年间美国就业人员通勤方式的变化

通勤方式	1969年	1977年
私人汽车	90.8%	93.0%
公共交通	8.4%	4.7%
其他方式	0.8%	2.3%
总计	100.0%	100.0%

资料来源：U. S. Department of Transportation, *Home-to Work Trips and Travel: 1977 Nationwide Personal Transportation Study*, Washington, D. C., December 1980, p. 43.

美国人的出行不仅严重依赖私人汽车，更严重的是，独自开车占据了私人汽车出行的绝大部分，一人一车当然增加了交通流量。而且，随着大都市区人口密度的日益降低，美国人独自开车出行的比例也日益提高，1990年这一比例为73.2%，2000年上升到75.7%，中西部和南部同比更高，分别为79.6%和78.4%，而密歇根、亚拉巴马、俄亥俄等州则高达80%以上。[②] 由于郊区的开发密度比中心城市低得多，因此独自开车出行的比例也高得多。表6.9显示，1990年中心城市居民独自开车的比例为74.36%，而郊区同比则高达81.53%。

[①] U. S. Department of Transportation, *Our Nation's Travel: 1995 NPTS Early Results Report*, p. 34.

[②] U. S. Department of Commerce, Bureau of the Census, *Journey to Work: Census 2000 Brief*, pp. 3, 9.

表6.9　　1990年美国不同地理位置的居民的旅行模式百分比

出行方式	中心城市	郊区	非城市地区	所有地区
独自开车	74.36%	81.53%	80.82%	78.79%
共同乘车	16.51%	14.05%	17.99%	16.29%
公共交通	7.19%	3.40%	0.50%	3.69%
非机动车	1.94%	1.02%	0.68%	1.22%

资料来源：U. S. Department of Transportation, *1990 NPTS Report Series*: *Demographic Special Reports*, Washington, D. C., April 1994, p. 118.

与公共交通、共同乘车、骑车和步行出行相比，独自开车既扩大了每位出行者的占用空间，又极大地增加了汽车流量，从而更容易导致交通拥堵。在这方面，欧洲国家与美国形成了鲜明的对照，在1983年从新镇到巴黎上班的就业人员中，只有26%独自开车。1990年斯德哥尔摩居民到郊区新镇上班的就业人员中，只有35%独自开车，而到斯德哥尔摩上班的新镇居民，只有20%独自开车。[1] 美国学者吉姆·莫特瓦利（Jim Motavalli）指出："与世界其他任何地方相比，欧洲也许将汽车停放在它们更加适宜的地方（车库——笔者），拒绝让它来控制（城市）的发展进程和妨碍其他交通模式，其结果是异常显著的。"[2]

第六，大都市区的低密度蔓延导致了货物运输中对卡车运输的依赖。由于在低密度蔓延式的大都市区中，火车运输极其不便，因此火车运输逐渐衰落，而卡车运输逐步兴起。比如，1993年，火车的货运价值只占全国各种货运价值的4.2%，而卡车运输的同比则高达74.9%；火车的货运吨位仅占全国各种货运吨位的15.9%，而卡车

---

[1] National Transit Access Center, Robert, Cervero *Transit-Supportive Development in the United States*: *Experiences and Prospects*, a report for the Federal Transit Administration, March 1994, pp. 199–211.

[2] Jim Motavalli, *Breaking Gridlock*, p. 117.

运输的同比则高达65.6%。① 由此可见，卡车运输已经代替火车运输成为美国主要的货运方式，这无疑加重了公路交通的拥堵。刘易斯·芒福德对此批评道："我们让卡车代替火车进行长距离运输，从而用一个危险的、效率低的交通服务系统取代了一个安全的、高效率的系统。"②

（二）土地利用模式的单一性与交通拥堵

美国大都市区另一个重要的空间特征就是土地利用模式的单一性，即将各种社区功能，包括工业、商业、住房等分开布局，而其中最重要的一个方面就是住房与就业的空间分布失衡。如果一个社区内的各种功能保持平衡，人们就可就近上班、购物和从事各种社会活动，就可以步行或骑车出行，从而减少独自开车和汽车流量，减少交通拥堵。反之，如果一个社区的功能失衡，就会迫使社区居民到其他社区上班、购物和从事各类社会活动，不便于步行和骑车出行，从而增加对私人汽车的依赖和交通拥堵。而导致大都市区土地利用模式单一性的根源正是分区制。

自20世纪初期以来，美国城市普遍实行了土地利用分区制。早期的分区制比较粗略，一般分为3个功能区域：居住区、商业区和工业区，而且实行累进分区制，在这一制度之下，居住区受到的限制最多，不允许有其他土地利用模式存在；商业区次之，除了商业外，也可以有居民住房，但不允许工业存在；工业区受到的限制最少，这里既可以有工业，也可以有商业和居民住房。实行累进分区制的目的，首先是为了保护居民区，其次是保护商业区。然而，随着对居民社区保护意识的增强，尤其是对中产阶级和富裕阶层社区保护的增强，这种累进分区制逐渐遭到淘汰，而是实行越来越明确而严格的分区制，居住区、商业区和工业区彼此严格分离，互不混杂，从而使大都市区

---

① U. S. Department of Commerce, Bureau of the Census, *1992 Census of Transportation, Communications, and Utilities: 1993 Commodity Flow Survey*, Washington, D. C.: U. S. Government Printing Office, October 1996, pp. 3 - 4.

② ［美］刘易斯·芒福德：《城市发展史：起源、演变和前景》，第521页。

土地利用模式的单一性和功能分离越来越严重。

在工业化时代，分区制可以将居民社区与污染严重的工业分离开来，从而保护人们的生活环境和身体健康；居民区与商业区分开，可以使居民避免商业区的喧闹嘈杂。1974年最高法院在一次判决中宣称，分区制"也许是地方政府所履行的最根本的职能，因为它是我们保护有时难以界定其概念的生活质量的基本手段之一"[1]。然而，物极必反，过犹不及。当分区制变得越来越严格而趋于僵化之时，它就产生了极大的负面影响，其中之一就是导致了社区功能的严重失衡，人们不能在社区内部进行就业、购物和其他社会活动，而不得不到其他社区去从事这些活动，从而延长了人们的出行距离，增加了人们的出行次数和难度，使人们越来越依靠私人汽车出行，从而加重了大都市区的汽车流量和交通拥堵。

当然，社区功能的失衡不完全是分区制的结果，也受土地价格的影响。在一个城市建立的初期，由于空间规模狭小，各个区位之间的地价差别不大，生产率高的职能单位与生产率低的职能单位，即商业、工业和住房是可以混合分布的，从而在一定程度上便于步行和骑车出行，减少交通流量。但是，随着城市规模的扩大，中心区的优势显露出来，因为这里的可达性最强，是商业活动的理想场所，于是地价开始飙升，生产率较高的商业机构逐渐汇聚集中，逐渐形成了中央商务区，而生产率较低的工业和住房受到排斥，被迫从中央商务区撤离，退居地价低廉的周边地区乃至郊区，从而产生了各个区位土地利用模式的不平衡。

另外，交通开支与住房开支的对比关系，也是导致就业与住房失衡的一个重要原因。一般而言，交通开支比住房开支较为低廉，平均每个家庭每年的交通开支只相当于其年收入的16.7%，而住房开支则高达26%。[2] 所以，人们宁肯住在远离就业的地方，以便

---

[1] George S. Blair, *Government at the Grass-Roots*, Pacific Palisades, California: Palisades Publishers, 1981, p. 300.

[2] Anthony Downs, *Stuck in Traffic*, p. 101.

节省住房开支。比如，根据1995年的一项调查，为了减轻住房开支的压力，32%的人宁愿住在距离就业地点更远一些的地方，34%的人宁愿住在距离购物和娱乐地点更远一点的地方，只有24%的人愿意居住在距离就业和购物地点较近，同时规模较小的住房里。①

美国大都市区内就业与住房的失衡，首先存在于中心城市与郊区之间。1990年，美国的中心城市拥有4390万个就业岗位，而居民中的就业人员只有3220万人，两者之比为136∶100，即中心城市的就业岗位远远多于就业人员。而郊区则恰恰相反，同年美国郊区拥有4770万个就业岗位，而居民中的就业人员却多达5740万人，两者之比为83.1∶100，即郊区的就业岗位远远少于就业人员。②

事实上，中心城市与郊区之间就业与住房的失衡，不仅仅表现在数量方面，而且更重要的是表现在质量方面。前文指出，随着美国后工业社会的来临和后工业城市的形成，中心城市的工作职位主要以管理性和服务性的职业为主，所需要的就业人员主要是受过高等教育的白领，但这些中产阶级白领却在日益向郊区迁移，从而造成了白领岗位与白领职员在空间分布上的失衡；另一方面，那些低技能的制造业、蓝领服务业以及低级白领岗位不断向郊区迁移，而受到郊区住房价格和分区制法规的限制，那些在这些领域就业的贫困阶层、工人阶级以及下层白领却在日益向中心城市或内层郊区聚集，从而形成了低层职业与其就业人员在空间分布上的失衡。因此，无论是从郊区到中心城市的传统通勤，还是从中心城市到郊区的反向通勤，都有很大程度的提高。比如1960—1980年，传统通勤占美国通勤总数的比例从16%上升到19%，反向通勤从5%上升到6%，郊区之前的通勤从28%上升到38%，而中心城市内部的通勤则急剧下降，从46%下降

---

① Robert T. Dunphy, *Moving beyond Gridlock*, p. 2.
② The Steering Committee for the National Commuting Study, *Commuting in America* II: *The Second National Report on Commuting Patterns and Trends*, Lansdowne, VA: Eno Transportation Foundation, Inc., 1996, p. 25.

到30%。① 中心城市与郊区之间、郊区与郊区之间通勤的增加，必然会增加汽车流量，导致交通拥堵。

其次，美国大都市区就业与住房的失衡，也存在于郊区与郊区之间。由于美国郊区实行了严格的分区制，郊区居民区与郊区就业中心严格分离，从而导致了郊区就业与住房的严重失衡。比如，硅谷的就业与住房比率是2.5∶1，新泽西1号公路（Route One）沿线的就业长廊为3.5∶1，亚特兰大郊区的办公园区甚至高达5∶1。② 而罗伯特·塞维罗于1987年调查的28个郊区就业中心中，其内部就业人员与住房比率的平均值为30.9∶1，最小值为3.6∶1，而最大值竟高达113.3∶1，也就是说，在该郊区就业中心内部，每113个工作职位才提供一套住房。③ 根据一项全国性调查，在20世纪80年代中期，只有不足15%的就业中心拥有住房出售或出租。不仅郊区就业中心内部的住房供应严重不足，即使将就业中心的周围地区包括在内，就业与住房的比例也往往不能达到平衡。比如，在80年代中期，在大约15平方英里的范围内，加州的两个郊区社区欧文（Irvine）和圣克拉拉—丘珀蒂诺（Santa Clara-Cupertino），雇员和住房的比率为3∶1，洛杉矶西部的波斯特奥克城（City Post Oak）为7∶1，威斯特切斯特—埃尔塞贡多（Westchester-El Segundo）为12∶1。④ 反之，在居民社区内部，住房又远远多于工作岗位，比如，在加州的奥兰治县，1974年该县的居民劳动力比工作岗位高37%，而到1988年同比则下降到18%。⑤

从上面的数字来看，郊区的就业与住房的失衡已经异常严重，然而，更严重的是，即使在郊区就业中心存在一些住房，也未必是由本地就业人员居住，这进一步加剧了就业与住房的失衡。比如，根据塞维罗于1987年的调查，在41个郊区就业中心及其附近3英里范围

---

① Thomas M. Stanback, Jr., *The New Suburbanization: Challenge to the Central City*, Boulder: Westview Press, 1991, p. 9.
② F. Kaid Benfield, et al., *Once There Were Greenfields*, p. 40.
③ Robert Cervero, *America's Suburban Centers*, p. 52.
④ Robert Cervero, *Suburban Gridlock*, pp. 73 – 80.
⑤ Anthony Downs, *Stuck in Traffic*, p. 101.

内，独户住房占绝大多数，多户型住房（包括单元房、公寓房、排屋）所占比例很低，平均只占 35.0%，而有的甚至根本就没有多户型住房。这些独户住房的平均价格为 14.84 万美元，有的高达 30 万美元，多户型住房的月租金平均为 593.5 美元，有的高达 900 美元。这样的住房价格和租金价格使许多本地就业人员无力承担。[①] 因此，有效的就业与住房平衡，不仅是就业与住房在数量上的平衡，更重要的是就业人员类型和收入与住房的类型和价格相匹配。

如此严重的就业与住房失衡，其结果必然是就业人员通勤距离的延长。表 6.10 显示，1969—1977 年，美国就业人员的通勤距离在不断延长，其中 5 英里以下的短途通勤由 52.2% 下降到 47.8%，而 6 英里以上的各类长途通勤都在增加，其中增长最显著的是 25 英里以上的通勤，由 6.9% 增长到 8.6%。而通勤距离的延长则意味着对私人汽车的依赖和交通拥堵。

表 6.10　1969—1977 年美国就业人员工作和住房距离的百分比分布　　（%）

工作和住房距离	1969 年	1977 年
5 英里以下	52.2	47.8
6—10 英里	20.9	21.9
11—14 英里	7.6	8.0
15—19 英里	7.8	8.6
20—24 英里	4.6	5.1
25 英里以上	6.9	8.6
合计	100.0	100.0

资料来源：U. S. Department of Transportation, *Home-to Work Trips and Travel: 1977 Nationwide Personal Transportation Study*, Washington, D. C., December 1980, p. 42.

由于就业与住房的严重失衡，许多郊区社区的居民不得不长途通勤到外地就业。比如，在 80 年代中期，在加州圣安娜（Santa Ana）的

---

① Robert Cervero, *America's Suburban Centers*, p. 52.

9.3万劳动力中，只有3万人在本市工作；在加登格罗夫（Garden Grove）的5.9万劳动力中，只有1万人在本市工作；在阿纳海姆（Anaheim）的11.2万劳动力中，只有3.7万在本市工作。[1] 又如，1985年在芝加哥郊区就业中心肖姆堡（Schaumburg）的3.2万就业人员当中，只有18.1%居住在本市，2/3居住在10英里以外的地方；而在另一就业中心奥克布鲁克（Oak Brook）的3.51万就业人员当中，只有2.5%居住在本市，高达60%以上居住在10英里以外的地方。因此，这两个就业中心的绝大多数就业人员每天早晨长途开车上班，其住址分布在四面八方，跨越几个市镇，他们与其他众多就业中心的工作人员骤然交会于主干公路上，使其迅速达到饱和，从而形成严重的交通拥堵。[2]

相比之下，欧洲国家郊区的就业与住房的失衡就没有那样严重。二战以后，欧洲各国在各大城市周围建立了一系列郊区新城，这些新城不是纯粹的居民郊区，而是住房与就业相对平衡的自给自足（self-contained）的城市，因而在本市就业的居民的比例高得多。比如，1982年巴黎郊区新城的居民在本市就业的比例平均为47%，1990年为48%，而有些新城的同比则高达50%以上。此外，这些新城还有发达的轨道交通与巴黎相连接，因而交通拥堵不像美国那样严重。[3]

就业与住房的失衡仅仅是美国大都市区土地利用模式单一性的一个方面而已，事实上，由于分区制法令的严格限制，不仅就业与住房是分离的，而且住房、商业、工业、服务业、休闲娱乐等功能都是彼此分离的。刘易斯·芒福德描述道："在郊区，各种功能空间上的分隔而无联系，使各部门各单位变成极端的单一化：被分隔开的居住区里，全是住房，没有商店；被分隔开的购物中心里毫无工业；被分隔开的工厂里没有餐饮机构，除非老板提供。在逃避城市里复杂的合作

---

[1] Mark Baldasssare, *Trouble in Paradise: The Suburban Transformation in America*, New York: Columbia University Press, 1986, p. 152.

[2] Robert Cervero, *America's Suburban Centers: The Land Use-Transportation Link*, pp. 181 – 182.

[3] Robert Cervero, *Transit-Supportive Development in the United States*, p. 197.

时，郊区恢复了原先过分专门化和严格控制这些恶习。"①

诚然斯言。比如，在许多郊区就业中心，办公职位所占比例太高，而购物、休闲、文化、医疗等商业性、服务性机构却太少，甚至根本不存在。在罗伯特·塞维罗所调查的18个郊区就业中心中，平均每个就业中心只有19.6个饭店和4.5个银行；就业人员与饭店数量之比平均为3715∶1，最小值也有281∶1，而最大值竟高达30000∶1；就业人员与银行数量之比平均为6784∶1，最小值也有862∶1，而最大值竟高达41000∶1。在他调查的另外50个郊区就业中心内，平均每个就业中心只有4.4个零售机构，就业人员与零售机构之比平均为8640∶1，最小值也有550∶1，而最大值则高达64700∶1。如此悬殊的比例，根本不能满足就业人员的需求，而有些就业中心根本就不存在饭店、银行和零售机构等。② 这样，许多就业人员就连午餐也要开车到别的地方解决，至于购物和其他各种活动，也不能在工作之余通过步行在就业中心内部获得满足，几乎为了获得每一种服务都要专门开车出行，从而大大增加了人们的开车次数和汽车流量，导致交通拥堵。因此，午间已经成为第三个交通高峰时刻，因为雇员们要开车去吃午餐和办理一些琐事。由于人们在工作日不能顺便购物和办理各类琐事，只好集中到周末去从事这些活动，因此周末也成为交通拥堵最为严重的时候。1989年《纽约时报》的一篇报道说："开车人越来越面临着更为糟糕的交通拥堵，但不是在通勤交通的高峰时刻，而是在周末，（人们）要在这一天东跑西颠地办事和购物。"③

事实上，人们办理各种杂务和参加各类社会活动的出行比通勤出行要多得多，因此，商业机构和服务机构与居民社区和就业中心的分离，比住房与就业的失衡导致了更多的交通流量，这一点从下面的比例关系不难看出。比如，在1995年美国人各种目的的出行中，为了家庭和个人杂务（比如购物、个人琐事、接送孩子等）而出行的次

---

① ［美］刘易斯·芒福德：《城市发展史：起源、演变和前景》，第521页。
② Robert Cervero, *America's Suburban Centers: The Land Use-Transportation Link*, p. 45.
③ Philip Langdon, *A Better Place to Live*, p. 177.

数最多，占 45.9%；其次是为了进行社会活动和娱乐活动的出行，占 24.9%；通勤及其相关的出行仅占第三位，只占 20.3%。从各类目的的出行里程来看，上面三者的排序依然不变，分别占 34.9%、30.7% 和 28.3%。[①]

不同土地利用模式的分离，导致交通拥堵的时间段也存在很大区别。比如，在上午 6—9 点钟的上班时间，车流主要涌向办公园区、工业园区等就业中心，导致这些区域的交通拥堵，而其他地点的公路则使用不足。而在下班时间、午休、晚间以及周末，人们要从事购物、休闲、娱乐、办理家庭和私人事务等，商业和服务业集中的中央商务区和郊区商业区就成为车流的汇合点，这些地方就会出现交通拥堵，而那些纯粹的就业场所就会成为冷冷清清的"鬼城"，这些地方公路的使用率就会大大下降。因此，土地利用模式的单一性和社区功能的分离，不仅会导致交通拥堵，而且还会造成公路等基础设施在某一段时间的利用不足和浪费。

（三）社区空间设计和道路体系与交通拥堵

美国郊区社区的空间设计和道路系统对于美国交通问题也具有重要影响。郊区社区主要分为居民社区和就业社区。居民社区的主要空间特点是"超级街区"（superblock）、"死胡同"和曲折蜿蜒的街道、等级制街道布局等，这种社区和街道布局非常不利于人们步行，加重了人们对汽车的依赖。

前文章节提到，20 世纪初期英国学者埃比尼泽·霍华德提出了田园城市思想，并且展开了田园城市的规划和建设活动。受英国田园城市运动的影响，1923 年美国成立了美国区域规划协会，其核心人物是克拉伦斯·斯坦（Clarence Stein）。在斯坦的影响下，纽约地产商亚力山大·宾（Alexander Bing）于 1924 年组建了一个城市住房公司，试图按照田园城市的原则建立一个试验性的居民社区。该公司在

---

① U. S. Department of Transportation, *Our Nation's Travel: 1995 NPTS Early Results Report*, p. 11.

纽约市的昆斯岛购买了76英亩的土地，于1924—1928年建立了1200套住房，称之为森尼赛德花园（Sunnyside Gardens）。但是，功能多样、各种居民融合的田园城市没有建立起来，却建成了一个典型的功能单一的花园郊区。随后，该公司又在新泽西境内距曼哈顿15英里的费尔劳恩（Fairlawn）购买了2平方英里的土地，计划建立一个田园城市雷德本（Radburn）。在克拉伦斯·斯坦（Clarence Stein）和亨利·怀特（Henry Wright）的设计下建立了3个邻里社区。[1] 但是，1929年的经济危机使该计划陷于停顿，只有400套住房建立起来，居民只有1400人。[2]

雷德本最显著的空间特征就是"超级街区"（superblock），它是作为一个"汽车时代的城镇"而设计的，街区内部的车道与人行道彼此隔离，以便保护儿童和行人的安全。设计者将其设计为一个由超级街区组成的城镇，每个街区面积达30—50英亩，在街区的中心地带设立学校和商业娱乐设施，以便加强社区和邻里之间的凝聚力。在每个街区的周围沿着街道建造房屋，房屋背向街道，以便将社区与街道隔离开来，从而使其成为一个独立的邻里单元。[3] 这种超级街区的设计方式在20世纪60年代建立的一系列新镇中得到不同程度的采用，甚至在纽约等大城市的城市更新项目中也被采用，比如曼哈顿的施托伊弗桑特镇（参见第五章）。比较典型的新镇包括雷斯顿（Reston）、哥伦比亚（Columbia）和欧文（Irvine）等新镇，所不同的是，在雷斯顿的核心不是学校，而是一个景色秀丽的大型公园，此外还有一些文化、娱乐和商业设施等。哥伦比亚的设计者詹姆斯·劳斯（James Rouse）在1969年的一次演讲中说道，"规划很重要——（它）使社区感油然而生"。也就是说，社区环境的改善可以促进社区和谐。"我们必须相信，因为这是千真万确的：人们受其环境——

---

[1] Peter Hall, *Cities of Tomorrow: An Intellectual History of Urban Planning and Design in the Twentieth Century*, Oxford: Blackwell Publishers Ltd, 2002, p. 132.

[2] Stanley Buder, *Visionaries and Planners: The Garden City Movement and the Modern Community*, Oxford: Oxford University Press, 1990, pp. 168 – 169.

[3] Stanley Buder, *Visionaries and Planners*, pp. 168 – 169.

空间和规模、色彩和结构、自然和美景——的影响;他们可以受其陶冶,过得舒适和有价值;(他们)可以成为更有创造力的工人,更加和蔼的雇主,更加有购买力的顾客。"①

超级街区和邻里单元的设计也许增强了居民的社区感和社会团结,但它也增强了人们对汽车交通的依赖性,因为超级街区延长了街道的长度,增加了步行者的困难。而且,超级街区使城市街道的数量减少,车流更加集中,从而易于导致交通拥堵。

美国的一些超级街区的死胡同街道布局也增加了步行的困难,增强了居民对汽车的依赖。这种社区主要分布于郊区,其住房并不是沿街布局,而是在街区内部设计了许多死胡同(cul-de-sacs,或译为终端路),房屋沿一系列死胡同排列,由主要街道环绕在社区周围,并与其他社区隔离开来。这种死胡同的设计是为了强调家庭的隐私性,杜绝车辆穿过,保护儿童安全,减少噪音和空气污染等。但是,这种街道布局却影响了人们的社会交往,尤其是不利于儿童的自由行动,儿童在胡同中确实十分安全,而一旦走出胡同,就会面临涌动的车流和生命的危险,因此儿童很少走出胡同,从而影响了他们对世界的探知和了解。根据 90 年代的一项调查,在佛蒙特州一个传统布局的小镇中,10 岁儿童独自游历的地点,是加州奥兰治县死胡同邻里中同龄儿童游历地点的 3 倍,而后者看电视的时间则是前者的 4 倍。在美国的郊区,由于死胡同邻里的流行,儿童步行和骑车出行的比例明显下降,1977 年同比为 15.8%,1990 年下降到 14.1%,1995 年下降到 9.9%。1990—2002 年,儿童独自步行上学的比例下降了 23%。儿童的就学、交往、游历以及各类出行,往往需要大人开车陪同。即使在同一个社区中,相邻胡同的两个邻居也许近在咫尺,甚至其住房背靠背,墙贴墙,由于有高墙阻隔,虽鸡犬相闻,却互不往来。由于这种社区的街道布局不像十字路网那样彼此相通。他们如果想要交往,就必须先从一个死胡同进入主要街道,然后才能进入另一个死胡同,

---

① Nicholas Dagen Bloom, *Suburban Alchemy: 1960s New Towns and the Transformation of the American Dream*, Columbus: Ohio State University Press, 2001, pp. 21, 36.

因此，他们的路径选择受到了极大的限制。而根据多姆·诺兹（Dom Nozzi）的假设，在一个纵横各 10 条街道、相互交叉的社区里，从顶点 A 到对角线的顶点 B，可以有 18.4 万条选择路径。研究表明，死胡同居民比网络街道居民的乘车里程多 50%。[1] 可见，这种死胡同式的社区设计和街道布局增加了居民的出行困难和对汽车的依赖，从而增加了车流量，易于导致交通拥堵。

美国的许多郊区社区的街道系统就像树枝那样呈等级制分布，而不是呈网格状布局。在等级制的街道布局中，居民出行要首先开车进入本社区的次级街道，再进入城市的主要街道，而由次级街道进入主要街道的路径往往是唯一的。如果在交通高峰时间，众多的汽车同时由次级街道进入主要街道，就会在主次街道的路口形成交通拥堵。比如，20 世纪 60 年代在洛杉矶郊区建立的一个新镇欧文（Irvine）就是如此。欧文镇占地面积 43 平方英里，由若干个村落（village）组成，这些村落通过次级街道与主要街道连接起来，因而经常在路口处出现交通堵塞。美国城市地理学家彼得·马勒（Peter O. Muller）说道："欧文镇比美国大多数其他地方更加拥堵。具有讽刺意味的是，欧文镇的这种设计就是为了避免交通拥堵。"[2]

美国的许多郊区就业中心的场地设计（site design）模式同样不利于步行和公共交通。郊区地方政府的分区制法令规定，开发商必须提供充足的停车场地，以免其就业人员将汽车停靠在附近的街道旁。于是，许多郊区就业中心提供了过多的停车场地，导致了就业中心过于空旷，增加了办公楼之间的距离，不利于人们步行，从而诱发了人们的开车欲望。一般而言，每 1000 平方英尺的建筑面积提供两个车位就足够了，但大多数就业中心却提供 4 个车位，因此许多停车场的 60%—70% 是多余的。如果每个车位占地 325 平方英尺，那么 4 个车位就是 1300 平方英尺。此外，从停车地点到办公楼非常近便，许多停车

---

[1] Dom Nozzi, *Road to Ruin: An Introduction to Sprawl and How to Cure It*, Westport, Connecticut: Praeger Publishers, 2003, pp. 30–34.

[2] Philip Langdon, *A Better Place to Live*, pp. 31–34.

场环绕于办公楼周围。根据罗伯特·塞维罗对32个郊区办公园区的研究，从停车地点到办公楼门口平均只有116英尺，而从办公楼门口到最近的公共汽车站的平均距离却长达480英尺，相当于前者的4倍。在休斯敦的郊区就业中心波斯特奥克（Post Oak），多达86%的就业人员可以在办公楼门口附近停车。停车场地的充裕和近便，鼓励了人们开车上班。而停车费用低廉甚至免费更是一种经济上的刺激。罗伯特·塞维罗对48个郊区就业中心的调查表明，每个车位的日收费标准为0.6美元，最高的收费也只有3.5美元，而沃纳中心（Warner Center）有93%的职员却可以免费停车，停车费由雇主支付，波斯特奥克则只有3.2%的职员停车付费。[①] 90年代初期，西雅图的每位车主每年可以享受1920美元的停车费。[②] 因此，郊区办公园区充裕的停车场地增加了步行困难，

图6.4 辽阔的停车场地导致了对私人汽车的依赖

资料来源：F. Kaid Benfield, et al., *Once There Were Greenfields: How Urban Sprawl Is Undermining America's Environment, Economy and Social Fabric*, New York: Natural Resources Defense Council, 1999, p. 40.

[①] Robert Cervero, *America's Suburban Centers: The Land Use-Transportation Link*, pp. 33, 55 – 58, 192.

[②] Dom Nozzi, *Road to Ruin*, p. 6.

以车代步是人们无可奈何甚至乐此不疲的选择,而停车收费低廉甚至免费停车,更加诱导了就业人员开车通勤。

美国的郊区居民区和就业中心内部的道路设计对于人们的步行或骑车也有很大的影响。在1920年以前建立的传统邻里中,街道大多是便于步行,比如人行便道、街景的布置、土地的混合利用等都便于人们步行,甚至使步行成为一种享受。而在汽车时代,社区的设计越来越以汽车为导向,使步行既困难又乏味。根据一项调查分析,在1.5万调查对象中,那些以汽车为导向的社区中的居民,超过1英里的步行每月一般不超过20次,而旧社区居民的这种步行的次数则要多得多。[1] 同样,郊区就业中心内的道路系统也很不完整,一般没有人行道和自行车道,行人和自行车与疾驰的汽车同行,这对于前者

图 6.5 缺少人行道和人行横道的宽阔的街道

资料来源:F. Kaid Benfield, et al., *Once There Were Greenfields: How Urban Sprawl Is Undermining America's Environment, Economy and Social Fabric*, New York: Natural Resources Defense Council, 1999, p. 43.

---

[1] Howard Frumkin, et al., *Urban Sprawl and Public Health*, p. 101.

来说是非常危险的。在罗伯特·塞维罗调查的郊区就业中心中，只有1/4拥有自行车道。而人行道更是断断续续，不成体系，穿越马路十分危险。休斯敦郊区就业中心的密度和土地利用混合程度虽然较高，但其交通依然十分拥挤，一个关键因素就是其人行道系统不完备，不适于步行，比如波斯特奥克只有77%的街道拥有人行道，而"能源长廊"（Energy Corridor）的同比则降到1/4。[1] 这说明，即使提高密度，混合布局，如果人行道和自行车道系统不完善，同样不利于步行，增加汽车的流量。

研究表明，居民社区的娱乐设施和美学设计也会对人们的步行出行产生影响。澳大利亚学者皮科拉（Pikora）等人发现，四个方面的设计特点决定着人们的步行和骑车，即功能因素、安全因素、美学因素和目的因素。功能因素主要是指街道或便道的形态特征，比如街道的连接性、类型、宽度、设计等；安全因素主要包括穿越马路的辅助设施、照明等；美学因素主要包括清洁卫生、景观优雅、建筑式样等；目的因素是指附近存在一些人们需要抵达的目标，如商店、饭店、公园、公交站点等。[2] 巴黎、佛罗伦萨、罗马等欧洲城市与美国城市不同，前者街道、人行道和公园等公共空间的设计讲究，建筑优美，装饰典雅，街道以人为尺度，建筑与人行道接近，从而能够产生一种令人舒适的亲切感，因而容易吸引行人步行。[3] 而美国在战后建设的郊区社区，就缺乏这种诱人的身临其境的美感，因而就不会吸引人们步行出行。

美国的郊区社区、就业中心和购物中心等的设计也不便于人们搭乘公共汽车。比如，芝加哥郊区从奥克布鲁克到内珀维尔（Naperville）的就业长廊，许多办公园区在规划设计时没有为公共汽车设置通道和停靠地点，园区内无法通行公共汽车，而从园区到公共汽车站点又路途遥远，而且人行道系统不完善，还要穿过空旷的停车

---

[1] Robert Cervero, *America's Suburban Centers: The Land Use-Transportation Link*, pp. 60, 191-192.

[2] Howard Frumkin, et al., *Urban Sprawl and Public Health*, p. 99.

[3] Dom Nozzi, *Road to Ruin*, p. xviii.

场和繁忙的公路，所以人们不愿搭乘公共汽车。① 郊区购物中心也存在同样的问题，许多购物中心的建筑模式是"巨型盒子"（big box），其建筑造型、内部设计、娱乐设施和商品种类千篇一律，彼此雷同。"这种雷同性现在成为一个效率、规模和文化同质性问题。"而且它们越来越体现出一种空间的私有化和商业化氛围，美国学者称之为"私托邦"（privatopia），这里不再像过去的商业区那样是宗教活动、社区剧院、艺术展览、政治演说、医疗诊所、市民宣传、儿童医疗和社会服务集中的场所。为了满足这种空间的私有化和同质化，这些购物中心杜绝任何可能的公共交通，以便杜绝公共交通所服务的人群，剥夺其政治和市民活动空间。② 这种不利于公共交通的环境被称为"敌视公交"（transit hostile）的环境。③

美国大都市区的公路体系也增加了交通拥堵以及各类交通问题。美国的公路分为四个等级，第一个等级为高速公路，包括州际高速公路和其他快速车道，第二个等级为主要干道（Arterial），第三个等级为集散路（Collector），第四个等级为地方公路（Local）。2000年，高速公路占公路里程总长的1.4%；主要干道占9.6%；集散路占20.1%；地方公路占68.8%。④ 在这种等级制的公路系统中，通向居民区的地方公路占据了绝大部分比例，而高速公路和主要干道所占比例非常低，两者合计只有11%，但后者却承担了大部分运输任务。根据美国会计事务总署（GAO）的研究，美国75%的汽车交通是由州际公路、主体公路和城市公路承担的，但这三者仅占美国公路里程的12%。⑤ 由于大都市区公路系统的等级制分布，汽车首先从地方性次级公路和街道通过集散路汇集到高速公路和主要干道，就好比众多支流的水量汇入主河道而形成洪峰一样。这样，就使高速公路和主要

---

① Robert Cervero, *America's Suburban Centers: The Land Use-Transportation Link*, p. 179.

② National Endowment for the Art, *Sprawl and Public Space: Redressing the Mall*, New York, NY: Princeton Architectural Press, 2002, p. 32.

③ Robert Cervero, *America's Suburban Centers: The Land Use-Transportation Link*, p. 3.

④ U. S. Department of Commerce, U. S. Census Bureau, *Statistical Abstracts of the United States: 2002*, p. 669. 其中百分比为笔者计算所得。

⑤ Meni Koslowsky, et al., *Commuting Stress*, p. 19.

干道汇集了太多的车流,很快就超过它们的承载能力,从而产生交通拥堵。

另外,美国大都市区主体公路的走向也易于导致交通拥堵。美国大都市区的主体公路一般是由中心城市呈辐射状向郊区延伸,这是因为联邦政府在修建高速公路时,主要目的之一就是为了在核战争期间能够迅速地疏散中心城市的居民,同时便于中心城市与郊区之间的通勤。这种向心性的公路体系没有能力负担郊区之间非向心性的通勤需求。然而,二战以后,随着人口和就业的迅速郊区化,到1977年,美国郊区就业人员已经超过了中心城市,两者分别占全国就业人员的35.3%和33.0%。[1] 因此,郊区之间的通勤增长十分迅速,并且成为城市化地区最主要的通勤流向,表6.11显示,1975年,郊区之间的通勤次数占全国通勤次数的38.9%,远远超过其他方向的通勤;1980年同比又上升到40.1%。表6.12显示,1980年,中北部和东北部郊区之间的通勤所占比例最高,分别是49.0%和47.8%。

表6.11 1975年、1980年美国所有城市化地区就业通勤的起始地点

通勤模式	1975年 通勤次数(万)	百分比	1980年 通勤次数(万)	百分比
中心城市内部	1652.8	33.4	2087.9	33.0
郊区到中心城市	959.2	19.6	1269.1	20.1
郊区到郊区	1926.1	38.9	2532.9	40.1
中心城市到郊区	404.0	8.1	422.6	6.8
合计	4942.1	100.0	6312.5	100.0

资料来源:U. S. Department of Transportation, *Planning Guidelines for Suburban Transit Services*, Final Report, Washington, D. C., August 1988, p. 4.

---

[1] U. S. Department of Transportation, *Home-to Work Trips and Travel:1977 Nationwide Personal Transportation Study*, p. 9.

表6.12　　　　1980年美国不同地区的大都市区通勤模式　　　　（%）

地区	中心城市内部	中心城市到郊区	郊区到中心城市	郊区到郊区
东北部	32.2	4.7	15.3	47.8
中北部	30.7	7.0	20.3	49.0
南部	36.1	6.1	23.7	40.1
西部	32.4	9.3	19.9	38.4
美国	33.1	6.7	20.1	40.1

资料来源：U. S. Department of Transportation, *Planning Guidelines for Suburban Transit Services*, Final Report, Washington, D. C., August 1988, p. 5.

虽然郊区之间的就业通勤已经成为美国大都市区最主要的通勤流向，但美国的主体公路却是由中心城市向郊区呈辐射状分布，因而不能满足新的通勤模式的需求。由于从郊区居民区到郊区就业中心往往没有公路连接，或者那些连接公路运输能力不足，通勤人员不得不绕行主体公路，这样就增加了主体公路和交叉路口的交通流量，产生严重的交通拥堵。

（四）大都市区交通拥堵的社会经济因素

导致美国大都市区交通拥堵的社会经济因素主要包括如下几个方面：

第一，美国人口的增加和家庭规模的变小，增加了汽车交通流量，从而增加了交通拥堵的可能性。1960年美国人口总数为1.79亿人，2000年增加到2.81亿，40年间增加了57.0%。[1] 无须论证，人口的增加自然会导致开车人的增加，增加汽车流量。此外，当代美国家庭结构也发生了较大变化，其中之一就是家庭规模的变小，1960—2000年，每个住户的人口由3.33人下降到2.62人。单身户的增长更

---

[1] U. S. Department of Commerce, U. S. Census Bureau, *Statistical Abstracts of the United States: 2002*, p. 8. 其中百分比为笔者计算所得。

加显著，同期由 690 万个增长到 2670 万个，增加了近 3 倍。[1] 家庭规模的缩小和单身户的增多，就意味着一个家庭共同乘车出行的可能性降低，单独出行的可能性上升，从而增加了交通流量。根据美国人口统计，在通勤旅行中，平均每辆汽车乘坐的人数 1970 年为 1.18 人，1980 年下降到 1.15 人，1990 年下降到 1.09 人。美国交通部在一份文件中指出，"社会和人口趋势是朝着核心化的更小的家庭发展，同时，人们越来越珍视宝贵的时间，这些使共同乘车变得十分困难"[2]。

第二，妇女就业的增加也导致了交通流量的增加。20 世纪六七十年代以来，妇女的就业不断增加，而且这些妇女已经不再局限于所谓的"妇女职业"，比如护士、教师、秘书等，而是越来越多的妇女从事服务行业和专业技术工作。而且过去妇女一般搭乘公共交通，然而她们越来越倾向于私人开车。1970—2000 年，16 岁以上的妇女就业比例由 43.3% 提高到 60.2%；同期年龄在 20—24 岁之间的同比由 57.7% 提高到 73.3%。[3] 妇女除了参加就业外，还是家庭义务的主要承担者，1990 年对芝加哥 4 个郊区的研究发现，就业妇女为了购物、接送子女和办理各种杂务的出行次数是就业男性的 2 倍。妇女就业的增加，以及在下班时间购物和办理各种杂务，必然会增加对私人汽车的依赖。1969—1977 年，在 5 岁以上女性所有的出行中，私人开车的比例由 90.1% 上升到 92.7%，可见，女性对私人汽车的依赖程度越来越高。而 1977—1990 年，女性独自开车的次数增加了 50.9%，开车里程增加了 47.6%。女性每增加 1% 的开车者，美国每年的总开

---

[1] U. S. Department of Commerce, U. S. Census Bureau, *Statistical Abstracts of the United States*: 1987, 107th Edition, Washington D. C., 1986, p. 42. U. S. Department of Commerce, U. S. Census Bureau, *Statistical Abstracts of the United States*: 2002, p. 49. 其中百分比为笔者计算所得。

[2] U. S. Department of Transportation, *1990 NPTS Report Series: Demographic Special Reports*, pp. 64 – 65.

[3] U. S. Department of Commerce, U. S. Census Bureau, *Statistical Abstracts of the United States*: 1987, p. 376. U. S. Department of Commerce, U. S. Census Bureau, *Statistical Abstracts of the United States*: 2002, p. 367.

车里程就会增加 100 亿英里。①

第三，美国家庭收入的上升使美国人更有能力购买汽车和燃料。按照 1982 年的美元价格，1970—1985 年，美国人均收入由 9442 美元上升到 12392 美元，实际收入增长了 31.2%。② 而按照 2000 年美元价格，1980—2000 年，美国人均收入由 15494 美元上升到 22199 美元，实际收入增长了 43.3%。③ 因此，美国拥有汽车的家庭比例不断上升，1969—1983 年，至少拥有 1 辆汽车的住户由 79% 上升到 86%；即使那些贫困线以下的家庭，同期拥有汽车的比例也由 46% 上升到 60%。④ 而拥有 3 辆汽车的家庭增长更快，1969—1995 年，由 300 万户增长到 1900 万户，增长了 5.3 倍；同期拥有两辆汽车的家庭由 1700 万户增长到 4000 万户，增长了 1.4 倍，占该年美国家庭总数的 40%。⑤ 与此同时，无车家庭的比例却在迅速下降，1969 年为 20.6%，1983 年下降到 13.5%，1990 年再次下降到 9.2%。家庭收入对于美国人的出行具有重大影响，一般而言，家庭收入越高，出行次数越多。比如，1990 年 16 岁以上男性公民平均每天的开车次数，家庭年收入在 5000 美元以下者为 1.17 次，在 2.5 万—2.99 万美元之间者为 2.79 次，在 7.0 万—7.99 万美元之间者为 3.15 次。⑥

第四，汽油价格偏低是诱使美国人开车出行的一个重要原因。每 100 万英国热量单位（Btu）的石油价格，按照 1982 年的美元价格，1980 年为 5.83 美元，此后连续下降，1984 年下降到 4.13 美

---

① U. S. Department of Transportation, *1990 NPTS Report Series: Demographic Special Reports*, pp. 88, 95, 16, 98.

② U. S. Department of Commerce, U. S. Census Bureau, *Statistical Abstracts of the United States: 1987*, p. 425. 其中百分比为笔者计算所得。

③ U. S. Department of Commerce, U. S. Census Bureau, *Statistical Abstracts of the United States: 2002*, p. 440. 其中百分比为笔者计算所得。

④ U. S. Department of Transportation, *The Status of the Nation's Local Mass Transportation*, p. 13.

⑤ U. S. Department of Transportation, *Our Nation's Travel: 1995 NPTS Early Results Report*, p. 6.

⑥ U. S. Department of Transportation, *1990 NPTS Report Series: Demographic Special Reports*, pp. 7, 30.

元，下降了29.2%。① 如果按照1987年的美元价格计算，每100万英国热量单位（Btu）的石油价格，1985年为4.40美元，1986年骤然下降到2.23美元，下降了49.4%，即下降将近一半，此后略有起伏，到1991年仍然保持在2.43美元的较低水平上。② 平均每辆汽车行驶一英里的开支，1970年为9.45美分，1980年为12.47美分，上升了32%；然而，1990年又下降到6.27美分，比1980年下降了49.8%，比1970年下降了33.7%。③ 即使在汽油价格迅速上升的1999—2000年，美国的汽油价格仍然是世界上最低的，而每个美国人的能源消耗则是世界上最高的。交通运输占美国石油消耗量的65%。④ 石油价格的持续低迷，是推动美国人开车出行的一个重要原因。

总之，美国大都市区交通拥堵的主要根源在于其空间结构特征，比如大都市区的低密度蔓延、土地利用模式的单一性、社区空间设计和道路体系等，当然，非结构因素即社会经济因素也发挥了重要影响。交通拥堵给美国社会造成了一系列严重的经济、社会和环境问题，比如空气污染、能源浪费、人员伤亡、经济损失等。为了克服大都市区的交通拥堵，美国各级政府、民间团体和私人企业等采取了一系列治理措施，比如扩建公路、发展公共交通、倡导共同乘车、建立高密度混合功用和公交友好的社区等等。然而，由于导致美国大都市区交通拥堵的结构性因素没有得到根本的改变，所以，美国的交通拥堵及其各项社会危害仍然是一个难以根治的问题。

---

① U. S. Department of Commerce, U. S. Census Bureau, *Statistical Abstracts of the United States*: *1987*, p. 549. 其中百分比为笔者计算所得。

② U. S. Department of Commerce, Economics and Statistics Administration, U. S. Census Bureau, *Statistical Abstracts of the United States*: *1993*, 113th Edition, Washington D. C., 1993, p. 580. 其中百分比为笔者计算所得。

③ U. S. Department of Transportation, *1990 NPTS Report Series*: *Demographic Special Reports*, p. 117.

④ Jim Motavalli, *Breaking Gridlock*: *Moving toward Transportation That Works*, p. 141.

三 公路的扩建及其效果的局限性

美国各级政府为了克服交通拥堵而采取的第一个措施，也是最简单最直接的措施，就是修建更多的公路和立交桥，从而缓解交通拥堵。但实践证明，这种方法不仅不能从根本上解决大都市区的交通拥堵问题，反而引发了更大的车流量，导致了更加严重的交通拥堵。

(一) 美国各级政府的公路扩建

二战以后，美国各级政府都积极进行公路建设，特别是联邦政府于1956年通过的《联邦援建公路法》，投入巨资修建州际高速公路。表6.13显示，从美国各级政府的公路投资占联邦预算的百分比和占GNP的百分比的角度来看，战后比例最高的年代是五六十年代，比例最高的年份是1965年，各占12.1%和2.1%。然而，从公路投资的数额来看，二战以后，联邦、州和地方政府的公路投资稳步上升，1945年为17亿美元，1960年猛增到107亿美元，1982年增长到430亿美元。但是，如果将汽车数量的增长和通货膨胀的因素考虑在内，美国的公路投资实际上有所下降，1960—1982年，按照不变美元（constant dollars）计算，按每1汽车·英里行程的公路开支下降了56%。这一时期，城市地区的公路投资由过去以建设新路为重点，转变为以交通技术的革新为重点，以便能够充分利用现有的公路。①

尽管如此，联邦政府对公路建设的投入仍然是十分可观的。然而，长期以来，联邦政府对公共交通没有进行资金援助，直到1961年，联邦政府通过的《住房与城市发展法》（Housing and Urban Development Act）才开始对公共交通进行资助。1964年的联邦《城市大众交通法》（Urban Mass Transportation Act）规定，联邦政府在3年

---

① U. S. Institute of Transportation Engineers, *Urban Traffic Congestion*, p. 15.

表6.13 美国政府公路开支及其与联邦预算及国民生产总值的比例

年份	联邦预算（亿美元）	国民生产总值（亿美元）	联邦、州和地方政府公路开支（亿美元）	占联邦预算的百分比（%）	占GNP的百分比（%）
1940	95	1000	27	28.4	2.7
1945	927	2124	17	1.8	0.8
1950	426	2865	45	10.6	1.6
1955	685	4000	74	10.8	1.9
1960	922	5065	107	11.6	2.1
1965	1184	6911	143	12.1	2.1
1970	1957	9927	208	10.6	2.1
1975	3242	15492	281	8.7	1.8
1980	5767	26331	410	7.1	1.6
1981	6572	29377	412	6.3	1.4
1982	7253	31082	430	5.9	1.4

资料来源：U. S. Institute of Transportation Engineers, *Urban Traffic Congestion*: *What Does the Future Hold?* Washington D. C. : Institute of Transportation Engineers, 1986, p. 2.

内拨款3.75亿美元用于公共交通，但同时联邦政府用于公路建设的资金却高达120亿美元，前者仅占后者的3.1%。1970年的《城市大众交通援助法》（Urban Mass Transportation Assistance Act）授权联邦政府每年拨款6亿美元用于发展公共交通，但联邦政府用于公路建设的资金却达到50亿美元，前者仍然只是后者的12%。[1] 从1965年到20世纪90年代中期，联邦政府对公路的资助总额达到6520亿美元，而同期对公共汽车和城市轨道交通的资金援助只有850亿美元，后者仅仅相当于前者的13%。另外，1956年，联邦政府通过了《公路税收法》（Highway Revenue Act），建立了"公路信托基金"（Highway Trust Fund），以保证州际高速公路的资金来源。虽然在70年代以后美国的高速公路系统已经完成，但联邦政府几乎所有的燃油税全部拨给公路信托基金，直到1983年，该基金才开始用于公共交通，但所

---

[1] Oliver Gillham, *The Limitless City*: *A Primer on the Urban Sprawl Debate*, p. 51.

occupy比例很低。比如，在 1996 财政年度，有 247 亿美元的税收拨给公路信托基金，其中 89%（即 220 亿美元）用于公路建设或维修，只有 10.5% 拨给公共交通。① 这种片面发展公路建设，轻视公共交通和其他交通设施发展的做法，乃是联邦政府一以贯之的政策。

联邦政府于 1991 年通过的《地面交通联运效益法》（ISTEA）和 1998 年通过的《21 世纪交通平衡法》（TEA—21）对公共交通的资助有了突破性的进展，但对公路的援助仍然远远高于对公共交通的援助。1990—1999 年，联邦政府用于自行车道和人行道方面的开支从 700 万美元上升到 2.22 亿美元，增长了 30 多倍；同期，联邦政府的公共交通项目开支从 30 亿美元上升到 50 亿美元。然而，虽然联邦政府公共交通项目的投资增加了 75%，而在公路建设方面的投资却上升了 124%。与此同时，在联邦政府拨给各州的 500 亿交通基金中，87% 用于公路建设。② 根据一项研究报告，1998—2000 年，联邦政府在新建和扩建公路方面的投资增加了 21%，但在其他交通工具方面的投资却减少了 19%。③

除了联邦政府这个公路建设的巨头以外，各州和地方政府也在积极进行公路建设，特别是 20 世纪后期，州政府和地方政府甚至成为公路的主要投资者，各州政府修建了全国街道和公路里程的 20%，但其承担的汽车流量却高达全国所有公路运输的 70%。从 60 年代以来，各州的公路开支占美国各级政府公路开支的一半左右；1993 年，美国各级政府的公路投资比例分别为：州政府占 53%，地方政府占 21%，联邦政府占 26%。④ 联邦政府的《地面交通联运效益法》（ISTEA）和《21 世纪交通平衡法》（TEA—21）还给予地方政府在使用联邦交通援助资金方面以很大的灵活性，因此，1998—2000 年，

---

① Wim Wiewel and Joseph J. Persky, eds., *Suburban Sprawl: Private Decisions and Public Policy*, Armonk, NY: M. E. Sharpe, Inc., 2002, pp. 278, 282.
② Oliver Gillham, *The Limitless City: A Primer on the Urban Sprawl Debate*, p. 51.
③ Jim Motavalli, *Breaking Gridlock: Moving toward Transportation That Works*, p. 252.
④ Robert T. Dunphy, *Moving beyond Gridlock*, p. 20.

美国多达93%的地方政府选择了修建和扩建公路的交通政策。[1]

地方政府积极修筑公路的实例可谓不胜枚举。比如，休斯敦在20世纪70年代出现了经济繁荣，交通拥堵异常严重。于是，在休斯敦商会的敦促下，该市实施了一个扩建公路和发展公共交通的计划，每年拨款达10亿美元。到1989年，两条新的收费公路建成通车，公路运输能力提高了43%，主要街道的运输能力提高了27%。菲尼克斯市从1960年到80年代中期投资3.25亿美元，铺设或修缮了220英里的主要街道，420英里的次级街道，修建了51座桥梁，此外还将主要街道拓宽为6车道。[2] 同期在菲尼克斯大都市区，亚利桑那州交通部制定了一项交通计划，通过增加销售税来筹措资金，计划在20年内筹措57亿美元，并实施了一个长达233英里的公路建设计划，到1995年，该计划已经有30英里的公路建成通车。在加州，尽管人们掀起了激烈的"反抗公路"运动，但1993年仍然有两条公路竣工通车，其中"世纪快车道"（Century Freeway）长达17英里，投资22亿美元，将洛杉矶国际机场与郊区诺沃克（Norwalk）连接起来。[3]

波士顿大都市区的公路建设活动明显地体现了交通拥堵与公路建设之间的互动关系。由于严重的交通拥堵，波士顿市政府于1930年开始修建一条穿越市区的6车道的高架公路，即中央干道（Central Artery），该公路于1959年开通之时，每天通行汽车7.5万辆，而到20世纪90年代达到每天通行19万辆汽车。每天交通拥堵的时间长达8—10小时，交通事故的发生率是美国城市地区州际高速公路平均数的4倍。因此，该干道的竣工并没有解决波士顿的交通拥堵问题。于是，波士顿的交通专员弗雷德·萨尔武奇（Fred Salvucci）于1969年提出了一个新的公路建设计划，即"大挖掘"（Big Dig）计划，决定将该中央干道拆除，修建一条名为"历史通道"（History Channel）的地下公路，这一公路项目可谓"美国前所未有的最为复杂最为昂贵

---

[1] Jim Motavalli, *Breaking Gridlock: Moving toward Transportation That Works*, p. 252.
[2] U. S. Institute of Transportation Engineers, *Urban Traffic Congestion*, p. 13.
[3] Urban Land Institute, *Transportation and Growth: Myth and Fact*, Washington, D. C.: the Urban Land Institute, 1996, p. 11.

第六章 大都市区的交通拥堵及其治理

的公路项目"。但该计划直到1990年才破土动工。该工程由马萨诸塞州收费公路管理局负责实施,该工程包括两个组成部分:建设一条10车道的地下公路(I—93)以取代中央干道,另一条是马萨诸塞收费公路(即I—90),通过特德·威廉隧道(Ted William Tunnel)通向洛根国际机场(Logan International Airport)。"大挖掘"计划工程规模巨大,地下公路长度为7.5英里,车道里程长达161英里,挖掘土石1300万立方码,使用水泥380万立方码,起初预计投资25亿美元,而到2001年已经投资141亿美元,最后不得不将完成时间推迟到2005年。[1]

由于各级政府的不断扩建,美国城市地区的公路里程不断延长,1950年为32.3万英里,1970年为56.1万英里,增长率为73.7%,到2000年又增长到85.9万英里,比1970年增长了53.1%。[2]

美国各级政府之所以积极地进行公路建设,一方面这是缓解交通拥堵最简单最直接的办法,另一方面也是一些学者、私人机构和汽车利益集团积极倡导的结果。正如吉姆·莫特瓦利(Jim Motavalli)所指出的,"在美国,汽车工业及其密友公路游说集团与开车人坐在了一条板凳上。美国城市是围绕着汽车建立起来的,而且其优先性依然居主导地位。那么,毫不奇怪,(人们)提出的许多试图摆脱交通枷锁的办法都是基于改进汽车这一基础之上,而不是取消汽车,发展其他形式的公共交通"。比如,一个名为"卡托研究所"(the Cato Institute)的私人机构就极力倡导公路的建设,而反对联邦政府投资于公共交通,称《21世纪交通平衡法》(TEA-21)中援助公共交通的措施为"美国城市的毒素"[3]。当然,有人也对公路的修建提出了批评,认为政府部门修建公路乃是对私人汽车的一种补贴,而詹姆

---

[1] Jim Motavalli, *Breaking Gridlock: Moving toward Transportation That Works*, pp. 65 – 66.
[2] U. S. Department of Commerce, U. S. Census Bureau, *Statistical Abstracts of the United States: 1976*, Washington D. C., 1976, p. 586. U. S. Department of Commerce, U. S. Census Bureau, *Statistical Abstracts of the United States: 2002*, p. 669. 百分比为笔者计算所得。
[3] Jim Motavalli, *Breaking Gridlock: Moving toward Transportation That Works*, pp. 118, 252.

斯·D. 约翰逊（James D. Johnson）则反驳道："如果公路系统代表了任何类型的补贴，那么它实际上是对这个国家每个男人、妇女和儿童的补贴，至少在美国如此。有史以来，如果有某种东西使所有的公民都受益，而且它是一种由公共机构提供的物资，它还能是一种补贴吗？即使那些很少开车的公民，依然依靠公路来运输他们的食物和其他各项所需物资。那些不开车而乘坐轨道交通的人们才真正受到了补贴。这种轨道交通系统的运营都远远不能自负盈亏，更谈不上收回其建设和维修的投资成本了。"[1]

城市土地研究院（Urban Land Institute）是最有力的公路倡导者之一，它是由地产集团资助成立的一个机构。针对下述观点，即"不应该修建新的公路，因为它们会很快就会变得拥挤不堪"，该研究院称之为"神话"，并且宣称"新公路变得拥挤，表明需要它们，这些新路的使用，可以提高对开车人员的服务水平，同时减轻其他地方的拥挤"。该研究院还写道："新公路得到很好地利用这一事实，表明它成功地为使用者提供了一条较短或较廉价的路途——要么使企业便于接近新的市场，要么为旅行者提供了获得更好的工作、住房或购物的新途径。"该机构还列举了一些事实来论证其观点，即在 80 年代，由于对新公路投资的减少，菲尼克斯和休斯敦大都市区的交通拥堵变得异常严重。于是，这两个大都市区进行了大规模的公路建设计划，到 1991 年，休斯敦已经从第二位最拥堵的大都市区下降到第 13 位，菲尼克斯从第 3 位下降到第 20 位。[2]

（二）扩建公路的局限性与"反抗公路"运动

然而，城市土地研究院忽视了修筑公路缓和交通拥堵效果的短暂性。诚然，在那些新建和扩建公路的城市地区，交通拥堵的程度确实有所缓和，然而，好景不长，这些新建公路很快就会重新被汹涌的车

---

[1] Donald C. Williams, *Urban Sprawl，A Reference Handbook*, Santa Barbara, California: ABC-CLIO, Inc., 2000, p. 84.

[2] Urban Land Institute, *Transportation and Growth：Myth and Fact*, p. 12.

流所淹没，大都市区的交通拥堵现象不但没有缓解，反而越来越恶化。

许多学者对这一奇怪现象进行了关注和分析。美国城市问题专家安东尼·唐斯（Anthony Downs）提出了一个广为引用的分析：如果在一个交通拥堵的城市地区扩建公路，就会出现一个"三流汇合"（triple convergence）的现象，第一，那些原本通过其他路径的开车人会回到拓宽的公路上；第二，那些原本避开交通高峰时刻的开车人会恢复高峰时刻在扩建的公路上开车；第三，那些原本乘坐公共汽车、骑车和步行的人也会开车出行，因为拓宽的公路使开车更顺畅。这样就会导致一种恶性循环：其一，公路的改进会推动人们拥有和使用汽车；其二，推动公路沿线的住房和就业开发，而两者都会导致交通拥堵。① 吉姆·莫特瓦利也分析指出，用扩建公路的办法来缓解交通拥堵在短期内也许会奏效，但从长远来说效果不佳，因为公路的扩建和交通条件的改善，将会导致公路沿线居民社区和就业机构的增加，从而增加交通流量。同时，公路的改进也会诱使人们购买和使用汽车，他们马上就会占据新建公路的20%—50%。② 另据加州大学伯克利分校对该州30个县的研究，1973—1990年，道路的承载力每增加10%，4年之内交通流量就会增加9%。这种新增加的交通流量被称为"被诱发的交通流量"（induced traffic）。③ 由此可见，用扩建公路的办法缓解交通拥堵，无异于饮鸩止渴，抱薪救火。

对于通过修建公路来解决交通拥堵的弊端，人们有了越来越清醒的认识。比如，得克萨斯交通研究院（Texas Transportation Institute）在《2001年交通报告》（2001 Mobility Report）中指出："分析表明，仅仅用修建公路的办法，甚至连维持一般水平的交通拥堵似乎都是不可能的。""由于出现新的开发或者由于新的交通设施而导致新的开发，交通拥堵也许会随着时间的推移而有所恶化。"该机构还进一步

---

① Anthony Downs, *Stuck in Traffic: Coping with Peak-Hour Traffic Congestion*, pp. 27–31.
② Jim Motavalli, *Breaking Gridlock: Moving toward Transportation That Works*, p. 35.
③ Andres Duany, et al., *Suburban Nation: the Rise of Sprawl and the Decline of the American Dream*, New York: North Point Press, 2000, p. 89.

指出，修建新的公路也是代价高昂的，根据该机构的估计，仅 1999 年，在美国的 68 个大都市区中，每年需要修建 4000—5000 英里的新车道才能满足需求，而每英里车道所需要的投资在 400 万—8000 万美元之间。此外，修建公路还必须有足够的空间，而大都市区内的许多地方已经是建成区，需要征用地产，拆除民宅和商业机构等，不仅成本十分高昂，而且还往往面临着纠缠不休的法律诉讼。[①]

在这里存在着一个悖论，美国的交通拥堵是由于修建了太多的公路，导致了大都市区的低密度蔓延，从而诱发了太多的车流，造成交通拥堵；而现在又企图利用扩建公路的办法来解决交通拥堵问题，必然会导致大都市区的进一步蔓延，导致更大的车流，造成更严重的交通拥堵。此外，修建更多的公路，还会产生一系列其他方面的危害，比如投入浩繁的资金，消耗更多的资源，占用更多的土地，造成更严重的空气污染，分割野生动物栖息地，造成严重的环境破坏，引起公共交通的衰落，在城市建成区还要拆除众多社区，破坏居民邻里的社会结构，破坏社会的稳定与和谐。

正是由于上述原因，自 20 世纪 50 年代以来，美国许多大城市的受害居民和环保组织掀起了"反抗公路"（freeway revolt）的运动，对政府修建和扩建公路的政策加以抵制。其中以旧金山市的"反抗公路"运动为最早、最著名，也最成功。

20 世纪 40 年代，旧金山市曾经修建了一系列穿越城市的快速车道，在当时，该市的企业界、劳工组织与州政府的工程人员结成联盟，共同推进了该市公路的建设。为了实现这一目标，旧金山商会、旧金山县劳工委员会和中央商务区协会都要求其成员支持该市的公路规划。在这种氛围之下，旧金山市监督委员会（Board of Supervisors）即市议会于 1944 年批准了一个拟建的公路系统，1945 年该系统被纳入该市的总体规划，1951 年该市又专门制定了一个交通道路规划（Trafficways Plan）。然而，人们很快认识到，1951 年总体计划中的穿城公路将会对格伦公园（Glen Park）、森塞特（Sunset）、电报山

---

① Oliver Gillham, *The Limitless City: A Primer on the Urban Sprawl Debate*, p. 96.

第六章 大都市区的交通拥堵及其治理

(Telegraph Hill)和马里纳(Marina)等社区造成分割,对市民生活、社区文脉、城市景观、历史遗迹、自然环境造成的严重危害,并使数百家房主和企业面临拆迁的威胁。

于是,这些城区的居民行动起来,决心对这些公路加以抵制。一些来自格伦公园和森塞特等社区的邻里组织、企业主和政治家发起了一个草根运动,同时报纸、电台和电视台等媒体也加入进来,并且发挥了巨大影响。森塞特区的一位地产开发商克里斯托弗·麦基翁(Christopher Mckeon)通过写信和登门拜访等方式,组成了一个反对穿城公路的邻里组织"旧金山业主协会",他还取得了该区天主教神父哈罗德·柯林斯(Harold Collins)的支持。麦基翁和柯林斯还于1956年召开了抗议修建穿越森塞特公路的公众大会。此外,这些社区的市民和邻里组织还给地方报纸、市长和城市规划人员写信进行呼吁,并且在政府部门举行的听证会上作证。在汹涌的抗议声浪之下,旧金山市监督委员会于1959年1月一致通过决议,取消了总体规划中9条穿城公路中的7条,其中包括西城快车道(Western Freeway)。[1]

然而,双方的冲突并未就此结束,因为9条公路中的另外两条,即锅柄快车道(Panhandle Freeway)和金门快车道(Golden Gate Freeway)仍然处于重新规划和设计中。按照规划,锅柄快车道将穿越金门公园(Golden Gate Park),并将拆除西城附属区(Western Addition)几百家居民的住房,其中许多属于黑人住房;而金门快车道将穿越该市的渔民码头(Fisherman's Wharf)区和马里纳(Marina)区的游船港口。这两条公路不仅会威胁城市居民的社会生活,而且还会对海滨的风景造成极大破坏,并对供应该市饮用水的一个水库的水质构成威胁。于是,金门公园附近的一位居民休·比尔曼(Sue Bierman)于1964年组织了一个邻里协会,即海特—阿

---

[1] William Issel: "Land Values, Human Values, and the Preservation of the City's Treasured Appearance: Environmentalism, Politics, and the San Francisco Freeway Revolt", *Pacific Historical Review*, Vol. 68, No. 4 (Nov., 1999), pp. 629–630.

什伯里邻里协会，呼吁该市监督委员会取消或修改锅柄快车道计划。另一位居民简·科特姆（Jean Kortum）组建了"快车道危机委员会"，并提出了"拯救我们的城市"这样一个极为煽情的口号。此外，简·科特姆还将分散的邻里组织合并为一个全市性的联盟。这些邻里组织和社区居民展开了形式各异、影响广泛的活动，有几千城市居民进行了签名请愿，几百人在该市的监督委员会开会时进行旁听并施加压力，拒绝接受哪怕是对金门公园或滨水区造成任何危害的公路建设活动。市民们的努力再次获得了回报，1966年旧金山市监督委员会取消了锅柄快车道和金门快车道的修建计划，联邦政府的公路局（Bureau of Public Roads）也撤销了对旧金山市和旧金山县任何新增州际高速公路的资金援助。[1]

纽约市是另一个发生"反抗公路"运动的著名城市。早在1929年，纽约市规划协会就制定了"下曼哈顿高速公路计划"，该计划使苏荷区面临着灭顶之灾。只是由于资金问题和牵扯面太广等原因，该计划才被搁置下来，但到20世纪40年代，该计划又被重新提出。消息一出，许多工商企业便从苏荷区撤离，因为该区已经成为一个前途未卜、希望渺茫的地带。1956年，《联邦援建公路法》出台后，"下曼哈顿高速公路计划"提上了日程。[2] 该计划规定：由联邦政府出资在曼哈顿修建一条10车道的高速公路，连接东河大桥和荷兰隧道，以方便正在大力开发的长岛地区与外界的交通联系。联邦政府将承担工程费用的90%。如果该计划付诸实施，将有416幢建筑、2000多套住房、至少800个工商企业从纽约市地图上消失，范围波及整个苏荷区、格林威治村的大部、唐人街和小意大利的部分街区。[3] 于是，在著名的城市规划理论家和社区活动家简·雅各布斯（Jane Jacobs）

---

[1] William Issel: "Land Values, Human Values, and the Preservation of the City's Treasured Appearance: Environmentalism, Politics, and the San Francisco Freeway Revolt", *Pacific Historical Review*, Vol. 68, No. 4 (Nov., 1999), p. 632.

[2] Roberta Brandes Gratz and Norman Mintz, *Cities Back from Edge: New Life for Downtown*, New York: John Wiley & Sons, Inc., 1998, p. 295.

[3] Peter Neal, *Urban Villages and the Making of Communities*, New York: Spon Press, 2003, p. 23.

的领导下，纽约市民开展了声势浩大的取缔"下曼哈顿高速公路计划"的运动。乡村之声（Village Voice）的记者玛丽·P. 尼克尔斯（Mary Perot Nichols）也进行了积极的宣传，从而使该运动获得了舆论的支持。马戈特·盖尔（Margot Gayle）组建了"铸铁建筑之友"进行积极的宣传活动，指出苏荷区的铸铁建筑是纽约市珍贵的历史文化遗产，一旦丧失就将无法挽回。"铸铁建筑之友"的宣传不仅得到了纽约市"文化事务部"的肯定，也博得了许多纽约市民的同情。在各方面的共同努力之下，1969年，"下曼哈顿高速公路计划"最终被击败。20世纪70年代初期，纽约市曼哈顿的规划师们沿着哈得孙河又设计了一条"西城公路"（Westway）。1974年，纽约市民在国会议员休·凯里（Hugh Carey）、埃德·科克（Ed Koch）的领导之下，对这一公路修建计划进行了抵制。该计划的环境评估认为，"西城公路"将毁坏哈得孙河岸的椴树，因而有关官员拒绝签发建筑许可证。该计划最终于1985年被永久性地取消，而拟议中的170亿美元的筑路拨款，则被转移到公共交通的建设之中。[1]

芝加哥也发生了反抗公路运动。1956年，在伊利诺伊州政府、库克县和芝加哥市的联合倡导以及联邦政府商业部的帮助下，芝加哥区域交通研究局于1962制定了一项"芝加哥大都市区1980年交通远景规划"，该规划准备将1946年规划中的公路系统加以扩大。然而，新规划中的公路项目并没有完成，这是因为该规划没有与1946年的规划充分协调，更重要的是，随着全国各大城市居民掀起的"反抗公路"运动，州和联邦政府都大量削减了对公路的资助。1974年，芝加哥区域交通研究局和印第安纳州西北区域规划委员会又提出了一个1995年交通系统规划，要求改善伊利诺伊州东北部6个县和印第安纳州西北部两个县的交通系统，扩建原有的公共交通系统和增加新的快速车道。但是，由于芝加哥地区居民反对修建新的高速公路，结果规划中的福克斯河谷高速公路于1993年被取消，到该年为止，只有埃尔金—奥黑尔高速公路（Elgin-O'Hare Expressway）中一段6.6英里的部分建成，该

---

[1] Jim Motavalli, *Breaking Gridlock: Moving toward Transportation That Works*, p. 90.

路的东段和其他公路都未能完成。1997年,芝加哥区域交通研究局和伊利诺伊州东北规划委员会共同制定了《2020年区域交通规划》,与以前的规划不同,该规划强调将交通问题与土地利用和空气质量问题结合起来,强调对现有公路系统的维护,将80%的公路资金用于对公路的维修和维护,并大力扩建轨道交通系统。①

美国其他的许多大城市也出现了"反抗公路"运动,比如,波特兰、巴尔的摩、费城、新奥尔良、波士顿等。20世纪70年代,波特兰对一系列公路项目进行了公民投票,随后,该市将一条6车道的快速公路"港口车道"(Harbor Drive)拆除,代之以一个滨水公园。又如,在加州的帕萨迪纳(Pasadena),由于人们反对2020年远景规划中的第710号公路(Route 710),使该公路的修建由于陷入诉讼而停顿下来。同样,巴尔的摩的琼斯瀑布快速车道(Jones Falls Expressway)被迫停工,费城终止了穿越市区的公路计划,新奥尔良穿越维尤克斯—卡里(Vieux-Carre)区的公路被迫从公路系统中取消。

到1990年,美国还出现了一个全国性的抵制公路的组织"终止筑路联盟"(Alliance for a Paving Moratorium),该联盟发行了一份季刊《无车时代》(Auto-Free Times),年发行量达1.5万份。该组织的第一位负责人是加州阿克塔镇(Arcata)的简·伦德伯格(Jan Lundberg),此人曾因设置路障而被捕入狱。他认为不仅应该对汽车加以改进,而且应该限制公路的修建,因为只有如此才能阻止大都市区的进一步蔓延。②

对于美国公众"反抗公路"运动的意义,美国学者威廉·伊赛尔(William Issel)评价道:"随着公民团体迫使当选的和任命的政府官员将环境价值纳入公共政策的内容之中,旧金山的反抗公路运动提供了一个考察战后时期兴起的'新自由主义'政治进程的机会。在抵制穿城公路的公路反抗运动中,草根公民团体发展起一种新的强大的

---

① Wim Wiewel and Joseph J. Persky, eds., *Suburban Sprawl*, pp. 139 – 142.
② Jim Motavalli, *Breaking Gridlock*: *Moving toward Transportation That Works*, pp. 258 – 259.

力量，以便影响联邦和州政府权力的行使。"① 事实上，这一评价也同样适用于美国所有的"反抗公路"运动。

由此可见，为了解决交通拥堵而修建更多的公路，不仅从实际效果来看是一种饮鸩止渴的短视措施，而且从政治上来看，也越来越不具有现实性。也许正是基于这些原因，得克萨斯交通研究院的《2001年交通报告》的作者之一蒂姆·洛马克斯（Tim Lomax）于2001年3月在国会作证时说："对于大多数大城市而言，要满足它们的交通需求，仅仅修建更多的道路是很难做到的。这部分是由于资金问题——要减少交通拥堵，大城市的交通开支将成倍增加。同时，这也是一个交通方案能否获得公众支持的问题……公共交通的改进、更好的运营、错峰上班时间、电子通勤，以及一系列其他有效的措施……才是总体解决办法中绝对关键的要素。"② 也就是说，要解决美国的交通拥堵问题，仅仅修建更多的公路是不够的，必须采取综合多元的解决方案，其中最主要的一项措施就是建设发达的公共交通系统，然而，美国的公共交通却长期处于衰落和低度发展的状态。

四 美国城市公共交通的衰落及其危害

城市的交通方式与空间结构是一种相互影响、彼此塑造的关系，交通方式塑造了城市的空间结构；反过来，特定的城市空间结构又需要特定的交通方式与之相适应。就美国大都市区的空间结构与交通方式之间的关系而言，首先是公共交通的衰落和私人汽车的普及导致了大都市区的空间蔓延，然后是大都市区的空间蔓延又强化了人们对私人汽车的依赖与公共交通衰落和低度发展。当然，大都市区的空间结构特征仅仅是美国公共交通衰落和低度发展的原因之一，此外还有众多非结构性因素。

---

① William Issel: "Land Values, Human Values, and the Preservation of the City's Treasured Appearance: Environmentalism, Politics, and the San Francisco Freeway Revolt", *Pacific Historical Review*, Vol. 68, No. 4 (Nov., 1999), pp. 645–646.

② Oliver Gillham, *The Limitless City: A Primer on the Urban Sprawl Debate*, pp. 96–97.

（一）美国城市轨道交通的衰落与低度发展

美国曾经是世界上城市轨道交通系统最发达的国家，然而，从20世纪30年代到60年代短短的二三十年内，美国的城市交通系统发生了沧桑巨变，发达的轨道交通系统竟然急剧衰落，一蹶不振。19世纪随着美国工业化和城市化的发展，城市规模不断扩大，对公共交通的需求便提上了日程，因此19世纪30年代美国城市中便出现了公共马车，19世纪50年代出现了有轨马车，即在轨道上运行的公共马车，而到19世纪80年代末有轨电车应运而生，并迅速取代前者而成为美国城市中占主导地位的公共交通。此外还有其他一些类型的轨道交通，比如通勤火车、缆车、地铁、高架铁路等。到20世纪20年代，美国发达的城市轨道交通堪称无与伦比，举世无双。然而，在诸多技术的、经济的、政策的乃至人为因素的影响下，以有轨电车为主的美国城市轨道交通系统却迅速走向衰落，到20世纪六七十年代，有轨电车已经在美国城市中销声匿迹，难觅芳踪。

早在第一次世界大战期间，有轨电车的衰落就已初露端倪。1914年8月，第一次世界大战在欧洲一触即发，美国的战时繁荣导致了通货膨胀，而物价上涨导致了设备成本的上升。比如一战期间，洛杉矶电车公司各种设备的价格上涨了36%—150%不等。与此同时，工会却提出了增加工资、缩短工时的要求，使电车公司受到两面夹击。1910—1916年，洛杉矶电车公司工人的工资为每小时25—27美分，1918年上涨到36美分。由于设备成本和工资成本的上升，有轨电车的设备更新困难，服务质量下降，导致乘客不满，于是乘客量迅速减少。比如，1913—1918年，洛杉矶电车公司的乘客量从1.398亿人次减少为1.304亿人次，营业利润从700万美元减少到660万美元，而营业开支却从490万美元增加到550万美元，纯收入从60万美元减少为50万美元。于是电车公司往往入不敷出，陷入财政危机之中。[1] 另外，电车公司之

---

[1] Robert M. Fogelson, *The Fragmented Metropolis: Los Angeles, 1850–1930*, Los Angeles: University of California Press, 1967, pp. 167–168.

间的竞争也日趋激烈，致使许多电车公司负债累累。1910年，美国多数电车公司的债务额为其资产的50%，而1912年，波特兰电车、照明和电力公司的负债额竟达到其资产的64%。① 另外，由于战时军需工业劳动力需求旺盛，许多电车工人纷纷转入工资更高的军需工业，使本来就每况愈下的电车行业雪上加霜。

20世纪20年代，美国出现了空前的经济繁荣，有轨电车的发展出现了一定的转机，然而，随后爆发的30年代大危机则给电车行业以沉重的打击。1926年美国城市轨道交通的乘客量创历史最高纪录，达到172.34亿人次，其中地铁和高架铁路的乘客量也达到23.5亿人次。② 但此后有轨电车的乘客量迅速下降，尤其是大危机爆发以后更是一路暴跌，并于1933年跌到谷底。经济大萧条加速了电力公司对电车线路的废弃，1935年国会通过了《公用事业控股公司法》（Public Utility Holding Company Act），要求电力公司将资金从其副业中撤离出来，其中包括有轨电车行业。于是，当时大约有250个城市的电力公司顺水推舟，彻底从困难重重的电车行业中撤离出来，因此有轨电车行业出现了严重的撤资现象。③

本来在大危机期间，有轨电车行业已经步履维艰，难以为继，但一些电车公司共同出资，研制出了一种新型的有轨电车，拥有良好的加速和减速性能，能够在繁忙的街道上运行。这种新型有轨电车是以总统研制委员会（President's Conference Committee）的名称命名的，简称PCC电车。这种电车首先于1935年在纽约市的布鲁克林投入商业运营，这次技术突破使有轨电车走出困境，一度繁荣，到1952年，美国大约有6000辆PCC电车在运行。④

---

① Martha J. Bianco, "Technological Innovation and the Rise and Fall of Urban Mass Transit", *Journal of Urban History*, Vol. 25 No. 3, March, 1999, p.356.

② George W. Hilton, "The Rise and Fall of Monopolized Transit", in C. Lave, ed., *Urban Transit: The Private Challenge in Public Transportation*, Cambridge, MA: Ballinger, 1985, p.42.

③ George M. Smerk, *The Federal Role in Urban Mass Transportation*, Indianapolis: Indiana University Press, 1991, p.43.

④ Vukan R. Vuchic, *Urban Public Transportation: Systems and Technology*, New Jersey: Prentice-Hall, Inc., 1981, p.29.

然而，PCC 电车并不能挽救有轨电车衰落的命运。1949 年美国拥有 101 个电车公司在运营，1953 下降到 71 个；1949 年运营中的电车数量为 15505 辆，1953 年下降到 8400 辆。表 6.14 显示，1930—1952 年，有轨电车的线路里程由 35400 英里下降到 8532 英里，即下降到原来的 24.1%，而 1953 年下降到 6600 英里；每年的运行里程由大约 20 亿英里下降到 7.2 亿英里，即下降到原来的 36%；每年的乘客数量由 130.7 亿人次下降到 46.0 亿人次，即下降到原来的 35.2%，而 1953 年更是骤降到 14.24 亿人次。① 根据另一资料，1908—1970 年，美国轨道交通的客运量下降了大约 75%。1900 年平均每个居民乘坐有轨电车 205.8 次，1970 年下降到 44.58 次。同时，每年的经营赤字达到大约 20 亿美元，在二战以前营业的电车系统中，近 90% 破产并被市政府接收。② 到 1970 年，几乎每个美国城市都抛弃了有轨电车系统，只有 10 个大都市区仍然拥有其他类型的轨道交通服务，比如地铁、城郊通勤火车等。③

表 6.14　　　　　1930—1952 年间美国有轨电车的衰落

	线路里程（英里）	年运行里程（亿英里）	年乘客数量（亿人次）
1930 年	35400	20.0	130.7
1940 年	19602	13.2	83.3
1950 年	10813	9.1	61.7
1952 年	8532	7.2	46.0

资料来源：U. S. Department of Commerce, Bureau of the Census, *Statistical Abstracts of the United States*: *1954*, 75th Edition, Washington D. C., 1954, p. 585.

美国的有轨电车衰落以后，其他轨道交通乃至整个公共交通系统长期以来处于一种低度发展的状态，在美国的城市交通系统中居于微

---

① U. S. Department of Commerce, Bureau of the Census, *Statistical Abstracts of the United States*: *1954*, 75th Edition, Washington D. C., 1954, p. 586.
② Glenn Yago, *The Decline of Transit*: *Urban Transportation in German and U. S. Cities*, *1900 -1970*, Cambridge: Cambridge University Press, 1984, p. 11.
③ Regional Plan Association, *The Renaissance of Rail Transit in America*, New York: American Public Transit Association Press, 1991, p. 13.

不足道的地位，与欧洲同等发达的国家形成鲜明的对照。

（二）美国轨道交通衰落与低度发展的原因

美国轨道交通系统衰落与低度发展的原因是多方面的，前文已经提到一些，比如经营成本的上升和经济危机的冲击等。但这些都不是主要的原因，因为其他产业也遭遇了同样的经历，但并没有像有轨电车这样出现持续的衰落并最后消失。而且欧洲的轨道交通也没有走向衰落，而是一直在城市交通中占有重要地位。所以，美国轨道交通的衰落与低度发展有其更加深层的原因。

第一，电车公司经营政策的失当是导致有轨电车走向衰落的重要原因。许多电车公司的老板为了牟取暴利，竞相在电车线路两侧大搞地产投机。为此，他们不惜牺牲电车公司的利益，将电车线路拼命伸向郊外乃至人烟稀少的乡村，从而造成了电车公司的过度投资。美国有轨电车大王亨利·E. 亨廷顿（Henry E. Huntington）说，"永远不能让电车线路等到需要它时才铺设到那里。它必须先于社区的发展，而且在住房开发商到达之前它就已经存在"[1]。随着电车线路的延伸，居民社区越来越稀疏，乘客也就越来越稀少，而电车运行的路程和时间却在不断延长，从而无形中提高了运营成本。由于美国电车公司大多实行五美分一票制和免费转车制度，因此，电车线路越是向外延伸，成本越高，利润率也就越低。另外，由于电车公司资金不足，设备陈旧，服务下降，从而招致了乘客的不满和营业额的减少。电车公司的经营不善导致了大批电车公司的破产，仅 1916—1923 年，美国就有 1/3 的有轨电车公司破产。[2]

第二，地方政府的不力政策是导致有轨电车衰落的另一个重要原因。有轨电车是一种典型的公用事业，而公用事业往往需要政府部门的多方面扶持才能生存和发展，这也正是 19 世纪末 20 世纪初有轨电

---

[1] Lionel Frost, "The History of American Cities and Suburbs: An Outsider's View", *Journal of Urban History*, Vol. 27 No. 3, March 2001, p. 368.

[2] Glenn Yago, *The Decline of Transit*, p. 53.

车兴盛一时的重要原因。但是随着历史的推移，由于私人汽车的发展以及市民对电车公司的不满，各市政府受到选民的压力越来越大，因而给予电车公司的优惠政策越来越少，而义务和责任条款却越来越苛刻。比如1902年，波特兰市在颁发给该市电车公司的执照中规定，电车公司要承担其通行的任何桥梁和高架道路的建筑和维修费用的1/4，还要对街道的使用权支付一定的费用，并对轨道两侧一定范围内的路面进行铺砌。1913年新的执照增加了新的义务，除了每年要缴纳执照费以外，还要向市政府缴纳每英里轨道200美元的费用，而且部分警察和全部消防人员可以享受免费乘车的特权。1914年市政府又要求所有的有轨电车在每次通过桥梁时都要缴纳3美分的过桥费。该年波特兰市的电车公司仅过桥费就高达4.5万美元。1917年，俄勒冈州公共服务委员会对波特兰电车公司的资产估价只有5600万美元，比该公司自己的估价低600万美元。这种偏低的财产估价损害了投资人对该公司的信心，打击了股民的投资热情。1916—1918年，该公司的年投资增长率仅为0.01%，而1913—1915年的年投资增长率为1.22%。[1] 另外，在电车线路不断延长和经营成本不断上升的情况下，5美分票价未免过于低廉。1927年，洛杉矶电车公司提出将票价从5美分提高到7美分，遭到洛杉矶市政府的拒绝。虽然这一要求得到了法院支持，票价得到了提高，但乘客量却大幅度减少。1930—1933年，乘客量从2.058亿人次减少为1.405亿人次，营业总收入从1370万美元降为950万美元。[2] 如果考虑到洛杉矶人口的增加，这种下降幅度就更大了。

许多城市不仅不给予电车公司应有的扶持和补贴，甚至纷纷通过了诸多直接打击公共交通发展的政策，比如，底特律1929年的公民投票否决了一项公共交通建筑法案，该法案原本计划投资2.8亿美元建设一条地铁、65英里的快速地面公共交通和560英里的有轨电车

---

[1] Martha J. Bianco, "Technological Innovation and the Rise and Fall of Urban Mass Transit", *Journal of Urban History*, Vol. 25 No. 3, March, 1999, pp. 359 – 363.

[2] Robert M. Fogelson, *The Fragmented Metropolis: Los Angeles, 1850 – 1930*, p. 184.

线路。而洛杉矶甚至在没有进行公民投票的情况下,就终止了1925年的一项公共交通法案,该法案原计划投资1.33亿美元修建26英里的地铁和85英里的高架铁路。[1] 而丹佛的城市规划人员更为激进,建议干脆将有轨电车线路全部拆除,"因为(它们)阻碍了快速车辆的交通"[2]。

第三,联邦政府的交通政策对轨道交通乃至整个公共交通起到了釜底抽薪的作用。从20世纪初期以来,联邦政府积极投资于公路建设,大力发展汽车交通,使轨道交通乃至整个公共交通得不到或很难得到投资。起初,美国的公路建设主要是由地方政府和州政府进行的,随后联邦政府逐渐参与进来。1916年国会通过了《联邦援建公路法》,正式确立了联邦与州合作修建公路的原则,随后,联邦政府多次通过公路法,授权各州设计州际公路和县际公路,并对其修建予以援助。但总的来说,二战以前联邦援助还非常少,公路的建设主要由各州和地方政府承担,并且主要限于乡村公路。对美国公路建设产生决定性影响的是1956年国会通过的《联邦援建公路法》,该法将对各州的资助份额提高到全部投资的90%。此后,美国的公路里程迅速增长(参见第二章)。相比之下,联邦政府对公共交通的援助却少得可怜,在20世纪60年代以前,联邦政府对城市公共交通几乎没有投入一个美元。这种偏袒公路和冷落公共交通的政策,对于以轨道交通为主的公共交通,无异于致命一击。

第四,私人汽车公司偷天换月的阴谋直接葬送了美国的城市轨道交通系统。具体而言,就是汽车生产公司及其相关产业为了推销其产品,通过间接方式秘密兼并电车公司,然后拆除轨道交通线路,而代之以公共汽车,从而造成轨道交通的彻底衰落。1914年美国第一辆小型公共汽车(jitney)在洛杉矶开始运营,并迅速在美国各大城市普及开来。1936年,通用汽车公司(GM)、黄色轿车公司(Yellow

---

[1] Carl Abbott, *Urban America in the Modern Age: 1920 to the Present*, Arlington Heights, Illinois: Harlan Davidson, 1987, p. 43.
[2] Lionel Frost, "The History of American Cities and Suburbs: An Outsider's View", *Journal of Urban History*, Vol. 27 No. 3, March 2001, p. 370.

Coach)、灰狗长途汽车公司（Greyhound）等公司的高层经理组成了"全国城市电车公司"（National City Lines），秘密收购全国各大城市的轨道交通系统，并将其拆毁而代之以公共汽车。而通用汽车公司、费尔斯通轮胎与橡胶公司（Firestone Tire and Rubber）、菲利普斯汽油公司（Phillips Petroleum）、加州标准石油公司（Standard Oil of California）等都握有"全国城市电车公司"的大量股票。在这个汽车利益集团的暗箱操作之下，到1949年，通用汽车公司在45个城市摧毁了100多个有轨电车系统，其中包括纽约、芝加哥、费城、底特律、圣路易斯、巴尔的摩以及洛杉矶等大城市。在1936年"全国城市电车公司"成立之时，美国共有4万辆有轨电车在运行，而到1955年底，只剩5000辆，88%的电车线路已被摧毁。[1]

以通用汽车公司为核心的汽车利益集团，在洛杉矶大都市区的收购和拆毁活动最能说明问题。洛杉矶大都市区曾经拥有世界上最大的有轨电车系统，在其鼎盛时期，其线路长达1164英里，遍及50个社区。1938年，通用汽车公司与加州标准石油公司组建了"太平洋城市电车公司"（PCL），作为"全国城市电车公司"的一个分公司。第二年，该公司就购买了加州北部弗雷斯诺（Fresno）、圣何塞（San Jose）和斯托克顿（Stockton）三个城市的电车系统并将其拆毁，代之以公共汽车线路。1940年，通用汽车公司、标准石油公司和费尔斯通轮胎公司掌握了"太平洋城市电车公司"（PCL）的经营权，该公司便开始购买并拆毁"太平洋电车系统"从洛杉矶市到伯班克（Burbank）、格伦代尔（Glendale）、帕萨迪纳（Pasadena）和圣贝纳迪诺（San Bernardino）的有轨电车线路。1944年12月，"全国城市电车公司"的另一个分公司，即"美国城市电车公司"（American City Lines）在通用汽车公司、标准石油公司的资助下，又收购并拆毁了洛杉矶市中心区的电车线路，而代之以通用汽车公司生产的柴油机公共汽车，使用美孚石油公司的燃油。1961年，"太平洋电车系统"

---

[1] Mark Schneider, *Suburban Growth: Policy and Process*, Brunswick, Ohio: King's Court Communications, Inc., 1980, p. 33.

从洛杉矶的瓦茨（Watts）到长滩（Long Beach）的最后一辆电车停止运行。至此，洛杉矶大都市区的由3000辆无噪音、无污染的电车构成的交通系统被完全摧毁。①

针对上述大公司的这种阴谋活动，格伦·雅哥（Glenn Yago）一针见血地指出："在全国的交通政策中，最重要的因素就是汽车—石油—橡胶工业联合体的策略，这些策略的目的就是扩大其公共市场，并为销售其产品提供必要的基础设施。""由于轨道交通阻碍了新兴产业中产品的扩大，并妨碍了城市土地和住房投资的盈利，因此各大公司通力合作，用汽车化（motorization）的政策取代轨道交通。虽然有轨电车是与旧产业（煤炭、钢铁、电机等）的增长高峰时期密切相关的产业，但它越来越成为力量日趋壮大的新兴资本的障碍，这一新兴资本在此称为'汽车工业联合体'。"②

第五，汽车的竞争和有轨电车本身的缺点也注定了后者的衰落。由于有轨电车线路呈放射状由市中心向外延伸，越靠近市中心，电车轨道越密集，电车数量越多，交通就越拥堵。1910年洛杉矶的一份杂志评论道："有时在交通高峰时刻，商业区的每一英寸铁轨都被电车车厢所占据。"③ 1915年，密歇根大学的一位工程师感叹道："瞧一瞧底特律市吧，你不可能再将更多的有轨电车开到那里。现在它不是别的，只是一个移动的平台而已。如果他们希望有更多的有轨电车，他们将只好修建高架车道或地铁。"④ 而修建高架车道或地铁的造价十分高昂。

相比之下，修建公路的成本则要低廉得多，而且汽车更加灵活方便，更加保护隐私，因而更加受到人们的喜爱和追捧。1900年，美国注册的汽车只有8000辆，平均每9500人才拥有一辆；1920年

---

① Mark Schneider, *Suburban Growth: Policy and Process*, p. 33.
② Glenn Yago, *The Decline of Transit*, p. 75.
③ Lionel Frost, "The History of American Cities and Suburbs: An Outsider's View", *Journal of Urban History*, Vol. 27 No. 3, March 2001, p. 368.
④ Joel Schwartz, "Evolution of the Suburbs", in Philip C. Dolce, ed., *Suburbia: the American Dream and Dilemma*, New York: Anchor Press, 1976, p. 11.

上升到813.2万辆，平均每13人拥有一辆；1940年上升到2737.2万辆，每4.8人拥有一辆；1950年骤增到4018.5万辆，每3.8人拥有一辆。① 因此，私人汽车对有轨电车和公共交通构成了严峻的挑战，二战以后，汽车的汽车和公共交通行车里程逐年上升，而公共交通的行车里程逐年降低。表6.15显示，以1945年的汽车和公共交通行车里程的指数为100，1945—1964年，汽车的行车里程指数上升到342.9；而公共交通的行车里程指数则下降到62.0。私人汽车的竞争是有轨电车等公共交通衰落的根本原因。

表6.15　　1945—1964年汽车和公共交通行车里程的指数变化

年	汽车	公共交通
1945	100.0	100.0
1950	181.4	92.4
1955	243.3	75.2
1960	293.5	65.8
1964	342.9	62.0

资料来源：Gerard L. Snyder, "The Coming Impact of Mass Transit", *Financial Analysts Journal*, Vol. 22, No. 4 (Jul.-Aug., 1966), p. 56.

在美国轨道交通衰落的诸多因素中，最关键的是政府政策，包括地方政府和联邦政府政策。虽然有轨电车公司的经营策略和汽车公司及相关产业公司的偷天换月活动也是重要原因，但关键在于没有政府的扶持与引导，甚至是限制和打击。此外，美国大都市区低密度蔓延式的空间结构也不利于公共交通，特别是轨道交通的运行，这一点前文已有论述。也有不少学者指出，美国轨道交通乃至整个公共交通的衰落与美国文化有关，即美国人热爱自由，注重隐私，而公共交通对人的自由行动具有很大的局限，也使人们在搭乘公共交通之时彼此近

---

① U. S. Department of Commerce, Bureau of the Census, *Statistical Abstracts of the United States: 1954*, p. 8, p. 562. 其中，美国人均拥有汽车量为笔者根据美国人口和注册汽车数量计算所得。

距离接触，没有隐私性可言。但文化因素同样不是主要原因，因为每个民族都热爱自由，注重隐私，欧洲同样如此，但欧洲的轨道交通乃至整个公共交通系统在其公民的出行中却占有很大的比重，这是因为欧洲各国政府比美国政府更加注重对公共交通的扶持。

（三）公共交通衰落的社会经济危害

早在20世纪初期，一位美国工程师麦克唐纳（MacDonald）就已经发出警告，如果美国人热衷于"对私人汽车的偏好"，而忽视了公共交通，将会产生严重的后果。因此，他敦促政府官员们"推动公共交通乘客量的提高……如果这种转变不能切实出现，那么大城市的交通问题也许会达到异常棘手而难以解决的地步"[①]。

然而，这一预测不幸被言中了。有轨电车的衰落、对私人汽车的依赖、公共交通的低度发展、步行和骑车不便等，造成了严重的社会经济后果。

第一，公共交通的衰落和对私人汽车的依赖造成了能源浪费和环境污染。从能源消耗的角度来看，轨道交通完成单位运输量所消耗的能源远低于其他交通方式。例如，1995年美国私人汽车每乘客·公里消耗的能量平均为6500大卡，而公共汽车和轨道交通则分别为5940大卡和5440大卡。[②] 根据另一项研究，按每单位运输量（人·公里）所消耗的能量对比来看，轨道交通系统是私人汽车的1/5和公共汽车的2/5。[③] 另外，私人汽车由于燃烧汽油而造成了严重的空气污染，而轨道交通的污染程度微乎其微。根据美国区域规划协会的资料，20世纪80年代美国各种交通工具每运输100乘客·公里，重轨铁路释放的碳氢化合物、一氧化碳和氮氧化物分别为0.2克、1克和30克；轻轨铁路这三种污染物的排放量分别为0.2克、2克和43克；公共汽车分别为12克、189克和95克；而单人开车分别为130克、

---

① Dom Nozzi, *Road to Ruin*, p. 20.
② ［美］罗伯特·瑟夫洛：《公交都市》，宇恒可持续交通研究中心译，中国建筑工业出版社2007年版，第36页。
③ 全永燊等：《路在何方：纵谈城市交通》，中国城市出版社2002年版，第175页。

934克和128克。① 可见，轨道交通、公共汽车与私人汽车污染物的排放量相差悬殊。

第二，公共交通的衰落和对私人汽车的依赖，导致了土地资源的浪费和运输效率的下降。在客运量相同的情况下，轨道交通和其他公共交通比汽车交通占用的土地要少得多，而运输乘客则多得多。比如，根据一项对旧金山湾区的研究，轨道交通和公共汽车仅占全部车流量的3%，但占通勤高峰时间进入市中心乘客的45%。② 一条铁路的运输能力是一条公路单车道运输能力的近20倍，也就是说，一条公路的单车道每小时运输乘客的最大量是2400人，而一条铁轨每小时运输乘客可达4万人，而且这一运输量不受天气变化和交通拥堵的影响。③ 根据另一项研究，美国平均每个城市面积的1/3是为汽车服务的，其中包括街道、公路、服务站、停车场等。④ 而洛杉矶市中心区更是有2/3土地面积用于铺设公路和停车场等。⑤ 可见，私人汽车交通比轨道交通占据了多得多的土地面积，而且地铁和轻轨若铺设在地下或是采用高架线路则几乎完全不占用地面空间。另外，由于轨道交通以站点为核心，居民住地不能远离这些站点，从而可以形成以这些站点为核心的高密度开发模式，节省更多的土地。

第三，公共交通的衰落和对私人汽车的依赖加重了个体家庭的经济负担。首先，购买私人汽车就是一笔可观的开支。1970年美国一辆标准的新车价格为4000美元左右，1992年上升到1.8万美元。⑥ 其次，汽车的维护、保险和汽油消耗同样是一笔不小的开支。1995美国平均家庭收入只有3.7万美元，而交通开支却高达6000美元，

---

① Regional Plan Association, *The Renaissance of Rail Transit in America*, p. 30.
② Gerard L. Snyder, "The Coming Impact of Mass Transit", *Financial Analysts Journal*, Vol. 22, No. 4 (Jul. -Aug., 1966), p. 56.
③ "The Return to Rapid Transit", *Financial Analysts Journal*, Vol. 19, No. 1 (Jan. -Feb., 1963), p. 33.
④ Jim Motavalli, *Breaking Gridlock: Moving toward Transportation That Works*, p. 27.
⑤ Gerard L. Snyder, "The Coming Impact of Mass Transit", *Financial Analysts Journal*, Vol. 22, No. 4 (Jul. -Aug., 1966), p. 56.
⑥ The Steering Committee for the National Commuting Study, *Commuting in America* II, p. 39.

其中购买、维护和驾驶私人汽车占93%，而航空、公共交通和出租车等方面只占7%。① 表6.16列举了2001年一些大都市区每个家庭的交通开支占家庭总开支的比例，其中最高的是休斯敦，每年每个家庭的交通开支为8840美元，占家庭总开支的22.1%；其次是迈阿密，两个数值分别为6684美元和19.0%。

表6.16　　　　2001年部分大都市区每个家庭每年的交通开支

大都市区	每个家庭每年的交通开支（美元）	占家庭总开支的百分比（%）
休斯敦	8840	22.1
迈阿密	6684	19.0
费城	6904	18.1
克利夫兰	6384	17.5
洛杉矶	7224	17.4
波特兰	6848	16.8
圣迭哥	6319	15.8
华盛顿	7207	15.4
波士顿	5788	15.2
芝加哥	5436	14.9
纽约	5956	14.5

资料来源：Oliver Gillham, *The Limitless City: A Primer on the Urban Sprawl Debate*, Washington, D.C.: Island Press, 2002, p.127.

根据另一研究，交通开支为美国家庭的第二大开支，占每个家庭总开支的18%，仅次于住房开支的19%。美国家庭为了满足交通开支，其工作量相当于从元旦工作到3月14日。而在20世纪初期，美国人的交通开支仅占家庭收入的1%—2%，1989年，私人汽车每行驶1英里的开支是78美分，而该年美国汽车旅行开支总额为1.6万

---

① Amy Helling, "Transportation, Land Use, and the Impacts of Sprawl on Poor Children and Families", in Gregory D. Squires, ed., *Urban Sprawl: Causes, Consequences & Policy Responses*, Washington, D.C.: The Urban Institute Press, 2002, p.129.

亿美元,约占国内生产总值5万亿美元的32%。2000年,美国仅汽车消耗的汽油就高达1200亿加仑,价值1860亿美元。①

第四,汽车交通的流行和公共交通的衰落还增加了政府开支和私人公司的开支。1999年,美国政府修建公路的开支高达1170亿美元,而公共交通开支只有290亿美元。这些公路开支再加上私人开支,美国每年交通开支高达1万亿美元,占GDP总值的11%。联邦政府为了维持美国石油的供应,每年在海湾地区的军事开支达500亿美元。为了维持战略石油储备的开支为15亿美元,空气污染治理和健康开支90亿美元。私人汽车通勤还增加了企业开支,每年公司雇员的免费停车就使企业开支达850亿美元,由于雇员的停车位是免税的,联邦政府每年税收减少210亿美元。②

第五,公共交通的衰落和对私人汽车的依赖还导致了严重的社会不公正。美国虽说是一个"车轮上的国家",但并非所有的居民和家庭都拥有私人汽车。1969年,美国无车家庭占20.6%,1983年这一比例下降到13.5%,1990年再下降到9.2%。无车家庭主要集中于新英格兰、大西洋中部沿岸和南部大西洋沿岸,也就是美国的东海岸,虽然这里只有美国成年人口的36%,却占美国无车成年人的46%。③另外,无车家庭主要集中于大都市区,1990年,仅纽约大都市区的无车家庭就占全国的20%,洛杉矶、芝加哥、旧金山、费城、底特律、波士顿、华盛顿7个大都市区合计占20%,其他百万人口以上的大都市区合计占21%,而其他大都市区只占39%。最后,无车家庭大多集中于中心城市,1990年,中心城市的无车家庭占全国的比例为59%,内层郊区占18%,小城市地区占11%,乡村地区占12%。④

---

① Dom Nozzi, *Road to Ruin*, p. 5.
② Dom Nozzi, *Road to Ruin*, pp. 5 – 6.
③ U. S. Department of Transportation, *1990 NPTS Report Series: Demographic Special Reports*, pp. 7 – 8.
④ The Steering Committee for the National Commuting Study, *Commuting in America* II, p. 35.

公共交通的衰落和对私人汽车的依赖所造成的社会不公正主要体现在如下几个方面。首先是对无车公民的不公正待遇问题。在交通补贴方面，各级政府对私人汽车的资金补贴远远高于公共交通，根据一项调查，政府为每个独自开车通勤者提供的补贴比轨道交通通勤者高40%，1980—1996年，联邦政府的交通开支为3030亿美元，而公共交通只占11%。① 在90年代中期的印第安纳波利斯，无论是否拥有汽车，地产主都必须交纳财产税以进行公路的建设和维护，而该市多达25%的居民没有汽车。在该市每年用于公路建设的9000万美元中，只有不足一半来自公路桥梁收费和汽油税等，其余部分都来自地产税等各项税收，从而使无车家庭对有车家庭进行了财政补贴。90年代初期，西雅图的每位车主每年从无车公民得到的补贴达792美元，此外还可享受1920美元的免费停车。②

其次，公共交通的衰落和对私人汽车的依赖，对无车居民的就业和出行造成了极大的障碍。对于无车居民来说，通勤方式主要依靠步行、骑车或乘坐公交。步行和骑车的通勤主要限于近距离范围内，因而就业选择的空间范围就受到极大的限制；无车居民的长途通勤需要乘坐公交，而美国的公共交通非常不发达，尤其是郊区更是如此，而蓝领就业的分布趋势恰恰是不断向郊区迁移，从而造成了无车居民的就业困难。除了通勤以外，购物和社交等方面的出行也是如此。表6.17显示，由于郊区和非都市区的公交很不发达，因此16岁以上成年人在调查当天没有出行的比例远远高于中心城市，对于无车家庭来说，中心城市不出行的比例只有40.6%，郊区和非都市区则分别高达52.2%和54.0%；从无车家庭和有车家庭的对比来看，无论是中心城市、郊区还是非都市区，无车家庭不出行的比例都远远高于有车家庭，在中心城市两者分别为40.6%和21.7%，在郊区分别为52.2%和19.8%，在非都市区分别为54.0%和23.0%，两者相差悬殊，这说明了无车家庭的出行困难。"美国社区交通协会"（CTAA）写道："在当今美国，车轮

---

① Oliver Gillham, *The Limitless City: A Primer on the Urban Sprawl Debate*, p. 128.
② Dom Nozzi, *Road to Ruin*, p. 6.

就是力量。有了它们，人们就有了人身自由；没有它们，他们就是囚犯。车轮意味着生活舒适或贫困的差别。那些拥有车轮的人们能够制定他们自己的行动计划，而那些不拥有车轮的人们则只能希望他们的需要能够体现在别人的日程表中。"①

表6.17　　1990年私人汽车对16岁以上成年人出行的影响

		中心城市	郊区	非都市区
在调查当天没有出行的百分比	无车家庭	40.6%	52.2%	54.0%
	有车家庭	21.7%	19.8%	23.0%
每天出行次数	无车家庭	1.97	1.72	1.45
	有车家庭	3.21	3.26	3.13
人口的分布	无车家庭	57.5%	22.5%	20.0%
	有车家庭	34.8%	42.2%	23.0%

资料来源：U. S. Department of Transportation, *Travel Mode Special Reports*, 1990 NPTS Report Series, Washington, D. C., April 1994, p. 35.

公共交通的衰落和对私人汽车的依赖，对少数族裔造成了更大的伤害，因为少数族裔无车家庭的比例更高。表6.18显示，1990年，美国白人无车家庭的比例最低，只有8.7%，黑人同比最高，为30.5%；中心城市白人同比只有15.2%，而黑人同比则为37.2%。这只是全国平均数值，许多中心城市黑人无车家庭的比例更高，比如同年纽约市的同比为61%，费城市为47%，芝加哥和华盛顿为43%；纽约市西班牙裔无车家庭的比例为62%，圣迭哥同比为37%。②

由于少数族裔无车家庭的比例更高，因此少数族裔更加依赖公共交通出行。表6.19显示，在2000年，在16岁以上的就业人员中，白人只有3.1%的就业人员依靠公共交通通勤，黑人同比最高，为

---

① U. S. Department of Housing and Urban Development, *Neighborhood Networks*: *No Car*？*No Problem*！*Innovative Transportation Solutions*, Washington, D. C., June 1999, p. 1.

② The Steering Committee for the National Commuting Study, *Commuting in America* II, p. 37.

表6.18　　　　1990年美国各种族和族裔群体无车家庭的百分比　　　　（%）

	白人	黑人	印第安人	亚洲裔	西班牙裔	所有各族
美国	8.7	30.5	17.1	13.1	19.0	11.5
中心城市	15.2	37.2	23.6	21.6	27.1	20.4
内层郊区	5.9	15.8	9.1	4.4	9.2	6.7
乡村地区	5.0	20.7	16.5	4.9	7.7	5.9

资料来源：The Steering Committee for the National Commuting Study, *Commuting in America Ⅱ: The Second National Report on Commuting Patterns and Trends*, Lansdowne, VA: Eno Transportation Foundation, Inc., 1996, p.36.

12.2%，亚裔和西班牙裔各为10.2%和8.9%。而要具体到各个城市，情况就更加严重。比如，在佐治亚州的梅肯（Macon）大都市区，20世纪90年代初期，黑人和白人各占人口的一半，但黑人却占公共汽车乘客量的90%。1993年，该大都市区的两个县投资3300多万美元修建公路，而对公共交通的投资只有140万美元，前者是后者的23.6倍。因此，一些民权人士抱怨说："在当地众所周知的是，白人一般通过私人开车旅行，而通常将固定路线的公共汽车留给黑人居民。"[①] 不言而喻，公共交通的衰落和对私人汽车的依赖，对少数族裔造成了更严重的危害。

表6.19　2000年美国各种族16岁以上就业人员的通勤方式所占百分比　（%）

	白人	黑人	亚裔	西班牙裔
独自开车	78.8	65.9	66.0	60.7
共同乘车	10.6	16.0	15.7	22.5
公共交通	3.1	12.2	10.2	8.9

资料来源：U.S. Department of Commerce, Bureau of the Census, *Journey to Work: Census 2000 Brief*, Washington, D.C.: U.S. Government Printing Office, March 2004, p.4.

---

① Jim Motavalli, *Breaking Gridlock: Moving toward Transportation That Works*, p.168.

公共交通的衰落和对私人汽车的依赖，对低收入群体也造成了严重的伤害。表6.20显示，收入水平越低，独自开车出行的比例越低，而搭乘公交出行的比例越高。比如，低于贫困线的家庭独自开车出行的比例只有56.86%，而贫困线以上的家庭的同比高达79.88%；相反，低于贫困线的家庭搭乘公交出行的比例高达8.30%，而贫困线以上的家庭的同比只有3.39%。因而，公共交通的衰落和低度发展对低收入群体的出行造成了不利的影响。

表6.20　　　　　1990年收入水平对出行方式的影响　　　　　（%）

出行方式	低于贫困线的家庭	接近贫困线的家庭	贫困线以上的家庭
独自开车	56.86%	66.06%	79.88%
共同乘车	32.49%	25.15%	15.63%
公共交通	8.30%	6.26%	3.39%
非机动车	2.35%	2.53%	1.11%

资料来源：U. S. Department of Transportation, *Travel Mode Special Reports*, 1990 NPTS Report Series, Washington, D. C., April 1994, p.120.

公共交通的衰落和对私人汽车的依赖，对妇女的出行也造成了不利影响。表6.21显示，男性独自开车出行的比例为81.09%，女性为75.95%；男性搭乘公交出行的比例为3.60%，女性为3.81%。相对而言，女性比男性更加依赖公共交通，因此，公共交通的衰落和低度发展，必然为妇女的出行造成困难。

表6.21　　　　　1990年性别对出行方式的影响　　　　　（%）

出行方式	男性	女性
独自开车	81.09%	75.95%
共同乘车	14.01%	19.11%
公共交通	3.60%	3.81%
非机动车	1.30%	1.12%

资料来源：U. S. Department of Transportation, *Travel Mode Special Reports*, 1990 NPTS Report Series, Washington, D. C., April 1994, p.121.

不言而喻,公共交通的衰落和对私人汽车的依赖,对儿童、老年人和残疾人造成了更加严重的伤害。对于那些没有能力开车的儿童、老年人和残疾人来说,根本无法享受到汽车带来的自由与便利,在汽车主导下的客运交通中,公共交通的每况愈下势必造成这些不能开车群体的出行困难,所以说,汽车在带给大多数人出行自由的同时,也阻碍了一部分人的出行便利。由于出行困难,他们常常陷于孤独、寂寞甚至抑郁的境地。总之,美国大都市区的蔓延和公共交通的衰落以及对私人汽车的严重依赖,对社会弱势群体的出行和社会交往造成了极其不利的影响,有违美国机会均等的原则。因此,公共交通问题不仅仅是一个社会经济问题,同时也是一个政治问题,正如弗吉尼亚大里士满商会于1996年所指出的,"在里士满大都市区的大多数地方辖区内,公共交通被看作是一种政治义务"[①]。

五 联邦政府的公共交通政策

为了缓解公共交通的衰落和交通拥堵及其所导致的经济、社会和环境危害,联邦政府从20世纪60年代开始通过了一系列相关法律,对城市公共交通注入资本,不断加大投资力度,而且还促成了城市公共交通所有制和经营方略的变化。虽然联邦政策并没有使公共交通在美国城市交通体系中占据主导地位,但对于扭转城市公共交通的衰落局面却发挥了积极的作用。

(一) 联邦公共交通政策的形成与初步发展

20世纪60年代是联邦政府公共交通政策的启动时期。面对城市公共交通的日趋衰落及其危害,联邦政府也开始意识到城市公共交通的重要性。从1964年第一个标志性的联邦公共交通法《城市大众交通法》到1978年的《地面交通援助法》,在这10余年间,联邦政府通过了一系列授权法,不断加大对公共交通的资金援助,因此,从

---

① Jim Motavalli, *Breaking Gridlock: Moving toward Transportation That Works*, p. 167.

20世纪70年代中期开始，美国城市公共交通的乘客量开始回升。

约翰·肯尼迪总统是美国公共交通发展的有力推动者之一。1959年肯尼迪在竞选演讲中提到，城市问题一直是他所关注的重要议题之一，面对中心城市日益衰落的境况，肯尼迪承诺上台后将加大对城市的财政预算，防止中心城市继续走向衰败，城市问题将成为其施政纲领中的重要组成部分。[1] 1961年开启了美国城市公共交通的新纪元，在各方面的共同努力之下，国会通过了《住房与城市发展法》，首次授权联邦政府对地方政府的公共交通系统进行资金援助。该法关于公共交通的内容包括三个方面：第一，投入2500万美元用于公共交通的示范工程建设；第二，该法的第701款规定，将公共交通的规划纳入城市整体规划之中；第三，投入5000万美元作为公共交通行业的贷款基金，而贷款利率较低，以调动公共交通公司的积极性，并授权住房和家庭财政署（HHFA）负责具体的贷款事宜。[2] 尽管该法的投资力度有限，涉及范围狭小，但该法却开启了联邦政府干预城市公共交通的序幕，对后来的联邦公共交通政策产生了深远的影响。

然而，真正具有开创性并确立了城市公共交通在联邦交通政策中稳固地位的，是1964年7月生效的《城市大众交通法》（Urban Mass Transportation Act），它是联邦政府第一个以援助公共交通为主要内容的立法，标志着联邦公共交通政策的正式形成。该法的主要内容包括：第一，授权联邦政府对地方政府的公共交通建设进行资金援助，包括长期援助项目和短期援助项目。长期援助项目必须纳入持续而全面的城市综合规划之中，联邦政府可以提供公共交通项目的建设、改造以及兼并资金的2/3或以上；而短期援助项目则主要是确保陷入财政危机的公交公司继续维持运营。该法授权联邦政府对公交行业在3年内的资金援助总额为3.75亿美元，其中1965年为7500万美元，而1966年和1967年分别增加到1.5亿美元。第二，该法批准了一个

---

[1] American Municipal Association, *Better Urban Transportation: Proceedings of the American Municipal Congress, 1959*, Washington, D. C., 1960, p. 24.

[2] Edward Weiner, *Urban Transportation Planning in the United States: An Historical Overview*, London: Greenwood Publishing Group, 1999, p. 30.

公共交通的研究、开发和示范项目,其目的在于改善公共交通的服务水平。第三,该法的第 13 款是关于劳工保障的规定,由于该款提高了公共交通公司的运营成本,妨碍了运营效率的提高,因而成为该法中最有争议的内容。虽然国会立法增加了对公共交通的拨款,但实际的拨款数额却要少得多,而且与联邦政府在其他交通类型中的投资相比更是杯水车薪。到 1966 年第四季度,联邦政府在 1961 年《住房与城市发展法》和 1964 年《城市大众交通法》的授权下,在公共交通行业总共投入了 3.75 亿美元,而同一时期联邦政府用于高速公路、航空线路和水路运输的投资却高达 240 亿美元。[1] 此外,再加上通货膨胀的影响,联邦政府的资金援助远远不能有效地解决公交行业存在的实际问题。

1966 年国会又通过了《城市大众交通法修正案》,主要内容包括:第一,设立了一个技术研究项目,目的在于把联邦援助资金进行合理的分配,使城市公共交通项目从规划到工程勘察与设计等各方面都能获得相应的资金援助;第二,拨付相应的资金用于公共交通项目管理层的培训;第三,批准一个研发项目,专门进行新的城市交通系统的研发工作。这一内容在 1968 年总统的国情咨文中得到了体现,即"明日的交通——城市未来的新系统",该报告首次提出了发展多元的公共交通模式,比如拨号公共汽车(dial-a-bus)、客运快速公交系统(Personal Rapid Transit)等。[2] 正是该法的这项研发项目为后来城市交通技术的改进和突破作好了充分的准备。

20 世纪 60 年代,美国兴起了声势浩大的环保运动,抵制所谓的"增长集团"即金融机构、土地开发商、能源企业和商业机构等危害生态环境的开发活动,并与各大城市的"反抗公路"运动遥相呼应,于是发展公共交通成为环保运动追求的目标之一。正是在这种形势之下,保守的共和党尼克松政府和国会对城市公交表现出了一定的支持态度,1970 年国会通过了《城市大众交通援助法》(Urban Mass

---

[1] George M. Smerk, *The Federal Role in Urban Mass Transportation*, p. 94.
[2] Edward Weiner, *Urban Transportation Planning in the United States*, p. 46.

Transportation Assistance Act)，这是一部具有里程碑意义的立法。该法的主要内容包括：第一，第一次将联邦基金对公共交通的长期援助以法律的形式固定下来，为公共交通的发展设立了一个为期12年资金达100多亿美元的基金，并给予地方政府在公交规划和项目管理方面以更大的灵活性；第二，该法规定实施一项方便老年人和残疾人乘坐公共交通的项目，将援助基金的2%和研发基金的1.5%，为老年人和残疾人的公共交通项目注资；第三，该法规定，对拟定的援助项目实行严格的审核，对拟议中的项目在经济、社会和环境等方面的影响举行听证会，而且该项目还必须与所在区域的整体规划相协调。[1] 在该法的授权之下，公交行业在未来的五年内可以获得31亿美元的联邦援助资金，此次援助的规模大约是60年代后期的五倍，公共交通终于获得了联邦政府大规模的长期资金援助。

1971年，公共交通利益集团又开始了大规模的游说行动，第一个目标是通过国会立法，授权联邦政府对公共交通的运营进行补贴；第二个目标就是从高速公路基金中拨出一部分用于公共交通的发展。于是，在国会于1973年通过的《联邦援建公路法》规定，第一，设立州际公路项目转移基金（Interstate Transfer），可以将联邦高速公路基金用于城市公交项目固定资产的投资；第二，设立高速公路信托基金（Highway Trust Fund），可以将州际高速公路基金用于公共交通的运营补贴。此外，该法还扩大了联邦公路基金对城市公交项目的援助份额，即从原来的2/3提高到80%；增加了城市公共交通管理局（UMTA）所管辖的基金拨款数额，即从30亿美元增加到61亿美元。[2] 该法对于整合与平衡高速公路和公共交通两个联邦援助项目迈出了重要的一步。

为了鼓励地方公共汽车的发展，国会于1974年通过了《全国大众交通援助法》（National Mass Transportation Assistance Act）。该法进

---

[1] U. S. Department of Transportation, *Federal Transit Act: As Amended Through June 1992, and Related Laws*, Washington, D. C., 1992, p. 152.

[2] Edward Weiner, *Urban Transportation Planning in the United States*, p. 80.

一步授权联邦基金可以用于公共交通的运营补贴,公交行业获得了为期 6 年 118 亿美元的联邦援助基金。该法第 5 款的公式补助金项目(Formula Grant Program)规定,给城市化地区提供 40 亿美元的援助,这些资金既可用来进行公共交通的基础设施建设,也可对公交公司进行运营补贴。而剩下的 78 亿美元则按照第 3 款的自由处置资金项目(Discretionary Grant Program)的规定,其中 73 亿美元的基础设施援助项目资金可以由联邦政府交通部长自主决定,另外 5 亿美元则用于非城市化地区的公共交通补贴。[①]

1977 年,美国公共交通协会(APTA)向国会提交了一份新的交通法案,希望联邦政府继续加大对公共交通的资金投入。支持方和反对方展开了旷日持久的争论,最终国会于 1978 年 10 月通过了《地面交通援助法》(Surface Transportation Assistance Act),这是国会通过的第一个包含高速公路、公共交通和公路安全的综合性交通立法。该法总共为以上各类交通项目提供了为期 4 年(1979—1982)的 514 亿美元的援助基金,其中公共交通占 136 亿美元,占计划总额的 26.5%。该法的第三条,即《联邦公共交通法》扩大了 1974 年公共交通法第 5 款的公式补助金项目,将该项目分为两部分,其中 85% 用于 75 万人以上的城市,而剩余的 15% 则用于其他城市地区。该法还确立了建设城际公共汽车站的项目、城际公共汽车运营补贴项目和城市公交系统人力资源培训项目等。[②]

尽管卡特总统在任期间尽力缩减联邦预算,以期达到政府财政平衡,但 1978 年的《地面交通援助法》还是比政府建议的支出增加了 70 亿美元。该法的通过标志着联邦政府对公共交通的援助达到了一个新的高度,不论是固定资产投资还是运营补贴都是如此。然而进入 80 年代以后,随着里根总统的上台,联邦政府的公共交通政策发生了逆转。

[①] U. S. Department of Transportation, *Federal Transit Act*, p. 144.
[②] U. S. Department of Transportation, *Federal Transit Act*, p. 143.

（二）里根总统时期联邦城市公交政策的收缩

尽管联邦政府对城市公共交通的援助资金不断增多，但公共交通的运营仍然步履维艰，困难重重。到1980年，美国城市公交行业的运营收入只能承担其运营开支的41%，年均亏损额达35亿美元，这些亏损全部是由政府予以补贴。[1] 由于公交行业运营成本的不断上升和在城市交通中作用的有限性，从70年代后期开始便出现了对联邦援助公交项目的质疑之声，甚至包括部分民主党人。而80年代随着保守的共和党总统里根上台，联邦政府急剧削减对城市公共交通的援助资金，从而给予城市公共交通以沉重的打击。

1980年，共和党候选人罗纳德·里根当选为美国总统。里根上台后实施了一系列新保守主义的政策，反对由联邦政府承担过多的社会义务，主张将社会福利事业转交给州和地方政府以及慈善机构。1981年，里根政府向国会提交了关于城市公共交通的预算案，要求通过一个为期6年、总额46亿美元的联邦公共交通基金预算，减少联邦对城市公交的援助，取消对公共交通的运营补贴，终止对新轨道系统的资金援助。[2] 该预算案立刻遭到了州、地方政府和美国公共交通协会（APTA）的反对，而由民主党多数控制的众议院也持抵制态度。于是国会与白宫达成妥协，在1982年的预算中，国会削减了公共交通援助基金的20%，但未取消对公共交通的运营补贴。[3]

1982年，里根总统再次提议由州和地方政府承担公共交通援助的全部责任，作为交换，州和地方政府可以分享部分联邦燃油岁入。这个提议再次遭到了州、地方政府和国会的反对声浪。同年，交通部长德鲁·刘易斯（Drew Lewis）为了给日益增长的交通开支筹措资金，主

---

[1] U. S. General Accounting Office, *20 Years of Federal Mass Transit Assistance: How Has Mass Transit Changed?* Report to the Congress of the United States, Washington, D. C., September 18, 1985, p. 14.

[2] David W. Jones, *Urban Transit Policy: An Economic and Political History*, New Jersey: Prentice-Hall, Inc., 1985, p. 129.

[3] Alan Altshuler, David Luberoff, *Mega-Projects: the Changing Politics of Urban Public Investment*, Washington, D. C.: The Brookings Institution, 2003, p. 198.

张将联邦政府的燃油税上调5美分,而众议院公共工程委员会主席詹姆斯·霍华德(James Howard)则主张,从上调的5美分中拿出1美分(相当于每年10亿美元)用于公共交通建设。该建议在国会获得了较为广泛的支持。[①] 然而,里根总统及其经济顾问对通过增税来保持财政平衡不以为意。在1982年11月的国会中期选举中,民主党在众议院的席位增加了26个,因此里根总统才被迫改变了态度。于是,该年12月,一项包含增税内容的《地面交通援助法》(Surface Transportation Assistance Act)在国会通过,这是一个为期4年的包括高速公路和公交项目在内的综合性交通法规,每年给予公共交通40亿美元的联邦援助,甚至高于1978年交通法每年34亿美元的联邦援助。[②]

1982年《地面交通援助法》中关于公共交通的规定主要包括:第一,对联邦公共交通项目进行了调整,该法没有对1974年公共交通法授权的公式补助金项目增加资金,而是确立了一个新的公式补助金项目,其资金可以用于公共交通的规划、固定资产和运营的开支;第二,将联邦对地方公共交通的干预减少到最低限度,州和地方政府在利用公式补助金、选择工程项目方面获得了实质性的自主权,并限制了联邦对公共交通的运营补贴,这一补贴不可超过公交公司运营开支的50%,而联邦对公共交通固定资产的投资不得超过其投资额的80%;第三,该法还按照不同地区的人口分布、人口密度以及公交运营里程的差异,实施不同的援助项目;第四,从联邦燃油税上涨的5美分中拿出1美分,置于高速公路信托基金的公共交通账目中,这部分基金只能用于公共交通的固定资产投资,并且减少了固定投资在公共交通项目总开支中的比重,即从原来的80%减少到75%。[③] 该法的实质内容在于,联邦政府开始逐步削减联邦援助在公共交通固定投资和运营开支中的补贴。

里根总统于1984年获得连任以后,更加肆无忌惮地缩减联邦政

---

① George M. Smerk, *The Federal Role in Urban Mass Transportation*, p. 208.
② Edward Weiner, *Urban Transportation Planning in the United States*, p. 132.
③ U. S. Department of Transportation, *Federal Transit Act*, pp. 140–141.

府在公共交通方面的开支。1986年，里根总统对国会通过的一项交通法案直接行使了否决权，他认为新立法给予的交通援助资金过于慷慨，而且中间包含了不少的政治分赃。最后，国会为了使新的交通法案获得总统签署，不得不在援助金额上做出让步，削减了联邦对公共交通的援助金额。于是，1987年4月《地面交通与统一再分配援助法》（Surface Transportation and Uniform Relocation Assistance Act）得以通过。该法仍然是一个包含高速公路项目、公路安全项目和公共交通项目的综合性立法。该法规定在为期5年的时间里，联邦交通援助基金将达到876亿美元，其中公交项目共获得了178亿美元的资金，比1982年的联邦公交援助基金有所减少。[1]

1987年联邦交通法中关于公共交通项目的规定主要包括：第一，该法延续了1974年《全国大众交通援助法》中第3款的自由处置资金项目，5年内以逐年递增的方式授予联邦援助基金；第二，该法对联邦援助基金进行了重新分配，其中40%用于轨道线路的兴建和延伸，40%用于轨道线路的更新改造，10%用于主要的公共汽车项目，另外10%用于自由处置资金项目；第三，该法还授权成立了一个公共汽车试验机构；第四，为了改善区域性的城市公共交通系统，必须制定长期的财政计划，从现有和潜在的收入渠道来获取资金，保证该计划的实施；第五，该法还要求对新建和扩建的轨道交通项目进行评估，联邦官员要对拟议工程的成本效益和地方的投资情况进行综合评估，并与可替代的项目进行比较。[2]

由于联邦政府对公共交通援助资金的持续下降，所以州和地方政府对公共交通承担了更多的财政义务，在20世纪80年代，州和地方政府对公共交通的开支增加了3倍，到1990年，州和地方政府承担了公共交通开支的52%，而联邦开支则降到了20%。[3]

---

[1] Edward Weiner, *Urban Transportation Planning in the United States*, p. 146.
[2] U. S. Department of Transportation, *Federal Transit Act*, pp. 130 – 131.
[3] Alan Altshuler, David Luberoff, *Mega-Projects*, p. 204.

(三) 20 世纪 90 年代联邦政府公共交通的新举措

20 世纪 80 年代联邦政府在公共交通援助项目上进行了收缩，并且开始鼓励公共交通的私营化。而进入 90 年代后，面对日益严重的交通拥堵及其他交通问题，联邦政府的交通政策再次发生了重大转变，越来越朝着各类交通方式的均衡化方向发展，1991 年的《地面交通联运效益法》和 1998 年的《21 世纪交通平衡法》为新时期美国城市公共交通的发展确立了基本方向。

到了 20 世纪 90 年代，公共交通的衰落和对私人汽车的严重依赖所产生的各种问题日益凸显，其中包括交通拥堵、环境污染、社会不公平以及对农田、开放空间和动物栖息地的侵害等。1990 年环保主义者、公交官员和其他公交支持者再次行动起来，成立了"现在公交"（Transit Now）等社会组织，其目的是要加大联邦政府对公共交通的援助，确保各州对公路基金中公共交通资金的使用权，以及提高地方政府在城市交通决策中的地位。在公交利益集团和国会议员的努力之下，1991 年国会终于通过了一项具有划时代意义的交通立法，即《地面交通联运效益法》（Intermodal Surface Transportation Efficiency Act，ISTEA），尽管共和党总统老布什一贯主张发展公路交通，削减公共交通投资，但最终也以克制的态度批准了该法案。

《地面交通联运效益法》（ISTEA）开启了美国地面交通发展的又一个新时代，该法与以往的交通立法相比，突破之处在于其灵活的资助形式。正如该法在其政策声明中所言：这项政策就是为了建立一个全国性的多种交通方式联合运输的系统，这个系统在经济上是有效率的，在环境上是无害的，它将为国家参与全球竞争奠定基础，并将使人员和货物流动以低能耗的方式进行。[1] 该法规定，在 6 年的时间里为高速公路、公共交通和交通安全项目提供金额高达 1510 亿美元的联邦交通基金，其中公交项目资金为 315 亿美元，即每年可达 50 多

---

[1] U. S. Department of Transportation, *Intermodal Surface Transportation Efficiency Act of 1991*, Washington, D. C., 1991, p. 1.

亿美元，比此前每年的拨款多10亿美元左右。①

该法有关公共交通的内容主要包括：第一，对新设立的固定轨道项目（fixed guideway projects）必须进行多种方案的研究和设计，对民众出行、环境、成本和运营等方面的效益要进行论证。第二，联邦基金对于现代化的轨道资金援助，该法确定了在不同城市化地区之间的分配模式。第三，该法第9款的公式补助金项目获得了为期6年161亿美元的联邦援助基金。如果各州的交通规划能够较好地平衡公共交通和高速公路的资金比例，并得到大都市区规划组织（MPOs）的批准，而且还达到《美国残疾人法》（ADA）的要求，那么各州就会获得更大的自由度，将联邦高速公路基金用于公共交通的发展。第四，该法确立了一个新的公交规划和研究项目，可以将公交项目资金的3%用于该项目。而这些规划和研究基金的45%将由大都市区规划组织支配，以制定统一的大都市区交通规划；第五，该法还强化了大都市区的交通规划程序，并且扩大了大都市区规划组织（MPOs）在项目选择和交通决策中的作用，在所有达到20万人以上的城市化地区，大都市区规划组织对联邦交通基金的分配有更大的支配权。②

《地面交通联运效益法》（ISTEA）的通过，标志着美国城市交通规划发展到了一个相对成熟的阶段，即战略规划的阶段，许多交通机构通过制定长期交通规划目标，来解决80年代以来日益严重的交通拥堵问题，加强交通管理层面上的相互协作能力，注重从更大的区域范围内来整体考虑各种交通问题，重视各种交通方式的协调发展，使各种交通方式能够有效地发挥作用。③ 正是由于强调在交通规划中加强同一区域内的地方政府之间协作，因此1991年的交通法成为整合区域交通的里程碑。

《地面交通联运效益法》（ISTEA）将于1997年期满，于是国会

---

① U. S. Department of Transportation, *Intermodal Surface Transportation Efficiency Act of 1991*, p, 175.

② U. S. Department of Transportation, *Intermodal Surface Transportation Efficiency Act of 1991*, pp. 180 – 191.

③ Edward Weiner, *Urban Transportation Planning in the United States*, p. 155.

又展开了有关交通政策的新一轮争论，高速公路的支持者及其共和党内的盟友试图再次削减对公共交通的援助，而环保主义者和公共交通的支持者再度联合起来，向国会施加压力，终于促成了1998年《21世纪交通平衡法》（Transportation Equity Act for the 21st Century，TEA-21）的通过。

1998年的《21世纪交通平衡法》（TEA-21）在1991年《地面交通联运效益法》（ISTEA）的基础上有了进一步的发展，联邦公交项目总共获得了为期6年410亿美元的联邦援助基金，比1991年的《地面交通联运效益法》（ISTEA）增加了将近100亿美元，平均每年达到68.3亿美元。该法批准了200多个轨道交通项目，并加强了对这些项目的审批程序，将其划分为"优先推荐""推荐"和"不推荐"三个类别，目的在于鼓励竞争，使各类获得联邦基金的公共交通系统能够提供更好的公交服务。[①]

该法关于公共交通的其他内容还包括：第一，公式补助金项目获得的联邦基金为199.7亿美元，其中180亿美元用于城市的公共交通系统。尽管联邦政府已不再为公交行业提供运营补贴，但该法对固定资产项目有了新的定义，其中包含了预防性的维护项目，而这个项目在以前的法案中是被包含在运营补贴的范畴内的。因此，该项措施是变相地部分地恢复了运营补贴。第二，继续按照原有的固定资产投资的项目结构，对新建的公共交通系统、固定轨道系统的更新、公共汽车及相关的基础设施进行资金援助，这三个项目分别获得了80亿、65.9亿和35.5亿美元的联邦基金；第三，将企业为职员提供的公交月票费，由1991年交通法规定的每月65美元上调为每月100美元，其目的在于提高公共交通的乘客量。第四，在清洁能源公式补助金项目下，公交运营公司将获得5亿美元的联邦基金，用于购买低排量的公共汽车和配套设施，并修缮车库设施以适应新型清洁能源车辆。第五，拨款7.5亿美元建立了一个"就业可达与反向通勤项目"，用于

---

① Edward Weiner, *Urban Transportation Planning in the United States*, p. 210.

帮助那些低收入的就业人员。①

进入20世纪90年代，美国的公共交通与其他交通方式进入了均衡发展的时期。联邦政府改变了以往过于偏向高速公路的政策，成为限制私人汽车和鼓励公共交通的主要框架，要求在城市建设中必须重视多种交通方式的协调发展，进行综合交通规划。然而，美国公共交通的发展前景仍然不容乐观。虽然ISTEA和TEA-21对公共交通援助有所增加，但增长速度仍然不能与公路项目相提并论，在1990—1999年间，公交项目的资金增加了75%，而公路项目的资金却增加了124%。②而且私人汽车在美国人的各类出行方式中仍然占据着主导地位，在1990—2000年，美国16岁以上就业人员各种通勤方式所占的比例中，私人汽车的份额不但没有下降，反而从86.5%上升到87.9%；与此相反，公共交通的份额却从5.3%下降到4.7%。③当然，这并不是说联邦政府的公共交通政策没有发挥作用。之所以出现公共交通乘客比例下降的局面，要从美国大都市区的空间结构中去寻找，大都市区的进一步蔓延完全抵消了联邦政府公共交通政策的正面效果。但是，从另一个角度思考，如果没有联邦政府对公交行业的援助，公共交通的衰落状况无疑会更加严重，美国公民对私人汽车的依赖会更严重，由此导致的交通拥堵、环境污染、弱势群体出行不便等社会问题也会更加严重。

六 州和地方政府的公共交通政策

除了联邦政府之外，各州和地方政府也通过各种途径来促进当地公共交通的发展。虽然美国的有轨电车到20世纪六七十年代已经走向衰落，就此一蹶不振，但美国的轨道交通还在纽约、芝加哥、费

---

① U. S. Department of Transportation, *Transportation Equity Act for the 21st Century*, Washington, D. C., 1998, pp. 235-242.

② Oliver Gillham, *The Limitless City: A Primer on the Urban Sprawl Debate*, pp. 50-51.

③ U. S. Department of Commerce, Bureau of the Census, *Journey to Work: Census 2000 Brief*, p. 3.

城、波士顿等一些大城市中勉撑危局,这些老城市的轨道交通系统主要是在19世纪末20世纪初兴建起来的地铁和高架铁路。此外,每个大城市都有庞大的公共汽车系统,维持着那些无车家庭的出行。另外,从60年代以来,美国的一些大城市又开始兴建快速轨道交通系统,为公共交通的发展注入了一些活力,其中比较著名的有旧金山湾大都市区的"湾区快速公交系统"(BART)、华盛顿大都市区的轨道交通系统(Metro)、亚特兰大的捷运管理局(MARTA)的轨道交通系统、洛杉矶的轨道交通系统、波特兰大都市区快速交通系统(MAX)。它们虽然声势浩大,名噪一时,但在缓解交通拥堵和阻止大都市区蔓延方面,其效果并不十分显著。

(一)"湾区快速公交系统"的建立及其效果

旧金山湾大都市区的"湾区快速公交系统"(Bay Area Rapid Transit, BART)是美国第一个新建快速轨道交通系统。早在1949年,加州议会就通过了《旧金山湾大都市区快速公交专区法》,该快速公交专区将囊括旧金山县、旧金山市、阿拉梅达(Alameda)、伯克利(Berkeley)、奥克兰(Oakland),以及马林县(Marin)、康特拉科斯塔县(Contra Costa)、阿拉梅达县(Alameda)、圣马特奥县(San Mateo)和圣克拉拉县(Santa Clara)等9个县和众多城市,囊括了70个地方政府单位。[①] 1951年该州的另一项立法成立了"旧金山湾区快速公交委员会"。该委员会建议保护大都市区中"集中型的区域性和次区域性中心体系"的城市空间特征,避免蔓延式和分散化的空间发展模式,而只有用快速轨道交通系统将旧金山、奥克兰、伯克利这些区域性的中心连接起来,才能保持这一空间特征。[②]

[①] John Griffith and Dallas Holmes: "BART and the Victoria Line: A Comparison of New Commuter Transport in California and London", *California Law Review*, Vol. 55, No. 3 (Aug., 1967), p. 781.

[②] B. R. Stokes: "Bay Area Rapid Transit: A Transportation Planning Breakthrough", *Public Administration Review*, Vol. 33, No. 3 (May-Jun., 1973), p. 209.

经过长期的冲突与协调，加州议会终于在1957年6月正式成立了"旧金山湾区快速公交专区"，其范围缩小到5个县，即阿拉梅达县、康特拉科斯塔县、马林县、旧金山县和圣马特奥县。然而，马林县和圣马特奥县于1960年退出，最后该专区只剩3个县。1962年11月，阿拉梅达县、康特拉科斯塔县和旧金山县举行公民投票，决定发行7.92亿美元的公债以提供轨道交通的建设资金，由地产税作担保，37年内偿清。根据规定，只有获得60%以上的多数选票才能生效，投票结果仅以61.2%的票数勉强通过。[1] 除了上述公债提供的资金以外，还有来自湾区的过桥费1.33亿美元和来自将来通车后的车票费7100万美元，总开支约为10亿美元。[2] 在获得充足的资金以后，湾区快速公交系统的建设工程于1964年6月在该大都市区的康科德（Concord）郊外正式举行了开工典礼。在工程的实施过程中，由于有关纳税人的诉讼和伯克利地铁线路的纷争一度中止，直到1967年才得以复工。1972年9月，长达28英里的第一期工程终于在旧金山市开通。[3] 1974年，湾区快速公交系统全程开通运营，轨道里程总长71英里，其中地铁20英里，高架铁路24英里，地面铁路27英里。在旧金山和奥克兰市中心区，地铁站点之间的相距不足半英里，郊区铁路站点之间的相距为2—4英里。该轨道交通系统共有34个车站，其中24个车站的停车场可以停车2.3万辆，而且每个车站都有公共汽车提供服务，火车运行速度可达每小时70英里，加上停靠站点的时间，平均速度仍然可达每小时33英里。[4]

---

[1] John Griffith and Dallas Holmes, "BART and the Victoria Line: A Comparison of New Commuter Transport in California and London", *California Law Review*, Vol. 55, No. 3 (Aug., 1967), p. 794.

[2] Gerard L. Snyder, "The Coming Impact of Mass Transit", *Financial Analysts Journal*, Vol. 22, No. 4 (Jul.-Aug., 1966), p. 57.

[3] P. R. Hutchinson: "A Rapid Transit System for San Francisco", *Geography*, Vol. 59, No. 2 (April 1974), p. 148.

[4] U. S. Institute of Transportation Engineers, *Urban Traffic Congestion*, p. 20.

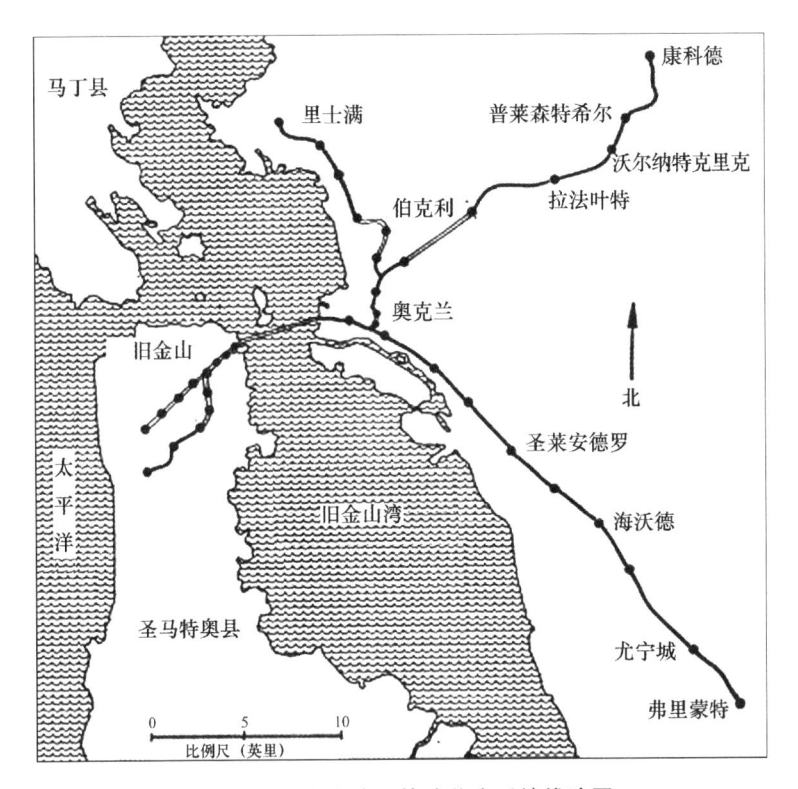

图 6.6　旧金山湾区快速公交系统线路图

资料来源：Robert J. Bazell, "Rapid Transit: A Real Alternative to the Auto for the Bay Area?", *Science*, New Series, Vol. 171, No. 3976 (Mar. 19, 1971), p. 1125.

在湾区快速公交系统建立以前，旧金山湾大都市区已经有 4 个主要的城际公交系统在运行：其一是太平洋格雷杭德线（Pacific Greyhound Lines），为湾区所有 9 个县提供公交服务，而且是马林县、索诺马县（Sonoma）、纳帕县（Napa）和索拉诺县（Solano）唯一的一条城际公交线路；其二是基系统公交线（Key System Transit Lines），为湾区的东部地区提供公共汽车服务和穿越海湾的公交服务；其三是南部太平洋公司（Southern Pacific Company）的蒸汽火车，在旧金山和圣何塞之间提供通勤服务；其四是皮尔利斯公共汽车系统（Peerless Stages System），在奥克兰、圣克鲁斯和圣何塞之间提供公共汽车服务，而且还有支线与帕洛阿尔托（Palo Alto）和纽瓦克

(Newark)相连接。① 这些独立的公交系统与湾区快速公交系统一起,为旧金山湾区提供了较为便利的公共交通服务。

美国学者斯托克斯(B. R. Stokes)对旧金山湾区快速公交系统(BART)的开通给予了高度的评价,他写道:"BART 不仅仅是一个快速公交系统,它部分地体现了一种对更好城市生活方式的大胆设想。BART 代表了一个解决日益恶化的城市问题的新方向,而这一城市问题在很大程度上是由僵化的城市交通政策所导致的。"他还写道:"如果能够有效地将区域性快速公交系统与良好的地方和支线公交服务结合起来,就会提供一种关键性的替代方案,以代替遍布大多数大城市地区那种低效而有害的汽车和公路系统。BART 是第一个,也是唯一的一个为中心城市之间提供公交服务而专门建立的快速公交系统。因此,其设计符合一个综合性的区域公交系统,反过来,这一系统的设计是要服务于一个特别的以城市为中心的集中性的土地利用模式。作为这一理念的象征,BART 被整个世界视为一个朝着克服城市交通问题以及相关的社会、经济和环境问题的巨大突破。"②

然而,这一评价似乎过于乐观了,湾区快速公交系统(BART)在大都市区交通运输中发挥的作用并不十分明显。一项研究发现,在 1974 年 BART 开通以后,在每天搭乘 BART 进入旧金山的 2.5 万人中,有 1.3 万人是此前搭乘公共汽车的乘客,有 2000 人与别人共同乘车,还有 2000 人此前并不进入旧金山。只有余下的 8000(约 1/3)乘客,此前是依靠私人开车进入旧金山的。也就是说,在每天进入旧金山的居民中,只有 8000 人放弃了私人汽车,因而对于减轻交通拥堵并没有发挥重大影响。③ 根据另一资料,从 1989 年 6 月到 1990 年 6 月的一年内,BART 每天运输的单程通勤人数为 57459 人,这一数字仅仅相当于

---

① John Griffith and Dallas Holmes: "BART and the Victoria Line: A Comparison of New Commuter Transport in California and London", *California Law Review*, Vol. 55, No. 3 (Aug., 1967), p. 785.

② B. R. Stokes: "Bay Area Rapid Transit: A Transportation Planning Breakthrough", *Public Administration Review*, Vol. 33, No. 3 (May -Jun., 1973), p. 206.

③ U. S. General Accounting Office, *20 Years of Federal Mass Transit Assistance*, p. 45.

旧金山—奥克兰大都市区所有就业人员的3.04%。从1985年到1990年，每天搭乘BART通勤的人员仅仅增加了4738人，而每天以其他方式通勤的人数却增加了209260人，前者仅仅是后者的2.3%而已。[1]

另外，研究发现，湾区快速公交系统（BART）在影响土地利用模式方面发挥的作用同样不是十分显著。虽然在中央商务区周围的车站附近出现了集群式的开发，但对于沿线地产价值的影响并不明显。在郊区的站点附近也出现了规模不大的集约式开发。但由于高密度开发遭到了居民的反对，迫使地方政府改变了它们的分区制法规，对高密度的开发加以限制。所以，公共交通并没有导致郊区集约式的开发，大都市区的蔓延趋势并没有得到遏制。[2]

另外，湾区快速公交系统（BART）的运营入不敷出，从1983年6月到1984年6月，车票收入只有6600万美元，而该系统的运营费用则高达1.34亿美元，因此，该系统需要6800万美元的补贴才能运行，其中86%来自地方政府的消费税，7%来自财产税，其余的由联邦和州政府补贴。[3]

（二）华盛顿大都市区快速公交系统的建立及其运营

华盛顿大都市区的快速公交系统是通过四个交通规划逐步实现的。起初，该大都市区的交通规划以发展私人汽车和公路交通为主要目标，只是后来，随着交通拥堵的恶化、大都市区的空间蔓延以及"反抗公路"运动的出现，该大都市区交通发展的取向才发生了转变，公共交通在交通系统中占据了越来越重要的地位。

战后初期，哥伦比亚特区的人口与就业在整个华盛顿大都市区中居主导地位，但是随着郊区的蔓延，位于该大都市区内的马里兰州和弗吉尼亚州的郊区所占比例逐渐提高，1950年，郊区人口比例已经达到了大都市区的40%。该年在城市规划师哈兰·巴塞洛缪

---

[1] Anthony Downs, *Stuck in Traffic: Coping with Peak-Hour Traffic Congestion*, p. 44.
[2] U. S. General Accounting Office, *20 Years of Federal Mass Transit Assistance*, pp. 46 – 47.
[3] Martin Wachs, *Learning from Los Angeles: Urban Form and Air Quality*, p. 11.

(Harland Bartholomew)的主导之下,"国家首都公园和规划委员会"(NCPPC)制定了一个分散化的大都市区发展规划,确定了以公路和私人汽车为主导的交通发展战略,否决了快速轨道交通系统的发展。1953年,艾森豪威尔总统成立了"国家首都规划委员会"(NCPC),接替"国家首都公园和规划委员会"(NCPPC)的职责,并任命巴塞洛缪担任主席。1959年,该委员会制定了一个新的大都市区交通规划,采纳了哥伦比亚特区、马里兰州和弗吉尼亚州的公路部门在该大都市区的公路建设规划,并将联邦政府援助资金的90%用于修建州际高速公路系统。除了以州际高速公路系统为主导以外,该交通规划还主张建立8条新的公共汽车线路和4条快速轨道交通线路,轨道线路里程为33英里,其中一半为地面轨道,市中心部分为地铁。①

华盛顿大都市区的第三个交通规划虽然未能付诸实施,却对轨道交通系统的发展发挥了重要的推动作用。1960年,国会通过了《国家首都交通法》,并成立了"国家首都交通局"(NCTA),负责制定一个更加详细的轨道交通计划。另外,"国家首都规划委员会"的主席一职由反对发展公路交通的伊丽莎白·罗(Elizabeth Rowe)所接任,而"国家首都交通局"的局长一职则由同样反对发展公路交通的达尔文·斯托曾巴赫(Darwin Stolzenbach)所接任,而后者甚至主张取消穿越华盛顿市区的公路建设计划,因为这些公路会摧毁数以千计的民宅,特别是黑人社区的住房。与此同时,那些受到穿城公路威胁的社区居民也掀起了"反抗公路"运动,抵制这些公路的修建。于是,斯托曾巴赫于1962年11月提出了一个新的交通发展规划,即《国家首都地区的交通——财政与组织》,主张为了避免大规模的拆迁,取消原交通规划中大规模的公路项目。为了弥补对公路的削减,他建议修建一个全长89英里、设有65个车站的轨道交通系统,包括城市中心区的两条干线和郊区的7条支线。此外,还要建立一个包括5条线路、里程长达52英里的快速公共汽车系统。然而,这一交通

---

① Zachary M. Schrag, "Mapping Metro, 1955 – 1968: Urban, Suburban, and Metropolitan Alternatives", *Washington History*, Vol. 13, No. 1 (Spring/Summer, 2001), p. 7.

规划由于郊区居民和公路利益集团的反对也未能付诸实施。

面对反对集团的强大压力,"国家首都交通局"不得不压缩轨道交通建设规划,于1965年1月提出了第四个交通规划《国家首都轨道快速公交规划》。1965年9月该规划由国会通过,并由约翰逊总统签署生效,规定在华盛顿特区建立一条25英里的地铁系统,并授权成立一个政府机构负责该规划的实施。[①] 该法规定,由马里兰州、弗吉尼亚州和哥伦比亚特区于1967年成立了"华盛顿大都市区公共交通局"(WMATA),从"国家首都交通局"(NCTA)手中接管了快速公交系统的筹建工作,负责在国会划定的"华盛顿大都市区公共交通服务区"内规划、开发、资助和经营一个轨道交通和公共汽车交通系统。1969年"华盛顿大都市区公共交通局"制定了新的交通规划,其规模远远超过了1965年的规划,将原计划的位于哥伦比亚特区的25英里的轨道交通系统称为"基本区域"(basic zone),而将整个交通系统的轨道里程延长为101英里,并将华盛顿市区与马里兰州和弗吉尼亚州的7个郊区地方政府连接了起来,其中38%的线路为中央商务区提供服务,包括10英里的地铁线路。该系统计划设置82个站点,市中心区每半英里设置一个站点,在郊区每2英里设立一个站点,既确保了市区居民乘车的便利,又确保了火车在郊区运行的快捷。该系统计划于1970年开工,预计12年完成,经费预算大约为25亿美元,其中9亿美元来自地方政府的公债债券,5.73亿美元来自地方政府的捐助,其余的2/3来自联邦政府的财政援助。但是,由于通货膨胀、高额利息、拨款延迟等原因,到1978年预算增加到60亿美元,1982年又增加到80亿美元。[②] 该系统的第一段工程即红线于1976年3月27日建成通车,该段线路长为4.6英里,拥有5个车站,通车第一天乘客就达5.1万人,到2001年1月,整个轨道系统的最后一条支线通车,轨道里程总长达103英里,项目投资总额达到100

[①] Zachary M. Schrag, "Mapping Metro, 1955 – 1968: Urban, Suburban, and Metropolitan Alternatives", *Washington History*, Vol. 13, No. 1 (Spring/Summer, 2001), pp. 11, 16.

[②] Jeremy F. Plant and Louise G. White, "Mass Transit as a Development Stimulus: the Metro Example", *Southern Review of Public Administration*, Vol. 6, No. 4 (winter, 1983), pp. 505 – 507.

亿美元。① 除了轨道交通系统以外，"华盛顿大都市区公共交通局"（WMATA）还于1974年收购了4个濒临破产的私人公共汽车公司华盛顿大都市区的轨道交通系统通车以后，"华盛顿大都市区公共交通局"（WMATA）下辖的轨道交通和公共汽车交通系统，共同在大都市区的交通运输中发挥了积极的作用。1976—1983年，华盛顿大都市区的公共交通系统运行里程由5570万车辆·英里上升到6990万车辆·英里，上升了25.5%；运输乘客数量由1.279亿人次上升到1.759亿人次。② 从公共交通在整个大都市区交通运输中所发挥的作用来看，1990年7月，在华盛顿大都市区（包括10个郊区县）的全部就业人员中，有9.54%的就业人员搭乘轨道交通系统通勤，另外8.5%搭乘公共汽车通勤，两者合计达18.04%，远远高于全国平均水平。而1985—1990年的新增就业人员中，大约10%搭乘了轨道交通，10%搭乘了公共汽车，也就是说，高达20%的新增就业人员通过公共交通通勤就业。③ 而根据马里兰州的州长格伦迪宁（Glendening）于1998年的证词，华盛顿地区有15%的通勤者是通过公共交通进行通勤的，这一比例在美国居第三位；该地区轨道交通的客运量在美国居第二位，公共汽车客运量居第四位。他指出，如果将公共交通取消，华盛顿地区的公路上每天会增加25.7万辆私人汽车，需要耗资近140亿美元，修建近1500英里的新车道才能满足这些新增汽车的需求。④

然而，"华盛顿大都市区公共交通局"（WMATA）所辖的公共交通系统的运营面临着巨大的财政压力。1976—1983年，WMATA每位乘客的运营开支由0.58美元上升到0.64美元，每位乘客的运营补贴由0.32美元上升到0.37美元。⑤ 尽管公共交通的票价不断上调，但

---

① Zachary M. Schrag, "Mapping Metro, 1955 – 1968: Urban, Suburban, and Metropolitan Alternatives", *Washington History*, Vol. 13, No. 1 (Spring/Summer, 2001), pp. 4, 5, 23.
② U. S. General Accounting Office, *20 Years of Federal Mass Transit Assistance*, p. 58.
③ Anthony Downs, *Stuck in Traffic: Coping with Peak-Hour Traffic Congestion*, p. 44.
④ U. S. Department of Transportation, *The National Capital Region Congestion & Mobility Summit*, *Summary Report*, p. 1.
⑤ U. S. General Accounting Office, *20 Years of Federal Mass Transit Assistance*, p. 58.

WMATA 的经营赤字仍然不断增加，到 1981 年，财政赤字已经达到 1.315 亿美元。[1]

（三）亚特兰大大都市区快速公交系统的建立

早在 1962 年，亚特兰大市政府就已经开始制定修建快速公交系统的规划。1965 年 3 月，佐治亚州议会通过一项法律，授权亚特兰大大都市区成立了"亚特兰大大都市区快速公交管理局"（MARTA），负责改进该大都市区的交通服务，其中包括建立轨道交通系统。MARTA 于 1968 年制定了一个交通规划，内容包括：第一，建立一个轨道总长为 40 英里的轨道交通系统，分为 5 条线路和 32 个车站，预计于 1978 年竣工；第二，投资预算为 7.51 亿美元，其中一半来自联邦政府和州政府的资金援助，另一半由该大都市区的地方政府发行公债筹集，以地产税为担保；第三，投资 1500 万美元购买一个地方公共汽车公司。同年，这一交通规划提交该大都市区的迪卡布尔（DeKalb）县和富尔敦（Fulton）县进行公民投票，结果，只有 44.5% 的选民支持，投票以失败告终。

随后，"亚特兰大大都市区快速公交管理局"（MARTA）对交通规划进行了修改，内容包括：第一，修建一个 50.1 英里的轨道交通系统，设置 37 个车站；此外还要建立两个快速公共汽车线路和三个公共汽车站点，线路里程为 14.4 英里；整个工程预计于 1980 年竣工；第二，预算投资为 14.21 亿美元，其中 2/3 的资金来自联邦政府，地方政府只承担 4.74 亿美元；第三，地方经费的来源是提高 1% 的销售税，10 年后该销售税再下调 0.5%；第四，购买两个地方公共汽车系统。该交通规划于 1971 年 11 月提交大都市区的选民进行公投并获得通过。[2]

亚特兰大交通规划的实施比较顺利。该轨道交通系统由东西南北

---

[1] Jeremy F. Plant and Louise G. White, "Mass Transit as a Development Stimulus: the Metro Example", *Southern Review of Public Administration*, Vol. 6, No. 4 (winter, 1983), p. 507.

[2] Larry D. Schroeder and David L. Sjoquist, "The Rational Voter: An Analysis of Two Atlanta Referenda on Rapid Transit", *Public Choice*, Vol. 33, No. 3 (1978), p. 31.

4条主线和7条支线构成，这4条主线从中央商务区辐射出来，比较均匀地将亚特兰大大都市区平分为4份。① 1979年6月该系统的第一阶段6.7英里的轨道投入使用，1986年12英里的东西线路和13英里的南北线路全部竣工。② 此后该系统仍然不断扩展，到1997年工程开支已达35亿美元。此外，"亚特兰大大都市区快速公交管理局"（MARTA）还于1972年初斥资1280万美元购买了亚特兰大的私人公共汽车公司，将票价由原来的40美分下调为15美分，并可免费转车3次。在修建轨道交通的同时，公共汽车服务也日益扩大，到1979年轨道交通开通为止，MARTA下辖的公共汽车服务里程增加了57%。③

亚特兰大是美国南部第一个拥有轨道交通的大都市区，可谓意义重大。"亚特兰大大都市区快速公交管理局"（MARTA）的公共交通系统在大都市区的交通运输中发挥了越来越重要的作用。表6.22显示，1973—1983年，MARTA公共交通的运行里程由2240万车辆·英里上升到3390万车辆·英里，增长了51.3%；乘客数量由5170万人次上升到6020万人次，增长了16.4%。根据另一资料，仅轨道交通系统在1984年平均每个工作日的客运量就达到18.5万人次。④ 因此，亚特兰大的公共交通系统吸引了大量乘客，从而缓解了某些公路干线的交通拥堵，比如，亚特兰大大都市区规划组织（MPO）官员的研究发现，自从MARTA开通了轨道交通中的东线和西线以后，该大都市区的公路交通流量下降了8%。⑤

---

① Roy S. Dickens, Jr. and William R. Bowen, "Problems and Promises in Urban Historical Archaeology: The MARTA Project", *Historical Archaeology*, Vol. 14 (1980), p. 43.

② U. S. Institute of Transportation Engineers, *Urban Traffic Congestion*, p. 20.

③ John F. Kain, "Cost-Effective Alternatives to Atlanta's Rail Rapid Transit System", *Journal of Transport Economics and Policy*, Vol. 31, No. 1 (Jan., 1997), pp. 25 – 26.

④ U. S. Institute of Transportation Engineers, *Urban Traffic Congestion*, p. 20.

⑤ U. S. General Accounting Office, *20 Years of Federal Mass Transit Assistance*, p. 46.

表6.22　　　1973—1983年MARTA公共交通的运营状况

	1973	1977	1980	1983
运行里程（万车辆·英里）	2240	2750	3470	3390
乘客数量（万人次）	5170	5980	7370	6020
每位乘客的运营开支（美元）	0.27	0.36	0.45	0.56
每位乘客的运营补贴（美元）	0.17	0.28	0.34	0.37

资料来源：U. S. General Accounting Office, *20 Years of Federal Mass Transit Assistance*: *How Has Mass Transit Changed?* Report to the Congress of the United States, Washington, D. C., September 18, 1985, p. 55.

另外，以中央商务区为核心的轨道交通系统的建设，还推动了中心城市的复兴和土地利用模式的变化。亚特兰大有关官员宣称，修建轨道交通的决策增强了开发商对中央商务区的信心，推动了这里新建筑的开发和旧建筑的维修。1982年亚特兰大大都市区规划组织（MPO）的一项报告指出，从1975年开始，中央商务区已经获得了该地区办公空间开发中的31%，原因之一就是这里公共汽车和轨道交通服务的改善。该报告还指出，从1971年以来，中央商务区的大部分新建办公大楼位于轨道交通站点附近两个街区的范围以内，而有些办公大楼和商业大楼就位于轨道交通的车站建筑之上。此外，轨道交通站点周围地区的土地利用强度越来越高，土地利用模式越来越多样化，附近还出现了居民住房的维修活动。[①]

当然，亚特兰大大都市区的公共交通系统与其他轨道交通系统一样，也是亏损经营，需要政府部门的大量补贴。表6.22显示，1973—1983年，"亚特兰大大都市区快速公交管理局"（MARTA）下辖的公共交通系统，每运送一位乘客所需要的运营开支由0.27美元上升到0.56美元，即上升了107.4%；而每位乘客获得的补贴则由0.17美元上升到0.37美元，即上升了117.6%。根据另一资料，1984财政年度的车票收入仅仅相当于运营开支的36%，其余的64%

---

① U. S. General Accounting Office, *20 Years of Federal Mass Transit Assistance*, p. 48.

需要政府补贴,其中57%的补贴来自居民支付的消费税,其余的7%由联邦政府补贴。①

(四) 其他大都市区公交系统的建立

俄勒冈州的波特兰也是一个以发达的公共交通而闻名的大都市区。1969年,俄勒冈州议会通过一项法律,成立了一个包括波特兰大都市区大部分地区的"俄勒冈三县大都市区交通专区"(Tri-Met),该专区接管了波特兰大都市区马尔特诺马(Multnomah)、华盛顿(Washington)和克拉克默斯(Clackamas)三个县内5个私人公共汽车的公交服务业务。到2013年,Tri-Met经营的公共汽车线路多达80条,610辆公共汽车。除了公共汽车以外,从20世纪70年代中期开始,Tri-Met还开始对轻轨交通进行研究,并于1978年批准了一个"班菲尔德轻轨项目",里程只有15英里。该项目于1982年破土动工,于1986年9月5日开通,投资总额达2.14亿美元,其中83%来自联邦政府城市大众交通管理局(UMTA)的资金援助。该线路开通前两个月,Tri-Met将这一新建轻轨交通系统命名为"大都市区快速交通系统"(Metropolitan Area Express, MAX)。随后,MAX轻轨系统不断扩大,到2009年已经发展到5条线路,包括蓝线、绿线、橙线、红线和黄线,轨道里程长达59.7英里(96.1公里),拥有97个车站。这些轻轨线路提供了便捷的服务,从早晨5点钟到夜里2点钟,每15分钟一趟火车,蓝线运行频率更高,每10分钟一趟。2010年以来,MAX每天运输乘客大约11.5万到13万人次。2013年,整个Tri-Met系统每天运输乘客31.67万人次。② 因此,吉姆·莫特瓦利赞叹道:"我之所以钟情于波特兰,是因为你在那里生活而不必拥有汽车,即使在郊区也是如此。无论是由于实际原因,还是出于有意识的生活方式的选择,波特兰人事实上正在摒弃私人汽车。他们告诉我,这是

---

① U. S. Institute of Transportation Engineers, *Urban Traffic Congestion*, p. 20.
② https://en.wikipedia.org/wiki/TriMet 和 https://en.wikipedia.org/wiki/MAX_Light_Rail, 2016年1月22下载。

第六章 大都市区的交通拥堵及其治理

一种解放的感觉,一种使他们懂得汽车能够成为一种怎样的负担的感觉。"①

波特兰大都市区发达的公交系统不仅方便了人们的生活,而且对于推进中央商务区的复兴和提高空气质量都发挥了积极的作用。根据"俄勒冈三县大都市区交通专区"(Tri-Met)于1970年进行的一项研究,当时衰落的中央商务区只有5万个工作职位,该年1/3的天数违反了联邦空气质量标准。而到1997年,中央商务区提供了10.5万个工作职位,而且10年内未出现违反联邦空气质量标准的情况。环境新闻网(Environmental News Network)还于2000年将波特兰列为美国十佳环境城市之一,是"美国唯一的一个在公路和公共交通投资方面达到平衡的城市"。然而,也不能过于高估波特兰公共交通的作用,虽然波特兰有6%的就业人员搭乘公交通勤,稍高于美国平均水平,但与欧洲城市相比仍然相形见绌,黯然失色。比如,在斯德哥尔摩的交通高峰时刻,高达70%的就业人员搭乘公交通勤;柏林同比为40%;在赫尔辛基,有55%的出行是通过环保方式进行的,其中公共交通占30%,步行占16%,自行车占9%。②

洛杉矶是美国蔓延程度最高的大都市区之一。进入20世纪以后,公路交通在其交通运输中居于主导地位。但到20世纪后期,洛杉矶逐步建立了一个庞大的公共交通系统。1951年,加州议会通过一项立法,成立了"洛杉矶大都市区公共交通局"(LAMTA),负责设计一条轨道交通线路,以便将长滩和帕诺拉马市(Panorama City)与洛杉矶市中心连接起来。1954年,该局的权力得到扩大,负责制定一个庞大的区域性公共交通系统方案。1957年该局又获得了在洛杉矶县建立和经营一个大众交通系统的权力。为了执行这一任务,该局有权征用任何必要的土地,与任何公共设施公司签订协议。在州议会的这一授权之下,1958年3月该局发行了4000万美元的公债,购买了

---

① Jim Motavalli, *Breaking Gridlock: Moving toward Transportation That Works*, p. 252.
② Jim Motavalli, *Breaking Gridlock: Moving toward Transportation That Works*, pp. 71 – 72, 117.

三个私人公共交通系统：投资 2160.4 万美元购买了"洛杉矶公交公司"，投资 1359.6 万美元购买了"大都市区公交公司"及其附属公司"阿斯伯里快速公交系统"，投资总额达 3520 万美元，从而建立了一个公有制的公共交通系统，到 1961 年，这一交通系统的里程达到 1890 英里。[①] 然而，令人遗憾的是，正是在"洛杉矶大都市区公共交通局"（LAMTA）统治时期，该大都市区的有轨电车彻底被公共汽车所取代，原"太平洋有轨电车公司"的路轨于 1961 年被彻底拆除，原"洛杉矶铁路公司"的路轨于 1963 年被彻底拆除。在此后长达近 30 年的时间里，洛杉矶的公共交通只有公共汽车服务，而没有轨道交通，直到 20 世纪 90 年代，洛杉矶才建立了新的轻轨交通系统。[②]

在全国各大城市纷纷建立轨道交通系统的氛围之下，洛杉矶也不甘落后，奋起直追。1980 年洛杉矶县选民投票通过了一个公共交通法案，决定以提高消费税的方式筹集资金，每年投资 2 亿美元发展各种公共交通项目，其中包括轨道交通系统。[③] 1990 年，洛杉矶大都市区的第一条轻轨线路蓝线建成开通，从洛杉矶中央商务区通往长滩，投资额达到 10 亿美元。蓝线的车票收入仅仅相当于运营开支的 11%，绝大部分成本依靠政府补贴。该线每天运输乘客大约 3.5 万人次，而其中大约一半乘客此前乘坐公共汽车，如果将这部分乘客扣除，蓝线的贡献应该是每天只有 2 万乘客，这在洛杉矶盆地每天 4000 万人次的乘车出行中几乎是杯水车薪，微不足道。[④] 为了便于对这一庞大的公共交通系统进行管理，加州议会于 1993 年将"南加州快速公交专区"（SCRTD）与"洛杉矶县交通委员会"（LACTC）合并，成立了"洛杉矶县大都市区交通管理局"（LACMTA），负责经营洛杉矶大都市区的公共汽车、轻轨、重轨和快速公共汽车等公交服务。从 1990

[①] Dudley F. Pegrum, "The Los Angeles Metropolitan Transit Authority", *Land Economics*, Vol. 37, No. 3 (Aug., 1961), pp. 247–251.

[②] https://en.wikipedia.org/wiki/Los_Angeles_Metropolitan_Transit_Authority, 2016 年 1 月 20 日下载。

[③] Jim Motavalli, *Breaking Gridlock: Moving toward Transportation That Works*, pp. 100–101.

[④] Martin Wachs, *Learning from Los Angeles: Urban Form and Air Quality*, pp. 11–13.

年蓝线通车到 2012 年，洛杉矶县共有 6 条轨道交通线路开通，其中包括两条地铁和 4 条轻轨，其中红线（Red Line）和紫线（Purple Line）为地铁，蓝线（Blue Line）、绿线（Green Line）、金线（Gold Line）和博览线（Expo Line）为轻轨。整个轨道交通系统里程长达 87.8 英里，拥有 80 个站点，2012 年 2 月每天运输乘客 31.6 万人次。[1] 即使这一数字在整个大都市区几千万人次的乘车出行中也是微不足道、不值一提的。轨道交通乃至整个公共交通在洛杉矶大都市区的交通运输中之所以占有如此次要的地位，首先是因为该大都市区地广人稀，对公共交通的运行和搭乘非常不利；其次，这些轨道线路并不是沿着人口密集的居民区和就业地点所修建的，因为那些地方已经没有修建轨道交通线路的空间。由此可见，低密度蔓延式的大都市区空间结构一旦形成，轨道交通乃至整个公共交通就很难运营，而企图以发展公共交通的方式来改变大都市区的空间结构以及人口和就业的分布模式，更是步履维艰，困难重重。这是洛杉矶以及整个美国大都市区空间发展模式给予世界城市发展的一个深重的教训。

除了上述大都市区的新建公共交通系统以外，其他一些大都市区的公共交通也有较大发展，比如圣迭哥、萨克拉门托、匹兹堡、巴尔的摩、克利夫兰和迈阿密等大都市区都建立了轨道交通系统。有些大都市区虽然没有建立轨道交通系统，但公共汽车系统同样在大都市区的交通运输中发挥了积极作用，比如，西雅图大都市区的公共汽车交通系统（Metro）的乘客量从 1972 年的 3000 万人次增加到 1980 年的 6000 万人次，1986 年乘客量几乎达到 6600 万人次，即每天有 18.1 万人次乘坐公共汽车。之所以出现如此巨大的转变，是因为该公司与华盛顿州交通部合作，在长达 110 英里的公共汽车线路上提供了 1.2 万个停车位，为开车人转乘公共汽车提供了便利。在中央商务区运营的公共汽车还实行了免费乘车制度，使其乘客每月达 35 万人次。此外，该公交系统还在郊区主要活动中心内部及其之间改善了服务质

---

[1] https：//en. wikipedia. org/wiki/Los_ Angeles_ County_ Metropolitan_ Transportation_ Authority，2016 年 1 月 20 日下载。

量。然而,西雅图的公共汽车系统同样面临着巨大的财政压力,1975年车票收入仅占运营开支的38%,1984年下降到27%。1975年的政府补贴为2400万美元,1980年为7200万美元,1984年达9000万美元。从人均的角度来看,1975年每人次补贴51美分,1980年每人次补贴90美分,1984年上升到1.37美元。①

上述各个大都市区的公交系统主要是20世纪后期新建的公交系统,此外,还有一些老的公交系统得以保留并不断发展,其中首屈一指的当属纽约大都市区的公交系统。纽约大都市区地跨纽约、康涅狄格、新泽西3州,是美国首屈一指的大都市区,地域面积达1.2万平方英里,人口达2000万。纽约市的高架铁路早在19世纪70年代就已经运行,1904年开通了地铁服务,此外还有通往各郊区的城郊铁路,轨道里程长达1250英里。②轨道交通成为纽约大都市区公共交通的主干,并辅以灵活的公共汽车线路,因此,纽约大都市区建成了美国最发达的公共交通系统,在80年代中期,纽约大都市区公交运输量(乘客·英里)占美国公交运输总量的42%。③20世纪末,上午交通高峰时刻到曼哈顿中央商务区就业的通勤人员,搭乘地铁、公共汽车和通勤火车的比例高达90%。一个民间交通组织"交通替代"(Transportation Alternatives)的负责人约翰·凯恩尼(John Kaehny)评价道:"公共交通系统使纽约市既独特而又富于魅力,其密度创造了一种整体氛围,使之与其他任何地方都迥然相异。"更可喜的是,纽约大都市区的公共交通并没有止步不前,2000年纽约州议会通过了一项为期5年、投资171亿美元的公共交通计划,决定增加地铁车厢和公共汽车2000多节、辆,部分公共汽车用天然气。④然而,纽约的交通发展模式与美国其他大都市区截然不同,仅仅是一个特例而不具有普遍性。

芝加哥大都市区的公共交通系统在美国仅次于纽约,是最早的公共交通系统之一。中央商务区是芝加哥大都市区公共交通系统的中心,

---

① U. S. Institute of Transportation Engineers, *Urban Traffic Congestion*, pp. 16 – 17.
② Jim Motavalli, *Breaking Gridlock: Moving toward Transportation That Works*, p. 83.
③ U. S. Institute of Transportation Engineers, *Urban Traffic Congestion*, pp. 7 – 8.
④ Jim Motavalli, *Breaking Gridlock: Moving toward Transportation That Works*, pp. 84, 92.

第六章 大都市区的交通拥堵及其治理

公共汽车和地铁贯穿于整个城市地区，郊区的通勤火车也十分发达。芝加哥公共交通局（CTA）成立于1947年10月，并购买了"芝加哥快速公交公司"的交通设施和"芝加哥地面交通公司"的有轨电车系统，开始了该大都市区公共交通的公有化进程。1952年，该局又收购了"芝加哥公共汽车公司"，并将这些公交服务统一起来。20世纪50年代，芝加哥公共交通局（CTA）下辖的公交系统包括公共汽车、无轨电车和有轨电车，1973年3月，无轨电车退出使用。但是，1965—1983年，公共交通运行里程却由1.4912亿车辆·英里下降到1.288亿车辆·英里，下降了13.6%。同期，乘客数量由79231.3万人次下降到62309.7万人次，下降了21.4%。[1] 运行里程和乘客数量的下降主要是由于人口和就业的郊区化导致的对公交服务需求的减少以及票价的增加。由于郊区人口和就业的增加，郊区之间的通勤骤增，但以中心城市为核心的公共交通却不能为其提供服务。比如1980年，杜培奇（DuPage）县有10%的就业人员搭乘通勤火车到中央商务区就业，而到1990年这一比例下降到7%，而同期该县内部的通勤人员却增加了27%。[2] 另外，芝加哥大都市区的公共交通同样是亏本经营，1970年每人次的运营开支为0.37美元，而到1980年上升到0.55美元；同期，每人次的运营补贴由0.01美元上升到0.33美元，上升了32倍。为了减少亏损，芝加哥公共交通局（CTA）只好提高票价，于是1981年将票价提高了50%，结果乘客减少了4.5%。[3]

尽管如此，根据纽曼（Newman）和肯沃西（Kenworthy）对美国10个大都市区的研究，芝加哥大都市区公共交通的乘客量仍然高居第二位，仅次于纽约。芝加哥大都市区公共交通的乘客·英里数占整个大都市区所有乘客·英里数量的5.4%，仅次于纽约大都市区的10.8%。然而，如果将两者与加拿大多伦多的23.6%相比就大为逊色了。[4] 而如果与欧洲城市相比，那就更加相形见绌了。比如，瑞士

---

[1] U. S. General Accounting Office, *20 Years of Federal Mass Transit Assistance*, p. 54.
[2] Robert T. Dunphy, *Moving beyond Gridlock*, p. 34.
[3] U. S. General Accounting Office, *20 Years of Federal Mass Transit Assistance*, pp. 54, 26.
[4] F. Kaid Benfield, et al., *Once There Were Greenfields*, p. 33.

的苏黎世建立了世界一流的公共交通系统，1990年，在由郊区进入市区就业的通勤人员中，通过地铁和其他公交车辆进入市区的比例高达30%；在苏黎世市内，轻轨系统运输了40%的旅客；那些在本市就业的居民，依靠公交通勤的比例高达76.1%。美国人惯于从经济的角度看问题，对公共交通的成本收益斤斤计较，患得患失，而欧洲人则往往从政治的角度处理问题，把公共交通看作一项公共福利，是政府不可推卸的一项社会义务。[1]

（五）美国各级政府城市公交政策的影响

20世纪60年代以来，美国联邦、州和地方政府都开始将公共交通作为解决城市交通问题的一个重要手段，都投入了巨额资金进行公共交通的建设活动，在一定程度上扭转了公共交通衰落的局面，并且从原来的私有化转变为公有化，在真正意义上成为社会的公共事业部门，从而使某些大城市的公共交通走向复兴。

就联邦政府而言，1965—1983年，联邦城市公共交通管理局（UMTA）总共为公共交通系统投入了310亿美元的援助基金，大约240亿美元用于固定资产投资，另外70亿美元用于运营补贴。联邦政府对公共交通系统的援助出现了大幅度的上升，从1965年的5000万美元提高到1980年的40亿美元。[2] 州和地方政府也对公共交通投入巨资，1963—1984年提高了33倍，1984年州和地方政府的运营补贴为45亿美元，是联邦政府的5倍。1980—1983年，州和地方政府对公共交通的运营补贴占其运营开支的比例由43%上升到50%，1984年回落到48%。1963—1981年，州和地方政府对公共交通的资金投入占其年度预算的比例上升了14倍，即从0.07%上升到0.64%。[3]

---

[1] Jim Motavalli, *Breaking Gridlock: Moving toward Transportation That Works*, pp. 119 – 120.
[2] U. S. General Accounting Office, *20 Years of Federal Mass Transit Assistance*, p. 3.
[3] U. S. Department of Transportation, *The Status of the Nation's Local Mass Transportation*, p. 70.

在各级政府的援助之下,美国公共交通的衰落局面有所扭转。从公共交通的运行里程来看,在1965年联邦援助之前,公交运行里程从1945年的32亿多车辆·英里下降到1965年的20.08亿车辆·英里,下降了38%。1965年以后,在联邦政府的援助之下,下降速度有所缓和,到1972年达到低谷,随后转变为持续上升,到1982年达到21.28车辆·英里,比1972年上升了大约6%。[1] 但是,仅从公共交通的运行里程不足以考察其发展水平,还必须把最重要的数据即公交乘客数量考虑在内。实际上,在此期间,每辆公共车辆运输的乘客数量出现了大幅度下降。表6.23显示,1960—1982年,公共交通每辆·英里运送的乘客数量由3.51人下降到2.84人,下降了19.1%;同期,公共汽车每辆·英里运送乘客的数量由3.22人下降到2.65人,下降了17.7%;轨道交通每车辆·英里运送的乘客数量由4.31人下降到3.43人,下降了20.4%。下降的原因之一是由于公共交通向人口稀少的郊区延伸所致,这说明美国大都市区的低密度蔓延对公共交通的发展所造成的困境。

表6.23　1960—1982年公共交通每辆·英里运送的乘客数量

年份	公共交通每辆·英里运送的乘客数量	公共汽车每辆·英里运送的乘客数量	轨道交通每辆·英里运送的乘客数量
1960	3.51	3.22	4.31
1965	3.39	3.09	4.31
1970	3.15	2.88	3.96
1976	2.79	2.64	3.38
1980	3.08	2.90	3.73
1982	2.84	2.65	3.43

资料来源:U. S. General Accounting Office, *20 Years of Federal Mass Transit Assistance: How Has Mass Transit Changed?* Report to the Congress of the United States, Washington, D. C., September 18, 1985, p.28.

---

[1] U. S. General Accounting Office, *20 Years of Federal Mass Transit Assistance*, pp.10 – 11.

事实上，从20世纪20年代开始，公共交通的乘客量就开始下降，二战期间有所回升，于1946年达到峰值，接近140亿人次，随后再度持续下降，到1972年跌至低谷，即下跌到53亿人次。在各级政府公共交通政策的推动之下，以及在石油危机和交通拥堵的影响下，公共交通的乘客量再次回升，到1982年上升到60亿人次，上升了大约13%，但其绝对数值与1946年相比仍然不可同日而语。① 而且更重要的是，公共交通在人们出行方式中所占的比重却在不断下降，1969年这一比例为3.6%，1977年为3.0%，1983年下降到2.6%。②

进入20世纪90年代，联邦政府改变了以往过于偏向高速公路的政策，美国的交通系统进入了均衡发展的时期。然而，对美国公共交通的发展前景仍然不容乐观。虽然ISTEA和TEA-21对公共交通的援助有所增加，但其增长速度仍然不能与公路项目分庭抗礼，在1990—1999年，公共交通项目的资金增加了75%，而公路项目的资金却上升了124%。③ 结果，私人汽车在美国各类出行方式中仍然占据主导地位，1990—2000年，在美国16岁以上就业人员的各种通勤方式中，私人汽车所占比例不但没有下降，反而从86.5%上升到87.9%；而公共交通却从5.3%下降到4.7%。④ 也就是说，在美国公路上，私人汽车的数量增长更快，美国公路变得更加拥挤。

与此同时，公共交通的运营成本却在急剧上升。表6.24显示，在1960—1982年，美国公共交通的营业收入在不断降低，在扣除通货膨胀的因素以后，总收入由15.229亿美元下降到11.338亿美元，下降了25.5%；同期每车辆·英里的营业收入由0.71美元下降到0.53美元，下降了25.4%。与此同时，美国公共交通的运营开支却在大幅度提高，运营开支总额由14.897亿上升到27.169亿美元，上

---

① U. S. General Accounting Office, *20 Years of Federal Mass Transit Assistance*, p. 25.

② U. S. Department of Transportation, *The Status of the Nation's Local Mass Transportation*, p. 14.

③ Oliver Gillham, *The Limitless City: A Primer on the Urban Sprawl Debate*, pp. 50 - 51.

④ U. S. Department of Commerce, Bureau of the Census, *Journey to Work: Census 2000 Brief*, p. 3.

升幅度为82.4%；同期每车辆·英里的运营开支由0.70美元上升到1.28美元，上升了82.9%。收入的减少和开支的增加，必然导致营业亏损，1960年，美国公共交通尚且盈利3320万美元，每车辆·英里盈利0.01美元。此后营业亏损与日俱增。到1982年，运营亏损总额为15.831亿美元，每车辆·英里的亏损0.75美元。

表6.24　　　　　1960—1982年美国公共交通的财政状况

年份	收入 总额（万美元）	收入 每辆·英里（美元）	开支 总额（万美元）	开支 每辆·英里（美元）	运营利润 总额（万美元）	运营利润 每辆·英里（美元）
1960	152290	0.71	148970	0.70	3320	0.01
1965	144380	0.72	145440	0.72	-1060	0
1970	138810	0.74	162240	0.86	-23430	-0.12
1976	121410	0.60	216710	1.07	-95300	-0.47
1980	110950	0.53	260270	1.24	-149320	-0.71
1982	113380	0.53	271690	1.28	-158310	-0.75

资料来源：U. S. General Accounting Office, *20 Years of Federal Mass Transit Assistance: How Has Mass Transit Changed?* Report to the Congress of the United States, Washington, D. C., September 18, 1985, p. 14.

在巨额亏损的情况下，公共交通必须得到各级政府大笔的财政补贴。比如，1984年，美国公共交通的车票收入总额为39亿美元，仅仅相当于运营开支的42%，于是州和地方政府补贴42亿美元，相当于运营开支的48%，联邦补贴为9.04亿美元，相当于运营开支的10%。[1] 出现巨额亏损的原因主要包括：公有制导致了公交公司之间竞争的减少、劳动生产率的下降和工人工资的增加；20世纪70年代以后燃油价格的上涨以及通货膨胀率；公共交通服务质量的提高导致了成本的增加；然而，一个更重要的结构性的原因是，美国大都市区

---

[1] U. S. Department of Transportation, *The Status of the Nation's Local Mass Transportation*, p. 22.

的空间蔓延，公共交通线路向地广人稀的郊区的延伸，导致单位车辆·里程乘客数量的减少，从而导致了成本的上升和收入的减少。

美国各级政府投入浩繁的资金建立了各类公交设施，却没有收到减轻交通拥堵和提高空气质量的成效，因此，有些美国人对此提出了质疑。比如，美国会计事务总署（GAO）就认为："尽管社会、经济和环境利益难以度量，在某些情况下，公共交通似乎有助于缓解城市问题，比如交通拥堵、污染，以及那些无车人们的交通需求。然而，公交服务的一般性扩大也许并不是解决这些问题的最有效率和最有效果方法。"[1]

笔者认为，不能认为美国各级政府的公交政策没有发挥作用。之所以出现乘坐公交出行的比例下降的局面，要从美国大都市区的空间结构和郊区的低密度蔓延中去寻找。我们应该注意，如果没有各级政府对公共交通的援助，美国公共交通系统的衰落会更加严重，私人汽车会更加流行，由此导致的交通拥堵、环境污染、弱势群体的出行不便等问题也会更加严重。

七 共同乘车计划及其效果的局限性

鼓励居民共同乘车通勤和出行，以减少汽车流量是解决大都市区交通拥堵的重要措施之一。美国交通拥堵的一个重要原因就是汽车流量过大，之所以如此，是因为许多车辆是独自一人开车出行，比如，1990年和2000年，美国16岁以上就业人员的通勤旅行中，独自开车通勤的比例高达73.2%和75.7%。[2] 独自开车出行的结果，大大增加了汽车流量，从而远远超过了许多交通干道的承载能力。共同乘车（ridesharing）通勤或出行，无疑可以大大减少汽车流量，从而减少交通拥堵。共同乘车主要有两种形式，一种是搭车（carpooling），即邻

---

[1] U. S. General Accounting Office, *20 Years of Federal Mass Transit Assistance*, p. ii.
[2] U. S. Department of Commerce, Bureau of the Census, *Journey to Work: Census 2000 Brief*, p. 3.

里之间搭乘某人的私车通勤或出行，这种共同乘车比较简单易行。另一种是拼车（vanpooling），即某一大型公司或出租车公司利用小型客车（van），拼凑一些出发地与目的地相同或相近的就业人员，由专门司机接送其通勤或出行，从而减少交通流量，以达到地方政府的交通和环保要求。就拼车的组织方式而言，有私人公司自己组织的，有交通管理协会组织的，也有出租车公司组织的商业性拼车。这种拼车规模较大，组织困难，不易实行，因而需要政府部门作出强制性的规定。

为了推进共同乘车计划，1978年国会通过了《地面交通援助法》，要求联邦交通部长帮助各州和地方政府革除法律上和管理方面的障碍，以推进共同乘车计划。许多州和地方政府也通过了一系列相应的法律，为共同乘车创造条件。各州都有关于客车运输的法律法规，要求私人客车公司或个人在开办共同乘车业务之前，要向州公用事业委员会登记并获得营业执照。但70年代末，美国有32个州的相关部门认识到，将管理客运公司的登记手续用于管理共同乘车计划不太恰当，于是，它们纷纷通过有关法规，免除了共同乘车计划登记并获取执照的程序，以方便共同乘车的组织活动。其余的19个州和地区虽然没有在法律上免除共同乘车计划的相关登记手续，但这些州的公用事业委员会拒绝对共同乘车计划进行规范和限制。[①] 还有许多地方政府制定了"减少开车出行法"（Trip Reduction Ordinances），要求开发商和私人公司设法降低通往其开发区和就业地点独自开车通勤的百分比。

一种形式的共同乘车是由开发商或私人公司自己组织的共同乘车。比如，加州萨克拉门托市以西的普莱瑟县（Placer County）于1981年制定了这样一项法规，要求开发商采取措施，减少由于其开发活动而增加的交通流量，要达到比交通工程师协会（ITE）所规定的一般比例再低20%的程度。开发商必须签订一个具有法律约束力

---

① U. S. Department of Transportation, *Legal Impediments to Ridesharing Arrangements*, Washington, D. C.: U. S. Government Printing Office, December 1979, pp. 4 – 6.

的合同，以作为其开发项目获批的先决条件，从而推动"交通系统管制"（Transportation System Management，TSM）计划，以便达到减少交通流量20%的目标。

另一个例子是旧金山市以东35英里的普莱森顿（Pleasanton）市，该市于1984年通过了一项类似的法规，规定所有雇用职员在50人以上的企业，都必须制定和实施自己的"交通系统管制"（TSM）计划，即由本公司自己提供车辆组织共同乘车；那些规模较小的企业，比如雇用10人以上的企业，如果自身无力组织共同乘车计划，但必须为其雇员提供其他机构共同乘车活动的信息，以便其雇员参与其中。该法规目标是要在交通高峰时刻减少45%的交通流量，分4年实施，第一年计划减少交通流量15%，在随后的3年中每年减少10%。为了协助各企业并监督该法规的实施，该市还成立了一个由企业人士、公交官员、市政官员和市民组成的执行委员会。如果某公司违反了该法规的任何一项条款，将受到每天250美元的罚金。该计划实施后很快就收到了显著的效果，该市32个最大的企业在一年里就将其交通高峰时刻的通勤流量减少了15%以上，其中6个公司则将高峰时刻的通勤流量减少了50%以上，只有两个公司没有达到降低15%的要求。[1]

其他几个地方的共同乘车计划也十分成功，比如，科罗拉多州的郊区戈尔登市（Golden）的办公复合体"罗克韦尔国际"（Rockwell International）、加州阿拉梅达县（Alameda County）的办公园区"劳伦斯利弗莫尔实验室"（Lawrence Livermore Laboratory），各有60%以上的职员共同乘车上班；加州奥兰治县中部的弗卢尔公司（Fluor Corporation）、俄勒冈州郊区比弗顿（Beaverton）的特克隆尼克斯公司（Tektronix，Inc.）、密歇根州郊区大急流城（Grand Rapids）的跨国汽车公司（Transnational Motor，Inc.）等，其职员的共同乘车率达到了40%。[2]

---

[1] U. S. Institute of Transportation Engineers, *Urban Traffic Congestion*, p. 18.
[2] Robert Cervero: *Suburban Gridlock*, p. 101.

第六章 大都市区的交通拥堵及其治理

另一种形式的共同乘车是由"交通管理协会"(TMA)组织进行的。美国郊区的一些企业主、开发商、商人和私人机构为了缓解交通拥堵,提高空气质量,组成了一种志愿性组织即"交通管理协会",以便对所在大都市区的交通进行管控。1987年加州的"南海岸空气质量管制专区"为了减少交通流量和提高空气质量而制定了一项法规,即第15号法规(Regulation 15),它要求所有雇佣100人以上的公司、学校、医院、政府机构等,都要制定并提交一项共同乘车计划,以提高"车辆平均载客量"(AVR),并在其计划被批准的一年之内达到一定的标准。"车辆平均载客量"的计算方法是每天上午6—10点钟就业的人数,除以这些雇员所乘坐的汽车数量。在洛杉矶市中心的就业地点,这一"车辆平均载客量"的目标是1.75,即平均每一辆汽车所乘坐的就业人数为1.75人,而在低密度蔓延的郊区,"车辆平均载客量"的目标为1.3人,而在介于两者之间的地带,"车辆平均载客量"的目标是1.5人。① 这一目标看似不高,但如果考虑到美国独自开车通勤者所占的比例,这一目标还是很难实现的。该法规要求每一个用人单位都要任命一位专职的交通协调员,以组织其雇员的共同乘车活动,并要求开发商和雇佣单位组建交通管理协会(TMA),以鼓励其雇员共同乘车或乘坐公交。这些协会采取的措施有:禁止为独自开车通勤的雇员提供免费车位;为共同乘车通勤者提供免费车位;将最方便的车位提供给那些共同乘车车辆;允许雇员错峰上班,以便共同乘车;成立共同乘车信息中心,为不同公司的职员提供共同乘车的信息;敦促公司为职员的共同乘车提供通勤车辆;为职员乘坐公交进行补贴;说服公交系统在自己的公司附近设立站点等。②

第15号法规(Regulation 15)的实施收到了一定的效果。根据"南海岸空气质量管制专区"的估计,到90年代初期,该专区有200个雇员人数超过100人的公司和机构参与了该计划,其雇员人数达到

---

① Martin Wachs, *Learning from Los Angeles: Urban Form and Air Quality*, p. 14.
② Anthony Downs, *Stuck in Traffic: Coping with Peak-Hour Traffic Congestion*, p. 65.

380万人。在该计划实施满一年后，在对1110个就业地点的调查中，"车辆平均载客量"从1.22人上升到1.25人，而独自开车上班的比例则从75.7%下降到70.9%。在对另一组243个就业地点的调查中，在该计划实施满两年以后，其"车辆平均载客量"上升到1.30，而独自开车就业的比例则下降到65.4%。在共同乘车的类型中，搭车（carpooling）增长数量最多，共同乘车（vanpooling）也有很大增长，乘坐公共交通、步行和骑车的比例变化不大。①

到20世纪80年代中期，美国已经成立了20多个交通管理协会，②并取得了一定的成就，其中最成功的是加州圣拉蒙（San Ramon）的毕晓普兰奇（Bishop Ranch）、休斯敦大都市区的波斯特奥克城（City Post Oak）、新泽西东北部的梅多兰兹（The Meadowlands）等几个地方的交通管理协会，在它们的组织协调下，许多公司的共同乘车率在25%—35%之间。③根据另一资料，到90年代初期，一些机构的共同乘车计划已经使其职员每天的通勤车辆减少了17%—40%。但是，这种交通管理协会（TMA）的组织存在一个缺点，就是其组建主要限于那些新开发的就业中心，因为地方政府可以利用审批程序迫使它们组建交通管理协会，而在那些早已存在的就业中心，就不存在这种压力，交通管理协会的组建就很困难。④

第三种形式的共同乘车是由私人出租车公司组织的共同乘车。比如，"波特兰共同乘车公司"（CarSharing Portland）就是一个组织人们共同乘车出行的私人出租车公司，该公司建立于1998年。在西雅图、波士顿、芝加哥、旧金山等大都市区也出现了这种公司。这种出租车公司是仿照欧洲的模式建立的，但远不及欧洲的同类公司规模更大，年代更久远。比如瑞士卢塞恩（Lucerne）市的"共同乘车公司"（Mobility Carsharing）在800个地点拥有1300辆汽车。"波特兰共同乘车公司"的订车系统主要是通过电话预定，辅以电脑程序。该公司

---

① Martin Wachs, *Learning from Los Angeles: Urban Form and Air Quality*, pp. 14-15.
② U. S. Institute of Transportation Engineers, *Urban Traffic Congestion*, p. 21.
③ Robert Cervero: *Suburban Gridlock*, p. 101.
④ Anthony Downs, *Stuck in Traffic: Coping with Peak-Hour Traffic Congestion*, pp. 65-66.

的汽车所在位置及其电话号码在波特兰市的地图上都——标出,人们可以就近租车。该公司的总经理戴维·布鲁克(David Brook)认为,共同乘车是一种既能减少交通拥堵而又成本低廉的办法,"比如,我看到过自动化公路的计划,我不知道其意义何在。我们为什么在技术上花这么多钱,仅仅是为了在现有的公路上多塞进几辆汽车而已?"①

为了提高人们共同乘车的积极性,美国许多地方还实施了一种与之配套的措施,即为"高承载车辆"(High Occupancy Vehicle,HOV)提供专用车道,专门为共同乘车车辆和公共汽车提供服务。这一措施可以使共同乘车车辆和公共汽车摆脱拥挤不堪的普通车道,使其比独自一人开车通勤和出行更为迅速,从而可以鼓励人们共同乘车和乘坐公共交通。因此,一些州制定了相关的授权法,允许共同乘车车辆使用专用车道。比如,《加州车辆条例》(California Vehicles Code,§21655.5)规定:"交通运输部门和地方政府可以在其各自的辖区内授权或允许为高承载车辆(HOV)设立具有排他性和倾向性的公路专用车道。""交通运输部门和地方政府应该在其各自的辖区内安置和维护,或者推动(其他机构)安置和维护交通标志和官方交通控制设施,来标示出这种排他性或倾向性的车道,并且向乘驾人员说明高承载车辆(HOV)使用(专用车道)的时间,以及适用(专用车道)车辆的乘客数量标准。除非遵照这些交通标志和其他官方交通控制设施的示意,否则任何人不得在这种车道上驾车行驶。"加州议会制定这一法律的目的就是要"减轻加州公路的交通拥堵,同时,鼓励个体公民共同使用他们的车辆,从而节省燃料和减少污染空气的尾气排放"②。

确实,"高承载车辆"(HOV)专用车道的开辟在一些地方确实取得了成功,比如,根据一项研究,在纽约市的林肯隧道,一条专用车道每小时运输人员达到3万人,而普通车道最多只能运送3200

---

① Jim Motavalli, *Breaking Gridlock: Moving toward Transportation That Works*, pp. 73 – 74.
② U. S. Department of Transportation, *Legal Impediments to Ridesharing Arrangements*, pp. 38 – 39.

人。① 另一个成功的例子位于华盛顿大都市区,1982 年该大都市区的第 66 号州际高速公路中一段 9.6 英里的路段竣工,该路段将弗吉尼亚州北部的郊区与华盛顿市区连接起来,为了增加客运量,该路段在交通高峰时间只允许公共汽车、拼车车辆(vanpool)和乘坐 3 人及以上的车辆(carpool)以及往返于杜勒斯国际机场的车辆使用。该措施收到了一定的效果,到 1985 年初,该段公路每天通行 8 万辆汽车,上午平均时速为 37 英里,下午平均时速为 51 英里,远远超过了华盛顿大都市区其他公路的时速。②

由于各地的共同乘车计划取得了诸多成就,因此,美国交通部在一份报告中乐观地宣称,"共同乘车——尤其是拼车——提供了最有希望解决美国城市交通问题的办法之一。它有助于减少交通拥堵、空气污染和能源消耗,需要的投资相对较少,而且切实可行。同时,它还能够提高现有设备和设施的使用效率,减少对新的车辆和道路的需求"③。

然而,交通部的估计过于乐观了,并非所有的"高承载车辆"(HOV)专用车道都取得了理想效果,因为如果开辟了这种专用车道,而共同乘车车辆和公共交通车辆却数量不足,反而会降低专用车道的使用率。比如,在康涅狄格州的哈特福德市和马萨诸塞州的波士顿,"高承载车辆"(HOV)专用车道的使用率就很低,而普通车道却拥挤不堪。于是人们要求对普通车辆开放专用车道。④ 又如,洛杉矶大都市区的圣莫尼卡快车道(Santa Monica Freeway)曾试图开设"高承载车辆"(HOV)专用车道,但遭到了普通开车人的激烈反对,因此该措施仅实行了不到一个月就被取消了。⑤ 这种情况在美国司空见惯,屡见不鲜。因此,理性公共政策研究所(Reason Public Policy

---

① Oliver Gillham, *The Limitless City: A Primer on the Urban Sprawl Debate*, p. 101.
② U. S. Institute of Transportation Engineers, *Urban Traffic Congestion*, pp. 9 – 10.
③ U. S. Department of Transportation, Federal Highway Administration, *Incentives and Disincentives for Ridesharing: A Behavioral Study*, Washington, D. C.: U. S. Government Printing Office, August 1978, p. iii.
④ Oliver Gillham, *The Limitless City: A Primer on the Urban Sprawl Debate*, p. 101.
⑤ Anthony Downs, *Stuck in Traffic: Coping with Peak-Hour Traffic Congestion*, p. 40.

Institute）在一份研究报告中指出："交通研究人员发现，它们（专用车道）在减轻交通拥堵方面的作用十分有限，当选官员面临着越来越大的压力，将这些专用车道转变为普通车道。"①

事实上，自20世纪70年代以来，美国的共同乘车不但没有取得进步，反而日益衰落，这是因为它面临着诸多的问题和挑战。其一，大都市区进一步的低密度蔓延和社会人口的变化趋势。1983—1995年，由于就业的分散，美国人的平均通勤距离延长了37%，即从8.6英里延长到11.6英里。② 美国交通部在一份文件中指出："城市密度的逐步降低以及向郊区和远郊地区的迁移热潮，使人们越来越难以寻找搭车伙伴。社会和人口的变化趋势是朝着更小的核心家庭发展，同时，人们越来越珍视宝贵的时间，这些情况使共同乘车变得异常困难，因为共同乘车对于美国家庭真正的和紧张的出行需求更加缺乏适应性。"③

其二，就业园区的开发模式使共同乘车计划难以实施。办公园区的规模越来越大，大型办公复合体的就业人员动辄可达1万人以上，面积可达到几平方英里，而其内部却没有公共交通，而免费停车位却很充足。这样，独自开车十分方便，而共同乘车却需要走很长的一段路，这自然不利于共同乘车。而在大型的郊区开发区内，存在着大量的小企业，也增加了推行共同乘车计划的难度。如在丹佛技术中心，1.2万个职员分属于400个企业。另外，由于开发区很少有就近的消费服务业，在没有私人汽车的情况下，共同乘车必然会导致行动不便。在80年代中期，在对加州的郊区科斯塔梅萨（Costa Mesa）的开发区南滨海广场（South Coast Plaza）的2500个职员的调查中，有45%的调查对象表示出于私人原因而需要自己开车，而83%的调查对象则表示每周至少要有一次需要使用自己的私人汽车去办理公务。④

---

① Jim Motavalli, *Breaking Gridlock: Moving toward Transportation That Works*, p. 34.
② F. Kaid Benfield, et al., *Once There Were Greenfields*, p. 34.
③ U. S. Department of Transportation, *1990 NPTS Report Series: Demographic Special Reports*, p. 64.
④ Robert Cervero, *Suburban Gridlock*, pp. 101 – 102.

其三，能源价格的变化对于共同乘车也有很大的影响。就业通勤中的共同乘车在整个70年代和80年代初期相对稳定，而到80年代中期以后急剧下降，这在一定程度上与石油价格下跌有关。1973年的石油危机促使石油价格迅速提高，1982年油价开始下跌，到1985年下降到1979年以前的水平，而1986年甚至下降到比1973年以前低得多的水平。共同乘车的下降与石油价格的下跌两者非常吻合。从全国范围来看，20世纪70年代石油价格上升了64%，通勤中共同乘车的比例虽有所下降，但幅度相对很小；而1980—1990年，石油价格骤然下跌了45%，相应地，共同乘车的比例也下降了32%。[1]

其四，社会心理因素是影响人们共同乘车的一个重要因素。独自开车通勤或出行有许多好处，比如，具有一定的隐私性、时间和路线安排灵活、不必等待迟到的同事等，而共同乘车就不具备这些优点。人们在共同乘车时，往往面对的是不太熟悉的人甚至是陌生人，一些人不愿意与陌生人共同乘车。据调查，85%的人希望他们在决定是否参与共同乘车之前，要与未来的乘车伙伴至少见上一面；而有40%的调查对象认为共同乘车的伙伴必须是熟人。[2] 同时，人们不愿意被某些规则所束缚，或受到别人不良习惯的干扰，比如吸烟等。吸烟是最令共同乘车者反感的事情，近50%的调查对象表示他们不喜欢有人在车内吸烟，随着职业阶层的提高，这一比例也会提高。不管调查对象是单人开车通勤者还是共同乘车者，他们都认为，车内吸烟是阻止他们进一步考虑共同乘车的充分原因。[3] 许多调查对象很注重独自开车时的孤独、宁静和隐私性。一些专业人士和经理人员经常说，早晨独自开车通勤能够给他们以思考和安排全天计划的时间，在到达办公室之前就已经把处理问题的方案考虑好了。注重独自开车的宁静和

---

[1] U. S. Department of Transportation, *Travel Mode Special Reports*, 1990 NPTS Report Series, Washington, D. C., April 1994, pp. 65 – 66.

[2] U. S. Department of Transportation, Federal Highway Administration, *Incentives and Disincentives for Ridesharing*, p. vi.

[3] U. S. Department of Transportation, Federal Highway Administration, *Incentives and Disincentives for Ridesharing: A Behavioral Study*, Washington, D. C.: U. S. Government Printing Office, August 1978, p. 45.

隐私性的另一个群体是职业母亲们，独自开车通勤是她们摆脱工作压力和子女烦扰的唯一时间，她们尤其反感公共交通和共同乘车的拥挤和紧张的时间表。独自开车通勤是她们独处的时间，是保持精神健康、恢复精力的必要条件。[1] 共同乘车中"明显令人烦恼"的是等待较晚的通勤伙伴，在一次调查中，那些共同乘车的人员持这种观点的比例为39.7%，而那些独自开车通勤的人员的同比则高达62.4%。[2]

其五，共同乘车的保险及赔偿问题是最棘手的一个问题。除了某些大型公司能够进行自我保险以外，大多数共同乘车的车辆必须拥有某种类型的保险，这种保险应该与普通车辆的保险相同。这种汽车保险规定，由于共同乘车车辆的所有者或司机的疏忽而造成的交通事故，车主应该为受伤的乘客提供赔偿，甚至很多州的赔偿政策规定，即使不是由于车主或司机的疏忽导致的伤害，也应该进行医疗赔偿。在这种情况下，司机或车主或两者都必须预交足额押金，以便一旦发生交通事故时作为赔偿使用，否则，车主的注册或司机的驾驶执照就会被吊销。这些法律规定明显是为了推动车主和司机进行保险。马里兰州所要求的共同乘车车辆的保险金额比大部分普通车辆的保险金额都高，任何一位受伤人员的赔偿费为10万美元，任何一次交通事故中所有伤害、财产损失以及其他非过错损失在内的赔偿费不得低于20万美元。这种苛刻的规定对于共同乘车的组织者是一种极大的负担与困扰。与此相反，有些州的规定又过于宽松，比如，肯塔基州于1978年通过了一项法律规定，在就业人员自愿组织的共同乘车发生交通事故时，无论是司机还是乘客受伤，公司概不负责。而这对共同乘车的就业人员而言也是一种阻碍，因为他（或她）在独自开车时受到伤害可以得到保险公司的赔偿。虽然有些州没有制定相关法律，但对就业人员参与共同乘车时受到伤害是否给予赔偿，要由法院作出裁决。很多法院在判决中宣布，如果一位雇主组织了共同乘车，就应

---

[1] U. S. Department of Transportation, Federal Highway Administration, *Incentives and Disincentives for Ridesharing*, p. 25 – 26.

[2] U. S. Department of Transportation, Federal Highway Administration, *Incentives and Disincentives for Ridesharing*, p. 33 – 34.

该对就业人员的伤害进行赔偿。如果共同乘车的车辆属于雇员自己,而共同乘车活动也不是由雇主所组织,是否应该对雇员的伤害进行赔偿就不那么明确了,比如1965年伊利诺伊州的"舍斯特伦诉斯普劳尔"(Sjostrom v. Sproule)一案的判决和1977年密歇根州的"卡诺普卡诉杰克逊县公路委员会"(Kanopka v. Jackson County Road Commission)一案的判决就是如此。[①] 总之,关于保险和赔偿问题,是阻碍共同乘车计划发展的一个重要因素。

其六,对共同乘车司乘人员的有关规定也不利于共同乘车的组织。在20世纪70年代末,美国有21个州规定,对受雇于公司共同乘车的司机的能力要求比一般司机更高,对其驾驶执照的收费也比一般驾驶执照的收费要高,而其使用期限却更短。比如,马里兰州的法律规定,共同乘车司机的执照必须是级别更高的"J级"(Class J)执照。针对该州的这一规定,一位公民指责道:"当他们起初对共同乘车产生兴趣的时候,我们的司机和后备司机很少有人拥有这类驾驶执照。为了获得这种驾驶执照,他们必须参加体检,包括视力测验、一次法律考试和一个由4部分内容构成的驾驶能力测验。这一执照费用为15美元,而到机动车辆管理处接受各种检查的出行时间则要花费4个小时。"虽然共同乘车的司机投入如此多的技术成本和劳动成本,却不会获得任何报酬。1976年和1977年,美国劳工部对于《联邦公平劳动标准法》的解释发表了咨询意见,认为共同乘车计划中的司机在志愿开车而且公司并不从中赢利的情况下,其开车时间不应该看作上班时间,因而不必给予加班费。又如,北卡罗来那州的法律明确规定,就业人员的上下班通勤时间不能算作工作时间。该规定对于招募共同乘车司机当然造成了困难。当然,许多州的法律没有免除通勤时间的工资义务,主张给予共同乘车司机以工资补偿,但矛盾的是,如果共同乘车司机的开车时间被看作上班时间,雇主就不愿意组

---

① U. S. Department of Transportation, *Legal Impediments to Ridesharing Arrangements*, pp. 16-27.

织共同乘车。①

在上述诸多原因的影响之下,虽然美国各级政府、民间组织以及私人企业作出了极大的努力,某些个别地区的共同乘车取得了一些成就,但在绝大多数情况下,美国的共同乘车计划是不成功的,这可以从下列数字中明显地反映出来。从共同乘车通勤占美国所有就业通勤的比例来看,1970、1980、1990、2000年分别是20.4%、19.7%、13.4%和12.2%,30年间竟下降了8.2%。② 更严重的是,不仅共同乘车通勤的比例降低了,而且平均每辆汽车的乘坐人数也减少了,从而大大降低了共同乘车的质量。据统计,在美国所有的通勤旅行中,1970年平均每辆汽车乘坐人数(average vehicle occupancy)为1.18人,1980年下降到1.15人,1990年下降到1.09人。③ 1980—1990年,2人同车的比例下降了近10%,3人同车的比例下降了40%,4人同车的比例下降了50%以上,5人以上同车的比例下降了40%。④ 由此可见,美国的共同乘车计划收效甚微。

八 建立高密度混合功用和公交友好的社区

美国大都市区的空间结构是造成上述交通问题的根本原因,这种空间结构主要包括三个方面:其一是美国大都市区的低密度蔓延性,人们不能步行或骑车出行,许多社区不能运行公共交通,人们出行只能依赖私人汽车,甚至是独自开车,这样就极大地增加了汽车流量。同时,由于大都市区密度太低,人们的长途通勤和出行往往需要进入高速公路或主体公路,当过多的汽车汇集到高速公路上时,就产生了

---

① U. S. Department of Transportation, *Legal Impediments to Ridesharing Arrangements*, pp. 36-49.

② U. S. Department of Transportation, *Travel Mode Special Reports*, p. 117. U. S. Department of Commerce, Bureau of the Census, *Journey to Work: Census 2000 Brief*, p. 3.

③ U. S. Department of Transportation, *1990 NPTS Report Series: Demographic Special Reports*, p. 65.

④ The Steering Committee for the National Commuting Study, *Commuting in America II*, p. 61.

交通拥堵。其二，大都市区的许多社区功能失衡，即居住、就业、购物、娱乐、休闲等场所互相分离，尤其是住房与就业的分布失衡，导致了人们开车出行次数的增加，从而导致各类交通问题。其三，就业园区和居民社区的设计不利于公共交通的运行，其空间过于空旷，道路系统不完整。而建立高密度混合开发的与公交友好（transit-friendly）的社区，是解决美国交通拥堵、空气污染和弱势群体出行困难的最根本的方法。

第一，土地的混合利用。土地的混合利用包括垂直混合和横向混合两种。垂直混合就是将住房、零售和工作场所等不同的土地利用模式安置在同一个建筑里，比如，第一层为零售商店，上面楼层为住房。这种土地利用模式在美国的旧城区和传统小镇还很普遍，而在欧洲的许多城市依然是功能布局的主流。随着20世纪初期以来分区规划制度的流行，这种布局模式在美国已经遭到禁止。横向混合则是指将不同的土地利用模式就近分布，近来随着新城市主义规划理论和精明增长政策的发展也逐步得到贯彻。

土地利用的混合之所以有助于减少对私人汽车的依赖和降低交通拥堵，这是因为：第一，多功能混合的开发可以使人在一次出行中完成不同的任务，从而减少出行次数。根据交通工程师协会（ITE）于1987年在丹佛大都市区对混合开发区的研究，功能混合的开发项目能够比单一功能的开发项目减少25%的出行。第二，多功能混合的开发可以鼓励人们步行和骑车。比如，根据1989—1994年间开展的一项对西雅图大都市区1680个住户的调查，社区土地混合利用的提高确实促进了人们步行购物和就业。[1] 第三，如果将办公、零售、娱乐和其他功能混合，出行时间可以相对均匀地分布于一天或一周之内，避免使通勤集中于早晚交通高峰时间，以及使购物集中于中午、下班和周末；第四，许多机构可以共用停车场地，比如，洛杉矶大都市区的沃纳中心（Warner Center）由于采取混合开发的模式，一个中心停车场的车位可以从1400个减少到1100个，从而降低了开发区的

---

[1] Howard Frumkin, et al., *Urban Sprawl and Public Health*, p. 102.

空间规模，建筑物之间的距离拉近，有利于步行或骑车。① 因此，美国城市问题专家菲利普·兰登（Philip Langdon）呼吁道："在对郊区进行设计时必须采取措施，使交通困难不再那样严峻，并推动一种更加舒适方便的生活方式的形成。为了达到这一目的，必须有一种更加协调的方法来安排交通、就业、购物和服务。应该将郊区中更多的就业、购物和服务集中于某些紧凑和适于步行的地方。郊区就业中心应该变得更像传统的中央商务区。"②

20 世纪七八十年代以来，美国出现了一些功能混合的办公园区，其中既有办公场所、也有住房和零售商店等。比如在 70 年代，丹佛技术中心不仅密度在增大，而且也在朝着功能多样化发展。这里的 1.2 万职员可以在该中心进行各种日常活动，如饮食、购物、金融、电影、加油站、旅馆、医疗健康中心等，甚至还有各种夜生活。又如，洛杉矶中央商务区以西 20 英里处的普拉亚威斯塔（Playa Vista）被设计为一个自给自足的社区，该社区在就业、住房、购物、娱乐等方面基本达到平衡。③

土地利用混合的一个重要表现就是就业与住房分布的平衡。为了改变这种状况，有些州对地方政府在开发项目中的住房比例作出了规定。有些州还鼓励居民在就业地点附近买房，比如在 1997 年马里兰州的精明增长计划中，就包括一个"居住靠近就业"（Live Near Your Work）的方案，规定那些参加该计划的公司，其职员如果在工作地点附近购房，该计划将提供 3000 美元的购房补贴，但购房者必须同意在其购买的住房中居住 3 年以上。④ 到 2000 年 2 月底，该州 7 个地方政府内的 49 个企业参加了这一计划，已经有 267 位职员通过这一计划购买了住房。由于就业和居住比较靠近，在参与该计划的购房者中，步行或乘坐公交上班的人由 49 人上升到 73 人，而开车上班的人

---

① Robert Cervero, *America's Suburban Centers*: *The Land Use-Transportation Link*, pp. 41 – 43.
② Philip Langdon, *A Better Place to Live*, p. 178.
③ Robert Cervero: *Suburban Gridlock*, pp. 83 – 86.
④ Jim Motavalli, *Breaking Gridlock*: *Moving toward Transportation That Works*, p. 47.

从101人减少到61人，通勤时间低于10分钟者由54人增加到100人。① 当然，由于这一计划实施时间较短，其效果尚未充分显示出来。

美国著名的城市问题专家安东尼·唐斯（Anthony Downs）提出了一种解决交通拥堵的建议，就是将就业集中于大型就业中心。他认为，公共交通和共同乘车要求乘车人的起点和终点相一致。如果将就业集中于较小的空间范围内，而不是散布于更大的空间领域，就会有利于搭乘公交和共同乘车，从而降低交通拥堵。② 笔者认为，唐斯的这一建议并不可取，虽然美国公共交通运行和共同乘车困难的一个重要原因是大都市区的低密度蔓延性，如果将就业集中于几个大型的就业中心，可以使通勤地点更加集中，从而可以提高公共交通的乘客量，有利于公共交通和共同乘车运行，但由于美国郊区居民的分布比就业更加分散，也就是就业通勤的出发点更加分散，人们很难搭乘公交或共同乘车，人们不得不依靠私人开车通勤就业。当人们独自开车从四面八方汇集于大型就业中心之时，其拥堵程度是可想而知的。除非将通勤人员的出发点也集中起来，也就是将郊区居民区集中起来，使就业人员的出发点和终点站都真正地集中起来，从而便于公共汽车的运行和共同乘车的组织，而做到这一点几乎是难以想象的。退一步讲，即使真的将就业地点和居住地点分别集中起来，其结果将是严重的就业与住房的失衡，同样导致通勤和出行的增加，导致交通拥堵。因此，最合理的办法之一就是进行多功能的混合开发。

第二，高密度的开发模式。开发密度的提高，有利于人们乘坐公共交通、共同乘车、骑车和步行出行，从而可以减少私人开车出行，从而可以减少交通拥堵。霍尔茨克劳（Holtzclaw）对加州北部28个居民社区旅行方式的分析发现，较高的居住密度与较低的汽车拥有量和较短的行车里程（VMT）之间存在着密切的关系。在拥有较好的公交服务和步行服务设施、存在一定程度的土地混合利用的前提下，如

---

① James R. Cohen, "Maryland's 'Smart Growth': Using Incentives to Combat Sprawl", in Gregory D. Squires, ed., *Urban Sprawl: Causes, Consequences & Policy Responses*, pp. 315–316.

② Anthony Downs, *Stuck in Traffic: Coping with Peak-Hour Traffic Congestion*, pp. 112–115.

果将居住密度提高一倍,那么居民开车里程就可以降低30%。① 因此,一些地方政府逐渐修改了过去低密度的分区法令,采取措施来提高建筑密度和人口密度,以减少对私人汽车的依赖。

芝加哥大都市区88号州际高速公路沿线的就业长廊是由一系列独立的办公园区和办公大楼构成的,建筑物之间的距离通常达几千英尺,几乎没有人行步道和娱乐设施将它们联系起来,许多办公园区几乎没有提供任何公共交通设施,非常不利于步行和乘坐公交,因此,该长廊仅有1%的通勤人员搭乘公共汽车。为了改变这一状况,杜培奇县开发部于20世纪80年代中期成立了一个由私人部门和政府官员组成的委员会,以解决该长廊沿线的开发设计问题,其指导原则就是提高密度。该委员会将容积率(FAR)提高到0.3以上,高于普通办公园区的密度。此外,该委员会还作出了其他一些规定:其一,建筑物应该呈集群式分布,大门与街道接近,可以减少乘客的步行时间,便于公共汽车的停靠;第二,开发项目之间彼此互相协调,与其他土地利用模式混合,从而减少步行时间;第三,缩短建筑物和停车场地之间的距离,鼓励共同乘车活动。②

西雅图大都市区的一个郊区社区贝尔维尤镇(Bellevue)是实行高密度混合开发的一个典型实例。该市于1981年制定了一个商业区规划(Downtown Plan),对土地利用模式进行了规范,规定市中心部位要以高层建筑为主,建筑物的缩进要求也被取消,从而拉近了建筑物之间的距离,提高了建筑密度。该规划还实行了"密度奖励制度"(density bonus system),以鼓励开发商进行高密度的混合开发。为了解决超级街区(superblock)给步行者造成的出行不便和枯燥乏味,该规划要求建筑物的设计要优美别致,楼房的一层开设零售商店,并设置各种娱乐设施,比如门廊、门罩、雕塑、喷泉以及艺术表演空间等,以使行人感到赏心悦目,乐于步行。为了做到这一点,该规划规定,在其开发项目范围内,开发商每提供1平方英尺的娱乐设施,就

---

① Howard Frumkin, et al., *Urban Sprawl and Public Health*, p. 11.
② Robert Cervero, *America's Suburban Centers: The Land Use-Transportation Link*, p. 179.

可以额外增加 10 平方英尺的建筑面积；每提供 1 平方英尺的零售空间，就可以额外增加 2 平方英尺的办公空间；在中央商务区，开发商每提供 1 平方英尺的儿童娱乐场所和设施，就可以增加 8 平方英尺的办公空间。这一措施使开发项目的建筑面积得以增加，建筑密度得以提高，节省了更多的土地，降低了土地成本，从而可以使开发商赢得更高的利润，成为对开发商的密度奖励。到 80 年代中期，该镇许多低层建筑被高层建筑所取代，这些高层建筑大多数高达 10—25 层之间，建筑容积率（FAR）在 6—8 之间，相当于许多中等城市的密度。贝尔维尤镇的"密度奖励制度"还鼓励就业与住房的平衡。在中央商务区的许多地方，开发商每提供 1 平方英尺的住房，就可以增加 4 平方英尺的办公空间。在这一制度的鼓励下，1985 年该镇的中心区建立了 1 座 15 层的居民楼，以及其他一些住房建筑项目。此外，贝尔维尤还在中央商务区设置了一个新的公交中心，位于一个步行长廊的东部边缘，是西雅图中央商务区以外最大的公交中转站。该中心有 17 条公交路线为其提供服务，中午可以有 12 辆公共汽车达到。为了对该镇进行奖励，西雅图大都市区公共交通管理局增加了对该镇的公交服务，到 1984 年，该镇每年额外获得了将近 4000 小时的公交服务。因此，该镇乘坐公交通勤的比例达到 7%，远远高于西雅图大都市区的其他郊区。[①]

第三，设计公交友好的社区。功能混合和密度提高确实便于步行、汽车和乘坐公共交通，减少交通拥堵，如果再辅以公交友好的社区设计，会效果更佳。最早的公交友好开发是有轨电车郊区，它们通过有轨电车与中央商务区连接起来。但是随着有轨电车的衰落，这种公交友好的社区让位于严重依赖汽车的社区。

20 世纪 80 年代，美国兴起了新传统主义（neotraditionalism）或称新城市主义（New Urbanism）的规划运动，新城市主义包括两种规划理念，即传统邻里开发（traditional neighborhood development，TND）

[①] Robert Cervero, *America's Suburban Centers: The Land Use-Transportation Link*, pp. 172 - 175.

和公交取向的开发（transit-oriented development，TOD）。传统的邻里开发（TND）一般是位于郊外的新开发项目，街区规模较小，平均密度较高；独户住宅较少且地块较小，而各种类型的多户住房较多；反对实行分区制度，主张混合功用；反对死胡同的街道设计，主张街道呈网格状，反对过宽的马路和过多的停车空间；社区的中心地带为公众活动中心、学校和开放空间。按照这一规划思想设计的较早的社区包括1982年在佛罗里达州建立的锡赛德（Seaside）和1988年在马里兰州建立的肯特兰兹（Kentlands）。这种传统的邻里有助于居民步行和乘坐公共交通，不会产生交通拥堵和各类交通问题。但是，传统邻里开发（TND）仍然受到了指责，因为这种设计大多数是郊外绿地上的新开发项目，而不是在旧社区中进行填充式的开发，同样会占用更多的土地，即使比普通的郊区开发占用的土地较少，但仍然会推动大都市区的空间蔓延，即使它们比一般郊区更加注重步行设计，但它们依然依赖私人汽车作为对外交通的手段。[1]

公交取向的开发（TOD）在美国拥有更大的影响，它是由城市设计师彼得·卡尔索普（Peter Calthorpe）提出来的，更加强调公共交通的核心作用。公交取向的开发（TOD）一般位于区域公交系统的主要路线上，这种社区一般有一个混合功用的中心，中心附近是一个公交车站，周围的居民住房距该车站的平均距离只有2000英尺，以便于人们乘坐公共交通，多数主要街道和通道都通向这个车站。卡尔索普所设计的公交取向的开发（TOD）大多数是在现有社区内进行填充式开发，他强调填充式的开发应该优先于新镇开发。如果是独立的公交取向的开发项目，他认为，"这种类型的选址应该是作为一个'卫星'新镇来进行规划，应该具有强烈的就业与住房的平衡性，而且在现有的社区之间应该由绿带隔离开来。"[2]

按照公交取向的开发（TOD）而设计居民区，主要有弗吉尼亚州劳登县（Loudon County）的布兰布里顿（Brambleton）、加州萨克拉

---

[1] Oliver Gillham, *The Limitless City: A Primer on the Urban Sprawl Debate*, pp. 181–182.
[2] Oliver Gillham, *The Limitless City: A Primer on the Urban Sprawl Debate*, p. 183.

门托县（Sacramento County）的西拉古纳（Laguna West）和萨特县（Sutter County）的萨特湾（Sutter Bay）、佛罗里达州波克县（Polk County）的列克星敦帕克（Lexington Park）、圣迭哥县的奥泰梅萨（Otay Mesa）。其中，萨克拉门托县的总体规划的目标明确规定，"通过较高密度的社区开发，以及在公交站点和沿公交走廊进行较高强度的商业开发，可以加强公共交通和土地利用之间的联系"。该县的西拉古纳等6个大规模混合开发项目都采用了公交取向的开发模式，其中心地带的混合开发，利用公共汽车提供服务，在主要公交站点1/4英里的范围内设计中等密度的社区，在主要街道沿线设立商店、各种行人服务设施等。①

另一种有利于公共交通的设计模式就是"公交村"（Transit Village），虽然它不是由新城市主义规划师提出的思想，但它却与公交取向的开发（TOD）有着异曲同工之妙。公交村以公共交通站点为核心，周围是公共空间和紧凑的混合功用的社区，其规模为从公交站点向周围延伸大约1/4英里，即步行5分钟的时间，公交站点是将居民社区和就业场所与整个区域联系起来的纽带。居民、就业人员和购物者以乘坐公交为主，从而大大减少了对私人汽车的依赖。公交村与公交取向的开发（TOD）的主要区别在于，公交村更加具有专门功用和公交特征，几乎都位于轨道交通线路上，而不是位于公共汽车线路上。而且公交村比一般的公交取向的开发（TOD）密度更高，卡尔索普倡导的公交取向的开发（TOD）密度为每英亩7—15套住房，而公交村则每英亩住房多达12—60套之间。②

根据卡尔索普对加州的研究，虽然同样位于郊区，那些具有传统特点，即密度较高、功能多样、比较古老的邻里，与那些功能单一、蔓延类型的新建邻里相比，平均每人所产生的汽车流量要低。另根据对旧金山海湾大都市区的两个社区的比较研究发现，一个密度较高、

---

① National Transit Access Center, Robert Cervero, *Transit-Supportive Development in the United States*, pp. 6–7.

② Oliver Gillham, *The Limitless City: A Primer on the Urban Sprawl Debate*, p. 184.

第六章 大都市区的交通拥堵及其治理

混合功用、便于步行,且接近快速公交系统的社区,比另一个普通社区独自开车通勤的人数低20%。[1] 然而,这种密度较高、混合功用、公交友好的社区在美国大都市区中并不占主导地位,占主导地位的是密度较低、功能单一、没有公交的蔓延式社区。

虽然近年来美国大都市区内出现了一些公交取向的开发(TOD),但在开发密度、混合功用和公交友好方面仍然无法与欧洲城市相媲美。战后欧洲城市进行了一系列新城开发活动,这些新城在规模、密度、混合功用方面都远远高于美国的新镇开发,更高于美国的普通郊区社区和就业园区,而且欧洲的新城拥有轨道交通与中心城市连接起来,从而杜绝了低密度蔓延式的发展模式和对私人汽车的依赖。所以,欧洲新城的许多就业人员大多在本镇就业,从而减少了向中心城市或其他社区的通勤,即使是到中心城市通勤就业,也主要是依靠公共交通,特别是轨道交通,而不是依靠私人汽车。比如,法国新城中居民在本镇就业的比例:默伦(Melun)1982年的比例为44%,1990年上升到49%;马尔讷(Marne)1982年的比例为54%,1992年为47%;圣康坦(St. Quentin)1982年为45%,1990年上升到51%;塞日(Cergy)1982年为51%,1990年上升到55%。整个法国新城的同比,1982年为47%,1990年上升到48%。就法国通勤就业的人员而言,在1983年从新城到巴黎就业的人员中,乘坐公交者高达71%,独自开车者只有26%;新城内部就业人员有68%独自开车通勤,乘坐公交通勤者有21%,乘坐公交的比例远远高于美国。与巴黎相似,斯德哥尔摩与新城之间也有发达的轨道交通相连。1990年,斯德哥尔摩附近新城的居民在本镇就业的人员中,有一半以上是步行或骑车上班,有1/4搭乘公共汽车。而到斯德哥尔摩就业的新城居民中,高达3/4以上搭乘公共交通,独自开车者只有1/5;而从斯德哥尔摩到新城就业的人员中,高达60%搭乘公共交通,开车上班者只

---

[1] F. Kaid Benfield, et al., *Once There Were Greenfields*, pp. 44–45.

有35%。[1]

由此可见，虽然美国也进行了高密度混合与公交友好的开发活动，但它们只占大都市区社区开发的极少数，对于减少独自开车，推动公共交通、共同乘车、步行和骑车等交通方式，减少交通拥堵来说杯水车薪，无济于事。最根本的解决办法就是提高整个大都市区的密度和混合功用，同时建立发达的公共交通系统。然而，最根本的办法往往也是最困难的办法，在积年累月形成的低密度蔓延的大都市区结构中，在当前美国人的居住文化、民主体制和地产利益集团的影响下，要改造整个大都市区的空间结构，其艰巨性和长期性是不言而喻的。同时也说明，在短期内，单纯地依靠提高建筑密度、进行混合开发，或进行公交取向的开发等结构性措施，尚不足以达到减少车流，缓解交通拥堵和提高空气质量的目的，必须放眼长远，采取综合治理的方法，多种措施同时并举，多管齐下，才能收到良好的效果。

九　其他交通治理措施

为了限制人们独自开车通勤和出行，减少交通流量，缓解交通拥堵，提高空气质量，增加步行和骑车交通，方便弱势群体的出行，美国地方政府、私人企业、民间组织乃至公民个人还采取了各项其他措施，以达到综合治理的效果。

前文论述了联邦、州和地方政府采取的一些交通治理措施，比如发展公共交通、提倡共同乘车，设计高密度混合功用和公交友好的社区等，事实上，许多州和地方政府所采取的交通治理措施并不是单一的，而是同时并举的，以达到综合治理的效果。这种综合治理就体现在一些州和地方政府的"交通需求管制"（transportation demand management, TDM）计划之中。在这些"交通需求管制"计划中，除了前文所举措施以外，还包括其他一些措施，比如公路收费和停车收

---

[1] National Transit Access Center, Robert Cervero, *Transit-Supportive Development in the United States*, pp. 197–211.

费、修建更多的自行车道和人行步道、错峰就业时间和电子通勤等。

洛杉矶大都市区是实行"交通需求管制"(TDM)计划最出色的地区。1985年9月,洛杉矶市议会为该大都市区的"海岸交通长廊"制定了一项"特别计划",采取了一系列措施以缓解交通拥堵。第一,征收"交通影响费"(Transportation Impact Fee),由于开发活动必然会导致交通流量的增加,因此,该区域内所有的开发公司都必须交纳交通影响费,每辆汽车一次性交纳2010美元,用这些费用建立一个交通信托基金,用来拓宽公路,修建立交桥,安装信号灯,以及进行地方性公共交通和停车场地的建设等。第二,实行"交通需求管制"计划,规定每一个在交通高峰时刻产生100辆汽车流量的开发公司,必须制定并实施"交通需求管制"计划,以便减少汽车流量的15%,该开发公司的后期项目的审批将依据其在减少交通流量方面的成绩而定。第三,对开发公司的交通影响进行评估和奖励,其依据包括开发公司实施"交通需求管制"计划的效果,及其对交通设施的捐助和土地捐献等。第四,在每个就业中心成立"交通管理协会"(TMA),以帮助和监督每个开发公司履行"交通需求管制"责任。①

前文提到的加州"南海岸空气质量管制专区"于1987年制定的第15号法规(Regulation 15)就要求,所有拥有雇员250人以上的企业都要制定"交通需求管制"计划,要求企业单位鼓励职员搭乘公交、共同乘车、步行和骑车,调整工作时间,减少停车优惠等。为了有效地实施"交通需求管制"计划,该专区的一些企业单位和开发公司等组成了一种志愿性组织,即"交通管理协会"(TMA)。1992年,"洛杉矶县交通委员会"又公布了加州议会为该县制定的"交通拥堵管理计划",其中包括"交通需求管制"方面的内容,要求该县所有的城市都必须采纳。②

实施"交通需求管制"计划的另一著名范例是旧金山湾大都市区的普莱森顿市,前文论述的该市的共同乘车计划,仅仅是其综合性

---

① U. S. Institute of Transportation Engineers, *Urban Traffic Congestion*, p. 17.
② Martin Wachs, *Learning from Los Angeles: Urban Form and Air Quality*, p. 6.

"交通系统管制"（TSM）计划的一部分。1984 年 10 月普莱森顿市通过一项法令，要求将该市交通高峰时刻的汽车流量减少 45%。为了实现这一目标，该法要求各个公司制定"交通系统管制"计划，其内容除了前文阐述的共同乘车计划以外，还包括实施错峰上班时间，进行停车场管理，鼓励乘坐公共交通等。[1] 虽然该市实行了"交通系统管制"计划，但 1986 年，普莱森顿市仍然有高达 84.3% 的就业人员独自开车通勤，只有 10.2% 的就业人员共同乘车通勤，乘坐公共汽车通勤者只占 1.7%。[2]

地方政府为了敦促私人企业实施"交通系统管制"计划，往往采取胡萝卜加大棒政策，迫使其与地方政府进行谈判，达成"交通缓解协议"（Traffic Mitigation Agreements），对于那些拒绝实施"交通需求管制"以降低汽车流量的企业给予惩罚，比如，拒不批准该企业的后续开发项目，而对于实施"交通需求管制"的公司予以奖励等。比如，在达拉斯的帕克韦中心（Parkway Center）地区，就以私人企业采取"交通系统管制"计划作为批准其开发项目的条件，这些企业在提交开发计划的同时，也必须提交"交通系统管制"计划，并且每年要提交进度报告。而且，这些开发公司必须交纳每平方英尺 5 美分的地产税，用来组织和资助地区性的"交通管理协会"[3]。

不仅州政府和地方政府鼓励实施"交通需求管制"，联邦政府也制定了相应的政策，1990 年，《联邦清洁空气法》的修正案要求那些还没有达到联邦空气质量标准的大都市区实行交通管制措施，以便推动"交通需求管制"计划的实施。这些交通管制措施包括提高过路过桥费用、停车收费和设置无车区等，以改变人们的出行方式。[4]

在联邦、州和地方政府的敦促之下，"交通管理协会"（TMA）在郊区就业中心和新城市化地区得到了一定程度的发展。到 20 世纪 80 年代中期，美国已经拥有 20 多"交通管理协会"，它们在行动目

---

[1] U. S. Institute of Transportation Engineers, *Urban Traffic Congestion*, p. 18.
[2] Robert Cervero, *America's Suburban Centers: The Land Use-Transportation Link*, p. 157.
[3] U. S. Institute of Transportation Engineers, *Urban Traffic Congestion*, p. 15.
[4] Martin Wachs, *Learning from Los Angeles: Urban Form and Air Quality*, p. 6.

标、组织成员、内部结构、行动计划等方面各不相同。这些"交通管理协会"可以分为 3 种类型：政策倡导型、需求管理型和提供服务型。第一种类型的"交通管理协会"由那些有志于改善交通和通勤状况的企业高层经理人员构成，其主要行动是制定总体发展战略，向州和地方政府进行政策游说，并且作为一个探讨交通问题的论坛发挥作用。第二种类型的"交通管理协会"是一种经营性的组织，从事各种需求管理方面的活动，比如，互相合作，推进共同乘车，调整工作时间表，分享停车场地，推进公共交通的发展等。第三种"交通管理协会"是一种实际操作方面的组织，共同改善交通服务，比如改进交通、停车和班车系统，向轨道交通站点提供班车和出租车服务，订购通勤使用的公共汽车等。[1]

这些"交通管理协会"还采取了下列措施以减少其职员的车流量：其一，禁止为独自开车上班的职员提供免费车位；其二，为共同乘车上班的职员提供免费车位；其三，将最方便的车位提供给那些共同乘车车辆；其四，允许职员采用错峰上班时间，以方便他们共同乘车；其五，成立共同乘车信息中心，以方便不同公司的职员共同乘车上班；其六，公司为职员提供通勤车辆，鼓励共同乘车上班；其七，为职员搭乘公交提供补贴；其八，说服公交系统在本公司附近设立公交站点。[2]

公路收费和停车收费是遏制人们独自开车出行的一个收效较快的办法。既然独自开车出行是造成交通拥堵和环境污染的罪魁祸首，那么就应该对其进行适当的遏制。一种收费方式是建设收费公路，对通行的车辆，尤其是对于单人车辆进行收费。圣迭戈大都市区于 1988 年在第 15 号州际高速公路（I—15 Express Lanes）开通了"高承载车辆"（HOV）车道，只有乘坐 2 人以上的车辆才可以使用这一车道。但是，起初 I—15 快速车道上共同乘车的车辆很少，该路段的利用率很低。于是，那些独自开车者要求开放这一车道。于是该地区的交通

---

[1] U. S. Institute of Transportation Engineers, *Urban Traffic Congestion*, p. 21.
[2] Anthony Downs, *Stuck in Traffic: Coping with Peak-Hour Traffic Congestion*, p. 65.

部门就采用了公路收费计划，允许独自开车者使用快车道，但需要对其进行收费，资金收入用来在 I—15 长廊建设新的公交服务设施，并推动共同乘车计划。这个示范计划于 1996 年 12 月开始实施，起初，只是每月出售一定数量的许可证，允许一部分独自开车者进入 I—15 快速车道。由于这一计划的实行，到 1998 年，该车道的共同乘车者上升了 15%，单独开车人仅占该快速车道车辆的 14%，该快车道依然畅通无阻，而资金收入还用来资助一个沿 I—15 长廊新开辟的快速公共汽车线路，该线路已经于 1997 年 11 月开始运营。人们认为，该"高承载车辆"（HOV）车道计划是成功的，因为它节省了通勤时间，避免了通勤时心理上的压力，确保了其通勤的确定性。但也有些独自开车者反对这项计划，认为他们为"高承载车辆"（HOV）车道进行了两次付费，第一次付费是他们交纳的税收，第二次是该车道的使用收费。此外，还有人认为这一计划不公平，将那些低收入的独自开车者排除在"高承载车辆"（HOV）车道之外。[1]

另一种公路收费称作"拥堵收费"（congestion pricing），即在一天中的某段时间收费，而另一段时间则不收费，或在不同时间段收费价格不同。这种方法可以调节人们的出行时间，从而减少交通高峰时间的车流量，减少交通拥堵。全国调查委员会（The National Research Council）在一项报告中指出，"拥堵收费"可以推动通勤人员共同乘车、乘坐公交、电子通勤、错峰出行，或者将多次出行合并成一次出行。[2] 1983 年，美国拥有 160 个收费桥梁，10 个收费隧道，88 条收费公路，这些收费路段从不足 1 英里到 495 英里不等。[3]

然而，公路收费往往并不能发挥应有的效果，而且还面临着巨大的政治压力。比如在 80 年代，纽约市将桥梁和隧道的费用提高了一倍，却没有见到明显的车流量下降。同样在 80 年代，在南部加州，要使公路收费见效，高峰时刻的公路收费在城市地区就要达到每英里

---

[1] U. S. Department of Transportation, *The National Capital Region Congestion & Mobility Summit, Summary Report*, pp. 1 – 3.

[2] Jim Motavalli, *Breaking Gridlock: Moving toward Transportation That Works*, p. 34.

[3] U. S. Institute of Transportation Engineers, *Urban Traffic Congestion*, p. 22.

65美分，在郊区就要达到每英里21美分，比当时每英里2—4美分的多数公路收费高出很多。如果实行这种高收费，一段9英里的典型的单程通勤就要花费2.92美元，那么一年将高达1404美元，这还不算回程收费。因此，没有哪位政府官员愿意冒这种天下之大不韪去得罪选民。①

同时，公路收费问题也是一个有关公平的政治问题，因为它使那些高收入群体能够在任何时间通勤，而贫困人口则受时空的限制。比如，加州的首席检察官比尔·洛克耶（Bill Lockyer）就指出，实施"拥堵收费"是一种精英主义行为，对于贫困群体而言是一种不公正的待遇。他说："收费公路在根本上是不平等的。这种公路创造了一个双重体制，在这种体制下，经济条件一般的人们要在破旧的公路上开车，而那些富足的人们则可以通过缴费在新的或改进的公路上飞驰。"②

停车收费是限制人们独自开车一个有效措施。人们独自开车上班的原因之一，是因为许多就业场所提供了免费停车场地。对于通勤人员而言，停车免费所节省的资金往往比通勤所消耗的汽油开支还多。而且免费停车所节省的资金是一种隐性收入，无须缴纳所得税，而公司提供的公交补贴却要缴纳所得税，因此，一些公司往往为其职员提供免费车位，而不是发放公交补贴。如果禁止提供免费停车场地，很多职员就会停止开车上班，而搭乘公交或共同乘车。③90年代的一些研究表明，工作地点停车收费使单独开车就业的人数减少了25%。而洛杉矶县于90年代初禁止停车免费，而代之以对每个职员每月补贴70美元的交通补贴，使该县停车场的停车数量减少了40%。④

西雅图大都市区的郊区贝尔维尤（Bellevue）市的案例更能说明问题。该市通过了停车场地法令以后，该市一个最大的公司将其停车场限制在410个车位，而且每个车位每月收取60美元的停车费用，

---

① Anthony Downs, *Stuck in Traffic: Coping with Peak-Hour Traffic Congestion*, pp. 51–52.
② Jim Motavalli, *Breaking Gridlock: Moving toward Transportation That Works*, p. 34.
③ Anthony Downs, *Stuck in Traffic: Coping with Peak-Hour Traffic Congestion*, p. 70.
④ Dom Nozzi, *Road to Ruin*, p. 91.

从而迫使其900个职员中的77%共同乘车或乘坐公共汽车。[1] 该市另一公司则实行了变相的停车收费制度,该公司拥有430名职员,如果这些职员步行、骑车、共同乘车或乘坐公交通勤,该公司就为其每月提供40美元的交通补贴;而如果职员们独自开车上班,虽可享受免费停车,但不再获得交通补贴。于是,该公司独自开车上班的比例从89%下降到54%,而骑车和步行上班的比例则从1%上升到17%。结果,该方法使该公司职员对停车场的需求下降了39%,不仅解决了停车场地不足的问题,而且还节约了该公司的开支,减少了交通拥堵和空气污染。[2]

减少停车位是限制私人开车的一个更直接的措施。从1981年开始,贝尔维尤市中央商务区的总体规划就减少了停车位,到1987年,该规划要求在所有的开发项目中,每1000平方英尺的建筑面积提供2个车位,最多2.7个车位,这一限额远远低于大多数郊区就业园区。80年代初期,旧金山湾大都市区的帕洛阿尔托(Palo Alto)也将每1000平方英尺的建筑面积的车位数降到2个车位。[3] 其他城市,比如,俄勒冈的尤金(Eugene)、马萨诸塞州的坎布里奇(Cambridge)、佛罗里达州的盖恩斯维尔(Gainesville)等,也修改了分区制法规,对新的开发项目不再像过去那样规定车位的下限,而是规定了车位的上限,以便限制私人开车出行。

波特兰是限制车位的另一个典范。该市试图通过减少车位数量来提高空气质量,创造一个紧凑宜居的城市模式,鼓励公共交通的发展。1975年,该市制定了《市中心车位和交通政策》,确定了车位的上限。1986年该法的修正条款还号召逐渐取消地面停车场地,并倡导混合开发和共享停车场地。在这一规定之下,从70年代初期到90年代中期,中央商务区虽然增加了2万个就业,而车位仅增加了5000个,地面车位则从大约1.58万个减少到1.16万个。这一规定促使就

---

[1] Robert Cervero, *America's Suburban Centers: The Land Use-Transportation Link*, p. 58.
[2] Dom Nozzi, *Road to Ruin*, p. 91.
[3] Robert Cervero, *America's Suburban Centers: The Land Use-Transportation Link*, pp. 173, 57.

业人员去乘坐公共交通，1977—1988 年，每个工作日公交乘客量增加了 30%，而独自开车次数只增加了 25%。①

错峰出行或电子通勤（telecommuting），可以减少或分散通勤出行，从而减少车流或分散车流，减少交通拥堵。1977 年，就全国来说，在上午 6—9 点和下午 4—7 点的交通高峰时刻，通勤人数分别占全天总通勤人数的 33.6% 和 28.7%，两者之和占 62.3%。这说明通勤时间比较集中，从而容易导致交通拥堵。② 公共交通的使用也有类似的情况，其乘客量的 52% 集中在上午 7—9 点钟和下午 3—6 点钟。③ 为了避开交通高峰时刻和减少交通拥堵，许多企业实行了灵活的上班时间。1989 年美国只有几个公司实行了这一制度，而到 1993 年，已经有将近 40% 的公司实行了这一制度。④ 就人数而言，1985 年美国只有 12.3% 的全日制就业人员实行了灵活的上班时间，而到 1991 年则上升到 15% 以上。⑤ 就通勤时间段而言，1999 年有 63.6% 的就业人员在 6:00—8:29 之间通勤，而 2000 年同比下降到 61.2%。⑥

电子通勤"一般是指在一个遥远的地点或家庭办公室（home office）上班，而不是在雇主提供的固定地点或办公室上班"⑦。美国电子通勤的人数越来越多。根据人口普查资料，工薪人员和自由职业者在家上班的人数在 1980—1990 年间增加了 56%，即从 220 万增加到 340 万。⑧ 1990—2000 年，在美国 16 岁以上就业人员中，在家上

---

① Robert T. Dunphy, *Moving beyond Gridlock*, p. 46.
② U. S. Department of Transportation, *Home-to Work Trips and Travel: 1977 Nationwide Personal Transportation Study*, p. 33.
③ U. S. Department of Transportation, *The Status of the Nation's Local Mass Transportation*, p. 25.
④ Meni Koslowsky, et al., *Commuting Stress*, p. 183.
⑤ Robert T. Dunphy, *Moving beyond Gridlock*, p. 36.
⑥ U. S. Department of Commerce, Bureau of the Census, *Journey to Work: Census 2000 Brief*, p. 7.
⑦ U. S. General Accounting Office, *Telecommuting: Overview of Potential Barriers Facing Employers*, a report to the Honorable Dick Armey, Majority Leader, House of Representatives, Washington, D. C., July 2001, p. 8.
⑧ U. S. Department of Transportation, Bureau of Transportation, *Counting the New Mobile Workforce*, Washington, D. C., 1997, p. 3.

班的比例从 3.0% 上升到 3.3%。① 然而，电子通勤的实施也存在一些问题，其一是对远程就业人员的监督、保守商业秘密和对利润的影响等问题；其二，对州际的电子通勤如何实施税收法律问题；其三，对于家庭办公室如何遵守工作场所的健康与安全法规问题；其四，其他问题，比如联邦税收、工资水平和工时、就业人员的补偿等问题。②

修建更多的自行车道和人行步道，可以减少人们开车出行。这一点受到越来越多的学者和有关部门的关注，也有越来越多城市采取了这一措施。波特兰就是一个出色的例子。该市的"自行车交通联盟"（BTA）发挥了很大作用。从 1990 年开始，该组织就在全州范围内为增加自行车道展开宣传活动，要求在所有新的公交发展计划中都要考虑骑车人的利益。在该组织的倡导和敦促下，俄勒冈州制定了自行车法案（Bicycle Bill），1996 年波特兰市制定了"自行车总体规划"（Bicycle Master Plan），在该计划执行的最初两年内，就增加了 60 英里的自行车道和 2000 个自行车位，因而推动了该市自行车的使用。1998 年又对该计划进行了修订，据估计，自行车的使用可以使该市每年减少 550 万英里的汽车里程，减少二氧化碳的排放量 1700—2800 吨。1997 年该市的另一项法律要求所有的新建筑和所有进行整体修葺改造的建筑，都要设置自行车停放场所。在一个称为"以自行车为核心"（Bike Central）的计划中，甚至还要求该市的几个体育俱乐部设置自行车停放场所。③

其他许多城市也作出了出色的成就，比如，根据"交通替代"（Transportation Alternatives）这一组织的成员约翰·凯尼（John Kaehny）的说法，纽约市的自行车数量增长十分迅速，1990 年每天有 7 万辆自行车在使用，2000 年这一数字达到 10.5 万辆。该市在很多城区和地点设置了自行车道，比如昆斯、威廉斯堡（Williamsburg）、曼哈顿、布鲁克林大桥等。但在纽约所有出行中，

---

① U. S. Department of Commerce, Bureau of the Census, *Journey to Work: Census 2000 Brief*, p. 3.
② U. S. General Accounting Office, *Report to the Honorable Dick Armey*, p. 7.
③ Jim Motavalli, *Breaking Gridlock: Moving toward Transportation That Works*, p. 75.

自行车只占 0.5%。①

联邦政府于 1991 年通过的《地面交通联运效益法》(ISTEA) 也推动了自行车交通的发展，根据"环境工作组"(Environmental Working Group) 的研究，在该法通过之前的 18 年间，联邦政府只投入了 4000 万美元的资金来发展自行车交通，而 90 年代的投资则达到了 10 亿美元。然而，根据"美国自行车手联盟"(League of American Bicyclists) 的研究，虽然美国人均拥有自行车的数量居世界首位，但美国的自行车主要是作为娱乐之用。② 在 1990 年和 2000 年，在美国 16 岁以上就业人员的各种通勤方式中，自行车通勤比例只占 0.4%，10 年间没有变化。③ 在这一点上，与欧洲国家相比，美国又大为逊色，比如，哥本哈根高达 34% 的通勤人员骑车上班。荷兰在 1980—2000 年间，自行车道的长度增加了一倍，而在德国则增加了近 3 倍。哥本哈根早在 70 年代初，就已经不再以修建公路作为解决交通拥堵的主要策略，而是优先修建庞大的公共汽车和自行车道网络。1980—2000 年，依靠骑车上班的就业人员上升了 80%，而私人开车通勤的人员却下降了 10%，搭乘公共交通和骑车上班的比例高达 2/3。④

小　　结

美国大都市区的空间结构导致了居民对私人汽车的严重依赖，从而导致了汽车流量的增加、公共交通的衰落、交通拥堵的恶化、空气污染的加剧以及弱势群体的通勤和出行困难等交通问题。20 世纪 70 年代以来，美国各级政府、民间团体和私人企业等为了解决交通拥堵等问题而采取了一系列措施，但其效果却微乎其微，无足轻重，这一

---

① Jim Motavalli, *Breaking Gridlock: Moving toward Transportation That Works*, pp. 87–89.
② Jim Motavalli, *Breaking Gridlock: Moving toward Transportation That Works*, p. 260.
③ U. S. Department of Commerce, Bureau of the Census, *Journey to Work: Census 2000 Brief*, p. 3.
④ Jim Motavalli, *Breaking Gridlock: Moving toward Transportation That Works*, pp. 117, 95, 121.

点只要参看表6.25便一目了然。1990—2000年，在就业人员的通勤方式中，那些有利于减少交通拥堵的通勤方式，比如共同乘车、公共交通、摩托车、步行等，不增反降，骑车通勤无变化，在家上班（电子通勤）略有增长。而那些产生交通拥堵的主要因素，即私人开车，尤其是独自开车的比例却大幅度上升，且上升最快，完全抵消甚至压倒了各种减少交通拥堵的努力。如果再考虑到美国人口基数的增大和就业人员的增加，那么，通过私人汽车，特别是独自开车通勤的人数增加就更快了。难怪美国的交通拥堵不仅没有得到改善，反而越来越严重。

表6.25　1990—2000年美国16岁以上就业人员各种通勤方式所占百分比

通勤方式	1990年	2000年	1990—2000年变化
私人汽车通勤	86.5	87.9	1.4
（独自开车）	(73.2)	(75.7)	(2.5)
（共同乘车）	(13.4)	(12.2)	(-1.2)
公共交通	5.3	4.7	-0.5
摩托车	0.2	0.1	-.01
自行车	0.4	0.4	0
步行	3.9	2.9	-1.0
在家上班	3.0	3.3	0.3
其他方式	0.7	0.7	0

资料来源：U. S. Department of Commerce, Bureau of the Census, *Journey to Work*: *Census 2000 Brief*, Washington, D. C. : U. S. Government Printing Office, March 2004, p. 3.

但这并不是说，美国各级政府、民间组织、私人企业乃至个人所采取的遏制交通拥堵的措施付之东流了。这好比逆水行舟，如果没有采取这些措施，美国的交通拥堵及各类交通问题也许更加严峻。上述这些措施，特别是民间组织和地方政府所采取的举措，往往只能在地方范围内产生一些效果，却不能改变整个大都市区的交通拥堵状况，更不能扭转整个美国的交通拥堵状况以及各类交通问题。之所以出现这种现象，问题的症结存在于美国大都市区的空间结构之中，四通八达的公路网络和私人汽车的普遍使用，导致了大都市区的低密度蔓延，而大都市区的低密度蔓延又反过来迫使人们严重依赖私人汽车，而对私人汽车的依赖又导致了交通拥堵等交通问题，从而形成恶性循环。正如美国学者多姆·诺兹所指出的那样，"汽车、城市蔓延和拓宽的公路是相伴相生的三元凶"[1]。而美国著名的城市规划学家理查德·瑞吉斯特的论述更加充分透彻，"汽车是我们这个时代的恐龙。它们破坏了传统城市、城镇和乡村合理并且令人愉快的结构。一旦社区为汽车所左右，人们就不得不依赖于它。离开汽车的速度，蔓延的社区将丧失功能，这是一种结构上的沉溺，深深植入城市的物理结构中，汽车正在阻碍着人类现代文明进化的下一步历程"[2]。

---

[1] Dom Nozzi, *Road to Ruin*, p. 20.
[2] ［美］理查德·瑞吉斯特：《生态城市——建设与自然平衡的人居环境》，王如松、胡聘译，社会科学文献出版社2002年版，"前言"，第3页。

第七章　生态环境与土地资源保护

有人曾经用这样一句话来勾画人类历史的简要轮廓："文明人跨越地球表面，足迹所过之处留下一片荒漠。"[①] 此言虽有夸大之嫌，但也确实道出了人与自然关系的本质，即人对自然的征服及其后果。人类以外的其他物种，都是与自然和谐统一的，须臾不能脱离自然这个整体，它们只能凭本能被动地接受大自然的馈赠与灾难，它们对大自然没有丝毫的反抗能力，它们本身就是自然的一部分。起初，人类也同样是生于自然，内在于自然的，是大自然的幼子，人类的成长与进步完全依赖于自然母亲的恩赐与呵护。然而，自从人类产生之日起，人类就越来越从自然界中异化出来，人猿揖别的过程，也是与自然的异化过程。而随着人类技术的进步和文明的产生，人类甚至越来越与自然相对立，乃至成为自然的征服者和奴役者。人类从第一次用火，砍倒第一棵树，播种第一粒种子，铺砌第一块砖石，搭建第一幢茅屋，修建第一座城市，都表明了她在一步步地远离自然，并与自然尖锐地对立起来。而异化就会产生张力，产生危机，这是当今人类生存危机的根本原因，而危机的顶点就是现代城市蔓延对土地和荒野的鲸吞蚕食，人类似乎正在走向一条不归之路。人类必须幡然悔悟，痛改前非，树立新的宇宙观和生态观，重新思考和修复人与自然的关系。

在各国的城市发展中，美国城市是最贴近自然，深入自然的，或

[①] [美] 弗·卡特、汤姆·戴尔：《表土与人类文明》，庄崚等译，中国环境科学出版社1987年版，第3页。

者说是最具有生态特征的，这集中体现在美国大都市区郊区的发展上。美国郊区独门独户的别墅和具有浓郁乡村色彩的社区令世人艳羡不已，美国四通八达的公路网络，舒适快捷的私人汽车更是令人心往神驰。然而，正是这种低密度蔓延式的开发模式，给美国大都市区乃至整个社会造成了难以根除的各类经济、社会和生态弊病，这一系列弊病已经不是所谓"城市病"一词所能涵盖得了的。本章将集中探讨美国大都市区的空间蔓延对自然资源和生态环境所造成的各种危害，包括空气和水体污染、洪涝灾害的加剧、野生动物栖息地的破坏、荒野和耕地的减少等。为了保护生态环境和自然资源，美国各级政府和私人部门采取了一系列措施，但由于人口的增加和大都市区的进一步蔓延，这些措施收效甚微，效果不佳。

一 大都市区蔓延与空气污染及其治理

美国大都市区的空间蔓延所导致的环境危害之一就是空气污染。空气污染源可分为固定污染源和移动污染源。固定污染源是指工厂企业等固定不动的生产单位所造成的污染，与本章所探讨的大都市区的空间蔓延相关性不大，因而不是本章所研究的重点。移动污染源是指由私人汽车、卡车、公共汽车乃至轨道交通所导致的污染，与大都市区的空间蔓延存在着紧密的相关性，因而是本章所涉及的重要内容之一。

（一）大都市区的蔓延与空气污染的相关性

前文指出，由于大都市区的低密度蔓延和功能分离，导致了工作通勤和出行距离的延长，出行次数的增多，使公共交通难以运营，而步行和骑车又非常不便，于是私人汽车便成为美国居民出行的主要方式。众所周知，城市的高密度，使公共交通运行成为可能，而公共交通，尤其是地铁和轻轨铁路，以其庞大的客运能力，可以大量减少私人车辆和交通流量，从而可以减少汽车尾气的排放。然而，美国大都市区的蔓延，使私人汽车成为人们必备的交通工具，使汽车流量大幅度增加，从而极大地增加了汽车燃油的消耗和尾气的排放量，从而成为美国空气污染的一个主要污染源。比如，丹佛郊区居民的汽油消耗量是纽约曼哈顿居民汽油消耗量的 13 倍。[1]

另外，城市住房以公寓住房为主，许多家庭能够共用部分墙体，每套住房的外墙比例大幅度降低，从而可以大幅度地减少居室热量的散失，节省各类燃料的消耗，也就是减少了燃烧产生的废气。相反，美国郊区住房以独户住房为主，独户住房增加了每套住房的外墙面积，增加了居室热量的散失，从而增加了各类燃料的消耗，增加了废气的排放量。可见，美国大都市区的低密度蔓延，加重了空气污染。

1974 年美国住房与城市发展部（HUD）和环保局（EPA）的一项研究，比较了低密度蔓延社区与高密度规划社区对环境和居民的不同影响。表 7.1 显示，高密度规划社区与低密度蔓延社区相比，每一万套住房每年所消耗的能源，前者仅仅是后者的 56%；私人汽车每天所释放的有害气体，前者仅仅是后者的 50%；而居民住房每天所释放的有害气体，前者仅仅是后者的 57%。

表 7.1 不同密度的社区开发对环境和居民的影响（1 万套住房）

	低密度蔓延社区	高密度规划社区
能源消耗	每年大约 40600 亿 BTU	相当于前者的 56%
私人汽车每天释放的有害气体	一氧化碳（CO）4040 磅，碳氢化合物（HC）487 磅，氮氧化物（NOx）475 磅	相当于前者的 50%
居民住房每天释放的有害气体	粉尘（PM$_{10}$）143 磅，硫氧化物（SOx）5 磅，一氧化碳（CO）3 磅，碳氢化合物（HC）317 磅，氮氧化物（NOx）951 磅	相当于前者的 57%

资料来源：U. S. Department of Housing and Urban Development, Environmental Protection Agency, *The Costs of Sprawl: Environmental and Economic Costs of Alternative Residential Development Patterns at the Urban Fringe*, Washington, D. C.: U. S. Governmental Printing Office, April 1974, pp. 12 – 13.

---

[1] David J. Cieslewicz, "The Environmental Impacts of Sprawl", in Gregory D. Squires, ed., *Urban Sprawl: Causes, Consequences & Policy Responses*, Washington, D. C.: The Urban Institute Press, 2002, p. 28.

另一项研究更加明确地比较了 5 英亩、1 英亩、0.125 英亩和 0.02 英亩的住房密度所产生的环境影响（见表 7.2）。表 7.2 显示，住房的占地面积与其环境影响呈正相关关系，而住房密度则与其环境影响呈负相关关系，即住房占地面积越大，密度越低，其消耗的能源和产生的有害气体就越多，反之亦然。如果以每 40 万套占地 5 英亩的住房所产生的环境影响为 100，那么，每 40 万套占地 1 英亩、0.125 英亩和 0.02 英亩的住房所产生的环境影响就分别是 92、50 和 27。

表 7.2　　每 40 万套不同建筑密度的新住房所产生的环境影响

每套住房占地面积（英亩）	汽油消费（万加仑/年）	一氧化碳（万磅/年）	氮氧化物（万磅/年）	二氧化碳（万磅/年）	挥发性有机化合物（万磅/年）	对空气质量的影响
5	41379.3	42206.8	2937.9	662068.9	5627.5	100.0
1	37931.0	38689.6	2693.1	606896.5	5158.6	92.0
0.125	20689.6	21103.4	1468.9	331034.4	2813.7	50.0
0.02	11034.4	11255.1	783.4	176551.7	1500.6	27.0

资料来源：David J. Cieslewicz, "The Environmental Impacts of Sprawl", in Gregory D. Squires, ed., *Urban Sprawl: Causes, Consequences & Policy Responses*, Washington, D. C.: The Urban Institute Press, 2002, p. 30.

一个司空见惯的常识是，低密度蔓延社区的空气质量远远高于高密度社区的空气质量，这是因为低密度蔓延社区的有害气体得到了更迅速的稀释。但低密度蔓延社区与高密度规划社区相比，前者单位数量的住房排放的有害气体总量高于后者，从而加重了整个大都市区的空气污染程度；而当低密度蔓延社区的居民驱车驰骋并汇集于其他社区的就业、购物和娱乐场所时，就加重了这些社区的空气污染程度，这实在是一种有意或无意的以邻为壑的行为方式。这也说明人与自然的关系往往牵涉着人与人的社会关系。也就是说，低密度蔓延社区的生活方式加重了整个大都市区和其他社区的空气污染程度，在自己享受清洁的空气和健康的生活方式之时，却弄脏了他人的空气并危害了他人的健康。

由于郊区的低密度蔓延性和功能的单一性，以及美国人口的持续增长等原因，美国居民的汽车拥有量和驱车里程都在持续增加。1940年，美国的汽车总行车里程为3022亿英里，1960年增加到7188亿英里，1970年增加到11207亿英里，1940—1970年增长了2.7倍；同期城市地区的非货运汽车行车里程分别是1303亿英里、2869亿英里和4968亿英里，1940—1970年增长了2.8倍。美国汽车燃油消耗总量，1950年为402.8亿加仑，1960年为637.11亿加仑，1970年为923.28亿加仑，1950—1970年增长了1.3倍。[1] 1988年，仅加州居民的驱车里程就达1530亿英里，是到火星距离的3倍，比15年前增加了75%。[2]

从国际对比的角度看，美国人均交通能源的消耗量是最高的。虽然美国人口仅为世界人口的4.7%，其国民生产总值不足世界的1/4，但美国每年消耗世界交通能源总量的1/3以上。每个美国公民平均使用的交通能源相当于每个日本公民的5倍，每个西欧公民的近3倍。这与美国和日本、欧洲大都市区人口密度的差别密切相关，欧洲大都市区的人口密度是美国的3—4倍，即使郊区也是如此，欧洲郊区的人口密度是美国郊区的4倍。在就业方面欧洲也不像美国那样分散。[3] 表7.3更说明了美国、欧洲和亚洲城市人口密度与能源消耗之间的关联性，表中休斯敦的人口密度最低，每平方英里只有3000人，其人均交通能源的消耗量也是最高的，达到了6789万个英国热力单位（BTU）；巴黎的人口密度较高，每平方英里达到25003人，其人均消耗的交通能源也低于美国城市，只有2297.7万个英国热力单位；马尼拉的人口密度最高，每平方英里高达96288

---

[1] U. S. Department of Commerce, Bureau of the Census, *Statistical Abstracts of the United States*: 1976, 97th Edition, Washington D. C., 1976, pp. 592, 597.

[2] Tim Palmer, ed., *California's Threatened Environment: Restoring the Dream*, Washington, D. C.: Island Press, 1993, p. 53.

[3] F. Kaid Benfield, et al., *Once There Were Greenfields: How Urban Sprawl Is Undermining America's Environment, Economy and Social Fabric*, New York: Natural Resources Defense Council, 1999, pp. 13, 49, 50.

人，其人均消耗的交通能源也最低，只有 695.3 万个英国热力单位。美国作为一个车轮上的国家，其能源消耗和对大气的污染程度由此可见一斑，而这正是由于美国大都市区的空间特征即低密度蔓延性所决定的。

表 7.3　1999 年美国、欧洲和亚洲城市人口密度与能源消耗之间的关联性

	城市	人口密度 （每平方英里人口）	人均交通能源消费 BTU（万）
美国	休斯敦	3000	6789.0
	洛杉矶	7400	5892.6
	芝加哥	12300	5319.5
	纽约	23700	4893.5
欧洲	法兰克福	15772	3629.7
	斯德哥尔摩	23710	2541.9
	巴黎	25003	2297.7
亚洲	东京	34130	1729.2
	汉城	77258	911.4
	马尼拉	96288	695.3

资料来源：Oliver Gillham, *The Limitless City: A Primer on the Urban Sprawl Debate*, Washington, D. C.: Island Press, 2002, p. 109.

由于美国大都市区的空间蔓延，人均消耗的能源高于欧洲和日本等同等经济发达的国家，因此其人均排放的有害气体自然也就高于后者。表 7.4 显示，1998 年，美国人均硫氧化物（SO_x）的排放量为 69 千克，是英国的 2 倍，是法国和德国的 4.3 倍，是奥地利和日本的 9.9 倍；美国人均氮氧化物（NO_x）的排放量为 80 千克，是英国的 2.3 倍，是法国的 2.8 倍，是德国的 3.6 倍，是日本的 7.3 倍；美国人均二氧化碳（CO_2）的排放量为 20 吨，是英国和日本的 2.2 倍，是法国的 3.3 倍，是德国的 2 倍。

表7.4　　1998年美国与欧洲和日本人均有害气体的排放量

国家	硫氧化物（SO_X）（千克）	氮氧化物（NOx）（千克）	二氧化碳（CO_2）（吨）
美国	69	80	20
英国	34	35	9
奥地利	7	21	8
法国	16	29	6
德国	16	22	10
意大利	23	31	7
日本	7	11	9

资料来源：U. S. Department of Commerce, U. S. Census Bureau, *Statistical Abstracts of the United States: 2002*, 122nd Edition, Washington D. C., 2001, p. 831.

另外，汽车有害气体的排放量还与公路的交通状况和汽车的行驶速度密切相关，在交通拥堵和冷启动的情况下造成的污染最多。这是因为在汽车刚刚启动之时，汽车的排气净化器尚未达到最高效率。根据一项研究，在汽车启动后最初的几英里内，每英里一氧化碳（CO）和挥发性有机化合物（VOCs）的排放量，比之后正常行驶时高50%以上。[1] 由于美国大都市区的空间蔓延，私人汽车成为最主要的交通手段，导致汽车的急剧增加和人们开车出行次数的增多，大都市区主体公路的运载能力常常达到饱和状态，交通拥堵现象越来越频繁，因此进一步增加了汽车有害气体的排放量。因此，汽车尾气已经成为当今美国空气污染的主要污染源之一，美国环保局在一份文件中指出，"在我们的城市里，汽车和卡车导致了大约1/3至1/2的空气污染"[2]。而在加州南部，汽车造成的污染更加严重，64%的空气污染是由汽车尾气造成的。[3]

---

[1] Howard Frumkin, et al., *Urban Sprawl and Public Health: Designing, Planning, and Building for Healthy Communities*, Washington, D. C.: Island Press, 2004, p. 74.

[2] U. S. Environmental Protection Agency, *Environmental Quality and Community Growth: How to Avoid Flooding, Traffic Congestion, and Higher Taxes in Your Community*, Washington D. C., August 2000, p. 2.

[3] Tim Palmer, ed., *California's Threatened Environment*, pp. 70 – 71.

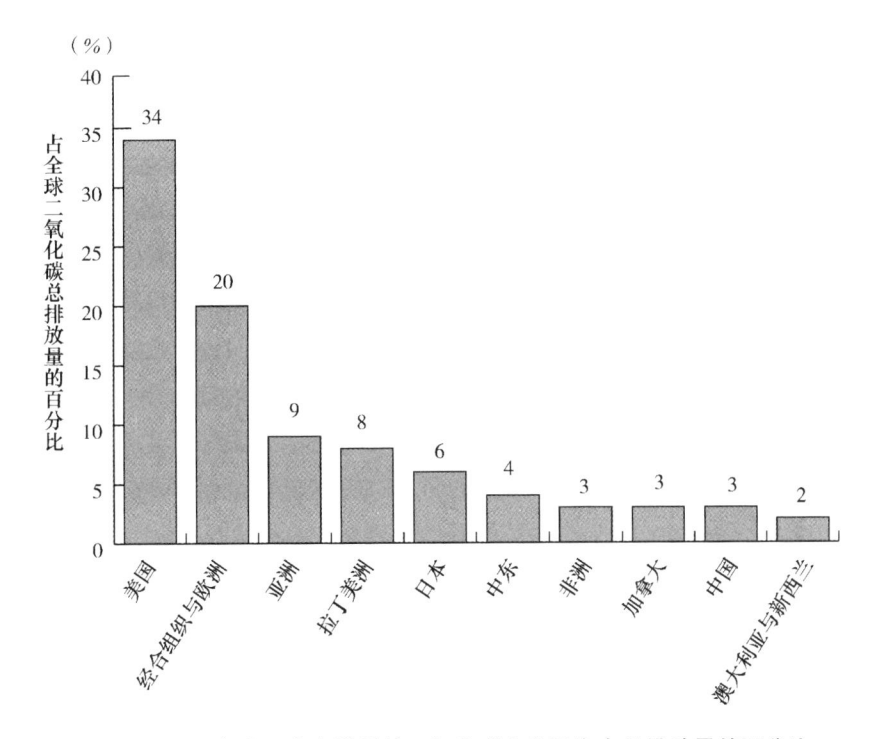

图 7.1　1993 年美国汽车排放的二氧化碳占世界汽车总排放量的百分比

资料来源：F. Kaid Benfield, et al., *Once There Were Greenfields: How Urban Sprawl Is Undermining America's Environment, Economy and Social Fabric*, New York: Natural Resources Defense Council, 1999, p. 52.

（二）美国大都市区的空气污染及其危害

芭芭拉·沃德和勒内·杜博斯告诫人类说，"如果人类继续让自己的行为被分裂、敌对和贪婪所支配，他们就将毁掉地球环境中的脆弱平衡。而一旦这些平衡被毁坏，人类也就不可能再生存下去了"[①]。诚然，正当美国人住着洋房开着汽车，自鸣得意，踌躇满志，沉浸于战后经济繁荣和生活富足之时，大自然就开始通过一系列灾变提醒他们，发展要有限度，自然应予呵护。这些灾变之一就

[①] [美] 芭芭拉·沃德、勒内·杜博斯主编：《只有一个地球：对一个小小行星的关怀和维护》，《国外公害丛书》编委会译校，吉林人民出版社1997年版，第57页。

是严重的空气污染所导致的光化学烟雾事件及其对人们生命健康的威胁。

图 7.2　洛杉矶的光化学烟雾

资料来源：Hamlet C. Pulley："Precedents in Pollution Control", *The American Journal of Nursing*, Vol. 66, No. 12 (Dec., 1966), p. 2711.

空气污染在历史上并不罕见，但由汽车引起的空气污染及其备受关注则首先出现于蔓延程度最高的洛杉矶大都市区，这就是 20 世纪四五十年代该大都市区的一系列"光化学烟雾事件"，这种烟雾主要是由汽车排放的氮氧化物（NOx）经阳光的照射与碳氢化合物（HC）发生反应而形成的光化学氧化剂。由于这种烟雾最早是在洛杉矶被发现的，因此被称为"洛杉矶型烟雾"，而洛杉矶则被称为"世界烟雾之都"。早在 20 世纪 40 年代初期，洛杉矶居民就已经普遍受到光化学烟雾的困扰。而从 1943 年 9 月 8 日，光化学烟雾开始成为洛杉矶市民的一个热门政治话题，一份报纸这样写道：这一天"成千上万双眼睛感到刺痛难耐，人们不住地流泪，打喷嚏和咳嗽。烟雾从市中心一直弥漫到山脚"。连日里众多媒体连篇累牍地进行报道，市民们组成了公民委员会，向政府官员请愿，要求政府采取行动。第二年情势更加糟糕，甚

第七章　生态环境与土地资源保护

至殃及洛杉矶盆地的农作物。① 而1952年的光化学烟雾事件最为严重，大批居民出现了眼睛红肿、喉痛、咳嗽、皮肤潮红等症状，严重者心肺功能衰竭，导致近400名65岁以上老人死亡。②

随后，洛杉矶县与斯坦福研究院（Stanford Research Institute）于1951年和1952年展开的研究工作发现，汽车尾气乃是光化学烟雾的罪魁祸首，由汽车发动机燃烧不充分而导致的燃油浪费高达10%—15%，该县的汽车每天大约产生碳氢化合物（HC）850吨，一氧化碳（CO）5000吨。③ 1957年洛杉矶空气污染基金会（Air Pollution Foundation of Los Angeles）的研究报告得出了更加明确的结论，"有证据显示，有机物和氮氧化物（NOx）乃是光化学烟雾的罪魁祸首"，"在洛杉矶，汽车尾气是导致现今烟雾的主要空气污染物"④。随后的调查研究不仅得出了定性的认识，而且还得出了定量的结论。根据加州空气资源委员会（the Air Resources Board）于1968年的调查发现，汽车尾气是南加州空气污染的主要根源（见表7.5）。表7.5显示，在五种主要的大气污染物中，各种车辆所释放的污染物占90.4%，而一氧化碳（CO）的比例竟高达99.3%。

这仅仅是加州的空气污染情况，就美国而言，由交通所排放的一氧化碳（CO）占美国一氧化碳（CO）总排放量的比重，1970年为78.4%，1980年为77.4%；氮氧化物（NOx）所占的同一比重，1970年为44.7%，1980年为52.3%；铅的同比为1970年82.2%，1980年87.4%。⑤

---

① George A. Gonzalez, "Urban Growth and the Politics of Air Pollution: The Establishment of California's Automobile Emission Standards", *Polity*, Vol. 35, No. 2 (Winter, 2002), p. 222.

② http://www.dictall.com/indu/364/36381813A23.htm，查阅时间为2015年10月9日。

③ A. J. Haagen-Smit, "A Lesson from the Smog Capital of the World", *Proceedings of the National Academy of Sciences of the United States of America*, Vol. 67, No. 2 (Oct. 15, 1970), p. 891.

④ W. Christopher Brestel, Jr., "The California Motor Vehicle Pollution Control Law", *California Law Review*, Vol. 50, No. 1 (Mar., 1962), p. 121.

⑤ U. S. Department of Commerce, U. S. Census Bureau, *Statistical Abstracts of the United States: 1993*, 113th Edition, Washington D. C., 1993, p. 225.

表7.5　1968年加州南部海岸空气盆地所释放空气污染物（吨/天）

污染物	固定污染源	流动污染源	总排放量	流动污染源所占百分比
碳氢化合物（HC）	900	2600	3500	74.3%
一氧化碳（CO）	100	13900	14000	99.3%
氮氧化物（NOx）	440	1000	1440	69.4%
粉尘（PM_{10}）	110	130	240	54.2%
二氧化硫（SO_2）	320	60	380	15.8%
合计	1870	17690	19560	90.4%

资料来源：A. J. Haagen-Smit, "A Lesson from the Smog Capital of the World", Proceedings of the National Academy of Sciences of the United States of America, Vol. 67, No. 2 (Oct. 15, 1970), pp. 893. 其中百分比为笔者计算所得。

虽然从20世纪40年代后期洛杉矶和加州采取了一系列治理措施，但洛杉矶大都市区的空气污染仍然继续恶化，每年竟有200多天处于光化学烟雾的笼罩之下。1967年10月，洛杉矶县医学会宣称，"空气污染日趋恶化，也许会导致本地区严重的死亡事件"，而对"患者、儿童和老年人"的威胁尤其严重。在1960—1961年进行的一项调查估计，调查期间，洛杉矶医生已经向1万名患者建议离开该大都市区，其原因就是严重的空气污染，而其中有2500名患者听从了医生的建议。无独有偶，1968年，加州大学洛杉矶分校（UCLA）的60位教授在《洛杉矶时报》上发表了一个声明，警示居民们，"在一年的大部分时间里，空气污染现今已经成为本地区一个主要的健康威胁"。该声明甚至建议"任何人如果没有迫切的理由留下来，就应该逃离烟雾弥漫的洛杉矶、圣贝纳迪诺和里弗赛德三县，以避免罹患支气管炎和肺气肿等慢性呼吸道疾病"[1]。当时，洛杉矶的空气污染程度可见一斑。

汽车尾气里所含有的有害气体和有害物质除了上述一氧化碳

---

[1] Philip M. Boffey, "Smog: Los Angeles Running Hard, Standing Still", Science, News Series, Vol. 161, No. 3845 (Sep. 6, 1968), p. 990.

(CO)、各种氮氧化物（NOx）、各种硫氧化物（SOx）、粉尘（PM_{10}）以外，还含有挥发性有机化合物（VOCs）、苯、甲醛、甲醇、铅等几十种有害物质，而粉尘（PM_{10}）中又含有碳、铵、硫酸盐、生物化学成分和金属等。除了这些直接排出的有害气体和有害物质以外，有些有害气体通过阳光照射还会发生化学反应，形成新的有害物质，比如，低空中的臭氧（O_3）就是一种由氮氧化物（NOx）和碳氢化合物（HC）在阳光照射下而产生的一种有毒气体。

这些有害气体和有害物质会对人的身体健康造成严重的生理损害。比如，一氧化碳（CO）会损害人的动作灵活性和工作能力，严重时还可能危害生命。汽车排放的微粒物质（PM），能够引起癌症、心脏病、呼吸道疾病，尤其是对老年人和儿童的危害最大。1989年鲁滨逊（Robinson）的研究表明，1940—1981年，美国汽油的消费量上升了9.09倍，患肺癌而死亡的人数上升了10.61倍，而全国人口只增加了1.11倍。1920—1972年，美国汽油的使用量增加了28.4倍，肺癌的发病率也上升了28.1倍，而吸烟量仅增加了69%。[1] 也就是说，除了吸烟是肺癌发病率提高的一个重要因素以外，汽油消耗的增加也是一个重要因素。

空气中粉尘也会对人体造成伤害，但粉尘的来源不同，其危害程度也不同。汽车排放的粉尘比燃烧煤炭释放的粉尘致命性高2倍，而公路尘土造成粉尘并不能致人死命。1996年，美国自然资源保护委员会（the Natural Resources Defense Council）根据239个城市粉尘的含量和人口死亡率，估计每年大约有6.4万人由于吸入了粉尘（PM_{10}）而提前死亡，比交通事故和杀人案件两者加起来还多。长期呼吸含有粉尘（PM_{10}）浓度较高的空气，会使人的寿命减少1—2岁。在一项题为"生态研究"的调查研究中，对6个州内6个城市的粉尘（PM_{10}）含量和人口死亡率进行了比较。其中，俄亥俄州的斯托本维尔（Steubenville）空气中粉尘（PM_{10}）含量最高，威斯康星州的波蒂

---

[1] Meni Koslowsky, et al., *Commuting Stress: Causes, Effects, and Methods of Coping*, New York: Plenum Press, 1995, p. 70.

奇（Portage）的含量最低。在10余年的追踪调查中，斯托本维尔的死亡率比波蒂奇的死亡率高26%，而其他4个城市则介于两者之间。在上述6个城市中，引起高死亡率的疾病有3种，即心血管疾病、肺病和癌症。

臭氧（O_3）对人的危害也很严重，比如，臭氧可以危害人的肺、喉咙和眼睛，引起人的哮喘、咳嗽、胸闷、头痛、眼睛等疾病，还会降低人的抵抗力。在1996年亚特兰大奥运会期间，由于交通管制每天上午交通高峰时刻的汽车流量下降了22%，高峰时刻的臭氧含量则下降了28%，而各种急性哮喘发病率下降了11%—44%。其他污染性气体对于人体健康的危害也十分明显，在洛杉矶进行的一系列调查发现，居民社区的污染程度不同，儿童的健康状况也不相同。在氮氧化物（NOx）、粉尘（PM_{10}）和酸性气体含量较高的社区，儿童肺脏的发育受到的影响就比较严重。随着儿童从轻度污染向重度污染社区的迁移，其肺脏的发育会明显下降，而随着儿童从重度污染向轻度污染社区的迁移，其肺脏的发育情况就会有所好转。[1]

在各种车辆中，使用柴油机为发动机的公共汽车和载重卡车等重型车辆的污染程度更高。根据一份研究报告，一辆普通的2000型公共汽车排出的油烟相当于279辆小汽车排出的油烟，这些油烟形成的烟雾相当于50辆小汽车的油烟形成的烟雾。柴油机最大的问题是，它的尾气中含有大量的有毒粉尘（PM_{10}），对人的眼睛、鼻子和气管具有强烈的刺激，容易使人患上呼吸道疾病、心脏病和肺病等。根据该报告，公共汽车和载重卡车仅占美国车辆的2%，但由其造成的烟雾却占1/4，占所有汽车排放的粉尘（PM_{10}）的1/2，而在某些城市则占致癌气体的一半以上，占美国温室气体排放量的6%，消耗美国石油用量的1/10。[2]

汽车所排放的大量废气和有害物质，不仅严重地损害了人的身体

---

[1] Howard Frumkin, et al., *Urban Sprawl and Public Health*, pp. 81–84.
[2] Jim Motavalli, *Breaking Gridlock: Moving toward Transportation That Works*, San Francisco, Sierra Club Books, 2001, pp. 161–162.

健康，而且还影响了农作物、果树、森林等的生长，导致了大量减产甚至死亡，造成了巨大的经济损失。农业是加州的主要产业之一，然而由于空气污染，许多农作物，如葡萄、棉花、苜蓿、马铃薯每年减产10%—20%，而在圣华金河谷（San Joaquin Valley），由于臭氧污染橘子每年减产高达25%，整个加州每年农业损失达2亿美元。① 根据另一研究，在马里兰州，由臭氧形成的光化学烟雾导致了森林和农作物的大面积受灾，每年损失高达4000万美元，这种光化学烟雾被美国环保局评为"本国最难以对付的城市空气质量问题"。1998年，据该局估计，由于交通造成的臭氧污染而导致的居民健康的危害，每年经济损失为10亿—20亿美元，而由于交通造成的粉尘（PM_{10}）污染而导致的疾病，每年经济损失为200亿—640亿美元。② 因此，美国哥伦比亚大学教授肯尼思·弗兰普顿评价道："如果20世纪拥有唯一一个灾难性发明的话，那就是机动车，而非核武器。"③

美国汽车交通所排放的大量废气，还对全球气候造成了严重危害。美国是世界上温室气体排放最多的国家，无论是从总量还是从人均来看都是如此。美国人口只占世界人口的5%，但其二氧化碳的排放量却高得不成比例。比如，在1990年，其二氧化碳的排放量占世界的23.1%，2000年同比上升到24.4%。④ 1990年，工业是美国温室气体最大的排放来源，但由于工业排放量不断减少，交通排放量逐步增加，以每年2%的速度递增，到2000年，交通工具已经成为美国温室气体排放的最大来源。⑤ 由此可见，美国大都市区的低密度蔓延和汽车的广泛使用，对全球气候所造成的危害负有不可推卸的责任。

---

① Tim Palmer, ed., *California's Threatened Environment*, p. 37.
② F. Kaid Benfield, et al., *Once There Were Greenfields*, pp. 56, 58.
③ 董宪军：《生态城市论》，中国社会科学出版社2002年版，第213页。
④ U. S. Department of Commerce, U. S. Census Bureau, *Statistical Abstracts of the United States: 2002*, 122nd Edition, Washington D. C., 2001, p. 831. 这些数据是笔者根据该统计有关数据计算所得。
⑤ Howard Frumkin, et al., *Urban Sprawl and Public Health*, p. 86.

(三) 洛杉矶和加州的空气污染治理

早在 19 世纪后期，美国的一些城市就已经通过法规进行了空气污染的治理，比如 1881 年，芝加哥市通过了第一个烟雾法规，规定排放浓烟属于公害。根据 1912 年美国矿业局 (the United Stated Bureau of Mines) 的统计，当时已有 12 个 5 万人以下的城市通过了烟雾法规或设立了烟雾督查官，有 19 个 5 万—20 万人的城市对烟雾进行了管制，而在 28 个人口超过 20 万的城市中，有 23 个采取了积极的治理举措。1909 年罗得岛州第一个通过了州级的烟雾管制法规，对 15 万人以上的城市进行烟雾排放管制，此后其他一些州也通过了类似的法规。[①] 但这些法规和治理措施都是治理工业污染等固定污染源，与大都市区的空间蔓延关系不大，本章着重探讨的主要是由大都市区的空间蔓延所导致的交通带来的空气污染。

美国的光化学烟雾事件首先发生于洛杉矶大都市区，因此美国的交通污染治理也最早是由洛杉矶县启动的。在 20 世纪 40 年代初期，在洛杉矶连续多年发生了严重的光化学烟雾事件，许多媒体对此进行了报道，市民们组成了公民委员会，向政府官员请愿，并呼吁政府采取积极的治理措施。1943 年，洛杉矶县议会 (Board of Supervisors) 成立了一个烟雾委员会，1945 年又通过了一系列烟雾控制法规，并成立了一个"空气污染控制处长办公室" (Office of Director of Air Pollution Control)，负责执行上述法规。同年，洛杉矶市也通过了类似的空气污染治理法规，但洛杉矶县的其他几十个城市彼此观望，无所作为。在加州地方自治的政治体制之下，洛杉矶县的治理法规无法在该县的城市辖区内得到贯彻，而空气污染是跨越行政界限的。该县空气污染治理措施的这种分散性和混乱状态使烟雾治理收效甚微，难以为继，因而，成立一个全县范围的统一的空气污染治理机构已经势在必行。

---

① Fredericks S. Mallette, "Legislation on Air Pollution", *Public Health Reports (1896 – 1970)*, Vol. 71, No. 11 (Nov., 1956), pp. 1069 – 1070.

第七章　生态环境与土地资源保护

在这方面，洛杉矶的媒体发挥了积极的舆论作用，其中钱德勒（Chandler）家族旗下的《洛杉矶时报》(Los Angeles Times) 功不可没。按照洛杉矶县空气污染控制区的官员哈罗德·W. 肯尼迪（Harold W. Kennedy）的说法，正是钱德勒家族"最早倡导了洛杉矶县的'清洁空气运动'"。该报不仅对光化学烟雾事件进行了积极的报道，敦促政府采取治理措施，而且自身也积极投资于研究活动。1946 年，《洛杉矶时报》邀请圣路易斯市烟雾控制委员会的专家和华盛顿大学的雷蒙德·塔克（Raymond Tucker）教授对洛杉矶的空气污染进行调研活动。塔克的研究报告于 1947 年 1 月发表在《洛杉矶时报》上。塔克认为，为了使洛杉矶盆地的空气污染得到治理，县政府和各个城市必须采取协调行动。因此，他建议成立一个全县范围的统一机构对空气污染进行治理。为此，他还主张由州议会制定相关的授权法，成立以县为单位的空气污染控制区。该建议得到了加州议会的采纳，并成为 1947 年加州空气污染治理法的核心内容。①

1947 年，加州议会通过了《空气污染控制法》(the Air Pollution Control Act)，授权以县为单位成立空气污染控制区（APCD），由各县议会负责实施，每个空气污染控制区有权制定地方污染控制法规。该法通过以后，洛杉矶县立即成立了一个空气污染控制区，实行了建筑经营审批制度，以防止空气污染的加剧，该县甚至还成立了一个专门的烟雾法院（smoke court）来负责相关的诉讼。为了实施上述各项举措，洛杉矶县空气污染控制区获得了 17.8 万美元的拨款，使之成为"美国资金最充足的空气污染控制机构"，1948—1957 年，洛杉矶空气污染控制区总共获得了 1000 万美元的资金。② 随后，洛杉矶大都市区的奥兰治县于 1950 年、圣迭戈县和里弗赛德县于 1955 年、圣贝纳迪诺县于 1956 年也都成立了空气污染控制区。

---

① George A. Gonzalez, "Urban Growth and the Politics of Air Pollution: The Establishment of California's Automobile Emission Standards", *Polity*, Vol. 35, No. 2 (Winter, 2002), pp. 223 - 224.

② George A. Gonzalez, "Urban Growth and the Politics of Air Pollution: The Establishment of California's Automobile Emission Standards", *Polity*, Vol. 35, No. 2 (Winter, 2002), p. 225.

在加州的带动之下，其他一些州也通过了类似的授权法，授权地方政府成立空气污染控制区。比如，1952年肯塔基州议会制定了授权法，成立了路易斯维尔市—杰斐逊县空气污染控制专区。俄勒冈州于1951年、马萨诸塞州和纽约州于1954年也通过了类似的授权法，成立了地方性空气污染控制机构。

1953年秋，洛杉矶经历了"持续五天的烟雾笼罩"，促使加州的地方精英及与汽车相关的企业成立了一个空气污染基金会（Air Pollution Foundation），该基金会针对汽车污染进行了调研活动。到1956年底，该基金会的调研结果表明，汽车是洛杉矶空气污染的主要污染源。该研究结果改变了过去汽车工业大亨们的态度，承认了汽车对空气污染不可推卸的责任，同时他们也认识到，如果要保持加州的经济发展态势，必须保护加州的环境质量。于是，在企业界的支持之下，加州议会于1960年通过了《机动车辆污染控制法》（the Motor Vehicle Pollution Control Law），要求对汽车安装污染控制装置，并确立了汽车有害气体的排放标准，使加州成为美国第一个制定和实施汽车排放标准的州。

在《机动车辆污染控制法》的授权之下，加州成立了"机动车辆污染控制委员会"（Motor Vehicle Pollution Control Board），负责确定机动车辆的排放标准，并根据机动车辆污染控制装置的安装情况对机动车辆进行注册。从1961年开始，加州销售的新车在曲轴箱中安装了净化装置，从1963年开始，二手车或旧车也安装了这种净化装置。但通过曲轴箱排放的碳氢化合物（HC）只占汽车排放的碳氢化合物总量的25%。从1966年开始，加州又在新车的曲轴箱和尾烟管中都安装净化装置，从而大幅度减少了有害气体的排放量。1970年加州的汽车还开始安装防止汽油蒸发的装置，减少了汽化器和油箱中燃料的损耗，从而减少了尾气中氮氧化物（NOx）的排放量。[①]

洛杉矶的空气污染最为严重，因此该县的空气污染治理也最积极

---

① Hamlet C. Pulley, "Precedents in Pollution Control", *The American Journal of Nursing*, Vol. 66, No. 12 (Dec., 1966), p. 2712.

主动。1960 年，洛杉矶县的空气污染控制区（APCD）限制了该县汽油中烯烃的含量，从而可以减少对眼睛的刺激。据该县空气污染控制区相关机构的估计，该计划在 1967 年中烟雾最易发生的月份，空气污染物的排放量每天减少了 5560 吨，而安装的曲轴箱和尾气控制装置则减少排放量 1680 吨。[①]

1967 年，加州议会通过了"马尔福德—卡雷尔法"（Mulford-Carrell Act），解散了"机动车辆污染控制委员会"，成立了新的"空气资源委员会"（Air Resources Board），专门负责处理汽车污染问题。该委员会拥有更加广泛的权力，负责制定和实施加州的空气污染控制计划，该委员会将加州分为 11 个空气盆地，并为每个盆地制定了空气质量标准，由地方政府负责执行，但其控制排放计划必须提交该委员会批准。为了达到空气质量标准，该委员会为加州的汽车制定了污染排放标准，规定到 1975 年一氧化碳（CO）的排放下降 85%，碳氢化合物（HC）下降 95%，氮氧化物（NOx）下降 75%，而联邦建议的标准则是氮氧化物（NOx）下降 88%。[②]

1970 年，联邦政府制定了清洁空气法，确立了全国范围的空气质量标准，并在美国划定了 247 个空气质量控制区（air quality control regions, AQCRs），洛杉矶大都市区的南部海岸空气盆地（the South Coast Air Basin）就是其中之一，该空气盆地包括洛杉矶县、奥兰治县、里弗赛德县和圣贝纳迪诺县。在联邦清洁空气法的推动之下，加州议会于 1976 年通过了《刘易斯空气质量法》（Lewis Air Quality Act），授权该州按照联邦空气质量标准制定空气质量管制计划（AQMP），并规定每两年修订一次。同年，加州成立了"南部海岸空气质量管制专区"（South Coast Air Quality Management District, SCAQMD），专门负责南部海岸空气盆地的空气污染问题。

---

① Philip M. Boffey, "Smog: Los Angeles Running Hard, Standing Still", Science, News Series, Vol. 161, No. 3845（Sep. 6, 1968）, pp. 991 – 992.

② A. J. Haagen-Smit, "A Lesson from the Smog Capital of the World", Proceedings of the National Academy of Sciences of the United States of America, Vol. 67, No. 2（Oct. 15, 1970）, pp. 822, 894.

1989年,"南部海岸空气质量管制专区"(SCAQMD)制定了一个综合性的空气质量管制计划(AQMP),要求降低空气中的粉尘(PM_{10})、氮氧化物(NOx)、二氧化硫(SO_2)、一氧化碳(CO)和臭氧(O_3)的含量,以便使洛杉矶大都市区的南部海岸空气盆地的四县达到国家空气质量标准(NAAQS)。该计划得到了"南加州政府协会"(SCAG)和"加州空气资源委员会"(ARB)的批准。空气资源委员会将该计划作为州实施计划(State Implementation Plan, SIP)提交给联邦政府环保局(EPA)进行审批。该计划的控制措施分为三个层次或步骤。第一层控制措施(Tier I Control Measures),主要是针对固定污染源,即在短期内利用现有技术、管理权限和管制方法能够实现的目标,该层次的控制措施包含130种举措,预计在1993年被有关政府部门采纳。第二层控制措施(Tier II Control Measures),主要是针对交通污染,即在近期内有望采取的技术手段,预计到2000年这些技术有望付诸实施,包括使用低排放车辆和燃油,改进能源供应,发展轨道交通等。第三层控制措施(Tier III Control Measures)主要依靠在未来20内的重大技术突破,比如使用燃料电池、超导体、太阳能电池等,来降低有害气体的排放。[1] 为了实现上述治理目标,加州空气质量委员会(ARB)于1990年发布命令,要求1998年该州销售的汽车中要有2%为电力驱动,2001年的目标为5%,2003年为10%。[2]

加州空气污染治理的主要特点是依靠技术的改进,即改进工厂企业的机器设备和汽车的发动机,改进能源和燃油的性能,安装某些净化装置,减少某些燃油添加剂,从而减少有害气体的排放量;而不是采取综合治理的方法,比如限制经济发展与增人口增长速度,对土地利用方式加以管制,提高开发密度,发展公共交通,减少汽车流量,从而从根本上减少汽车废气的排放,达到空气污染治理的效果。其

---

[1] Sheldon Kamieniecki and Michael R Ferrall, "Intergovernmental Relations and Clean-Air Policy in Southern California", *Publius*, Vol. 21, No. 3 (Summer, 1991), pp. 149 – 150.

[2] George A. Gonzalez, "Urban Growth and the Politics of Air Pollution: The Establishment of California's Automobile Emission Standards", *Polity*, Vol. 35, No. 2 (Winter, 2002), p. 221.

实,这也是整个美国空气污染治理的特点。之所以如此,是与加州乃至美国企业界在空气污染治理中的主导地位密切相关的,而加州尤其明显。比如长期担任加州空气资源委员会(ARB)主席的哈根—斯密特(Haagen-Smit),同时是上述空气污染基金会(APF)技术委员会的成员,也是洛杉矶商会的科学技术委员会的成员。作为企业界人士,他们不可能主张限制经济的增长,因此主张通过技术解决问题,这一政策在加州一直持续到七八十年代。进入 70 年代,环保组织开始介入加州空气污染政策的制定,"加州清洁空气联盟"(the California Coalition for Clean Air)和"自然资源保护协会"(Natural Resources Defense Council)等环保组织认为,应该从环境角度和社会角度来看待空气污染问题,认为更好的解决办法是对土地利用模式加以管制,使就业与住房的分布达到平衡,提高住房密度,进行城市更新,建立市镇中心等措施,将人们从汽车中解脱出来,以此达到空气污染的治理。自然资源保护协会的一位人士一针见血地指出:"更多的车辆"意味着"更严重的污染。这是一种循环"[1]。但环保人士在加州的空气污染治理之中不占重要地位。

通过对加州空气污染的治理,加州乃至洛杉矶大都市区的空气质量有了一定程度的提高,1958 年,洛杉矶大都市区有 219 天的空气污染达到"一级烟雾警报"(stage one smog alert),而到 1990 年只有 41 天,1991 年只有 47 天。20 世纪 60 年代,洛杉矶每年有 30—40 天达到更为严重的"二级烟雾警报"(stage two smog alert),在这种空气质量之下,老年人和儿童都应该闭门不出,而这种空气质量在 1988 年以后就没有再次出现过。[2]

然而,由于洛杉矶大都市区的发展属于典型的低密度蔓延的发展模式,人们的出行严重依赖汽车,因而空气污染的治理任务十分艰巨。虽然空气质量有了一定程度的提高,但加州和洛杉矶大都市区仍

---

[1] George A. Gonzalez, "Urban Growth and the Politics of Air Pollution: The Establishment of California's Automobile Emission Standards", *Polity*, Vol. 35, No. 2 (Winter, 2002), p. 233.

[2] Martin Wachs, *Learning from Los Angeles: Urban Form and Air Quality*, The Seventh Smeed Memorial Lecture Presented at University College, London, May 17, 1993, p. 8.

然是美国空气污染最为严重的地区。1989 年，违反联邦空气质量标准天数最多的两个地区都在加州，其中洛杉矶大都市区的天数达到 211 天，是其后第二个污染最严重的大都市区天数的 3 倍。[①] 到 90 年代初，根据"南部海岸空气质量管制专区"（SCAQMD）的资料，该区臭氧、一氧化碳、粉尘（PM_{10}）仍然大大超过联邦标准，是加州其他地区的三倍，臭氧则是联邦标准的三倍，一氧化碳和粉尘（PM_{10}）是联邦标准的二倍多，二氧化氮情况稍好，仅超过联邦标准 2%。因此 1991 年，"南部海岸空气质量管制专区"将其达到联邦空气质量标准的规定时间再次推迟了 3 年，即从 2007 年推迟到 2010 年。加州实现空气质量管制计划的目标面临着巨大的压力，按照谢尔登·卡米尼克基（Sheldon Kamieniecki）和迈克尔·R. 费劳尔（Michael R Ferrall）的分析，原因有三：第一，该计划没有控制开发和人口增长，因为这会导致汽车流量的增加，技术进步会被数量的增加所抵消；第二，严重依靠技术；第三，企业界的抵制。[②] 可见，加州的空气污染治理仍然任重道远。

（四）联邦政府的空气污染治理

在 1970 年以前，联邦政府对空气污染的干预并不具有强制性，而是仅仅限于对各州和地方政府提供信息和研究资助。比如，1955 年国会通过的《空气污染控制法》就指出："由于城市化和工业的发展，以及机动车辆的不断增加而造成的空气污染日益严重，而且情势越来越复杂，这已经对公众的健康和福利造成了越来越严重的危害，其中包括对农作物和家禽家畜的危害，对公民财产的损害和价值的下降，以及对空气和地面交通的威胁。""对空气污染的防治……和对空气污染源的控制，首先是各州和地方政府的责任。""为了使联邦的、各州区域性的和各地方性的防止和控制空气污染的方案能够协调

---

① Tim Palmer, ed., *California's Threatened Environment*, p. 34.
② Sheldon Kamieniecki and Michael R Ferrall, "Intergovernmental Relations and Clean-Air Policy in Southern California", *Publius*, Vol. 21, No. 3 (Summer, 1991), pp. 146, 154.

第七章 生态环境与土地资源保护

配合,联邦政府的财政支持和领导作用是必不可少的。"① 因此,该法规定,在联邦健康、教育和福利部(DHEW)的领导下,由公共卫生服务处对各州和地方政府有关空气污染及其治理的研究进行资金和技术援助,并授权在 1956—1960 年间每年给予不超过 500 万美元的拨款。②

1965 年国会又通过了《机动车辆空气污染控制法》,授权健康、教育和福利部为各州新机动车辆确立排放标准,但该标准不具有强制性。1963 年联邦政府制定了《清洁空气法》,以后曾在 1965、1966、1967、1969 年多次修订,这些法律也都授权联邦政府对各州和地方政府的空气污染控制机构进行资金和技术援助。而且 1967 年的修正案要求各州建立"空气质量控制区"(AQCRs),并授权健康、教育和福利部就空气污染对健康的危害进行调研,以便让各州制定各自的空气质量标准。上述法规为 1970 年的《清洁空气法》奠定了基础,从此,联邦政府的空气污染治理政策发生了急剧的转变,具有了一定的强制性。

1970 年 1 月 22 日,尼克松总统在一次国情咨文中指出:"汽车是我们最严重的空气污染源。有效的控制要求进一步改进发动机的设计和燃料结构。我们应该加强我们的研究工作,制定更加严格的标准,并且加大贯彻这些标准的力度——而且我们应该从现在做起。"③ 于是,该年国会通过了一个新的《清洁空气法》,成为联邦政府空气污染治理中一个重要的里程碑。该法采取了几项重要举措,直接对各州和地方的空气污染治理进行干预。第一,确定了全国空气质量标准(NAAQS),要求每个空气质量控制区(AQCRs)必须降低空气污染浓度,达到国家空气质量标准。该法授权联邦环保局(EPA)公布一个所有空气污染物的名单,然后对空气中每种污染物确定一个全国性

---

① Peninah Neimark and Peter Rhoades Mott, eds., *The Environmental Debate: A Documentary History*, Westport, Connecticut: Greenwood Press, 1999, p. 174.

② Justin M. Andrews, "Community Air Pollution, a Developing Health Problem", *Public Health Reports (1896–1970)*, Vol. 71, No. 1 (Jan., 1956), p. 39.

③ Peninah Neimark and Peter Rhoades Mott, eds., *The Environmental Debate*, p. 210.

的含量标准。每一种空气污染物都分为两个标准,即初级标准和二级标准。初级标准就是至少能够确保居民身体健康的标准,二级标准就是保证公共福利不受空气污染物的威胁,包括保护露天材料、农业产品等不受危害。各州可以制定比联邦标准更加严格的标准,但不能比联邦标准更低。

第二,确定了空气污染源的排放标准,以便达到或保持空气质量标准。该法主要是严格控制新车型烟管的排放标准,并采取各种交通控制措施。有些污染物的控制标准被直接写入该法中,而有些污染物的标准则由环保局自行确定。比如该法的第202(a)(1)款规定了各种新车型的某些有害气体的排放标准,要求到1975年轿车的碳氢化合物(HC)和一氧化碳(CO)的排放量减少90%,到1976年新车型氮氧化物(NOx)的排放量减少90%。[①] 该法通过后,环保局公布了六种污染物的空气质量标准:粉尘、二氧化硫、二氧化氮、一氧化碳、臭氧和铅。

第三,要求环保局根据空气盆地(air basin)划定空气质量控制区(AQCRs),而不是按照政治边界,尤其是不能按照州际边界来划定。这种划定方法是为了便于空气污染的治理,具有重要意义。该法要求每个州负责其境内的空气质量,实现或维护空气质量标准。由于空气盆地往往超越政治边界,所以需要州政府间以及地方政府之间的合作。[②]

第四,该法要求各州制定"州实施计划"(SIP),这些实施计划要作出规定,要定期对汽车加以检验,而且必须包含土地利用和交通控制内容。为了与该条款相协调,1970年的《联邦援建公路法》要求各州的公路建设项目必须与"州实施计划"相协调。[③]

1970年《清洁空气法》公布后,由于一些主要的汽车制造商认为

[①] Murray Tabb, "Twenty-Five Years of the Clean Air Act in Perspective", *Natural Resources & Environment*, Vol. 10, No. 2 (Fall, 1995), p. 18.

[②] Roger D. Blair, "Problems of Pollution Standards: The Clean Air Act of 1970", *Land Economics*, Vol. 49, No. 3 (Aug., 1973), p. 263.

[③] Arnold W. Reitze, Jr., "Transportation-Related Pollution and the Clean Air Act's Conformity Requirements", *Natural Resources & Environment*, Vol. 13, No. 2 (Fall, 1998), p. 406.

该法的标准过于严苛，因此要求对碳氢化合物（HC）和一氧化碳（CO）的排放限制进行延期，遭到环保局的拒绝，结果导致了1973年的"国际收割机公司诉拉克尔肖斯案"（International Harvester v. Ruckelshaus）。在该案的判决中，华盛顿特区的联邦巡回法院同情制造商的主张，认为该法所要求的污染控制技术很难预料能否在规定的时间内实现。结果，将碳氢化合物（HC）和一氧化碳（CO）降低90%的要求分别延期到1980—1981年的新车型，而氮氧化物（NOx）降低90%的要求则被取消，直到1990年的新法才得以恢复。①

另一项具有重要影响的联邦立法是1977年的《清洁空气法》修正案，该修正案加强了对各州实施计划的监督和对汽车排放的控制。该修正案规定，对于那些仍有一氧化碳和臭氧含量尚未达标的区域（non-attainment areas），相关的州政府必须修改其州实施计划，于1979年1月1日以前提交环保局，环保局将于1979年7月1日以前予以回复，如果该州的实施计划在这一天未能得到环保局的批准，将禁止该州的未达标区进行建筑活动。该修正案的第108款列举了一系列空气污染的治理措施，比如汽车的检查和维修计划、公共交通的改进、公共汽车和拼车专用车道、轨道交通计划、企业参与拼车计划、自行车、步行、错峰工作时间表、沿街停车和路外停车的管制等。②然而，各州的空气质量监管机构往往没有能力制定此类规划。该修正案还增加了一个176（c）条款，扩大了空气质量规划的内涵，要求联邦政府各部门和各州在制定相关政策时，必须与清洁空气法和相关规划协调一致，但该修正案没有对何为"协调一致"作出说明。③修正案要求各州必须在1982年12月31日以前达到国家标准，而如果某州政府表明该州已经采取了各种必要措施，但到1982年底仍然不

---

① Murray Tabb, "Twenty-Five Years of the Clean Air Act in Perspective", *Natural Resources & Environment*, Vol. 10, No. 2 (Fall, 1995), p. 18.

② Joseph Palomba, Jr., "Air Pollution Control", *The Annals of the American Academy of Political and Social Science*, Vol. 444 (Jul., 1979), p. 74.

③ Arnold W. Reitze, Jr., "Transportation-Related Pollution and the Clean Air Act's Conformity Requirements", *Natural Resources & Environment*, Vol. 13, No. 2 (Fall, 1998), p. 407.

能使一氧化碳（CO）和臭氧达标，则可以将达标期限再次顺延5年，即推迟到1987年12月31日。但是，该修正案授权对未能达标的机构实行每天2.5万美元的罚款，或者撤销对州政府相关计划的资助，当然要视违反情节和经济能力而定。[1]

联邦政府的《清洁空气法》和环保局颁布的排放标准无疑给相关企业的成本和技术能力施加了巨大压力。因此，在1980年的"铅业协会诉环保局"（Lead Industries Associates v. EPA）一案中，该协会指控环保局的铅控制标准没有科学依据，而在经济上却给前者造成了巨大负担，但对于保护公民健康却是不必要的。但华盛顿特区的联邦巡回法院一反常态，在本次判决中支持了环保局的立场，指出该机构的标准意在保护公民的健康与安全，因此不应该考虑达到空气质量标准的成本。法院认为，国会在制定该法时故意忽略成本问题，并阐明成本要服从公众的健康目标；而且该法所规定的措施是预防和保护取向的，因此默许环保局的失误，环保局在确立标准方面拥有巨大的行政自主权。[2] 这一有利于环境保护的司法判决，无疑是受到了六七十年代以来轰轰烈烈的环保运动的巨大影响。

1990年的《清洁空气法》是美国另一个具有里程碑意义的空气污染治理法规，该法列举了189种有害的空气污染物，并要求在1995年12月31日以后，禁止销售含铅或铅添加剂的燃油。更重要的是，该法是一个最具综合性的空气污染治理法规，它不仅强调采用技术手段对汽车和燃油加以改进，而且也提出了一系列交通控制措施和城市规划措施。该法规定，每个州的实施计划（SIP）中必须加入交通控制措施（TCM），以减少空气中臭氧和一氧化碳的含量。环保局提出的交通控制措施主要包括：其一，发展和改进公共交通，提高运行频率，改善转车方式，注重维修和养护，降低票价，提高乘客的舒适度等；其二，设立高承载车辆（HOV）车道，

---

[1] Joseph Palomba, Jr., "Air Pollution Control", *The Annals of the American Academy of Political and Social Science*, Vol. 444 (Jul., 1979), p. 76.

[2] Murray Tabb, "Twenty-Five Years of the Clean Air Act in Perspective", *Natural Resources & Environment*, Vol. 10, No. 2 (Fall, 1995), p. 15.

为公共交通和共同乘车车辆提供专用车道；其三，鼓励企业单位实施共同乘车计划，帮助其预定班车，提供相关信息和停车优惠，为员工提供公交补贴等；其三，征收开发影响费；其四，改变分区规划制度，对街道的布局和宽度进行限制等；其五，实施方便骑车和步行的计划；其六，减少银行、商店和饭店的免下车服务；其七，实施灵活的错峰工作时间，减少交通拥堵和冷启动；其八，加速旧车淘汰，等等。该法还规定，每个拥有未达标区的州，都必须在1992年11月15日之前提交一份州实施计划（SIP），要求雇佣职员达100人以上的企业单位实施减少车流和缩短车程的计划，在交通高峰时刻的每辆汽车的乘客率至少要提高25%。[①] 这些措施的制定和实施，表明美国空气污染的治理由单纯的技术手段向着综合治理方向迈进了一大步。

另外，1990年的《清洁空气法》还要求联邦政府与各州的各项政策紧密配合。前文指出，1977年的《清洁空气法》也曾要求接受联邦资助的开发项目必须与州实施计划"协调一致"，但没有对何为"协调一致"进行说明，存在巨大的法律漏洞。而1990年的《清洁空气法》对此作出了详细的说明。该法的176（c）（1）款对"协调一致"的定义是：各部门的计划"（A）与州实施计划（SIP）的目标协调一致，即消除或降低违反国家空气质量标准的程度和数量，以便迅速地达到这些标准；（B）这些行动将不会：（i）导致或强化违反任何地区的任何空气质量标准；（ii）如果任何地区已经出现了违反空气质量标准的情况，该计划不能加重这种违反标准的频率和程度；或者（iii）拖延任何地区任何空气质量标准的达标时间，或任何所要求的临时排放削减，或其他进展"[②]。

[①] Jeremy A. Gibson, "The Roads Less Traveled? Motoring and the Clean Air Act Amendments of 1990", *Natural Resources & Environment*, Vol. 7, No. 2 (Fall, 1992), pp. 14 - 16.

[②] Arnold W. Reitze, Jr., "Transportation-Related Pollution and the Clean Air Act's Conformity Requirements", *Natural Resources & Environment*, Vol. 13, No. 2 (Fall, 1998), p. 407.

1990年，美国环保局还制定了一个"清洁能源车队"（Clean Fuel Fleet）计划，为美国的22个空气质量未达标的大都市区内柴油机车辆规定了尾气排放标准。到2000年初，美国环保局加强了对柴油机车辆的管理，对重型柴油机车辆的排放量提出了新的标准，将能够形成烟雾的废气排放量削减了95%，粉尘的排放量削减了90%，硫氧化物的排放量削减了97%。环保局认为，如果该计划生效，到2030年，每年粉尘（PM_{10}）的排放量可以减少11万吨，青少年的夭折数量可以减少4000例，住院治疗可以减少3000例，急性气管炎可以减少6300例，病休日可以减少560万个，缺勤工作日可以减少65万个，仅仅由于节省的工作时间就可以每年创造价值6700万美元。然而，该计划遭到了卡车工业的激烈反对。[①]

改进能源结构是治理空气污染的重要手段，因此1992年，国会又通过了《能源政策法》（the Energy Policy Act），规定到2000年将轻型车辆所消耗燃油的10%用清洁能源取代，到2010年这一比例要达到30%。这些清洁能源包括甲醇、乙醇、天然气、电能等。为了实现这些目标，国会制定了减税等优惠政策。直到2001年，这一计划的进展仍然十分缓慢，根据一项估计，替代能源车辆在1999年只有大约100万辆，只占美国所有车辆的0.4%，在2000年，替代能源的使用仅仅相当于3.54亿加仑的汽油，相当于该年车辆能源消费总量的0.2%。阻碍替代能源车辆和替代能源使用的因素包括：第一，石油价格偏低。第二，替代能源的加油站不足。比如1999年，美国共有18万个柴油汽油加油站，而替代能源的加油站只有6000个，这是因为替代能源的加油设施费用昂贵。第三，替代能源车辆价格昂贵。[②]

因此，美国空气污染的治理面临着重重困难，经过20余年的空气污染治理，到20世纪90年代初期，美国仍然有90多个大都市区

[①] Jim Motavalli, *Breaking Gridlock*, p. 163.

[②] U. S. General Accounting Office, *Testimony Before the Committee on Finance, U. S. Senate: Alternative Motor Fuels and Vehicles, Impact on the Transportation Sector*, Washington, D. C., July 2001, pp. 1 – 5.

的空气中臭氧含量超标，而其中9个大都市区属于严重污染，即臭氧超标达50%以上，影响人口达5700万；而两个蔓延最快的城市拉斯维加斯和菲尼克斯则是空气污染最严重的大都市区；洛杉矶的空气质量虽然已经有了很大改善，但仍然是污染最严重的大都市区之一，1996年有91天臭氧严重超标，即使在1997年，由于良好的天气减轻了空气污染程度，但仍然有67天超标，而按照加州更加严格的标准，则有135天超标。① 美国环保局在一份文件中指出："虽然汽车尾气比以前更加清洁了，但是公路上的汽车却更多了，人们开车的路程更远了，而且次数更加频繁了。诸如购物和娱乐之类的各种活动，已经不在大多数社区的步行范围之内了。结果是人们的出行越来越依赖于（私人）汽车。开车的增加意味着更严重的空气污染和交通拥挤。在我们的城市里，汽车和卡车导致了大约1/3至1/2的空气污染。交通拥挤（停顿的汽车）和汽车的启动（冷启动）造成的污染最多。"②

当然，既要看到所面临的重重困难，也要看到取得的辉煌成就。到20世纪末，美国的空气质量还是有了极大的改进。1979—1998年，美国空气中一氧化碳的浓度下降了58%，二氧化氮下降了25%，臭氧下降了17%，二氧化硫下降了53%，铅下降了96%；1989—1998年，粉尘下降了25%。③ 另根据美国环保局（EPA）的说法，自从1970年《清洁空气法》通过后，美国的空气质量有了"极大的改善"。到2005年，美国75%的地区达到了国家空气质量标准。1990—2007年，臭氧含量下降了9%，粉尘下降了11%，铅下降了80%，二氧化氮下降了35%，一氧化碳下降了67%，二氧化硫下降了54%。根据2009年的一项研究结果，由于空气质量的改善，美国人的平均寿命延长了5个月。在2010年9月纪念1970年《清洁空气法》诞生40周年的庆祝活动中，环保局（EPA）局长莉萨·杰克逊

---

① F. Kaid Benfield, et al., *Once There Were Greenfields*, p. 57.
② U. S. Environmental Protection Agency, *Environmental Quality and Community Growth*, p. 2.
③ [美]保罗·R. 伯特尼、罗伯特·N. 史蒂文斯主编：《环境保护的公共政策》，穆贤清、方志伟译，上海三联书店2004年版，第131页。

(Lisa Jackson) 称赞该法是一项"真正的生命拯救者"。杰克逊还称该法是一项成本收益最高的立法,由于空气质量的提高,美国人由于健康而节省的资金达到数万亿美元,"我们作为一个国家,每将一美元(投入清洁空气法的管理之中),我们就会获得40美元以上的收益"[①]。

二 大都市区蔓延与水体污染及其治理

大都市区的空间蔓延还导致了严重的水体污染。水体的污染可以分为点源污染和非点源污染;点源污染是指由固定排放点所造成的水体污染,比如矿业开采、石油冶炼、工业企业等排放的污水造成的污染;而非点源污染则是指非固定排放点导致的水体污染,比如没有排污管网的生活污水的排放、道路雨水冲刷、酸雨的降落等导致的水体污染,非点源污染也可以称之为面源污染。点源污染与大都市区的空间蔓延关系不大,非本章所涉及的重点,而面源污染则与大都市区的空间蔓延存在着密切的联系,因此是本章探讨的重点。

(一)化粪池与水体污染

从经济学的角度来说,规模经济和聚集经济是推动产业、人口和社会机构向城市聚集的主要原因之一。由于规模经济和聚集经济的作用,在高度密集的城市中,可以大规模地集中地进行基础设施建设,而这些基础设施可以为大规模的人口共同使用,从而可以达到减少投入和增加产出的良好经济效果。然而,由于美国大都市区的空间蔓延,郊区的人口密度和建筑密度都很低,前文指出,面积达1—2英亩(1英亩=6.0720市亩)的住房地块比比皆是,3—4英亩的地块司空见惯,甚至5—6英亩的地块也绝非罕见。如此之低的建筑密度和人口密度,非常不利于基础设施投资实现规模经济和聚集经济,一方面导致了严

[①] Susan Dudley Gold, *Landmark Legislation: Clean Air and Clean Water Acts*, New York: Marshall Cavendish Benchmark, 2012, pp. 116–117.

重的资金浪费,另一方面导致了基础设施的严重不足。

另外,美国大都市区的低密度蔓延性,导致了大都市区政治的碎化(fragmentation)或巴尔干化(balkanization),进一步导致了郊区市政服务质量与经济效益的低下。人们向郊区迁移的目的之一,就是为了追求小型、同质、具有田园风貌的生活环境。而为了保持这种生活环境,防止不受欢迎的人口和产业的迁入,就要获得法人资格,成立市镇法人(municipality),从而获得对土地利用分区制(zoning)的控制权。因此,美国大都市区建立了为数众多、规模不等的市镇法人。1977年,美国大都市区内的市镇法人有一半不足2500人,只有1/4的市镇法人超过4平方英里。① 由于许多郊区地方政府规模小、数量众多,因而没有能力提供某些基本的服务设施,比如污水管道、雨水管道、供水管道和污水处理厂等,污水的排放往往采用分散的化粪池,依靠土地的自然吸收,而未经污水管道集中再进行统一的净化处理,从而导致了严重的水体污染。据统计,美国居住在没有排污管道的社区中的人口占总人口的比例,1960年为39%,1980年为30%。②

二战以后,美国大都市区的蔓延迫使郊区社区大量使用化粪池。化粪池主要分布在美国的东北部和加州南部,其中4个县比较集中,即纽约州的拿骚县(Nassau County)和萨福克县(Suffolk County)、佛罗里达州的戴德县(Dade County)、加州的洛杉矶县,每个县都有10万套以上的住宅使用化粪池,此外还有23个县各有5万套以上带化粪池的住宅。③ 战后使用化粪池的新建住宅的比例非常高,1945—1960年,大约45%的新建住房使用化粪池。1958年的一项调查显示,菲尼克斯大都市区70%以上的郊区住房使用化粪池。④ 另据美国

---

① John C. Bollens, Henry J. Schmandt, *The Metropolis: Its People, Politics and Economic Life*, New York: Harper & Row, Publishers, 1982, pp. 92-94.

② U. S. Department of Commerce, U. S. Census Bureau, *Statistical Abstracts of the United States: 1987*, 107th Edition, Washington D. C. , 1986, p. 189.

③ James J. Geraghty and David W. Miller, "Status of Groundwater Contamination in the US", *Journal (American Water Works Association)*, Vol. 70, No. 3 (March, 1978), p. 164.

④ Adam Rome, *The Bulldozer in the Countryside: Suburban Sprawl and the Rise of American Environmentalism*, Cambridge: the University of Cambridge, 2001, p. 88.

国家健康委员会（U. S. National Health Council）的调查，在费城大都市区的新建住房中，使用化粪池的比例，1953 年为 34%，1954 年上升到 46%，1955 年则高达 53%，即超过了一半。① 由于政府对化粪池的限制，在新建住房中使用化粪池的比例逐步下降，从 20 世纪 40 年代末和 50 年代初的 40%—45% 下降到 80 年代的 25% 左右。虽然新建住房使用化粪池的比例有所下降，但其总量却在不断上升，1970 年美国有 1700 万个家庭使用化粪池，1980 年这一数字接近 2100 万，1990 年几乎达到 2500 万。② 换一个角度看，美国居住在没有排污管道的社区中的人口占总人口的比例，1960 年为 39%，1980 年这一比例下降到 30%。③

所谓化粪池（septic tanks）是一种地下半封闭的污水和粪便处理池，一般位于乡村和郊区住户后院稍远一点的地方。厨房污水、盥洗污水、马桶粪便等家庭污物和污水，经过地下管道汇集到这个化粪池中，在缺氧的条件下，这些粪便和污物被细菌分解腐烂，其中一部分污物分解为气体排放出来，一部分则分解并溶于水中，而其余不能分解残渣或污物则漂浮在表面或沉淀到底部，这些残渣需要定期清理。化粪池另一侧的管道则将污水引到一个由沙土铺垫过滤区，经沙土过滤后的污水通过渗透，进入地下含水层，成为地下水的一部分。当化粪池中 30% 以上为固体垃圾时，应该及时进行清理，但人们很少及时清理。这时化粪池内的污物就会堵塞通往过滤区的管道，或者导致过滤区的功能下降，很可能会发生污水和污物的外溢。④

---

① U. S. National Health Council, *Urban Sprawl and Health: Report of the 1958 National Health Forum*, New York: National Health Council, January 1959, p. 60.
② Adam Rome, *The Bulldozer in the Countryside*, p. 115.
③ U. S. Department of Commerce, U. S. Census Bureau, *Statistical Abstracts of the United States: 1987*, 107th Edition, Washington D. C., 1986, p. 189.
④ Paul J. A. Wither, et al., "Do Septic Tank System Pose a Hidden Threat to Water Quality?", *Frontiers in Ecology and the Environment*, Vol. 12, No. 2 (March 2014), p. 124.

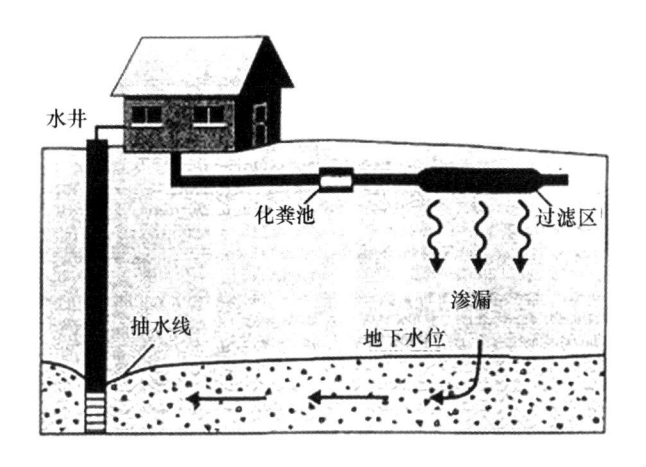

图7.3 化粪池工作原理示意图

资料来源：Travis Wagner, *In Our Backyard: A Guid to Understanding Pollution and Its Effects*, New York: Van Nostrand Reinhold, 1994.

化粪池的工作效果受土壤、地形、地下水位、气候等多方面因素的影响。根据美国环保局的报告，北美有1/3的土壤达不到化粪池的要求。[①] 如果土壤过于致密和地下水位过高，就不便于污水的渗漏和吸收；如果地面有一定的坡度，则要调整化粪池的位置；如果所在地区气候较为湿润，雨水较多，也不适于使用化粪池，尤其是在雨季，地下水位上升，容易发生倒灌，即化粪池内的污水和污物倒流，从室内的抽水马桶、地漏大量溢出，甚至在暴雨时节溢到各个房间。如果发生化粪池的损坏，污水和污物也会直接从化粪池的破损处溢出。化粪池的损坏，对于居民来说不啻一场灾难，污秽不堪的住房既不能居住，也不会有人购买，会变得一文不值。更严重的是，从化粪池溢出的粪便和污物还会污染江河湖泊等地表水。美国内政部于1969年进行的一项调查发现，在美国所有的化粪池中，大约有1/3已经损坏。而1971年伊利诺伊技术研究所（Illinois Institute of Technology）的一

[①] Paul J. A. Wither, et al., "Do Septic Tank System Pose a Hidden Threat to Water Quality?", *Frontiers in Ecology and the Environment*, Vol. 12, No. 2 (March 2014), p. 124.

项调查则显示，该州化粪池的损坏率竟高达50%。[1]

在一些土壤不适于使用普通化粪池的地区则使用一种特殊的化粪池——储箱化粪池（holding tanks）。储箱化粪池的污水池是用水泥密封起来的，其污水和污物不能被土壤吸收，当积累到一定程度时，就要由一种特殊的运输车辆抽取运输到污水处理厂进行净化处理，这种化粪池的使用需要高频率地清理与运输，因此许多用户为了方便起见，干脆将化粪池中的污水和污物直接排放到附近的沟渠之中，因而对周围的地表水造成了严重的污染。根据2003年的一篇报道，在威斯康星州马什菲尔德镇（Marshfield）周围的14个邮政区中，有1/3的化粪池属于这种储箱化粪池。在该州的中部地区，一些县政府官员估计，大约有40%的储箱化粪池用户以非法的地表排放方式进行化粪池的清理。[2]

如果化粪池的设计、建造、运用和维护适当，可以拦截高达70%—90%的污染物。根据2012年罗伯特森（Robertson）对一个化粪池系统的研究，在其使用的20年间，几乎100%的磷被过滤区两米厚的沙土所拦截；氮化物的拦截率变化稍大，在20%—80%之间。[3] 但反过来说，仍然有20%—80%的氮化物进入地下水含水层。即使污染物100%被沙土拦截，那也是留在沙土中，形成对土地的污染，而没有像污水处理厂那样把它们分解掉，而且早晚会经过雨水的渗漏冲刷进入地下水或地表水之中。而且这是一个极端的例子，不具有代表性，因为化粪池系统的过滤区使用了两米厚的沙土，而一般化粪池的过滤区沙土厚度不足一米，不能有效拦截各类污染物。比如，在佛罗里达州这样气候湿润、地下含水层较浅的州，化粪池的沙土过滤层一般只有24英寸，只相当于0.6096米，而一些较早的化粪池的沙土过滤层只有

---

[1] Adam Rome, *The Bulldozer in the Countryside*, pp. 112–113.

[2] John Tibbetts, "Septic Suburbia: Too Many Tanks Increases Disease", *Environmental Health Perspectives*, Vol. 111, No. 5 (May, 2003), p. 292.

[3] Paul J. A. Wither, et al., "Do Septic Tank System Pose a Hidden Threat to Water Quality?", *Frontiers in Ecology and the Environment*, Vol. 12, No. 2 (March 2014), p. 124.

6英寸，相当于15.24厘米，很难有效地拦截各类污染物。[①] 因此，佛罗里达州化粪池的工作效果极差。根据南佛罗里达大学（University of South Florida）水污染微生物学家琼·罗斯（Joan Rose）的研究，化粪池中的污染物和各种病毒能够很快地进行传播。在佛罗里达半岛的暴雨季节，罗斯及其同事在海岸附近一个连接化粪池的马桶里放置了示踪剂，8个小时之后就在水井中发现了示踪剂，12—24小时就在岸边海水中发现了示踪剂，53小时后在周围海洋中大约106米的地方发现了示踪剂。[②] 可见，化粪池的污染物和病毒能够很快地污染地下水乃至海水。而在1988年佛罗里达州大约有200万个化粪池，就连迈阿密这样的大城市尚且有40%的居民依靠化粪池，而当时正在建设的完全依靠化粪池的社区有10万个化粪池，覆盖面积广达2.5万到3万英亩。[③]

化粪池不仅严重地污染着地表水，而且对地下水造成了更加严重的威胁。在地广人稀的乡村地区，化粪池对地下水的威胁还不是很大，但在城郊地区，由于人口和住房密度大幅度提高，化粪池的密度骤然提高，严重地污染了地下水。到1960年，越来越多的证据表明，由化粪池造成的洗涤剂污染问题越来越常见。美国公共健康服务署（U. S. Public Health Service）在13个州进行的30项调查发现，高达37%的饮用水井在检测中发现了洗涤剂。而在某些郊区，这一比例几乎达到100%。根据官方估计，长岛某县饮用受到污染的井水的家庭数量达1.7万户，在明尼阿波利斯—圣保罗大都市区，这一数字达到2.7万户。为此，公共健康服务署于1961年组织了一个专题讨论会，与会者得出一个令人担忧的结论：地下水污染的威胁越来越严重，如果不及时采取措施，就会引发一场危机。该会议还指出，工业垃圾已经不再是地下水唯一的污染源，而迅速增加的郊区化粪池则成为战后

---

① Allen N. Koplin, "Septic Tanks can be Dangerous to Your Health", *Journal of Public Health Policy*, Vol. 9, No. 2 (Summer, 1988), p. 165.

② "Have Virus, Will Travel", *Environmental Health Perspectives*, Vol. 107, No. 7 (Jul. 1999), p. 348.

③ Allen N. Koplin, "Septic Tanks can be Dangerous to Your Health", *Journal of Public Health Policy*, Vol. 9, No. 2 (Summer, 1988), p. 164.

地下水污染的罪魁祸首。① 因此保罗·威瑟（Paul J. A. Wither）等学者指出："化粪池系统是最常见的家庭污水就地处理形式，它是河源汇水区潜在的水体污染源之一。"②

（二）大都市区的地面径流与水体污染

美国大都市区的地面径流所导致的污染是一种更加显著而又难以治理的非点源污染。由于大都市区的低密度蔓延，公路、停车场等硬化面积急剧增多，汽车数量增多，汽车的使用量加大，因而路面和停车场的化学污染物，比如汽油、防冻剂、铅、铜、镉等，以及各种沉积物、病原体、营养物质等增多，在雨水的冲刷下，这些污染物被裹挟到江河湖泊之中，从而造成严重的水体污染。此外，为了防止公路的积雪结冰，美国每年冬季将1200万吨盐抛撒到公路系统中，从而提高了附近地表水和地下水中钠的含量。③ 从各种调查研究中发现，在城市的地面径流中已经检测出的有毒污染物达67种。地面径流污染已经成为美国地表水最大的污染源，占美国江河湖泊水体污染的40%。④

径流污染与大都市区的空间蔓延存在着明显的正相关关系，在同等规模的人口或住房情况下，郊区的密度越低，地面径流所导致的污染就越严重。表7.6显示，同为1万套住房的居民区，低密度蔓延的社区每年由水土流失造成的沉淀可达6170吨，而高密度的规划社区只相当于前者的60%；低密度蔓延的社区每年由雨水冲刷而产生的污水流量可达90亿升，而高密度规划的社区每年只有71亿升。根据另一项研究，如果提高新泽西州的开发密度，新铺设的硬化地面可以减少30%，从而可以使雨水径流所导致的水体污染减少40%。⑤ 由此

---

① Adam Rome, *The Bulldozer in the Countryside*, pp. 104 – 106.
② Paul J. A. Wither, et al., "Do Septic Tank System Pose a Hidden Threat to Water Quality?", *Frontiers in Ecology and the Environment*, Vol. 12, No. 2 (March 2014), p. 123.
③ William B. Honachefsky, P. P., P. L. S., Q. E. P., *Ecologically Based Municipal Land Use Planning*, Washington, D. C.: Lewis Publishers, 2000, p. 1.
④ F. Kaid Benfield, et al., *Once There Were Greenfields*, pp. 80 – 81.
⑤ U. S. Department of Housing and Urban Development, *The State of the Cities, 1999: Third Annual Report*, Washington, D. C., June 1999, p. 19 – 21.

可见，大都市区的蔓延加重了水体污染，对人类健康和野生动物的生存造成了极大的危害。

表7.6　　　　社区开发对环境和人的影响（每1万套住房）

	低密度蔓延社区	高密度规划社区
水土流失造成的沉淀	每年6170吨	相当于前者的60%
雨水冲刷造成的污染	每年产生污水90亿升	每年只有71亿吨
用水量	每年大约1.17亿加仑	相当于前者的65%

资料来源：U. S. Department of Housing and Urban Development, Environmental Protection Agency, *The Costs of Sprawl: Environmental and Economic Costs of Alternative Residential Development Patterns at the Urban Fringe*, Washington, D. C.: U. S. Governmental Printing Office, April 1974, pp. 12–13.

住房的开发密度越低，房屋的规模越大，道路延伸越长，停车场越多，一个流域的硬化面积所占该流域面积的比例就越大。据研究，当这一比例达到10%以上时，水体污染就开始出现。研究表明，在住房数量相同的前提下，大地块的独户住房与集群式住房或传统城镇住房相比，可以额外增加10%—50%的硬化面积，注入江河湖泊的沉积物增加3倍。一般而言，公路、停车场、车道和人行道一般占一个流域中硬化面积的60%—70%。更为严重的是，由于这些交通地面都是相互连接的，它们产生的径流量是同等面积的不连续的硬化地面的2—4倍。①

当然，在美国主要的城市地区都拥有城市雨水管道和污水管道，如果这些管道是分离的，可以对污染更严重的生活污水进行更加充分的净化处理，从而减少水体污染。但是由于美国大都市区的密度很低，双重管道的铺设成本太高，为了节省资本，这些雨水管道与污水管道往往设在一起，从而成为混合管道，既用来排放家庭和工业污水，也用来排放街道雨水。这样就加重了污水处理的难度，因此，许

---

① F. Kaid Benfield, et al., *Once There Were Greenfield*, pp. 82–84.

多生活污水未能得到处理或处理不充分便排放到江河之中,尤其是在雨季更是如此,从而对水体造成了严重的污染。一位记者比尔·吉福德(Bill Gifford)在对华盛顿特区的阿纳卡斯蒂亚河(Anacostia River)进行了调查之后写道:"华盛顿的污水管道和雨水管道是合并在一起的,因此在洪水季节……其结果就是市政工程师所谓的混合污水泛滥。"美国许多城市地区的河流与溪水的污染是非常严重的,比如,加州的洛杉矶河(Los Angeles River)已经成为污水混合着淤泥的臭水沟。[1]直至2005年,美国的混合管道仍然在为4000万人提供服务。更可怕的是,在雨水季节,排污管道和排水管道往往会发生溢流或堵塞,生活污水和径流雨水会直接排放到江河湖海之中。根据联邦环保局的估计,美国每年发生4万次生活污水溢流和40万次管道阻塞事件。[2]

大都市区的蔓延也导致了美国地表水和地下水农药含量的提高,这是因为郊区居民区大量种植草坪和建设高尔夫球场所致。1991年,美国内政部下属的美国地质调查局(U. S. Geological Survey)开始实施系统而长期的流域污染治理计划。该机构的"国家水质评估计划"(the National Water Quality Assessment Program,NAWQA)收集和分析了美国近50个州51个流域和蓄水层的水质资料,于2004年公布了调查报告。根据该报告,1991—2001年,所测试的农业地区95%的溪流和60%的浅井含有除草剂和杀虫剂;城市地区99%的溪流和50%的浅井含有除草剂,它们主要来自郊区社区的草坪和高尔夫球场,城市地区比乡村地区的溪流含有更多的杀虫剂,看来杀虫剂并非只来自农业生产。此外,地表水和地下水中还含有大量的各种营养物质、微量元素、挥发性有机物及各种分解后的化学物质。比如,在城市地区的浅层地下水中就发现了挥发性有机物,占调查对象的90%,

---

[1] Richard Cohn-Lee and Diane Cameron, "Communities and the Clean Water Act", *Poverty & the Environment*, Vol. 3, No. 2 (Summer, 1992), p. 4.

[2] Yael Calhoun: *Environmental Issues: Water Pollution*, Philadelphia: Chelsea House Publishers, 2005, pp. 125–126.

而在乡村地区的同比只有20%。[1]

另外，城市地区的沼泽、溪流和空地往往成为建筑活动所产生的淤泥、建筑垃圾以及废旧汽车以及各种固体垃圾的倾倒场所，从而对地表水和地下水造成了严重污染。

（三）水体污染所造成的危害

由郊区的低密度开发而导致的非点源污染对居民的身体健康和自然环境造成了巨大的危害。由于许多郊区社区过于分散且规模狭小，因而不能提供经过净化处理的集中供水，而只能饮用自家后院的井水。特别是一些浅水井，受到的污染更加严重，据研究，在20世纪80年代初期，美国大约有50%的居民饮用地下水，而大多数水井深度不足100米。[2] 受到化粪池污染的井水中含有多种有机污染物、洗涤剂、细菌和病毒。比如，据研究，未经处理的家庭污水的含氮浓度为15—35ppm，含磷浓度为2—4ppm。一个5口之家的化粪池每年所排放的污水，含有大约5磅的磷、27磅的氮。[3] 有的研究发现，在未经处理的化粪池污水中发现了120种病毒，可以引起包括腹泻、瘫痪、结膜炎等在内的各种严重疾病。[4]

如果饮用了受化粪池污染的井水，就会引发各类疾病。1959年7月，一组公共健康工作人员对密歇根州的一个350人的村庄波森（Posen）进行了调查，该村大多数家庭使用化粪池。在调查的开始时，已出现了84例肝炎病例，在调查过程中增加到110例。研究人员对其中74家的私人水井进行了检验，发现40%的水井受到了严重的污染。这些水井很浅，从30英尺到135英尺不等，由于与化粪池

---

[1] Yael Calhoun: *Environmental Issues: Water Pollution*, pp. 6, 19.
[2] Philip H. Abelson, "Groundwater Contamination", *Science*, New Series, Vol. 224, No. 4650 (May 18, 1984), p. 673.
[3] D. E. Pettry, et al., "Soil Pollution and Environmental Health", *Health Services Reports*, Vol. 88, No. 4 (Apr., 1973), p. 325.
[4] "Have Virus, Will Travel", *Environmental Health Perspectives*, Vol. 107, No. 7 (Jul. 1999), p. 348.

距离太近，水井受到了严重的污染。① 威斯康星州的马什菲尔德医学研究基金会（Marshfield Medical Research Foundation）的研究人员马克·A. 博查德（Mark A. Borchard）及同事，在他们调查的马什菲尔德镇周围 14 个连续的邮政区中，选择了平均年龄为 2.2 岁的婴儿腹泻病例 153 例，平均年龄在 3.7 岁的幼童腹泻病例 274 例。研究人员发现，这些患儿的家庭一般都使用化粪池和私人水井。研究人员还发现，腹泻病例与化粪池的密度有关。在一个 640 英亩的、化粪池密度较高的社区内，每增加一个化粪池，居民罹患腹泻病的可能性就会提高 8%，而在一个 40 英亩的、化粪池密度较高的社区内，每增加一个化粪池，罹患腹泻病的可能性就会提高 22%。② 从全国范围来看，从 1945 年到 1980 年，在由水体污染引起的各类疾病当中，由于化粪池的污染导致的疾病大约占 40%。③ 根据环保局的另一资料，美国每年有 700 万人由于饮用了污染的自来水而生病，其罪魁祸首就是"非点源污染"④。

化粪池不仅污染了地下水，而且还严重地污染了地表水。根据一项调查，康涅狄格州坎德尔伍德湖流域（Candlewood Lake Watershed）的氮主要来自化粪池，化粪池泄漏导致该流域每年增加了 60750 磅的氮和 2250 磅的磷。⑤ 此外，还在海水中发现了甲肝病毒、柯萨奇 B 型病毒（coxsackievirus B），后者可以引发心肌炎，而这些病毒的主要来源是化粪池。⑥ 另外，地面径流对地表水造成的污染也很严重，通过雨水进入江河湖泊的污染物种类更加繁多，比如粉尘、氮、磷、铅、锌、铁、铜、镉、铬、镍、锰、钠、钙、溴化物、氰化物、氯化

---

① Task Group Report, "Survey of Ground Water Contamination and Waste Disposal Practices", *Journal (American Water Works Association)*, Vol. 52, No. 9 (Sep., 1960), p. 1214.

② John Tibbetts, "Septic Suburbia: Too Many Tanks Increases Disease", *Environmental Health Perspectives*, Vol. 111, No. 5 (May, 2003), p. 292.

③ Adam Rome, *The Bulldozer in the Countryside*, pp. 113 - 114.

④ Yael Calhoun: *Environmental Issues: Water Pollution*, p. X.

⑤ D. E. Pettry, et al., "Soil Pollution and Environmental Health", *Health Services Reports*, Vol. 88, No. 4 (Apr., 1973), p. 325.

⑥ "Have Virus, Will Travel", *Environmental Health Perspectives*, *Environmental Health Perspectives*, Vol. 107, No. 7 (Jul. 1999), p. 348.

物、硫酸盐、汽油、聚氯联苯、病菌、橡胶、石棉等等几十种。①

水体污染对人体的危害不仅是通过饮用水，也可通过食物链将有毒物质传递给人类，特别是通过食用贝类和鱼类，人们食用了污水中的贝类和鱼类就会生病。一些化粪池排除的病毒会寄生在浅海贝类身上，很多人因为吃了贝类而生病，比如根据温格尔德（S. E. Weingold）于1994年9月在《食品保护杂志》(Journal of Food Protection)上的报道，纽约市有40%伤寒病例与食用贝类有关。② 由于各个种族和民族饮食习惯的差异，他们因食用被污染的鱼类而受到危害的程度也各不相同。由于某些少数族裔消费更多的鱼类，他们更容易受到二恶英、呋喃、多氯联苯等有害物质的危害。根据密歇根州的一项调查，印第安人和黑人分别比白人多消费36%和13%的鱼类；在洛杉矶地区，亚裔和萨摩亚人比白人消费更多的鱼类。因此，在城市地区，少数族裔受到的危害更大。③

另外，水体污染还通过人们的水上娱乐活动对人体健康造成危害。由于城市的空间蔓延，住房越来越靠近河流和滩涂，甚至沿着河岸或海岸延伸，生活污水和垃圾对河流、湖泊和近海水域造成了不同程度的污染，使之不再适于游泳、跳水等水上运动。但人们往往对此不甚了了，仍然在污染的水域中游泳，在污染的滩涂上休憩。而对于城市地区的贫困人口而言，他们不能远足到更加洁净的水域观光或从事水上运动，只能依靠城市附近这些受到不同程度污染的水域，结果可能会染上某些疾病。根据环保局的估计，美国每年由于在污染的水域游泳而染上肠胃炎的人数多达180万至350万。④

水体污染不仅危害了人体健康，而且对水生动物的生存也产生了巨大威胁。到20世纪70年代中期，一系列研究发现，由于化粪池的

---

① William B. Honachefsky, P. P., P. L. S., Q. E. P., *Ecologically Based Municipal Land Use Planning*, p. 2.
② "Have Virus, Will Travel", *Environmental Health Perspectives*, Environmental Health Perspectives, Vol. 107, No. 7 (Jul. 1999), p. 348.
③ Richard Cohn-Lee and Diane Cameron, "Communities and the Clean Water Act", *Poverty & the Environment*, Vol. 3, No. 2 (Summer, 1992), p. 4.
④ Yael Calhoun: *Environmental Issues: Water Pollution*, p. 126.

损坏，导致了附近池塘和湖泊的富营养化，水藻急剧繁生，水藻死亡腐烂后，由于细菌的分解而消耗了大量的氧气，从而导致了鱼类、两栖动物和爬行动物的大量死亡。地面径流也同样会导致河流湖泊的污染，除了各种污染物、细菌和病毒以外，住宅开发所导致的水土流失和淤泥在江河湖海底部的淤积和覆盖，导致了水底大量水生植物的死亡和腐烂，水体富营养化和缺氧，从而危及水生动物、两栖动物和爬行动物，使整个生态系统受到危害。地面径流不仅导致了河流湖泊的化学污染和物理污染，而且还会导致"热污染"（thermal pollution）。所谓"热污染"，就是由于铺砌地面的增加，雨水在灼热的地面上大幅度升温以后流入溪流、沼泽与江河，从而导致下游水体温度的提高。而有些水生动物对水温十分敏感，水温的波动会导致其数量减少乃至灭绝。据研究，当一个流域的铺砌地面达到10%以上之时，水体污染就开始出现。一般情况下，每英亩一套住房以下的住房开发区就可以达到10%这一门槛数值，如果再加上公路和停车场的面积，很快就能超过这一数值。当达到这一数值以后，一种鲑鱼就可能完全绝迹。当一个流域的硬化面积达到25%时，更多鱼类也开始消失。[①]无论是一个流域的物质污染还是热污染，都恶化了水生动物、两栖动物和爬行动物的生存环境，从而导致它们数量和种类的减少。

（四）联邦政府的水污染治理政策

美国联邦政府对水体污染的控制可以追溯到1899年的《垃圾法》（Refuse Act），该法禁止将任何形式的废物抛弃和排放到航道之中。而第一部明确针对水体污染的联邦立法是1948年的《水污染控制法》（Water Pollution Control Act），该法要求联邦政府对水体污染问题进行调查，并提出了对各州和地方政府的污水处理设施进行财政援助的设想，但没有拨款。1956年该法的修正案确立了联邦政府对地方政府的污水处理设施进行援助的政策，联邦拨款占污水处理设施建设费用的55%，并责成各州设立水质标准，对于跨越州界的水体污染，联

---

① F. Kaid Benfield, et al., *Once There Were Greenfields*, p. 81.

邦政府直接成立了"执行会议"处理水体污染问题。1961 年对该法再次进行了修正，为州际水域制定了全国性水质标准。1965 年国会通过了《水质法》(the Water Quality Act)，要求各州达到自己制定的水质标准，各州要对固定污染源的排放执行限制计划，联邦对各州的执行计划进行审批和监督。该法还建立了联邦水污染控制局，后成为联邦水质局（FWQA）。1966 年国会通过了《净水恢复法》(Clean Water Restoration Act)，规定向各州和城镇提供 35 亿美元的资助，建立污水处理设施，从而加大了对城市污水处理设施的援助。[1] 1970 年通过了《水质改善法》(Water Quality Improvement Act)，加强了对造船、采矿等活动导致的大湖区水体富营养化和污染问题的控制，同时加强了对杀虫剂和石油污染的控制等。在上述联邦立法的推动下，到 1967 年 6 月 30 日，美国的 50 个州全部制定了水质标准，到 1970 年 9 月 30 日，有 22 个州的水质标准得到联邦政府的确认。[2]

1972 年的联邦《水污染控制法》又称《清洁水法》，是水污染控制立法中的一个里程碑，其主要意义在于确立了全国水质标准以代替原来各州的标准，同时确立了各州水质达标的时间表，要求 10 年内即到 1983 年，美国的水域能够达到游泳和捕鱼的水质标准，而到 1985 年禁止向任何水域排放污水。为实现这一目标，该法确立了"国家污染物排放清除系统"(the National Pollutant Discharge Elimination System，NPDES)，对于工业、城市和其他机构的污水排放，必须得到由环保局颁发的证书，证明这些污水已经进行了处理，未经联邦环保局或州政府的允许，任何机构或其他点污染源都不得向水域排放污染物。在大多数情况下，"国家污染物排放清除系统"(NPDES)许可制度由获得授权的州政府执行。关于污水处理的技术手段，该法的第 301 款要求，到 1977 年，公共污水处理设施要达到二级处理标准，到 1983 年要达到"最切实可行的废水处理"；对于特

---

[1] Susan Dudley Gold, *Landmark Legislation: Clean Air and Clean Water Acts*, p. 58.

[2] Murray Stein, et al., "Enforcement in Water Pollution Control", *Journal (Water Pollution Control Federation)*, Vol. 43, No. 2 (Feb., 1971), p. 183.

定的污染源，到 1977 年要采取"最切实有效的控制技术"，到 1983 年采取"最经济有效的控制技术"。该法的第 307 款要求环保局列举出各种有毒污染物，并分别对各种有毒物质的含量确定最高限制，这些限制主要是基于保护公共健康和水质，而不是基于技术的可行性，以便提供"充分的安全限度"[1]。该法加强了联邦政府对地方政府污水处理设施的财政援助，将联邦拨款占城市污水处理设施建设费用的比例提高到 75%，规定拨款总额在 3 年内累计达到 180 亿美元。[2] 该法还规定，由环保局和美国陆军工程兵团（U. S. Army Corps of Engineers，ACE）共同管理美国的湿地，对湿地的疏浚、填埋和排干必须得到政府审批，环保局拥有最后的审批权。[3] 该法的第 208 款还要求将人口增长和土地利用等内容纳入区域污水处理的计划中。然而，该法的一个不足之处是未能将非点源污染，比如个体家庭生活污水和城市径流污水，纳入"国家污染物排放清除系统"（NPDES）计划之中，因而遭到了环保组织的起诉，结果法院宣布，雨水径流也必须纳入该计划系统之中。

国会曾于 1977、1981 和 1987 年对 1972 年出台的《清洁水法》进行过多次修正。1977 年修正案的 208 款（Section 208）要求制定区域性规划以进行污水处理。该款要求各州州长划定本州由于城市发展和工业增长而出现水体污染问题的区域。每个此类区域要成立一个地方性或区域性的规划机构，该机构处于州政府的领导之下。在 208（b）款之下，这些机构必须制定区域性的污水处理规划，内容包括土地的获取、污水收集系统的建立程序和计划，特别重要的是，该法的 208（b）款还增加了对非点源污染的控制计划，比如非点源污染的考察和控制计划的制定，其中包括对土地利用的控制等。[4] 该修正案还对疏浚和填

---

[1] [美]罗杰·W. 芬德利、丹尼尔·A. 法伯：《环境法概要》，杨广俊等译，中国社会科学出版社 1997 年版，第 81 页。

[2] [美]保罗·R. 伯特尼、罗伯特·N. 史蒂文斯主编：《环境保护的公共政策》，第 239 页。

[3] Susan Dudley Gold, *Landmark Legislation: Clean Air and Clean Water Acts*, pp. 91–92.

[4] Ridgway M. Hall, Jr., "The Clean Water Act of 1977", *Natural Resources Lawyer*, Vol. 11, No. 2 (1978), p. 348–349.

埋湿地的行为进行了管制，以限制对水生动物栖息地和繁殖地的破坏，包括对处于食物链底层动物的保护。该法继续保持了1972年《清洁水法》规定的对地方政府排污设施的联邦资助，为城市的污水处理厂建设拨款245亿美元，另外拨款42亿美元用于相关研究和其他工作。[1]但该法推迟了1972年法所规定的各州水质的达标期限。

洁净的饮用水对于国民健康的重要性是不言而喻的，因此1974年国会通过了《安全饮水法》（Safe Drinking Water Act），授权环保局制定饮水质量标准，对供应25人以上饮水的水井进行保护，到21世纪初，环保局已经为饮用水中80多种有害物质的含量制定了标准；同时，该法还对自来水公司的供水质量也提出要求，要求对其供水进行监测和处理，消费者有权对这些年度监测报告进行查阅和监督。联邦政府的这些政策为美国2.5亿人的饮水安全和身体健康提供了保障。[2]

然而，在里根政府保守主义的氛围之下，美国的水污染治理政策受到了一定程度的打击。1981年的《清洁水法》修正案将联邦政府对地方政府污水处理设施的援助比例削减到55%，在随后的4年里，将拨款数额削减到每年24亿美元。1987年，国会推翻了里根总统的否决，通过了《联邦水质法》（Water Quality Act），再次确认了1972年《清洁水法》的内容，并增加了对雨水径流控制的内容，要求将雨水径流纳入"国家污染物排放清除系统"（NPDES）计划之内。但修正案明确规定，对于非点源污染的控制主要是各州的责任，并没有授权联邦政府进行管制。对此，环保局在1984年的一份文件中有具体的说明，该文件指出，非点源污染与点源污染的性质存在很大差别，对点源污染的控制可以通过采用统一的技术控制手段来实现，而非点源污染在全国各地千差万别，各不相同，比如不同流域的地理特点、水文特征、非点源污染的性质和程度、能够有效控制非点源污染的管理实践等，因此很难制定统一的非点源污染的控制标准和措施。[3]

---

[1] Susan Dudley Gold, *Landmark Legislation: Clean Air and Clean Water Acts*, p. 100.
[2] Yael Calhoun: *Environmental Issues: Water Pollution*, pp. 91–95.
[3] ［美］保罗·R. 伯特尼、罗伯特·N. 史蒂文斯主编：《环境保护的公共政策》，第239、281页。

但无论如何，联邦政府已经意识到控制非点源污染的重要性。

上述修正案之所以增加了对非点源污染的控制，特别是对雨水径流污染的控制，是因为在 20 世纪七八十年代联邦政府进行了一系列研究，特别是在 80 年代初期，环保局实施了"全国城市径流研究计划"（the National Urban Runoff Program），专门研究了城市雨水径流的污染程度问题。研究表明，非点源污染已经成为美国水体污染的主要因素，这是因为随着美国的去工业化和产业升级，美国的产业已经以污染程度低的服务经济和高科技产业为主。根据研究结果，环保局曾试图制定将雨水径流纳入"国家污染物排放清除系统"（NPDES）的计划，但遭到了工业集团和地方政府的强烈抵制，并进行了一系列旷日持久，纠缠不清的诉讼。为了减少地方政府的抵制，环保局只好将非点源污染的控制责任留给了州政府。

（五）各州和地方政府的水污染治理

在美国的污水治理过程中，就如同空气污染的治理一样，其主要推动力来自联邦政府，但如果没有地方政府和州政府的积极配合与行动，美国的污水治理也只能是纸上谈兵，不切实际。然而，各州和地方政府的污水治理，可谓良莠不齐，喜忧参半。

首都华盛顿的郊区弗吉尼亚州的费尔法克斯县（Fairfax County）就是一个失败的例子。1968 年，联邦政府负责郊区增长问题的道格拉斯委员会（Douglas Commission）建议，由联邦政府对地方政府的供水和排水设施的建设进行补贴，条件是由州和地方政府开放郊区住房，即在郊区开发针对中低收入家庭的住房。到了 70 年代，环境问题越来越成为联邦政府对地方政府排污管道补贴的主要原因。由于州政府和联邦政府对地方政府修建排水管道的补贴加起来高达 90%，因此地方政府积极参与该计划。[1] 本来排污管道的修建可以减少郊区化粪池对地下水的污染，但如果管理不善，反而适得其反。1969 年，

---

[1] Mark Schneider, *Suburban Growth: Policy and Process*, Brunswick, Ohio: King's Court Communications, Inc., 1980, pp. 230 – 231.

第七章 生态环境与土地资源保护

费尔法克斯县的规划委员会决定实施阶段性的增长控制,在乡村未开发的地区建立开发"控制区"(holding zones)。于是,该县划定了2500英亩的控制区,规定在6年之内禁止开发,希望将开发限于已有的社区。但与此同时,一条排污管道却延伸到了该区域内。由于有了这一排污管道,开发商开始施加压力,要求开发该区域。在双方的诉讼斗争中,法院判决该县对开发的控制和规划无效。结果,排污管道的铺设诱发了开发活动,不但对保护水体没有起到促进作用,反而还增加了更多的公路和径流污染。该县环境质量委员会得出结论说:"在面临严重开发压力的地区,地方分区制和规划程序通常并不能控制由于排污管道所诱发出来的开发压力。"[1]

利用排污管道防止化粪池对地下水的污染,一个成功的例子就是爱达荷州的"锅柄卫生区"(Panhandle Health District)为库特内县(Kootenai County)制定的水体保护计划。"锅柄卫生区"是根据1970年《爱达荷卫生区法》(Idaho Health Districting Act)建立的7个区域性卫生区之一,下辖爱达荷州最北部的5个县。该法授权"锅柄卫生区"实施州公共卫生管理规范,有权制定自己的管理措施,其内容之一就是负责对辖区内化粪池的修建进行审批。库特内县是爱达荷州人口增长最快的县之一,1970—1980年由3.5万人增加到6万人,其中80%的新建住房位于"拉斯德拉姆大草原含水层"(Rathdrum Prairie Aquifer)之上,因而对该地下含水层构成了严重的威胁。根据联邦《清洁水法》的第208款,"锅柄卫生区"获得了联邦政府的规划资助,在1975年和1976年间对"拉斯德拉姆大草原含水层"进行了为期16个月的调查研究。[2]

由于"锅柄卫生区"——特别是库特内县——住房和化粪池的增加,1976年"拉斯德拉姆大草原含水层"硝酸盐的含量已从1970年的1ppm上升到6—12ppm,而其中两口井居然达到25ppm。虽然硝酸

---

[1] Mark Schneider, *Suburban Growth: Policy and Process*, p. 229.
[2] Christopher J. Prins and Kenneth W. Lusting, "Innovative Septic System Management", *Journal (Water Pollution Control Federation)*, Vol. 60, No. 5 (May, 1988), p. 616.

盐的含量还没有超过环保局规定的 45ppm，但为了防止水质继续恶化，1976 年 2 月"锅柄卫生区"的健康委员会决定，暂停批准在"拉斯德拉姆大草原含水层"之上新建使用化粪池的住房，要求新建住房修建排污管道。为了获得公众的支持，该委员会还对该州公众进行了教育和组织工作，并于 1976 年 6 月成立了一个公民委员会以提出政策建议，其成员来自住房建筑商协会（the Home Builder's Association）、地产商协会（the Realtor's Association）、土壤保护署（the Soil Conservation Service），以及各城市的规划委员会等几十个民间组织和政府机构。1977 年初，"锅柄卫生区"健康委员会根据公民委员会的建议，制定了《拉斯德拉姆大草原含水层排污管制条例与规范》（Rules and Regulations Governing Sewage Disposal on the Rathdrum Prairie Aquifer），于 1978 年 6 月生效。该文件包括 4 个关键性条款，其一，在现有的城镇辖区之外，"锅柄卫生区"将不再对地块小于 5 英亩的住房发放修建化粪池的许可证；其二，在现有的市镇辖区之内，只要该市与"锅柄卫生区"进行协商，签订一个有关排污管道的协议，"锅柄卫生区"就可以对其发放化粪池许可证；其三，地块为 5 英亩以下的住房，其化粪池必须与排污管道相连接；其四，某些城市必须与健康委员会重新签订新的化粪池管理协议，才可以获得化粪池的修建资格。①

联邦政府向"锅柄卫生区"伸出了援助之手，1975—1985 年，联邦政府为其提供了 1050 万美元的资助，再加上州政府与地方政府的捐助，"锅柄卫生区"的经费达到了 1660 万美元，用于修建排污管道和污水处理厂。此外，"锅柄卫生区"还向化粪池征收费用，以限制化粪池的增长。由于"锅柄卫生区"治理政策的实施，1976 年以后，该区地下水的水质再没有出现 1970—1976 年间那种急剧恶化的情况，拉斯德拉姆大草原含水层的水质得到了维护。②

---

① Christopher J. Prins and Kenneth W. Lusting, "Innovative Septic System Management", *Journal（Water Pollution Control Federation）*, Vol. 60, No. 5 (May, 1988), pp. 617–618.
② Christopher J. Prins and Kenneth W. Lusting, "Innovative Septic System Management", *Journal（Water Pollution Control Federation）*, Vol. 60, No. 5 (May, 1988), pp. 619–620.

第七章 生态环境与土地资源保护

北卡罗来纳州山岛湖（Mountain Island Lake）的保护则是针对径流污染治理的一个成功案例。山岛湖是北卡罗来纳州中部一个长达14英里的修长的湖泊，面积达3281英亩，由梅克伦堡（Mecklenburg）、加斯顿（Gaston）和林肯（Lincoln）三个县所环抱，该湖为北卡罗来纳州1/8的人口即50多万人提供了饮用水。然而，随着该湖周围的社区开发和人口增长，特别是梅克伦堡县境内的夏洛特市的开发，对该湖构成了严重的威胁。于是，从20世纪70年代开始，梅克伦堡县就开始对该湖附近的土地加以保护，发行了2000万美元的债券购买湖滨绿地，并建成公园加以保护。到20世纪末，该县的公园和娱乐部已经将2700英亩的湖滨绿地保护起来。湖滨绿地的保护和公园的修建，减少了开发活动，同时增加了绿色植被对雨水径流的过滤，对山岛湖的水质发挥了重要的保护作用。然而，这些保护活动主要位于该湖的东部，而该湖西部的开发活动仍在继续，仍然威胁着该湖的水质。[1]

于是，上述三县的政府官员、公民和社会团体提出了一项保护山岛湖的计划，以筹集资金购买土地，限制该湖周围的开发活动。该计划得到了美国净水管理信托基金会（the Clean Water Management Trust Fund）的捐助，1998年捐助资金615万美元，在该湖西部的加斯顿和林肯两县的湖滨地区购买了长达6英里、面积为1231英亩的土地。本次购买使湖滨地区的公共土地比例上升到53%，这些土地将用来作为北卡罗来纳州的教育林地。然而，湖滨地区仍然面临着巨大的开发压力，比如"远景开发集团"（Provident Development Group）准备在加斯顿县的湖滨地区进行一个名为"水滨"（Water's Edge）的住房开发项目，该项目距离加斯顿县的饮用水取水地点只有1000英尺。于是，加斯托尼亚市（Gastonia）采取了果断行动，发行了940万美元的债券，将"远景开发集团"的429英亩的开发用地购买下来并加以保护，从而解除了这一开发项目对该市饮用水的威胁。[2] 山岛湖周

---

[1] F. Kaid Benfield, et al., *Solving Sprawl: Models of Smart Growth in Communities across America*, New York: The Natural Resource Defense Council, 2001, pp. 173–174.

[2] F. Kaid Benfield, et al., *Solving Sprawl*, pp. 174–175.

围的三县还采取了其他一系列的保护活动，这里不必一一列举。

美国水资源的保护和污染控制于1948年开始，先是从点源污染控制开始，逐渐将非点源污染纳入控制与保护的范畴，特别是1972年具有里程碑意义的《清洁水法》通过以后，经过半个世纪的努力，可以说取得了可喜的成就。36年以后的2008年，美国参议院交通和基础设施委员会的主席写道，自从该法通过以后，美国能够安全地游泳和捕鱼的河流与小溪，以及可饮用的水量增加了一倍。众议员詹姆斯·L.奥伯斯塔（James L. Oberstar）则认为，1972年的《清洁水法》是美国"制定的最重要的环境立法"。诚然，美国一些河流的水质确实有了很大的改善，比如20世纪70年代初，纽约市的东河水每100毫升中含有来自人类和牲畜粪便的细菌达到16万个，而到2010年，这一数量已经下降到100个。1972年，美国只有36%的河流与湖泊适于捕鱼和游泳，2010年这一比例已经上升到60%。[①]

然而，美国水资源的保护和污染治理仍然面临着严峻的任务，如果说60%的水域可以游泳和捕鱼，也就是说还有40%的水域不能游泳和捕鱼。雨水径流、管道污水、化粪池的渗漏仍然威胁着美国的江河、湖泊与近海水域，据研究，几乎每个沿海和大湖区的州都报告说，它们至少有一个游泳区的水域受到雨水管道的污染，而新泽西、加州、佛罗里达和康涅狄格等州则报告了众多近海水域受到雨水管道的污染。1994年，环保局制定了混合管道溢流控制政策，要求到1997年1月所有的此类排污系统实施9项治理措施。但根据2001年环保局的报告，该计划进展十分缓慢，到规定的最后期限，在发生混合管道溢流事件的社区中，只有32%的社区正在实施9项治理措施，其中只有19%制定了控制计划，只有不足10%实施了控制计划。美国每年仍然有12600亿加仑未经处理的污水通过溢流排入江河湖海。另外，根据2003—2004年冬季进行的水体监测，美国自来水的含铅量达到了危险的程度，比如在华盛顿特区的6000个家庭中，有2/3以上家庭的饮用水含铅超标，即超过15ppb，而其中有300多个家庭

---

① Susan Dudley Gold, *Landmark Legislation: Clean Air and Clean Water Acts*, 118.

甚至超过了 300ppb。① 可见，美国的污水治理和水资源保护所面临的任务依然十分严峻。

三 大都市区蔓延与洪涝灾害及其治理

造成洪涝灾害的成因很多，比如气候变化、农业垦殖、乱砍滥伐等，但大都市区的空间蔓延也对洪涝灾害产生了巨大影响。郊区开发提高了流域内不透水地面的比例，从而增加了地面径流的流量和流速；开放空间的减少，尤其是沼泽和池塘等湿地的减少，降低了河流上游的蓄水能力；郊区开发还增加了水土流失，导致了溪流、江河与湖泊的淤积，河床和湖底抬高，这些都加剧了美国的洪涝灾害。另外，由于人们在一些不适合开发的地点进行住房开发，更增加了自然灾害所造成的人员和财产损失。

（一）大都市区蔓延与洪涝灾害的关联性

大都市区的空间蔓延导致了美国洪涝灾害的加剧，两者之间的关联性表现在如下几个方面：首先，城市地貌与自然地貌的比较。毋庸置疑，前者比后者有更多的不透水地面，从而增加了雨水的流量和流速，易于导致洪涝灾害的发生。在没有经过开发的草地和森林中，雨水降落到地面上，由于草木植被的阻挡和吸收，雨水的流动相当缓慢。在这种缓慢的流动中，有一部分雨水被植物吸收，通过植物的呼吸作用又返回大气层，另一部分则通过渗透形成地下水，从而减少雨水的流量和流速，减少洪灾。但是，由于城市和郊区的开发，不仅铲除了地表植被，而且还把地面削平，再铺上沥青或水泥，雨水不经过植被吸收和地下渗透，无遮无拦地迅速排入溪流，在短时间内汇入江河，从而造成洪峰，导致洪灾。

为了说明不透水地面对雨水径流量的影响，凯德·本菲尔德（Kaid Benfield）做了这样一个设想：假如 1 英寸的雨水降落到 1 英亩

---

① Yael Calhoun, *Environmental Issues: Water Pollution*, pp. 97-126.

的天然草地上,这些雨水除了主要渗透到地下以外,还可以产生218立方米的径流,如果这些径流雨水放在一个标准面积的办公室里,深度可达2英尺。而如果这1英寸的雨水降落到1英亩的铺砌的停车场上,没有雨水渗透到地下,则可以产生97.7立方米的径流量,是天然草地所产生径流量的16倍,足以灌满3个标准面积的办公室。① 根据另一项研究,在茂密的草地上,作为地面径流而流失的雨水只有4%,而在开发的郊区,这一比例达到15%。根据一项在印第安纳波利斯郊区近20年的研究发现,如果地面的不透水层面积提高18%,那么每年雨水的径流量就会提高80%。② 另根据对得克萨斯州和纽约州的研究,城市地区洪水的下泄速度是林地的2.5倍。伯恩斯(Burns)等人于2005年对纽约州克罗顿河流域(Croton River Basin)27次暴雨所形成的洪峰进行了研究,发现虽然该流域的硬化面积只有11%,但洪水流量却增加了3倍。③

当然,在城市和郊区的开发中,人们为了美化环境和提供休闲娱乐场所,修建了众多的公园,种植了大面积的草坪、草地、灌木丛和林地,建立了许多绿草茵茵的高尔夫球场,这些绿地都能在一定程度上吸收雨水减少径流。但是,这些绿地都是经过平整修葺过的绿地,已经失去了大自然原始地貌那种蜿蜒崎岖、凹凸不平的粗糙状态,不能像原始荒野那样能够滞留更多的雨水,因而不能有效地减少径流量和洪水。粗糙的大自然才是健康的大自然。

其次,低密度蔓延式开发与高密度集中型开发的比较。郊区低密度蔓延式的开发比城市高密度集中型的开发制造了更多的不透水地面,从而产生了更多的雨水径流,更易于导致洪涝灾害的发生。毫无疑问,在单位面积中,城市的开发密度越高,不透水地面所占的比例就越高,那么形成的雨水径流也就越大。根据美国地质调查局(U. S. Geological Survey)的研究,低密度居民区的不透水地面只占

---

① F. Kaid Benfield, et al. , *Once There Were Greenfields*, p. 81.
② Howard Frumkin, et al. , *Urban Sprawl and Public Health*, p. 128.
③ Samuel D. Brody, et al. , *Rising Waters: The Causes and Consequences of Flooding in the United States*, Cambridge, UK: Cambridge University Press, 2011, p. 75.

18%，而高密度居民区的不透水地面为50%，而商业和零售集中地区的不透水地面则高达90%（见表7.7）。

表7.7　　土地利用模式与不透水地面面积的百分比的关系

土地利用模式	不透水地面面积的百分比（%）
低密度居民区	18
中密度居民区	25
高密度居民区（包括公寓、仓储、批发业）	50
制造业和仓库地区	60
商业和零售长廊	80
商业零售集中地区	90

U. S. Geological Survey, Herman C. Wibben, *Effects of Urbanization on Flood Characteristics in Nashville-Davidson County, Tennessee*, Water-Resources Investigations 76-121, Report No. 2, 1976, p. 17.

但是，如果我们的视角从单位面积的开发强度转换到一定数量的住房开发，就会发现低密度的开发导致的不透水地面更大。也就是说，在一个小流域中，在居民和住房数量相同的情况下，郊区蔓延式的开发比城市集中型的开发产生的雨水径流量大得多。这是因为在高密度的城市中，公寓楼房大大缩减了每套住房的占地面积，服务于一定数量的住房的街道和公路所占的比重相对要小得多，从而极大地减少了不透水地面。相反，在低密度蔓延的郊区，不但每户住房的建筑面积比城市更大，而且郊区住房大部分为独户住房，从而极大地提高了每套住房的占地面积。另外，由于郊区的低密度蔓延性，街道、停车场和公路所占面积的比例大幅度提高，甚至比居民住房所占面积的比例还高，从而进一步增加了郊区的不透水地面。正是由于这个原因，在居民数量一定的情况下，郊区比城市产生的径流量要大得多。根据一项对芝加哥大都市区的研究，郊区低密度的开发造成的雨水径流比内城高10倍。[①] 因此，美

---

① Howard Frumkin, et al. , *Urban Sprawl and Public Health*, p. 129.

国大都市区的蔓延增加了洪涝灾害的危险性。

美国地质调查局的一系列水文调查,证明了大都市区的蔓延加剧了美国的洪涝灾害。根据1973年对休斯敦地区的研究,如果一个乡村盆地的城市开发将该盆地的不透水地面提高到35%,那么两年一遇的暴雨所形成的洪水流量就会提高9倍,而50年一遇的暴雨所形成的洪水流量则会提高5倍。[1] 该局于20世纪90年代对加州的佩里斯谷地(Perris Valley)所进行的水文调查也得出了类似的结论。该谷地位于洛杉矶市以东60英里的里弗赛德县(Riverside County),其城市化面积从20世纪70年代初期的10%提高到20世纪90年代初期的36%,即提高了两倍以上。由于该谷地城市化水平的提高,停车场、街道、人行道、住房、建筑等硬化地面的增加,大幅度提高了该谷地的雨水径流量。因此,1990—1993年与1970—1975年相比,该谷地第9、15和21小盆地每年的平均径流量提高了大约60%;平均每次洪峰的流量提高了大约115%—130%。[2] 美国环保局的研究也同样得出结论说:"诸如公路和停车场等不透水地面增加了向溪流和江河的径流量,其结果通常是下游更大更严重的洪灾。洪灾过后,在一个较长的时期内,(河流的)水位往往比平常偏低。"[3]

再次,郊区开发填平了大量的湿地,从而加剧了洪涝灾害的发生。一些沼泽和池塘可以说是天然的蓄洪工程,在洪峰到来之时可以达到分洪的作用。据估计,一英亩的沼泽可以吸收30万加仑的水。[4] 如果一个小流域有5%的面积为湖泊和湿地,那么洪峰强度可以下降40%—60%。[5] 1955年,在宾夕法尼亚州的东部发生了一次洪灾,洪水冲毁了

---

[1] U. S. Geological Survey, *Effects of Urbanization on Flood Characteristics in Nashville-Davidson County, Tennessee*, Water-Resources Investigations 76 – 121, Report No. 2, 1976, p. 2.

[2] U. S. Geological Survey, *Effects of Increased Urbanization from 1970's to 1990's on Storm-Runoff Characteristics in Perris Valley, California*, Water-Resources Investigations Report 95 – 4273, Sacramento, California, 1996, p. 11.

[3] U. S. Environmental Protection Agency, *Environmental Quality and Community Growth*, p. 2.

[4] Greater Portland Council of Governments, "All Land Is Not Created Equal", *A Handbook for Protection of Environmentally Sensitive Lands*, December 1976, p. 18.

[5] Samuel D. Brody, et al., *Rising Waters*, p. 76.

第七章 生态环境与土地资源保护

几百座桥梁,而只有两座桥梁安然无恙,因为在这两座桥梁的上游是克兰伯里沼泽(Cranberry Bog)保留地。① 纽约大都市区委员会在一份研究报告中指出:"湿地是一个地区自然排水系统的安全阀。沼泽、泥潭、池塘可以在暴雨时节蓄洪,而当溪流与江河水位恢复正常之时,这些湿地又可向它们注水。湿地实际上是现成的洪水控制盆地,其蓄水能力巨大。"② 大波特兰政府协会(Greater Portland Council of Governments)也在一份文件中指出,"湿地是我们环境中最有益的部分之一"③。

但是,大都市区的蔓延在迅速地蚕食着沼泽和湿地,致使美国湿地的面积大幅度减少。根据美国地质调查局的估计,从18世纪80年代到20世纪80年代的200年间,美国每小时有60多英亩的湿地遭到破坏。这些被破坏的湿地累计起来占美国本土48个州2.21亿英亩原始湿地的53%;加州已经丧失了其原始湿地的91%;伊利诺伊、印第安纳、艾奥瓦、肯塔基、密苏里、俄亥俄等6个州,已经丧失了其原始湿地的80%以上。④ 1986年,联邦政府制定了《紧急湿地资源法》(Emergency Wetlands Resources Act),要求对美国湿地的损失进行调查。1990年的调查报告表明,美国大陆湿地在七八十年代减少了260万英亩,平均每年损失29万英亩。1986—1997年损失64.4万英亩,每年损失5.85万英亩。⑤ 当然,湿地的减少并非完全是由于城市开发所致,而主要是由于农业开发所侵占,但城市及其相关开发也占21%。而如果考虑到由于城市和郊区开发占用农田,进而推动农田向湿地的进军,那么城市和郊区的开发对湿地的危害就更大了。⑥ 针对湿地的减少对洪涝灾害和生态环境的影响,美国环保局总结道:

---

① Pierre Dansereau, *Challenge for Survival: Land, Air, and Water for Man in Megalopolis*, New Work: Columbia University Press, 1970, pp. 200 – 201.
② Metropolitan Region Council, Regional Plan Association, *Nature in the Metropolis: Conservation in the Tri-State New York Metropolitan Region*, a Report, New York: the Regional Plan Association, Inc., June 1960, p. 57.
③ Greater Portland Council of Governments, "All Land Is Not Created Equal", *A Handbook for Protection of Environmentally Sensitive Lands*, December 1976, p. 18.
④ F. Kaid Benfield, et al., *Once There Were Greenfields*, p. 70.
⑤ Samuel D. Brody, et al., *Rising Waters*, p. 94.
⑥ F. Kaid Benfield, et al., *Once There Were Greenfields*, pp. 70 – 71.

"当湿地和森林地区被铺砌以后,洪水就会变得十分迅猛。湿地和林地可以吸纳雨水,保护我们免遭洪水的某些影响。"[1]

最后,大都市区的蔓延造成了严重的水土流失,填塞了溪流、沼泽,抬高了河床和湖底,从而进一步加剧了洪涝灾害。二战以前,农业开发是造成美国水土流失的一个主要原因,但是,二战以后,由于郊区住房的大规模开发,尤其是推土机的广泛使用,造成了严重的水土流失。推土机以其强大的摧毁力,将草地和树木清除,甚至将大树连根拔起,将土壤裸露出来(参见图7.4和7.5),当雨季来临之时,松软的泥土随雨水倾泻而下,淤塞溪流,抬高河床。1959年,水文学家哈罗德·盖伊(Harold Guy)对华盛顿大都市区开发迅速地区的水土流失情况进行了系统的研究,得出了惊人的结论。在该大都市区,那些没有进行住房开发的乡村地区,每年每平方英里的水土流失量一般只有200吨,而在那些进行了住房开发的郊区,这一数字竟高达5万吨,是前者的250倍。[2] 而根据另一研究,在开发的过程中,由于清除了地表植被,水土流失速度可以提高4万倍。[3] 而且,住房开发的密度越低,水土流失越严重。根据美国环保局的研究,每1万套住房每年水土流失所造成的沉淀,在低密度蔓延的社区为6170吨,而在规划的高密度社区只相当于前者60%。[4] 因此,1965年,美国土壤保护署(the Soil Conservation Service)的一位官员警告说:"水土流失危机曾于20世纪30年代激发了一个生机勃勃的土壤保护运动,而今这一危机正在从本国的农场转向它发展迅速的城市和郊区地带。""建筑商的推土机很可能取代农场主的犁而成为当代土壤破坏的工具。"[5]

---

[1] U. S. Environmental Protection Agency, *Environmental Quality and Community Growth*, p. 2.

[2] Adam Rome, *The Bulldozer in the Countryside*, p. 201.

[3] Howard Frumkin, et al., *Urban Sprawl and Public Health*, pp. 130 – 131.

[4] U. S. Department of Housing and Urban Development, Environmental Protection Agency, *The Costs of Sprawl: Environmental and Economic Costs of Alternative Residential Development Patterns at the Urban Fringe*, Washington, D. C.: U. S. Governmental Printing Office, April 1974, pp. 12 – 13.

[5] Adam Rome, *The Bulldozer in the Countryside*, p. 204.

第七章　生态环境与土地资源保护

图 7.4　郊区开发造成的土地裸露（1）

图 7.5　郊区开发造成的土地裸露（2）

图片说明：1950 年威廉·加尼特（William Garnett）的航拍照片，反映的是加州郊区莱克伍德（Lakewood）的住宅开发场地。起初，这些照片试图说明美国住宅开发技术的进步，但到 60 年代，这些照片却象征着对自然环境的严重破坏。

资料来源：Adam Rome, *The Bulldozer in the Countryside: Suburban Sprawl and the Rise of American Environmentalism*, Cambridge: the University of Cambridge, 2001.

(二) 美国的洪涝灾害及其巨大损失

从前文可以得知，大都市区的蔓延与雨水径流和洪涝灾害呈正相关关系。由于美国大都市区的蔓延和不透水地面的增加，导致了雨水径流的增加，洪水势头的增强，洪涝灾害的频仍和居民生命财产的巨大损失。

由于美国大都市区人口的迅速增加和空间的急剧膨胀，大面积的荒野绿地被不透水地面所取代。1940—1980 年，洛杉矶县的人口增长了 2.7 倍，橘园和胡桃树园几乎全部消失，该县几乎所有的地面都成为不透水地面，城市径流提高了 25%。更严重的是，该县长达 2000 英里的雨水管道迅速将雨水集中并输送到江河之中，增强了洪峰的势头。虽然洛矶县排水区（Los Angeles County Drainage Area, LACDA）修建了众多的防洪工程，但仍然不足以保护河流沿岸的居民区和购物城。[①] 1982—1997 年，得克萨斯州有 170 万英亩（68.8 万公顷）的农田被开发，在美国可谓首屈一指，无出其右。而该州的休斯敦—加尔维斯顿地区的蔓延最为迅速，1970—1990 年，休斯敦大都市区的城市化面积增加了 640 平方英里（1657.6 平方千米），连续的不透水地面达到长 60 英里（96.54 千米），宽 40 英里（64.36 千米）。就全国范围来看，1982—1997 年，美国的土地开发增加了 34%，不透水地面增加了近 80%。[②]

当然，导致洪涝灾害的原因多种多样，但毋庸置疑，大都市区的蔓延和不透水地面的扩大加剧了洪涝灾害的频率和强度。自 20 世纪初期以来，洪涝灾害就已经困扰着美国的大都市区，比如在 1907 年匹兹堡的一场洪灾中，洪水淹没了中央商务区和工厂区价值 1.6 亿美元的资产，其中包括 100 个办公大楼、33 英里的街道、17 英里的铁路干道、9 英里的街车轨道，造成直接损失达 650 万美元。此外，还

---

① Jared Orsi, *Hazardous Metropolis: Flooding and Urban Ecology in Los Angeles*, Berkeley: University of California Press, 2004, p. 149.

② Samuel D. Brody, et al., *Rising Waters*, pp. 75 – 77.

有 10 万名工人停工一个星期以上，工资损失达 130 万美元，商业营业损失达 200 万美元。在 1936 年 3 月 17 日圣帕特里克节（St. Patrick's Day）这一天，匹兹堡发生了其历史上最严重的洪灾，洪水淹没了沿岸的工厂和住房、中央商务区的商业和办公机构，以及自来水厂和发电站等，造成 47 人死亡，2800 人受伤，6.75 万人无家可归，财产损失高达 5000 万美元。①

洛杉矶是洪涝灾害最为频繁和损失最为严重的大都市区之一，1938 年 3 月该大都市区发生了严重的洪灾，洪水冲毁了该大都市区大约 1/3 的防洪工程，造成 49 人遇难和 4000 万美元的财产损失。在 1969 年 1 月的一场洪灾中，洪水漫过堤坝，淹没了街道和建筑，巨大的泥石流冲出山谷，有 7 人在睡梦中被活埋，死亡人数达到 73 人，财产损失达到 3000 万美元。②

在 1951 年 7 月的一场洪灾中，堪萨斯、密苏里和俄克拉何马三州受害。大布卢河（Big Blue River）与堪萨斯河的洪水漫过堤岸，"像尼亚加拉瀑布一样"倾泻而下，淹没了堪萨斯城，17 座大桥、13 条铁路线中的 12 条、17 条主体公路中的 15 条被冲毁，该市的经济瘫痪，一些工厂被淹，有的再也未能开门营业。与此同时，密西西比河水淹没了圣路易斯市，水深达 40.28 英尺，造成 41 人死亡，成千上万套住房被毁，51.85 万人流离失所。③

1972 年 6 月的飓风阿格尼丝（Hurricane Agnes）造成了历史性的洪灾，仅宾夕法尼亚州的财产损失就达 10 亿美元以上。该飓风的总财产损失达 30 亿美元。同在 1972 年 6 月，在另一场与阿格尼丝飓风无关的洪灾中，南达科他州的拉皮德城（Rapid City）有 200 人遇难，财产损失达 1 亿美元以上。④

---

① Roland M. Smith, "The Politics of Pittsburgh Flood Control, 1908–1936", *Pennsylvania History: A Journal of Mid-Atlantic Studies*, Vol. 42, No. 1 (January, 1975), pp. 5–9.
② Jared Orsi, *Hazardous Metropolis*, pp. 110, 129.
③ "Which Flood Control Plan?" *Challenge*, Vol. 2, No. 9 (June, 1954), p. 39.
④ Dan R. Anderson, "The National Flood Insurance Program: Problems and Potential", *The Journal of Risk and Insurance*, Vol. 41, No. 4 (Dec., 1974), p. 585.

根据"美国空间危险事件和损失数据库"(Spatial Hazard Events and Losses Database for the United States, SHELDUS)的资料,1960—2008年,得克萨斯州死于洪灾的人数达657人,受伤人数达7441人;南达科他州的这两个数字分别为246人和2948人;加州分别为186人和1390人;艾奥瓦州分别为36人和722人受伤;肯塔基州分别为139人和658人。同期美国死于洪灾的人数共有3972人,受伤人数共有17751人。[①] 同期洪水给美国造成的农作物和财产损失也很严重,两者分别为113.8亿美元和523.5亿美元,损失最严重的是艾奥瓦、加利福尼亚、北达科他、威斯康星和得克萨斯5个州(见表7.8)。除了这些直接损失之外,还有难以计数的间接损失。

表7.8　　1960—2008年美国洪灾导致的农作物和财产损失

州	农作物损失（美元）	财产损失（美元）	农作物和财产损失（美元）
艾奥瓦	1780130875	9374310926	11154441801
加州	1439387000	2433667571	3873054571
北达科他	82340000	3780717499	3863057499
威斯康星	1329878917	2480769226	3810648144
得克萨斯	753629235	2620834383	3374463618
美国	11383059595	52353885556	63736945151

资料来源:Samuel D. Brody, Wesley E. Highfield and Jung Eun Kang, *Rising Waters: The Causes and Consequences of Flooding in the United States*, Cambridge, UK: Cambridge University Press, 2011, pp. 23–24.

洪灾造成的人员和财产损失不仅与城市开发导致的径流量的增加存在密切关系,也与人们开发地点的选择不当有着直接的关系。比如,在陡峭山坡上进行住房开发就是一个显著的例子。二战以后,住房开发商在山坡上进行了大规模的开发活动,在20世纪50年代,洛杉矶2/3的新住房建筑在山坡上。由于在山坡上开发住房,必须将一

[①] Samuel D. Brody, et al., *Rising Waters*, pp. 18–19.

些坡地用推土机削平,将植被铲除,使岩石和土壤裸露出来。由于山坡陡峭,雨水流速特别迅速,因而水土流失也特别严重,有时甚至导致了山体滑坡,给人们的生命财产造成了巨大的损失。在五六十年代,许多城市的郊区发生过山体滑坡,而以洛杉矶郊区最为严重。1951—1952 年的冬季,洛杉矶地区的降水量多达 26 英寸,因而引起山体滑坡,造成了 750 万美元损失。因此该市通过了一项法令,禁止在山坡上进行住房开发,但没有得到严格执行。1956 年洛杉矶再次发生大规模的山体滑坡,造成巨大损失,仅在洛杉矶县的一个郊区波图古斯本得(Portuguese Bend)就有 150 个家庭的住房被毁,道路等基础设施也遭到破坏,财产损失达 1000 万美元。1963 年,洛杉矶再次通过了一个更为严格的山坡开发法令。第二年,该市再次发生山体滑坡,有 2 人死亡,100 多套住房受到严重威胁,财产损失达数百万美元。[①]

同样,河流的洪泛平原也是居民住房开发的禁地,因为洪水来临之时,这里是最危险的地方。然而,二战以后,由于郊区的低密度蔓延,郊区住房用地紧张,为了满足住房的迫切需求,在河流的洪泛平原开发住房的现象十分普遍。在 20 世纪 60 年代,在丹佛大都市区,在洪泛平原上开发居民住房的土地增加了 2.5 倍。1936—1957 年,在达拉斯大都市区特里尼蒂河(Trinity River)的洪泛平原上开发的独户住房的数量增加了 6.4 倍,同期在皮科河(Pico-River)流经的洛杉矶大都市区,这一数字则上升了 8.7 倍。洪泛平原上的住房开发导致了严重的人员和财产损失。1951 年,中西部的一次严重洪灾迫使 9 万人从其住房中撤离出来,财产损失达到 8.7 亿美元。而 1955 年东北部的一次洪灾使近 200 人丧生,财产损失总计 7.5 亿美元。从 1950 年到 1955 年,美国洪水灾害造成的损失平均每年达到 5 亿美元。吉尔伯特·F. 怀特(Gilbert Fowler White)于 1953 年写道:"洪水乃是'天灾',而洪水所造成的灾难则主要是人祸。人们对洪泛平区的蚕

[①] AdamRome, *The Bulldozer in the Countryside*, pp. 166 – 169.

食导致了每年代价高昂的洪灾损失。"[1]

(三) 结构性防洪措施及其争论

美国对洪涝灾害的防治可分为结构性措施和非结构性措施。结构性措施就是通过技术和工程手段,修筑堤坝,建造水库,疏浚河道,构筑沟渠,加快洪水的下泄,防止洪水溢出河道,危害洪泛平原居民的生命与财产。非结构性措施主要是通过土地利用规划和分区制,禁止在山坡、沼泽和洪泛平原等生态脆弱地带进行住房开发,并且通过植树造林、修建公园等绿化措施,加强水土保持,减少雨水径流,从而降低洪水的势头,减少居民的生命财产损失。

结构性措施是一种传统防洪措施,早在19世纪以来地方政府就已经广泛采用。最早的防洪工程单纯强调疏浚河道和加固堤岸,而不是修建水坝和水库等蓄洪工程,尤其是联邦政府的美国陆军工程兵团(ACE,简称工程兵团)更是如此。但是,在地方政府的推动之下,联邦政府的防洪政策出现了巨大变化。

在地方政府的洪水治理中,匹兹堡具有一定的代表性。在1907年匹兹堡的严重洪灾过后,匹兹堡商会于1908年2月成立了一个防洪委员会,以便"调查洪水成因并确定最好的破解办法及其开支"。经过4年的调查研究,该委员会发布了一个研究报告,该报告要求对洪涝灾害进行综合治理,比如植树造林,保护水土,减少径流,并建议在阿勒格尼河(Allegheny River)和莫农格希拉河(Monongahela River)上游修建17座水库,主张通过综合性措施解决内陆水道的管理。该建议得到了地方和全国改革者的拥护,但工程兵团反对进行综合治理,因为防洪工程不属于内河航行问题,不在工程兵团的管辖范围之内。工程兵团向国会的报告指出:"在阿勒格尼河、莫农格希拉河和俄亥俄河源头及其支流修建系列水库也许可行,但对于内河航行的益处不大,因此联邦政府不应与地方利益集团合作修建水库。"尽管如此,在匹兹堡防洪工程委员会的倡导之下,1911年宾夕法尼亚

---

[1] Adam Rome, *The Bulldozer in the Countryside*, pp. 173 – 176.

州议会通过了一项再造森林的法律，同年联邦政府也通过了类似的法律，购买乱砍滥伐毁坏的林地以便再造森林。到 1936 年，联邦政府在阿勒格尼河和莫农格希拉河流域购买了 125.2 万英亩的土地进行植树造林活动。[1]

在匹兹堡等地方政府的敦促下，国会于 1917 年通过了洪水控制法，这是国会第一次根据宪法的一般福利条款允许联邦政府对洪水进行控制，地方政府只承担工程开支的 1/3。但是，该法仍然仅仅授权联邦政府修筑河流堤岸与防洪墙，而不是修筑水坝和水库等蓄洪工程。[2] 匹兹堡的调查报告和 1927 年密西西比河的严重洪灾改变了联邦政府的这一政策。根据 1924 年的联邦洪水控制法，匹兹堡大都市区的工程人员开始对其上游流域进行调查，1928 年的调查报告认为，如果在匹兹堡上游修建 11 座水库，可以消除 1907 年那样洪灾损失的 99%。1927 年春，密西西比最严重的洪灾发挥了更大的推动作用，这场洪水造成了 250 人遇难，70 万人流离失所，财产损失达 3.64 亿美元。这次洪灾迫使国会抛弃了只加固堤岸的防洪措施，在 1928 年的洪水控制法中，国会要求工程兵团为密西西比河谷制定一项计划，采用修筑水坝和水库的方法补充加固河堤的简单做法。1930—1934 年的旱灾又进一步推动了新政策的实施，因为修筑大坝和水库，可以达到蓄水的目的，既有利于防洪，又有利于抗旱与航行。于是，联邦公共工程署于 1934 年授权在西弗吉尼亚州修建泰格特（Tygart）大坝和水库。工程兵团于 1935 年 8 月向国会提交的调查报告，要求在匹兹堡上游修筑 9 座水库。[3]

在上述诸多因素的推动之下，国会于 1936 年 6 月 22 日通过了一个里程碑性的洪水控制法，即《科普兰综合洪水控制法》（Copeland

---

[1] Roland M. Smith, "The Politics of Pittsburgh Flood Control, 1908 – 1936", *Pennsylvania History: A Journal of Mid-Atlantic Studies*, Vol. 42, No. 1 (January, 1975), pp. 10 – 14.

[2] Matthew T. Pearcy, "After the Flood: A History of the 1928 Flood Control Act", *Journal of the Illinois State Historical Society*, Vol. 95, No. 2 (summer, 2002), p. 175.

[3] Roland M. Smith, "The Politics of Pittsburgh Flood Control, 1908 – 1936", *Pennsylvania History: A Journal of Mid-Atlantic Studies*, Vol. 42, No. 1 (January, 1975), pp. 17 – 18.

Omnibus Flood Control Act)。该法宣布洪水控制是一项国家政策,因为洪水对国民福利构成了严重威胁,这为联邦政府的洪水控制政策找到了宪法依据。该法接受了综合性的防洪措施,授权联邦政府对江河水道的洪水控制问题进行调研,并且要求工程兵团和其他联邦机构实施洪水控制工程,比如修建水坝、水库、堤堰、分洪沟渠等。该法还责成工程兵团向国会提交每项防洪工程的报告,包括成本与收益比较。该法还授权农业部采取措施阻止水土流失和降低水流量。该法拨款3.1亿美元用于洪水控制工程,1937财政年度拨款控制在5000万美元以内。地方政府要获得洪水控制工程拨款,必须提供工程所需的土地、地役权、通行权等,工程竣工后由地方政府负责防洪工程的维护和运营。[1] 这是美国最重要的洪水控制法,它标志着联邦政府防洪措施的巨大转变。

在1936年洪水控制法的授权之下,到1953年9月,在匹兹堡的上游流域国会所批准的9座水库中已经有8座竣工并投入使用。[2] 然而,联邦政府所资助的最大洪水控制工程当属芝加哥大都市区的洪水控制工程。1935年,联邦工程进步局(Works Progress Administration)为洛杉矶地区的美国陆军工程兵团拨款1400万美元,以帮助洛杉矶县洪灾控制区(Los Angeles County Flood Control District)实施14项最紧迫的防洪工程。1936年的联邦洪水控制法通过之后,洛杉矶县洪灾控制区获得了第一笔也是当时美国最大的一笔拨款,在洛杉矶河、圣加布里埃尔河(San Gabriel River)河及其支流里奥洪多河(Rio Hondo River)兴修7000万美元的防洪工程。1938年的联邦洪水控制法修正案又将洛杉矶西部的巴罗那溪(Ballona Creek)流域纳入防洪工程,整个防洪计划称为"洛杉矶县泄洪区"(Los Angeles County Drainage Area, LACDA)。在随后30多年的时间里,洛杉矶县泄洪区每年都获得了大笔的联邦防洪工程拨款。除了联邦拨款以外,洛杉矶县自身也投入巨资,比如1952年,洛杉矶县的公民投票授权该县发

---

[1] https://en.wikipedia.org/wiki/Flood_Control_Act_of_1936,2015-11-27下载。
[2] Roland M. Smith, "The Politics of Pittsburgh Flood Control, 1936-1960", p.20.

行公债，投资 1.79 亿美元修筑防洪工程。1958、1964 和 1970 年又多次投票发行公债修筑防洪工程。①

然而，防洪工程未能有效地保护居民的生命财产，猛烈的洪水一次又一次地冲垮堤坝，淹没城市与乡村，夺走人们的生命财产。人们逐渐认识到，仅仅依靠结构性措施不足以解决洪水肆虐的问题，随着城市开发和不透水地面的扩大，洪水流量会日益增加，总会超过防洪工程的容量，从而造成灾害。于是一些学者和研究机构开始对结构性防洪措施进行了反思和批判。

美国学者达林（J. N. Darling）早在 1945 年就对结构性防洪措施进行了批判，他不无揶揄地写道："仿佛堤坝就是万应灵药似的，能够治愈我们浪费自然资源的弊病。"他指出，在含沙量极高的河流修筑水坝会造成巨大的危害，被称为"大泥河"（The Big Muddy）的密苏里河流域就是一个例子。如果在密苏里河上修建水坝和水库，泥沙沉积会导致水生动植物的死亡乃至消失，迁徙的候鸟和水禽也不会光顾，游泳和泛舟等娱乐活动也会减少，总之，河流的生态价值和经济价值都会遭受严重的危害。达林建议道："我们应该通过一切手段将雨水和融雪滞留在上游高地，最好是将其储存在土壤里，从而能够持续地用于农业生产。我们必须防止水土流失，这是我国未来福利的最大经济要素。再造森林是控制洪水最重要的手段之一。"②

沃尔特·M. 科尔摩根（Walter M. Kollmorgen）也对结构性防洪措施进行了批判，他特别强调修筑大坝和水库的巨大开支和对农田的占用。比如，1944 年的皮克计划（Pick Plan）建议在密苏里河修筑防洪堤坝，仅在密苏里河的支流堪萨斯河流域就要修筑 8 座大坝，1950 年的另一个报告则要求在堪萨斯河流域修筑 18 座水库，1951 年的严重洪灾之后拟建的水库达到 34 座，而要修筑的水坝则达 84 座。也就是说，拟建的大坝已由原来的 8 座增加到 118 座。到 1953 年为

---

① Jared Orsi, *Hazardous Metropolis*, pp. 107 – 113.
② J. N. Darling, "Speaking of Flood Control", *Journal* (*Amrican Water Works Association*), Vol. 37, No. 4 (April, 1945), pp. 345 – 347.

止，仅堪萨斯河流域的洪水控制计划就已经投入近 10 亿美元，而堪萨斯河流域仅占密苏里河流域面积的 1/10，可以想见，整个密苏里河流域的防洪工程需要多少资金。而投资如此浩繁的防洪工程，主要是为了保护沿河的城市开发，而城市开发原本是可以避开洪泛平原和洪涝灾害的。根据工程兵团的资料，在 1951 年的洪灾中，堪萨斯河沿岸 90% 的损失（4.79 亿美元）出现于城市地区，正是为了保护这些城市才一再扩大防洪工程。此外，修筑这些大坝和水库需要淹没上游大批农田。比如，为了保护上述城市地区，拟建中的水库将淹没堪萨斯河谷 15 万至 20 万英亩的良田沃土。在密苏里州北部的格兰德河（Grand River）流域，防洪计划要求淹没上游 15.1 万英亩的土地，还要迁移库区 5 座城镇的居民，而这仅仅是为了保护下游 21.2 万英亩的土地。作者讽刺道："由于防洪工程尚未控制中西部的洪灾，于是，'洪水控制'的幻想诱使人们修筑众多的拦河大坝，直到把我们河谷中的肥沃农田埋葬于阶梯般的湖水之下为止。""当前的防洪计划只不过是一种小题大做和代价高昂的黄粱一梦而已。"[1]

当然，不乏为工程兵团的结构性防洪措施进行辩护的人士。威廉·F. 卡西蒂（William F. Cassidy）是工程兵团的成员之一，他认为，如果没有洪水控制工程，美国主要河流及其支流的洪灾损失就可能达到每年 9 亿美元，而这些工程可以每年减少损失达 5 亿美元。他分析指出，在 1955 年 12 月和 1956 年 1 月加州北部和洛杉矶的洪灾中，防洪工程使洪灾损失减少了 2.18 亿美元，其中洛杉矶县泄洪区减少损失达 5500 万美元，萨克拉门托河的洪水控制减少损失达 1.05 亿美元。卡西蒂认为，防洪工程的投资收到了巨大回报，许多防洪工程仅在这次洪灾中的收益就远远大于工程开支。[2]

但总体而言，到 20 世纪 50 年代，一些研究人员和政策制定者已经认识到结构性防洪措施的局限性，它们包括：第一，当洪水规模超

---

[1] Walter M. Kollmorgen, "Settlement Control Beats Flood Control", *Economic Geography*, Vol. 29, No. 3 (Jul., 1953), pp. 208 – 209.

[2] William F. Cassidy, "Flood Control Problems", *Journal（American Water Works Association）*, Vol. 49, No. 2 (February, 1957), pp. 128 – 129.

过防洪工程的能力时，洪灾的严重程度甚至会超过没有防洪工程的情况；第二，堤坝可以提高河流的水位，增强下游的洪峰和洪灾；第三，防洪工程会误导下游居民，鼓励洪泛平原的开发，一旦发生洪灾，会造成更大的损失；第四，工程巨大，开支浩繁。从 40 年代到 1999 年，美国陆军工程兵团的防洪工程已经耗资 1000 亿美元。第五，危害环境，毁坏湿地、鱼类和野生动物栖息地，降低水质，降低水文系统的功能等。[1]

（四）非结构性防洪措施的实施

前文指出，早在 20 世纪初期，匹兹堡防洪委员会就已经提出对洪涝灾害进行综合治理，其中包括修筑堤坝等结构性措施，也包括植树造林、保护水土、减少径流等非结构性措施。到 20 世纪 30 年代，人们已经开始意识到结构性措施的不足和非结构性措施的补充作用。而随着 60 和 70 年代环保运动的兴起，关于结构性和非结构性措施的争论更加激烈，工程兵团、政府机构和精英人士主张采用防洪工程加以解决，而环保主义者则主张通过非结构性措施加以解决。直到 20 世纪末和 21 世纪初，非结构性措施才得到了较为广泛的认可和实施。

到 20 世纪 30 年代，人们开始认识到美国的城市开发模式加重了洪涝灾害，一方面城市开发增加了雨水径流，另一方面人们往往将住房修建在洪泛平原等洪灾易发地区。有鉴于此，加州规划委员会、洛杉矶县市政联盟和洛杉矶商会雇佣了一个私人规划公司制定防洪措施。该公司于 1930 年向洛杉矶商会提交了一份报告，即《洛杉矶地区的公园、游戏场地和滩涂》，建议通过土地利用分区制限制在洪泛平原的开发活动，洛杉矶县利用其土地利用管理权和土地所有权，投资 1.24 亿美元沿河修建公园和娱乐场所。该报告的规划人员认识到，城市开发毁坏了自然景观和娱乐资源，沿河的城市开发提高了洪灾易发区的地产价值，却使得洪灾防治既昂贵又困难。因此，规划人员企图一举两得，他们建议由县政府购买沿河的土地建造绿化带，既可以

---

[1] Samuel D. Brody, et al., *Rising Waters*, p. 81.

在发生洪灾之时吸收和阻挡洪水，平时又可作为娱乐和旅游资源。该报告还建议划定"危险地带区划制"（hazard zoning），控制沿河地区的住房开发和地产价格。于是，1940年洛杉矶县修改了分区制法规，禁止在洛杉矶市西南几英里的一个洪灾易发区进行新的住房开发活动。但总体而言，由于洛杉矶商会不愿对地产开发进行限制，通过分区制来解决洪灾问题的举措没有得到实施。洛杉矶县市政联盟也得出了同样的结论，认为洪水控制应该成为"区域规划项目的有机组成部分"，并主张采取多样化的防洪措施，包括森林消防、水土保持和实施分区制。在上述建议的影响下，国会通过的洪水控制法授权农业部采取林地保护措施，比如森林防火、植树造林、水土流失控制等，但在随后的20年间，联邦拨款用于植树造林的款项只有1000万美元，而防洪工程拨款则达1.8亿美元。① 可见，非结构性措施并未得到应有的重视。

从20世纪70年代开始，随着环保运动的发展，关于结构性和非结构性防洪措施的争论达到高潮。比如，1971年工程兵团在洛杉矶县北部的圣克拉拉河（Santa Clara River）防洪工程计划中宣称："如果没有洪水控制工程，洪泛平原中的大片土地就不能得到充分的开发。洪泛平原适当而有序的开发是本大都市区增长需求必不可少的。"然而，在1972年的一次听证会上，环保主义者提出了不同见解，一位居民主张保护该河的"自然风貌"，他们"不希望这条小河被疏浚，即使这可能会意味着某些财产损失"。还有一些人士倡导植树造林，美化环境，修建公园、自行车道、漫游小径等。在环保人士的影响下，1976年8月，洛杉矶县泄洪区正式请求工程兵团终止该市的防洪工程，这是自20世纪30年代以来首次终止一项防洪工程。此后，洛杉矶县泄洪区每年投入几十万美元用于植树造林、修建公园、自行车道和漫游小径，并且开始考虑对洪泛平原的开发管制。②

1978年和1980年，加州南部严重的洪灾进一步推动了防洪措施

---

① Jared Orsi, *Hazardous Metropolis*, pp. 104 – 109.
② Jared Orsi, *Hazardous Metropolis*, pp. 136 – 138.

第七章　生态环境与土地资源保护

的转变。加州理工学院（California Institute of Technology）的诺曼·布鲁克斯（Norman Brooks）得出结论，洛杉矶县泄洪区的防洪工程是"必要的，但不是充分的"。美国国家科学院（the National Academy of Science）于1980年9月召开了一次防洪研讨会，参加人员包括联邦、州、地方政府的官员，以及一些大学的工程人员、地质学家和气象学家等。在1982年出版的该研讨会的论文集中，许多论文强调结构性措施要与非结构性措施相结合。由于洪灾治理理念的转变，从20世纪90年代初到2002年，沿洛杉矶河已经有21个新公园建立起来，此外还修建了一系列袖珍公园、花园和步行小路等。①

非结构性洪水治理措施开始在许多州受到重视，这些措施包括土地利用规划、分区制、教育与培训计划、环境敏感区的保护、洪水预测和预报、洪灾保险、税收和财政补贴、洪泛平原地产收购、簇群式开发、开发权的转让等。在所有的非结构性防洪措施中，土地利用法规是最为普遍的一种，在所调查的地方政府中有67%以上采用了这种方法，其中佛罗里达州的同比高达87.3%。但这些措施的实施具有明显的零散性和地理分布不平衡性。到2009年，美国已有11个州通过了相关法律，要求地方政府在制定综合规划时必须包含防洪内容，另外还有16个州要求地方政府制定的综合规划中，可以包含自愿性的防洪措施。1986年，佛罗里达州社区事务部（DCA）制定了"佛罗里达州行政法规9J—5条款"（Rule 9J—5），为地方政府的综合规划规定了最低标准。就滨水区的管制而言，地方政府必须限制政府对高风险滨水区的开发活动进行补贴，土地利用规划必须包含"根据洪灾保险费率图、洪灾界限图，或其他可获得的最为精确的信息，对洪灾易发区拟议中的开发和再开发进行分析"。地方政府的综合规划必须得到该州社区事务部（DCA）的批准。这种自上而下的有关地方政府综合规划的规定，意味着每个县和城市必须采取最低限度的洪灾防治措施。②

---

① Jared Orsi, *Hazardous Metropolis*, pp. 148, 162.
② Samuel D. Brody, et al., *Rising Waters*, pp. 65-108.

湿地保护是一种有效的非结构性洪灾防治措施，因为上游湿地可以为下游起到分洪的作用。建筑活动应该远离湿地，否则就会使两者都受到损害，正如多姆·诺兹（Dom Nozzi）所指出的："我们应该让城市成为城市，让沼泽成为沼泽。否则，两者都会受到损害，从而威胁另一方的存在和质量。"[1]

湿地保护始自1972年《清洁水法》第404款（Section 404）的审批计划，湿地的开发活动必须由工程兵团发放许可证，环保局负责监督并有权否决许可证的发放。湿地开发活动的申请人必须证明没有其他替代地点可以选择，而且申请人还必须对其开发活动产生的影响进行补救，比如实施某种形式的防洪措施，以保证对湿地产生的影响最小化。然而，该法的实施效果并不理想，1982—1986年，对路易斯安纳州发放的许可证中，有41%要求进行防洪补救措施，但只有8%的开发面积实施了补救措施。同期，得克萨斯州的沃斯堡地区有917英亩（371公顷）的湿地被开发，但没有采取补救措施。在威斯康星州，仅1988年的前半年就有422英亩（170.7公顷）湿地被填埋开发，而人工建造的湿地只有40英亩（16公顷）。一般而言，在获得审批的湿地开发活动中，一般只有17%—34%实施了人工湿地的补救措施。另外，即使创造了人工湿地，新湿地也不能像自然湿地那样能够发挥有效的生态作用，甚至几十年以后仍然不能。这是由于这些湿地的水文条件并不合适，或者是由于经营不善，而且这些人工湿地往往远离开发地点，价值不大。[2]

我们可以通过下面两个具体案例，来了解美国地方政府的非结构性防洪措施的实施情况。一个案例是得克萨斯州休斯敦以南的一个滨海小镇弗里波特（Freeport），该镇除了修筑堤坝以外，主要实施了非结构性防洪措施，比如分区制、建筑后退、土地征用、居民培训等。该镇通过了《洪灾损失防治法》（Flood Damage Prevention Ordinance），

---

[1] Dom Nozzi, *Road to Ruin: An Introduction to Sprawl and How to Cure It*, Westport, Connecticut: Praeger Publishers, 2003, p. 43.

[2] Samuel D. Brody, et al., *Rising Waters*, p. 93.

规定"禁止或替代防洪建筑工程，这些工程会不自然地改变洪水流向，从而增加其他地区的洪涝灾害"。同时，该法还规定"控制填埋、平整、疏浚等开发活动，以免增加洪灾损失"，并要求在百年一遇的洪泛平原上，所有新建住房地基的高度都必须达到"国家洪灾保险计划"的要求，禁止改造沙丘和红树林，因为它们会降低洪水流速。此外，在2003年该镇还制定了建筑法规，以确保建筑不仅能够经受得住洪灾，而且还要经得住飓风，而且完全禁止在洪泛平原上的开发活动。[1]

另一个案例是佛罗里达州的马纳蒂县（Manatee County），该县位于佛罗里达州西海岸的坦帕和圣彼得堡以南。该县广泛实施了非结构性的防洪措施，比如土地利用分区制、保护关键性地段、建筑后退、教育计划等。1989年该县制定了综合规划，规定开发活动应该避开环境敏感区和洪灾易发区，提出了更严格的建筑规定，对开发类型、密度和强度加以限制。该规划还要求进行簇群式开发，以便减少硬化地面所产生的径流量，减少暴雨洪灾的潜在危害。同时，该规划还要求对洪泛平原的开发活动采取补救措施，对湿地加以保护。此外，1991年10月该县还参与了联邦应急管理局的社区评估制度，可以获得联邦洪灾保险费20%的优惠。[2]

由于非结构性防洪措施的实施较晚，所以尚未收到显著的效果。笔者认为，由于美国大都市区的空间蔓延仍在继续，郊区住房开发仍在不断增加，大都市区的不透水地面日益扩大，雨水径流也会不断提高，洪灾问题将会继续威胁人们的生命财产。因此，仅仅依靠非结构性措施不能解决问题，必须将结构性和非结构性措施结合起来，才能在一定程度上克服洪灾问题。

（五）全国洪灾保险计划及其得失

无论是结构性还是非结构性防洪措施，其目的都是为了降低洪灾

---

[1] Samuel D. Brody, et al., *Rising Waters*, p. 161.
[2] Samuel D. Brody, et al., *Rising Waters*, pp. 163 – 164.

的频率及强度,其实质都是人与大自然的抗争。而"全国洪灾保险计划"剑走偏锋,虽然涉及减少洪灾损失的内容,但其主要目的却是使受灾居民能够获得财产保险和经济赔偿,减少联邦政府的救济责任,主要是一种社会关系的调整,而不是协调人与自然关系,治理洪涝灾害本身。

前文指出,城市开发增加了流域内的不透水面积,从而增加了洪水泛滥的次数和强度,但如果居民的住房远离那些洪灾易发区,那么洪水所造成的损失就会大为降低。然而,由于美国大都市区的低密度蔓延性特点,对住房开发用地的需求量极大,迫使住房开发商向洪泛平原、河谷、湿地和山坡等洪灾的易发区进军,其结果是,即使发生洪水的频率和强度没有增加,洪水所造成的生命财产损失也会骤然上升。因此,在某种意义上来说,洪灾既是天灾,更是人祸。为了减少洪灾所造成的损失,就应该对洪泛平原的开发活动进行管制。

美国最早关于洪泛平原的土地利用管制的讨论出现于1937年3月的《工程信息记录》(*Engineering News-Record*)中,该杂志的一篇文章质疑道:"在稍微改换一下开发位置就能确保安全的情况下,却允许这些地产年复一年地遭受损害,花费数百万巨资为其提供'就地保护',去拯救和照看那些受灾居民,这样做划算吗?"1942年吉尔伯特·怀特(Gilbert White)的著作《洪涝灾害与人为调适》(*Human Adjustment to Floods*)对于人们观念的转变发挥了更大的影响,从此,越来越多的人认识到,洪灾是人祸而非天灾,人类应该根据洪灾的发生规律进行适当的调整,避开洪灾易发区,而不仅仅是控制洪水。人们认为,如果不在洪灾易发区居住和就业,就不会遭受洪灾损失,也就没有修筑防洪工程的必要性。[1]

在1954年和1955年新英格兰洪涝灾害的重创之下,1956年国会通过了《洪灾保险法》(the Flood Insurance Act),要求各州制定授权法,允许地方政府制定土地利用分区制法规,对洪泛平原的开发活动

---

[1] Allison Dunham, "Flood Control via the Police Power", *University of Pennsylvania Law Review*, Vol. 107, No. 8 (Jun., 1959), pp. 1099 – 1100.

进行管制。该法规定,只有地方政府已经制定了必要的防洪措施,其中包括分区制法规,以便减少洪灾损失,它才有资格获得由联邦政府进行补贴的洪灾保险,补贴率高达40%。但该法没有进行拨款,也未得到实施。[1]

1965年的飓风贝齐(Hurricane Betsy)迫使国会授权住房与城市发展部(HUD)对洪灾保险进行综合性研究,该部在1966年的研究报告中建议由联邦政府实施洪灾保险。于是,1968年国会制定了第一个《全国洪灾保险法》(National Flood Insurance Act),授权联邦政府实施"全国洪灾保险计划"(National Flood Insurance Program, NFIP)。在该计划之下,联邦政府与参加该计划的社区达成一种协议,如果某社区制定和实施了洪泛平原土地利用管制法规,从而可以减少洪涝灾害的财产损失,那么联邦政府就为该社区的居民财产提供洪灾保险。洪灾保险计划的实施分为3个步骤:划定特别洪灾危险区、洪泛平原的开发管制、洪灾保险。在1968年全国洪灾保险计划实施以前,洪水灾民所得到的救助主要是来自联邦政府的救济,包括政府贷款和资金援助,而洪灾保险计划则将灾民的救济部分地推向了社会。

第一步是划定特别洪灾危险区(Special Flood Hazard Areas, SFHA),对其洪灾风险程度进行评估,据此绘出洪灾保险费率图(Flood Insurance Rate Maps, FIRMs)。第二步就是洪泛平原的开发管制,地方社区根据特别洪灾危险区采取必要的防洪措施,比如,对新建住房的地基高度作出最低标准,即地基必须高于百年一遇的洪水水位;实行开发审批计划,对百年一遇的洪泛平原或某些特定的洪灾易发区的开发活动进行审批。第三步就是为洪泛平原的住房进行财产保险。由联邦应急管理局(Federal Emergency Management Agency, FEMA)对地方社区的洪泛平原开发管制措施作出评估,只有达到国家最低标准的社区才有资格参与保险计划,其社区居民才有资格购买

---

[1] Dan R. Anderson, "The National Flood Insurance Program: Problems and Potential", *The Journal of Risk and Insurance*, Vol. 41, No. 4 (Dec., 1974), p. 581.

洪灾保险，而没有参加该计划社区，其居民无权购买此类保险。① 联邦应急管理局的社区评估制度（CRS）的目的，就是为了鼓励地方政府达到甚至超越国家洪泛平原管制的最低标准。参与该计划的地方辖区内的居民，可以获得联邦洪灾保险费津贴，优惠率可达45%。联邦应急管理局（FEMA）将根据18种防洪措施对地方社区进行评估，地方社区采取的防洪措施越多，该社区获得的评估级别就越高，获得的保险费优惠就越多。②

1968年的洪灾保险法授权在住房与城市发展部（HUD）之下成立联邦保险局（Federal Insurance Administration, FIA）来负责洪灾保险计划的实施。联邦保险局与全国洪灾保险协会（National Flood Insurers Association, NFIA）达成了一项协议，由该协会负责基本的日常行政工作，包括销售保单和处理赔偿事务。由于全国洪水保险协会（NFIA）从联邦保险局（FIA）获得了大量的财政援助，从而使该协会的保险损失大为减少。

然而，该计划的进展十分缓慢，在1969年8月的卡米尔飓风（Hurricane Camille）中，全国基本上没有居民购买洪灾财产保险。1969年12月31日，全国只有4个社区参与了该计划，总共只销售了16个洪灾保单。③ 为了加快全国洪灾保险计划的实施，国会于1969年12月通过了一个修正案，开始实施一项紧急计划（Emergency Program），减少耗费时日的调查活动，加速推进社区的紧急参与，不管社区洪灾风险的大小，都将得到联邦政府统一的洪灾补贴。某一社区只需证明其拥有进行土地利用的管辖权，并提供现有的土地利用方面的防洪政策，同意实施最低限度的土地利用管制，就可参与联邦洪灾保险计划。1969年的紧急计划还把泥石流和小企业财产容纳到洪灾保险计划之中。④

---

① Samuel D. Brody, et al., *Rising Waters*, p. 57.
② Samuel D. Brody, et al., *Rising Waters*, p. 103.
③ Dan R. Anderson, "The National Flood Insurance Program: Problems and Potential", *The Journal of Risk and Insurance*, Vol. 41, No. 4 (Dec., 1974), p. 584.
④ Fred B. Power and E. Warren Shows, "A Status Report on the National Flood Insurance Program: Mid 1978", *The Journal of Risk and Insurance*, Vol. 46, No. 2 (Jun., 1979), p. 63.

第七章 生态环境与土地资源保护

然而,1969年的紧急计划仍然没有收到立竿见影的效果。在1972年5月31日的飓风前夕,在全国划定的7000个洪灾易发社区中,只有1125个社区符合参加紧急计划的条件,只占16.1%;洪灾保单只有92590个,获保财产价值只有14.85亿美元。在1972年的飓风灾害中,宾夕法尼亚州只有683个保单,联邦应赔损失只有500万美元,而该州实际损失则高达30亿美元。于是,在尼克松总统的建议下,该年国会再次通过了洪灾保险法的修正案,将联邦保险拨款总额由原来的25亿美元增加到100亿美元;将每个家庭住房的赔偿限额增加一倍,即提高到3.5万美元,动产赔偿限额提高到1万美元;对于非住房建筑,赔偿限额由3万美元提高到10万美元。此外,该法还大幅度降低了保险费,平均降低了40%。[①]

对联邦洪灾保险计划真正起到推动作用的是1973年国会通过的《全国洪灾保护法》(National Flood Disaster Protection Act),该法改变了参与洪灾保险计划的自愿性,凡是得到联邦政府住房抵押贷款资助的居民,假如其住房位于百年一遇的洪泛平原上,该居民就必须购买联邦洪灾保险,否则就会受到经济处罚。比如该法的102(b)款规定,每个相关的联邦部门、银行、储蓄和贷款协会等组织,对于洪灾易发区内没有参与该计划的建筑物、移动房屋或个人财产不得进行贷款或增补贷款。[②]

1973年的《全国洪灾保护法》是一个具有里程碑意义的立法,极大地促进了全国洪灾保险计划的实施。1969年12月31日,全国合格社区的数量只有4个,购买洪灾保险的住房只有16个;1972年5月31日这两个数字分别为1125和92590个;1973年5月31日分别达到2200和239119个。[③] 到1978年3月31日,在官方认定的18826

---

① Dan R. Anderson, "The National Flood Insurance Program: Problems and Potential", *The Journal of Risk and Insurance*, Vol. 41, No. 4 (Dec., 1974), pp. 585–590.

② Fred B. Power and E. Warren Shows, "A Status Report on the National Flood Insurance Program: Mid 1978", *The Journal of Risk and Insurance*, Vol. 46, No. 2 (Jun., 1979), pp. 63–64.

③ Dan R. Anderson, "The National Flood Insurance Program: Problems and Potential", *The Journal of Risk and Insurance*, Vol. 41, No. 4 (Dec., 1974), pp. 584–585.

个洪灾易发的社区中，参加洪灾保险计划的社区达到15898个，即达到84.4%。[1] 到2007年12月，美国保单总数达到565万个，全国获保财产价值1990年接近2140亿美元，2000年达到5680亿美元，2007年达到1.14万亿美元；保费由1990年的6.7亿美元上升到2007年的28.5亿美元。佛罗里达州数量最多，占全国保单的39.43%，获保财产价值的40.54%，保费的32.6%；得克萨斯州次之，这三个比例分别为12.01%，12.95%，9.96%。[2]

全国洪灾保险计划的实施可谓功过参半。一方面，该计划的实施要求地方社区加强洪泛平原的开发管制，同时居民要购买洪灾保险，增加了洪泛平原的开发成本和保险费用，从而使公众认识到洪泛平原开发的危险性。然而另一方面，该计划并没有禁止洪泛平原的开发活动，因而未能减少洪灾损失，而只是对洪灾损失进行保险和赔偿，从而在一定程度上鼓励了洪泛平原的开发活动，反而加重了洪灾损失。这就是洪灾保险计划的矛盾性所在。另外，由于洪灾赔偿得到了联邦政府的高额补贴，而这些联邦补贴资金来自普通纳税人的税收，也就是说，洪泛平原以外的居民补贴了洪泛平原居民的住房开发，在某种意义上具有不公平性。为了对洪泛平原的洪灾保险进行补贴，联邦应急管理局不得不经常向财政部举债以弥补赤字。从1968年该计划实施到2008年，该局借款总额达170亿美元，仅2005年的卡特里娜（Katrina）和丽塔（Rita）飓风之后的借款就达166亿美元。[3]

四 大都市区蔓延与开放空间的保护

美国人移居郊区的目的之一就是逃离拥挤喧嚣的城市，回归宁静秀

---

[1] Fred B. Power and E. Warren Shows, "A Status Report on the National Flood Insurance Program: Mid 1978", *The Journal of Risk and Insurance*, Vol. 46, No. 2 (Jun., 1979), p. 63.

[2] Erwann O. Michel-Kerjan and Carolyn Kousky, "Come Rain or Shine: Evidence on Flood Insurance Purchases in Florida", *The Journal of Risk and Insurance*, Vol. 77, No. 2 (June, 2010), pp. 373 – 374.

[3] Samuel D. Brody, et al., *Rising Waters*, p. 59.

丽的大自然。然而，在大都市区空间蔓延的咄咄进逼之下，他们与其所寻求的开放空间和自然乐土却渐行渐远，背道而驰。开放空间（open space），顾名思义，就是没有被建筑开发所占据的开阔宽敞的空间。但由于赋予开放空间的目的与功用不同，开放空间的内涵与外延也有很大的区别。最狭义的开放空间专指供人类休闲娱乐活动的公共空间。比如科伦·佩恩（Karen Payne）的定义就是如此，"所谓开放空间，或称绿色空间，可以理解为传统的公园和保留地、散步或骑车的廊道、美丽的风景区以及其他一些场所，它们可以为人们提供日常的娱乐消遣活动，并对自然资源提供保护"。然而，开放空间不仅仅是人类休闲娱乐的场所，它也是农业生产用地、野生动植物的栖息地，以及大自然保持健康运行的生态场所。此即广义的开放空间定义。全国野生动物联合会（National Wildlife Federation）的定义即如此："开放空间就是那些尚未开发的场所，但由于人类的干扰活动，它们往往不能达到自然区域的标准，然而仍然可以保护野生动物栖息地、自然景观和提供其他利益。开放空间还可以包括农田、休闲娱乐场所以及公用设施走廊等。"[①] 广义的开放空间包括公园、广场、大道、农田、荒野、湿地、林地、池塘和滩涂等。本节主要探讨狭义的开放空间的保护。

（一）大都市区蔓延对开放空间的吞噬和景观破坏

美国大都市区发展模式的一个主要特征就是低密度蔓延性，这一特征的主要表现就是大都市区面积的迅速膨胀，其开发速度甚至远远超过了人口的增长速度。比如1982—1997年，美国城市人口只增加了17%，但城市化土地却增加了47%。[②] 这说明美国大都市区的密度在不断降低，从而消耗了更多的土地。如果从某些具体的大都市区来看，这种人口增长与土地消费之间的对比就更加明显了。根据1998年"伊利诺伊州东北部规划委员会"（Northeastern Illinois Planning Commission, NIPC）的一

[①] Donna Erickson, *MetroGreen: Connecting Open Space in North American Cities*, Washington: Island Press, 2006, pp. 7 – 9.

[②] Donna Erickson, *MetroGreen: Connecting Open Space in North American Cities*, p. 5.

项报告，1970—1990 年，芝加哥大都市区的人口只增加了 4%，而土地开发面积却增加了 49%。① 尽管如此，芝加哥大都市区却是美国蔓延程度最低的大都市区之一。其他大都市区的人口增长和土地开发更加不成比例（见图 7.6），比如，尽管同期克利夫兰大都市区的人口减少了 11%，但其土地开发面积却增长了 33%；洛杉矶大都市区的人口增长了 45%，而其土地开发却增长了 300%。而南部的许多大都市区，比如阿肯色州的小石城、田纳西州的纳什维尔、亚拉巴马州的伯明翰、俄克拉何马州的俄克拉何马城等，都是蔓延程度较高的大都市区。② 对于美国人在土地利用方面的奢侈无度，美国著名的建筑设计师威廉·H. 怀特（William H. Whyte）批评道："在大都市区的膨胀过程中，我们对待土地的态度仿佛我们身处边疆那样，随着战后四五十年代郊区的迅速膨胀，我们的这种做法简直达到了荒唐的地步。我们用 5 英亩的土地去做 1 英亩的事情，其结果不仅是低效的经济问题，而且还是丑陋的美学问题。"③

为了开发更多的郊区独户住宅和赚取更丰厚的利润，开发商向着大自然阔步前进，毫不吝惜地侵占了大量肥沃的农田、茂密的森林、葱翠的荒野和美丽的海滩，将其覆盖于沉闷凝重的沥青和石板之下。随着大都市区住房需求的增加和开发用地的日益紧缺，就连湿地和山坡这种难于开发的地段也不能幸免。在二战以前，开发商一般都避开这种场所，但是，战后推土机的发明使开发活动没有了禁区。推土机以其无坚不摧的威力，削平山冈，铲除植被，填平沼泽，阻断溪流，为住房开发拓展空间。从 20 世纪 50 年代中期到 70 年代中期，美国几乎有 100 万英亩的沼泽和滩涂被填平，用来进行住房开发。④ 这样，一度与大都市区居民近在咫尺的开放空间，比如荒地、林地、溪流、

---

① Wim Wiewel and Joseph J. Persky, eds., *Suburban Sprawl*, p. 39.
② Eran Razin, Mark Rosentraub, "Are Fragmentation and Sprawl Interlinked? North American Evidence", *Urban Affairs Review*, Vol. 35, No. 6, July 2000, p. 830.
③ William H. Whyte, *The Last Landscape*, Garden City, NY: Doubleday & Company, Inc., 1968, p. 2.
④ Adam Rome, *The Bulldozer in the Countryside*, p. 121.

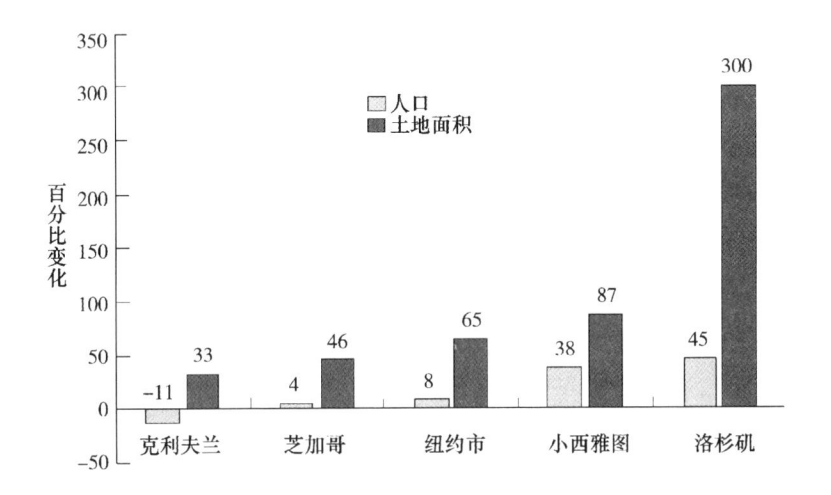

图7.6 1970—1990年间大都市区人口变化和土地开发面积

资料来源：F. Kaid Benfield, et al., *Once There Were Greenfields: How Urban Sprawl Is Undermining America's Environment, Economy and Social Fabric*, New York: Natural Resources Defense Council, 1999, p. 7.

沼泽等几乎消失殆尽，人们失去了曾经可以随意漫步、骑行、观鸟、赏花的美好去处，失去了日常生活中能够就近进行休闲娱乐的场所。

在低密度开发的大都市区，却没有开放空间可以享用，这实在是一个悖论。社区开发模式和空间的私有化是理解郊区开放空间缺失的关键。由于郊区独户住宅地块（lot）很大，占地一两英亩的住宅比比皆是，二三英亩者司空见惯，五六英亩者也属平常，几乎每家每户都有自家宽敞的前院和后院，都有自己的"开放空间"。因此，在开发的过程中，开发商并不给未来的居民提供公共的开放空间。因此，战后的新郊区社区出现公园用地大幅度减少的情况。比如在纽约大都市区，战后新兴郊区社区的公园用地比例仅相当于20世纪头40年比例的1/10，即每100英亩开发用地只提供2.7英亩的公园用地，而不是此前的27英亩。[①] 事实上，战后美国郊区开发中人均占有土地面积在

[①] Adam W. Rome, "William Whyte, Open Space, and Environmental Activism", *Geographical Review*, Vol. 88, No. 2, (Apr., 1998), p. 260.

大幅度提高。虽然许多农田、林地、荒野、滩涂为私人所有,这些场所一般可以自由进入,而一旦开发为私人住房,就成为排他性极强的私人场所,游人乃至社区邻人不经允许不得随意涉足。

美国大都市区开放空间的减少只是问题的一个方面,另一个方面就是残余的开放空间的碎化问题。由于美国大都市区郊区的蛙跳式开发,郊区荒野、牧区、林地和田园被居民区、商业区、工业园区、办公园区以及无所不至的公路分割得支离破碎,斑驳陆离,从而极大地损害了这些开放空间的美学价值和娱乐用途。比如在芝加哥大都市区,莱克县(Lake County)从1958年以来保护了1万多英亩的开放空间,但这些开放空间被分割为31块,分布于34个城镇界限之内,[①]不能满足人们较大空间的活动,比如跑步、骑车、骑马、滑冰等活动,人们需要乡野小道(trail)、廊道(corridor)或绿道(greenway)这种线状的开放空间,并将其他碎化的开放空间连接起来。乡野小道、廊道或绿道这三者性质相似,只是绿道的概念更宽泛些,它往往包括乡野小道和廊道。根据《美国绿道》(Greenways of America)定义,绿道就是"一条用于休闲娱乐的途线状的开放空间,它要么沿着自然的通道修建,比如河岸、溪谷或山麓,要么沿着某条铁路、运河、景观大道或其他线路延伸"[②]。由于战后美国郊区的开发活动是各个地方社区独自进行的,彼此之间缺乏协调合作,因此开放空间的提供比较凌乱,不成体系。相比之下,在19世纪后期和20世纪初期的城市美化运动中,许多城市建立了城市公园系统,它们彼此之间往往通过林荫大道(parkways)连接起来。这是战后在住房需求和资本利润的压迫下,美国在城市规划和公园建设方面的一次大倒退。对于连续的开放空间的优点,唐娜·埃里克森(Donna Erickson)指出,在大都市区范围内,相互连接的开放空间可以发挥重要的社会功能和自然功能,连续的多种目标的开放空间比碎化的单一目标的开放空间

[①] Robert G. Haight, et al., "Metropolitan Open-Space Protection with Uncertain Site Availability", in *Conservation Biology*, Vol. 19, No. 2 (Apr., 2005), p. 328.

[②] Richard Brewer, *Conservancy: The Land Trust Movement in America*, Lebanon, NH: University Press of New England, 2003, p. 265.

更有效率和可持续性。①

在休闲娱乐方面，美国城市与欧洲城市相比存在一个弱点。欧洲城市拥有悠久的历史和深厚的文化底蕴，拥有众多的建筑古迹、博物馆、广场和市民活动中心等，而且欧洲城市拥有发达的公共交通，市民很容易到达这些场所，从而满足他们的文化休闲需求。而美国城市是在工业时代发展起来的，没有多少历史古迹和文化机构，而且美国人更加热爱大自然，更加为其丰富的自然资源和秀美的自然风光而感到自豪，他们的休闲娱乐活动更多的是以野游为主，比如垂钓、打猎、游泳、野餐、野营、观鸟、林中漫步和欣赏大自然的风景等。随着美国大都市区开放空间的减少，其城市居民投身大自然，在野外自由呼吸与舒畅胸怀的机会大为减少。

图 7.7 印第安纳波利斯大都市区的绿道"莫嫩小道"

资料来源：Christopher Duerksen and Cara Snyder, *Nature-Friendly Communities: Habitat Protection and Land Use*, Washington: Island Press, 2005, p. 31.

---

① Donna Erickson, *MetroGreen: Connecting Open Space in North American Cities*, p. 4.

从美学的角度讲，大都市区的蔓延还破坏了大自然秀美的风景。也许纯粹的大自然有时会给人一种苍莽荒凉的感觉，倘若葱茏茂密的林间偶或闪现一角屋宇，遥远苍翠的山顶隐约耸出一座尖塔，或许更能够给这种苍莽荒凉增添几分柔和与灵气。简单地说，自然美并不排斥人工美。但令人遗憾的是，美国是一个典型的商业社会，开发商为了追求效率与利润，根本不顾及对自然景观的保护，更谈不上将建筑美与自然美的巧妙结合，而是让推土机横冲直撞，将原本优美的风景分割剥蚀得斑驳陆离，千疮百孔。另外，战后郊区工业化批量生产的住宅式样千篇一律，单调乏味，而一些"巨型盒子"般的商业和办公建筑，更是俗不可耐，丑陋不堪。更让人难以忍受的是，沿郊区公路竖立的俗气不堪的广告牌、招贴栏和凌乱穿梭的电线电缆，使原本明媚的自然风光变得黯然失色。凌乱与破碎，是美国大都市区景观给笔者最深刻的印象。然而，凌乱与破碎的何止是自然景观，更是人的心灵。

对此，美国学者进行了尖锐的批判。1964 年彼得·布莱克（Peter Black）出版了《上帝自己的垃圾场——对美国风景有计划的毁坏》（*God's Own Junkyard*: *The Planned Deterioration of America's Landscape*）一书，对郊区开发导致的景观破坏进行了猛烈的抨击。该著还有一组航拍照片，第一张是被推土机夷平的光秃秃的表土裸露的照片，没有一抹绿色，没有一丝生机，松软的泥土上纵横交织着推土机碾压过的痕迹。亚当·罗姆（Adam Rome）则精辟地指出，美国郊区是一种"大众文化"和批量生产的产物，战后的所谓郊区已经名不副实，因为它缺乏早期富人郊区那种开阔的空间和园林式的风景。[①]麦克哈格则进行了更加精彩的论述，他写道："大都市区的增长和城市化的悖论和灾难就是，它毁坏了自身的许多目标。宽敞空旷的乡村地区被置于不受控制、分散凌乱、互不协调、没有规划的开发之下，它是众多孤立短期的私人决策的大杂烩，没有品位，也没有技术可言。大自然在这种粗心大意的进攻面前节节败退，往往取而代之的是

---

① Adam Rome, *The Bulldozer in the Countryside*, pp. 2, 125.

日益增长的一座座开发孤岛。这些开发很快就汇合成一个低劣的硕大无朋的城市肌体,它抹除了最后一瞥自然美景,损害了历史上和当代的人文景观。"[1]

大都市区的公园、绿地、农田、牧场、小道、绿道、溪流、沼泽这些多种形式的开放空间,是大都市区不可或缺的组成部分,它们为人类生活提供了基本的支持系统和多种多样的福祉。其一,它们为城市居民提供了休闲娱乐的场所,人们在跑步、骑行、打猎、钓鱼、游泳等体育活动中,可以宣泄城市生活的压抑,释放多余的体能与活力。其二,它们为人们提供了自然美景,让人参悟大自然的神奇和美妙,净化人的心灵,提升人的精神境界。其三,维持城市地区的自然进程,比如,保护耕地,净化空气,保持水土,防止洪灾等。其四,保护野生动植物栖息地,绿道还可为本地物种群落的联系提供通道。其五,可以充当邻里社区、城镇、大都市区和区域之间的界线,控制城市蔓延。其六,为大中小学生提供教学用地,作为科学课程的户外实验室,增加科学研究的实践知识。其七,乡野小道和绿道还可提供上学、上班、购物的通道,方便出行且节约能源。根据1995年"芝加哥地区交通研究"(Chicago Area Transportation Study)的一份报告,有2/3的调查对象利用乡野小道代替开车出行;另根据1991年的哈里斯民意测验(Hariss poll),高达52%的调查对象经常利用乡野小道骑车上班。[2] 其八,从经济的角度看,开放空间的保留还可减少社区基础设施投资,节省财政开支;扩大旅游业,吸引高端投资,增加就业和收入;提高社区地产价值,比如,在科罗拉多州的博尔德(Boulder),在其他因素相同的情况下,接近开放空间的地产每英亩可提高1915美元;在俄勒冈州的波特兰,在公园周围1500英尺以内的住房,其销售价格可以提高2200美元;印第安纳波利斯由于开放

---

[1] Ian McHarg, "Open Space from Natural Processes", in David A. Wallace, ed., *Metropolitan Open Space and Natural Process*, p. 11.
[2] Richard Brewer, *Conservancy: The Land Trust Movement in America*, Lebanon: University Press of New England, 2003, p. 261.

空间的存在，其地产价值总共可以提高 2.85 亿美元。① 更重要的是，生态经济是地方经济的一个重要内容，克里斯托弗·杜尔克森（Christopher Duerksen）和卡拉·斯奈德（Cara Snyder）就论证道，一个地区自然资源的保护和开放空间的提供，不仅可以提高居民的生活质量，可以帮助发展旅游业，增加商业和高技术产业活动，一些高技术产业对于环境质量的要求很高。根据一些地方性调查结果，环境质量比住房开支、生活费用、通勤方式、学校、气候、政府服务、公共安全在企业选址方面更加重要。而且旅游业是美国最大的经济部门。2002 年，美国的旅游业从国内外游客获得的收入超过 5450 亿美元，并提供了 700 万个就业岗位。② 因此，保护大都市区的开放空间和自然区域，是每个地球人不可推卸的责任。

（二）开放空间保护运动的兴起

美国大都市区的空间蔓延对开放空间的吞噬和对自然景观的破坏，引起了越来越广泛的关注。在普通市民、专家学者、环保组织和政府官员的推动之下，于 20 世纪 50 年代兴起了一场开放空间保护运动。

威廉·H. 怀特是最早呼吁保护开放空间的学者之一，他于 1957 年组织了一个题为"城市对开放空间的威胁"的学术讨论会，并将相关论文发表于《建筑设计论坛》（*Architectural Forum*）杂志上。他还在《财富》（*Fortune*）杂志上编辑了题为《膨胀的大都市》系列文章，并亲自撰写了题为《城市蔓延》的论文，这些文章于 1958 年结集出版。1959 年，他又在《生活》（*Life*）杂志上发表了一篇文章，以感叹的语调写道："再看最后一眼吧。某个夏日的清晨，开车路过城镇旁边的那个高尔夫球场，掉头拐进一条僻静的道路，在空阔的乡间做一次短途旅行吧。仔细欣赏一下那青翠欲滴的草坪、树木葱茏的

---

① Christopher Duerksen and Cara Snyder, *Nature-Friendly Communities: Habitat Protection and Land Use*, Washington: Island Press, 2005, pp. 29 – 31.

② Christopher Duerksen and Cara Snyder, *Nature-Friendly Communities: Habitat Protection and Land Use*, Washington: Island Press, 2005, pp. 13, 15.

洼地、一丛丛的松林、小河与溪流，并把它们深深地印在你的脑海中吧。假如美国人的生活水准再提高那么一点，这将是你最后的机会了。"[1] 他还在一些专业组织中宣扬自己的观点，包括美国规划官员协会（American Society of Planning Officials）、城市土地研究院（the Urban Land Institute）、美国景观设计师协会（the American Society of Landscape Architects）等。1961 年联邦国会为了制定一项包含保护开放空间的住房法，怀特是第一位在参议院举行的听证会上提供证词的人。[2] 1968 年，怀特出版了其名著《最后的风景》（The Last Landscape），他在书中指出，为了保护现有的开放空间，必须采取更为有效的开发模式，即缩小住房的占地面积，增加开放空间的保留。他写道："通过将更多的人安置在已开发的土地上，就会有更多的土地无须开发，也就是说，我们可以在拥有更多居民的同时，也拥有更多的开放空间。"[3]

怀特的呼吁有如清晨的钟声，唤醒了陶醉于战后繁荣和丰裕社会的美国人，短短的几年内，美国就有几十种倡导自然保护的著作出版，而关于动物世界和人与自然的电视节目也十分流行。愤怒的人们对"推土机时代""推土机袭击"展开了猛烈的抨击。一位设计师沮丧地写道："推土机……一举撕碎了大自然几十年才能完成的杰作。乔木与灌木、草地与花朵、河流与溪水，它们要么被扯碎，要么被夷平，而这竟被看作是技术的胜利而加以顶礼膜拜。"[4] 美国另一学者戴维·A. 华莱士（David A. Wallace）也忧心忡忡地写道："当大都市区增长和大都市连绵带展现于我们面前之时，由大自然所主导的开放空间看来要在劫难逃了。与自然进行亲密接触——对各个年龄段的人都是一种持续的快乐——变得越来越难了。除了极少的例外，各种显

---

[1] Adam W. Rome, "William Whyte, Open Space, and Environmental Activism", *Geographical Review*, Vol. 88, No. 2, (Apr., 1998), p. 259.
[2] Adam Rome, *The Bulldozer in the Countryside*, p. 129.
[3] William H. Whyte, *The Last Landscape*, p. 348.
[4] Adam W. Rome, "William Whyte, Open Space, and Environmental Activism", *Geographical Review*, Vol. 88, No. 2, (Apr., 1998), p. 272.

然不由我们控制的力量已将纯粹的乡村消灭得一干二净,无影无踪,取而代之的是成百上千乃至成千上万的房屋。"①

在抨击推土机对大自然进行蹂躏的同时,许多学者开始阐明保护开放空间的好处,比如,大都市区域协会(Metropolitan Region Council)和区域规划协会(Regional Plan Association)在一份研究报告中详细论述了保护开放空间的意义:第一,作为娱乐和休闲用地;第二,教学研究目的;第三,保护商业性渔业资源;第四,防洪,保护水源和防止空气污染。②又如,珍妮·M. 戴维斯(Jeanne M. Davis)于1963年在《获取和维护开放空间》(Getting and Keeping Open Space)一文中,列举了保护开放空间的益处,其一,为服务设施提供场所,比如公园和其他娱乐空间;其二,提供自然的福祉,比如清新的空气、美丽的风景和宁静的去处;其三,可以保护水源,保持水土,防止洪灾,保护野生动物和其他自然资源;其四,可以作为邻里社区、城镇、大都市区和区域之间的边界,控制城市蔓延,等等。③再如,查尔斯·E. 利特尔(Charles E. Little)列举了开放空间的三个功能:其一,提供休闲娱乐的机会;其二,保护优美的自然景观;其三,保护自然资源,维持生态进程。④

随着人们对开放空间的美学价值、娱乐价值和生态价值认识的提高,20世纪五六十年代以来,美国出现了大量的开放空间保护组织,比如,加州的"开放空间保护者"(People for Open Space)、纽约州的"开放空间行动研究院"(Open Space Action Institute)、圣路易斯的"开放空间委员会"(Open Space Council)等。1966年,《星期六

---

① David A. Wallace, ed., *Metropolitan Open Space and Natural Process*, Philadelphia: University of Pennsylvania Press, 1970, p. 1.

② Metropolitan Region Council, Regional Plan Association, *Nature in the Metropolis: Conservation in the Tri-State New York Metropolitan Region*, a Report, New York: the Regional Plan Association, Inc., June 1960, pp. 52-55.

③ Gerald F. Vaughn, "In Search of Standards for Preserving Open Space", *Public Administration Review*, Vol. 24, No. 4 (Dec., 1964), p. 254.

④ Charles E. Little, *Challenge of the Land: Open Space Preservation at the Local Level*, New York: Pergamon Press, 1968, p. 9.

晚报》(*Saturday Evening Post*)报道说:"在每个城市,在数以千计的小城镇和偏僻无闻的邻里当中,家庭妇女和业主们携起手来共同战斗,进行着逐街乃至逐树的保护行动,来拯救一座小山,一条溪流,一丛枫林。"马萨诸塞州的一个开放空间保护组织"萨德伯里谷受托人"(Sudbury Valley Trustees)的一位成员评论道:"一个郊区的开放空间不一定是景色迷人或独具特色才值得去拯救。在任何一个郊区内,任何尚未遭到破坏的自然地域今天都面临着威胁,如果没有人现在就采取行动为之而战斗的话,那么明天就会遭到破坏。"① 可以说,从20世纪50年代开始,一个保护开放空间的运动已经在美国悄然形成。

在保护开放空间的过程中,妇女和儿童发挥了极大的作用。有这样两则故事产生了巨大反响。1962年,加州一位7岁的小男孩在给肯尼迪总统的一封信中写道:"亲爱的总统先生,当我们想到山谷里去游玩的时候,我们却没有地方可去,因为那里正在盖房子,您能不能留下一些地方让我们玩儿?谢谢您的聆听,爱你的斯科特。"这封满纸稚气却充满期待的求助信几乎家喻户晓,妇孺皆知,对于推动美国开放空间保护运动发挥了积极的作用。另一则故事也很流行。在一个郊区家里,一天女孩简(Jan)跑进屋里喊道:"妈妈,街上来了一辆推土机。那些人说他们要砍倒树木。他们不能那样做。那是我的树。我们到哪去玩儿?快去,妈妈,快去阻止他们。"随后,简疯狂地冲出房屋,嚷嚷道:"我要去找苏珊、乔治、茜茜和所有的孩子们,如果他们要清除我们的花草树木,我们就必须挽救我们所能挽救的东西。"随后,简和其他小朋友们推来一车车的花草植物,种植在自己的院子里。真的,喷吐着烟雾的推土机轰轰隆隆地开来了,它们要夷平她们天天玩耍的绿地,在那里盖起房子,她们将失去她们天天游乐的伊甸园。②

---

① Adam Rome, *The Bulldozer in the Countryside*, p. 147.
② Adam W. Rome, "William Whyte, Open Space, and Environmental Activism", *Geographical Review*, Vol. 88, No. 2, (Apr., 1998), pp. 263–271.

随着开放空间保护运动声势的逐步扩大，一些传统的荒野取向的资源保护组织也开始加入城市取向的开放空间保护运动中来，两者于20世纪五六十年代逐渐汇合成为一股声势浩大的环境保护运动的潮流。

资源保护运动出现于19世纪末20世纪初，其保护对象主要是乡村和荒野地区的自然资源和自然景观，在这一运动的推动之下，联邦政府和各州政府相继建立了众多的国家公园、州公园和生态资源保留地。这些资源保护组织对城市环境污染和城市地区的资源保护视若无睹，不曾问津。开放空间保护运动扩展了资源保护主义者的视野和行动范围，促使他们制定了更加广泛的环保日程，两者逐渐合二为一，与此同时还出现了一批新的草根环保组织，从而产生了一个内容更加广泛的环保运动。两者合流的第一个迹象就是1958年出版的一本著作《资源保护的视角》（*Perspectives on Conservation*），该著包含了一章"城市增长与自然资源"，认为战后美国大都市区的开发模式极大地增加了对关键资源的压力，它侵吞了宝贵的开放空间，摧毁了肥沃的农田，增加了洪涝灾害，导致了空气和水体污染，提高了能源消耗，加剧了用水短缺。因此，美国的资源保护主义者必须进行新的思维，采取新的行动。也就是说，传统的资源保护运动已经不能适应大都市时代的环保形势，必须与城市环保主义者合力保护我们赖以生存的自然环境和生态资源。

在这种采取联合行动的呼吁之下，一些传统的资源保护组织开始介入城市地区的资源保护活动。比如，在国会为制定1961年住宅法而举行的听证会上，有4个传统的资源保护组织提供了政策报告，而且其中"自然资源公民委员会"（the Citizens Committee on Natural Resources）的成员斯潘塞·史密斯（Spencer Smith）还亲自出席了参议院的听证会，他声称，几乎全国所有的资源保护组织都"非常支持"对开放空间的保护。史密斯指出，人们一般认为，资源保护仅仅涉及农业土地和公共土地的明智利用，这完全是错误的，"事实上，资源保护在城市中具有首屈一指的重要性"。他认为，大都市区的开放空间在提供休闲娱乐机会方面具有关键性作用，而且它们在供水和

第七章 生态环境与土地资源保护

防洪等问题方面,也同样具有关键作用。① 此外,越来越多的资源保护组织参与到城市开放空间的保护活动中。比如,传统的资源保护组织"全国奥杜邦协会"(the National Audubon Society)的主席约翰·贝克(John Baker),早在20世纪50年代后期就已经开始在纽约大都市区进行开放空间的保护活动。

在普通市民、环保组织和众多学者的呼吁之下,一些政府官员对开放空间的保护也有了深刻的认识。1965年,约翰逊总统在一次关于自然资源和风景保护的演讲中,将城市化列为当代环境危害的首要因素。他说道:"城市本身不断地向乡村延伸,它们在进军途中摧毁了溪流、林木和草地。""我们必须恢复那些已被摧毁的东西,挽救我们城市的美景和魅力。"② 1970年1月22日,尼克松总统在国情咨文中也指出:"在我们的城市和郊区无情地扩展之时,那些宝贵的开放空间被吞噬掉了——通常是永久性地被吞噬掉了,而那里的人们却需要这些开放空间作为娱乐场所。除非我们在它们尚存之时加以保护,否则我们将没有开放空间可以保留。"③ 1975年,俄勒冈州的大波特兰政府协会(GPCOG)在一份文件中指出,"在支撑各种用途的能力方面,一片土地与另一片土地是彼此不同的。有些土地非常适于高密度的开发,却不会产生环境问题。另一些土地在支撑这种开发方面能力有限,如果利用不当就会对环境质量产生直接而有害的影响。"④

随着美国开放空间保护运动的深入发展,人们对开放空间的重要性有了越来越深刻的专业化的认识,对开放空间保护的宣传也逐渐由舆论层次上升到区域规划的理论高度,其代表人物就是美国著名的城市设计理论家伊恩·L. 麦克哈格(Ian L. McHarg),他于1969年出版

---

① Adam W. Rome, "William Whyte, Open Space, and Environmental Activism", *Geographical Review*, Vol. 88, No. 2, (Apr., 1998), p. 269.
② Adam Rome, *The Bulldozer in the Countryside*, p. 140.
③ Peninah Neimark and Peter Rhoades Mott, eds., *The Environmental Debate*, p. 210.
④ Greater Portland Council of Governments, "All Land Is Not Created Equal", *A Handbook for Protection of Environmentally Sensitive Lands*, p. 15.

了《设计结合自然》(*Design with Nature*)一书,提出了"设计与自然相结合"的设计理念,倡导在城市开发的过程中要对自然区域进行保护。他认为,并非所有的地区都适于开发,有些地区担负着更多更重要的生态职能,对其进行开发就会造成严重的生态危害,这种地区就属于生态脆弱地区,应该作为开放空间加以保护和保留,城市开发应该避开这种生态脆弱地区,而将开发导向最适于城市开发的地方。因此,在大都市区中存在两种互相交织的系统,其一是城市土地利用系统,其二是由开放空间组成的自然或半自然的土地利用系统。他强调指出:"一个迫切的需要就是,要根据土地的内在价值及其对于开发的适应性和局限性,将土地利用管理与自然进程联系起来。"[1] 麦克哈格还从价值观上对当前流行的规划思想进行了批评,即用经济价值来衡量一切的观念,他写道:"经济模式残酷无情地朝着对生命越来越多的掠夺、丑化与抑制的方向发展,所有这些都是在'进步'的名义下进行的。然而,矛盾的是,被排除在经济模式之外的那些成分,却正是人类最重要的、热望得到和实现的东西,也是人类赖以生存所必不可少的。""生态学的观点要求我们观察世界,倾听它的呼声并了解它。世界是生物和人类过去到现在一直生存的地方,而且一直处在变化过程中。我们和它们是这个现象世界的共栖者,和这个现象世界的起源和命运紧密相连的。"[2]

更重要的是,开放空间保护运动不是独立进行的,而是越来越与其他广泛的运动相结合,比如资源保护运动、环境保护运动、新城市主义运动、增长管理运动和精明增长运动等,从而使这种对开放空间的保护越来越深入民心,蔚然形成一股社会风气,在美国这样一个民主的社会中,这是美国能够对开放空间加以保护的最根本的条件。根据全国公园服务署(National Park Service)1995年的一项调查,美国将近78%的购房者认为,开放空间是他们购房时根本的或非常重要

---

[1] Ian McHarg, "Open Space from Natural Processes", in David A. Wallace, ed., *Metropolitan Open Space and Natural Process*, pp. 11 – 12.

[2] [美]伊恩·伦诺克斯·麦克哈格:《设计结合自然》,芮经纬译,李哲审校,天津大学出版社2006年版,第32、37页。

的参考内容。1994年的另一全国性调查发现，39%的购房者或预备购房者，认为开放空间是关键性的，他们将"拥有许多自然的开放空间"和充足的"步行和骑车路径"作为他们购房的第二或第三个重要参考内容。因此，美国学者唐娜·埃里克森写道："开放空间的保护越来越成为公众关注和谈论的话题。也许在20年以前，规划师、景观设计师、环保主义者和公园设计师在默不作声地寻求着开放空间的规划和保护，如今开放空间已经登上了头版头条，将这一问题与（城市）蔓延、（公众）健康、生活方式和生态保护等问题紧密地联系起来。精明增长运动也许对于这种保护意识功不可没。越来越多的人抵制蔓延式的开发，期待着这样一种愿景的出现，即我们能够以一种更加负责、更加美丽和更加高效的方式进行发展。事实上，开放空间的保护是遏制（城市）蔓延的第一道防线。"①

（三）联邦政府的开放空间保护活动

在保护自然资源方面，联邦政府往往是先于州和地方政府采取行动。早在19世纪中后期，联邦政府就建立了一系列国家公园和自然保留地，但它们大多地处乡野，远离大都市区，其目的是资源保护性质的，并不是为大都市区居民提供就近的休闲娱乐场所。更值得注意的是，联邦政府的保护活动往往受到党派政治的很大影响，其开放空间保护活动具有强烈的波动性。进入20世纪后期，联邦政府传统的国家公园和荒野保护计划仍在进行之中。1964年，国会通过了《荒野保护法》(the Wilderness Preservation Act)，授权联邦政府建立了"全国荒野保护系统"(National Wilderness Preservation System)，到1974年，联邦政府已经在13个州建立了54个国家森林保留地，面积达910万英亩。加州成为该系统最大的受益者，有1435700英亩的荒野得到保护。随后，不断有新的自然土地得到保护，其中收获最大的一年是1968年，该年联邦政府的自然保留地增加了80万英亩。此外，联邦政府还建立了一个"国家荒野与景观河流系统"(National

---

① Donna Erickson, *MetroGreen: Connecting Open Space in North American Cities*, pp. 4-5.

Wild and Scenic Rivers System),以及一个全国性的供游人步行的荒野小道系统。① 但这些并不属于城市地区的开放空间保护,但无疑可以增加居民的休闲娱乐场所。

早在开放空间保护运动之前,联邦政府就已经关注首都华盛顿及其周围地区的开放空间的保护问题。比如,联邦政府于 1930 年通过第一个开放空间保护立法,即《卡珀—克拉姆顿法》(Capper-Cramton Act),由联邦政府拨款用于保护华盛顿地区的开放空间,特别是获取山谷和溪流用于公园建设。此外,在此之前,联邦政府还于 1927 年成立了"马里兰—国家首都公园和规划委员会"(the Maryland-National Capital Park and Planning Commision),负责马里兰州蒙哥马利县(Montgomery County)和乔治王县(Prince George's County)的开放空间保护,这是因为这两个县地理位置特殊,位于华盛顿西南部,接近首都华盛顿,其开放空间的保护可以满足首都地区居民对开放空间的需求,而且联邦政府的许多工作人员就居住在这两个县。该委员会是最早申请 1961 年联邦住房法规定的开放空间保护基金的机构之一。乔治王县是美国第一个向地产主提供 50% 的税收优惠,从而永久性地获得其土地地役权(easement)的县。由于土地价格不断上涨,该委员会运用灵活多样的手段来获取土地:第一,购买产权和地役权;第二,开发权转让;第三,征用,包括产权和地役权;第四,捐献产权和地役权;第五,开发商捐献。到 1968 年 10 月,该委员会已经购买了 21646 英亩的公园用地,另外还有 2174 英亩正在协议中,2144 英亩有待最后签订合同,总共达到了 25964 英亩的公园用地。这些土地大多数位于蒙哥马利县。该委员会的计划方案是到 2000 年在蒙哥马利县保护开放空间 29300 英亩,在乔治王县保护开放空间 28500 英亩。②

随着开放空间保护运动的兴起,联邦政府开始广泛关注大都市区

---

① Spenser W. Havlick, *The Urban Organism: The City's Natural Resources from an Environmental Perspective*, New York: Macmillan Publishing Co., Inc., 1974, pp. 409 – 410.

② "Park Planning and the Acquisition of Open Spaces: A Case Study", *The University of Chicago Law Review*, Vol. 36, No. 3 (Spring, 1969), pp. 645 – 648.

开放空间的保护活动。在多数情况下，联邦政府城市政策的做法是不直接介入实际行动，而是以资金援助为驱动，推动州和地方政府采取行动，联邦政府只负责监管。在国会制定1961年联邦住宅法期间，参议员哈里森·威廉（Harrison William）提出建议，主张在大都市区中保护开放空间，于是该法采纳了这一建议，规定向各州和地方政府拨款1.33亿美元，帮助在大都市区征购自然土地加以保护，作为开放空间为居民提供休闲娱乐之用，资助份额占全部购买土地资金的50%。这是联邦政府第一个在全国范围内为开放空间的购买提供拨款立法。①

在1958年，联邦政府又成立了"户外娱乐资源考察委员会"（ORRRC），该委员会对美国的娱乐资源进行了长达4年的调查活动，于1962年提出了一项研究报告，认为美国大都市区在娱乐性开放空间的需求与提供方面存在巨大差距。该报告认为，在美国居民中，游泳、垂钓、滑冰、步行、野营等娱乐活动都十分普遍，因此需要在郊区社区及其周围地区对开放空间加以保护。该报告还认为，从优先次序来看，对郊区户外娱乐空间和设施的需求比对室内活动设施和中心城市的公园的需求更加迫切。在该委员会的建议下，联邦政府在内政部成立了户外娱乐局（Bureau of Outdoor Recreation，BOR）。1964年，国会通过立法，建立了一个"土地和水资源保护基金"（Land and Water Conservation Fund，LWCF），为联邦政府各个相关机构的荒野和开放空间保护计划提供资助，各州也可以向联邦政府有关部门提出申请，以获得此类资金的对等援助，地方政府不能直接向联邦政府提出资金申请，只能通过州政府进行申请。就"土地和水资源保护基金"的资金来源而言，包括汽船的燃料税、国家公园门票收入，而从1968年开始，还将近海石油和天然气开采租让方面的收入纳入该基金，从而极大地提高了其资金储备。②最先申请者多为东北部各州，

---

① William H. Whyte, *The Last Landscape*, p. 55.

② Rutherford H. Platt, "From Commons to Commons: Evolving Concepts of Open Space in North American Cities", Rutherford H. Platt, et al., eds., *The Ecological City: Preserving and Restoring Urban Biodiversity*, The University of Massachusetts Press, 1994, p. 36.

从该计划实施伊始就出现了资金供不应求的情况。根据户外娱乐局（BOR）的首席执行官埃德温·谢伦伯格（Edwin Shellenberger）的说法，从 1965 年该计划的实施到 1968 年初，仅大西洋中部和新英格兰各州的申请金额就高达 79897996 美元，但只有 56276033 美元拨付，其中仅纽约州的申请金额就超过 2200 万美元，但该州只获得了 1200 万美元的实际拨款。① 该基金到 90 年代初向州和地方政府拨款达 30 多亿美元。② 除了州和地方政府可以申请该基金以外，一些全国性、州级和地区级的大型土地信托组织，在购买了开放空间土地之后，也可以把这些土地转卖给那些能够获得该项基金拨款的机构，以便重新获得保护开放空间的经费。

另一个联邦计划就是住房与城市发展部（HUD）的开放空间保护计划（Open Space Program）。该援助计划仍然实行对等配额的资助原则，援助的重点是开放空间土地的获取，而不是娱乐设施的提供，而且更强调对城市地区开发进程的规范。它与"土地和水资源保护基金"（LWCF）的区别是，地方政府可以直接向该部提出资金申请，而不必通过州政府。到 1968 年初期，该部已经收到了高达 1.28 亿美元的金额申请，但批准拨付的只有 4790 万美元。拒绝了 6610 万美元的申请，截留资金 1430 万美元留为后用。从优先次序来讲，那些拥有较大人口密度和低收入群体集中的地区拥有优先权，而那些远离城市地区而又需要较大面积土地的娱乐设施（比如高尔夫球场）则居于次要地位。③

然而，正当环保运动和开放空间保护运动如火如荼地展开之际，随着 20 世纪七八十年代以来保守主义的盛行，美国的环保事业受到了沉重的打击。仅就联邦"土地和水资源保护基金"（LWCF）的拨款而言，1974 年尼克松和福特政府的拨款数额创历史最低点，里根

---

① Charles E. Little, *Challenge of the Land*, p. 34.
② Rutherford H. Platt, "From Commons to Commons: Evolving Concepts of Open Space in North American Cities", Rutherford H. Platt, et al., eds., *The Ecological City: Preserving and Restoring Urban Biodiversity*, The University of Massachusetts Press, 1994, p. 36.
③ Charles E. Little, *Challenge of the Land*, p. 35.

第七章　生态环境与土地资源保护

政府上台之后，更是大幅度削减联邦环境保护开支，将该基金的拨款骤然削减到 4500 万美元，而此前卡特政府最后一年的拨款却是 7.5 亿美元，两者不可同日而语。① 联邦资金的大幅度削减无疑是开放空间保护运动的一次重大挫折，但在美国这样一个民主多元的社会里，总会有人接过正义事业并将其进行下去，地方政府和土地信托组织应当担起了保护大都市区开放空间的使命。但联邦资金的大幅度削减，毕竟为开放空间的保护事业产生了不利影响，即由于资金的短缺，保护方式由过去购买土地的产权转变为购买土地的地役权，虽然节约了资金，但保护强度大打折扣。

进入 20 世纪 90 年代，保守主义思潮有所消退，新城市主义与精明增长运动方兴未艾，城市问题和环境问题受到了较多的重视，比如城市的再开发、公共交通问题和环境问题再次成为民众关心的重要问题，前文的民意调查就是一个重要标志。于是，国会在 1991 年通过的《地面交通联运效益法》（ISTEA）和 1998 年通过的《21 世纪交通平衡法》（TEA - 21）中，加入了保护开放空间的内容，规定各州可以将联邦交通援助资金的 10% 用于"交通强化"（transportation enhancement）项目，其中包括将废弃的铁道线路改造为绿道或乡野小道。1992—1997 年，这项 10% 的比例提供了 26 亿美元的资金。② 然而，不容乐观的是，联邦最高法院作为一个保守主义的营垒，对精明增长运动和环保运动构成了极大的威胁。该法院在 2001 年的一项判决中宣称，"孤立的"水面和湿地不应该受到联邦政府的保护，从而将 3000 万到 6000 万英亩的湿地置于联邦政府的保护资助之外。③

当联邦政府在开放空间保护方面出现退却之时，州政府、地方政府和私人部门肩负起了挽救和保护大都市区开放空间的时代大任。

---

① Richard Brewer, *Conservancy: The Land Trust Movement in America*, p. 38.
② Richard Brewer, *Conservancy: The Land Trust Movement in America*, Lebanon: University Press of New England, 2003, p. 256.
③ Christopher Duerksen and Cara Snyder, *Nature-Friendly Communities*, p. 4.

(四) 州和地方政府的开放空间保护活动

各州的开放空间保护活动情况比较复杂,这是由各州的城市化水平不同、自然资源的储备不同、对环境问题的认识不同、政治文化不同等因素造成的。因此,对各州开放空间的保护很难进行整体的归纳与概括,只能采取分别列举的方式进行。

最早采取行动的州之一是纽约州。该州于1960年11月通过选民投票,以3∶1的压倒优势通过了一项公民议案,规定该州发行7500万美元的债券,实施开放空间保护计划。随后,该州议会通过的《纽约州开放空间保护法》,强调了开放空间保护的迫切性:"开放空间和自然地域的消失,尤其是位于和接近发展迅猛的城市和郊区地带,已经受到本州议会和人民的密切关注。一旦这些土地用于住房和商业目的,它们就一般永远不再适于建立公园、保留地或其他娱乐目的。本州正在成长的一代人目前和未来的需求要求立即获取这些土地,以用于公园、保留地和其他娱乐目的。"第二年,纽约州公民再次投票授权州政府发行2500万美元的债券,以用于开放空间保护计划。在纽约州的影响下,新泽西州的公民于1961年通过公民投票,授权州政府发行6000万美元的债券支持开放空间的保护。威斯康星州的公民投票,通过提高香烟的税率,以获得5000万美元的资金来实施开放空间保护计划。随后,宾夕法尼亚州的公民投票授权州政府发行7000万美元的债券,用以实施开放空间保护计划。加州是保护开放空间最积极的州之一,1964年加州选民投票授权州政府发行1.5亿美元的债券,用以开放空间的保护。[1] 随后,1966年11月,加州又对本州宪法进行了修正,其中第28条规定:"第一款……维护、保护、保留,并用其他方法继续保存开放空间,以便生产食物和木材,确保将自然资源和优美风景用于本州及其公民的经济和社会福利,这样对本州而言是最为有利的。""第二款……州议会有权划定开放空

---

[1] Gerald F. Vaughn, "In Search of Standards for Preserving Open Space", *Public Administration Review*, Vol. 24, No. 4 (Dec., 1964), p. 254.

第七章 生态环境与土地资源保护

间范围,有权制定条款,规定何时将这种土地置于严格的控制之下,这将由州议会作出具体规定,这些土地只能用于休闲娱乐活动,用来作为优美的景观供人们欣赏,用来作为自然资源,或者用来生产食物或木材。"[1]

其他一些州也采取了积极的行动,1962—1968年,美国已经有24个州通过选民表决的方式,支持发行公债保护开放空间,资金总额达4.55亿美元。州政府一般是通过对地方政府配套资助的形式,调动地方政府保护开放空间的积极性。一般而言,在地方政府保护开放空间的开支中,联邦政府拨款占50%,州政府和地方政府各占25%。然而,通过政府拨款购买私人土地加以保护的方法往往使政府财政不堪重负,因为虽然保护开放空间的拨款在不断增加,但地产主也往往趁机抬高地价,每年土地涨价的幅度一般在5%—10%之间。比如,为了保护加州的"波因特雷耶斯国家海岸"(Point Reyes National Seashore),国会于1962年估计,购买这里的私人土地需要1400万美元,但当拨款到位以后,投机商已经将地产价格抬高了一倍。1966年国会再次拨款500万美元,但此时的土地估价已经达到5800万美元,资金缺口变得更大了。[2] 此外,由于民主与共和两党的党派斗争,拨款资金不到位的情形时有发生,对开放空间的保护产生了不利的影响。

在联邦政府和州政府的推动之下,一些地方政府也采取了积极的行动。地方政府获得开放空间的方式多种多样,但最主要的方法可以分为四种,其一是通过直接购买或接受捐献来获得土地产权,并将其作为永久性的开放空间保留地或公园用地,永久性地禁止任何形式的开发。这是最安全的保护手段,但也是最为昂贵的一种保护手段。其二就是通过政府的管制手段(regulation),比如城市发展规划(planning)、分区制(zoning)、规划图纸(official map)等,这种管制方法可以节省政府资金,但容易引起财产权纠纷和司法诉讼,同时这些发展规划和分区制法规很容易被地方政府所修改,从而占用开放

---

[1] Peninah Neimark and Peter Rhoades Mott, eds., *The Environmental Debate*, p. 196.
[2] William H. Whyte, *The Last Landscape*, pp. 55–58.

空间进行开发或其他商业性活动，使开放空间受到蚕食和破坏。其三是介于两者之间，在政府规划和分区制的基础上，由政府购买开放空间的地役权（easement），或者开发权。这种方法也需要一定的政府投资，但比直接购买土地的产权要节省资金，但这种保护方法同样不十分稳妥。其四是开发权的转让（TDR），即由地方政府制定分区制，来划定某些区域为开放空间保留地，但为了体现土地业主的财产价值，业主可以将其土地的开发权专卖到分区制规定的开发区。这是为了应对业主对财产权的维护而采取的一种变通形式。这几种方法有时单独使用，更多的情况是混合使用。

　　土地产权的直接购买是一种较早的开放空间保护形式。比如，在费城大都市区，1930—1960年，通过地方政府的购买和私人捐献，有14万英亩的私有荒地转归政府机构所有，此外，还有5.9万英亩的荒地通过各种形式的协议，禁止业主进行开发活动，以便用于公众的各种休闲娱乐活动。同时，该大都市区还有几万英亩的荒地处于分区制法规的管制之下，限定了很低的开发密度，以便留出充足的开放空间。①

　　康涅狄格州的新迦南镇（New Canaan）是另一个较早购买开放空间的例子。该镇在20世纪五六十年代人口增长非常迅速，开放空间的保护成为一个迫切问题。此时一位业主提出将其地产上的劳埃德—拉纳姆（Lloyd-Lapham）宅邸捐献给该市，但前提是该镇要将该地产其余的237英亩的土地购买下来，索价150万美元，而如果出售给开发商，价值为250万美元。该地产的总面积达300英亩，是该镇最后一块大型的开放空间，机不可失，时不再来。为了保护这块仅有的开放空间，该镇的地方报纸展开了大力宣传，它在头版头条自问自答地写道："新迦南会永远拥有开放空间吗？""在你毫无察觉之中，我们的开放空间已经消耗殆尽了。"于是，该镇于1967年7月19日举行了公民投票，以决定是否发行债券购买该地产。在2211张选票中，

---

① David A. Wallace, ed., *Metropolitan Open Space and Natural Process*, pp. 83–84.

支持票高达 2098 票支持，反对票只有 113 票。[1]

然而，在开放空间保护运动的初期阶段，由于资金短缺，地价昂贵且不断上涨，大多数州和地方政府的纳税人不愿通过征税的方式提供资金保护开放空间。另外，虽然联邦政府和州政府对地方政府提供了财政支持，但僧多粥少，供不应求，许多地方政府往往申请不到援助资金。因此，怀特指出："即使购买土地的公共资金增加到原来的 3 倍，他们也只能获取开放空间的一个零头。"[2] 同样，1974 年加州的一项调查也得出结论："通过购买土地产权来提供必要的开放空间，其不切实性现在看来已经是显而易见的了。"[3]

购买土地的巨额开支促使一些人寻求既快捷又省钱的方式，即通过管制方式来获取开放空间，其中包括发展规划、分区制和规划图纸等。通过这些管制行为，可以禁止某些土地业主进行社区开发活动，而将其置于自然的和开放的状态，保护自然美景，保护野生动物栖息地，使其成为公众的休闲娱乐场所。这些管制行为的法律基础是政府的治安权（police power），即为了公众的利益，政府有权迫使业主采取或不采取某些行为，即使这种治安权对某人的私人利益造成了损害，政府也无须赔偿。但威廉·怀特警告说，"不要过分依赖治安权。"怀特质问道："开放空间是一种公共利益……问题是，谁应该为之付费？是土地业主还是公众？"然后，怀特通过对"治安权"和"征用权"（eminent domain）的区分，对此问题进行了回答：在治安权之下，政府有权禁止某人危害公众的行为，但不必对其进行赔偿；而在征用权之下，政府只能通过合理的赔偿形式来购买某种利益。如果禁止某人通过社区开发而放弃从土地上获利的正当机会，那么他就承担了某项公共利益的全部成本，这是非常不合理的。[4] 这种维护业

---

[1] Charles E. Little, *Challenge of the Land*, pp. 25 – 28.

[2] William H. Whyte, *The Last Landscape*, pp. 55 – 58.

[3] Adam W. Rome, "William Whyte, Open Space, and Environmental Activism", *Geographical Review*, Vol. 88, No. 2, (Apr., 1998), p. 265.

[4] William H. Whyte, *Securing Open Space for Urban America: Conservatio Easements*, Urban Land Institute, Technical Bulletin, No. 36, 1959, pp. 21 – 25.

主利益的司法案例在美国历史上司空见惯，不胜枚举。比如，在1938年纽约州的"阿文湾地产公司诉撒彻"（Arverne Bay Co. v. Thatcher）一案中，法院宣布分区制法规不能剥夺地产主土地的所有经济价值，必须使地产主能够从土地上获得合理的经济收益。①

但某些土地类型的开发利用，确实会造成较大的公害，比如洪泛平原、溪流、沼泽、山坡和地下水的注水区等。在这种情况下，州和地方政府就应该利用治安权对其开发活动加以管制。比如，马萨诸塞州议会赋予该州的自然资源部（Department of Natural Resources）以广泛的治安权，以对该州的内陆和海岸湿地加以保护。该部为地方辖区的湿地制定了严格的保护标准，并对湿地的开发活动进行了严格的管制。如果某位地产主想要开发其在沼泽、河岸、池塘、海湾等湿地上的地产，就必须向该委员会提交一份开发计划，如果该部认为其开发计划会造成公害，那么该部有权责令业主进行修改。如果该业主认为该部的管制过于严苛，从而构成了对其地产的征用，那么他可以向法院提起诉讼。②

康涅狄格州也曾试图通过分区制对该州的洪泛平原进行保护。1955年，该州议会为该州的主要河道与溪流制定了一个"河滩侵蚀线"（channel-encroachment line）计划。该州的水资源委员会根据过去的洪灾资料，对这些河道与溪流的分洪区划定了边界线，在该线以内禁止住宅开发。但是，当某地方政府通过分区制对洪泛平原加以保护时，这些地区的地产价值下降了75%，从而引发了业主们激烈的诉讼活动，该州法院在判决中认为，该社区的分区制对业主的地产构成了征用，应该予以赔偿。③ 在20世纪50年代的此类诉讼案件中，法院往往倾向于判决地方政府的分区制对业主的财产构成征用，因而违反宪法，应该予以适当的经济赔偿。

然而，随着70年代开放空间保护运动和整个环保运动走向高潮，人们对土地的观念发生了巨大变化，认为土地不仅仅是一种商品，更

---

① "Techniques for Preserving Open Spaces", *Harvard Law Review*, Vol. 75, No. 8 (Jun., 1962), p. 1624.

② William H. Whyte, *The Last Landscape*, p. 44.

③ William H. Whyte, *The Last Landscape*, pp. 41 – 43.

是一种宝贵的自然资源，政府有权对这些不可再生的资源加以保护。因此，人们对治安权和财产权的关系也进行了反思。比如1973年，一个包括圣迭戈市长皮特·威尔逊（Pete Wilson）和后来担任美国环保局（EPA）局长威廉·赖利（William Reilly）在内的研究团队发表了一份研究报告，即《土地的利用：关于城市增长的公民政策指南》(The Use of Land: A Citizens' Policy Guide to Urban Growth)。该报告提示人们对土地应该有新的认识："改变下述观点的时候已经来临，即土地只不过是一种用来榨取和买卖的商品。我们需要一种新的土地伦理，即将土地视为一种资源，如果利用不当，就会产生像空气和水污染一样的不良后果，因此应该受到同样的保护。"因此，为了公共利益，应该扩大公共权力对私人财产的管辖权，"毫无疑问，政府应该阻止这种情况的发生，即私人业主（或开发商和贷款商）有机会通过损害公共利益而获得更大的利润"。随后，该报告批评了财产权征用的概念，它写道："首先，土地的开发可能会造成危害。诚然，全国人民应该能够达成一种共识，即在泄洪道上开发住宅赚取利润，在道德上无异于出售污染的肉食以获得利润。进一步讲，我们还可以逐渐达成另一种共识，即土地开发可能会摧毁宝贵的和不可替代的资源，或严重地干扰自然进程。"[1] 因此，从70年代初期开始，政府管制土地利用的思想逐渐占据了上风。因此，在湿地开发管制过程中，联邦和州法院一般支持政府管制。在1960年以后的30年中，在400次关于湿地开发管制的案件中，私人财产权很少获得法院支持，政府也无须直接购买湿地的产权。[2]

地役权（easement）购买是保护开放空间的另一种重要手段。地役权的购买是基于这样一种认识，即在一块地产（property）上存在一系列权利，比如放牧权、耕作权、出售权、采矿权、开发权等，人们可以购买整个地产的产权，也可以只购买其中的某一项权

---

[1] Adam W. Rome, "William Whyte, Open Space, and Environmental Activism", *Geographical Review*, Vol. 88, No. 2, (Apr., 1998), p. 267.

[2] James A. Schmid, "Wetlands in the Urban Landscape of the United States", in Rutherford H. Platt, et al., eds., *The Ecological City*, p. 113.

力，比如开发权。当该项权利出售以后，其他权利仍然保留在业主手中。如果买方购买的是开发权，这种购买方式也叫作"开发权购买"（purchase of development rights，PDR），如果买方购买的开发权或地役权是为了资源保护，那么这种地役权就称为"资源保护地役权"（conservation easement）。这一概念是由威廉·怀特于1959年在一份研究报告《为美国城市保护开放空间——资源保护地役权》中首次提出的。[①] 所谓资源保护地役权，就是土地业主与非营利性的土地信托组织或政府机构签订的一种土地利用合同，前者向后者捐献或后者向前者购买相关土地的地役权，后者就成为地役权的持有者，业主放弃对其土地的开发，业主可以获得一笔资金，或者获得联邦和州政府在所得税和地产税方面的直接补贴或优惠。[②] 2006年的联邦"津贴保护法"（Pension Protection Act）大幅度地增加了对地役权捐献者的所得税优惠。合格的捐献者可以从其总收入中扣除相当于捐献地役权价值100%的所得税，为期长达16年之久。[③] 根据"关于统一州法全国大会委员会"（the National Conferernce of Commission on Uniform State Law）于1981年制定的示范法《资源保护地役权统一法》（the Uniform Conservation Easement Act），资源保护地役权要达到5个目标：其一，保留或保护土地自然的、风景的或开放空间等方面的价值；其二，确保土地能够用于农业、林业、娱乐或开放空间等方面；其三，保护自然资源；其四，维护或提高空气或水的质量；其五，保护土地在历史、建筑设计、考古或文化等方面的价值。[④]

[①] William H. Whyte, *Securing Open Space for Urban America*, 1959.

[②] Adena R. Rissman, et al., "Monitoring Natural Resources on Rangeland Conservation Easements: Who's Minding the Easement?", *Rangelands*, Vol. 29, No. 3 (Jun., 2007), p. 21.

[③] John B. Wright and Anthony Anella, "Saving the Ranch: Fresh Eyes on Taxes, Development, and Conservation Easements: Conservation Easements Provide a Surprising Diversity of Alternative Strategies for Maintaining the Ranch", *Rangelands*, Vol. 29, No. 3 (Jun., 2007), p. 17.

[④] Julie Ann Gustanski and Roderick H. Squires, eds., *Protecting the Land: Conservation Easements Past, Present and Future*, Washington D. C.: Island Press, 2000, p. 27.

第七章 生态环境与土地资源保护

地役权是"与土地相伴随"的,在土地出售、转赠或传给子女以后,后者同样要遵守地役权协议(deed)所规定的义务,地役权购买者仍然拥有地役权协议所规定的权利。大多数地役权是永久性的,但也有的有一定的期限,比如亚拉巴马、堪萨斯和弗吉尼亚三州的地役权就有一定的期限。有期限的地役权有可能导致最后的开发,地产估价员可能就会按照市场价值估价该地产,从而提高对业主的税收。如果有期限的地役权的购买者在一定期限后放弃了地役权,那么地役权所涉及的权力就会自动回到业主手里。[①] 地役权的购买对双方都有好处,首先是公共部门不必把相关土地的产权全部买下,而只购买其中的某一项权利(如开发权)即可,这样可以极大地节省资金。其次,业主可以获得一笔可观的收入,但仍然拥有相关土地的其他权利,他仍然可以进行原来的经营(比如耕种或放牧)。再次,政府可以继续向业主收税,增加政府收入,但由于地役权已被地方政府购买,土地的市场价值下降,业主所要缴纳的税额会大幅度下降。

地役权在欧洲古已有之,比如通行权(rights of way)就是一种地役权。美国早在19世纪后期就已经出现了地役权的购买。比如,马萨诸塞州议会于1893年和1898年曾授权"波士顿大都市区公园委员会"(Boston Metropolitan Park Commission)在其管辖区内购买地役权,以便清除或种植某些乔木和灌木等。1900年,在弗雷德里克·L. 奥姆斯特德(Frederick Law Oimsted)的倡议之下,马萨诸塞州议会在《环马萨诸塞海湾巡回区法》(Massachusetts Bay Circuit Act)中加入地役权条款。从1933年起,加州时常通过该州的自然资源部在州属公园周围购买"景观地役权"(scenic easements),禁止地产主在州属公园附近修造建筑物和树立广告牌,以保护州属公园的美景。但直到20世纪50年代,该州尚未将这种地役权扩大到获取公园用地方面。[②]

[①] William H. Whyte, *The Last Landscape*, pp. 82 – 83.
[②] William H. Whyte, *Securing Open Space for Urban America*, pp. 11 – 12.

马里兰州是一个比较注重保护开放空间和野生动物栖息地的州，早在1957年，该州议会就制定了《荒野和开放空间保护法》(the Wildland and Open Areas Act)，"以便确保现今的人们和未来的子孙后代能够长期享有该州的荒野资源"。根据该法，该州制定了一个荒野保护计划，利用公共资金获取开放空间和荒野土地的产权，该法还授权该州的自然资源部通过接受地役权的馈赠和购买的方式保护开放空间和自然景观，并授权地方政府购买开放空间的地役权。1986年，该州议会又成立了"资源遗产保护基金"(Heritage Conservation Fund)，授权该州通过购买产权或地役权的方式，保护湿地、荒野、风景区、独特的生态区域等。此外，该州议会还制定了"乡村土地遗产计划"(Rural Legacy Land Program)，通过州政府、地方政府和私人组织的合作，以保护乡村地区的农业、林业、自然和文化资源。1998—2002年，州议会已对该计划拨款7130万美元，该计划的目标是到2011年通过购买地役权以保护各种土地资源达20万英亩。[①]

利用地役权保护开放空间存在很多弊端，其一，由于签订了地役权合同的土地一般仍然归业主所有，业主往往不允许公民进入或限制公民进入，从而限制了公众在休闲娱乐方面的利益，但这有利于保护野生动植物栖息地和生物多样性。而且资源保护地役权一般在农业生产区或低密度的居民区实施，同样不适于附近居民的休闲娱乐活动。其二，签订了地役权合同的土地往往允许业主某种程度的住宅开发和商业利用，不利于实现长期的生态保护。比如，1985—1994年出卖了地役权的土地上，有26%有居民住宅；而1995—2004年出卖地役权的土地上，有56%有住宅。而另一项调查发现，85%的调查对象上建有住宅、新建筑物、商业设施等，几乎都出现了野生动物栖息地的减少和分割碎化现象，影响了生物多

[①] Julie Ann Gustanski and Roderick H. Squires, eds., *Protecting the Land*, p. 190.

样性。① 因此，购买地役权是一种低水准的保护措施。比如，对加州的研究表明，地役权土地提供的保护水准，有42%的面积没有保护措施，22%的面积只有低水准的保护，只有34%的面积提供了中等和高等的保护水准。②

开发权转让（Transfer of Development Rights，TDR）就是将一个地方的开发权转移到另一个地方，同时将一位地产主的开发权转让给另一位地产主或开发商。这是一种需要与地方政府的土地利用分区制相配合的土地保护措施。开发权转让（TDR）与开发权购买（PDR）相似，同样需要将土地业主的开发权购买过来，但购买者不是政府单位或土地保护组织，而是开发商自己，以便节省政府资金。在这种方法下，地方政府先制定辖区内的分区制，其中某些区域禁止开发或低密度开发（比如每5英亩一套住宅，简称A区），而另一些区域则开发密度较高（比如每英亩1套住宅，简称B区）。显然，B区业主的土地价值就高，而A区业主的土地价值就低，从而造成不同业主之间的不公平。地方政府为了维持政策的公平性，地方政府可以规定A区和B区业主的土地具有同等的开发权（都是每2英亩一套住宅），只是A区的业主不能进行开发或开发密度不能超过分区制规定的密度（即5英亩一套住宅），而B区的业主虽然可以每英亩开发一套住宅，但他只有2英亩一套住宅的开发权，B区业主为要达到每英亩一套住宅的开发权，就必须向A区的业主购买开发权。这样A区就成为"出让区"（sending area），B区就成为"接收区"（receiving area）。这样既保护了开放空间和野生动物栖息地，也达到了两个区域土地业主财产权的平等。

开发权的转让（TDR）有两种方式，第一种方式是地方政府向出让区的农场主颁发开发权证书，价格相当于土地开发的市场价格

---

① Adena R. Rissman, et al., "Conservation Easements: Biodiversity Protection and Private Use", *Conservation Biology*, Vol. 21, No. 3 (Jun., 2007), pp. 714–716.

② Adena R. Rissman and Adina M. Merenlender, "The Conservation Contributions of Conservation Easements Analysis of the San Francisco Bay Area Protected Lands Spatial Database", in *Ecology and Society*, Vol. 13, No. 1 (Jun 2008).

与农业用地或其他用地价格之间的差额,业主可以将开发权证书出售给开发商,开发商可以在接收区进行开发,达到分区制所规定的最高密度。另一种方法是地方政府成立"开发权转让银行"(TDR bank)作为中介,收购出让区业主的开发权证书,再转手出售给开发商。在开发商购买到足够的开发权证书以后,就可以在接收区内进行住房项目的开发。而且,地方政府允许开发商在接收区进行更高密度的开发,甚至远远高于分区制所规定的密度。提高开发密度,可以减少开发用地,使开发商节省购买土地的成本,从而取得更高的利润,此即密度奖励,这也是开发商不辞周折购买开发权的动力所在。[1]

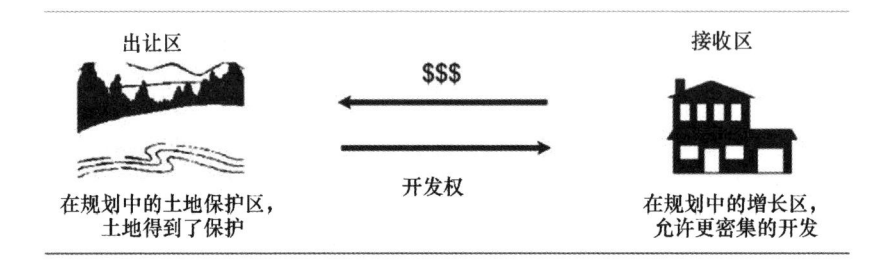

图 7.8 开发权转让示意图

资料来源:Christopher Duerksen and Cara Snyder, *Nature-Friendly Communities: Habitat Protection and Land Use*, Washington: Island Press, 2005, p.74.

进入20世纪80年代以后,随着保守主义思潮占据上风,各州政府对开放空间保护的资助也在减少。比如,威斯康星州将获取开放空间的援助资金削减了一半;科罗拉多州也大幅度地降低州政府对开放空间的保护标准。[2] 然而,进入90年代以后,美国的环保思潮有所回流,同时新城市主义和精明增长运动兴起,政府机构对开放空间的保护又出现了新的高潮。比如,1991年,马里兰州议会制定了《马里兰州林地保护法》,以减少大都市区开发活动对林地的破坏。该法适

---

[1] Tom Daniels, Deborah Bowers, *Holding Our Ground*, p.173.
[2] Christopher Duerksen and Cara Snyder, *Nature-Friendly Communities*, p.4.

用于任何一个占地面积达到 4 万平方英尺以上的开发项目，它要求开发商在向有关部门提交开发申请书之前，首先要确定开发规划中的林地占用情况及其关键的环境特征。同时，开发商还必须提交一份林地保护计划，包括保留林地的面积和位置、保护措施、树木样品、协议期限等内容。该法还规定，有关部门制定的林地保护规划必须符合该法所规定的砍伐和造林的最低要求。该法的执行交由各县执行。在该法生效的 5 年内，在开发申请所涉及的 3.5 万英亩的林地中，有 65%得到了保留，而在所清除的 35% 的林地中，约有 1/3 得到了再造林地的补偿。[①]

更重要的是，美国公众对保护开放空间和生态绿地表现出前所未有的热情，公民们越来越愿意通过纳税来保护开放空间。根据 2004 年初的一次全国性民意调查，65% 的选民同意提高税收来保护水质、栖息地和开放空间，而西班牙裔美国人的同比则高达 77%。2001 年，美国高达 70% 以上的地方性开放空间保护议案获得通过，金额高达 17 亿美元。2002 年，在美国所有的 189 次地方政府和州政府关于资源保护的公民投票中，有 141 次获得通过，通过率高达 3/4，获得 57 亿美元的资金用于购买土地加以保护。尽管 2003 年美国经济不十分景气，仍然有 23 个州的选民通过了 100 多项决议，拨款总额为 10 亿美元用于购买土地的产权或地役权保护开放空间和进行公园建设。仅在 2004 年秋季，就有 24 个州的 121 个社区通过选民投票，拨款总额为 32.5 亿美元来保护土地作为公园和开放空间。[②]

然而，不容乐观的是，虽然美国出现了保护开放空间的热潮，但大都市区的蔓延和土地开发仍然加速地进行着，美国的开放空间不是在增多，而是在迅速减少。另外，所保护的开放空间大多位于大都市区的外围地区，而丧失的开放空间则大多位于城市地区，城市地区的

[①] Ian Hardie, et al., "Regulation, Open Space, and the Value of Land Undergoing Residential Subdivision", *Land Economics*, Vol. 83, No. 4 (Nov., 2007), p.459.

[②] Christopher Duerksen and Cara Snyder, *Nature-Friendly Communities*, pp.36 – 37.

开放空间奇缺且价格极其昂贵。根据2002年的一项估计,美国要建立一个连续的战略性的开放空间和生态网络,需要增加9570万公顷的私人土地。如果是购买这些土地的地役权,需要每年投资65亿美元,连续投资30年;如果是购买土地的产权,则需要在30年内每年投资92亿美元。而相比之下,1998—2005年,美国各州和地方土地的保护计划大约只投入了3亿美元,此外还有少量私人资金。事实上,资金缺口比想象的更大,因为大多数购买开放空间的公共资金集中于几个濒海濒湖的州内,这些土地更加昂贵。[①] 可见,美国的开放空间保护何其任重道远。

(五) 土地信托组织的开放空间保护活动

除了各级政府机构以外,众多民间组织也积极地参与开放空间的保护行动。早在19世纪末20世纪初,美国就出现了以保护开放空间为目的的土地信托组织(land trusts),但在20世纪前半期,此类组织的发展相当缓慢,而在50年代开放空间保护运动兴起以后,其发展速度开始加快。这些组织既有地方性的,也有区域性的和全国性的,它们在保护开放空间的过程中发挥了极为重要的作用。

土地信托组织是一种获得了《国内税务条例》(Internal Revenue Code)501(c)(3)条款所规定资格的民间非营利组织,其主要目的是通过直接行动来保护自然区域、开放空间和农业用地等土地资源。土地信托组织只有获得上述资格,向其捐赠土地产权或地役权的业主才能享受联邦政府的减税优惠,其持有的土地也可以享受地方政府的地产税豁免权。

土地信托组织起源于19世纪后期的自然资源保护运动。美国的第一个土地信托组织是1891年马萨诸塞州成立的"资源保护信托人"(the Trustees of Reservations)。到1901年,该组织已经获得了6块土

[①] Jeffrey C. Milder and Story Clark, "Conservation Development Practices, Extent, and Land-Use Effects in the United States", *Conservation Biology*, Vol. 25, No. 4 (August 2011), p. 697.

地捐赠，面积达 431 英亩，这些土地为该组织所有，但允许公众进入。① 在 20 世纪前期，土地信托组织的发展十分缓慢，到 1950 年，美国只在 26 个州中存在 53 个土地信托组织。随着开放空间保护运动的展开，各级政府开始关注开放空间的保护。但是，虽然各级政府实施了一些保护开放空间的政策措施，但政府的行动速度比较迟缓，不能适应迫切的保护形势，而"私人组织则可以采取迅速而灵活的行动，免除了政治运作程序，且不受选民投票的干扰"②，因此私人性质的土地信托组织开始迅速发展。比如 1945—1949 年，美国只有 3 个土地信托组织成立，1950—1954 年成立了 7 个，而 1955—1959 年则成立了 18 个。③ 到 1965 年，在美国的 26 个州中已经存在 126 个土地信托组织，它们大多数位于东北部和中部大西洋地区。到 1975 年增加到 308 个，④ 到 1981 年增加到 431 个。⑤

到 20 世纪 80 年代以后，有两个因素推动了美国土地信托组织的爆炸式发展。其一，80 年代保守的共和党执政，联邦政府急剧削减乃至停止资金拨款，州和地方政府也经费不足，开放空间的保护任务面临着巨大困难，于是民间的土地信托组织迅速崛起，以挽救迅速消失的开放空间、野生动物栖息地和其他自然空间。其二，1982 年 2 月在波士顿成立了一个全国性组织"土地信托组织交流中心"（the Land Trust Exchange），1990 年更名为"土地信托联盟"（the Land Trust Alliance，LTA）。该联盟成立后出版了《交流》（*Exchange*）杂志，1983 年举行了第一次土地保护研讨会，大约有 80 人参加。⑥ 1985 年又在首都华盛顿举行了全国性的会议，有 30

---

① Richard Brewer, *Conservancy*: *The Land Trust Movement in America*, p. 24.
② Richard H. Goodwin, "The Role of Private Agencies in Natural Area Preservation", *BioScience*, Vol. 18, No. 5, (May, 1968), p. 393.
③ Richard Brewer, *Conservancy*: *The Land Trust Movement in America*, p. 32.
④ John B. Wright, "Cultural Geography and Land Trusts in Colorado and Utah", *Geographical Review*, Vol. 83, No. 3 (Jul., 1993), p. 270.
⑤ Jean Hocker, "Land Trusts: Key Elements in the Struggle Against Sprawl", *Natural Resources & Environment*, Vol. 15, No. 4 (Spring 2001), p. 244.
⑥ Richard Brewer, *Conservancy*: *The Land Trust Movement in America*, p. 176.

个州的80个土地信托组织参会，出席人员达257人。2002年在得克萨斯州的奥斯丁举办的会议规模宏大，出席人员达1800人。[1] 该联盟加强了各个信托组织之间的信息交流，推动土地保护技术的发展，为各地方组织培训会员，帮助建立新的土地信托组织等，从而推动了土地信托组织数量的迅速增长。根据该联盟1991年的统计，美国已经拥有889个地方性和区域性的土地信托组织，其会员人数从1984年的30万人增加到1991年的77.5万人。[2] 到2000年，土地信托组织的数量增加到1262个，到2005年又上升到1667个，比2000年增加了32%。[3] 因此，美国学者理查德·布鲁尔（Richard Brewer）认为，美国土地信托"运动"的真正起点是1981年，因为直到那时，这些组织才彼此了解，相互学习，共同努力，从而形成一种全国性的土地信托运动。[4] 关于土地信托组织的发展速度，可参见图7.9。

然而，这些土地信托组织的分布存在着显著的地区不平衡性，数量最多的是东北部，其次是中西部和大西洋中部各州，因为这些地区的城市发展最早，人口密度最大，城市数量最多，对土地的威胁最严重，因而受到较早和较多的关注（见图7.10）。

这些土地信托组织在规模和兴趣方面存在很大差别。从规模上讲，可分为地方性、区域性和全国性的土地信托组织。地方性组织规模很小，大约有54%的组织年度预算不足1万美元，有41%的组织保护土地不足100英亩，另外37%的组织保护土地不足1000英亩，只有36%的组织保护土地超过1万英亩。到90年代初期，这些组织

---

[1] Richard Brewer, *Conservancy: The Land Trust Movement in America*, p. 178.

[2] John B. Wright, "Cultural Geography and Land Trusts in Colorado and Utah", *Geographical Review*, Vol. 83, No. 3 (Jul., 1993), p. 270.

[3] John B. Wright and Anthony Anella, "Saving the Ranch: Fresh Eyes on Taxes, Development, and Conservation Easements: Conservation Easements Provide a Surprising Diversity of Alternative Strategies for Maintaining the Ranch", *Rangelands*, Vol. 29, No. 3 (Jun., 2007), p. 14.

[4] Richard Brewer, *Conservancy: The Land Trust Movement in America*, p. 36.

第七章　生态环境与土地资源保护

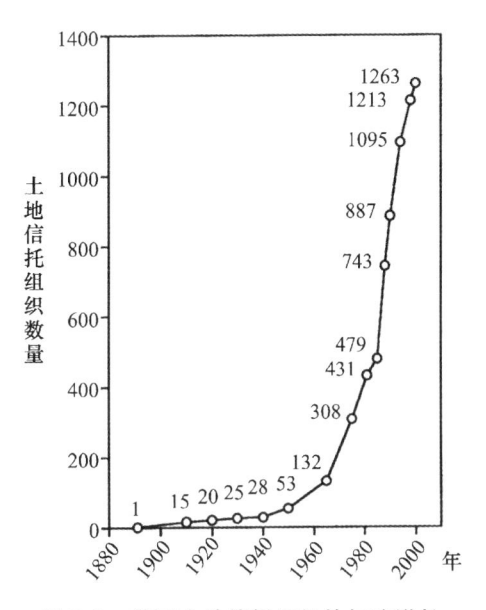

图 7.9　美国土地信托组织的加速增长

资料来源：Richard Brewer, *Conservancy: The Land Trust Movement in America*, Lebanon, NH: University Press of New England, 2003, p.38.

图 7.10　1992 年美国土地信托组织分布图

资料来源：John B. Wright, "Cultural Geography and Land Trusts in Colorado and Utah", *Geographical Review*, Vol.83, No.3 (Jul., 1993), p.271.

保护土地达 220 万英亩，占美国土地信托组织保护数量的 82%。[1] 规模最大的土地信托组织是"自然保护协会"（The Nature Conservancy，TNC），但该组织以保护野生动植物栖息地和生物多样性为主要宗旨，在下一节再详加介绍。1972 年从自然保护协会（TNC）分离出来的"公共土地信托协会"（The Trust for Public Land，TPL）是一个专门从事娱乐性开放空间保护的组织。该组织的第一笔交易是在洛杉矶获取的一块 672 英亩的土地并建立了一个城市公园。从 1973 年到 2000 年，该组织进行了 1900 多次土地交易，保护土地达 120 万英亩。[2] 另一个大型的全国性土地信托组织是"美国农地信托组织"（AFT，后文将会谈到）。一些州级的土地信托组织规模也很大，"加州牧场信托组织"（the California Rangeland Trust）拥有 20 多万英亩的地役权，"蒙大拿土地信托人"（the Montana Land Reliance）保护牧场 70 多万英亩。[3]

从土地保护类型来看，有的组织只保护某一块土地或一种类型的土地，而有的则追求更广泛的保护计划。[4] 根据土地信托联盟（LTA）1995 年的统计，80% 的土地信托组织将野生动物栖息地作为其最主要的保护对象；其次是保护湿地，占 73%；保护绿色通道者占 72%；保护林地者占 69%；保护娱乐性土地者占 64%；保护农地者占 57%；等。此外，80% 的土地信托组织还进行公共教育活动。[5]

就资金来源而言，美国土地信托组织平均 65% 的资金来自于私人

---

[1] John B. Wright, "Cultural Geography and Land Trusts in Colorado and Utah", *Geographical Review*, Vol. 83, No. 3 (Jul., 1993), pp. 270 – 271.

[2] Richard Brewer, *Conservancy: The Land Trust Movement in America*, pp. 217 – 224.

[3] John B. Wright and Anthony Anella, "Saving the Ranch: Fresh Eyes on Taxes, Development, and Conservation Easements: Conservation Easements Provide a Surprising Diversity of Alternative Strategies for Maintaining the Ranch", *Rangelands*, Vol. 29, No. 3 (Jun., 2007), p. 14.

[4] Sarah C. Smith, "A Public Trust Argument for Public Access to Private Conservation Land", *Duke Law Journal*, Vol. 52, No. 3 (Dec., 2002), p. 633.

[5] Jeffrey Kline and Dennis Wichelns, "Public Preferences regarding the Goals of Farmland Preservation Programs: Reply", *Land Economics*, Vol. 74, No. 4 (Nov., 1998), p. 566.

捐款,① 包括慈善性基金、个人和公司的捐赠,此外,还有一些组织接受联邦和州政府的配额援助资金。比如,联邦农业部森林局(Forest Service)的"森林遗产计划"(Forest Legacy Program)提供了土地信托组织在林地产权或地役权资金的75%。② 另外,土地信托组织还可以将其所获得的土地产权和地役权转卖给地方、州或联邦政府机构,以便获得更多的资金。土地信托组织拥有产权的土地还可以享受各级政府的免税特权,比如土地交易税、地产税和继承税等。

土地信托组织保护土地的方式只有两种,其一,通过购买或捐赠来获得土地的产权。它们获得的土地可以作为开放空间提供给公众使用,也可以出租给客户作为农场或牧场,或出售给更合适的土地保护组织或政府机构,或者干脆永久性地禁止利用这些土地。其二,通过购买或捐赠获得地役权,地役权的捐赠如果达到联邦国内税务局(the Internal Revenue Service,IRS)第170(h)款的规定,捐献者的相关土地可以享受联邦政府所得税优惠。私人土地信托组织必须获得《国内税务条例》(Internal Revenue Code)501(c)(3)条款规定的资格,同时还要满足下述4个目标之一,捐赠人才能享有减税特权。其一,保护土地用于公众的户外娱乐活动或教育活动;其二,保护自然地域作为野生动物栖息地;其三,保护开放空间(包括农田和林地)用于公共目的,或保护自然景观;其四,保护历史古迹或合格的历史建筑。地役权合同要对相关土地上未来建筑的数量、种类和方位加以限制,此外还有其他限制,比如溪流的填埋、植被的清除、林地的砍伐或农业耕种等。土地业主继续拥有该土地,可以继续生活在其上,也可以出售或遗赠土地,但所有未来的业主都要遵守该土地的地役权合同。持有地役权的土地信托组织拥有对该土地的管理权和必要

---

① Jeffrey Kline and Dennis Wichelns, "Public Preferences regarding the Goals of Farmland Preservation Programs: Reply", *Land Economics*, Vol. 74, No. 4 (Nov., 1998), p. 566.
② Konrad Liegel and Gene Duvernoy, "Land Trusts: Shaping the Landscape of Our Nation", *Natural Resources & Environment*, Vol. 17, No. 2 (Fall 2002), p. 95.

的法律执行权。①

对于捐献土地的业主而言,其捐献的土地可以获得联邦政府的财政补助。如果业主将土地出卖给地产开发商,其收入的很大一部分要作为地产交易税缴纳出去。而如果将土地捐献给土地信托组织,那么他不仅不必缴纳所得税,而且还能收回土地的全部价值。根据联邦国内税务局(IRS)的条例,捐献土地的业主可以每年获得其毛收入的30%。按照美国学者理查德·布鲁尔的计算。假如该业主年收入为6万美元,而他捐献的土地价值10万美元,那么他可以在5年内每年得到联邦政府1.8万美元的补贴,第6年获得补贴1万美元,6年就可以收回他捐献土地的全部价值。②

同样,业主也可以捐献地役权,地役权的价值与土地的市场价值之间的差价,就是业主现有土地的价值,地方政府可以按照后者较低的价值向业主征收地产税。但并非所有的州都给予这种地产税的优惠,到21世纪之初,美国本土48个州制定了关于资源保护地役权的法律,③ 只有亚拉巴马州和爱达荷州拒绝给予签订地役权合同的业主以地产税优惠。而另一个极端是马里兰州,它给予签订地役权合同的业主以50年的地产税豁免权。伊利诺伊州法律规定,签订地役权合同的土地可以享受75%的税收优惠。④ 在马萨诸塞州,首席检察官(attorney general)明确宣布,他有责任和权威来维护该州地役权的有效期。⑤ 虽然土地信托组织可以购买土地的产权,但购买地役权比购买土地产权更加节省资金,所以土地信托组织越来越倾向于通过购买地役权来进行开放空间的保护(见表7.9)。

---

① Jean Hocker, "Land Trusts: Key Elements in the Struggle Against Sprawl", *Natural Resources & Environment*, Vol. 15, No. 4 (Spring 2001), p. 245.
② Richard Brewer, *Conservancy: The Land Trust Movement in America*, p. 141.
③ Jean Hocker, "Land Trusts: Key Elements in the Struggle Against Sprawl", *Natural Resources & Environment*, Vol. 15, No. 4 (Spring 2001), p. 245.
④ Richard Brewer, *Conservancy: The Land Trust Movement in America*, p. 147.
⑤ Jean Hocker, "Land Trusts: Key Elements in the Struggle Against Sprawl", *Natural Resources & Environment*, Vol. 15, No. 4 (Spring 2001), p. 245.

表7.9　　1988—1998年美国土地信托组织保护土地的数量　　（英亩）

保护方式	1988	1990	1994	1998	10年间增长率（%）
持有产权	300000	440000	535000	828000	176
持有地役权	290000	450000	740000	1385000	377

资料来源：Julie Ann Gustanski and Roderick H. Squires, eds., *Protecting the Land: Conservatio Easements Past, Present and Future*, Washington D. C.: Island Press, 2000, p. 14.

土地信托组织作为私人部门，其购买了产权或地役权的土地大多数为该信托组织或原业主私人所有，不属于公共开放空间，往往不允许公民进入。这对于保护土地的自然状态固然有诸多益处，但对于公众的消遣活动，对于公众的身心健康、公共教育和审美情操则无疑是一个巨大缺陷。关于土地信托组织和公共部门所获得土地的公众娱乐活动的利用情况可参见图7.11。

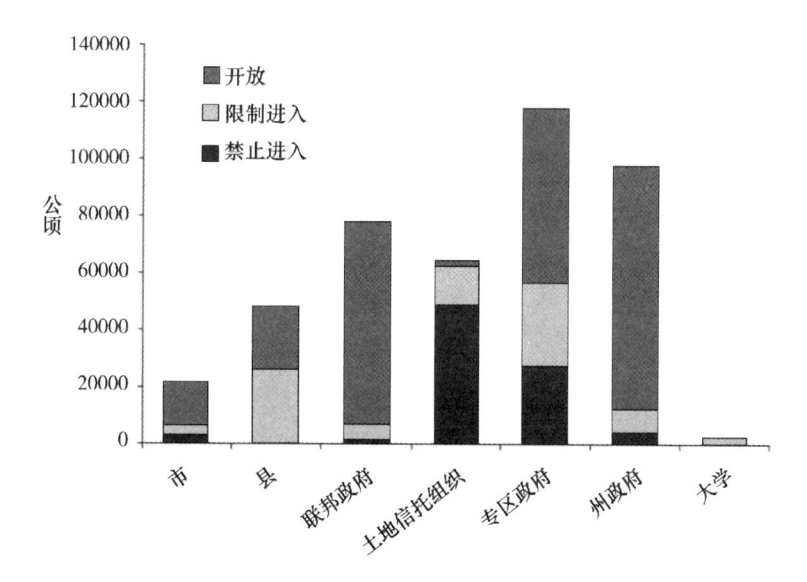

图7.11　旧金山湾区大都市区开放空间的公众娱乐活动利用情况

资料来源：Adena R. Rissman and Adina M. Merenlender, "The Conservation Contributions of Conservation Easements Analysis of the San Francisco Bay Area Protected Lands Spatial Database", *Ecology and Society*, Vol. 13, No. 1 (Jun 2008).

随着土地信托组织的快速增长，其土地资源和开放空间的保护也取得了非凡的成就。根据1995年土地信托联盟（LTA）的报告，美国有1095个土地信托组织在50个州和哥伦比亚特区展开土地保护活动，成员达90万人。这些土地信托组织已经获得了535405英亩的开放空间的土地所有权，此外还拥有740130英亩的地役权，并且已将992000英亩的土地转移给第三方保管，并通过其他手段保护了另外1763644英亩土地。这些受保护的开放空间总计大约达到400万英亩。需要注意的是，上述这些成就仅仅是地方性组织的成就而已，并不包括全国性土地信托组织的保护成就，如公共土地信托协会（TPL）、自然保护协会（TNC）和奥杜邦协会等组织的土地保护活动。[1] 而根据该联邦2001年的统计，到20世纪末，美国土地信托组织及其保护土地的数量仍然在迅速增加（见表7.10）。正如琼·霍克

表7.10　　　　土地信托组织数量及其所保护的土地面积

区域	土地信托组织 1990年	土地信托组织 2000年	土地保护面积（公顷）和增长率 1990年	2000年	增长率（%）
大西洋中部	105	174	183181	413737	126
中西部	119	186	47450	125128	163
东北部	433	497	243853	702520	188
西北部	50	69	75111	274450	265
太平洋沿岸	79	139	157174	511527	225
中南部	11	25	2971	42883	1343
东南部	62	115	43650	160539	268
西南部	26	57	16350	285466	1646
总计	885	1262	769740	2516250	227

资料来源：A. M. Merenlender, L. Huntsinger, G. Guthey and S. K. Fairfax, "Land Trusts and Conservation Easements: Who Is Conserving What for Whom?" *Conservation Biology*, Vol. 18, No. 1 (Feb., 2004), p. 68.

---

[1] Jeffrey Kline and Dennis Wichelns, "Public Preferences regarding the Goals of Farmland Preservation Programs: Reply", *Land Economics*, Vol. 74, No. 4 (Nov., 1998), p. 566.

（Jean Hocker）所称赞的那样，"民间非营利性的土地信托组织构成了抵制无序开发和开放空间流失的第一道防线"[1]。塞拉俱乐部的首脑迈克尔·费希尔（Michael Fischer）在一次演说中，也盛赞土地信托组织是"资源保护运动中最强大的力量"[2]。

然而，当美国各级政府和土地信托组织对开放空间即人类的活动场所加以保护的同时，却无意中危害了其他生物的生存与活动场所，即野生动植物栖息地。在某种意义上，保护开放空间和保护野生动物栖息地是重合的，因为两者往往拥有共同的生存空间，而且人类的休闲娱乐活动也往往与野生动植物有着密切的联系，比如观鸟、垂钓和捕猎等。然而，由于人类拥有远远超乎野生动物的强势，即使某些地域不进行城市开发，而是作为人类的休闲娱乐场所加以保留，也会对其中的野生动物造成不可估量的危害。因此，在开放空间保护运动中，如何保护生态环境和野生动物栖息地逐渐提上了日程，而且后者越来越成为政府和私人部门保护活动的主要内容之一。

五 大都市区蔓延与野生动物栖息地的保护

如果说开放空间和自然景观的保护还处于功利主义和人类中心主义的层次，那么野生动物栖息地的保护则已经上升到生态主义的高度。随着20世纪60年代环保运动的兴起，生态主义思想得到了广泛传播，人们逐渐认识到，没有止境的发展和消费将会耗尽地球上有限的资源，包括野生动植物资源，而人类仅仅是整个生态系统中的一员，人要善待自己，就要首先善待人类赖以生存的环境。到20世纪六七十年代，保护开放空间和保护野生动物栖息地逐渐结合在一起，已经彼此交融，难解难分。

---

[1] Jean Hocker, "Land Trusts: Key Elements in the Struggle Against Sprawl", *Natural Resources & Environment*, Vol. 15, No. 4 (Spring 2001), p. 244.

[2] Richard Brewer, *Conservancy: The Land Trust Movement in America*, p. 11.

（一）大都市区蔓延对野生动物栖息地的危害

美国大都市区的空间蔓延不仅破坏和侵占了人类进行娱乐活动的开放空间，而且也破坏和侵占了大量野生动物的栖息地，威胁着野生动物的生存和生物多样性。前文指出，开放空间是一个非常宽泛的概念，它包括野生动物栖息地，因为人类的活动空间，往往也是动物的活动空间和植物的生长区，反之亦然。但为了强调大都市区蔓延对野生动植物的危害，本节专门对这一问题加以论述。

美国环保局于 2000 年在一份文件中指出："蔓延式的开发可能会毁坏或者损害自然生态系统，比如现存的林地、草地和湿地，以及那些生活于其中的野生动物。当自然地区遭到破坏，或者被公路分割隔离的时候，那么鸟类和兽类的繁殖就会受到危害。"[1] 确实，这种现象在美国比比皆是，不胜枚举。

大都市区蔓延对野生动物栖息地最直接的威胁就是直接占用，这种占用导致了栖息地数量的绝对减少。比如，加州的科切拉谷地（Coachella Valley）就是一个显著的例子。该谷地位于洛杉矶以东大约 100 英里之处，是科罗拉多大沙漠的北部延伸地带，其面积达 300 平方英里，20 世纪 40 年代以后，该谷地开始进行农业和城市开发，而且许多地方还发展为旅游胜地。起初，该谷地拥有 267 平方英里的科罗拉多须趾蜥（fringe-toed lizard）栖息地，但在 1985 年"栖息地保留计划"（HCP）制定之时，其面积已经大约缩小到 127 平方英里（或 81500 英亩），而且其中的一半还出现了严重的衰退现象。[2] 与此相似，亚利桑那州皮马县（Pima County）的索诺兰沙漠（Sonoran Desert）拥有 2500 种传粉昆虫和 500 种留鸟和候鸟，占北美鸟类的 2/3，而其沙漠夕阳和树形仙人掌（saguaro cactus）是闻名遐迩的

---

[1] U. S. Environmental Protection Agency, *Environmental Quality and Community Growth*, p. 2.

[2] Richard Whitman, et al., "The Indiana Dunes: Applications of Landscape Ecology to Urban Park Management", Rutherford H. Platt, et al., eds., *The Ecological City: Preserving and Restoring Urban Biodiversity*, The University of Massachusetts Press, 1994, pp. 232 – 234.

第七章　生态环境与土地资源保护

自然美景。然而，仅1990—2000年，该县人口就增加了17.4万人，每年占用沙漠土地7—10平方英里，该县最大的城市图森等的蔓延式开发模式，使该沙漠的自然景观和栖息地受到了严重威胁。[①] 又如，科罗拉多州的博尔德草地鸟栖息地也受到了城市蔓延的巨大威胁。在20世纪初，博尔德县拥有29种草地鸟，但到90年代已经有7种灭绝或因其数量骤减而濒临灭绝；另外4种已经成为稀有物种：尖尾草原松鸡（Sharp-tailed Grouse）、岩鸽（Mountain Plover）、长嘴麻鹬（Long-billed Curlew）和白颈渡鸦（Chihuahuan Raven）；而比较常见的鸟类只剩18种。[②] 在佛罗里达州，有15个类型的旱地生态系统受到危害，有的甚至遭到严重的破坏。1936—1997年，该州丧失了88%的长叶松生态系统。在宾夕法尼亚州，由于郊区的开发，波科诺（Pocono）地区的一些荒地受到严重的威胁，而该地区正是该州两个最大的濒危动物繁多的地区。[③]

除了直接占用以外，郊区蛙跳式的开发和纵横交错的公路还对野生动物栖息地进行了切割分离，从而导致了野生动物栖息地的碎化，那些迁徙能力较弱的野生动物会由于饥饿、压抑、疾病和繁殖受阻而减少乃至灭绝。而在美国，这种蛙跳式的郊区开发越来越流行，比如在1930年，那种320英亩以下的孤立的蛙跳式的开发共占地达9000英亩，而1960年则上升到2.6万英亩。[④] 一个最显著的例子就是加州南部，这里大都市区的蔓延式开发不仅侵吞了滨海地区90%以上的鼠尾草（sage）生态系统，而且，这一生态系统还被分割得支离破碎，使该地区的许多本地鸟类和小型哺乳动物大幅度减少。美国鱼类和野生动物管理局（FWS）称之为"美国遭受破坏最为严重的栖息

[①] Christopher Duerksen and Cara Snyder, *Nature-Friendly Communities: Habitat Protection and Land Use*, Washington: Island Press, 2005, pp. 254–256.

[②] Zach F. Jones and Carl E. Bock, "Conservation of Grassland Birds in an Urbanizing Landscape: A Historical Perspective", *The Condor*, Vol. 104, No. 3 (Aug., 2002), pp. 644–649.

[③] F. Kaid Benfield, et al., *Once There Were Greenfields*, p. 71.

[④] Nohad A. Toulan, "The Distribution and Value of Open Land in the Philadelphia Area", in David A. Wallace, ed., *Metropolitan Open Space and Natural Process*, p. 58.

地类型"。1931年，奥兰治（Orange）、里弗赛德（Riverside）、圣迭哥（San Diego）3个县的边界地带有180片滨海鼠尾草灌木丛，而到1990年，由于开发活动而导致的分割，这些灌木丛的数量上升到前者的4倍，而每个灌木丛的规模却缩小到原来的1/10。而且，仅在90年代的头两年，奥兰治和圣迭哥两个县就有7600英亩的灌木丛被清除，用来进行郊区开发。① 根据另一材料，栖息地的毁坏和分割成为新英格兰80%以上的濒危物种所面临的主要威胁。② 野生动物栖息地的碎化，使野生动物种群的交配对象日益稀少，导致其基因存量越来越少，出现所谓的"基因瓶颈"，造成近亲繁殖，基因衰退，繁殖减少，免疫系统衰退，从而很容易受到同一种传染病的感染而灭绝。③ 伊利诺伊州的印第安纳沙丘（Indiana Dunes）就是如此。这是一个著名的风景区和动植物栖息地，由于受到了芝加哥大都市区蔓延式开发的影响，不仅在该沙丘与其他自然区域之间出现了隔离状况，而且在该沙丘内部也出现了分割碎化的现象，从而恶化了生物种群的基因交流，导致了物种的灭绝，减少了物种多样化。到1994年，在该沙丘发现了1134种本地植物和几百种外来植物，但可能有12种可以被列为灭绝物种，另有94种被印第安纳州列为濒危物种，其中一种被美国鱼类和野生动物管理局（FWS）列为濒危物种，另有5种有待列入。④

对野生动物栖息地保护的根本手段就是减少人类的干扰，但是随着人们生活水平的提高和闲暇时间的增多，人们到野外郊游的愿望和行为都在增加，因此人们在城市和郊区建立了众多的公园、绿地、池塘等人造自然空间，这在一定意义上有利于野生动物的生存。但人类活动在根本上与自然运行是存在冲突的，娱乐性开放空间与野生动物

---

① F. Kaid Benfield, et al., *Once There Were Greenfields*, p. 72.

② Terry S. Szold and Armando Carbonell, *Smart Growth: Form and Consequences*, Toronto: Webcom Ltd., 2002, p. vii.

③ William B. Honachefsky, P. P., P. L. S., Q. E. P., *Ecologically Based Municipal Land Use Planning*, p. 84.

④ Richard Whitman, et al., "The Indiana Dunes: Applications of Landscape Ecology to Urban Park Management", in Rutherford H. Platt, et al., eds., *The Ecological City: Preserving and Restoring Urban Biodiversity*, The University of Massachusetts Press, 1994, pp. 190 – 192.

栖息地存在着根本的冲突,因为这些半自然的人工空间,受到人类活动的干扰太多,不利于野生动植物的繁衍生息。另外,这些半自然的公园、绿地和池塘,其承载力也大大逊色于原生态的栖息地,不能承载同样种类和数量的野生动物。即使人类在城市规划中为野生动物保留了原始的栖息地,也不能避免人类的干扰与妨害,尤其是那些稀有的适应能力较差的动物往往会减少乃至灭绝,而代之以常见的适应力较强的野生动物。比如,根据一项研究,在弗吉尼亚州费尔法克斯县(Fairfax County)的一片95英亩的林地中,1942年,一些稀有的鸟类,如红眼绿鹃、橙顶灶鸫、猩红比蓝雀等还十分常见,但到1979年,由于这片林地已被一些居民社区团团包围,这些珍稀的鸟类已经销声匿迹。而其他一些典型的森林鸟类,如阿卡迪亚鹟、美洲小鹟、黄喉绿鹃、食虫鸣禽、勾嘴鸣禽、路易斯安纳水鸫等,在1942年时还比较常见,而到1979年则变得稀少罕见。相反,另一些常见的鸟类则在同期数量大增,比如灰色北美猫头鹰、美洲旅鸫、麻雀、蓝色松鸦、嘲鸫、椋鸟、红衣凤头鸟等。①

  郊区开发和居民的迁入还带来了外来物种和家畜,从而对本地野生动物造成了极大的危害。比如佛罗里达州迈阿密大都市区的开发,将缅甸蟒和一种毒蛙引入此地,使本地的野生动物遭到了灭顶之灾,这又迫使人们采取措施去消灭这些外来物种。又如,威斯康星州的一片林地巴拉布希尔斯(Baraboo Hills),是处于候鸟在中美洲和加拿大之间迁徙路线上的一个停留地。然而,由于该林地以南30英里处的麦迪逊市(Madison)的郊区开发,不仅大片林地被住房和公路所侵占和分割,且有外来植物蔓延,导致本地一些树木和花草死亡。更严重的是,这些郊区的家猫大量捕杀迁徙途中的鸣禽。仅在威斯康星州,每年就有大约3900只鸣禽被家猫所捕杀。②

---

  ① William B. Honachefsky, P. P., P. L. S., Q. E. P., *Ecologically Based Municipal Land Use Planning*, pp. 82 – 83.
  ② David J. Cieslewicz, "The Environmental Impacts of Sprawl", in Gregory D. Squires, ed., *Urban Sprawl*: *Causes*, *Consequences & Policy Responses*, Washington, D. C.: The Urban Institute Press, 2002, p. 35.

在所有的野生动物栖息地中，湿地是最为敏感脆弱的，受到的破坏也最为严重。因为人类具有一定的亲水性，因此，海滩、河岸、湖滨、湿地这些最为敏感的生态区域却往往是住房开发的热点地区，这些地区的开发对野生动物栖息地的危害远远大于旱地开发的危害。1954年，美国鱼类和野生动物管理局（FWS）对全国的湿地进行了一次调查，发现除了农业开垦和洪灾控制工程以外，城市的蔓延也侵占了大量的湿地。比如，纽约大都市区的长岛位于野鸭和大雁等国际候鸟季节性迁徙的路线上，这里的湿地是这些候鸟重要的栖息地。然而，到50年代初期，长岛郊区的迅速开发侵占了几千英亩的水禽栖息地。因此，该局总结说："在这个国家的历史上，从未像今天这样有必要制定保留旱地和水域的计划，以满足未来鱼类和野生动植物的需要。"于是该局开始采取措施对野生动物栖息地加以保护。1957年，该局与纽约州资源保护部共同发起了一个保护长岛湿地的运动。1959年，纽约州议会还通过了一项法案，授权州政府帮助地方政府保护湿地。但是，湿地仍然以惊人的速度遭到破坏。1959年的一次调查表明，长岛的湿地面积已经减少了1/8，其中住房开发占据了最大份额，即占35%。1964年进行的第3次调查发现，在1954—1964年短短的10年之内，长岛将近1/3的湿地已经被排干或者填平，用于住房、娱乐设施、机场、工厂、道路、停车场和垃圾场的开发。[①]

从全国范围来说，美国的湿地损失十分惨重。到1994年，美国在200多年中破坏了1.17亿英亩的湿地，占美国本土48个州湿地总量的53%，湿地占国土面积的比例由11%下降到5%。当然，农业开垦是湿地减少的主要原因，但随着大都市区的迅速蔓延，城市和郊区开发成为湿地损失的另一个重要因素。1954—1974年，美国有900多万英亩的湿地被城市开发所占用，到1984年，城市和郊区开发占用了美国22%的咸水湿地和6%的淡水湿地。[②]

[①] Adam Rome, *The Bulldozer in the Countryside*, pp. 156–163.
[②] James A. Schmid, "Wetlands in the Urban Landscape of the United States", in Rutherford H. Platt, et al., eds., *The Ecological City*, p. 109.

第七章 生态环境与土地资源保护

对湿地栖息地而言,一个严重的威胁就是由城市开发造成的水体污染。比如,克劳斯·O. 里克特（Klaus O. Richter）于 1989、1993、1995 年对华盛顿州金县（King County）的 19 个湿地进行的考察发现,在城市化程度较低的流域中,其湿地内会普遍发现水蛾（trichoptera）的存在；在中等城市化程度的流域中,其湿地内的水蛾可以偶有发现；而在城市化程度最高的两个流域中,其湿地内就很少有水蛾的出现了。这表明,城市开发造成了水蛾等无脊椎动物数量的减少。[1] 另据克劳斯·O. 里克特和阿曼达·L. 阿祖（Amanda L. Azous）于 1988、1989、1993 和 1995 年的研究,湿地所在流域的城市化还对水生动物和两栖动物的数量产生了负面影响。在他们所研究的 11 种两栖动物中,其数量在总体上都有大幅度的减少。比如,红腿蛙（red-legged frog）的数量在这 4 个年份中,每 100 个夜晚所捕捉到的数量分别为 9.60、9.64、3.21 和 1.38 个,这说明红腿蛙的数量大为减少。另外,比较而言,在城市化水平较高的流域内,湿地中两栖动物的数量明显少于城市化水平较低的流域,在城市化水平和本地物种的数量之间存在着负相关关系。他们认为,两栖动物的减少可能与水文特征的变化有关,土地利用模式的变化导致了径流的增加,加剧了湿地在洪涝、水深、干旱等方面的变化,从而减少了卵的孵化率,增加了幼虫的死亡率。此外,他们还发现,湿地附近 1000 米以内的林地对两栖动物的生存异常重要,因为这里是动物捕食、栖息、迁徙的场所。[2] 水蛾等无脊椎动物和两栖动物处于食物链的底端,其数量的减少自然会影响到鸟类和哺乳动物的数量和生存。

---

[1] Klaus O. Richter, "Macroinvertebrate Distribution, Abundance, and Habitat Use", in Amanda L. Azous, Richard R. Horner, eds., *Wetlands and Urbanization: Implications for the Future*, Washington, D. C.: Lewis Publishers, 2001, p. 135.

[2] Klaus O. Richter and Amanda L. Azous, "Amphibian Distribution, Abundance, and Habitat Use", in Amanda L. Azous, Richard R. Horner, eds., *Wetlands and Urbanization: Implications for the Future*, pp. 152 – 157.

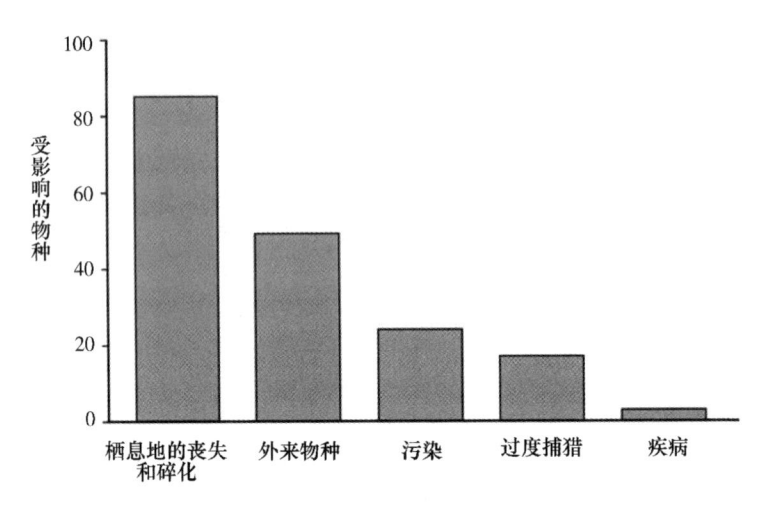

图 7.12　对美国野生动物的威胁因素

资料来源：David B. Lindenmayer, Joern Fischer, *Habitat Fragmentation and Landscape Change: An Ecological and Conservation Synthesis*, Washington: Island Press, 2006, p.41.

　　由于人类的开发活动对野生动物栖息地造成了严重的危害，美国众多的野生动物处于濒临灭绝的境地。1986 年，美国的濒危哺乳动物达到 29 种，鸟类 63 种，爬行动物 16 种，鱼类 57 种，两栖动物 8 种。[①] 到 1990 年春，联邦和加州的有关法律将 524 种动物列为或建议列为濒危物种；1991 年秋，联邦和加州法律又将 212 种植物列为稀有或濒危植物，但是根据"加州本地植物协会"（California Native Plant Society）的资料，加州还有 541 种植物已经成为濒危物种，但它们并没有被联邦和加州法律列为濒危物种。[②]

　　汤因比曾就人类对野生动物的危害进行了辛辣的讽刺和批判，他写道："人类使整个生物圈不再适于生存的能力，在使数不胜数的野生物种灭绝中已得到明显的表现，而这其中，人类和其家养的动物也

[①] U. S. Department of Commerce, U. S. Census Bureau, *Statistical Abstracts of the United States: 1987*, p.192.

[②] Tim Palmer, ed., *California's Threatened Environment*, p.231.

第七章　生态环境与土地资源保护

不能幸免。有些物种则在经受人类活动的意想不到的后果的损害。"①

（二）野生动植物栖息地保护运动的兴起

人们在关怀自身命运的同时也开始了对其他生命的关怀。随着城市开发和人类其他活动对野生动植物栖息地破坏的日益严重和野生动植物的迅速灭绝，人们开始将目光集中到野生动植物及其栖息地的保护问题上，几乎与开放空间保护运动同时展开的是野生动植物栖息地保护运动。到 20 世纪七八十年代，美国又迅速兴起了一个新的运动，即"自然区域保护运动"（the Natural Area movement）。所谓"自然区域"就是人迹罕至的荒野土地，那里的生态进程受到了保护而免除了人类干扰，那里的生态群落具有复杂的相互关系，那里栖息着一些珍贵稀有的植物和动物。②

在野生动植物栖息地和自然区域的保护运动中，环境保护组织发挥了极大的作用。美国学者邦尼·B. 伯吉斯（Bonnie B. Burgess）将这些保护组织分为两类：一类为行动组织，即从事直接的栖息地和生态区域的保护行动，比如"世界野生动物保护基金会"（World Wildlife Fund, WWF）和"大自然保护协会"（The Nature Conservancy, TNC）。它们拥有众多的国际和国内分支机构，制定了庞大的国际国内保护计划，保护了千百万英亩的生态区域和野生动植物栖息地。另一类为宣传教育性组织，即利用它们在国内的庞大组织和重大影响，进行广泛的宣传教育活动，进行频繁的院外活动，督促联邦国会制定保护野生动植物栖息地和生态敏感区域的立法，监督联邦保护机构的政策执行，乃至进行法院的诉讼斗争，以便促使联邦相关机构能够更好地对野生动植物栖息地和生态敏感地区进行有效的保护。这样的组织包括"塞拉俱乐部"（the Sierra Club）、"奥杜邦协会"（Audubon Society）、"全国野生动物保护联盟"（National Wildlife Federation）、

---

① [英]阿诺德·汤因比：《人类与大地母亲》，徐波、徐钧尧、龚晓庄等译，马小军校，上海人民出版社 1992 年版，第 712 页。
② Richard H. Goodwin, "The Role of Private Agencies in Natural Area Preservation", *BioScience*, Vol. 18, No. 5, (May, 1968), p. 393.

— 953 —

"野生动物保护协会"(the Wildlife Society, TWS)和"野生动物卫士"(Defenders of Wildlife, DOW)等。①

比如,"全国野生动物保护联盟"(NWF)就在野生动植物保护的宣传方面做出了杰出的贡献。该组织于1936年2月成立于由罗斯福总统召集的第一次"北美野生动物研讨会"上,并制定了一个临时性纲领。当时该组织的名称为"野生动物总联合会"(General Wildlife Federation),第二年改名为"全国野生动物保护联盟"(NWF),该组织是一个州际组织联盟,而非由个人组成的组织。根据该联盟的章程,其宗旨是:"将所有的资源保护机构组织起来,以达到公众对野生动植物资源的需求和价值有一个充分的认识;制定一个综合性计划以保护野生动植物;广泛宣传在野生动植物领域中的新发现和需求;以及与其他保护组织密切合作。"显然,该联盟的主要宗旨就是进行有关野生动植物及其栖息地保护的宣传教育活动。该协会在其成立之后出版了一系列简报、书籍和小册子。比如,"拯救美国系列"(Save America Series)共印制了15种小册子,集中宣传关键性资源的保护问题,后来结集出版。此外还散发了成千上万的相关主题的传单。仅1951年就大约有8000种宣传材料的121500个单行本被散发出去。到1952年3月,在4000位读者的要求下,该组织将近5万册的宣传材料寄给读者。②

更重要的是,这些野生动物保护组织还出版了众多的杂志,展开野生动植物及其栖息地保护的宣传活动。比如,"野生动物保护协会"(TWS)简报上的一篇文章对一些相关杂志和文章进行了分析。这些杂志包括《野生动物管理杂志》(The Journal of Wildlife Management)、《野生动物保护协会简报》(Wildlife Society Bulletin)、《北美野生动物和自然资源会议学报》(Transactions of the North American Wildlife and Natural Resources Conference)、《东南渔猎专员协

---

① Bonnie B. Burgess, Fate of the Wild, pp. 47 - 48.
② Walter P. Taylor, "Some Educational Activities of the National Wildlife Federation", The American Biology Teacher, Vol. 15, No. 3 (Mar., 1953), pp. 81 - 82.

会议事录》(*Proceedings of the Southeastern Association of Game and Fish Commissioners*)、《环境教育杂志》(*Journal of Environmental Education*)、《美国生物学教师》(*The American Biology Teacher*)等。1973—1985 年，仅这六种杂志就发表了 7571 篇论文，其中大部分论文是关于野生动物和野生动物栖息地教育的内容。[1] 这些杂志文章对于增强公众野生动物及其栖息地的保护意识，以及推动各级政府制定保护政策无疑发挥了积极作用。

关于野生动物及其栖息地保护的理论根据，包括这样几个方面，其一是伦理原则。他们相信："野生物种拥有内在的价值，它们拥有存在的权利，而不管它们是否对人类具有某种直接的益处。这些信念根植于宗教传统之中，认为所有物种都具有价值，对地球应该进行悉心照料。"[2] 对于某人而言，某一珍稀动物也许永远看不到，但只要确知它仍然存在，就能令其心灵安慰，心神愉悦。如环保主义者爱德华·阿比（Edward Abbey）所表白的："我们需要荒野，无论我们是否曾涉足其间……比如，我也许一生不会到阿拉斯加，但它的存在就使我心满意足。"[3] 又如，"野生动物卫士"（DOW）的会长罗杰·施利凯森（Rodger Schlickeisen）于 1993 年评论道："称之为土地伦理、保护伦理、生态伦理皆可：其核心要求是人类要承担一种责任，来维护自然群落的功能力量，该群落维持着生态多样性的各种不同要素；我们珍视这些要素，不仅仅是因为它们对人类福祉的贡献，而且还因为它们对于自然系统的健康大有裨益……我们必须反思我们在全球自然环境中的角色，反思我们与其他物种的关系，我们都是地球宇宙飞船上的乘客——或如某人所言的地球救生艇。生态保护伦理要求我们

---

[1] Clark E. Adams and John K. Thomas, "Wildlife Education: Present Status and Future Needs", in *Wildlife Society Bulletin* (1973 – 2006), Vol. 14, No. 4 (Winter, 1986), pp. 479 – 481.

[2] Mary Jane Angelo and Anthony J. Cotter, "Redressing the Failure of Environmental Law to Protect Birds and their Habitat", *Natural Resources & Environment*, Vol. 20, No. 2 (Fall 2005), p. 23.

[3] Sarah C. Smith, "A Public Trust Argument for Public Access to Private Conservation Land", *Duke Law Journal*, Vol. 52, No. 3 (Dec., 2002), pp. 636 – 637.

承认，每一位乘客或物种的福利都依赖于所有乘客的福利。""濒危物种联盟"（the Endangered Species Coalition，ESC）也阐述了物种保护的伦理原则，"我们美国人负有一种道德责任，来保护我们的自然遗产，保护物种免于人类活动而灭绝"[1]。

其二为科学原则或生态原则。对于一些生态学家而言，野生动植物及其栖息地一个重要方面的价值，就在于它们对维持生态健康和生态平衡所具有的重要意义。比如，玛丽·J. 安杰洛（Mary Jane Angelo）和安东尼·J. 科特（Anthony J. Cotter）就论证了鸟类在生态系统中的关键作用，比如对某些植物的传粉作用，控制害虫，散播种子等，鸟类构成了生态系统中的"关键物种"（keystone species）。[2] 如果这些物种消失，大自然就会失去平衡，最终遭到惩罚的仍然是人类自身。"濒危物种联盟"（ESC）在一份文件中指出："物种的灭绝为负有责任的公民敲响了警钟。动物和植物物种的大量灭绝正在向我们警示：生态系统已经遭到了如此严重的污染、退化或毁坏，以致它们已经不能继续支撑其本土野生物种，或许也不再能够维持我们自身的生存。"[3]

其三为经济原则。随着90年代财产权运动的兴起，以及全球经济竞争的加剧，经济问题成为美国人在增长管理中日益重视的一个方面。要扣动美国人的心弦，就必须告诉他们，这样做对他们的经济利益大有裨益，能够让他们过得更加富足。因此，经济原则成为一个更有说服力的原则。"濒危物种联盟"（ESC）的文件指出："我们需要长期的就业，这是可持续经济的一部分，就业并非基于短视的资源破坏之上，这终将导致经济的崩溃。进一步讲，我们需要确保采掘业的工作方式不会破坏自然环境。""野生动物卫士"（DOW）也指出，美国"经济的福祉依赖于一个健康的环境。我们所能做的最重要的经济考虑就是，为了我们和我们的子孙后代维护本国的生物多样性。这一生态'宝库'

---

[1] Bonnie B. Burgess, *Fate of the Wild*, pp. 48 – 53.

[2] Mary Jane Angelo and Anthony J. Cotter, "Redressing the Failure of Environmental Law to Protect Birds and their Habitat", *Natural Resources & Environment*, Vol. 20, No. 2 (Fall 2005), p. 23.

[3] Bonnie B. Burgess, *Fate of the Wild*, p. 54.

储存着我们的食物供应、医药必需品以及其他宝贵财富"①。的确如此，美国的一些调查研究和统计数字生动地说明了这一点。比如，根据美国鱼类和野生动物管理局（FWS）的调查，2001 年，美国有 8200 万人从事钓鱼、打猎和观看野生动植物方面的活动，其设备和旅行开支就达到 1080 亿美元，其中，仅野生动植物的观赏开支就高达 400 亿美元。② 另据全国奥杜邦协会在 2004 年的一份研究报告，美国人每年仅花费在与鸟类观赏相关的产品和服务方面的开支达 320 亿美元。而且，如果失去鸟类在控制病虫害和植物传粉方面的作用，美国农业会遭受巨大的经济损失。③

在"自然区域保护运动"或生态保护运动的推动下，在众多环境保护组织的倡导之下，联邦政府、各州和地方政府开始采取了积极的保护行动，一些私人组织也积极投入野生动植物及其栖息地和重要的生态区域的保护行动之中。

（三）联邦政府对野生动物栖息地的保护

最早对野生动物及其栖息地进行保护的是联邦政府。早在 1918 年，联邦国会即制定了《候鸟条约法》（Migratory Bird Treaty Act），以履行四个国际条约的义务。该法规定，未经允许，任何人不得在任何时间，通过任何手段或任何方式，来猎取、捕获、杀死、拥有、购买、出售、运输任何受保护鸟类及其任何部位、巢穴、鸟蛋等，违反者将被处以刑事惩罚。④ 随后，联邦政府通过了一系列立法对野生动物加以保护。比如，1934 年 3 月，联邦国会通过了《鱼类和野生动物合作法》（Fish and Wildlife Coordination Act），随后又多次通过了该法的修正案。该法授权联邦政府农业部长和商业部长协助联邦和各州

---

① Bonnie B. Burgess, *Fate of the Wild*, pp. 56 – 57.
② Christopher Duerksen and Cara Snyder, *Nature-Friendly Communities*, p. 15.
③ Mary Jane Angelo and Anthony J. Cotter, "Redressing the Failure of Environmental Law to Protect Birds and their Habitat", *Natural Resources & Environment*, Vol. 20, No. 2 (Fall 2005), p. 23.
④ Mary Jane Angelo and Anthony J. Cotter, "Redressing the Failure of Environmental Law to Protect Birds and their Habitat", *Natural Resources & Environment*, Vol. 20, No. 2 (Fall 2005), p. 25.

机构保护、培育、蓄养狩猎动物和毛皮动物,以增加其数量,并研究家庭污水和其他污染物对野生动物的影响。1956年国会通过了《鱼类和野生动物法》(the Fish and Wildlife Act),对鱼类、贝类和野生动物资源加以保护,并强调美国公民拥有进行娱乐性钓鱼和狩猎野生动物的内在权利。该法还敦促联邦政府实施一项研究计划,对鱼类、贝类和野生动物进行研究,并提供相关信息方面的服务。1966年10月,国会通过了《濒危物种保护法》(the Endangered Species Preservation Act),该法规定联邦政府内政部长对美国的濒危物种(endangered species)和近危物种(threatened species)进行登记造册,该法于1969年的修正案《濒危物种保留法》(the Endangered Species Conservation Act)和1973年的修正案《濒危物种法》(the Endangered Species Act)都授权联邦政府对濒危物种加以保护。本节将以《濒危物种法》为核心对美国政府对濒危物种的保护政策和措施加以探讨。

1. 1973年《濒危物种法》的颁布及其内容

在上述所有的物种保护法中,1973年通过的《濒危物种法》及其各个修正案是最重要的相关立法,对美国濒危物种的保护发挥了巨大作用。尼克松总统在签署该法时评论说:"再也没有什么比保存上帝所赐予美国丰富的野生动物更加宝贵和更有价值的了。它是一种具有多方面价值的财富……它将成为我们所有美国人所共享的宝贵遗产的关键部分。"[1]

1973年《濒危物种法》的第二条(a)款阐述了国会关于保护野生动植物的必要性:"其一,由于不受节制的经济增长和发展,以及没有得到足够的关切和保护,美国的多种鱼类、野生动物和植物都面临着灭绝的危险;其二,其他种类的鱼类、野生动物和植物种群的数量也大为减少,它们同样处于危险之中,或面临着灭绝的威胁;其三,这些鱼类、野生动物和植物对于本国及其居民具有美学、生态、教育、历史、娱乐和科学等方面的价值;其四,美国作为国际社会中的一个主权国家,已经承诺在可行的范围内要保护各种面临灭绝的鱼

---

[1] Bonnie B. Burgess, *Fate of the Wild*, p. 3.

类、野生动物和植物。"该法的第二条（b）款确定了该法所要达到的目的，即"该法的目的是提供各种方法以保护生态系统，该系统是濒危物种和次濒危物种赖以生存的基础；为这些濒危物种和近危物种制定保护计划；采取各种恰当的步骤来实现本条（a）款中所列举的各项条约和国际会议所确定的目标"①。

该法对联邦政府有关濒危物种的保护措施进行了详细的规定。第三条（Section 3）对濒危物种（endangered species）的界定是"任何在其全部栖息地或部分栖息地面临灭绝危险的物种"；对"近危物种"（threatened species）的界定则是"在可预见的未来将会成为濒危物种的任何物种"。第四条（Section 4）规定，联邦内政部长和商业部长有权决定何种物种可以列为濒危物种或近危物种，并对这些濒危物种和近危物种进行登记造册，并随时将其公布于众，也有权将某一物种从名册中删除。该条（d）款规定，内政部长应该公布他认为必要的规范管理措施以保护濒危物种。第五条（a）款规定，内政部长应该制定和实施保护计划，以保护濒危鱼类和野生动植物；有权利用1965年国会通过的《土地和水资源保护基金法》（the Land and Water Conservation Fund Act）所设立的"土地和水资源保护基金"，通过购买、捐献或其他方法来获取土地和水域，以用于保护濒危物种。第六条鼓励联邦政府与各州进行合作，规定内政部长或商业部长"应该最大限度地与各州进行协调"，以执行该法授权的保护项目。内政部长可以与任何一个州签订协议，对所建立的保护区进行管理。那些制定并实施了充分而积极的保护计划、并得到该部部长批准的各州，将得到联邦政府的协助与资金援助。第七条规定，联邦政府的其他各部和各机构应该向内政部长进行咨询，并获得其帮助以执行该法，它们必须采取必要措施以确保其行为不会伤害濒危物种或破坏其栖息地。第九条对美国公民个人的相关行为进行了规定，任何美国公民不得在美国及其属地捕杀（take）任何濒危物种；不得在公海捕获任何濒危物

---

① "United States: The Endangered Species Act of 1973", *International Legal Materials*, Vol. 13, No. 1 (January 1974), pp. 66 – 67.

种；不得拥有、出售、运送、搬运、运输任何濒危物种，或以其他任何方式危害濒危物种。①《濒危物种法》由内政部下属的美国鱼类和野生动物管理局（FWS）和商业部下属的国家海洋渔业局（the National Marine Fisheries Service，NMFS）负责实施。

1973年的《濒危物种法》阐述了濒危物种保护的必要性，确立了濒危物种保护的目的和目标，对于联邦政府机构在濒危物种保护措施方面进行了具体的规定，对于公民个体违法行为的处罚也进行了详细的规定，对濒危物种的保护无疑具有重要意义。

然而，1973年的《濒危物种法》也存在一些弱点，比如，该法虽然提到了对濒危物种栖息地和生态系统的保护，但其保护方式不是针对栖息地和生态系统，而是针对濒危物种的生物个体。特别是该法第三条中对"捕杀"（take）所作的解释为：骚扰、伤害、追逐、猎取、弄伤、杀死、设陷、收集，以及诸如此类的活动，②而第九条对美国公民危害濒危物种的处罚，都是关于对濒危物种个体生命的危害，而非关于濒危物种栖息地的破坏。美国学者埃米·N. 哈根（Amy N. Hagen）和卡伦·E. 霍奇斯（Karen E. Hodges）指出，"栖息地的丧失和恶化是导致北美物种濒临灭绝的主要原因"。他们指出，美国所登记濒危物种的85%以上是由于栖息地的破坏造成的。③美国鱼类和野生动物管理局（FWS）前局长杰米·R. 克拉克（Jamie Rappaport Clark）也认为，"栖息地的丧失仍然是大多数在册濒危物种所面临的主要威胁"④。

该法的另一弱点是，虽然第七条（Section 7）涉及对濒危物种

---

① "United States: The Endangered Species Act of 1973", *International Legal Materials*, Vol. 13, No. 1 (January 1974), pp. 67 – 71.

② "United States: The Endangered Species Act of 1973", *International Legal Materials*, Vol. 13, No. 1 (January 1974), p. 67.

③ Amy N. Hagen and Karen E. Hodges, "Resolving Critical Habitat Designation Failures: Reconciling Law, Policy, and Biology", *Conservation Biology*, Vol. 20, No. 2 (Apr., 2006), p. 400.

④ Jamie Rappaport Clark, "The Endangered Species Act at 40: Opportunities for Improvements", *BioScience*, Vol. 63, No. 12 (December 2013), p. 924.

第七章　生态环境与土地资源保护

栖息地的保护，但这里所涉及的只是针对联邦政府各部门各机构在联邦公共土地上栖息地的保护，却没有涉及私人部门和公民个体对私人土地上栖息地的破坏行为。如此就会出现这样一种情况，私人部门和公民个体在私有土地上杀死濒危物种属于犯罪行为，而破坏濒危物栖息地却不属于犯罪行为，无须承担法律责任。但根据1996年的一份资料，美国联邦政府登记在册的濒危物种中有262种（19%）完全位于私人土地上，而所有濒危动植物的95%的栖息地位于私人土地上。[①] 联邦政府不能在私人土地上保护濒危物种的栖息地，除非发现了濒危物种的尸体或受伤的濒危物种，即出现了所谓"捕杀"（take）问题。当私人地产上出现了濒危物种时，鱼类和野生动物管理局（FWS）只能通过第七条（Section 7），想方设法将私人行为与联邦政府的行为挂钩，才能进行干涉。比如，在加州圣迭戈大都市区，一位开发商的开发行为对私人土地上一种濒危植物的栖息地造成了破坏，而《濒危物种法》对私人土地上栖息地的破坏行为没有进行限制。于是，该局的官员乔·道汉（Joe Dowhan）只好想办法找到该开发商与联邦行动的联系。道汉发现，该开发商向联邦住房管理局（FHA）申请了贷款。于是，该局与开发商和联邦住房管理局（FHA）进行了长期的司法诉讼，才迫使联邦住房管理局（FHA）拒绝向该开发商贷款，才迫使该开发商制定了一份濒危物种栖息地保护计划。[②] 因此，美国学者罗伯特·D.桑顿（Robert D. Thornton）悲悯地写道："私人土地上的濒危物种似乎远比它们在联邦土地上同类的遭遇更加不幸。"[③]

该法的第三个弱点就是没有规定采取积极的种群数量恢复措施，而只是消极地阻止濒危物种灭绝的趋势。可见，1973年的《濒危物种法》还存在诸多漏洞，还需要不断的改进和完善。

[①] A. M. Merenlender, et al., "Land Trusts and Conservation Easements: Who Is Conserving What for Whom?", *Conservation Biology*, Vol. 18, No. 1 (Feb., 2004), p. 66.

[②] Bonnie B. Burgess, *Fate of the Wild*, pp. 13–14.

[③] Robert D. Thornton, "Habitat Conservation Plans: Frayed Safety Nets or Creative Partnerships?", *Natural Resources & Environment*, Vol. 16, No. 2 (Fall 2001), p. 94.

2. 1978年修正案及其改进

1978年国会通过的《濒危物种法》修正案增加了两方面的重要内容,其一是把私人土地上濒危物种的栖息地纳入该法的保护范围,即在私人土地上划定"关键性栖息地"(critical habitat)。所谓"关键性栖息地"是指"登记在册的濒危物种所占据的特定的地理区域,它具有如下物理或生态特征:第一,对于该物种的保护来说具有根本的重要性;第二,它可能需要特别的管理或保护"。但为了减少私人土地业主的抵制和诉讼活动,该条款也做出了一定的妥协,即关键性栖息地的划定必须"将经济影响和任何其他相关影响考虑在内"[1]。为了不剥夺私人土地的全部经济价值,该法规定,某濒危物种的栖息地不能全部划为"关键性栖息地"。正如某一法院在一次相关案件的判决中所指出的,"关键性栖息地只包括栖息地中最小的部分,以便避免短期的伤害,或者说,只是那些需要直接干预的栖息地"[2]。如果业主的土地利用方案没有可行的替代方案,或者原方案的社会经济利益远远大于保护濒危物种的潜在利益,那么,即使对濒危物种构成某种威胁,原方案仍然可以实施。

在美国这样一个注重人权和财产权的社会,对经济因素的考虑不得不纳入濒危物种栖息地的保护措施之中,这乃是一种折中的妥协措施。尽管存在这种妥协,该条款始终是濒危物种保护措施中最有争议和受抵制的因素。关键性栖息地的划定,只是为了限制对相关濒危物种产生威胁的土地利用方式,而不禁止所有土地利用方式。因此,激进的环保主义者认为本条款过于保守,不能真正地对濒危物种加以有效的保护。比如邦尼·B. 伯吉斯写道:"美国公众——个人或我们选举的代表——必须认识到,这一问题不能再由于更为直接的经济问题而推迟耽延了。环境问题的解决一而再、再而三地让位于触手可及的就业与增长需求。然而,人类健康依赖于环境的健康。真正的问题不

---

[1] Bonnie B. Burgess, *Fate of the Wild*, p. 5.
[2] Murray D. Feldman and Michael J. Brennan, "The Growing Importance of Critical Habitat for Species Conservation", *Natural Resources & Environment*, Vol. 16, No. 2 (Fall 2001), p. 89.

是就业与环境间的选择,而是就业与人类健康和生存之间的选择。虽然人类,或人类的进化形式,也许能够超越于大多数其他物种而免于灭绝,但这样一个世界想来不是一个愉快的世界。然而,人类不能代替所有灭绝的自然生命所提供的服务,我们最终必然灭亡。"[1] 而保守主义者和土地业主则认为,关键性栖息地的划定几乎剥夺了土地业主所有的土地利用方式,相对于那些其土地上没有濒危物种的业主来说,他们受到了不公平的待遇。

此外,关键性栖息地的划定也是一项极为艰巨的任务。鱼类和野生动物管理局(FWS)抱怨说,要对每一个私人土地上关键性栖息地的划定进行经济与生态利益分析,其行政开支将远远大于所获得的生态利益。因此,该局对该条款的实施并不积极。[2] 直到 2001 年,鱼类和野生动物管理局(FWS)和"国家海洋和大气管理局"(the National Oceanic and Atmospheric Administration,NOAA)仍然没有为大约 90% 的濒危物种划定关键性栖息地,直到 2005 年,仍然有 74% 的濒危物种尚未划定关键性栖息地。尽管如此,关键性栖息地的划定仍然在一定程度上改善了登记濒危物种的状况。根据鱼类和野生动物管理局(FWS)每两年向国会提交的濒危物种恢复报告,在 20 世纪 90 年代后期,与没有划定关键性栖息地的濒危物种相比,划定了关键性栖息地的濒危物种的数量增加的可能性提高了一倍。另根据该局 2004 年的报告,在划定了关键性栖息地的濒危物种中,只有 26% 状况不明,而在没有划定关键性栖息地的濒危物种中,同比则高达 41%。另外,关键性栖息地的划定毕竟会促使私人业主去修改其土地利用计划,在一定程度上有利于对濒危物种生存状况的了解,有利于濒危物种种群的恢复,从而有利于实现濒危物种的保护目标。[3]

---

[1] Bonnie B. Burgess, *Fate of the Wild*, p. xvii.

[2] Jonathan M. Hoekstra, et al., "A Critical Role for Critical Habitat in the Recovery Planning Process? Not Yet", *Ecological Applications*, Vol. 12, No. 3 (Jun., 2002), p. 702.

[3] Amy N. Hagen and Karen E. Hodges, "Resolving Critical Habitat Designation Failures: Reconciling Law, Policy, and Biology", *Conservation Biology*, Vol. 20, No. 2 (Apr., 2006), p. 400.

1978年修正案的另一项重要改革内容，就是要求鱼类和野生动物管理局（FWS）制定和实施濒危物种的"种群恢复计划"（recovery plans），"以便改善对该物种的保护，并最终将其从濒危物种名册上删除"[1]。该计划必须包含一个专门的对濒危物种栖息地特定场所的管理行为、目标和可测度的标准的描述，以便当该物种的种群数量得到了充分的恢复以后，从联邦濒危物种的名单中移除。该计划的最终目标是"某种程度地恢复该在册濒危物种的数量，使其可以自我生息繁衍，成为生态系统的组成部分"[2]。修正案还规定，该局在制定和实施种群恢复计划的过程中，有权寻求适当的公共和私人机构、组织和个人的协助。事实上，早在1978年以前，该局就已经为许多濒危物种制定并实施了种群恢复计划。国会在修正案中增加该条款，是因为它受到了许多保护组织的压力，同时也是为了使种群恢复计划成为一个强制性的要求，并增加政府在这方面的拨款。可以说，种群恢复计划是《濒危物种法》最重要的内容，正如鱼类和野生动物管理局（FWS）于1996年在向国会提交的一份报告所指出的，"种群恢复是濒危物种保护计划的基石和最终目标"[3]。然而，根据美国审计总署（GAO）1988的资料，种群恢复计划的制定十分缓慢，直到1988年，从濒危物种被登记入册到种群恢复计划制定出来，所需要的平均时间为6.4年，在1988年在册的531种濒危物种中，只有284种制定了种群恢复计划。[4] 到2001年2月，受到恢复计划保护的濒危物种上升到964种。[5] 但由于濒危物种的数量在迅速增加，这一比例也很难得到迅速提高，到2004年9月1日，在鱼类和野生动物管理局（FWS）

---

[1] Federico Cheever, "Recovery Planning, the Courts and the Endangered Species Act", *Natural Resources & Environment*, Vol. 16, No. 2 (Fall 2001), p. 106.

[2] Timothy H. Tear, et al., "Status and Prospects for Success of the Endangered Species Act: A Look at Recovery Plans", *Science*, New Series, Vol. 262, No. 5136 (Nov. 12, 1993), p. 976.

[3] Federico Cheever, "Recovery Planning, the Courts and the Endangered Species Act", *Natural Resources & Environment*, Vol. 16, No. 2 (Fall 2001), pp. 106-107.

[4] Timothy H. Tear, et al., "Recovery Plans and the Endangered Species Act: Are Criticisms Supported by Data?", *Conservation Biology*, Vol. 9, No. 1 (Feb., 1995), p. 183.

[5] Federico Cheever, "Recovery Planning, the Courts and the Endangered Species Act", *Natural Resources & Environment*, Vol. 16, No. 2 (Fall 2001), p. 106.

与美国海洋渔业局（NMFS）所列举的濒危物种中，只有32%制定了种群恢复计划。而在鱼类和野生动物管理局（FWS）所列举的名单中，只有2%达到了恢复目标的75%以上。[①]

另外，随着濒危物种"关键性栖息地"的划定和种群恢复计划的实施，鱼类和野生动物管理局（FWS）也逐渐摆脱了只针对单个物种的保护方式（species-by-species approach）。起初，该局所划定的"关键性栖息地"都是与某种单一濒危物种有关的栖息地或生态系统，那些与濒危物种无关的栖息地或生态系统，即使遭到破坏，该局也无权进行管制。而该局制定的种群恢复计划，也主要是针对单一濒危物种的恢复计划。而且，即使在保护单个物种方面也存在着严重的不平等，脊椎动物得到了最多的保护，而植物和无脊椎动物则比较受到冷落；而在无脊椎动物当中，许多昆虫由于被视为害虫而被排除在保护之外。但从生态系统和食物链的角度来看，植物和昆虫在维护气候、控制污染和废物循环等方面具有重要作用。正如邦尼·B. 伯吉斯所指出的，"如果诸多物种不在其生态系统的环境下加以管理，它们就不能得到充分的保护，就难免会成为濒危物种，而这就要求运用另一种手段——生态管理"。因此，物种保护"所需要的是一种综合性的生物多样性的政策，从而将所有的政策碎片能够整合到一个统一的保护政策之下"[②]。因此，许多学者对这种单一物种的保护形式提出了批评，倡导多物种（multi-species）和生态系统的保护方式。所谓"多物种恢复计划"就是覆盖两种或以上在册濒危物种的种群恢复计划，而"生态恢复计划"其实是一种特殊的多物种恢复计划。对此，鱼类和野生动物管理局（FWS）也逐渐拥有了深刻的认识，1994年该局在一份文件中指出，"单个物种的保护方式并不能最好地保护各个物种，而应该采取超越单个物种的生态保护战略"[③]。于是，该局

[①] Martin F. J. Taylor, et al., "The Effectiveness of the Endangered Species Act: A Quantitative Analysis", *BioScience*, Vol. 55, No. 4 (April 2005), pp. 363–364.

[②] Bonnie B. Burgess, *Fate of the Wild*, p. xviii.

[③] Thomas C. Jackson, "Lessons from the Endangered Species Wars", *Natural Resources & Environment*, Vol. 12, No. 2 (Fall 1997), p. 106.

逐渐在种群恢复计划中增加了多物种和生态恢复计划。从 1982 年到 21 世纪初期，该局每年至少制定一个多物种恢复计划。而且，在各方专家的批评和诉讼活动的压力下，该局和国家海洋渔业局（NMFS）于 1994 年还发表了一份联合声明，宣布在尽可能的情况下，它们将根据地理环境、物种类别或生态基础，来登记濒危物种、划定关键性栖息地和制定种群恢复计划。在 2000 年以后制定的种群恢复计划中，73% 为多物种恢复计划，而此前的比例只有 55%。[1] 但也有学者指出，多物种恢复计划和生态恢复计划增加了生态分析和政治纠纷方面的复杂性，从而增加了制定和实施种群恢复计划的困难。[2]

3. 1982 和 1988 年修正案及其问题

1973 年的《濒危物种法》要求绝对禁止对濒危物种的"捕杀"（take），而且对公民"捕杀"濒危物种的惩罚不存在任何妥协。而 1978 年修正案将私人土地利用纳入该法的监管之下，损害了个体公民的私人利益，因而遭到了土地业主和私人公司的强烈抵制，诉讼案件连绵不断。

为了缓解这种官民对立，1982 年国会再次对《濒危物种法》进行了重大修正，该修正案第 10 条（a）款规定，土地业主在土地开发过程中对濒危物种的偶然"捕杀"不受惩罚，可以制定一份"栖息地保留计划"（Habitat Conservation Plan, HCP），并向鱼类和野生动物管理局（FWS）提出申请，允许"对濒危物种可能会产生的偶然捕获行为，只要该行为不会危及该物种的持续存在即可"。被认定为"偶然捕获"许可的条件是：第一，这种捕获是偶然的，但在其他方面必须是合法的；第二，业主要尽可能地将这种捕获最小化，并采取缓解措施，比如就地采取保护措施，或在其他地点购买相同濒危物种的栖息地加以永久的保护等；第三，业主必须确保该计划拥有充足的资金；第四，其捕获行为不会危及该濒危物种的生存及其种群数量的

---

[1] Martin F. J. Taylor, et al., "The Effectiveness of the Endangered Species Act: A Quantitative Analysis", *BioScience*, Vol. 55, No. 4 (April 2005), p. 365.

[2] J. Alan Clark and Erik Harvey, "Assessing Multi-Species Recovery Plans under the Endangered Species Act", *Ecological Applications*, Vol. 12, No. 3 (Jun., 2002), pp. 655 – 656.

恢复。① 如果鱼类和野生动物管理局（FWS）认为该计划在资金和生态方面是可行的，该局就可以与该业主签订一份协议，允许业主偶然地"捕获"在册的濒危物种，并向业主发放一份"偶然捕获许可证书"（Incidental Take Permit, ITP）。② 更宽松的是，在"栖息地保留计划"（HCP）中，该法不要求业主制定和实施濒危物种的种群恢复计划，业主只需确保"这种捕获并不会明显地危害野外濒危物种的生存和种群恢复"即可。可见，"栖息地保留计划"（HCP）并不能对私人土地上的濒危物种提供强有力的保护和实现种群数量的恢复，它只是在私人土地上保护濒危物种的一种妥协办法。

即便如此，私人业主对"栖息地保留计划"（HCP）仍然反应冷淡，因为对于一位私人业主而言，制定这样一种计划是十分困难的，要投入可观的资金和时间。因此，直到 1986 年，才在加州里弗赛德县（Riverside County）科切拉谷地（Coachella Valley）的科罗拉多须趾蜥（fringe-toed lizard）栖息地出现了美国第一个正式的"栖息地保留计划"（HCP）。③ 这些计划覆盖的面积规模不等，有的只涉及一家一户的几十英亩土地，而有的则覆盖广泛的区域，从而成为区域性的"栖息地保留计划"（HCP），涉及许多私人业主、地方政府、环保组织、联邦和州政府机构等等，这种"栖息地保留计划"（HCP）的制定异常复杂，要经过多方谈判、妥协与拖延。一个典型的例子就是得克萨斯州奥斯丁（Austin）大都市区的"巴尔柯尼斯—坎宁兰兹栖息地保留计划"（the Balcones Canyonlands Habitat Conservation Plan），该计划包括了两种濒危鸟类和 7 种濒危无脊椎动物的栖息地。该计划的制定始于 1988 年，一直拖延了几年的时间才得以完成。④ 因此，在 1983—1992 年的 10 年间，美国总共只有 12 个"栖息地保留计划"

---

① George F. Wilhere, "Adaptive Management in Habitat Conservation Plans", *Conservation Biology*, Vol. 16, No. 1 (Feb., 2002), p. 23.
② Bonnie B. Burgess, *Fate of the Wild*, pp. 14 – 15.
③ Bonnie B. Burgess, *Fate of the Wild*, p. 15.
④ Thomas C. Jackson, "Lessons from the Endangered Species Wars", *Natural Resources & Environment*, Vol. 12, No. 2 (Fall 1997), p. 108.

(HCP) 获得了批准。①

1988年，国会再次对《濒危物种法》进行了修正，主要是针对种群恢复计划的制定与实施的拖延问题，以及这些计划过于模糊，不能提供有效指导的问题。1988年的修正案要求，每个种群恢复计划必须对特定地点的管理行动进行详细的描述，以便于对管理部门进行监督；必须针对特定濒危物种的种群恢复制定可以测度的客观目标；必须对完成种群恢复所需要的时间和经费进行估计。② 该修正案还重启了于1985年失效的一项濒危物种保护计划，该计划在1985年的拨款为2500万美元。该修正案规定，该计划在1988年的拨款为3900万美元，1989年将达到5600万美元，计划的最后一年即1992年将达到6600万美元。该修正案还要求加强联邦政府与各州的合作，参与合作的州可以获得1500万到1800万美元的联邦资金。③

除了增加拨款以外，该法修正案还要求内政部加快濒危物种的登记入册和种群恢复计划的制定。此前的濒危物种登记和恢复计划的制定十分缓慢，在1988年之前的7年中，虽然种群恢复计划所保护的濒危物种增加了一倍，但在所有的425个濒危物种中，大约只有一半有恢复计划，只有5种濒危物种恢复到了无须保护的程度。与此同时，等候登记入册的准濒危物种却增加到了1000种，如果按照原来的速度，大约需要20年才能将它们登记录入濒危物种名单。令人遗憾的是，在此期间，美国有80多种等待登记入册的物种被正式宣布灭绝，另外还有170种可能已经灭绝。④ 此后，鱼类和野生动物管理局（FWS）加快了濒危物种的登记和种群恢复计划的制定，到1998年，该局已经批准了931种濒危物种的恢复计划，其中包括单一物种

---

① George F. Wilhere, "Adaptive Management in Habitat Conservation Plans", *Conservation Biology*, Vol. 16, No. 1 (Feb., 2002), p. 23.
② Jonathan M. Hoekstra, et al., "A Comprehensive Review of Endangered Species Act Recovery Plans", *Ecological Applications*, Vol. 12, No. 3 (Jun., 2002), p. 631.
③ Gregory Byrne, "Strengthened Endangered Species Act Passes", *Science*, New Series, Vol. 242, No. 4876 (Oct. 14, 1988), p. 190.
④ Gregory Byrne, "Strengthened Endangered Species Act Passes", *Science*, New Series, Vol. 242, No. 4876 (Oct. 14, 1988), p. 190.

恢复计划，也包括多物种和生态恢复计划。① 然而，虽然该局的工作进度加快了，但其工作却存在较大的问题。比如，一些生态学家指出，大多数濒危物种的登记和恢复计划的制定没有得到生态学方面的指导；由于恢复计划缺乏在生态目标和政治目标之间的区别，从而导致恢复计划不切实际，从而难以实现；甚至在那些拥有种群数量数据的濒危物种中，居然有28％的恢复目标等于或低于现有的种群数量。②

4. 由强制政策向宽松政策的转变

1973年的《濒危物种法》是联邦政府制定的最强有力的环境立法之一，它确立的目标是雄心勃勃的，即要拯救所有的野生物种，而不管其在生态系统中是否拥有可知的价值或对人类拥有任何潜在的价值。正如最高法院于1978年在"田纳西河流域管理局诉希尔"(Tennessee Valley Authority v. Hill) 一案中所宣布的那样，"《濒危物种法》清晰简明的语言，以及该法不断强化的历史清楚地表明，国会认为濒危物种的价值是'难以估价的'……国会制定该法的显而易见的意图是阻止和扭转物种灭绝的趋势，而不管付出何种代价"③。由于该法的这种勃勃的雄心和坚定的态度，相应地，联邦政府管理部门自60年代末70年代初以来确立了"命令和控制"(command and control) 措施。但这种绝对禁止的强制措施会产生巨大的负面影响，比如，一些地产主为了避免自己的土地被划为关键性栖息地以免该法妨碍自己对土地的开发利用，往往把自己土地上的植被全部清除，并驱散其上的野生动物，从而对野生动物栖息地造成了极大的危害。但业主这样做并不会触犯法律，因为该法第九条对公民个人的惩罚，是针对其对濒危物种个体的"捕杀"(take)，即肉体的伤害，而不包括

---

① Jonathan M. Hoekstra, et al., "A Comprehensive Review of Endangered Species Act Recovery Plans", *Ecological Applications*, Vol. 12, No. 3 (Jun., 2002), p. 631.
② Leah R. Gerber and Leila T. Hatch, "Are We Recovering? An Evaluation of Recovery Criteria under the U. S. Endangered Species Act", *Ecological Applications*, Vol. 12, No. 3 (Jun., 2002), p. 668.
③ Andrea Easter-Pilcher, "Implementing the Endangered Species Act", *BioScience*, Vol. 46, No. 5 (May, 1996), p. 355.

对栖息地的破坏。另外,如果执法过于严苛,就会对其土地上生存着濒危物种的业主造成不公平的待遇,政府官员也会消极无为。因此,在某种程度上,绝对地禁止"捕获"和严格的强制措施不利于私有土地上濒危物种栖息地的保护。①

于是,联邦政府逐渐放宽了对私人业主的强制性措施,而逐渐采用正面鼓励和经济刺激措施。比如"总统可持续发展委员会"(the President's Council on Sustainable Development, PCSD)于1996年在《美国的可持续发展》中指出,"本国自然系统的生态健康将继续依赖于私人的选择"。因此必须超越"命令和控制"方式,而采取鼓励与合作的措施。② 1994年,美国内政部长公布了一个"无须惊惧"(no-surprises)的政策,承诺联邦管理机构将永远不会超越"栖息地保留计划"(HCP)协议中的既定条款,对业主提出额外的土地或财政要求。即使在私人土地的栖息地中出现了不可预料的环境问题,甚至威胁到了濒危物种的生存,政府也不会要求相关业主提供额外的栖息地保护措施,业主也不必对"栖息地保留计划"(HCP)进行修改。如果确实需要采取行动,所有缓解措施的开支都由相关负责部门担负。③ 这一宽松政策刺激了私人业主的积极性,因此,"栖息地保留计划"(HCP)迅速增加,到1997年,全国已经有212个此类计划得到了鱼类和野生动物管理局(FWS)的批准,同时,在19个州中还有200多个计划处于制定过程中。④ 而到2005年,此类计划已经增加到500个。⑤

---

① George F. Wilhere, "Adaptive Management in Habitat Conservation Plans", *Conservation Biology*, Vol. 16, No. 1 (Feb., 2002), pp. 22 – 23.

② Thomas C. Jackson, "Lessons from the Endangered Species Wars", *Natural Resources & Environment*, Vol. 12, No. 2 (Fall 1997), p. 107.

③ Fraser Shilling, "Do Habitat Conservation Plans Protect Endangered Species?", *Science*, New Series, Vol. 276, No. 5319 (Jun. 13, 1997), p. 1662.

④ Thomas D. Feldman and Andrew E. G. Jonas, "Sage Scrub Revolution? Property Rights, Political Fragmentation, and Conservation Planning in Southern California under the Federal Endangered Species Act", *Annals of the Association of American Geographers*, 90 (2), 2000, p. 260.

⑤ Erik Stokstad, "What's Wrong with the Endangered Species Act?", *Science*, New Series, Vol. 309, No. 5744 (Sep. 30, 2005), p. 2152.

第七章　生态环境与土地资源保护

从1995年开始,联邦政府又实施了一项"安全港湾计划"(Safe Harbor Program),进一步激励私人业主积极参与濒危物种的保护行动。私人业主可以与鱼类和野生动物管理局(FWS)签订一份自愿性的"安全港湾协议"(Safe Harbor Agreement),业主承诺采取积极措施恢复相关濒危物种的种群数量,而该局则承诺不对业主增加额外的限制措施。协议期满后业主可以自愿退出计划。该计划的目的是解除私人业主对参与联邦计划的担忧,即对私人业主的土地利用施加过多的限制。该计划最早是于1995年在北卡罗来纳州的沙丘(Sandhills)地区实行的,以保护该地区的濒危物种红顶啄木鸟(Red-cockaded Woodpecker)。到2002年7月,美国已经有189位业主参与了该计划,涵盖土地面积近200万英亩,为21种濒危物种提供了栖息地。有些参与者还获得了联邦、州和地方政府的财政援助,以改善相关的栖息地。[①]

但这种宽松的政策遭到了学术界和环保组织的批评,美国学者对其进行了概括总结:第一,应该要求"栖息地保留计划"(HCP)达到种群恢复标准,而不仅仅是缓解负面影响和维持濒危物种的生存;第二,如果出现了未曾预料的情况或新的信息,相关机构应该要求业主申请人增加额外的缓解措施;第三,如果向业主申请人提供了"无须惊惧"的担保,这些担保也应该根据"栖息地保留计划"(HCP)提供的保护水平而加以修改;第四,"栖息地保留计划"(HCP)应该达到特定的生态目标,如果不能达到,那么该种计划就应该重新申请;第五,"栖息地保留计划"(HCP)应该包含科学界同行的评议书;第六,在制定"栖息地保留计划"(HCP)的谈判过程中,应该有环保人士的参与和更大的发言权。一些研究指出了一些"栖息地保留计划"(HCP)没有充分利用生态数据,没有要求对此种计划的效果进行跟踪研究和管理。[②]

环保组织不仅对联邦立法和鱼类和野生动物管理局(FWS)的政

[①] David S. Wilcove and Joon Lee, "Using Economic and Regulatory Incentives to Restore Endangered Species: Lessons Learned from Three New Programs", *Conservation Biology*, Vol. 18, No. 3 (Jun., 2004), pp. 640 – 642.

[②] Robert D. Thornton, "Habitat Conservation Plans: Frayed Safety Nets or Creative Partnerships?", *Natural Resources & Environment*, Vol. 16, No. 2 (Fall 2001), p. 96.

策进行监督评议，而且还经常利用司法诉讼，通过法院发布的司法命令推进该局采取积极乃至严厉的保护措施。于是，1999年该局为其《栖息地保留计划手册》发布了一个附件，提出了"五点政策"（the Five-Point Policy）：其一，生态目的和目标；其二，调适性的管理措施；其三，遵行与效果方面的监管；其四，"偶然捕获许可证"（ITP）的期限问题；第五，提高公民的参与。这五点政策的目标就是要确立明确的生态目的和目标，并确保"栖息地保留计划"（HCP）能够实现其所宣布的目标。[①] 尽管如此，联邦政府管理政策的一个总的趋向仍然是逐步放松管制。这主要是由于90年代以来美国兴起了一个财产权运动，土地业主对美国各级政府的管制措施进行了越来越强烈的抵制，甚至不惜对簿公堂，因此，该局在濒危物种保护政策上也不得不做出让步。

5. 市场机制的应用

20世纪90年代后期和21世纪初，鱼类和野生动物管理局（FWS）又实行了一种市场化的保护措施，即"栖息地保护银行制度"（habitat conservation banking）或简称"保护银行制度"（conservation banking）。所谓"保护银行"就是得到该局认可的一片受到永久保护和管理的野生动物栖息地。栖息地的土地业主即所谓的"银行家"（bankers），可以向其他业主和土地开发商出售开发权积分（credit）。假如土地业主A希望对自己的土地进行开发或耕作，但他的土地上恰好存在某种联邦登记的濒危物种X，其开发必然会破坏其栖息地，从而违反联邦《濒危物种法》。而某业主B的地产上也恰好拥有相同的濒危物种X，而业主B不想对其土地进行开发，那么业主A就可以向业主B购买开发权，而业主B的开发权一旦出卖，其土地就永远不能开发，而只能作为濒危物种X的永久栖息地。[②] 这样做可以一举三得，其一，业主A的土地可以进行开发，而且免去了就地采取缓解措施或购买其他栖息地用于

[①] Robert D. Thornton, "Habitat Conservation Plans: Frayed Safety Nets or Creative Partnerships?", *Natural Resources & Environment*, Vol. 16, No. 2 (Fall 2001), p. 96.

[②] Jamison E. Colburn, "Trading Spaces: Habitat 'Banking' under Fish & Wildlife Service Policy", *Natural Resources & Environment*, Vol. 20, No. 1 (Summer 2005), p. 33.

永久性保留地在时间和资金方面的浪费；其二，业主 B 的土地虽然不能进行开发，却获得了相当于土地开发的价值，对业主 B 而言是一种公平合理的待遇，这也是对业主采取保护措施的一种补偿；其三，濒危物种 X 得到了永久性的栖息地，而且这种栖息地规模较大，避免了开发商就地采取保留措施而出现的栖息地碎化现象。这一政策与前文提到的开发权转让（TDR）如出一辙。这比前文的"栖息地保留计划"（HCP）中针对栖息地危害而采取的就地缓解措施更加灵活。

"栖息地保护银行"制度最早起源于联邦政府《清洁水法》第 404 条款（Section 404）的湿地保护银行政策。而针对濒危物种的保护银行制度首先于 90 年代初期出现在加州。加州州长威尔逊于 1991 年敦促州议会制定更加前瞻性和系统的保护措施，于是该州议会通过了《自然区域保留规划法》（the Natural Community Conservation Planning Act），用于保护加州滨海地区的艾草丛（sage scrub）生态系统。1995 年 4 月，加州资源保护署（California Resources Agency）与加州环境保护署（California Environmental Protection Agency）联合发表了《关于保护银行的官方政策》（Official Policy on Conservation Banks），规定成立保护湿地、濒危物种、滨海资源等方面的"保护银行"。1995 年 11 月，鱼类和野生动物管理局（FWS）、美国陆军工程兵团（ACE）和美国环保局（EPA）等机构发表了《联邦政府关于湿地缓解银行的建立、使用和操作指南》（Federal Guidance for the Establishment, Useand Operation of Wetland Mitigation Banks），湿地的保护银行措施得到了联邦政府的正式认可。小布什政府的内政部也很快批准成立了几个濒危物种的"保护银行"，2003 年 5 月，鱼类和野生动物管理局（FWS）发表了《关于栖息地保护银行的建立、使用和操作指南》（Guidance for Establishment, Use and Operation of Conservation Banks），正式确认并实施在濒危物种栖息地保护方面的"保护银行"政策，并认为该政策"是《濒危物种法》30 年历史中的标志性事件"[1]。随着这一制度的发展，建立"栖息地保

---

[1] J. B. Ruhl, et al., "A Practical Guide to Habitat Conservation Banking Law and Policy", *Natural Resources & Environment*, Vol. 20, No. 1 (Summer 2005), p. 29.

护银行"已经发展成为一种自由市场产业,有人成立了专门的公司,进行濒危物种栖息地的保留和恢复工作,然后向有关开发商出售栖息地保护积分（credit）。根据一项不完全的调查,在美国的47个"栖息地保护银行"中,有39个位于加州,其规模从12英亩到9732英亩不等,保护濒危物种栖息地的总面积达50218英亩,涉及濒危物种和近危物种37种,以及一些登记为濒危物种的物种和一些州政府登记的濒危物种。[1] 鱼类和野生动物管理局（FWS）指出,这一政策"为土地业主提供了一种经济激励机制,促使其保护自然资源,节省开发商的时间和资金,帮助他们获得已经得到认可的补偿性栖息地,并对栖息地提供了一种长期的保护。"[2] 但也有学者认为,这种办法实际上导致的是相关濒危物种栖息地总量方面的净损失。[3] 还有的学者指出,"保护银行"政策降低了土地业主对现有濒危物种栖息地的保护压力,保护银行建立的补偿性栖息地并不能有效地发挥原有栖息地的作用。[4]

6. 艰难历程与保护成就

自从《濒危物种法》实施以来,私人土地业主受到了各种各样的管制,尽管这些管制越来越宽松,但他们不得不承担在濒危物种保护中时间和资金方面的投入,对其造成了某种程度的"不公平"待遇,因此,他们或者进行消极的抵制,破坏自己土地上的濒危物种栖息地,或者对鱼类和野生动物管理局（FWS）等管理部门发起了一次又一次的诉讼斗争,阻碍《濒危物种法》及其相关政策的实施。

美国宪法的第五条修正案明确规定:"人们的私有产业,如无合

---

[1] David S. Wilcove and Joon Lee, "Using Economic and Regulatory Incentives to Restore Endangered Species: Lessons Learned from Three New Programs", *Conservation Biology*, Vol. 18, No. 3 (Jun., 2004), p. 640.

[2] J. B. Ruhl, et al., "A Practical Guide to Habitat Conservation Banking Law and Policy", *Natural Resources & Environment*, Vol. 20, No. 1 (Summer 2005), p. 26.

[3] David S. Wilcove and Joon Lee, "Using Economic and Regulatory Incentives to Restore Endangered Species: Lessons Learned from Three New Programs", *Conservation Biology*, Vol. 18, No. 3 (Jun., 2004), p. 640.

[4] Shari L. Rodriguez, et al., "Private Landowner Interest in Market-Based Incentive Programs for Endangered Species Habitat Conservation", *Wildlife Society Bulletin (2011 -)*, Vol. 36, No. 3 (September 2012), p. 470.

理赔偿，不得被征为公用。"① 土地业主认为，为了保护濒危物种这种"公益物品"，为了保护生态系统健康这种公共利益，鱼类和野生动物管理局（FWS）对私人土地的开发利用进行管制，使它们不能在自己的土地上获得潜在的最大经济效益，这在某种意义上构成了对私人地产的征用（taking），② 因此，政府应当予以适当的补偿。20世纪80年代以来，针对美国各级政府对土地利用的管制措施，在美国逐渐兴起了一个财产权运动（property rights movement），有的学者干脆称之为"征用补偿运动"（takings compensation movement）。③ 在80年代以前，《濒危物种法》的实施主要针对公共土地和联邦项目，但此后该法的实施扩大到私人土地。由于濒危物种和近危物种的登记入册开始对私人土地利用进行管制，这一运动逐渐加强。比如，当新的濒危物种登记入册之时，相关的土地业主往往会提起诉讼，声称鱼类和野生动物管理局（FWS）的决定缺乏科学依据，抵制这种登记。到2005年9月，该局已经进行了61次有关登记濒危物种的诉讼，此外还有51次其他方面的诉讼。④ 这种私人财产权组织数量众多，比如"美国同盟"（Alliance for America）、"财产权卫士"（Defenders of Property Rights）、"私人财产选民联盟"（League of Private Property Voters）等，后者正是参照环境保护组织"资源保护选民联盟"（League of Conservation Voters）而建立的一个对立的组织。它们出版宣传材料，鼓励院外活动，甚至进行诉讼活动。

在财产权运动阻碍濒危物种保护的同时，众多环保组织则大力展开宣传，并向国会议员和鱼类和野生动物管理局（FWS）等管理部门施加压力，甚至诉诸司法斗争，推动相关部门加强对濒危物种的保护。正如罗伯特·D. 桑顿所说的那样，"没有多少环境问题像私人土

---

① 《合众国宪法·权利法案·第五条修正案》，载《美国历史文献选集》，美国驻华大使馆新闻文化处，1985年，第45页。
② 请注意，宪法第五条修正案中的 take（征用）与《濒危物种法》中的 take（捕获）意义不同。
③ Bonnie B. Burgess, *Fate of the Wild*, p. 61.
④ Erik Stokstad, "What's Wrong with the Endangered Species Act?", *Science*, New Series, Vol. 309, No. 5744 (Sep. 30, 2005), p. 2151.

地上的濒危物种的保护那样产生了如此之多的争端"[1]。这些环保组织的诉讼活动对濒危物种的保护产生了重要作用,各个法院发布了众多的司法命令,要求鱼类和野生动物管理局(FWS)等联邦管理机构充分执行《濒危物种法》的规定。比如,1978年修正案要求在濒危物种登记之后,就应该立即为其划定"关键性栖息地",但该局认为,划定了"关键性栖息地"也不能提供对濒危物种的法律保护,并且一再拖延濒危物种"关键性栖息地"的划定。因此,各个环保组织不断对该局发起诉讼活动,迫使该局加速了"关键性栖息地"的划定。仅在2001财政年度,在诉讼活动和法院的命令下,该局被迫宣布要划定57个"关键性栖息地",并对大约300个濒危物种进行处理。[2]

2000年的"全国野生动物联盟诉巴比特"(National Wildlife Federation v. Babbitt)一案,是野生动物保护组织通过诉讼活动促进濒危物种保护的一个典型案例。在该案的判决中,法院宣布一个区域性"栖息地保留计划"(HCP)中"偶然捕获许可"(ITP)制度无效,因为鱼类和野生动物管理局(FWS)没有证明该计划满足了相关标准。在该案件中,加州萨克拉门托市以北的"纳托马斯盆地"(Natomas Basin)是一个大型束带蛇(giant garter snake)栖息地,这里曾建立了一个区域性的"栖息地保留计划"(HCP)。该计划是通过征收影响费(impact fee)的方式对该计划进行资助。该计划确定保留区周围每英亩土地开发的影响费为2240美元,但规定随着时间的推移和保护费用的提高,影响费也将相应提高。法院宣布,该区域性"栖息地保留计划"(HCP)主管部门的行政记录缺乏证据,来证明土地业主关于新的影响费不切实际的说法。该计划的业主申请者没有满足"充足的资金"标准,因为业主所缴纳的影响费不足以采取

---

[1] Robert D. Thornton, "Habitat Conservation Plans: Frayed Safety Nets or Creative Partnerships?", *Natural Resources & Environment*, Vol. 16, No. 2 (Fall 2001), p. 94.

[2] Murray D. Feldman and Michael J. Brennan, "The Growing Importance of Critical Habitat for Species Conservation", *Natural Resources & Environment*, Vol. 16, No. 2 (Fall 2001), p. 88.

充分的措施来抵消其开发活动对栖息地所产生的影响。①

除了来自土地业主财产权运动的阻碍，濒危物种保护所面临的另一个方面的障碍就是缺乏足够的资金。因为濒危物种的登记入册、种群恢复计划的制定和实施都需要聘请大批的生态学专家等科学研究人员，进行法律诉讼需要大笔的诉讼费用，而执行法院下达的司法命令则需要更多资金，但政府拨款数额有限，而在保守的共和党执政时期，联邦保护经费大幅削减，因而鱼类和野生动物管理局（FWS）等管理部门的经费常常是捉襟见肘，入不敷出。根据2002年《生态科学》（Bioscience）上的一项研究，由于经费拮据，1989—1995年登记入册的濒危物种中，大约只有50%被纳入种群恢复计划，而濒危植物被纳入的同比只有20%。如果将1999年登记的濒危物种纳入恢复计划的比例提高到25%，那么制定和实施恢复计划的资金就会增加将近一倍，即从3.5亿美元增加到6.5亿美元。另据该局于2003年的估计，仅仅处理需要登记的濒危物种就需要1.53亿美元，而该年该局费用的2/3用于处理诉讼和执行法院命令。即便在这种情况下，2005财政年度该局的费用只有1600万美元。② 因此，邦尼·B. 伯吉斯呼吁道："《濒危物种法》出现了麻烦。它需要得以加强，以便更好地保护濒危物种；它需要得到提高，以确保在美国的公共土地和私人土地上继续实施保护政策；它需要加以扩大，以便促进私人对一种关键性国家资源的保护。最重要的是，它需要确保每年获得拨款，从而使其免除反复无常的政治干扰。"③

鱼类和野生动物管理局（FWS）等管理机构经过艰难曲折，克服重重困难，使《濒危物种法》发挥了其应有的作用，许多学者和研究人员给予了中肯的评价。比如，费德里科·奇弗（Federico Cheever）指出，根据该局1996年的报告，在1996年以前登记的濒危

---

① Robert D. Thornton, "Habitat Conservation Plans: Frayed Safety Nets or Creative Partnerships?", *Natural Resources & Environment*, Vol. 16, No. 2 (Fall 2001), p. 100.

② Erik Stokstad, "What's Wrong with the Endangered Species Act?", *Science*, New Series, Vol. 309, No. 5744 (Sep. 30, 2005), pp. 2151–2152.

③ Bonnie B. Burgess, *Fate of the Wild*, pp. xvii–xviii.

物种中，仍然有99%幸存下来。而在官方确认灭绝的7个物种中，有些很可能在登记入册之前就已经灭绝了。因此，他的结论是："在过去的30年里，《濒危物种法》在防止物种灭绝方面成就斐然，功不可没。"① 又如，加州大学戴维斯分校的马克·施瓦茨（Mark Schwartz）于1999年估计，如果没有该法，美国大约会有190个濒危物种灭绝。而佐治亚州亚特兰大埃默里大学（Emory University）的兰斯·冈德森（Lance Gunderson）更是将《濒危物种法》比喻为"美国立法中的斗牛犬"②。关于登记濒危物种的生存状况，可参见图7.13。

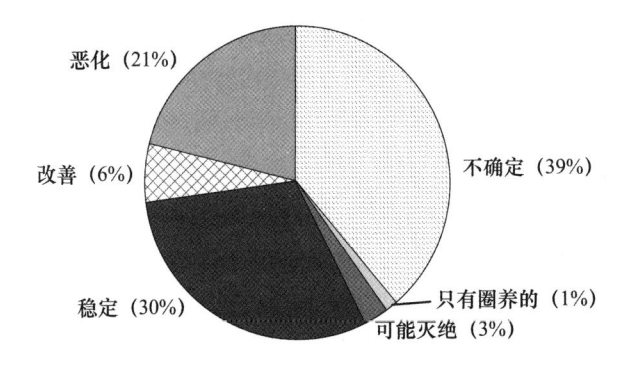

图7.13 联邦登记濒危物种的生存状况（2022）

资料来源：Erik Stokstad, "What's Wrong with the Endangered Species Act?", *Science*, New Series, Vol. 309, No. 5744（Sep. 30, 2005）, p. 2152.

当然，对《濒危物种法》的作用也不宜估计过高。因为，美国的濒危物种仍然面临着巨大的威胁。从图7.13可以看出，有高达39%的濒危物种状况不明，而数量下降的濒危物种比例也高达21%，而数量保持稳定和上升的分别只有30%和6%。更加令人遗憾的是，濒危物种种类的数量仍然保持上升的趋势，到2001年7月，美国濒危物种上升到1244种，同时，只有6个濒危物种由于数量的明显增加

---

① Federico Cheever, "Recovery Planning, the Courts and the Endangered Species Act", *Natural Resources & Environment*, Vol. 16, No. 2（Fall 2001）, p. 106.

② Erik Stokstad, "What's Wrong with the Endangered Species Act?", *Science*, New Series, Vol. 309, No. 5744（Sep. 30, 2005）, p. 2151.

而从濒危物种名册上删除。① 另外，还有大量物种处于危险状态而有待列为濒危物种，而有些甚至在等待登记入册期间就已经灭绝，到 2005 年，有 286 个物种在等待列入濒危物种名单，这些物种平均等待了 17 年仍然没有登上名单。而从 1973 年到 2005 年，这些等待注册的物种已经有 27 个灭绝。而这些等待登记的物种只是濒临灭绝的物种中很小的一部分。根据非营利组织"自然保护"（Nature Serve）信息交流中心的资料，美国有 9000 个物种可以被列为濒危物种，如果将无脊椎动物和植物也列入其中，其数量会更大。马萨诸塞州威廉姆斯学院（Williams College）的海洋生态学家詹姆斯·卡尔顿（James Carlton）不无担忧地说："毫不夸张地说，有太多的物种面临着比我们想象的大得多的危险。"② 也许正因为如此，一些私人财产权的维护者便借机否认《濒危物种法》积极作用。比如"企业竞争研究院"（Competitive Enterprise Institute）的弗雷德·L. 史密斯（Fred L. Smith）就认为，《濒危物种法》是失败的，因为没有几个濒危物种的数量得到充分的恢复而从濒危物种名册上删除，而且该法的实施费用不应该由私人土地所有者来担负。③ 笔者认为这种观点是十分偏颇的，因为野生动植物和生态系统的保护如同逆水行舟，虽然有之也许效果不明显，但如果没有这些保护政策和措施，野生动植物及其栖息地的形势就会急转直下，一泻千里。

（四）州和地方政府的栖息地保护措施

州政府和地方政府对野生动物栖息地的保护是在联邦政府的推动之下进行的。自从联邦政府的《濒危物种法》通过以后，几乎每个州都制定了自己的濒危物种法，并制定了自己的保护计划。有些地方政府也采取了积极的保护行动。尽管如此，但由于地产开发和

---

① Federico Cheever, "Recovery Planning, the Courts and the Endangered Species Act", *Natural Resources & Environment*, Vol. 16, No. 2 (Fall 2001), p. 106.

② Erik Stokstad, "What's Wrong with the Endangered Species Act?", *Science*, New Series, Vol. 309, No. 5744 (Sep. 30, 2005), p. 2151.

③ Bonnie B. Burgess, *Fate of the Wild*, p. 62.

经济增长的压力，美国的野生动物栖息地和生态系统仍然遭到严重的破坏，当然，成功的例子也不在少数。由于州和地方政府在野生动物栖息地保护方面千差万别，迥然相异，所以本节主要采取个案研究的方式。

1. 佛罗里达州博卡谢加湾的保护及其失败

博卡谢加湾（Boca Ciega Bay）是位于佛罗里达半岛西侧一个南北狭长的咸水潟湖，平均宽度为2英里，长16英里，东面濒临旅游胜地圣彼得斯堡（St. Petersburg），西面则被圣彼得斯堡海滩与墨西哥湾分隔开来。在20世纪50年代以前，博卡谢加湾拥有丰富的野生动植物资源，植物资源主要包括红树林和龟草（turtle grass），它们都在海湾生态系统中发挥着重要作用。红树林茂盛的树冠可以缓冲海浪与潮汐对岛屿和海岸的冲击，其发达的根系可以固定水底泥沙，落叶可以滋养海底生物，构成海洋生物理想的生境。海湾底部的泰莱藻就像茂密的海底草甸，既防止了海底的泥沙流失，又是海洋生物栖息繁殖的理想场所。因此，博卡谢加湾拥有种类繁多的鱼类、虾类、蟹类、贝类、鸟类等等，可谓野生动植物的伊甸园。

为了保护博卡谢加湾这一天堂乐土免受人类开发的破坏，早在1922年，圣彼得斯堡规划委员会就聘请波士顿著名的规划师约翰·诺伦（John Nolen）制定了佛罗里达州第一个综合性城市规划，该规划包含了一系列公园和资源保护区，以对海湾的生态敏感地区和关键的自然资源进行保护。令人遗憾的是，诺伦规划在圣彼得斯堡的公民投票中以惨败而告终。随后，一直到70年代，博卡谢加湾遭到了一系列的疏浚、填埋、开发和污染等破坏，成为一个典型的失乐园。

最早的破坏始自20世纪30年代大危机时期美国陆军工程兵团（ACE）的水道疏浚，工程兵团将挖掘的水底泥沙任意堆砌在海湾的其他地方，从而制造了一系列"污泥岛"（spoil islands），挖掘和填埋毁坏了数百英亩肥沃的海底生境，由于龟草被挖掘和掩埋，海底动物失去了生存和繁殖的条件，生物多样性受到损害。但这仅仅是一个小小的开端。由于战后的建筑繁荣，到50年代初期，圣彼得斯堡滨水区的土地很快就开发殆尽，于是，博卡谢加湾就成为开发商瞩目的

第七章 生态环境与土地资源保护

目标。1953 年,一位当地开发商阿尔伯特·富伦(Albert Furen)从"内部改进基金信托机构"(TIIF)购买了 504 英亩的水域,准备进行填埋开发。这一开发项目立即遭到了附近居民和自然资源保护联盟(ACNR)等环保组织的坚决抵制。佛罗里达州的州长、资源保护主义者勒鲁瓦·柯林斯(LeRoy Collins)也进行了干预,他命令"内部改进基金信托机构"(TIIF)延期两年出售该水域,并成立了一个"州土地利用和控制委员会"来研究该州的疏浚与填埋问题。[1] 甚至联邦政府也介入了这一问题,1955 年,美国鱼类和野生动物管理局(FWS)在一份报告中指出,博卡谢加湾的海洋生物和栖息地这一"无价资产"正面临着巨大威胁,由于"面临着疏浚和填埋的严重威胁,急需制定一个综合规划以确保这些资源的保留"。因此,该局敦促佛罗里达州资源保护委员会(FSBC)"对这一问题进行迅速而深入的研究工作"[2]。

于是,佛罗里达州资源保护委员会(FSBC)聘请海洋生态学家罗伯特·赫顿(Robert Hutton)对此进行了研究,并于 1956 年提出了一项研究报告,赫顿认为,富伦的开发项目将会对博卡谢加湾的生态造成难以挽回的损失。在该报告的影响下,州议会通过了《海岸法》(Bulkhead Law),规定所有的填埋项目都必须达到健康、安全和福祉的最低标准。然而,正当事情出现转机的时候,芝加哥的开发商李·拉特纳(Lee Ratner)收购了富伦的地产,而且聘请生态学家和律师为其开发项目的合理性进行了广泛的论证和游说活动。于是,博卡谢加湾所在的皮内拉斯(Pinellas)县议会批准了拉特纳的填埋项目,而且自然资源保护联盟(ACNR)在与拉特纳公司的诉讼中败诉。于是,拉特纳公司的填埋与开发项目得以实施,到 1964 年,仅填埋场地就占用了 2500 英亩的水底面积,即占用了海湾全部水底面

---

[1] R. Bruce Stephenson, *Visions of Eden: Environmentalism, Urban Planning, and City Building in St. Petersburg, Florida, 1900 – 1995*, Columbus: Ohio State University Press, 1997, p. 129.

[2] Jack E. Davis and Raymond Arsenault, eds., *Paradise Lost? The Environmental History of Florida*, Gainesville: University Press of Florida, 2005, p. 334.

积 2 万英亩中的 12.5%。然而，更严重的是，为了获得填埋所用的泥沙砾石而进行的水底砂石采掘活动，又破坏了多达 5000 英亩的水底面积。1940—1970 年，疏浚、挖掘和填埋使博卡谢加湾丧失了 80% 的龟草植被和 70% 的栖息地，博卡谢加湾已经不再是一个连续的整体，被一系列人工岛屿分割得支离破碎，而且水体污染异常严重，俨然成为一个沟渠纵横的污水池。① 因此，博卡谢加湾的渔业受到严重打击，原来该湾每年的渔业产值达 140 万美元，而到 60 年代末，该湾已经无鱼可捕，渔民只好进入墨西哥湾捕鱼。②

2. 派恩兰兹生态资源的保护及其成就

当然，美国野生动物栖息地的保护也不乏成功的例子，其中最典型的就是对新泽西州派恩兰兹（Pinelands）的保护。派恩兰兹是新泽西州南部大西洋沿岸的一片以松树为主的林地，其土壤以酸性沙地为主，不适于农耕，所以也称为派恩巴伦兹（Pine Barrens），即贫瘠的松树林，这也是何以自殖民地时代以来，这片松林幸免于农业开发的主要原因。派恩兰兹总面积达 2250 平方英里（144 万英亩），占新泽西州面积的 30%。③ 这片松林拥有丰富的野生动植物资源，主要树种包括北美油松等各种松树、各种橡树和各类灌木。松林中溪流纵横，沼泽密布，岸边生长着雪松和红枫等湿地硬木林，此外还有兰科植物、食虫植物等各类稀有独特的植物。溪水同样呈酸性，营养物质较少，一些稀有动物在此繁衍生息。据统计，派恩兰兹地区拥有 39 种哺乳动物、59 种爬行动物和两栖动物、91 种鱼类、299 种鸟类、800 多种维管植物。④

派恩兰兹地区不仅野生动植物资源丰富，而且空气清新，风景优美，是人们休闲娱乐的理想场所，因此吸引了成千上万的游客，他们

---

① Jack E. Davis and Raymond Arsenault, eds., *Paradise Lost?*, pp. 334 – 345.
② R. Bruce Stephenson, *Visions of Eden*, p. 139.
③ T. Beryl Robichaud Collins, Emily W. B. Russell, eds., *Protecting the New Jersey Pinelands: A New Direction in Land-Use Management*, New Brunswick: Rutgers University Press, 1988, p. 5.
④ Ralph E. Good and Norma F. Good: "The Pinelands National Reserve: An Ecosystem Approach to Management", *BioScience*, Vol. 34, No. 3 (Mar., 1984), p. 169.

第七章 生态环境与土地资源保护

到此或观赏自然美景,或乘坐独木舟,或徒步骑车旅行。为了保护这里的野生动植物资源,联邦政府建立了布里根泰恩(Brigantine)和巴尼加特—霍尔盖特(Barnegat-Holgate)两个野生动物保护区,此外,州政府还设立了一个27.5万英亩的森林、公园和野生动物保护区,作为人们提供了钓鱼、捕猎、游泳和野营的场所。①

然而,派恩兰兹位于从新罕布什尔州到弗吉尼亚州的大都市连绵带上,北面和西面分别是蔓延迅速的纽约和费城大都市区,从20世纪50年代开始就面临着巨大的开发压力。1958年伯灵顿县(Burlington County)议会宣布将在派恩兰兹核心部位修建一个国际机场,占地面积将达1.6万英亩。1972年,州议会成立了一个"派恩兰兹环境委员会",以便对派恩兰兹进行保护。然而,该委员会由本地的大地产商所把持,并于1975年制定了一个区域规划,将派恩兰兹的土地分为保护区和开发区两大类,并准备在开发区开发16.7万套住房,容纳人口50万,而当时该区只有7500人。该规划强调尊重"传统的权利、所有权和土地利用",该计划比前述的机场计划对自然环境和野生动植物栖息地的威胁还要严重,因而遭到环保组织的激烈反对。因此,1975年以后州议会不再向该委员会拨款,并于1979年将其解散。②

然而,派恩兰兹地区仍然面临着巨大的开发压力,20世纪70年代,整个派恩兰兹地区人口增加了9.6万,增长率为43%。除了独户住房的开发以外,还出现了一种新的更大的威胁,即新镇和养老社区的开发,到70年代末,一个大型养老社区南汉普顿(South Hampton)已经在派恩兰兹地区建立起来,此外还有几个新社区开发项目已经进入规划程序,其中曼彻斯特乡(Manchester Township)的一个开发项目多达4500套住房。更可怕的是,1976年新泽西州在公民投票中将大西洋城的赌场合法化,第一个赌场于1978年开张营业,于是在派

---

① T. Beryl Robichaud Collins, Emily W. B. Russell, eds., *Protecting the New Jersey Pinelands*, p. 26.
② T. Beryl Robichaud Collins, Emily W. B. Russell, eds., *Protecting the New Jersey Pinelands*, pp. 36–46.

— 983 —

恩兰兹掀起了一个土地投机热潮。预计到1990年，大西洋城将有22个赌场营业，就业人员将达3万多人，这还不包括相关产业的就业人员在内，他们的衣食住行等各类需求，必然极大地促进附近地区的住房开发和商业服务业的开发，导致众多城镇的建立，它们将在派恩兰兹地区的开普梅县（Cape May County）、大洋县（Ocean County）以及大西洋县（Atlantic County）蔓延开来。[①] 结果，仅1975—1986年，该地区有317平方千米的自然土地被城市和农业开发所占用。[②] 派恩兰兹地区的生态资源面临着严重的威胁。

在这关键的时刻，环保组织发挥了积极作用，其中最重要的是"新泽西奥杜邦协会"（the New Jersey Audubon Society），该组织的有关人员向联邦、州和地方政府的行政官员和议员进行了广泛的游说活动；另一个环保组织"新泽西资源保护基金会"（the New Jersey Conservation Foundation）在草拟相关的州立法方面发挥了重要作用。此外，还有数十个全国性和地方性的组织也积极地参与了保护运动，比如，塞拉俱乐部、全国奥杜邦协会、环境保护基金会（EDF）、自然资源保护委员会（NRDC）、全国公园和资源保护协会（NPCA）等等。

在诸多生态保护组织的有力推动之下，联邦国会于1978年通过了《全国公园和休闲法》（the National Parks and Recreation Act），其中第502款是关于建立"派恩兰兹国家资源保护区"（the Pinelands National Reserve）的有关条款。该资源保护区与传统的国家公园不同，国家公园内部绝对禁止开发，而国家公园以外邻近地区的开发则不受干涉，可谓楚河汉界，泾渭分明；而资源保护区则是将保护与开发结合起来，它是在区域生态系统的基础上对人口增长进行指导和管制，被称为"基于生态系统的管理方法"（Ecosystem Approach to

---

[①] T. Beryl Robichaud Collins, Emily W. B. Russell, eds., *Protecting the New Jersey Pinelands*, pp. 47–49.

[②] Robert T. Walker and William D. Solecki, "Managing Land Use and Land-Cover Change: The New Jersey Pinelands Biosphere Reserve", *Annals of the Association of American Geographers*, Vol. 89, No. 2 (Jun., 1999), p. 222.

Management)① 该法将派恩兰兹地区 108.3 万英亩的林地划为国家资源保护区，并拨款 2600 万美元，作为制定和执行规划、征购私人土地的资金。该法还要求新泽西州的州长建立一个 15 位成员的规划委员会，制定一个综合管理规划。于是，1979 年 6 月新泽西州议会通过了《新泽西派恩兰兹保护法》（the New Jersey Pinelands Protection Act），将 93.4 万英亩的林地置于州政府的保护之下，比联邦资源保护区的面积略小一些，并且成立了派恩兰兹委员会（Pinelands Commission），负责制定和监督实施综合管理规划。②

1980 年 11 月，派恩兰兹委员会完成了"派恩兰兹综合管理规划"的制定，根据自然特征、文化特征和现有的土地利用模式，将其划分为六个区域：其一，自然保护区（Preservation District），其面积为 33.7 万英亩，属于最为生态敏感的区域，以湿地为主，被划定为蓝莓种植区和园艺区；其二，森林地区（Forest District），面积 27.8 万英亩尚未开发的森林和湿地，平均开发密度不能超过每 38 英亩一套住房；其三，农业地区（Agricultural District），面积 7.7 万英亩，分散于派恩兰兹的西部边缘地带，其目的是保护农业，最大限度地减少住房开发的压力，住房开发密度不得高于每 10 英亩一套住房。其四，乡村开发区（Rural Development District），面积 12.4 万英亩，散布于派恩兰兹周围地区，只允许进行簇群式的开发；其五，区域增长区（Regional Growth District），面积 8.2 万英亩，是位于边缘地带现有的居民点，可以进行基础设施建设和开发活动；其六，村镇区（Pinelands Villages and Towns District），是派恩兰兹边缘地带的现有社区，允许进行嵌入式的开发活动。派恩兰兹委员会建议在派恩兰兹地区可以再开发 18.44 万套住房。③

---

① Ralph E. Good and Norma F. Good, "The Pinelands National Reserve: An Ecosystem Approach to Management", *BioScience*, Vol. 34, No. 3 (Mar., 1984), p. 170.

② T. Beryl Robichaud Collins, Emily W. B. Russell, eds., *Protecting the New Jersey Pinelands*, pp. 5, 71 – 82.

③ W. Patrick Beaton: "The Impact of Regional Land-Use Controls on Property Values: The Case of the New Jersey Pinelands", *Land Economics*, Vol. 67, No. 2 (May, 1991), p. 175.

派恩兰兹委员会制定的综合管理规划生效以后,州议会要求派恩兰兹区域内所有的市镇法人和县政府的总体规划和分区制法令都必须与该规划相协调,违反该规划的市镇法人将被剥夺对开发项目的审批权。派恩兰兹委员会对开发项目的审批权高于市镇法人和县政府的审批权,该委员会的决定具有一定的强制力,只有法院的判决才能推翻。到1987年初,在派恩兰兹区域的52个市镇法人之中,已经有44个制定了总体规划和土地利用法规,并获得了该委员会的批准。征购私人土地是最有力的资源保护方法,因此,综合管理规划建议到1985年拨款8080万美元,征购大约10万英亩的土地,其中75%集中于保留区(Preservation Area)的核心部分。但土地的征购进展十分缓慢,到1985年底,只征购了4.2万英亩土地,另外2.5万英亩土地的征购还处于谈判过程之中。[1] 此外,该计划还采用开发权转让的方法,将保护区(Protection Area)核心区域的开发活动转移到外围地区,既保护了核心区的生态资源,又满足了核心区土地所有者的经济利益,减少了诉讼纠纷。

新泽西州派恩兰兹地区的野生动物栖息地的保护措施收到了一定的成效。由于面临着一定的审批困难,大约有30%提交审批的开发项目在被批准或否决之前就被开发商撤回。比如在保留区(Preservation Area)的环境敏感地区,一个4400套住房、占地1000英亩的大型开发项目在审批过程中被开发商主动撤回。然而,不可否认的是,根据派恩兰兹委员会的估计,开发项目的批准率是非常高的,只有很少的开发项目在审批过程中被否决。在综合管理规划通过以后,在1981年1月1日到1986年12月31日之间,在保护区(Protection Area)内有2189个住房项目获批,有17247套住房建立起来;在核心部位的保留区(Preservation Area)内也有95个住房项目获批,有167套住房建立起来。此外,在这两种地区内还有1072个商业、工业、娱乐项目和329个公共开发项目获批。不过也应看到,

---

[1] T. Beryl Robichaud Collins, Emily W. B. Russell, eds., *Protecting the New Jersey Pinelands*, pp. 277, 218.

这些审批项目主要集中在整个"派恩兰兹国家资源保护区"的边缘地带。[①] 另外，还应该看到的是，派恩兰兹的生态环境之所以能够得到一定程度的保护，还与其远离纽约和费城大都市区有一定的关系，如果这两个大都市区进一步蔓延，开发活动进一步向派恩兰兹地区挺进，这里的野生动物栖息地的保护仍然是令人担忧的。

3. 其他州和地方政府的保护措施

前文提到，加州的科切拉谷地（Coachella Valley）的科罗拉多须趾蜥栖息地受到了郊区开发的威胁。到20世纪70年代，一些生态主义者和资源管理人员开始倡导对这里的蜥蜴栖息地加以保护，并组成了"科切拉谷地须趾蜥咨询委员会"（the Coachella Valley Fringe-toed Lizard Advisory Committee），努力争取将科罗拉多须趾蜥列入国家和加州的濒危物种名录。此外，他们还主张建立一个沙漠栖息地保留区，保护这种蜥蜴和其他沙漠物种。在他们的呼吁下，鱼类和野生动物管理局（FWS）于1978年建议将科罗拉多须趾蜥列为近危物种，并且主张划定一个170英亩的栖息地保留区。结果，科罗拉多须趾蜥于1980年被联邦和加州同时列入濒危物种名录，并划定了一个20平方英里的须趾蜥栖息地保护区。1984年底和1985年初，该谷地的10个地方政府又批准了一个栖息地保护计划，即"科切拉谷地须趾蜥栖息地保留计划"（the Coachella Valley Fringe-toed Lizard Habitat Conservation Plan），并迅速提交鱼类和野生动物管理局（FWS），并于1986年获批。该计划一共建立了3个保留区，即"科切拉谷地保留区"（Coachella Valley Preserve）和另外两个小型保留区，总面积大约为16729英亩，其中，科罗拉多须趾蜥的栖息地占地7838英亩。此外，"科切拉谷地保留区"还拥有180种其他动物和120种植物以及4个稀有物种。[②]

[①] T. Beryl Robichaud Collins, Emily W. B. Russell, eds., *Protecting the New Jersey Pinelands*, pp. 196–198.

[②] Richard Whitman, et al., "The Indiana Dunes: Applications of Landscape Ecology to Urban Park Management", in Rutherford H. Platt, et al., eds., *The Ecological City: Preserving and Restoring Urban Biodiversity*, The University of Massachusetts Press, 1994, pp. 234–239.

加州里弗赛德县（Riverside County）的斯蒂芬斯更格卢鼠（Stephens' Kangaroo Rat）的栖息地也是在联邦政府的推动下得以保留的。1988年，国会对《濒危物种法》进行了修正，并将里弗赛德县的斯蒂芬斯更格卢鼠列为濒危物种。在联邦政府和该县环保人士的压力下，县政府为更格卢鼠制定了"栖息地保留计划"（HCP），并提交给鱼类和野生动物管理局（FWS）审批。根据该县更格卢鼠的分布，该计划囊括了几个地方政府辖区以及众多的私人和公共地产，面积可达543409英亩，其中75%属于没有市镇法人建制的地区，既有城市化地区，也有乡村地区。由于栖息地保护区涉及众多的地方政府单位，很难进行统一的管理，因为每个市镇法人都拥有自己的土地利用规划权。另外，这些地方政府还为经济发展和土地开发进行你争我夺。由于里弗赛德县的分区制法规比邻近的奥兰治县和洛杉矶县更加宽松，于是地产开发商纷纷到里弗赛德县进行开发活动。因此，里弗赛德县的更格卢鼠"栖息地保留计划"（HCP）面临着严重的挑战。为了实现对该县更格卢鼠栖息地的统一规划和管理，1990年该县建立了一个统一的管理机构，即"里弗赛德县栖息地保护管理局"，并由该县和各个市镇法人的代表组成的"指导委员会"对该机构进行监督。此外，该县还颁布了一项紧急法令，对更格卢鼠栖息地范围内的开发活动征收每英亩1950美元的影响费。这些费用连同州政府和联邦政府的拨款，用来支付制定更格卢鼠"栖息地保留计划"（HCP）的费用，以及为保护栖息地而进行的征地费用。[1]

亚利桑那州皮马县（Pima County）的"索诺兰沙漠保留计划"（Sonoran Desert Conservation Plan，SDCP）在生物多样性的保护方面享誉全美。前文指出，由于大都市区的蔓延和居民住房开发，该沙漠及其野生动植物受到了严重的威胁。皮马县早在1929年就开始进行土地的保护活动，在该县的最大城市图森（Tuson）以西的索诺兰

---

[1] Thomas D. Feldman and Andrew E. G. Jonas, "Sage Scrub Revolution? Property Rights, Political Fragmentation, and Conservation Planning in Southern California under the Federal Endangered Species Act", Annals of the Association of American Geographers, 90 (2), 2000, pp. 265 – 268.

沙漠建立了图森山地公园，占地大约2万英亩。但此后直到80年代该县没有进行新的保护活动。1986年，在皮马县政府的要求下，亚利桑那大学的生态学家为该县绘制了第一幅生态资源地图，被称为"小兔地图"（bunny map）。此外，该县还在1986年和1997年通过公民投票，分别发行了1800万和2800万美元的债券，用于购买开放空间。然而，该县最著名的自然保护计划是90年代后期制定的"索诺兰沙漠保留计划"（SDCP），该计划的制定受到了联邦政府和州政府的巨大推动。该县选民于2004年5月通过投票，支持"索诺兰沙漠保留计划"（SDCP），并决定发行1.74亿美元的债券，用于购买开放空间和保护栖息地。该计划覆盖了590万英亩的土地，包括85万居民和25种濒危动植物。从1998年该计划的实施到2004年，该县已将20万英亩的可开发土地置于"保留土地系统"（the Conservation Land System）之下。[①]

华盛顿州的皮吉特湾（Puget Sound）是美国太平洋西北地区最大的白头海雕（bald eagles）栖息地，在该地区有400余处繁殖地点。但20世纪七八十年代以来，该地区的人口不断增加，住房开发日益增多，从而威胁了白头海雕的生存。该州议会于1984年通过了一项法律，要求在白头海雕栖居的树木周围建立缓冲带。该法于1986年开始实施，土地业主如果想要对其土地进行清理、建筑住房、修建道路或开发居民社区，首先要向"华盛顿州鱼类和野生动物管理部"（Washington Department of Fish and Wildlife）提出申请，并与之协商并制定一份白头海雕管理计划，违反该计划者将予以刑事处罚。这些管理计划包括下述一些内容：其一，每年从1月1日到8月15日之间，在每棵筑巢的树木周围大约400米的范围内禁止开发活动；其二，在筑巢树木的周围的大约100米的范围内建立一个栖息地缓冲带（habitat buffer），而且其他一些关键的自然特征也要加以保护；其三，任何特定的场地特征都要包含在计划之内，比如场地的地形特征等；其四，美国宪法所规定的公民的财产权必须考虑在内。然而，皮吉特湾地区的城市开发在加

---

① Christopher Duerksen and Cara Snyder, *Nature-Friendly Communities*, pp. 253–262.

速进行，而白头海雕 82% 的筑巢地点位于私人土地上，58% 的巢穴出现在该地区住房开发最兴盛的沿海地带。结果，这些筑巢地区往往涉及众多城市和业主，比如埃弗里特（Everett）、西雅图（Seattle）、塔科马（Tacoma）、布雷默顿（Bremerton）和奥林匹亚（Olympia）等，这为协商和保护带来了巨大困难。[①]

美国的开放空间保护运动对野生动物及其栖息地的保护也发挥了积极作用。比如，到 20 世纪 90 年代初期，科罗拉多州博尔德县的开放空间计划保护了 1.6 万英亩的土地，以作为各个社区与河流、溪谷和栖息地之间的缓冲带，其中的"步行者牧场"（Walker Ranch）占地 2556 英亩，是该县开放空间系统中最大的一个山地公园，其中有各种野生动物，比如黑尾鹿、黑熊、野火鸡、丛林狼、驼鹿等。[②] 但是用于公民休闲娱乐的开放空间与野生动物栖息地的保护存在着根本冲突，人类活动必然对野生动植物构成威胁，特别是在大都市区人口密集的地方。下面这一例子就足以说明了这一问题。

米纳勒尔金（Mineral King）是加州塞阔亚国家公园（Sequoia National Park）以南一个大约 300 英亩的高山谷地，其间湖泊棋布，溪流纵横，景色优美。早在 1949 年，美国森林管理局（U. S. Forest Service）就曾试图引入私人资本开发一个小型滑雪场地。但由于穿越国家公园的道路崎岖难行，因此该计划长期以来一直未能付诸实施。1965 年，美国森林管理局通过招标，批准了 6 个公司在此进行滑雪场地的修建，其中沃尔特·迪士尼公司（Walt Disney Productions）获准在 3 年内投资 3500 万美元进行滑雪场地的开发。但根据美国学者的研究，这种娱乐空间的开发将会对脆弱的生态环境造成巨大的压力和严重的危害。第一，每年游客数量可达 98 万至 250 万人；第二，需要修建一个高达 10 层的容纳 3600 辆汽车的停车场；第三，需要修建一个拥有 1030 个房间的大型旅馆；第四，需要雇佣 1000 名雇员；

[①] Greg Schirato and Wendy Parson, "Bald Eagle Management in Urbanizing Habitat of Puget Sound, Washington", *Northwestern Naturalist*, Vol. 87, No. 2 (Autumn, 2006), p. 138 – 139.

[②] John B. Wright, "Cultural Geography and Land Trusts in Colorado and Utah", *Geographical Review*, Vol. 83, No. 3 (Jul., 1993), pp. 272 – 273.

第五，需要设置22—27组滑雪缆车，它们将延伸4英里，深入周围的乡村地带；第六，还要建立各种服务设施，比如办公室、医院和商店等。第七，附近还会出现会务中心、剧院、比赛场地、饭店等；第八，需要修建高等级公路与第198号加州高速公路连接起来，每小时交通流量将会达到1200辆。因此，迈克尔·迈克洛斯基（Michael McCloskey）和阿尔伯特·希尔（Albert Hill）敏锐地察觉到了该项目对自然环境的危害，于是，他们在一项研究报告中反对该项目的实施，他们指出："总而言之，这些决策将迫使我们一步步地进入一种无法忍受的境况——开发、交通、烟雾以及栖息地的破坏，会给环境造成难以承受的压力。"①

（五）民间组织的栖息地保护活动

前文指出，在开放空间保护运动中，众多全国规模、地区规模和地方规模的土地信托组织通过购买产权和地役权的方式，保护了大量的开放空间和自然区域。虽然这些开放空间大多允许公民进入和进行各种娱乐活动，但许多是生态敏感地区和野生动植物栖息地，因而禁止或限制公民进入，在一定程度上保护了这里的野生动植物栖息地和生态环境。本节对这些土地信托组织的保护活动不再赘述，只对一个生态资源保护组织，即美国"大自然保护协会"（The Nature Conservancy）进行探讨，来说明私人组织在野生动植物栖息地保护中发挥的重要作用。

"大自然保护协会"（TNC）的前身是1915年成立的"美国生态保护协会"（the Ecological Society of America）。1917年该协会成立了一个委员会，其任务包括三个方面：其一，将美国和加拿大所有已经得到保护和应该保护的生态地区列出名单；其二，促进那些尚未得到保护的生态地区的保护工作；其三，加强对得到保护的保留地的适当保护。②

---

① Spenser W. Havlick, *The Urban Organism*, pp. 418–420.
② Richard Brewer, *Conservancy: The Land Trust Movement in America*, p. 186.

当时，伊利诺伊大学一位年轻的动物学家维克多·谢尔福德（Victor Shelford）担任该协会的主席并兼该委员会的主任。该协会主要从事生态学教育、立法证词和向政府提供咨询等。1926年该协会出版了《美洲自然学家指南》（Naturalists Guide to the Americas），详细介绍了美洲一些自然区域的状况。到1939年，在该协会内部出现了两个委员会，第一个委员会主要进行研究，确认自然区域，发表相关论文并提供咨询，另一个负责采取行动，比如进行院外活动，以保护已经确认的自然区域。谢尔福德担任后者的主任。1946年，"美国生态保护协会"决定停止保护活动，只专注于咨询服务，虽然谢尔福德坚决反对，但也无济于事。于是，谢尔福德与一些参与实际保护行动的科学家建立了一个新的组织，即"生态学家联盟"（the Ecologists Union），该组织发展异常迅速，仅第一年其会员就达到了158人。1950年，乔治·费尔（George Fell）当选为该联盟的副会长。随后，费尔来到首都华盛顿，希望建立一个全国性的自然保留地系统。于是，费尔散发了3000册《活色生香的美国原始博物馆》（Living Museums of Primeval America）小册子，呼吁建立一个全国性的私人拥有产权的自然保留地系统，认为联邦和州属公园和野生动物保留地不足以保护现存的野生动植物。1951年该联盟更名为"大自然保护协会"（TNC），成为一个非营利的自然保护组织，总部位于华盛顿。[1]

"大自然保护协会"（TNC）的发展异常迅猛，到1958年，该组织已经在缅因、康涅狄格、纽约、马里兰、密歇根、伊利诺伊、密苏里和加州8个州建立了分支机构。[2] 而到1988年，该组织的分支机构已经扩大到43个州。[3] 该协会不仅发展为美国最大的全国性自然保护组织，而且还在世界其他各国积极地进行自然生态的保护工作，从而

---

[1] William D. Blair, Jr., "The Nature Conservancy: Conservation through Cooperation", *Journal of Forest History*, Vol. 30, No. 1 (Jan., 1986), p. 38.

[2] Richard H. Goodwin, "Nature Preserves Recently Esta〔p-blished by the Nature Conservancy", *AIBS Bulletin*, Vol. 8, No. 3 (Jun., 1958), p. 20.

[3] Stephen J. Chaplin, "Natural Area Programs of the Nature Conservancy", *Transactions of the Kansas Academy of Science*, Vol. 91, No. 1/2, April 1987 (1988), p. 8.

第七章 生态环境与土地资源保护

发展为一个庞大的国际性非营利环保组织。到 2001 年，该协会拥有会员达 100 万人，专职工作人员近 3000 人，该年该协会的资金收入达 5 亿美元以上。①

"大自然保护协会"（TNC）的使命是："通过保护其所依存的土地和水域，来保护代表了地球生命多样性的植物、动物和自然群落。"该协会采取三个步骤进行保护工作：第一，对某地域的物种和群落的稀缺性加以评估，确认这些特定的生态因素的丰富性；第二，采取某种形式的保护措施，以保护最稀缺的和最濒危的物种；第三，对其获得的保留地进行管理。② 该协会保护工作的进展也异常迅猛。1951 年，该协会购买了第一块自然保留地，即纽约州"火岛"（Fire Island）上的"森肯林地"（Sunken Forest），这是一片 60 英亩的濒海沙丘林地。③ 到 1958 年，该组织已经拥有 15 块土地的产权，总面积为 1550 英亩。④ 从 1958 年到 1961 年，该协会又增加了 23 块土地，总面积达到 6267 英亩。⑤ 到 1968 年，该组织已经在 32 个州拥有 150 个保留地的产权，总面积达到大约 5 万英亩，其中有 27 个保留地已经转让给其他组织或政府机构。⑥

该协会的保护方式有所变化。在 20 世纪五六十年代，主要是拯救小块原始或半原始的风景区域，而从 70 年代中期转为以保护生物多样性为主。另外，从 60 年代后期和 70 年代开始，该协会还实行了一种保留地转让政策，即首先购买一些迫切需要购买的土地，然后待联邦政府或其他政府拥有资金以后，再将其有偿地甚至加价转让给这

---

① Richard Brewer, *Conservancy: The Land Trust Movement in America*, p. 186.
② Brian D. Richter, "Ecosystem-Level Conservation at the Nature Conservancy: Growing Needs for Applied Research in Conservation Biology", *Journal of the North American Benthological Society*, Vol. 12, No. 2 (Jun., 1993), p. 197.
③ Richard Brewer, *Conservancy: The Land Trust Movement in America*, p. 191.
④ Richard H. Goodwin, "Nature Preserves Recently Esta[p-blished by the Nature Conservancy", *AIBS Bulletin*, Vol. 8, No. 3 (Jun., 1958), p. 20.
⑤ Richard H. Goodwin, "The Nature Conservancy Preserves", *AIBS Bulletin*, Vol. 11, No. 1 (Feb., 1961), p. 17.
⑥ Richard H. Goodwin, "The Role of Private Agencies in Natural Area Preservation", *BioScience*, Vol. 18, No. 5, (May, 1968), p. 393.

些政府，从而可以从政府部门获得一些资金，以便于进一步保护活动。① 比如，在爱达荷州的上普雷斯特湖（Upper Priest Lake）的一位业主出售土地，但此时正值美国林业局（the U. S. Forest Service）资金匮乏而无力购买，而如果不立刻购买下来加以保护，就有可能被开发商购买，情况紧急，于是"大自然保护协会"（TNC）当即购买了这一地产，等到该局获得了联邦政府 50 万美元的拨款后，该协会便将该地产转卖给联邦政府。又如，在加州的圣克鲁斯县（Santa Cruz Couty），有 3 位老人在滨海地区拥有近 1 万英亩的林地，价值大约几百万美元，他们希望将这片林地建成一个森林公园，隶属于加州公园系统，以纪念他们的母亲。该协会立即购买了该地产，等加州通过立法发行债券后，该协会便将其转卖给加州政府。随后，加州政府在该地产的边缘地带开辟一个娱乐性公园，而其中心部分则作为荒野土地和野生动物栖息地加以永久保留。②

"大自然保护协会"（TNC）确立了一个远大宏伟的目标，即要保护美国领土面积的 0.5%，因为只有达到这一比例，美国生态的多样性才能得到有效的保护。到 1988 年，该协会已经购买或接受捐献的土地达 4200 块，拥有并管理的保留地达 895 个，其中美国中西部拥有 283 个，保护土地总面积达到 250 万英亩。但是，至少还需要再增加 1000 万英亩的土地，才能达到上述 0.5% 的比例。③ 到 2001 年，该协会距离其目标已经不太遥远了，该年其在美国所保护的有重要生态意义的栖息地已经达到 1200 万英亩。此外，该协会在世界其他地区还保护土地 6000 万英亩。④

"大自然保护协会"（TNC）除了进行直接的自然土地的保护以外，还帮助其他组织和政府部门展开活动，比如教育宣传、法律咨

---

① Richard Brewer, *Conservancy：The Land Trust Movement in America*, p. 210.
② Richard H. Goodwin, "The Role of Private Agencies in Natural Area Preservation", *BioScience*, Vol. 18, No. 5, (May, 1968), p. 394.
③ Stephen J. Chaplin, "Natural Area Programs of the Nature Conservancy", *Transactions of the Kansas Academy of Science* (1903 –), Vol. 91, No. 1/2, April 1987 (1988), pp. 9 – 10.
④ Richard Brewer, *Conservancy：The Land Trust Movement in America*, p. 186.

询、资金援助、道德鼓励等。对其他组织的财政援助包括直接的贷款或为援助对象向地方银行进行信用担保。比如，在帮助俄亥俄州的"斯塔克荒野中心"（Stark Wilderness Center）购买土地以及帮助康涅狄格州购买"巴特利特植物园"（the Bartlett Arboretum）就是通过信用担保的形式。而在帮助全国奥杜邦协会购买佛罗里达州的科克斯科鲁湿地（Corkscrew Swamp）和鲁克里湾保护区（Rookery Bay Sanctuaries）时，采用的是共同筹集资金的方式。在法律咨询方面，该协会成员常常与政府官员讨论法律和税收问题，并印制关于土地信托、保护性地役权和相互责任契约等方面的资料，与其他组织分享。[①] 该协会为美国乃至世界的自然地域和野生动植物栖息地的保护做出了杰出的贡献。

六　大都市区的蔓延与农地保护

刘易斯·芒福德曾断言："在生态上，城市与农村是一个整体，谁也离不开谁。如果谁能离开（对方）而独立生存下来的话，那是农村，而不是城市。"[②] 然而，现实的情况却是，城市正在以空前的速度疯狂扩张，鲸吞蚕食着美丽而富饶的乡村土地，大都市区附近的乡村地区在日益退缩，萎靡不振，乃至销声匿迹，取而代之的却是郊区居民区、工业园区、办公园区、购物中心等城市用地。更令人担忧的是，大都市区的蔓延丝毫没有缓和的迹象，而是越来越横冲直撞，气势汹汹，肆无忌惮。

大都市区的空间蔓延不仅吞噬了面积广大的开放空间和野生动物栖息地，而且还侵占了另一种更加重要的自然资源，即广袤肥沃的农业用地（农地）。这里的农地（farmland）不仅包括耕地（crop land），而且还包括牧场（pasture）和果园（orchard）等。美国大都市区的低

---

① Richard H. Goodwin, "The Role of Private Agencies in Natural Area Preservation", *BioScience*, Vol. 18, No. 5, (May, 1968), p. 394.

② ［美］刘易斯·芒福德：《城市发展史：起源、演变和前景》，第357页。

密度蔓延对美国的农业生产造成了不可估量的损失，并严重地威胁着其生存前景，因此，美国各界人士和各级政府逐渐认识到保护农地的重要性，并采取了一系列措施对农地加以保护。

（一）大都市区的蔓延对农地的侵占

二战以后，由于美国大都市区的迅速蔓延乃至蛙跳式的增长，面积广大的农业用地被占用。就地方层面而言，1950—1957年，仅圣路易斯大都市区的奥克兰县就有45平方英里的土地被占用，相当于两个曼哈顿的面积；50年代芝加哥大都市区的杜培奇县也有相同面积的土地被吞噬，使该县的农地面积减少了22%；1950—1954年，纽约长岛拿骚县的农地从2.7万英亩减少到1.3万英亩，使该县的农地占全部土地面积的比例不足7%。因此，有人不无担忧地说："到本世纪末，在长岛也许不会再有农业可言了。"[1]

在洛杉矶大都市区的奥兰治县，橘园的面积从1948年的13万英亩减少到1981年的不足2.5万英亩。[2] 在堪萨斯州的堪萨斯城大都市区的怀恩多特县（Wyandotte County），到1959年，城市用地面积为24750英亩，占用农地9350英亩。而到1974年，城市用地面积增加到33975英亩，即增加了9225英亩，增长率为37.3%，侵占农地面积增加到13050英亩，即丧失农地3700英亩，比1959年增加了39.6%。值得注意的是，在此期间，怀恩多特县人口的增长率很低，只增加了不足2%，但城市用地却增加了37%。[3] 在旧金山湾区，每两年就会有3万英亩以上的农地被占用，相当于一个旧金山市的面积，这还不包括农地以外其他类型的土地。从1949年到1998年，旧金山湾区被占用的农地多达100万英亩。全国历史遗迹保护托管组织

---

[1] Jon C. Teaford, *Post-Suburbia: Government and Politics in the Edge Cities*, Baltimore & London: The Jones Hopkins University Press, 1997, p.48.

[2] Tim Palmer, ed., *California's Threatened Environment: Restoring the Dream*, Washington, D.C.: Island Press, 1993, p.146.

[3] Ronald V. Shaklee, Curtis J. Sorenson and Charles E. Bussing: "Conversion of Agricultural Land in Wyandotte County, Kansas", *Transactions of the Kansas Academy of Science*, Vol.87, No.1/2 (1984), pp.6-8.

(NTHP)在1999年的一份研究报告中预测,在随后的30年内,旧金山湾区将会出现更加严重的大都市区蔓延的情况,受到威胁的农地将达57万英亩,相当于19个旧金山市区的面积,或相当于该地区已经城市化面积的3/4。[1]

问题的严重性还不仅仅在于大都市区空间蔓延对农地的直接侵占,而且还在于迫使周围的农地分割、减产乃至闲置起来,从而导致更多的农地退出生产。当一片农地进行了住房开发以后,邻近地区的土地价格由于受到开发趋势的压力而骤然飙升,这些农地往往不是作为农业用地而进行财产估价,而是作为具有开发潜力的住房或工商业用地进行财产估价,从而导致农场主地产税的急剧上升,农业生产难以为继,农场主被迫将农场全部或部分出卖给开发商。而在开发商进行开发之前,这些农地往往已经退出农业生产而闲置起来。同时,由于农业生产前景暗淡,农场主在土壤改良和农业机械等方面的投资大为减少,从而造成农业产量大幅下降。根据美国学者杰拉尔德·沃恩(Gerald Vaughan)的研究,每当有1英亩的农地转为他用之时,就会有另1英亩的农地闲置起来,同时还会有另外2英亩农地的减少投资。也就是说,城市开发每占用1英亩的农地,就会有额外3英亩的农地闲置或降低生产。[2] 而且,由于蛙跳式的城市开发对农场的侵入与分割,导致农地的减少和碎化,农业生产的规模效益下降,不仅农业产量大幅度下降,而且与之相关的农产品加工业也会倒闭或者搬迁,从而对周围的农业生产造成进一步的打击,从而导致恶性循环。另外,新开发社区的居民往往与农场主发生冲突,因为农业生产会给附近居民生活造成危害,比如喷洒农药、使用肥料、农机噪音、牲畜的叫声等,从而引起周围居民的反感,甚至两者之间会缠讼不休。这些都会迫使农民退出农业产生。这种现象被称为"临界综合征"

---

[1] National Trust for Historic Preservation, *Challenging Sprawl*: *Organizational Responses to a National Problem*, *a Report*, Washington, D. C.: National Trust for Historic Preservation, 1999, pp. 58, 75.

[2] Tom Daniels, Deborah Bowers, *Holding Our Ground*: *Protecting America's Farms and Farmland*, Washington, D. C.: Island Press, 1997, p. 72.

(Impermanence Syndrome)。因此，城市开发对农业生产所造成的危害，要远远高于其实际占用的土地。正如奥利弗·吉勒姆（Oliver Gillham）所指出的："蛙跳式的开发仅仅意味着，居民区、购物中心和办公园区在农田、森林或两者兼有的地带之间做'蛙跳'运动，其结果就是一堆混乱不堪的七拼八凑，彼此远离，这似乎比连续的开发模式侵占多得多的土地。"①

图 7.14　住房开发和乡村公路对农场的侵入与分割
资料来源：Tom Daniels, Deborah Bowers, *Holding Our Ground: Protecting America's Farms and Farmland*, Washington, D. C. : Island Press, 1997, p. 45.

从各州层面来看，加州是农地损失最为严重的州之一。表 7.11 反映了 1949—1997 年加州土地利用的变化情况。表 7.11 表明，1949—1997 年，加州的广义农地损失了 8914512 英亩，其中林地和非林农地各损失 6206119 和 2708391 英亩，而耕地则损失了 2961306 英亩。也就是说，在不到 50 年的时间里，加州仅耕地就损失了将近 300 万英亩。可见，农地和耕地的损失是异常惊人的。

---

① Oliver Gillham, *The Limitless City: A Primer on the Urban Sprawl Debate*, p. 4.

表 7.11　　　1949—1997 年加州土地利用的变化（英亩）

土地利用类型	1949 年	1997 年	变化
加州总面积	99822871	99822871	—
广义农地	36613291	27698779	-8914512
林地	7322171	1116052	-6206119
非林农地	29291120	26582727	-2708391
耕地	13765110	10803804	-2961306
其他农地	15526010	15778923	+252913

资料来源：John Fraser Hart, "Half a Century of Cropland Change", *Geographical Review*, Vol. 91, No. 3 (Jul., 2001), p. 533. 说明：林地（farm woodland）与非林农地（nonwooded farmland）之和为大农业用地（land in farms）；耕地（total cropland）与其他农地（other farmland）之和为非林农地；其他农地包括牧场（pastureland）和牧区（rangeland）。

其他各州的农地损失也同样十分严重。比如，1959—1969 年短短的 10 年间，马萨诸塞州丧失了 40% 的农地。而且城市开发更倾向于占用耕地，1951—1971 年，城市开发占用农地的速度是占用各类乡村土地速度的 1.7 倍。而城市开发直接占用的农地只占同期该州农地损失的 1/3，另外损失的 2/3 大多是由于土地闲置而造成的。[①] 1945 年，罗得岛州 39% 的土地面积为农地，1964 年下降到 15%，1987 年下降到 9%，而到 1994 年则下降到只有 7%。[②] 1970—1997 年，宾夕法尼亚州的农场减少了 2.4 万个，尤其是在该州的东南部，商业和住房开发造成了大规模的城市蔓延。1998 年该州的"21 世纪环境委员会"（21st Century Environment Commission）公布的一项研究报告，将该州的大都市区蔓延描述为"胡乱的，近乎杂乱无章的增长"[③]。

[①] David Berry and Thomas Plaut, "Retaining Agricultural Activities under Urban Pressures: A Review of Land Use Conflicts and Policies", *Policy Sciences*, Vol. 9, No. 2 (Apr., 1978), p. 160.

[②] Jeffrey Kline and Dennis Wichelns, "Public Preferences Regarding the Goals of Farmland Preservation Programs", *Land Economics*, Vol. 72, No. 4 (Nov., 1996), p. 540.

[③] National Trust for Historic Preservation, *Challenging Sprawl*, pp. 58, 75.

从全国范围来看，美国的农地损失如同天文数字，令人触目惊心，仅城市开发每年所占用的耕地动辄上百万英亩，如果再加上其他类型的土地和开发所导致的闲置土地，那就更加难以计数了。1950—1969年，美国农地总面积从10.21亿英亩减少到9.18亿英亩。① 虽然1987年农地面积有所回升，达到9.65亿英亩，但1992年降为9.46英亩，1997年降为9.32英亩。②

事实上，早在20世纪70年代之初，就已经有人发出了美国农地将要告罄的警告。比如，1973年，美国参议员亨利·M.杰克逊（Henry M. Jackson）就大胆地预测："从今至2000年为止，我们必须还要建造与我们此前同样多的建筑。在随后的30年间，我们必须还要建造同以往三个世纪同样多的住房、学校和医院等。"也就是说，在未来的30年间，美国城市开发还要再耗费1800万英亩的土地。但根据美国学者温德尔·弗莱彻（W. Wendell Fletcher）等学者的研究，按照时美国城市的开发速度，消耗1800万英亩的土地无须30年，而只需短短的6年而已。从建国到1967年，美国城市开发只占用了3500万英亩土地，而到1977年，国土资源调查显示，城市开发面积已经达到6500万英亩，即短短10年内增加了3000万英亩。如果这10年消耗的土地拼凑在一起，其面积比整个俄亥俄州还要大。而这些土地几乎全部属于农地，其中1/3属于耕地。1974年农业部的一份报告预测，从1969年到2000年，城市开发将耗费土地2100万英亩。"我们面临着农地告罄的危险"，1976年，"土壤保护局"（SCS）的官员戴维斯（R. M. Davis）再次发出警告说："本国现有耕地总数的近4/5已经投入生产。如果将其余的20%进行耕作，那么我们的'耕地'边疆也就销声匿迹了。"③

---

① U. S. Department of Commerce, Bureau of the Census, *Statistical Abstracts of the United States: 1976*, 97th Edition, Washington D. C., 1976, p. 636.

② U. S. Department of Commerce, Bureau of the Census, *Statistical Abstracts of the United States: 2002*, 122nd Edition, Washington D. C., 2001, p. 517.

③ W. Wendell Fletcher and Charles E. Little, *The American Cropland Crisis: Why U. S. Farmland Is Being Lost and How Citizen and Government Are Trying to Save What Is Left*, Baltimore: The American Land Forum, Inc., 1982, pp. 3 – 5.

第七章　生态环境与土地资源保护

(二) 农地开发对美国农业生产的危害

美国大都市区的空间蔓延乃至蛙跳式的开发,不仅侵占了大量的农业用地,而且侵占的往往是最肥沃的耕地,从而对美国的农业生产造成了极大的危害,不仅损害了美国的经济活力,甚至危及了美国乃至世界的粮食供给。

美国学者康斯坦斯·E. 博蒙特（Constance E. Beaumont）指出,"并非所有的农地都是生而平等的"[①]。由于城市一般都是发端于河谷、平原和山麓土地最为肥沃的地带,也就是农业发展最有潜力最有优势的地带,当这些城市和大都市区进行蔓延或蛙跳式发展之时,它们便就近吞噬了大批最肥沃的农地。正如美国学者尤因（Ewing）所说的,"那些最适于种植作物的土地,一般也最适于'种植房屋'"[②]。

一般而言,美国农地分为 8 个等级,一等（Class Ⅰ）和二等（Class Ⅱ）土地为优质农地（prime farmland）；三等土地为州级重要农地,某些四等土地为特种农地（unique farmland）或地方性重要农地,五至八等为贫瘠土地,不适于农业生产。根据1976 年的《耕地储备调查》（Potential Cropland Study）,在 1967—1975 年的 8 年间,城市开发占用农地 1663.5 万英亩,其中一等农地 655 万英亩,即占 39.4%；二等至四等农地 630.2 万英亩,即占 37.9%%；五等至八等农地 378.3 万英亩,即占 22.7%。也就是说,一至四等上好的农地占城市侵占耕地总数的 77% 以上。[③]

根据美国农地托管组织（American Farmland Trust, AFT）的研究,就各州城市开发所占用的优质农地和特种农地而言,得克萨斯州首屈

[①] Constance E. Beaumont, ed., *Challenging Sprawl: Organizational Responses to a National Problem*, A Report by the National Trust for Historic Preservation, Washington, D. C.: National Trust for Historic Preservation, 1999, p. 14.

[②] F. Kaid Benfield, et al., *Once There Were Greenfields: How Urban Sprawl Is Undermining America's Environment, Economy and Social Fabric*, New York: Natural Resources Defense Council, 1999, p. 64.

[③] R. Neil Sampson, *Farmland or Wasteland: A Time to Choose: Overcoming the Threat to America's Farm and Food Future*, Emmaus, Pennsylvania: Rodale Press, 1981, p. 83.

一指,仅在1982—1992年的10年间,该州就损失了48.9万英亩,占全国同期优质农地和特种农地损失量的11.5%。该组织还进一步对美国受到城市开发威胁的"主要土地资源区域"(Major Land Resource Areas,MLRAs)进行了分析。在美国本土的181个主要土地资源区域(MLRAs)中,有多达127个区域受到开发威胁,其面积占所有MLRAs的76%,而受开发威胁的优质农地的比例则高达95%。而且在这些受到威胁的MLRAs中,优质农地和特种农地占本区域土地总面积的比例非常高,平均高达22%。但不幸的是,在这些受到威胁的MLRAs中,高达32%的城市开发是在优质农地和特种农地之上进行的。[1] 而在这127个受到威胁的MLRAs中,有20个受到严重威胁,其中除了东俄亥俄耕作区(Eastern Ohio Till)受到开发威胁的农地不足50%(即47%)以外,其他19个区域受到威胁的农地比例都在50%以上,有的甚至超过60%和70%。[2] 这些优质农地和特种农地具有不可替代性,其消失将会成为不可挽回的损失。

  农地是人类生存最为重要的资源之一,城市开发对农地的占用,对美国的农业造成了极大的危害。从每英亩的农业产值来看,马萨诸塞、康涅狄格和新泽西三州都位居全国前列。比如,1969年,马萨诸塞州平均每英亩农地的产值为198美元,加州为109美元,纽约为96美元,而全国平均值只有42美元。然而,美国东北部却是大都市区蔓延最为严重的地区之一,因而对农业造成的损失也最为严重,到20世纪70年代中期,这里的农产品就已经不能自给,马萨诸塞州85%的食品依靠输入。[3] 而根据美国农地托管组织(AFT)1997年的报告,加州的中央谷地(Central Valley)农业产值高达133亿美元。该谷地拥有美国10个农业产值最大县中的6个,其中包括弗雷斯诺县(Fresno County),该县的农业产值分别超过了24个州的农业产值。然而,由于该谷地人口的迅速增加和对农地的侵占,其农业产值

---

[1] American Farmland Trust, *Farming on the Edge*, DeKalb, Illinois, 1997, p. 6.
[2] American Farmland Trust, *Farming on the Edge*, p. 17.
[3] Rutherford H. Platt, "The Loss of Farmland: Evolution of Public Response", *Geographical Review*, Vol. 67, No. 1 (Jan., 1977), p. 94.

在迅速减少。1981—1992 年，其土地开发增加了两倍以上。该组织预计在 1990—2040 年的半个世纪中，该谷地人口将增加 3 倍以上，农地损失将达 100 万英亩，累计减少农业产值 490 亿美元，相关的农产品加工业产值也将减少 760 亿美元。①

从全国范围来看，农业一直是美国最重要的经济部门之一，农业产值在 1950 年为 322.9 亿美元，1970 年为 585.7 亿美元，② 1990 年 1853 亿美元，2000 年 2147 亿美元，50 年间增长了 5.6 倍。③ 农产品在美国进出口贸易中占有十分重要的地位，对美国的贸易平衡发挥着积极的作用。比如，1960 年美国农产品出口额为 45.2 亿美元，占美国出口总额的 24%；1970 年分别为 67.2 亿美元和 16%；④ 1980 年分别为 412 亿美元和 18%；1990 年分别为 395 亿美元和 11%；2000 年分别为 512 亿美元和 7%。⑤ 虽然农产品出口额在不断增长，但其所占出口总额的比例却一路走低。除了其他因素的影响以外，美国农地的减少也难辞其咎。从世界范围来看，美国占全世界耕地总面积的 7%，却生产了世界粮食的 13%，每位美国农民可以养活 120 个人。⑥ 因此，美国被称为"土壤 OPEC"（the OPEC of soil）。如果美国粮食生产受到危害，其灾难将是世界性的。

然而，由于美国人口的日益增加与大都市区的蔓延对农地的蚕食鲸吞，美国的农业生产确实在日益衰落，粮食储备日益减少，比如 1972 年，美国小麦储备达到 9.83 亿蒲式耳，而到 1974 年下降到 3.4 亿蒲式耳；玉米储备由 11 亿蒲式耳下降到 4.83 亿蒲式耳。⑦ 美国仅玉米的生

---

① F. Kaid Benfield, et al., *Once There Were Greenfields*, pp. 64 – 66.
② U. S. Department of Commerce, Bureau of the Census, *Statistical Abstracts of the United States: 1976*, p. 645.
③ U. S. Department of Commerce, Bureau of the Census, *Statistical Abstracts of the United States: 2002*, p. 521.
④ U. S. Department of Commerce, Bureau of the Census, *Statistical Abstracts of the United States: 1976*, p. 655.
⑤ U. S. Department of Commerce, Bureau of the Census, *Statistical Abstracts of the United States: 2002*, p. 527.
⑥ Tom Daniels, Deborah Bowers, *Holding Our Ground*, p. 9.
⑦ W. Wendell Fletcher and Charles E. Little, *The American Cropland Crisis*, p. 70.

产能力就每天下降大约 5800 吨，价值损失为 62 万美元，每年则高达 200 万吨和 2.2 亿美元。① 与此同时，其他国家也出现了产量下降的现象，因此 70 年代出现了世界性的粮食危机，甚至到 90 年代危机的阴影仍然挥之不去。1990 年，美国农业部的一项报告指出，美国谷物的消费已经连续三年超过了谷物的产量，即美国人在消费其谷物储备，其供应世界的能力在持续下降。1996 年，联合国世界粮食峰会的报告指出，要养活世界人口，在随后的 50 年内，全球粮食生产必须再增加三倍。②

美国大都市区的蔓延对农地的侵占，不仅侵占了优质农地，导致了粮食危机，而且还侵占了大量的特种农地，危害了某些特种作物的生产。根据美国农地托管组织（AFT）1997 年的报告，美国受到城市开发威胁的 127 个主要土地资源区域（MLRAs）生产了全国 79% 的水果、69% 的蔬菜、52% 的牛奶、25% 以上的肉类和谷物。③ 加州是美国最大的特种作物的生产地，加州虽然只拥有美国土地面积的 4.4%，却有 48 种农产品产量居全国第一。在 21 世纪之初，加州生产了美国 40% 的桃子、菠菜、芦笋；50% 以上的草莓、甜瓜；60% 以上的胡萝卜；70% 以上的柠檬、生菜、西红柿、片菜；80% 以上的西瓜、西兰花（broccoli）、菜花（cauliflower）、大蒜和葡萄；90% 以上的鳄梨、杏、李子，以及 98% 以上的洋姜、核桃、杏仁和橄榄。④ 然而，加州也是美国大都市区蔓延最严重的州，其特色农业的生存令人担忧。

美国大都市区的空间蔓延侵占了大量的农地，威胁了美国的农业生产，特别是某些特种农产品的生产，与此同时，还对其他类型的土地造成了严重威胁，比如开放空间、野生动物栖息地等，从而引起了有关学者、公众和政府部门的广泛关注。比如，《时代杂志》（*Time*）于 1973 年发表文章，将美国这种缺乏规划的无序开发和土地浪费，

---

① R. Neil Sampson, *Farmland or Wasteland: A Time to Choose: Overcoming the Threat to America's Farm and Food Future*, p. 80.
② American Farmland Trust, *Saving American Farmland: What Works*, Washington DC, 1997, p. 5.
③ F. Kaid Benfield, et al., *Once There Were Greenfields*, pp. 64–66.
④ John Fraser Hart, "Specialty Cropland in California", *Geographical Review*, Vol. 93, No. 2 (Apr., 2003), p. 153.

描述为"流行病爆发"般的"土地狂热"(land fever),要求政府对"新的土地投机热潮"加以管制。① 另一些学者专门探讨了农业资源问题,比如《美国的关键农地正在消失》《资源危机对农业生产的危害》《城市蔓延之所至,农业作物之所死》等文章更是频频见诸报端,触目惊心,振聋发聩。甚至普通公民也认识到了农地资源的损失所产生的危害,1979 年的一项民意调查显示,有 53% 的美国人认为美国优质农地的损失是一个"非常严重"的问题。② 于是,联邦政府开始采取行动,在环境质量委员会(the Council on Environmental Quality, CEQ)的倡议下,美国"地产调查公司"(Real Estate Research Corporation)于 1974 年发表了《蔓延的代价》(*The Cost of Sprawl*)。尼克松总统也宣称,土地利用改革已经成为"国家面临的最为迫切的环境问题"③。于是,20 世纪后期在美国逐渐兴起了一个全国性的农地保护运动。美国的农地保护运动是一个自下而上的运动,这一运动首先是由民间组织发起,随后地方政府、州政府和联邦政府依次介入,对于保护美国农地发挥了积极作用。

(三) 民间组织的农地保护措施

前文指出,20 世纪六七十年代以后,美国相继成立了许多民间非营利性质的土地托管组织,其重点目标是保护自然景观、开放空间和野生动物栖息地等自然土地,农地保护并不占主导地位。根据 2001 年土地托管组织联盟(LTA)于 2001 年的调查,只有 46% 的土地托管组织将农地(farm/ranch land)作为其土地保护活动的内容之一,也就是说,有 54% 的土地托管组织不从事农地保护,这是因为,

---

① Tim Lehman, "Public Values, Private Lands: Origins and Ironies of Farmland Preservation in Congress", *Agricultural History*, Vol. 66, No. 2, History of Agriculture and the Environment (Spring, 1992), p. 258.

② R. Neil Sampson, *Farmland or Wasteland: A Time to Choose: Overcoming the Threat to America's Farm and Food Future*, pp. 81, 94.

③ Tim Lehman, "Public Values, Private Lands: Origins and Ironies of Farmland Preservation in Congress", *Agricultural History*, Vol. 66, No. 2, History of Agriculture and the Environment (Spring, 1992), p. 258.

人们对保护农地受到城市蔓延的威胁认识还较为滞后。在一些全国性的土地托管组织中，比如"公共土地托管组织"（TPL）、"土地托管组织联盟"（LTA）、"美国农地托管组织"（AFT）等，后者是唯一的一个全国性的专门从事农地保护的组织。当然，随着美国农地受到大都市区蔓延的威胁日益严重，农地也逐渐成为重点保护对象之一。

  土地托管组织可以通过多种方法保护土地，但最主要的方法是购买土地或土地开发权。购买和拥有土地就是把私人土地按照市场价格购买下来，成为本组织的私有财产，并将其置于永久的保护之下，这是最直接最有力的保护措施，但缺点是资金耗费巨大。购买开发权（Purchase of Development Rights, PDR）相对而言较为节约资金，美国农地托管组织（AFT）又将其称为购买农地保护地役权（Purchase of Agricultural Conservation Easements, PACE）。在开发权购买（PDR）这种方式中，土地所有者可以自愿地将开发权出售给土地托管组织或政府部门，此后土地所有者就丧失了在该土地上进行各种开发的权利，而仍然拥有该土地的其他权利，比如耕作权、出售权。开发权购买合同对该土地的使用进行了详细的规定和严格的限制，土地所有者可以继续生活在其农场上，可以进行必要而适当的农用建筑，但对未来建筑物的数量、类型、位置以及其他某些活动设置了限制性条款。土地所有者也可以将土地出售或者传给子孙后代，但是未来的土地所有者都要受到开发权的限制。开发权购买的价格就是原来的农业土地利用模式与城市开发土地利用模式之间的价值差额。开发权购买合同的期限可以是一段时期，也可以是永久性的。然而，一段时期的开发权合同只能在固定期限内对土地保护发挥限制作用，而期限一旦结束，土地所有者仍然有权将土地出售进行开发，这种有期限的开发权购买合同不能有效地保护土地，只不过是对土地所有者的持有成本进行的一种补贴而已。[①] 因此，购买开发权的合同一般是永久性的，土地所有

---

① Thomas L. Daniels: "Coordinating Opposite Approaches to Managing Urban Growth and Curbing Sprawl: A Synthesis", *The American Journal of Economics and Sociology*, Vol. 60, No. 1, (Jan., 2001), p. 233.

者一旦将开发权出售,就将永远失去了对该土地的开发权,这种限制将永远伴随着这块土地,即使在土地出售或转让之后,该合同条款依然有效。开发权购买合同的持有者即土地托管组织或政府部门有权监督执行这些限制条款。[1]

开发权购买的优势在于,它既可以维持农业生产,又使土地所有者能够获得开发土地利用模式的价格,同时受保护的土地还可以获得政府免税权,对于城市附近的土地所有者保持农业生产也是一种补贴和公平待遇;而且购买开发权比直接购买土地更节省资金。[2] 出售土地开发权是一种自愿的、以激励机制为基础的土地保护方法,它不改变土地的私人所有权,从而可以避免政府的高额成本和政治纠纷。但开发权购买也存在严重不足,城市附近面临开发的土地所有者往往不愿出售开发权,而远离城市的土地又无须保护,至少没有那么迫切。最重要的是,开发权购买开支浩繁,财政压力过大。因此,土地托管组织面临的最大困难就是筹集资金。土地托管组织的资金一般来自会员费、捐款、基金、政府拨款等。无论是购买土地或者开发权,都需要大量的资金。到1989年,根据土地信托交易所(Land Trust Exchange)的调查,美国有半数的土地托管组织每年开支不足1万美元,大约有25%的土地托管组织的预算超过了25万美元,而有1/3的土地托管组织仅仅依靠个人捐款和会员费来筹集每年的管理费用。[3] 在全国各类土地托管组织的共同努力下,通过多种形式的保护活动,美国的土地保护活动取得了显著的成果。根据土地托管组织联盟(LTA)的调查,到2000年,美国地方性土地托管组织已经保护了650万英亩的土地,其中560万英亩(即80%)是在1990年以后保护的。[4]

---

[1] Henry E. Rodegerdts, "Land Trusts and Agricultural Conservation Easements", *Natural Resources & Environment*, Vol. 13, No. 1 (Summer 1998), p. 336.

[2] David C. Levy and Rachael P. Melliar-Smith, "The Race for the Future: Farmland Preservation Tools", *Natural Resources & Environment*, Vol. 18, No. 1 (Summer 2003), p. 47.

[3] Chris Elfring, "Preserving Land through Local Land Trusts", *BioScience*, Vol. 39, No. 2 (Feb. 1989), p. 72.

[4] Richard Brewer, *Conservancy: The Land Trust Movement in America*, Lebanon: University Press of New England, 2003, p. 11.

当然上述受保护的土地并非全部是农业用地，但农地的保护也同样取得了显著的成果，某些大型的土地托管组织在农地保护方面取得了非常显著的成就（见表7.12）。因此，塞拉俱乐部的前会长迈克尔·费希尔（Michael Fischer）于1996年在对加州一个土地托管组织的演讲中不无夸张地宣称，土地托管组织是"资源保护运动中最为有力的手段"[1]。然而，此话确有溢美之嫌，从前文我们知道，美国每年有100多万英亩的土地被城市开发所占用，此外还有由城市开发所导致土地闲置等，其数量难以计数。土地托管组织几十年的保护成果，仅仅在几年之内就会被城市开发所占用和所闲置的土地所抵消。因此，仅仅依靠民间组织的努力是远远不够的，必须发挥政府的强制性管制手段，政府部门与私人组织共同合作才能更有效地保护土地和农业用地。

表7.12　美国主要土地托管组织所保护的农地数量

土地托管组织	保护农地数量（英亩）
蒙大拿土地托管组织（MLR）	76347
美国农地托管组织（AFT）	40266
佛蒙特土地托管组织（VLT）	36580
马林县农地托管组织（MALT，加州）	25600
哥伦比亚土地托管组织（CLT，纽约州）	6647
纳帕县土地托管组织（NCLT，加州）	6050
兰开斯特农地托管组织（LFT，宾州）	4300

资料来源：Tom Daniels, Deborah Bowers, *Holding Our Ground: Protecting America's Farms and Farmland*, Washington, D.C.: Island Press, 1997, p.194.

（四）州政府和地方政府的农地保护措施

在民间组织农地保护运动的影响和推动之下，美国各级政府也采取了各种保护措施，地方政府和州政府一般直接介入农地的保护活动中，而联邦政府则主要是通过制定农业保护法对各州和地方政府进行

---

[1] Richard Brewer, *Conservancy: The Land Trust Movement in America*, p.11.

资助，很少直接插手农地保护活动。在州和地方政府的农地保护活动中，地方政府发挥了更加直接的作用，但地方政府的保护活动也离不开州政府的支持，因为州政府拥有更广泛的管制权，可以批准和管理大型基础设施项目，可以控制地方政府的税收政策，受保护地域可以达到一定的规模。

州和地方政府的农地保护措施可分为鼓励性措施和管制性措施。鼓励性措施主要包括开发权购买（PDR）、开发权转让（TDR）、差别估价法、农业权利法、农业生产区法；管制性措施包括增长管理规划、综合规划、农业保护区划、开发缓冲带法规和城市增长边界等。鼓励性措施的优点在于参与是自愿的，普遍受到土地所有者的欢迎，政治阻力较小。但鼓励性措施开支浩繁，程序复杂，进展缓慢。管制性措施的优点是立竿见影，见效迅速，而且节省开支，但往往引起政治纷争，特别是容易侵犯土地所有者的财产权，引起诉讼，从而往往使管制性措施遭到修改甚至废除，不能有效地保护土地和农业生产。州和地方政府往往将两种措施结合起来运用，以扬长避短，相得益彰。

地方政府保护农地的基本方法之一就是购买农地的开发权（PDR），开发权购买的原理前文已经介绍。纽约州的萨福克县（Suffolk County）是最早实施购买农地开发权计划的地方政府。该县是纽约州的第一农业大县，位于长岛的中东部，该县西部是高度城市化的拿骚县，其西部边界距离纽约市只有40英里，因此面临着巨大的开发压力。1974年县议会制定了"萨福克县农地保护计划"，并成立了"农地选择委员会"，以制定相关的法律程序，确定购买土地开发权的具体地点。根据该计划，那些希望参加计划的农场主可以参加投标，县政府对投标土地的农业价值和市场价值进行评估，市场价值减去农业价值就是该土地的开发权价值。开发权被出售给县政府以后，该土地就只能用于农业生产，而不能进行住房开发或其他用途，除非获得县议会的同意，但农场主仍然拥有土地的所有权和出售权，但仍然只能用于农业生产。到1975年2月，县政府收到了381项投标，涉及农地面积达1.8万英亩，所需购买开发权的资金高达 1.16 亿美元。① 然而，县政府的财政能力十分有限，1976 年，县议会只批准发行了 2100 万美元的债券，只能购买 3200 英亩农地的开发权。② 而且直到 1977 年才成功购买了第一个开发权。经过 20 年多的努力，到 2000 年，该县已经投资 3100 万美元，购买了 6000 英亩的开发权，相当于每英亩 5000 多美元。③ 然而，这只相当于所需保护的 5.5 万英亩农地的 1/10 强。在萨福克县政府的推动下，该县的 3 个乡政府也实施了开发权购买计划，到 1987 年，其开支达 1075 万美元，保护农地 1238 英亩。④

另一个成功地实施开发权购买计划的地方政府是密歇根州的半岛乡（Peninsula Township）。该半岛伸入密歇根湖 17 英里，面积达 1.7 万英亩，盛产酸梅。由于人口的迅速增长，大批果园遭到开发。该乡于 1968 年制定了一个综合规划，规定农业区内的住房密度不得超过每 5 英亩一套。尽管如此，1968—1989 年，该半岛仍然失去了 1100 英亩农地。在美国农地托管组织（AFT）等农地保护组织的推动下，该乡于 1994 年制定了一项开发权购买（PDR）计划，翌年春就已有 45 个农场主提交了出售开发权的申请，土地面积达 3500 英亩，而到 2002 年，该乡已将 5000 英亩的土地置于开发权合同的保护之下。⑤

其他一些地方政府后来居上，实施了大规模的开发权购买计划，比如到 1998 年 3 月，加州的马林县（Marin County）投资 1660 万美元，保护农地 25504 英亩；加州的索诺马（Sonoma County）投资 3880 万美元，保护农地 25146 英亩；华盛顿州的金县（King County）

---

① Florida Atlantic University, Florida International University, Joint Center for Environmental Problems, *Plowing the Urban Fringe: An Assessment of Alternative Approaches to Farmland Preservation*, Fort Lauderdale, Florida: University Tower, 1989, pp. 134 – 135.

② W. Wendell Fletcher and Charles E. Little, *The American Cropland Crisis*, p. 41.

③ Thomas L. Daniels: "Coordinating Opposite Approaches to Managing Urban Growth and Curbing Sprawl: A Synthesis", *The American Journal of Economics and Sociology*, Vol. 60, No. 1, (Jan., 2001), p. 235.

④ Florida Atlantic University, Florida International University, Joint Center for Environmental Problems, *Plowing the Urban Fringe*, p. 140.

⑤ Richard Brewer, *Conservancy: The Land Trust Movement in America*, pp. 235 – 237.

投资 5390 万美元，保护农地 12731 英亩。①

由于地方政府财政能力有限，于是一些州政府纷纷介入。1977年，马里兰州和马萨诸塞州率先制定了开发权购买计划，随后东北部其他各州纷纷效法。1981 年，"各州立法协调全国委员会会议"（the National Conference of Commissioners on Uniform State Laws）为各州制定了一个购买开发权（地役权）的法律蓝本，即《统一保护地役权法》（Uniform Conservation Easement Act），有力地推动了各州开发权购买相关法律的制定。到 1998 年 3 月，美国已经有 15 个州通过了开发权购买（PDR）计划，其中成就最显著的是宾夕法尼亚州和马里兰州，前者投资 17220 万美元，保护农地 111752 英亩；后者投资 14060 万美元，保护农地 139828 英亩；15 个州总计投资 73493 万美元，保护农地 464576 英亩。② 而到 2010 年，州、地方政府和私人组织的农地开发权购买计划达到几百个。就地理分布而言，新英格兰和大西洋中部诸州最早实施开发权购买计划，资金投入和保护农地也最多。太平洋沿岸的加州和华盛顿州次之，而中西部、南部和大平原地区最少。到 2008 年，在美国的 16 个最大的农地开发权购买计划中，每个计划的开支都在 1400 万到 1.63 亿美元之间，每个计划所参与的农场在28—697 个之间，每个计划保护农地在 2.4 万—12.4 万英亩之间。③

开发权转让（Transfer of Development Rights，TDR）是地方政府实施的一项与开发权购买（PDR）相似的农地保护措施，开发权转让（TDR）同样需要将土地所有者的开发权购买过来，但购买者不是政府单位或土地保护组织，而是开发商自己，以便节省政府资金。在开

---

① Thomas L. Daniels: "Coordinating Opposite Approaches to Managing Urban Growth and Curbing Sprawl: A Synthesis", *The American Journal of Economics and Sociology*, Vol. 60, No. 1, (Jan., 2001), p. 237.

② Thomas L. Daniels: "Coordinating Opposite Approaches to Managing Urban Growth and Curbing Sprawl: A Synthesis", *The American Journal of Economics and Sociology*, Vol. 60, No. 1, (Jan., 2001), p. 236.

③ Alvin D. Sokolow, "Federal Policy for Preserving Farmland: The Farm and Ranch Lands Protection Program", *Publius*, Vol. 40, No. 2, Non-Metropolitan Policy and Governance (Spring 2010), pp. 239 – 240.

发权购买计划中，出卖开发权的土地就不能再进行住房或其他开发活动，而开发权转让计划则允许将一块土地上的开发权转移到另一块土地上。在开发权转让计划中，地方政府首先制定综合发展规划和分区制法规，将其辖区内的土地分为农地保护区和城市开发区，受保护的农业区被称为"出让区"（sending area），允许开发的地区称为"接收区"（receiving area）。开发权的转让（TDR）有两种方式，第一种方式是地方政府向出让区的农场主颁发开发权证书，价格相当于土地开发的市场价格与农业用地价格之间的差额，农场主可以将自己土地的开发权证书出售给开发商。另一种方法是地方政府成立"开发权转让银行"（TDR bank）作为中介，收购出让区农场主的开发权证书，再转手出售给开发商。在开发商购买到足够的开发权证书以后，就可以申请在接收区内进行项目开发。而且，地方政府允许开发商在接收区进行高密度的开发，甚至远远高于地方政府分区制法规所规定的密度。提高开发密度，可以减少开发用地需求，从而减轻对农地的开发压力，同时还使开发商节省购买土地的成本，从而取得更高的利润，此即密度奖励，这也是开发商不怕周折购买开发权的动力所在。[①]

马里兰州的卡尔弗特县（Calvert County）于1977年第一个实施了开发权转让（TDR）计划。起初，该计划的参与是自愿的，没有设立出让区和接收区，开发权的转让也是个别进行的。土地所有者每英亩拥有一个开发权，开发商每购买5个开发权，就可以在每英亩的开发用地上增加一套住房的开发权。1993年，该县设立了出让区和接收区，而且开发权的购买还得到了政府资助，出让区的开发权下调到每5英亩拥有一个开发权。然而，每5英亩一个开发权仍然不能有效地保护农地和林地，因此随后再次调整为每20—25英亩一套住房开发权。[②] 到2000年，卡尔弗特县利用开发权转让计划保护农地达10960英亩。[③]

[①] Tom Daniels, Deborah Bowers, *Holding Our Ground*, p. 173.

[②] Tom Daniels, Deborah Bowers, *Holding Our Ground*, p. 179.

[③] Lori Lynch and Wesley N. Musser, "A Relative Efficiency Analysis of Farmland Preservation Programs", *Land Economics*, Vol. 77, No. 4 (Nov. 2001), p. 579.

实施开发权转让计划最著名的县当属马里兰州的蒙哥马利县（Montgomery County）。该县位于华盛顿大都市区北部，其农地受到大都市区蔓延的极大威胁。于是，1979年该县议会制定了开发权转让（TDR）计划。为了确保该计划的顺利实施，县议会又于1980年制定了一个新的综合发展规划，将原来的乡村保护区扩大为新的农地保留区（Agricultural Reserve），其面积从8万英亩扩大到9.3万英亩，几乎把该县剩余的农地和乡村旷野全部囊括在内，此外还将住房密度降为每25英亩一套。① 为了弥补农场主的经济损失，保留区内的农场主可以将其开发权出售给开发商，开发权可以在接收区进行高密度的开发活动。在该计划的实施下，蒙哥马利县农地的开发速度迅速下降，在1980年以前，这一速度达到每年1000公顷，而在1980年之后的10年间，这样速度再未出现过。② 到2000年，蒙哥马利县利用开发权转让计划保护农地达46,936英亩。③

通过开发权转让计划保护农地的优势在于，开发权由地产开发商购买，可以大幅度节省政府开支；可以对农业保护区内的土地所有者进行经济补偿，减少农地保护的阻力；可以将住房开发集中在接收区，节省公共设施开支，限制城市蔓延，保护珍贵的农业用地。然而，开发权转让却是农地保护措施中难度最大的一种，因为它不仅需要县政府制定综合发展规划和农业保护区划，划定出让区和接收区，而且还需要农场主与开发商进行复杂的交易活动，因此开发权转让也是美国农地保护措施中发展较为缓慢的一种，到1997年，美国只有15个州采用了开发权转让计划。④

差别估价（differential assessment）也是一种鼓励性的农地保护措

---

① F. Kaid Benfield, Jutka Terris and Nancy Vorsanger, *Solving Sprawl: Models of Smart Growth in Communities across America*, New York: The Natural Resource Defense Council, 2001, p. 167.

② Vincent Renard, "Property Rights and the 'Transfer of Development Rights': Questions of Efficiency and Equity", *The Town Planning Review*, Vol. 78, No. 1 (2007), p. 48.

③ Lori Lynch and Wesley N. Musser, "A Relative Efficiency Analysis of Farmland Preservation Programs", *Land Economics*, Vol. 77, No. 4 (Nov. 2001), p. 579.

④ American Farmland Trust, *Saving American Farmland*, p. 18.

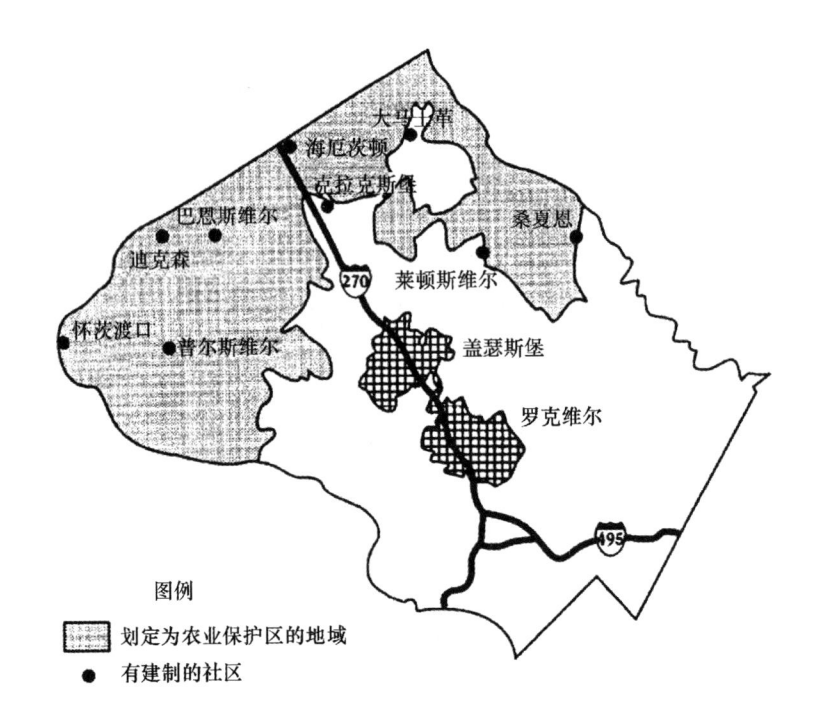

图 7.15　蒙哥马利县农地保护图

资料来源：Tom Daniels, Deborah Bowers, *Holding Our Ground: Protecting America's Farms and Farmland*, Washington, D. C.: Island Press, 1997, p. 181.

施。单位面积的农业产值与城市开发价值相比自然不可同日而语，如果地方政府在对土地进行估价和征税时不加区分，一律按照潜在的市场价值来估价和征税，农业生产就会难以为继。因此，实行土地的差别估价是保护农地的一个有效方法。差别估价就是对农地按照现有的农业用途进行税收估价，而不是按照最高的土地利用类型的市场价格进行税收估价，如此，农场主所应缴纳的地产税就会大大降低。然而，当实施差别估价以后，那些获得税收优惠的农地如果进行了住房开发或改为他用，农场主就必须偿还税收优惠所得，并加收罚款。

对农地的差别估价是一种较早和较为流行的农地保护方法，早在1956年马里兰州就第一个实行了差别估价法，但于1960年被州法院推翻。同年，该州宪法加入了农地差别估价的条款，于是差别估价法具有了宪法效力。新泽西州也是较早实行差别估价的州之一。1963年该州议会通过一项宪法修正案，对农地和历史遗迹实行差别估价，但如果该地转为他用，就要赔偿此前的优惠。① 在随后的10年里有9个州效法，而1967—1976年又增加了38个州。② 而到1997年，实施这种计划的州已经达到48个。③

比较典型的是宾夕法尼亚州的差别估价法。1974年，该州议会通过了一个《农地和林地估价法》（the Farmland and Forest Land Assessment Act），规定按照土地的使用价值而非市场价值进行地产估价和征税。该法对三种土地进行保护：农业用地、农业保留地、林业保留地。参加计划的农地必须在此前的三年内一直用于农业生产，面积至少为10英亩，或者年收入不低于2000美元。如果参与计划的土地改为他用，土地所有者必须赔偿参与计划以来7年的税收优惠，而且还要加收6%的利息。到1991年，在该州的67个县中，有45个县的42022位土地所有者参与了计划，涉及土地面积达3700300英亩。④

然而，差别估价同样存在严重缺陷，它导致了政府收入的损失，转嫁了税收负担。根据特拉华大学（the University of Delaware）的一项的研究，仅美国东北部的差别估价就损失了10亿到20亿美元的税收基础。⑤ 更重要的是，差别估价并不能阻止农地的开发与流失，因为它所提供的优惠远远不足以抵制开发的诱惑。

农业权利法（right-to-farm laws）是保护农业生产不受附近非农业居民干扰的一种法律。随着大都市区的蔓延，尤其是住房开发蛙跳式

---

① Frederick D. Stocker, "Taxing Farmland in the Urban Fringe", *Journal of Farm Economics*, Vol. 45, No. 5, Proceedings Number (Dec., 1963), pp. 1131 – 1132.

② Tim Lehman, "Failed Land Reform: The Politics of the 1981 National Agricultural Lands Study", *Environmental History Review*, Vol. 14, No. 1/2, 1989 Conference Papers, Part Two (Spring-Summer, 1990), p. 131.

③ Tom Daniels, Deborah Bowers, *Holding Our Ground*, p. 93.

④ Timothy W. Kelsey and Kathleen S. Kreahling, "Preferential Tax Assessments for Farmland Preservation: Influence of Population Pressureson Fiscal Impacts", *State & Local Government Review*, Vol. 28, No. 1 (Winter, 1996), pp. 51 – 52.

⑤ Tom Daniels, Deborah Bowers, *Holding Our Ground*, pp. 95 – 96.

图 7.16 农场主与社区居民的冲突

资料来源：Tom Daniels, Deborah Bowers, *Holding Our Ground: Protecting America's Farms and Farmland*, Washington, D. C.: Island Press, 1997, p. 90.

地向乡村地区的深入，导致了农场主与附近居民的直接冲突。由于农业活动产生的噪音、臭味、尘土等会对附近居民的生活造成干扰和危害，附近居民往往会根据妨害法（nuisance law）向法院提起诉讼，而法院判决往往倾向于原告，从而导致农场主的农业生产难以为继，甚至将土地出卖进行住房开发，导致农地的损失。

农业权利法可以对一定区域内的农业活动进行保护，使农场主可以免于妨害法诉讼的干扰。1979年北卡罗来纳州第一个制定了农业权利法，到1997年，美国每个州至少拥有一项这种法律，其中有23个州的农业权利法是由州议会制定的，其他州内则是由地方政府制定的。地方政府的法规更加详细具体，这种地方法规在加州最为普遍，80年代该州的农业局还制定了一个农业权利法的范本赠送给各个地方政府。[①] 这种法律包含一种"时间优先权"（first in time, first in right）理念，即如果农场主的农业生产活动先于附近居民的住房开发，那么农场主就拥有生产权，农场附近的居民必须容忍农业活动造成的某些不便，否则就离开。这样就使农场主避免了妨害法诉讼的干

---

① American Farmland Trust, *Saving American Farmland*, pp. 34 – 35.

扰。但是，这种措施不能化解土地价格和税收的增加以及市场力量对农业活动造成的压力。

农业生产区法（Agricultural District Act）同样是一种鼓励性措施，它包括两种形式，一种是自下而上的方法，由农场主自己发起，由农场主联合向地方政府或州政府提出申请，成立专门的农业生产区，只要土地面积达到一定的规模，土地质量符合标准，由县政府或州政府批准即可。另一种是自上而下的方式，由州政府通过法律，授权由地方政府实施。无论哪种方式，农场主都要与政府签约，规定在签约期限内，农业生产区内禁止进行土地开发或改为他用，保护珍贵的农业资源，而农场主也相应地获得某些利益，比如给予农地差别估价，免征给排水等基础设施的特别征税，对容易导致开发活动的给排水等基础设施进行限制，农场主拥有农业生产权，不受附近居民根据妨害法进行诉讼的干扰，限制政府对农地的征用，限制市镇法人的政治兼并，农场主可以向其他地区出售开发权等。签约期满后农场主可以随意退出，政府没有惩治措施。

1971年，纽约州制定了最早的农业生产区法，农业生产区的组建可以由那些农地面积在500英亩以上的农场主提出申请，或者申请人的土地占建议地区的土地面积的10%以上，经过复杂的听证和审批程序才能建立。随后，该区内的土地就可以享受差别估价等优惠政策。农业生产区每8年修改一次。到1975年，纽约州已经有200多个农业生产区建立起来，囊括了该州250万英亩的农地，约占该州商业性农地的一半。[1] 然而，签约土地往往位于乡村地带，开发压力不大，而城市和郊区附近的农场主签约者却为数寥寥。[2]

正如前文所指出的，鼓励性措施并不能有效地保护珍贵的农地资源，因此还必须同时实施管制性措施。管制性措施包括综合规划、农业专属区划、增长管理和城市增长边界等（后两者将在后文论述，此

---

[1] Rutherford H. Platt, "The Loss of Farmland: Evolution of Public Response", *Geographical Review*, Vol. 67, No. 1 (Jan., 1977), p. 95.
[2] Tom Daniels, Deborah Bowers, *Holding Our Ground*, p. 99.

处不加赘述)。

综合规划（Comprehensive plans）也称总体规划（master plans 或 general plans），它要求县、市、镇、乡共同制定未来的开发蓝图，对地方政府的政策、目标、决策进行指导。它对土地利用类型进行划分，包括农业、林业、居住、商业、工业、娱乐等用地模式，其中一个重要方面就是保护农地问题。比如，加州斯塔尼斯劳斯县（Stanislaus County）的综合规划就拥有保护农地、农业经济和自然资源的内容。综合规划的一个重要手段就是分区制。[①]

前文章节已经介绍了分区制（或称区划制，zoning）在美国的产生与发展。在20世纪六七十年代，随着人们环境和资源保护意识的增强，分区制又成为保护自然资源和农业经济的一种手段。于是农业保护区划（Agricultural Protection Zoning，APZ）应运而生。在农业保护区划内，主要的土地利用模式就是农业生产，限制其他土地利用模式，而且对住房开发密度和数量进行了严格限制，以确保农业区划内的土地用于农业生产，并防止农地的分割与碎化。在农业区划内限制住房开发密度，最大密度在东部一般为每20英亩一套住房，在西部一般为每640英亩一套住房，但在区划内对必要的农业建筑设施的限制比较宽松，比如建立仓储、农产品加工和销售、农机供应、农业信贷机构等，以鼓励商品农业的发展。

在农业保护区划中，有一种非常严格的农业专属区划（Exclusive Agricultural Zoning），这种区划法规严格禁止农业区划内出现非农住户和绝大部分的非农业活动。到1997年，俄勒冈州有36个县实施了农业专属区划，并将其作为该州综合增长管理规划的一部分，多达1600多万英亩的农地被囊括在俄勒冈州的农业专属区内，约占该州私有土地数量的一半。1968年，加州的纳帕县议会（Napa County Board of Supervisors）决定实施农业保护区划制，在纳帕谷（Napa Valley）创建了一个面积为2.9万英亩的农业保护区划。纳帕县是加州第一个在《威廉森法案》（Williamson Act）实施的背景下建立农业

---

① American Farmland Trust, *Saving American Farmland*, pp. 31-32.

保护区划的县。① 在威斯康星州，只有位于农业保护区划内的农场主才有资格享受该州的"断路器"所得税减免计划（"Circuit-Breaker" Income Tax Credit Program）带来的大幅降税优惠。在某种程度上，该规定推动了威斯康星州至少 425 个地方辖区实施了农地保护区划。宾夕法尼亚州的 92 个市镇法人实施了农业保护区划，保护了 72.5 万英亩的农地，其中兰开斯特县实施这种区划的乡镇数量和保护农地面积就分别占宾夕法尼亚州的 1/3。② 而某县的限制更加严格，比如佐治亚州的霍尔县（Hall County）的农业保护区划内只允许商品农业的存在，将家庭业余农场也排除在外。③ 农业保护区划的设立，将非农业居民排除于农业专属区之外，减少农场主与其他居民的冲突。20 世纪七八十年代农业保护区划迅速发展，到 1997 年，美国已经有 26 个州的 500 多个县和社区采用了农业保护区划制，主要位于西海岸、大西洋中部、中西部。④ 其中比较著名的包括宾夕法尼亚州的兰开斯特县（Lancaster County）、艾奥瓦州的斯托里县（Story County）、威斯康星州的马拉松县（Marathon County）、加州的纳帕县（Napa County）、华盛顿州的沃拉沃拉县（Walla Walla County）等。⑤ 然而，农场主一般反对农业保护区划的制定，因为这会限制他们的土地利用模式，而且还得不到应有的补偿，从而对其地产构成政府征用，侵犯了他们的财产权。此外，农业保护区划不能有效地保护农地和限制大都市区蔓延，因为它很容易被地方政府修改。正如加州粮食与农业局的局长理查德·罗明杰（Richard Rominger），所指出的："你不能利用一般性的城市规划和分区制法规来达到这一目标，因为县政府的监督委员会可以随时改变这些一般性规划和分区制法规，只要他们的多数同意这样做。"⑥

---

① American Farmland Trust, *Saving American Farmland*, p. 234.
② American Farmland Trust, *Saving American Farmland*, pp. 51 – 52.
③ American Farmland Trust, *Saving American Farmland*, p. 32.
④ Tom Daniels, Deborah Bowers, *Holding Our Ground*, pp. 89, 105.
⑤ American Farmland Trust, *Saving American Farmland*, p. 15.
⑥ Tim Palmer, ed., *California's Threatened Environment*, p. 153.

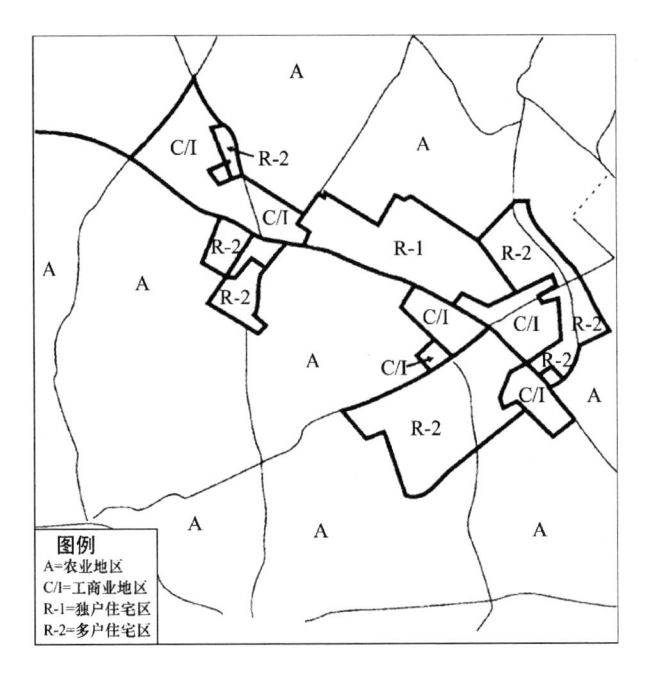

图 7.17 分区制示意图

资料来源：Tom Daniels, Deborah Bowers, *Holding Our Ground: Protecting America's Farms and Farmland*, Washington, D. C.: Island Press, 1997, p. 45.

以上各项措施一般都由地方政府所主导，州政府只是发挥了指导作用。而在某些州，则是州政府发挥了主导作用。最早由州政府对农地进行保护的是夏威夷州，该州早在 1961 年就采取了农地保护措施。1963 年，夏威夷州议会制定了全州性的土地利用分区制，将全州分为四种区域，即农地、城市、保护区域、乡村区域，规定这四种区域的界限为"永久性"边界，但该州的"州土地利用委员会"（the State Land Use Commission）有权调整这些区域的边界。[①] 1965 年，加州通过了"加州土地保护法"，即威廉森法（Williamson Act）。1971 年，新泽西州政府成立了一个"新泽西州未来农业蓝图委员会"，在该州农业部长菲利普·阿兰皮（Philip Alampi）的指导下提出了一项

[①] C. R. Bryant and L. H. Russwurm, "North American Farmland Protection Strategies in Retrospect", *GeoJournal*, Vol. 6, No. 6, Farmland Preservation in North America (1982), pp. 507.

报告，其核心就是大规模地购买农地开发权，以增加0.4%的地产交易税（大约400万美元）作保障。康涅狄格州于1974年成立了"州长农地保护工作队"，计划征收1%的地产交易税用以保护农地。据估计，按当时平均每英亩1500美元的价格，这一计划可以对32.5万英亩的农地进行保护。①

早在1972年，马萨诸塞州宪法修正案就已经授权对农地实行差别估价，1973年州议会制定了相关法律。1976年，马萨诸塞州提出了一个粮食政策报告，指出马萨诸塞州面临着粮食危机，应该对农地和农业进行保护，保护方法包括：第一，差别估价；第二，购买开发权；第三，限制危害农业生产的土地利用模式；第四，限制州政府侵占农地的行为；第五，利用州政府所拥有的土地进行粮食生产；第六，促进新的粮食储备和加工服务；第七，复兴铁路服务，制定一个平衡的票价结构；第八，鼓励社区农业；第九，降低食品价格；第十，促进粮食生产合作和"购买马萨诸塞"（Buy Massachusetts）运动。其中前五条直接涉及农地的土地利用问题，而后五条则间接地涉及和鼓励农业基础设施和市场需求问题。到1977年，该州已经对758块农地进行了差别估价，面积达55822英亩。②

威斯康星州于1977年实施了农地保护计划（Farmland Preservation Program），利用税收政策鼓励农地保护，只要农场主与州和县政府签订合同，保证在一定年限之内将其土地用于农业生产，州政府将对其土地减免财产税。州政府还鼓励地方政府利用传统的土地规划和分区制来保护农地。到1987年12月，该州有已790万英亩的农地签订了农地长期保护合同。在该州的72个县中，有70个县采用了农地保护规划，42个县利用分区制实施了农业专属区划，大约有

---

① Rutherford H. Platt, "The Loss of Farmland: Evolution of Public Response", *Geographical Review*, Vol. 67, No. 1 (Jan., 1977), p. 96.
② Rutherford H. Platt, "The Loss of Farmland: Evolution of Public Response", *Geographical Review*, Vol. 67, No. 1 (Jan., 1977), p. 96.

37800个农场参加了这一计划，占全州农场总数的近65%。①

宾夕法尼亚州于1981年制定的"宾州农业区保护法"（Pennsylvania Agricultural Area Security Law）宣称："本州开宗明义的政策乃是，保留、保护和改进农地，以用于粮食和农产品的生产。本州另一开宗明义的政策是，保留和保护农地，使其成为宝贵的自然和生态资源，从而提供必要的开放空间，以便净化空气，以及（实现）美学目标。"②

到1997年，美国已经有50个州制定了税收激励计划和农业生产权法规，24个州采用了农业保护区划（APZ），20个州实施了开发权购买计划，16个州采用了农业生产区计划，15个州采用了开发权转让（TDR）计划，6个州采用了增长管理保护农地的计划。③

无论是地方政府还是州政府，单纯利用某一种方法，或单纯利用鼓励性或管制方法，都不能有效地保护珍贵的农地资源，而必须采取综合性多样化的方法，才能收到良好的效果。采取综合性保护措施，不仅可以有效地保护农地，而且还能达到多元化的保护目标，包括保护农地、自然景观、开放空间和野生动植物栖息地等。此外，综合性方法还能更好地协调各方利益，减少利益冲突和政治对抗，确保农地保护计划的顺利实施。总的来说，自20世纪六七十年代以来，美国州和地方政府在农地保护方面发挥了积极作用。

然而，要想进一步推动美国的农地保护事业，还必须有联邦政府的积极介入，因为联邦政府既拥有巨大的政治影响力，也拥有强大的财政力量。因此，从20世纪70年代开始，联邦政府便开始制定相关的土地保护政策，并引起了相关部门、民间团体和有关学者的激烈争论。在意见分歧和利益角逐之下，联邦政府的农地保护政策的制定和实施可谓举步维艰，行动迟缓，未能有效地保护美国珍贵的农业

---

① Florida Atlantic University, Florida International University, Joint Center for Environmental Problems, *Plowing the Urban Fringe*, p. 18.

② Jeffrey Kline and Dennis Wichelns, "Using Referendum Data to Characterize Public Support for Purchasing Development Rights to Farmland", *Land Economics*, Vol. 72, No. 4 (Nov., 1996), p. 223.

③ American Farmland Trust, *Saving American Farmland*, p. 18.

土地。

（五）联邦政府的立法尝试和农地保护争论

美国有关农地保护的争论首先是从联邦政府的一项土地利用规划法案的讨论开始的。为了鼓励各州土地开发的有序进行，华盛顿州的国会参议员亨利·杰克逊（Henry Jackson）于 1970 年向国会提出了一项联邦《土地利用规划法》（Land Use Planning Act），要求各州制定全州性的综合性土地利用规划，以保护包括农地在内的具有重要环境价值的地区。虽然该法最终失败，但它却引发了一场旷日持久的农地保护论战，特别是"环保主义者与经济学家"之间的争论，两者对于农地存在着基本价值观方面的巨大差别。[1]

在联邦《土地利用规划法》的讨论中，参议员杰克逊、艾肯（Aiken）和众议员莫里斯·尤德尔（Morris Udall）等认为，大都市区的空间蔓延吞噬了大量的农地，而农地是一种重要的稀缺资源，因此，农地保护应该成为联邦土地利用规划的首要内容。然而，该法遭到了某些普通民众、组织机构和政府部门的强烈反对。农业部对该法表示担忧，它指出："特别是乡村选民表达了他们的关切，认为拟议中的法案要对私人土地制定规划程序，就像对公共土地制定规划程序那样。对他们而言，这就意味着联邦机构的绝对控制。"美国农场局联盟（American Farm Bureau Federation，AFBF）表达了更加强烈的反对之声，认为该法是"末世论狂热鼓噪下偏执情绪"的产物，并且警告，"这种立法的制定将意味着由联邦指导走向联邦管制的开始，而该道路的终结则是遥遥无期的"。其他的反对组织还包括：美国商会（the Chamber of Commerce）、全国制造商协会（National Association of Manufacturers）、全国住房建筑商协会（National Association of Homebuilders）、全国地产商协会（the National Association of Realtors）等，它们组成了一个强大的反对派联盟，将联邦土地利用规划法淹没

---

[1] Tim Lehman, *Public Values, Private Lands: Farmland Preservation Policy, 1933–1985*, Chapel Hill: University of North Carolina Press, 1995, p. 88.

在一片反对声浪中。[1]

从 1974 年开始，关于农地保护的争论开始进入高潮，该年美国农业部长厄尔·巴茨（Earl Butz）在罗马召开的世界粮食会议上受到国际压力，他们批评美国没有将休耕土地恢复粮食生产，从而没有为解决世界粮食危机发挥应有的作用。于是他要求农业部的土壤保护局（the Soil Conservation Service，SCS）对美国的农地储备进行调查。该局于 1976 年发表了一项美国《耕地储备调查》报告（*Potential Cropland Study*），该报告发现，美国的耕地储备在迅速减少。仅在 1967—1975 年的 8 年间，城市开发、公路建设、水库修建和其他城市用地就大约占用乡村土地达 2400 万英亩，即每年占用 300 万英亩，其中大约 1/3 为耕地。这一速度是此前估计数字的 3 倍。调查结果首先在农业部内部引起争论，特别是在土壤保护局（SCS）与美国经济调查局（Economic Research Service）之间，前者认为土地，特别是高产农地是一种宝贵的资源，应该竭力加以保护；而后者则认为土地只是一种商品，只是农业生产的资本投入。后者的首席地理学家托马斯·弗雷（Thomas Frey）认为，土壤保护局（SCS）的统计资料存在问题。他们根据商业部人口普查局的数据进行了反驳，认为城市开发每年占用的土地只有 75 万英亩，其中耕地只有 25 万到 30 万英亩。[2]

尽管联邦《土地利用规划法》以惨败告终，并激起了一股强大的反对逆流，但一些政府官员和国会议员并不气馁，他们又开始酝酿新的农地保护法案。比如，国会调查局（Congressional Research Service）环境与自然资源政策处（the Environment and Natural Resources Policy Division）的处长查尔斯·利特尔（Charles Little）和研究人员温德尔·弗莱彻，以及佛蒙特州的国会参议员詹姆斯·杰福兹（James Jeffords）等。杰福兹虽然是一位共和党参议员，但他具有丰富的环保知识和强烈的环保意识。杰福兹的行政助理罗伯特·格雷（Robert

---

[1] Tim Lehman, "Public Values, Private Lands: Origins and Ironies of Farmland Preservation in Congress", *Agricultural History*, Vol. 66, No. 2, History of Agriculture and the Environment (Spring, 1992), pp. 259-260.

[2] W. Wendell Fletcher and Charles E. Little, *The American Cropland Crisis*, p. 80.

Gray）是一位来自纽约州北部的规划师。这些国会工作人员很快与土壤保护局（SCS）的尼尔·桑普森（Neil Sampson）和农业部土地利用委员会（Land Use Committee）的主席诺曼·伯格（Norman Berg）结成联盟，为提出新的土地保护法案作好准备。[①]

1977年，参议员詹姆斯·杰福兹向国会提出了一个专门的《农地保护法》（the Agricultural Land Protection Act），该法要求所有的联邦机构制定计划，最大限度地减少其行为对农地的危害；成立一个总统委员会，研究农地保护问题，确定农地流失的严重程度，以及将要采取的措施；对州和地方政府提供资金和技术援助，制定农地保护计划等。[②]

围绕《农地保护法》，联邦政府内部以及美国社会再次展开了激烈的争论。杰福兹根据土壤保护局（SCS）的《耕地储备调查》报告，认为每年有200万英亩的土地用于城市开发，再加上"无序的城市化"造成的土地浪费，这一数字就会翻倍，再加上水利项目占用的另外100万英亩，那么美国每年丧失的土地就会多达500万英亩。他在1977年的国会听证会上指出："事实上，美国可用耕地的80%（4亿英亩）已经被开垦耕种。而在现有的耕地储备中，高质量的土地只占2400万英亩，而根据当前的城市开发、农地分割和水库淹没的速度，这一数字将在短短的14年内消耗殆尽。"该法案得到了众多社会组织的广泛支持，其中包括：美国土壤协会（the Soil Conservation Society of America）、全国区域保护协会（the National Association of Conservation Districts）、全国农业部门协会（National Association of Departments of Agriculture）、城市土地研究院（Urban Land Institute）、美国规划师协会（American Institute of Planners）、美国规划官员协会（American Society of Planning Officials）、各州规划机构协会（the

---

[①] Tim Lehman, "Public Values, Private Lands: Origins and Ironies of Farmland Preservation in Congress", *Agricultural History*, Vol. 66, No. 2, History of Agriculture and the Environment (Spring, 1992), p. 261.

[②] R. Neil Sampson, *Farmland or Wasteland: A Time to Choose: Overcoming the Threat to America's Farm and Food Future*, p. 108.

Council of State Planning Agencies）等。这些资源保护主义者认为，土地不仅仅是一种农业商品，而且是一种宝贵的资源，能够提供生态多样性、充足的水源、清洁的空气以及美学价值等。而传统的资源经济学家（resource economists）则将土地视为一种商品，土地仅仅是一种"投入"，正如化肥农药和生物研究一样。持这种观点的组织包括农业部的经济调查局、未来资源组织（Resources for the Future）等机构。此外，反对集团还老调重弹，声称该法将会导致联邦干预的危险，比如全国牲畜饲养协会（the National Livestock Feeders Association）警告说，该法"可以轻而易举地成为联邦政府管制和控制土地利用的跳板"。全国牧场主协会（The National Cattleman's Association）、美国农场局联盟（AFBF）等认为，农地保护可以在地方政府层面进行，而联邦政府的干预"不可避免地带来联邦条例、规范，以及最终的联邦控制"。结果，1980年2月该法在众议院关于拨款的投票表决中，以227∶163的反对票与赞成票而惨遭失败，同时，该法的其他条款也以210∶177的反对票与赞成票而最终失败。[1] 联邦农地保护立法再遭重创。

1979年6月，美国农业部和环境质量委员会（CEQ）共同组建了"全国农地调查局"（the National Agricultural Lands Study，NALS），该局根据美国农业部"土壤保护局"（SCS）的调查资料，于1981年1月完成了一份《最终报告》（Final Report），对美国本土48个州城市开发对乡村土地的侵占情况进行了分析，其结果令人骇然，从而引发了更加激烈的争论。根据上述报告，1958—1967年，美国每年有1135100英亩的乡村土地被城市开发占用，而1967—1977年这一数字骤增到2846400英亩，后者是前者2.5倍。[2] 在城市开发所占用的

---

[1] Tim Lehman, "Public Values, Private Lands: Origins and Ironies of Farmland Preservation in Congress", *Agricultural History*, Vol. 66, No. 2, History of Agriculture and the Environment (Spring, 1992), pp. 264–270.

[2] William A. Fischel, "The Urbanization of Agricultural Land: A Review of the National Agricultural Lands Study", *Land Economics*, Vol. 58, No. 2 (May, 1982), p. 239.

这近300万英亩的土地中，大约有1/3即近100万英亩属于耕地。① 该报告还进一步指出，除了每年城市直接占用的300万英亩的土地以外，还有260万英亩的土地被地产投机商购买和闲置起来。因此，美国每年的土地损失量高达550万英亩。② 该报告还特别提醒人们注意四点：其一，20世纪70年代，非都市区的城市开发迅速加快；其二，乡村地区和无建制地区的开发速度加快；其三，就连那些没有排污设施的地带，其住房开发也在增加；其四，70年代美国家庭数量正在迅速增加。③ 这些因素无疑会进一步加速城市和住房开发对乡村土地尤其是耕地的鲸吞蚕食。由于城市和住房开发对土地的占用，美国的农地储备在迅速减少。根据"全国农地调查局"（NALS）的《最终报告》，当时美国耕地总量大约为5.4亿英亩，其中4.13亿英亩已经投入生产，美国还只剩1.27亿英亩为后备耕地。④ 该报告预测，到2000年，即使剩余的这1.27亿英亩的耕地不会全部投入农业生产，但也会所剩无几。⑤ 此外，该局（NALS）还出版了一个宣传册《这些农地所去何方？》（*Where Have All the Farm Lands Gone?*），其中写道："美国每天有4平方英里的优质农地转为他用。其罪魁祸首就是城市蔓延。""在今后的10年里，美国人对本国的优质和重要农地的关切，将同他们今天对石油和燃油的关切一样。"⑥

联邦农业部长助理鲁珀特·卡特勒（M. Rupert Cutler）称全国农地调查局（NALS）的报告是爆炸性的，立即引起了美国政府部门和

---

① Tim Lehman, "Failed Land Reform: The Politics of the 1981 National Agricultural Lands Study", *Environmental History Review*, Vol. 14, No. 1/2, 1989 Conference Papers, Part Two (Spring-Summer, 1990), p. 134.

② W. Wendell Fletcher and Charles E. Little, *The American Cropland Crisis*, p. 83.

③ William A. Fischel, "The Urbanization of Agricultural Land: A Review of the National Agricultural Lands Study", *Land Economics*, Vol. 58, No. 2 (May, 1982), p. 244.

④ Tim Lehman, "Failed Land Reform: The Politics of the 1981 National Agricultural Lands Study", *Environmental History Review*, Vol. 14, No. 1/2, 1989 Conference Papers, Part Two (Spring-Summer, 1990), p. 135.

⑤ W. Wendell Fletcher and Charles E. Little, *The American Cropland Crisis*, p. 78.

⑥ Tim Lehman, "Failed Land Reform: The Politics of the 1981 National Agricultural Lands Study", *Environmental History Review*, Vol. 14, No. 1/2, 1989 Conference Papers, Part Two (Spring-Summer, 1990), p. 134.

民间组织的极大关切。纽约时报刊登了一篇文章，认为"美国正处于农地流失危机的边缘，也许在不远的将来就会损害我们的生产能力，从而不能生产足够的粮食来供应我们自己以及我们这个星球其他饥饿的国家。"[1]

然而，一些政府官员对全国农地调查局（NALS）的调查报告和宣传册表示怀疑，认为它们具有强烈的煽动性，缺乏科学性和说服力。甚至该局的首席专家迈克尔·布鲁尔（Michael Brewer）也认为该报告夸大其词，耸人听闻，认为美国每年农地损失不足100万英亩，而这对于美国5.4亿英亩的农地储备来说微不足道，全国农地调查局（NALS）之所以夸大数据，是因为该局把未开发的乡村土地、山地、沙漠，以及其他土地都算作农地。他认为美国农地的减少并"没有导致全国性的危机，没有必要掀起一场'拯救我们的农地'的运动"。他指责全国农地调查局（NALS）传教士般的煽动"剥夺了科学的权威性"。农业部内部的大多数官员也认为全国农地调查局（NALS）的报告"数据矛盾，前后不一，混淆视听，言过其实"[2]。

全国农地调查局（NALS）的土地调查报告引发了长期的争论，甚至到20世纪90年代这一争论仍未终止。比如，加州大学的农业与自然资源部（Division of Agriculture and Natural Resources）于1998年出版的《加州农业》（California Agriculture）第5—7月特刊的社论称，"加州农地的城市化是一个大问题"，"加州大部分地区的农地处境危险，尤其是增长迅速的社区附近的农地"。非农业开发正吞噬着"该州富饶的农地储备"，"在农地之上及其边缘地带，城市开发的压力与日俱增"[3]。而美国学者约翰·哈特（John F. Hart）则认为，加州土地仍然十分充裕，1949—1997年，加州的农地统计没有什么异常。

---

[1] R. Neil Sampson, *Farmland or Wasteland: A Time to Choose: Overcoming the Threat to America's Farm and Food Future*, p. 93.

[2] Tim Lehman, "Failed Land Reform: The Politics of the 1981 National Agricultural Lands Study", *Environmental History Review*, Vol. 14, No. 1/2, 1989 Conference Papers, Part Two (Spring-Summer, 1990), pp. 135 – 139.

[3] John Fraser Hart, "Specialty Cropland in California", *Geographical Review*, Vol. 93, No. 2 (Apr., 2003), p. 154.

加州可用于农业开垦的土地总面积确实在减少，但下降速度十分稳定，在过去的一个世纪中，平均每年开发土地大约在6.2万英亩。按照这一速度，该州1.08亿英亩农地还可以使用88年。每年消耗土地总面积不足0.6%。而且，用于生产的农地面积相当稳定，此外，农业技术的进步还会进一步提高农业产量，从而弥补城市开发所吞噬的农地。也就是说，加州的农地至少可以维持一个世纪。① 让笔者惊叹的是，还只有不到一个世纪的时间，加州的农地就将宣布告罄，约翰·哈特等美国学者居然还宣称加州农地十分充裕，一百年后人们去喝西北风吗？真是奇谈怪论，荒谬至极。

然而，虽然美国的农地资源确实受到了城市蔓延的极大威胁，但认为美国土地资源依然十分丰富的观点仍然比比皆是。比如，理性公共政策研究所（Reason Public Policy Institute）的塞缪尔·斯特利（Dr. Samuel Staley）认为，美国只有5%的土地被城市开发所占用。美国遗产基金会（the Heritage Foundation）的斯蒂文·海沃德（Steven Hayward）宣称，根据美国农业部的数字，开发速度事实上要低得多，每年只有130万英亩，按照这一速度，每15年才能开发剩余土地的1%。而且，这1%的土地包括已经开发的土地、公共土地和不可开发的土地。因此，应该是每8年开发这10亿英亩中1%的土地，也就是说，再过800年才能开发完毕。全国住房开发商协会（National Association of Home Builders）甚至自欺欺人地宣称，"危机解除：农地并没有丧失"。该协会认为，美国现在的耕地与50年前实际上相等：1992年为4.61亿英亩，1945年为4.51亿英亩。② 笔者不能理解的是，关乎人类生存的农地，无论是一百年告罄，还是八百耗尽，这又有何区别呢？上述学者似乎缺乏可持续发展的思想理念。

土地保护的反对派认为，不仅美国土地储备巨大，而且随着农业技术的发展，农业产量还会上升。比如温德尔·考克斯（Wendell

---

① John Fraser Hart, "Specialty Cropland in California", *Geographical Review*, Vol. 93, No. 2 (Apr., 2003), pp. 154–155.

② Oliver Gillham, *The Limitless City: A Primer on the Urban Sprawl Debate*, p. 77, 84–85.

Cox）于 1999 年在一篇文章中写道："城市面积的扩张并没有威胁农业生产。自 1950 年以来，美国农地面积下降了 15%，而农业生产则上升了 105% 以上。农业生产所需要的面积已经下降，与城市的扩张干系不大。"同年，约翰·卡莱尔（John Carlisle）在另一篇文章中写道，"在农业用地的争论中，时常忽略的一个问题是，粮食生产中主要技术的进步，使越来越少的农业土地生产出创纪录的粮食产量。美国农业部的全国农业生产指数表明，美国粮食生产自 1970 年以来提高了 48%，虽然农业用地面积有所下降。美国经济分析局（的资料）表明，农业总收入在 1980—1994 年间提高了 63%。"[①]

尽管在农地保护问题上，争论双方相持不下，未能得出一个令人信服的结论，但问题的关键不在于得出某种结论，而在于提醒人们对农地资源的关注，它向人们表明，农地是一种宝贵的不可再生的资源，一旦失去便无法挽回。而且这种争论直接推动了美国土地保护立法的制定与进步。正如蒂姆·莱曼（Tim Lehman）所指出的那样，不能等待科学研究结果出现之后才采取行动，否则将会亡羊补牢，为时晚矣。他写道："不同的理论观点产生不同的数据，因此，科学争论也许还会持续几年甚至几十年，直到人们达成某种共识。但是，如果等待更多的调查研究，也许意味着只有当损失已经无可挽回之后，问题才被理解。"[②] 罗纳德·V.沙克利（Ronald V. Shaklee）等学者也指出："某一估计数目本身的相对精确性并不特别重要，重要的是全世界数量有限的农业用地正在不断流失，而世界人口数量和对食物的需求却在与日俱增，了解土地利用的转型并提出解决方案加以应对，才是首先应该考虑的问题。"[③]

[①] Donald C. Williams, *Urban Sprawl, A Reference Handbook*, Santa Barbara, California：ABC-CLIO, Inc., 2000, pp. 85 – 86.

[②] Tim Lehman, "Failed Land Reform：The Politics of the 1981 National Agricultural Lands Study", *Environmental History Review*, Vol. 14, No. 1/2, 1989 Conference Papers, Part Two (Spring-Summer, 1990), p. 145.

[③] Ronald V. Shaklee, Curtis J. Sorenson and Charles E. Bussing, "Conversion of Agricultural Land in Wyandotte County, Kansas", *Transactions of the Kansas Academy of Science*, Vol. 87, No. 1/2 (1984), p. 2.

(六) 联邦政府的农地保护立法

尽管前述两个联邦土地利用管理和保护法案相继失败，但也并非一无所获，无功而返，它们的提出和辩论对于20世纪80年代的联邦农业政策产生了积极影响。第一个成果就是1981年国会通过的《农地保护政策法》(the Farmland Protection Policy Act)，它是该年通过的一个范围更广的《农业和食品法》(Agriculture and Food Act)的子法案。该法的首要目标，就是减少农地的开发和损失，该法写道："该条款的目的是最大限度地减少联邦计划对农地的不必要和不可逆转的非农业开发，并且尽可能地确保联邦计划的实施，能够与州和地方政府以及私人部门的计划和政策相协调。"为了实现这一目标，联邦政府的每个部门都必须对其占用农地的开发计划进行审查，必须考虑是否存在可替换的地点或方案，必须与州和地方政府的发展规划相协调。如果某个联邦机构下辖的开发项目导致了不必要的农地开发，该机构有权扣留该开发项目的联邦援助基金。该法还建立了土地和场地评估制度 (the Land Evaluation and Site Assessment System, LESA)，帮助联邦机构和地方政府评估其开发项目是否造成严重的农地开发问题，并帮助决策者将未来的开发活动安排在贫瘠的土地上进行，以保护高产农地。[1] 该法还要求农业部长"设立一个或多个农地信息中心，作为地方政府和州政府中心性的信息储备和输送网点，以传播有关农地事务、政策、计划、技术原则、创新行动或建议等"。于是，美国农地托管组织 (AFT) 与自然资源保护署 (NRCS) 和全国农业图书馆合作，建立了一个农地信息中心，以便向联邦、州和地方政府官员、农地专业人士、农场主和牧场主、农业组织，以及相关公民提供方便的农地信息。[2] 到1996年，土地和场地评估制度 (LESA) 已经在30多个州得到了实施，而且还有220个县和市镇法人将该制度

---

[1] Tom Daniels, Deborah Bowers, *Holding Our Ground*, pp. 76–77.
[2] American Farmland Trust, *Saving American Farmland*, p. xi.

纳入其土地利用规划和农地保护规划中。①

联邦《农地保护政策法》在随后的年代里不断得到补充与发展，比如，从1986年开始，如果联邦某机构的项目直接或间接导致了农地开发，它还必须向自然资源保护署（NRCS）的地方办事机构提交"农地保护评估表"（Farmland Conversion Rating Form，AD-1006）。从1994年开始，农业部还必须向国会提交关于联邦计划和项目占用农地情况的报告。该法还要求自然资源保护署（NRCS）向州和地方政府以及非营利组织提供技术援助，制定农地保护计划。随后，该机构已经在每个县的地图上标出了重要的农地区域，以使地方政府能够有的放矢地保护优质农地。②然而，该法远没有1977年杰福兹参议员提出的《农地保护法》那样有力，因此，查尔斯·利特尔称之为"只不过是我们起初提出法案的暗淡的影子而已"③。不仅如此，该法并没有马上付诸实施，而是拖延了13年，直到1994年才制定出具体的实施计划。④

在随后的年代里，联邦政府又通过了一系列农地保护法规，对于美国农地的保护发挥积极的作用。比如，在1985年通过的农场法（Farm Bill）授权下，联邦政府制定了"保护区计划"（the Conservation Reserve Program）。对于那些容易造成水土流失的耕地和环境敏感地带（比如河岸保护带、野生动物栖息地和湿地等）的农场主，由联邦政府提供休耕补贴。由农业部的农场服务署（Farm Services Agency）向农场主提供技术援助。该计划仅1996财政年度的开支就达19.5亿美元，10年间保护土地达3400万英亩。⑤又如，1990年的《未来农场法》（Farms for the Future Act）授权联邦政府直接对州和地方政府发放贴息贷款，以购买农地的开发权。各州可以在

---

① Tom Daniels, Deborah Bowers, *Holding Our Ground*, p. 81.
② Tom Daniels, Deborah Bowers, *Holding Our Ground*, pp. 76-77.
③ Tim Lehman, "Public Values, Private Lands: Origins and Ironies of Farmland Preservation in Congress", *Agricultural History*, Vol. 66, No. 2, History of Agriculture and the Environment (Spring, 1992), p. 271.
④ American Farmland Trust, *Saving American Farmland*, p. 20.
⑤ American Farmland Trust, *Saving American Farmland*, p. 6.

5 年内每年向联邦政府借贷 1000 万美元，但各州要进行配套拨款，联邦与州政府的资金比例为 2∶1。① 佛蒙特州根据该法制定了一项总体规划，1993—1995 年向联邦政府贷款 23548465 美元，购买农地开发权达 4.4 万英亩。②

1996 年的《联邦农业改进和改革法》(Federal Agricultural Improvement and Reform Act) 是力度较大的一个联邦立法。该法授权在随后的 6 年内拨款 3500 万美元的配套资金，资助州和地方政府购买农地开发权，州和地方政府与联邦政府资金各占一半。该法由自然资源保护署（NRCS）负责实施。该法对于获得联邦资助的条件作出了某些限制：其一，优质农地或特种农地，或其他生产土地；其二，面积要达到一定规模，以维持农业生产；其三，能够接近市场，以便销售农产品，拥有充分的基础设施和农业服务设施；其四，周边土地有利于维护长期的农业生产。③ 该法的第一期拨款就达 14325000 美元，对 17 个州的 37 个农地计划进行了援助，大约有 76756 英亩土地得到保护。④

2002 年的《农场安全和乡村投资法》(the Farm Security and Rural Investment Act) 是对 1996 年《联邦农业改进和改革法》的改进，新法在 1996 年法的"农场保护计划"(Farmland Protection Program, FPP) 的基础之上，制定一个新的"农场和牧场保护计划"(the Farm and Ranch Lands Protection Program, FRPP)。新法将购买开发权的资助对象扩大到非营利组织，比如土地托管组织和土地捐献者。然而，在 2002 年农地保护法通过后，自然资源保护署（NRCS）通过了一系列行政细则，加强了对州和地方政府的控制，并与后者的农地保护计划发生冲突。比如，联邦立法的目标片面地强调保护表土，而州和地方政府的目标则是针对土地利用政策，保护农业经营和限制城市化。联

---

① Tom Daniels, Deborah Bowers, *Holding Our Ground*, p. 82.
② American Farmland Trust, *Saving American Farmland*, p. 20.
③ Jeffrey Kline and Dennis Wichelns, "Public Preferences regarding the Goals of Farmland Preservation Programs: Reply", *Land Economics*, Vol. 74, No. 4 (Nov., 1998), p. 567.
④ American Farmland Trust, *Saving American Farmland*, p. 21.

邦政府保护表土的这一立法目标，实际上是对限制城市扩张和保护农地面积这一根本而关键目标的偏离。在地方政府的反对下，联邦政府又于 2008 年通过了《食品、资源保护和能源法》(the Food, Conservation and Energy Act)。该法放松了对地方政府的一些限制，不再强调表土保护，而以保护农地和自然资源为核心目标，从而与州和地方政府的政策措施更趋协调一致。[1]

自从 1996 年"农场保护计划"(FPP) 的实施到 2007 年下半年，"农场和牧场保护计划"(FRPP) 已经拨款 5.36 亿美元，帮助购买了 2764 个农场和牧场的 53.3 万英亩的开发权，州和地方政府的配套资金达 8.56 亿美元，土地所有者捐献开发权达 2.15 亿美元。联邦资助主要集中于东北部，1996—2008 年，该地区的 11 个州获得了联邦"农场和牧场保护计划"拨款 6.21 亿美元中的 46.7%。在全国 49 个获得拨款的州中，前 10 位中有 7 个位于东北部，其他三个州分别是加州、科罗拉多州、肯塔基州。马萨诸塞州获得的资助最多，为 3990 万美元，购买开发权面积 11926 英亩；新泽西州这两个数字分别为 3390 万美元和 19499 英亩；佛蒙特州为 2480 万美元和 52095 英亩；特拉华州为 2180 万美元和 18191 英亩；马里兰州为 2090 万美元和 25791 英亩。[2]

诚然，上述联邦计划保护了几十万英亩的农场和牧场，但按照美国城市开发每年占用上百万英亩的土地和几十万英亩的农地来看，这点成就简直是杯水车薪，无足轻重。根据美国农地托管组织（AFT）的一项报告，1982—1992 年，美国城市和郊区开发平均每年占用优质农地（prime farmland）约 40 万英亩，即每小时损失 45.7 英亩。此外，同期每年还丧失种植稀有作物和特种作物的特种农地 2.66 万英

---

[1] Alvin D. Sokolow, "Federal Policy for Preserving Farmland: The Farm and Ranch Lands Protection Program", *Publius*, Vol. 40, No. 2, Non-Metropolitan Policy and Governance (Spring 2010), pp. 243, 246.

[2] Alvin D. Sokolow, "Federal Policy for Preserving Farmland: The Farm and Ranch Lands Protection Program", *Publius*, Vol. 40, No. 2, Non-Metropolitan Policy and Governance (Spring 2010), pp. 247–250.

亩，即每小时 3 英亩以上。从另一个角度看，在此期间，美国通过各种农地保护措施，每保护一英亩的优质农地和特种农地，就有 3 英亩同类农地被大都市区开发所占用。① 美国的农地保护之所以效果不佳，首先是因为联邦政府乃至各级政府政策力度有限，不能对宝贵的农地提供有力的保护。正如威廉·B. 霍纳彻夫斯基（William B. Honachefsky）所指出的："美国是一片充满矛盾的地方，一个明显的例子就是这个国家对于农地的政策。一方面，直到最近以来，联邦政府一直鼓励，甚至资助将勉强可以接受的土地排干和改造为农业用地，其中包括湿地。与此同时，在这个国家的其他地方，优质农地正在被也许永久地埋葬在数以英里计算的混凝土和柏油路之下，或者是埋葬于成千上万的居民住房和其他建筑物的地基之下。"② 因此，最根本的解决方法应该是采取综合性措施，限制大都市区的空间蔓延。

七　增长观念的转变

亚里士多德有句名言："人们聚集到城市是为了生活，期望在城市中生活得更好。"③ 2010 年上海世博会的口号之一就是"城市，让生活更美好"。此言不虚！人类文明本身就产生于城市，自从人类创造了城市，人类就从大自然的恐怖之中摆脱出来，用坚固的城墙把自己保护起来，以防备野兽的侵扰和敌人的攻击；自从人类搬入城市，人们就可以不在泥泞的荒野上跋涉，而在用石头铺砌的宽阔而坚实的大路上驰骋；人们在城市里的安逸舒适生活，使人们能够集中精力创造辉煌的科学文化，从而推动了人类社会以更快的加速度朝前迈进；人类社会仅仅用了 5000 年的时间，就从原始农业社会进入了现代工

---

① F. Kaid Benfield, Jutka Terris and Nancy Vorsanger, *Solving Sprawl：Models of Smart Growth in Communities across America*, p. 169.

② William B. Honachefsky, P. P. , P. L. S. , Q. E. P. , *Ecologically Based Municipal Land Use Planning*, Washington, D. C. : Lewis Publishers, 2000, p. 107.

③ 张京祥：《西方城市规划思想史纲》，东南大学出版社 2005 年版，第 11 页。

业社会,而在现代城市中,人类仅仅用了200多年的时间,就由农业社会跨入工业化城市化社会,进而跨入信息化社会和后现代社会。诚然,城市是人类文明的孵化器,是人类进步的发动机,"城市,让生活更美好"。

然而,进入了后现代社会以后,人类的思想情感似乎发生了极大的转变,人类突然怀念起那个既是其出生地,又曾使其充满恐惧的地方——大自然。于是,一个蛊惑人心的口号被人们响亮地喊出——回归自然!现在,人类之所以能够喊出这样一个怀旧而又充满温情的口号,是因为人类再也不是文明诞生之初那个大自然的孱弱的幼子,他现在已经长大成人,全副武装,无比强大,无须再用恐惧和怀疑的目光去窥视大自然,而是用一种傲慢的眼神去看待大自然,用一种征服者的姿态去俯就大自然。角色发生了明显的逆转,现在,大自然反而成为一位谦卑柔弱的女子,一位一败涂地的降卒,她已经失去了与人类对抗的力量,人类向自然的进军,也被一些睿智的学者形象地描述为"Rape",或可译为"强暴""蹂躏""强奸"。其实何止这些,现在大自然所面临的问题已经不仅仅是屈辱的问题,而是生存的问题。关于这一点,早已有明智之士发出了警报,英国著名的文明史学者阿诺德·汤因比在《人类与大地母亲》一书中诘问道:"人类将会杀害大地母亲,抑或将使她得到拯救?如果滥用日益增长的技术力量,人类将置大地母亲于死地;如果克服了那导致自我毁灭的放肆的贪欲,人类则能够使她重返青春,而人类的贪欲正在使伟大母亲的生命之果——包括人类在内的一切生命造物付出代价。何去何从,这就是今天人类所面临的斯芬克斯之谜。"[①] 其实,人类何曾将大自然视为母亲,她只是被看作一个攫取的对象!

关于人们所担忧的杀死大地母亲及其幼子人类的武器,有人说可能是技术,有人说可能是污染,有人说可能是能源枯竭,也有人说可能是核武器,但笔者认为,最有可能的却是贪婪成性、四处延伸、吞噬包括土地在内的一切资源的城市。技术可以进行甄别选择,污染可

---

① [英] 阿诺德·汤因比:《人类与大地母亲》,第735页。

第七章　生态环境与土地资源保护

以治理，能源枯竭可以发明新能源，核武器可以通过国际条约进行约束，而只有城市，自近代工业化和城市化以来，城市肌体在不断膨胀，从小城市变为大城市，从大城市变为大都市区，再从大都市区发展为大都市连绵带，它无所羁绊，势不可挡，它藐视一切地理障碍，在挖掘机、推土机、起重机等庞大无比、无坚不摧、无所不能的土木机械的协助下，它吞噬农田，削平山岗，拔除森林，填塞溪流，填埋沼泽与海湾，将一切可能的地方都改造为城市。荒野——遍布水源、植被和野生动物的地方，是充满生机和活力的地方，是可以用来进行呼吸的大地的皮肤，它柔嫩、美丽、可爱。然而，人类将充满生命气息的大地活活地埋葬于城市之下，用冷冰冰死沉沉的石板、沥青或水泥将大地柔嫩美丽鲜活的皮肤变成了一块块不能呼吸、没有生气、丑陋不堪的伤疤。城市就是地球上的痂！令人忧心的是，这个痂还在漫无边际地蔓延着，它已经由点到面，由面连成片，它已经占据了地球上有限土地的极其广大的部分。它的根本推动力就是人口的增加，人们都想进入城市享受美好的生活，世界人口已经由1930年的30亿猛增到当前的70亿！问题是，世界人口有上限吗？答案也许是否定的，但地球皮肤的面积却是有限的，当地球土地的大部分面积被城市所覆盖时，地球的生命系统将如何维持？土地——包括农田和荒野——才是地球上真正的不可再生的最宝贵资源。

美国学者理查德·瑞吉斯特对城市与地球的关系进行了精辟的论述，他写道："事实上，城市是影响整个地球的人类文明的基石。不过，文明已经走上了邪路，尤其表现在环境影响上。大量问题可以追溯到城市的物理基础。考虑一下地球上生命系统的危机——生物栖息地的毁灭和与日俱增的物种灭绝，城市需要进行根本的变革。城市需要从深扎于土层下的地基到钢筋混凝土的结构按照生态学原理进行重新组织和建设。"[①] 也就是说，他主张城市的建设应该发生根本性的变化。笔者认为，城市的根本变化就是城市空间结构的变化，即终止

[①] [美] 理查德·瑞吉斯特：《生态城市——建设与自然平衡的人居环境》，王如松、胡聃译，社会科学文献出版社2002年版，第1页。

大都市区的低密度蔓延，大力提高城市和郊区的密度，使大都市区由横向发展改变为纵向发展，提高建筑高度，从而大大节约宝贵的土地资源。用一个形象的比喻，就是不要把水泼出去，也不要盛在盘子里，而是要收聚在盆里，收聚在桶里。

然而，这种高密度的城市规划思想与美国传统的乡村理想和当前回归自然的潮流是背道而驰的。美国传统的乡村理想将乡村视为理想的生活环境，而把城市看作罪恶的渊薮，到19世纪中期以后，乡村理想演变为郊区理想，郊区是城市与乡村的结合，彰显了城市与乡村两者的优点，"浪漫主义郊区"就是这种新理想的典型体现，而以景观设计师奥姆斯特德在芝加哥郊区设计的里弗赛德（Riverside）最具代表性。到20世纪初，英国的城市设计师霍华德则又提出了田园城市的规划思想，宣布城市要与乡村结婚，以便创造出一种崭新的城市文明。而现代回归自然的运动则是城市居民厌烦了城市憋闷喧嚣的城市生活，企图在大自然中觅回业已失落的空间、静谧与闲适。为了真正地融入大自然，而不是仅仅到野外与大自然进行短暂的接触，美国人干脆把自然搬进城市，在城市中修建了众多的大型公园，与此同时又将城市推向自然，在荒野之中开发出不计其数的郊区社区。于是，城市与自然，你中有我，我中有你，彼此不分，亲密接触。然而，恰恰是人类对自然的这种钟爱却在毁灭着自然。虽然不乏西方学者提出新的规划思想，反对城市的低密度蔓延，比如以柯布西耶为代表的西方现代主义城市规划，要求建立花园中的塔楼，从而提高城市密度节约土地，同时又能够为城市居民提供足够的空间，但这种思想一经问世，就遭到了广泛的非议与诟病，尤其是在美国这样一个以资源丰富、土地辽阔而矜夸，以热爱自然、回归自然而标榜的国度，更是遭到了以雅各布斯为代表的城市学者的抨击与挞伐。

然而，美国大都市区的空间蔓延和郊区向大自然的挺进，毕竟给美国造成了一系列的社会、经济和环境问题，一些有识之士日益清醒地认识到大都市区蔓延的弊病，呼吁扭转大都市区蔓延式的发展模式，改变城市与自然相结合的空间结构特征，正如多姆·诺兹（Dom Nozzi）所倡导的那样，"让城市成为城市，让自然成为自然"。他还进一步解释道："我并不是主张从城市中消除自然，因为我们需要小型的公园和广场，它们位于我们住房的步行距离之内，以作为从（城市的）喧嚣中逃离出来的避难所。但是这些地方不应该太大，不应该侵害我们邻里社区的步行特征。"他认为，最有魅力的城市不是多树的城市，而是那些街道狭窄、没有树木的城市，比如佛罗伦萨、萨尔茨堡、威尼斯、哥本哈根、阿姆斯特丹、锡耶纳、慕尼黑等。对于城市而言，重要的是密度高、功用混合、小型宅地、退红（建筑退让红线）较小的建筑物等，也就是说，城市要体现三个 D，即 density（密度）、diversity（多样性）和 dimension（尺度）。[①] 诚然，我们应该对人类的行为加以约束，对城市的延伸有所限制，让城市成为城市，让自然成为自然，留一方天地给大自然，让她也有自己的"隐私"，让她能够保持自己的神秘与纯洁，从而保持人类与自然的健康与和谐。

导致美国大都市区低密度蔓延的另一个根本性的原因就是美国人的价值观念。美国城市规划学者伊利尔·沙里宁说："让我看看你的城市，我就能说出这个城市居民在文化上追求的是什么。""城市是一本打开的书，从中可以看到它的目标与抱负。"[②] 诚然，美国人的价值观恰恰鲜明地体现在其城市的发展模式和空间结构之中。美国人对郊区独门独户住房的追求，一方面体现了他们对大自然的钟爱，但另一方面也在于他们对财富的追求，他们将土地仅仅视为一种商品，一种追求财富的手段，投资于郊区住房仅仅是积累财富的一个简单易行的手段而已。美国城市学者小萨姆·巴斯·沃纳在《私人城市》一书中指出："按照美国的传统，公民的首要目的是追求私人财富；城市的目标就是成为会赚钱者的共同体。"戴维·C. 佩里和劳伦斯·F. 凯勒也指出："从一开始，美国'新大陆'的城市就集中体现了物欲的复活；同欧洲的按财富划分阶级的制度不同，在美国的这些城市中，街道是用'黄金铺就'的，简直就是一个充满了财富的乐

---

① Dom Nozzi, *Road to Ruin*, pp. 42–43.
② ［美］伊利尔·沙里宁：《城市——它的发展、衰败与未来》，顾启源译，中国建筑工业出版社1986年版，序言第18页。

园……个人的实利主义成了美国城市中占主导地位的街头意识形态。"① 美国规划设计师麦克哈格进行了更加鞭辟入里的评论，他写道："在这个世界上，显然我们只有一种模式，这就是建立在经济基础上的模式。正如用 GDP 检验国家的成就那样，美国这块自由土地上现在的面貌就是这种模式最明显的见证。金钱是我们衡量一切的准绳，便利只是金钱的陪衬，人们目光短浅，只考虑短期利益，像魔鬼一样，把道德排在最末位。"②

正是在拜金主义的价值观念之下，人们以土地作为赚钱的手段，由此在美国兴起了一个推进城市开发不断向大自然挺进的"增长机器"（growth machine），即推动土地开发的利益集团，包括开发商、建筑商、地产商、汽车公司、能源公司、基础设施公司以及其他商业机构等。他们势力强大，无孔不入，他们既把持着国家经济命脉，推动着城市的开发建设，促进地产价值的增值，又掌控着联邦政府政策，左右着地方政府的土地利用政策，推动各级政府的基础设施投资，从而决定着美国大都市区的发展模式与方向。

要改变美国大都市区的空间发展模式，就要首先改变美国人的价值观念，正如美国学者比尔·麦克基本所指出的："几乎可以确切地说，我们所面对的困难是心理的而不是知识的。我们不是不能说明我们生活方式应该发生的主要变化，而是我们不想那样去做。"③ 我国学者何怀宏也评论说："人的行为和生活方式的根本改变，应该说最终将依赖于人的心灵的转变，依赖于建立那种恰当地看待人与自然关系的人的灵性，这种灵性将提供对环境保护的强大的行为动力和自觉意识。"④

令人欣慰的是，这种心灵的转变已悄然发生，那就是 20 世纪六

---

① [美] 理查德·D. 宾厄姆等：《美国地方政府的管理——实践中的公共行政》，九州译，王谨校，北京大学出版社 1997 年版，第 7 页。
② [美] 伊恩·伦诺克斯·麦克哈格：《设计结合自然》，第 31 页。
③ 董宪军：《生态城市论》，第 204 页。
④ 何怀宏主编：《生态伦理——精神资源与哲学基础》，河北大学出版社 2002 年版，第 7 页。

七十年代以来，随着环保运动的兴起和环保组织的倡导，美国发生了一场"静悄悄的土地利用革命"，美国人对土地的观念开始发生了一些微妙的变化，对过去那种不加怀疑的增长也开始以审视的态度去对待，在城市规划学界出现了一种新的规划理念，即新城市主义，各级政府也制定了新的增长政策，即增长管理和精明增长政策，美国大都市区的发展面临着新的契机。

小　　结

美国大都市区的空间蔓延对生态环境也造成了严重的危害。在郊区拥有自己的花园别墅，过一种亲近自然，与自然和谐相处的半田园式的生活，乃是美国人获得成功的一种标志，也是所谓美国梦实现的标志。然而，正是这种亲近自然的生活方式，这种向大自然进军的发展模式，给美国造成了严重的生态环境问题。

大都市区的空间蔓延导致严重的环境污染，包括空气污染和水体污染。首先，是空气污染。大都市区的空间蔓延和功能分离导致了工作通勤和出行距离的延长，出行次数的增多。同时低密度的人口分布使公共交通难以运营，而步行和骑车既危险又不能满足长途出行的需要，因此，美国大都市区居民，尤其是郊区居民的主要出行模式，就是依靠私人汽车。而私人汽车的广泛使用必然会大幅度地增加汽车流量，从而极大地增加了汽车燃油的消耗和尾气的排放量，从而造成大都市区严重的空气污染。其次，大都市区的空间蔓延还导致了严重的水体污染。由于大都市区的低密度蔓延，许多郊区的住宅分布过于稀疏，不能铺设下水管道和建立污水处理设备，只好采用化粪池来处理家庭污水，而化粪池的渗漏和毁损，往往对地下水和地表水造成严重的污染。另外，由于大都市区的低密度蔓延和汽车的广泛使用，公路、停车场等硬化面积急剧增多，而这些硬化地面的化学污染物、各种沉积物、病原体、营养物质等也必然增多，在地面径流的冲刷下，这些污染物被裹挟到江河湖泊之中，从而造成严重的水体污染。大都市区的空气污染和水体污染都严重地威胁着人们的身体健康，并造成了严重的经济损失。大都市区的空间蔓延还导致了美国洪涝灾害的加剧。前文指出，大都市区的空间蔓延导致了大都市区内硬化面积的增加，从而增加了地表径流量，导致了更加严重的洪涝灾害，给大都市区居民的生命财产造成严重的损失。大都市区的空间蔓延还导致了开放空间的减少、野生动物栖息地的破坏和对耕地的大量占用等。为了保护生态环境和自然资源，美国各级政府和私人部门采取了一系列措施，但由于人口的增加和大都市区的进一步蔓延，这些措施收效甚微，效果不佳。

第八章　大都市区问题的综合治理

当代美国城市的高速发展与大都市区的低密度蔓延产生了一系列严重的经济、社会和生态问题，比如中心城市的衰落、环境的恶化、能源的消耗、开放空间和农田的丧失、交通拥堵、种族隔离、基础设施的浪费、财政负担的加重和生活质量的下降等等。针对这些问题，从20世纪40年代开始，美国学术界、规划部门、政府机构、地产集团，乃至民间组织都进行了深入探讨并采取了一系列治理措施，但这些措施未免流于零碎化和表面化，不能达到标本兼治的效果。由于美国大都市区的蔓延及其所产生的问题是由多种因素所促成的，因此，这些问题的解决也必须通过多种手段进行综合治理才能见成效。于是，从20世纪60年代末70年代初开始，美国学术界及相关部门的治理观念和治理措施发生了急剧的变化，其中最根本的就是关于增长观念的变化，即发生了一场"静悄悄的土地利用革命"，于是在美国出现了两个并行不悖，相辅相成的运动，即新城市主义（New Urbanism）和精明增长（smart growth）运动，其中精明增长脱胎于增长管理（growth management）运动，是增长管理走向成熟的表现。新城市主义主要是美国城市规划学界的改革运动，更加注重城市的空间形体规划，而增长管理和精明增长则主要是各级政府的增长政策，内容更加广泛。

一　欧美传统主流城市规划理论及其弊端

美国新城市主义规划理论所要解决的城市问题，主要是由城市的空间蔓延所产生的一系列问题。导致美国大都市区空间蔓延的原因虽然纷繁复杂，多种多样，但欧美城市规划理论也难辞其咎。这些规划理论主要包括埃比尼泽·霍华德的田园城市理论及其在美国的嬗变、以勒·柯布西耶为代表的欧洲现代主义规划理论，以及美国本土的规划理论、法律和实践。

（一）霍华德的田园城市理论及其嬗变

英国规划师霍华德于1898年出版了影响深远的《明日：一条通向真正改革的和平道路》一书，1902年再版时更名为《明日的田园城市》(Garden Cities of Tomorrow)。霍华德写作该书的目的，就是要解决大城市的拥挤及其所产生的弊端，其解决方法就是使人们回归"土地"。于是，他提出了著名的"三磁铁"理论。第一枚磁铁是城市，其优点是拥有各种经济和社会机遇，但住房拥挤，环境恶化。第二枚磁铁是乡村，它拥有开敞的空间和清洁的空气，但就业机遇少，社会生活枯燥。而城市和乡村的完美结合就产生了第三枚磁铁——田园城市（Garden Cities），它既有城市的经济社会机遇，又有乡村的优美环境，同时还避免了两者的缺点。霍华德写道："事实并不像人们通常所设想的那样只有两种选择——城市生活和乡村生活——而是存在第三种选择，它将城市生活的生动活泼与乡村生活的优美快乐等优点完美地结合起来。"[①] 他还把田园城市比作一把万能钥匙，可以解决城市的各种社会问题。

霍华德的田园城市理论确实存在一定的可取之处，比如限制城市的发展规模；城市要有明确的边界；城市功能要综合平衡，既有居住功能，也要提供就业；住房价格要低廉，能够满足各个阶层的居住需求；城市还要有方便的公共交通等。但霍华德的田园城市理论中也包含了一些不合理因素，比如分散化的空间布局、隔离的土地利用模式、过大的绿地空间等。更重要的是，霍华德的田园城市理论不仅仅是一种城市规划理论，更是一个宏伟的社会改革方案，主张用社区土

[①] Ebenezer Howard, *Garden Cities of To-Morrow*, Cambridge: The MIT Press, 1965, pp. 45–48.

地所有制来代替土地私有制，用建设田园城市的方法来改造整个资本主义制度，从而使其沦为一种不切实际的乌托邦幻想。正是由于田园城市理论中所包含的这些缺陷与不足，尤其是其浓厚的乌托邦特性，才使其在实施之中遭到剪裁和篡改，最终嬗变为一种花园郊区（garden suburbs）思想。

这种嬗变首先发生在田园城市理论的诞生地英国，莱奇沃斯和韦林这两个最早的所谓田园城市，无论就其空间设计还是社会构成，都与霍华德的田园城市存在很大反差。更严重的是，莱奇沃思的设计师雷蒙德·昂温（Raymond Unwin）和巴里·帕克（Barry Parker）在莱奇沃斯启动不久，就开始了有意识地阉割田园城市的实践活动，于 1907 年在伦敦的西北部设计建造了汉普斯特德花园郊区（Hampstead Garden Suburb）。虽然汉普斯特德花园郊区拥有田园城市的某些特征，但它仅仅是一个通勤郊区而已，它没有自己的就业，居民完全依靠新开通的地铁通勤到伦敦就业。到 1914 年，英国出现了十几个这样的花园郊区，而在一战期间，昂温和其他设计师又设计了许多这样的花园郊区，以便为战时工人提供住房。这些花园郊区与霍华德的田园城市存在很大差别。首先，昂温等人的花园郊区在规模上没有一个统一的标准，有的很小，而有的则远远超过了霍华德田园城市的规模。其次，花园郊区的密度比田园城市低得多。再次，这些花园郊区大多数没有就业，完全依靠通勤就业。复次，这些花园郊区没有绿带环绕，不能有效地限制郊区的蔓延。最后，霍华德田园城市的最终理想是社会城市，通过城市规划实现社会经济制度变革，而昂温等人的花园郊区已经丧失了这种崇高的理想，仅仅成为中产阶级和富裕阶层逃避城市生活的世外桃源。昂温还于 1912 年出版了一本小册子《过度拥挤不可取》（*Nothing Gained by Overcrowding*!），从理论上倡导花园郊区的建设，极力主张住房应该采取低密度开发模式。他建议新的居住区密度为每英亩 12 户，按照当时的家庭规模，应该为每英亩 50—60 人。[①]

---

① [英] P. 霍尔：《城市和区域规划》，邹德慈、金经元译，中国建筑工业出版社 1985 年版，第 52 页。

刘易斯·芒福德对昂温的花园郊区进行了深刻的批判,他认为,霍华德田园城市的根本特征是平衡和有序,即城市与乡村在范围更大的生物环境中的平衡,城市内部各种各样功能的平衡,尤其是通过限制城市面积、人口数目和居住密度积极控制发展而取得平衡。田园城市"具有充分认识城市活动的多样化和相互关系这一优点"。田园城市的"重要意义不在于它有花园和绿地;它与别的城市全然不同的创新之处在于它通过一个组合体对错综复杂情况加以合理而有序的处理,这个组合体能建立平衡与自治,并且,尽管情况千差万别,能维持得整齐有序,尽管需要生长发展,能维持内聚力和协调和谐。"然而,"霍华德为这个新的城市所选择的名称是不幸的",它使别人忽视了田园城市最根本的特征,而只关注到其表面特征,即花园与绿地。针对昂温等花园郊区的建设者,芒福德进行了尖锐的批判,"不幸的是,一些学识浅薄的学生们,公然无视霍华德的工作,仍然错误地把郊区住宅区叫作花园城市(Garden Cities),或者把郊区的开敞的布局叫作'花园城市式的规划'"①。总之,由于田园城市(花园城市)名称的误导以及昂温等规划人员的错误理解,导致了田园城市思想的嬗变。

如果说田园城市思想在英国发生了某种嬗变,那么美国的城市规划学者则将其阉割得面目全非,不成体系。在1909年于首都华盛顿召开的第一次全国城市规划会议上,小奥姆斯特德(F. L. Olmsted, Jr.)等主张在郊区建立功能单一的居民区,并且实行阶级分异和种族隔离,即昂温所主张的花园郊区。所以,美国几乎所有的所谓田园城市都是彻头彻尾的花园郊区,其中以雷德本(Radburn)最为典型。雷德本位于新泽西州境内,距离曼哈顿只有15英里,其规划者是美国著名的规划师克拉伦斯·斯坦(Clarence Stein)和亨利·赖特(Henry Wright)。1929年的经济危机使该计划陷于停顿,只有400套住房建立起来,居民也只有1400人。斯坦和赖特在设计中采纳了美国规划师佩里的"邻里单元"(neighborhood unit)设计理念,每个邻

---

① [美]刘易斯·芒福德:《城市发展史:起源、演变和前景》,第528—531页。

里以学校为中心，由"超级街区"（superblock）所组成，每个超级街区面积为30—50英亩，四面由街道环绕，沿街道建立住房，住房面向街区中心的公园而非面向街道。[1] 这种超级街区取代了传统的独门独户的院落和后巷的布局模式，为后来的街区布局留下了一个恶劣的先例。雷德本是以汽车为核心而不是以人性化为尺度，街道实行分级制，通往每组住房的巷道都是死胡同，这样就打破了传统的网格状的街道布局。这种街道布局后来被众多的郊区所效法，同样是弊端丛生，贻害无穷。在人口构成方面，设计者虽然试图通过住房式样和密度的多样化而实现居民的多样化，但由于住房的价格异常昂贵，非一般工人阶级所能拥有。因此到1934年，雷德本3/5的家庭为中产阶级家庭，没有蓝领工人。此外，地产商还将犹太人和黑人排斥在外。而且，由于雷德本规模太小，无法支撑各种社会服务，也无法吸引工业的到来，更无法设计一条绿带将其围绕起来。[2] 这样，雷德本就成为一个典型的花园郊区，对美国后来的郊区开发产生了极为恶劣的影响。

（二）欧洲现代主义城市规划及其影响

以勒·柯布西耶为代表的现代主义规划思想，同样导致了美国大都市区的低密度蔓延和土地利用模式的失衡。现代主义城市规划发端于建筑学，城市建筑师普遍认为，城市的形体空间对人们的社会行为具有决定作用，此即"形体空间决定论"。法国建筑师勒·柯布西耶于1922年出版了《明日之城市》一书，1933年又出版了《阳光城市》一书。1928年，柯布西耶与其他一些建筑师在瑞士成立了"国际现代建筑协会"（CIAM）。柯布西耶与该协会认为，城市化的实质是一种新的功能秩序的出现，应该对土地使用和功能布局进行根本性的改变。1933年，国际现代建筑协会在

---

[1] Stanley Buder, *Visionaries and Planners: The Garden City Movement and the Modern Community*, Oxford: Oxford University Press, 1990, pp. 161–169.

[2] Peter Hall, *Cities of Tomorrow: An Intellectual History of Urban Planning and Design in the Twentieth Century*, Oxford: Blackwell Publishers Ltd, 2002, p. 133.

雅典召开了第四次会议，会议的主题是"功能城市"，并通过了《雅典宪章》，充分反映了柯布西耶与国际现代建筑协会的规划思想，对欧美现代城市规划产生了极其深远的影响。"现代主义思潮的一些观念与田园城市的观念结合起来，形成了20世纪的主流规划原则。"①

现代主义城市规划思想的核心是理性主义和功能主义。现代主义的规划思想认为，随着工业化的发展和城市规模的膨胀，功能随机的传统城市空间结构已经不能适应理性化的经济和社会要求，从而产生了一系列的城市病。柯布西耶认为，只要按照理性的原则，通过城市规划和城市建筑的变革，使城市和建筑的结构与功能适应当代理性化的社会经济生活的要求，这些城市病症就能药到病除，迎刃而解。这种规划思想继承了传统城市规划中的"形体决定论"观念，把城市视为一个静止的而非动态平衡的事物，城市规划的目的就是要探索理性化的终极状态的城市，通过建筑师和规划师绘制宏大的形体规划总图，通过技术来解决城市中的所有问题。关于住房建筑，柯布西耶和国际现代建筑协会反对个性化的和多样化的住房建设，而是主张在建筑行业奉行合理化和标准化，以便到达工业化生产的目标。战后美国郊区的住房生产采取了规模化的批量生产方式，要么是受其影响，要么是不谋而合。但无论如何，这种批量方法开发的社区和住房往往千篇一律，枯燥乏味。

柯布西耶的城市同样是以汽车为中心，而不是以人为尺度。为了加速汽车的行驶速度，柯布西耶反对小规模的街区，而主张大规模的街区，即"每隔400米的地块大约有16公顷用地，根据商业区或居住区的不同，人口分别为5000人或6000人"②。这与前面谈到的雷德本"超级街区"可谓异曲同工。为了方便上班族的开车与停车，柯布西耶主张"必须兴建庞大的、足够容量的公共停车场以供上班时间

---

① [加] 吉尔·格兰特：《良好社区规划——新城市主义的理论与实践》，叶齐茂、倪晓晖译，中国建筑工业出版社2010年版，第36页。

② [法] 柯布西耶：《明日之城市》，李浩译、方晓灵校，中国建筑工业出版社2009年版，第159—160页。

停放车辆。现今的路边停车是让人无法接受的。有上千个理由能说明甬道式道路将无法继续存在。必须兴建其他类型的道路"①。他还以警句般的语言写道,"城市,一旦驾驭了速度,就驾驭了成功——时间的真理"②。战后,美国郊区的办公园区和工业园区呈平面式发展,庞大的地面停车场的建立,使郊区的密度进一步降低,既浪费了资金和土地资源,又不利于步行和骑车,同样导致了汽车流量的增加,从而导致了交通拥堵、空气污染和时间浪费。

现代主义城市规划最主要的原则就是功能分区制原则,而这一原则所产生的危害也最严重最深远。城市的特征之一就是异质性,即城市功能的多样性、混合性、综合性,以及城市人口在阶级、种族、年龄、家庭类型等方面的多样性。而现代主义的城市观却是反城市主义的,其表现就是它倡导功能性城市(Functional City)的原则,即分离(separation)和隔离(segregation)的原则。《雅典宪章》提出了功能分区的思想,将城市功能分为四大功能,"居住、工作、游憩与交通四大活动是研究及分析现代城市设计时最基本的分类"③。卡尔索普评价说,在邻里层次,专业化意味着每种土地利用模式——居住、零售、商业或公用——都是隔离的,由专家开发,他们只关注特殊的地带,而对整体不负责任。区域专业化意味着区域内每个地区扮演独立的角色,郊区是中产阶级和新企业的场所,中心城市是穷人和夕阳产业的场所,农村是自然和农业场所。④ 埃米莉·塔伦(Emily Talen)对此也评论道,城市功能的分离原则也损害了社会异质性,导致了郊区单一文化、单一阶级的住房隔离。对于国际现代建筑协会而言,城市文脉、建筑之间的空间、居民对建筑环境的感受等等都不重要,最

---

① [法]柯布西耶:《明日之城市》,第105页。
② [法]柯布西耶:《明日之城市》,第175页。
③ 国际现代建筑学会:《雅典宪章》,http://www.tranbbs.com/Html/TechArticleUrban/1024083437839 – 1. html;2007年7月26日。
④ Peter Calthorpe, William Fulton, *Planning for the End of Sprawl: The Regional City*, Washington, D. C.: Island Press, 2001, p. 44.

重要的是效率、速度和理性化的分离。[1]

(三) 美国城市规划的理论与实践的影响

虽然欧洲的城市规划理论与实践对美国大都市区的空间特征产生了重大影响，但美国本土的城市规划理论与实践发挥了更大的影响。

早在19世纪后期，美国景观规划师弗雷德里克·劳·奥姆斯特德（Frederick Law Olmsted）就已经先于霍华德倡导将城市与乡村结合起来，以创造理想的人居环境。奥姆斯特德写道，郊区"并不牺牲城市的便利，而是它们与乡村生活的特殊魅力与巨大好处的结合"。1868年，奥姆斯特德和卡尔弗特·沃克斯（Calvert Vaux）在芝加哥以西9英里处设计规划了一个郊区社区，即里弗赛德（Riverside）。里弗赛德占地1600英亩，在设计中，奥姆斯特德规定每户住房的退红至少为30英尺，建筑物的这种大退红极大地降低了郊区的密度。里弗赛德的设计美丽优雅，具有浓郁的乡村特色，美国城市学家罗伯特·菲什曼评价说："如果有唯一的一个郊区体现了中产阶级乌托邦理想的设计方案的话，那就是奥姆斯特德的里弗赛德。"[2] 奥姆斯特德和沃克斯共规划设计了16个郊区社区，奥姆斯特德的郊区规划理论与实践对20世纪美国郊区的发展产生了巨大影响。

美国的城市规划理论家和规划师比任何一个国家的同行更加积极地倡导城市的分散化发展和低密度开发。进入20世纪以后，弗兰克·劳埃德·赖特（Frank Lloyd Wright）是倡导低密度开发的主要规划理论家之一，他于1932年出版了《消逝中的城市》（The Disappearing City）一书，1935年又出版了《广亩城市——一个新社区的规划》（Broadacre City: A New Community Plan）一书。赖特像其前辈奥姆斯特德一样，也主张将城市与乡村结合起来，将人工环境与自然环境结合起来。他认为，随着交通通信技术的发展，尤其是汽车

---

[1] Emily Talen, *New Urbanism and American Planning: the Conflict of Cultures*, New York: Routledge, 2005, p. 59.

[2] Robert Fishman, *Bourgeois Utopias: The Rise and Fall of Suburbia*, pp. 128–131.

的普及，人们完全可以回归自然，回到广袤肥沃的土地上去，所以他主张居民家庭要高度分散，每个家庭的住房至少应占地 1 英亩。他将这种横向蔓延的城市称为"广亩城市"①。

虽然柯布西耶与国际现代建筑协会的现代主义城市规划主张实行功能分区制，并对欧洲和美国的城市规划产生了巨大影响，但事实上，美国是分区制（zoning）的故乡，美国本土传统的分区制对大都市区的蔓延和功能隔离产生了更深刻的影响。由于美国早期城市没有实行分区制，居民住房、商业机构、工厂车间、饲养场、屠宰场等混合分布，对居民的生活和健康造成了极大的危害，并且降低了某些地产的价值，因此，美国私人机构和市政部门意识到应该对城市的功能分布进行干预，将不相融的城市功能分开布局，以便保护居民社区的健康、安全、道德秩序和地产价值。

1867 年，加州旧金山市制定了美国历史上第一个土地利用分区法规，对该市的屠宰场和肉类加工厂的位置进行限制。19 世纪后期和 20 世纪初期，越来越多的地方政府制定了分区制法规，对各类企业的分布和建筑物的高度进行规范。1916 年，纽约市制定了美国第一个综合性的分区制法规，将居民区、商业区、工厂区彼此分离，以便阻止财产价值的降低，避免工商业活动对居民社区的危害，保护居民健康与安全。

分区制的实施确实拥有一定的好处，比如保护住宅区和维护地产价值，保护居民健康、安全、道德、福利等。但严格的分区制使城市的功能要素严重地隔离开来，特别是在郊区广阔的空间里，形成了功能单一、彼此分离的住宅区、办公园区、工业园区、购物城等，这种分布使郊区缺乏一种社区感（sence of community）。分区制使城市的生活要素超越了步行范围，汽车成为人们须臾不能离开的出行工具，而且人们不能在一次出行中完成多种事务，人们不得不开车奔波于不

---

① David J. Cieslewicz, "The Environmental Impacts of Sprawl", in Gregory D. Squires, ed., *Urban Sprawl: Causes, Consequences & Policy Responses*, Washington, D. C.: The Urban Institute Press, 2002, p. 25.

同的功能分区之间,从而导致了车流增加、交通拥堵和环境污染;分区制还违背了经济规律,增加了基础设施投资,浪费了大量能源和土地资源,导致了一系列经济、社会和生态问题。克里格指出:"我们的规划工具——分区规划法规——规定了分割的、分散的郊区发展,而分区规划法规实际上使我们不可能把城镇的那些优良品质综合起来。"[1]

二 欧美学术界对主流城市规划理论的批判

田园城市理论、现代主义城市规划理论以及美国本土的规划思想成为指导美国大都市区发展的主流城市规划理论,并产生了一系列严重的社会、经济和生态问题,因而遭到了越来越多的城市规划师、设计师和城市学者的批评。

早在20世纪三四十年代,在国际现代建筑协会内部就已经出现了对现代主义城市规划的反叛,该协会的一些瑞士规划师在30年代后期提出了"新经验主义"(New Empiricism)的规划原则,40年代在该协会的斯堪的纳维亚成员中赢得了声势,随后受到英国左翼建筑师的青睐。随后,一些意大利设计师开始在设计中融入某些历史因素,被称为后现代历史主义(postmodern historicism)规划。最后,英国的"第十小组"(Team 10)对国际现代建筑协会的原则进行了重新评价。1954年,该小组在荷兰发表了《杜恩宣言》,公开批评该协会"功能城市"的理念,对《雅典宪章》的规划原则进行了抨击,提出了以人为核心的"人际结合"思想,主张城市规划应该适应人的生活需求和社会变化的要求。第十小组的代表人物史密森(Smithson)夫妇提出了"簇群城市"(Cluster City)这一新的城市形态理念,体现了城市发展的流动、生长和变化的思想,反对将整个城市进行大规模一次性重新改造的规划理念与方法。[2] 第十小组最后在

---

[1] [加]吉尔·格兰特:《良好社区规划——新城市主义的理论与实践》,第44页。
[2] 张京祥:《西方城市规划思想史纲》,东南大学出版社2005年版,第165—166页。

国际现代建筑协会中占据了上风,该协会于1959年最终宣布解散。

20世纪六七十年代初期,一些欧洲城市设计师提出了"恢复活力的"(reinvigorated)理性主义设计,包括奥尔多·罗西(Aldo Rossi)、莫里斯·卡洛特(Maurice Culot)、莱昂·克里尔(Léon Krier)、曼夫雷多·塔夫里(Manfredo Tafuri)、保罗·波托格斯(Paolo Portoghesi)、马西默(Massimo Scolari)等。其中莱昂·克里尔对美国的新城市主义理论的产生发挥了最为直接的影响,他极力反对现代主义的规划原则及其对欧洲城市的影响。

克里尔出生于卢森堡,1969年到伦敦工作,在英国度过了20个春秋,1987—1990年在芝加哥的斯基德莫尔—奥因斯—梅里尔建筑设计研究院(Skidmore, Owings & Merrill Architectural Institute)担任首任院长。克里尔的设计理念逐渐由现代主义的理性主义转向后现代主义。克里尔曾试图联合一些学者,组成一个类似国际现代建筑协会(CIAM)的组织,当然,他所倡导的规划思想却恰恰与国际现代建筑协会相对立。1975年,克里尔主编了一本论文集,宣扬新理性主义的建筑设计,1978年在西西里岛巴勒莫召开的一次建筑学会议上提交了这本论文集,促使该会议为"欧洲城市重建运动"(the Movement of the Reconstruction of the European City)起草了一个宪章,其观点与国际现代建筑协会的《雅典宪章》针锋相对。1982年5月4日,克里尔为"英国皇家建筑设计研究院"(the Royal Institute of British Architects, RIBA)作了一次演讲,抨击国际现代建筑协会(CIAM)的现代主义设计摧毁了欧洲的城市与文化。[1]

克里尔不仅撰写了大量论著,奠定了新城市主义规划和设计的理论框架,而且还从事城市规划和设计的实践活动。1978年,克里尔提出了卢森堡重建计划,但该计划未能付诸实施。1988年,克里尔受聘对英国多切斯特(Dorchester)西端一片400英亩的场地,即庞

---

[1] Marc Ouellet, *The Relationship between the American-Based New Urbanism Movement and Contemporary Neotraditional Urban Design in Europe*, Dalhousie University, Halifax, Nova Scotia, June, 2004, p. 9.

德伯里（Poundbury）进行了规划设计。在克里尔的设计中，该镇的街道是蜿蜒曲折的，其住房建筑是传统古典式样的，建筑材料使用的是显示地方特色的本地石料和木材，并且实行了功能混合，拥有中心广场、酒店和商店等商业机构和公共娱乐设施，成为"新城市主义"设计的来源之一。①

由于克里尔在新城市主义理论和实践方面所作出的具有开创性的工作及其卓越成就，他被规划设计学界尊为新城市主义的"思想教父"（intellectual godfather），迪米特里·波菲力欧斯（Demetri Porphyrios）在一篇序言中写道，莱昂·克里尔对现代主义建筑进行了彻底的清算，"此前无人胆敢如此——至少没有如此坚定和果断"。"最重要的是，莱昂的批评不再是仅仅针对现代主义的建筑设计，而是针对整个工业化生活的单调沉闷发起了攻击。"② 杰克林·罗伯逊（Jaquelin Robertson）也对克里尔赞道："在当今时代，还没有谁的著述和制图对西方的城市价值理念做出如此巨大的贡献，也没有谁以如此孩童般的真诚来探讨人类、建筑和城镇的本质。"③

莱昂·克里尔于20世纪70年代来到美国讲学，培养了一些著名的新城市主义规划设计师，其中包括安德烈斯·杜安伊（Andres Duany）和伊丽莎白·普拉特—兹波克（Elizabeth Plater-Zyberk）夫妇。杜安伊夫妇在"海滨"（Seaside）项目上的成功设计，又反过来对克里尔和其他一些欧洲规划设计师产生了巨大影响，对于新城市主义成为欧美主流的规划设计思潮作出了巨大贡献。④

美国学术界和城市规划师也很快对传统主流城市规划理论进行了批判，其中最著名的当数城市规划学者简·雅各布斯（Jane Jacobs）和城市规划师克里斯托弗·亚历山大（Christopher Alexander）。1961

---

① Marc Ouellet, *The Relationship between the American-Based New Urbanism Movement and Contemporary Neotraditional Urban Design in Europe*, p. 9.

② Leon Krier, ed., *Houses, Palaces, Cities*, London: Architectural Design AD Editions Ltd., 1984, p. 5.

③ Jaquelin Robertson, "The Empire Strikes Back", in Leon Krier, ed., *Houses, Palaces, Cities*, p. 12.

④ [加] 吉尔·格兰特：《良好社区规划——新城市主义的理论与实践》，第101页。

年雅各布斯出版了振聋发聩的著作《美国大城市的死与生》一书，对当时城市规划师们对主流城市规划理论的顶礼膜拜进行了嘲讽，她写道："他们费尽了心思去学习现代正统规划理论的圣人和圣贤们曾经说过的话……他们对这些思想如此投入，以致当现实中的矛盾威胁到要推翻他们千辛万苦学来的知识时，他们一定会把现实撇在一边。""他们面对的是他们根本不甚了解的复杂现象，却试图用一种伪科学来加以应付。城市改造和规划中的伪科学与医学中的放血疗法如出一辙，经年之学和数不胜数的微妙复杂的教条原来却建于一派胡言之上。"[①] 亚历山大更是著述颇丰，他们的著述和规划活动都对主流规划思想进行了深入的分析与批评。

克里尔、雅各布斯和亚历山大等人对主流规划理论的批判主要集中于如下几个方面：

第一，对城市低密度蔓延的批判。雅各布斯批评指出，"在正统的规划理论和住房理论中，高密度的住房有很不好的名声。它们被认为会导致各种问题和失败"。相反，她认为："集中在城市里的具有一定密度的人口可以被认为是一个积极的因素……因为这些人口是巨大的城市活力的源头。""我的观点再明确不过了：人口的集中是一种资源……既有密度又有足够的多样性，以此给城市人口提供一个发展城市生活的良好机会。"[②] 同样地，早在1963年，美国学者克里斯托弗·亚历山大和瑟奇·彻梅耶夫（Serge Chermayeff）就已经开始对美国郊区进行批判，他们写道，这是虚伪的城市（pseudo city）和虚伪的乡村（pseudo country），美国郊区"这种无序空间既非城市又非乡村；在其浪漫的表象背后，郊区既没有大地产才能容纳的自然秩序，也丧失了历史城市的人工秩序"。"郊区不能成为乡村，因为它密度太大。它又不能成为城市，因为它不够紧凑，不够有序。"在这种环境中，"通勤者在两者之间穿梭驰骋，拼命地搜寻两者都不能提

[①] [美]简·雅各布斯：《美国大城市的死与生》，金衡山译，译林出版社2006年版，第6、10页。

[②] [美]简·雅各布斯：《美国大城市的死与生》，第184、200页。

供的某种惬意感,似乎只有更多的失落。那种对郊区可以将乡村生活与城市快乐结合起来的许诺,结果只不过证明是水月镜花,黄粱一梦而已。"①

克里尔也反对现代主义城市规划所导致的郊区蔓延,克里尔写道:"对于一个城市社会而言,范围不大的一片沃土就能成为一个伊甸园。而对于一个郊区社会来说,没有哪片土地或哪片大陆大到能够满足它的贪婪,抚慰它的痛苦。城市总是限定自己的边界,它将城市空间与乡村土地区别开来。相反,郊区蔓延却面对城市和乡村虎视眈眈,'你的将是我的'。"克里尔还写道:"如果界限分明,城市和乡村会成为一种愉快的联姻,它们能够创造出一种建筑、文化和知识的遗产,一种手段和福利的遗产。相反,郊区蔓延却是一种苟合,而且由于缺少任何根基,它将弃绝风习、传统和文化。它将征服城市和乡村并摧毁它们。郊区还憎恶它自己:它了然知晓,它既非乡村又非城市,它企图征服全世界,因为它意乱心迷,躁动不安。"②

第二,对土地利用分区制的批判。克里尔指出,土地利用分区制导致了时间、金钱和资源的浪费,他写道:"功能的分离、碎化、隔离以及最后功能的空间重组,鼓励了退化进程和内部功能的理性化。在城市的建设实践中,这种碎化是通过功能分区(行政的、文化的、工业的、商业的和居住区的区划)而实现的。分区制的第一个必然结果,就是将城市或乡村地区的每个部分进行划分,从而使每位市民最终只能在一个特定的地方,以特定的方式完成一项事务,同时排除了所有其他的事务。分区制的第二个必然结果,就是其整个社会(所有社会阶级、所有年龄段的人,包括婴儿、儿童、成人、老人、穷人和富人)每天都快速流动。"③ 他还写道:"分区制是摧毁一个社会机体

---

① Serge Chermayeff, Christopher Alexander, *Toward a New Architecture of Humanism: Community and Privacy*, New York: Doubleday & Company, 1963, pp. 61 – 63.
② Leon Krier, "The Size of a City", in Leon Krier, ed., *Houses, Palaces, Cities*, pp. 103 – 104.
③ Leon Krier, "Critique of Zoning", in Leon Krier, ed., *Houses, Palaces, Cities*, pp. 32 – 33.

和精神的充分条件。城市不仅仅是一些建筑和功能的总和。一座城市就是一个拥有躯体和灵魂的有机体。大城市就像一个由拥有自主权和独特性的个人所组成的大家庭。一个城市如果没有正确的行为举止和良好的空间结构就会死去。"[1]

美国学者亚历山大则对分区制给男人、妇女和儿童所造成的痛苦进行了更加细致的描述,他于1977年写道:"住房和工作之间的人为分离造成了人们精神生活中无法忍受的创伤。""孩子们在没有大人照料的环境中成长,只有周末是例外;妇女们陷入这样一种窘境:一方面她们想长得俊俏可爱,另一方面又不得不成为平庸的家庭主妇;男人们被迫两地往返奔波:当他们醒着的时候,把大部分宝贵时间花在'离家上班和工作上',而另一部分时间花在'下班回家以及与家人团聚上'。"[2] 1979年亚历山大再一次对这种痛苦进行了论述,由于"工作和家庭生活基本分离,人们被不能摆脱的内部冲突折磨着"[3]。雅各布斯则分析了田园城市对分区制流行的不可推卸的责任,她写道:"霍华德创立了一套强大的、摧毁城市的思想:他认为处理城市功能的方法应是分离或分类全部的简单的用途,并以相对的自我封闭的方式来安排这些用途。"[4]

第三,倡导城市功能的混合与多样性,这一点与对分区制的批判是密切联系的。针对分区制所导致的诸多经济、社会和生态危害,克里尔分析道:"这些弊病只能通过对城市的重构,将城市划分为功能复杂而混合的单元才能得以解决。通过对新的城市空间细致而缜密的规划,使这些空间与现有的空间类型,比如街道、广场和大道等相结

---

[1] Leon Krier, "The Size of a City", in Leon Krier, ed., *Houses, Palaces, Cities*, pp. 104–105.
[2] [美] C. 亚历山大等:《建筑模式语言——城镇·建筑·构造》(上),王听度、周序鸿译,知识产权出版社2002年版,第163—165页。
[3] [美] C. 亚历山大:《建筑的永恒之道》,赵冰译,冯纪忠审校,知识产权出版社2002年版,第84—85页。
[4] [美] 简·雅各布斯:《美国大城市的死与生》,第15页。

合，最终将会产生一种新的城市文化的表现形式。"[1] 他还写道："任何功能分区的思想都必须清除掉。不能存在工业区、步行区、购物区或住宅区。所拥有的只是城区（urban quarters），这些城区将所有城市生活的功能都结合起来。"[2] 克里尔认为城市应该具有明确的边界，应该划分为紧凑的邻里，每个邻里都有其自己的城镇中心。他倡导可步行的街区，其大小限制在80英亩和1.5万居民。克里尔写道：一个城市只能以城区（urban quarters）的形式进行重建。每个城区都必须是一个"城中之城"。每个"城中之城"都必须容纳所有城市生活的日常功能，比如居住、就业、娱乐等，到达它们的距离应该在步行范围之内。[3]

雅各布斯不仅倡导城市的多样性，而且还提出了实现城市多样性的条件，她写道："用途的混合性需要有极丰富的多样性内容，如果这种混合性可以做到足够丰富以支持城市的安全、公共交往和交叉使用的话。"雅各布斯认为城市多样性的产生需要四个不可缺少的条件：其一，在一定区域内主要功能必须多于一个，最好是多于两个。其二，大多数的街段必须短，也就是说，在街道上能够很容易拐弯。其三，一个地区的建筑物应该各色各样，年代和状况各不相同，应包括适当比例的老建筑，因此在经济效用方面可各不相同。其四，人流的密度必须要达到足够的程度，不管这些人是为什么目的来到这里的。这也包括本地居民的人流要达到相当的密度。[4]

亚历山大同样倡导功能的混合，认为要保证城市在渐进发展中有一种合理的功能分配，比如住房、商店和餐馆、社区服务场所、酒店、办公楼、工业建筑、停车场等都要占有适当的比例。[5] 亚历山大

---

[1] Leon Krier, "Critique of the Megastructural City", in Leon Krier, ed., *Houses, Palaces, Cities*, p. 21.

[2] Leon Krier, "Town and Country", in Leon Krier, ed., *Houses, Palaces, Cities*, p. 31.

[3] Leon Krier, "The City within the City Les Quartiers", in Leon Krier, ed., *Houses, Palaces, Cities*, p. 70.

[4] [美] 简·雅各布斯：《美国大城市的死与生》，第130—136页。

[5] [美] C. 亚历山大、H. 奈斯、A. 安尼诺、I. 金：《城市设计新理论》，陈治业、童丽萍译，知识产权出版社2002年版，第29页。

指出，要实现功能混合，必须合理地分布工作地点：其一，在每个家庭二三十分钟的路程内，就能拥有数百工作职位。其二，许多工作地点距离家庭住址很近，儿童和家庭的其他成员都能步行到达。其三，家庭和工作地点相距不远，工人能够偶尔回家吃午饭，出差办事，半日工作，半日在家消磨时光。其四，将一些工作安排在家里；人们有机会在家工作。其五，防止社区受到交通干扰和工作地点的噪声污染。这是一种把工作高度分散的模式。他认为总的原则是，"利用分区的法律、邻里规划、税收刺激和其他一切可以利用的手段，在全市范围内分散工作点。禁止工作点的过分集中，避免和家庭生活脱节。禁止家庭生活点的过分集中，避免和工作点脱节"①。

第四，倡导居民人口的多样性。雅各布斯等人所倡导的多样性不仅仅是指城市功能的多样性，而且还包括人口和住房类型的多样性。雅各布斯指出："城市街区不能只有一种房屋式样，即使是增加到两种或三种，那也不会是一种好的方式。房屋的种类越多，情况才会越好。一旦建筑类型的种类下降，人口和企业的多样性也会下降或趋向滞缓，而不是增加。"② 亚历山大则指出了人口多样性的好处，"在生命的周期中，没有一个时期是自我满足的"。"在生命周期中，人们需要从和他们自己处于不同时期的人那里获得支持和认可，同时也需要从和他们自己处于同一时期的人那里获得支持。""鼓励在每一邻里内、每一住房团组内发展户型混合，以便单人住房、夫妻住房、拖男带女的家庭和集体住户相邻共处。"③

第五，对美国超级街区和超大建筑的批判。超级街区导致了超长的街段，从而影响了街道的流动性和互通性，对此，雅各布斯批评道："把很多城市的街道视作'浪费'，这种正统规划理论中的'神话'和'真理'之一，当然是来自田园城市和辐射城市理论家的思想……这种'神话'有非常大的破坏作用。""街道出现的频繁和街

---

① ［美］C. 亚历山大等：《建筑模式语言——城镇·建筑·构造》（上），第 165、171—173 页。
② ［美］简·雅各布斯：《美国大城市的死与生》，第 194 页。
③ ［美］C. 亚历山大等：《建筑模式语言——城镇·建筑·构造》，第 441、445 页。

段的短小都是非常有价值的,因为它们可以让城市街区的使用者拥有内在有机的交叉使用。""是用途的流动性和道路的互通性,而不是建筑的同一性,才使得城市的街区能够共享城市具有的各种用途,不管那些街区主要是以工作(场所)为主,还是以住房为主。"①"从本质上讲,长街段阻碍了城市能够提供的进行孵化和试验的优势,因为很多小行业或特色行业依靠从一些经过大街道交叉口的人群中,招引顾客或主顾。"②

克里尔也对超大街区和超大建筑进行了批判,他认为,欧美城市街区往往偏大,甚至将花园或公园囊括在内,尽管它们也很美丽,但它们构成了超大体量(megastructure),从而具有了破坏性。这种超大街区往往是单个项目的杰作,而且往往只有一个门,看起来更像一个兵营。"超大街区仅仅是城市肌理解体的最后一步。"因此,他主张,城市街区的长度和宽度都不应过大,街道和广场的边界应该泾渭分明,街道应该朝向多个方位。③ 关于超大建筑,他写道:"现代建筑师总是表现出一种强烈的倾向,将任何公共项目压缩在单一的结构中,置于一个屋檐之下……这些超大体量的建筑,这些没有尽头的长廊,已经成为官僚机构和压抑性机构的同义语。大型建筑不仅设计起来困难,而且在建造、维护和管理方面也很困难,而在与现有社会和形体构造的协调整合方面那就更困难了。最关键的是,这样的构造难以使用。相反,小型建筑在外形上比较简单,比较易于理解、使用和适应环境。"④

第六,对美国街道模式的批判。在现代主义城市规划的影响之下,美国的许多城市和郊区废除了人行道,忽视了人行道巨大的社会功能。雅各布斯强调了人行道的重要性,她认为,"一条经常被使用

---

① [美] 简·雅各布斯:《美国大城市的死与生》,第 165—169 页。
② [美] 简·雅各布斯:《美国大城市的死与生》,第 166 页。
③ Leon Krier, "Urban Components", in Leon Krier, ed., *Houses, Palaces, Cities*, pp. 43 – 45.
④ Leon Krier, "School St. Quentin-en-Yvelines", in Leon Krier, ed., *Houses, Palaces, Cities*, p. 113.

的街道应是一条安全的街道"。她认为，确保人行道安全的条件包括，首先，在公共空间与私人空间之间必须界限分明；其次，必须有一些眼睛盯着街道，街边的楼房必须面向街道，而不是背向街道；再次，人行道上必须总有行人。人行道除了使街道安全以外，它还是人们交往的场所，"如果城市人之间有意义的、有用的和重要的接触都只能限制在适合私下相识的过程中，那么城市就会失去它的效用，变得迟钝"。"尽管人行道上的交往表现出无组织、无目的和低层次的一面，但它是一种本钱，城市生活的丰富就是从这里开始的。"此外，人行道的第三个重要用途就是对孩子们的同化作用，"怀着对城市街道的仇恨，田园城市理念的规划者们认为解决的办法是把孩子们拽离街道，让他们处于完整的监控之下，办法就是在超级街区的中心为他们建立封闭的园地"。"在实际生活中，只有从城市人行道上的那些普普通通的成人身上，孩子们才能学到（如果他们要学的话）成功的城市生活最基本的东西：人们相互间即使没有任何关系，也必须有哪怕是一点点对彼此的公共责任感。"[①] 亚历山大等学者也十分强调人行道空间的重要性，"每当建造一个建筑项目时，都要以它能创建优美的行人空间为原则来实施"。正确的顺序是：首先是行人空间，其次是建筑物，最后才是公路。[②]

第七，对主流城市规划理论的家长制作风的批判。雅各布斯写道，霍华德的"目的是创造自足的小城市，真正意义上的舒适的小城市，条件是你应该是很温顺的，不想有你自己的想法，也不在意与那些没有想法的人共度一生。就像所有的乌托邦计划一样，拥有任何重要计划的权利只属于手握重权的规划者"。"霍华德描述的不仅仅是一种新的物质环境和社会生活，实际上也是一个家长式的政治和经济社会。"雅各布斯还对主流城市规划的静态的规划方式进行了批判："他（霍华德）认为，好的规划是一系列静态的行为；在任何情况

---

① ［美］简·雅各布斯：《美国大城市的死与生》，第30—73页。
② ［美］C. 亚历山大、H. 奈斯、A. 安尼诺、I. 金：《城市设计新理论》，第57、63页。

下，规划都必须要预见到日后需要的一切，以备在建成以后防范日后出现变化，一些小变化除外。"雅各布斯认为："对城市而言，过程是本质的东西。""实际生活中的城市行为过程非常复杂，不可能有一种固定的模式来描述。"①

亚历山大更是多次在不同的场合对此展开了论述，他于1977年写道："我们并不认为，给城镇和邻里带来这么多不同结构的大模式，是可以由集权的当局、或法律、或城市总平面图创造出来的。"② 1979年他又写道："建筑或城市的基本特质是由那些不断发生在那里的时间所赋予的。"③ "有活力的城市没有什么办法由专家建造而由其他的人住进去。充满生气的城市只能由一个程序产生出来，在这个程序中许多模式被人们创造和保持，而人们又是这些模式的一部分。" "难道必须有某种控制，某种极权主义秩序从上面强加下来，限制单个行为的自由，强迫它们适应大尺度的秩序吗？"④

第八，反对现代主义规划的工业主义建筑模式。克里尔认为，现代主义摧毁了千年以来复杂的手工艺。他主张创建新的学派，教授古典的和本土的建筑学，以使学生们能够根据古老传统来创建新的城市空间。他认为："建筑的工业化必须被视为一种全然的失败……工业化从来就没有带来任何重大的建筑技术的进步。它没有降低建筑成本。它没有缩短生产时间。它没有创造更多的工作。它没有帮助改善工作条件。相反，它却摧毁了上千种高等复杂的手艺……一种有关建筑和设计的文化必须基于一种高度复杂的建筑手工传统，而不是基于'专家职业群体'的公式之上。工业化的最终结果仅仅是推动了资本和政治权力的集中，无论是私人权力还是公共权力。"⑤

---

① [美] 简·雅各布斯：《美国大城市的死与生》，第14—15、404—405页。
② [美] C. 亚历山大等：《建筑模式语言——城镇·建筑·构造》（上），第65页。
③ [美] C. 亚历山大：《建筑的永恒之道》，第53页。
④ [美] C. 亚历山大：《建筑的永恒之道》，第381页。
⑤ Leon Krier, "Critique of Industrialisation", in Leon Krier, ed., *Houses, Palaces, Cities*, pp. 36–37.

三 新城市主义理论的产生

新城市主义兴起于20世纪80年代末和90年代初，是在对欧美主流规划理论进行批判的基础上发展起来的，此后，在美国形成了一种具有一定规模和影响的新城市主义规划运动。在该运动的指导和推动下，美国的城市规划实践取得若干新的成就，对于遏制大都市区的低密度蔓延发挥了积极的作用。然而，与历史上任何一次规划运动一样，新城市主义运动也同样存在着自身的局限性，并且面临着严峻的考验。

美国最著名的新城市主义规划师有三位，即安德烈斯·杜安伊（Andres Duany）、伊丽莎白·普拉特—兹波克（Elizabeth Plater-Zyberk）和彼得·卡尔索普（Peter Calthorpe）。新城市主义起初名称各异，杜安伊和伊丽莎白夫妇受到了其导师克里尔的新传统主义规划理念的巨大影响，他们所倡导的新城市主义规划方法起初称为"传统邻里开发"（Traditional Neighborhood Development，TND）。几乎与此同时，旧金山的另一位规划师卡尔索普则提出了"公交导向式开发"（Transit-Oriented Development，TOD）。1993年美国成立了"新城市主义大会"（Congress for the New Urbanism），上述两种开发理念和方法就合称为"新城市主义"。1996年，新城市主义大会通过了《新城市主义宪章》（Charter of the New Urbanism），新城市主义运动逐渐走向成熟。

（一）"传统邻里开发"理论

杜安伊毕业于普林斯顿大学，专攻城市设计；伊丽莎白毕业于耶鲁大学，教授城市设计和规划课程。在莱昂·克里尔于20世纪70年代在美国讲学期间，他们夫妇都是他的学生，因而受到了克里尔新传统主义规划理论的直接影响，提出了"传统邻里开发"（TND）的设计理念。此外，这种理念的形成也是其在社区设计实践过程中逐渐形成和完善起来的。美国第一个新城市主义的社区开发项目是1982年由杜安伊夫妇主持设计的"海滨"（Seaside）小镇，成为公认的"传统邻里开发"的典范。

"海滨"小镇位于佛罗里达州的沃尔顿县（Walton County），面对墨西哥湾，规模很小，占地仅80英亩，只有750套住房，以及一些商业建筑，但没有公共交通。[①] 它没有采纳常规郊区（conventional suburb）的分区制，而是采用传统小城镇的布局模式，将商店、企业、公共建筑以及各种式样的住房混合布局。建筑模式形式各异，既有新古典主义的设计风格，也有本地的南方建筑式样和现代主义风格的建筑，克里尔也在该镇设计了自己的传统特色的住房。每套住房都面向街道，拥有设计雅致的门廊，拥有自家的栅栏，各户栅栏新颖别致，门廊距离栅栏只有16英尺，可以与过往的邻居说话。公共设施包括镇会堂、户外市场、新古典主义的小邮局。该镇的规划法令要求住房的地块、退红、景观布置等能够使街道等公共空间与私人空间界限分明。[②] 街道笔直狭窄，只有18英尺宽，呈网格状分布，在市镇中心还采用了几何模式和放射型街道布局，这与当时美国常规郊区蜿蜒曲折的终端路街道系统大相径庭。人们一般认为直线的街道显得单调，但"海滨"的街道并不单调，因为每条街道都有丰富多彩的艺术作品撩人兴致。除了街道系统以外，还有一个由栅栏与住户隔开的沙土巷道构成的网络，它穿过各个街区的中心，以便于人们步行穿越街区。"海滨"被看作美国第一个"新传统主义"（neo-traditionalism）的开发项目。除了海滨社区以外，到90年代初，杜安伊夫妇还设计了70多个其他住房开发项目。[③]

在前述欧美城市规划理论学者的启发下，以及在自己社区规划实践的基础上，杜安伊夫妇提出了自己的"传统邻里开发"（TND）的

[①] U. S. Department of Transportation, *The New Suburb*, Final Report, Washington, D. C., July 1991, p. 9.

[②] William Fulton, *The New Urbanism: Hope or Hype for American Communities?* Cambridge, MA: Lincoln Institute of Land Policy, 1996, p. 11.

[③] Philip Langdon, *A Better Place to Live: Reshaping the American Suburb*, Thomson-Shore, Inc., 1994, pp. 108, 110, 118.

规划理念,其特征概括起来包括这样几个方面:

第一,断面分层法(the transect)。这种设计方法是由"杜安伊·普拉特—兹波克公司"(Duany Plater-Zyberk & Company, DPZ)发明的。该设计方法将一个社区从内到外分为五个层次,即核心区(Core)、镇中心(Town Center)、普通邻里(Neighborhood General)、邻里边缘区(Neighborhood Edge)和乡村保留区(Rural Reserve)。核心区往往是指大城市的中央商务区,而镇中心则是较小规模的商务区或主街,普通邻里是指城镇内的居民社区,邻里边缘区相当于郊区居民区,而乡村保留区则处于规划的增长边界以外,包括私人的农田和林地,没有公共基础设施,不鼓励在当前进行建筑活动,而是作为开放空间加以保留。断面分层法的依据是建立步行、连接、混合和公交导向的邻里社区。断面分层法是将生态学原理运用于城市设计,认为人类的居住环境从最城市化部分到最乡村化部分是一个连续体。[1]

第二,每个邻里都要拥有一个明确的中心和边界,其规模都要有一定的限度。每个邻里的半径为1/4英里,或从邻里的边缘到邻里中心步行5分钟。邻里中心的建筑退红很小,以便创造一种明确的户外空间。由邻里社区组成村落或城镇,村落之间通过绿带隔开,并由主要街道连接起来。将商业活动、就业和公交站点等都安排在城镇中心,而将居民活动场所和公共建筑散布到邻里之中,以增强其特色和凝聚力。

第三,功能混合。城镇中心是商业、就业、民用设施和居民住房等多种功用的混合,是社区活动和社会交往的核心。城镇中心应该在建筑上和街道布局上采用正式的规划手段,拥有广场和绿地作为市民活动的场所。普通邻里除了居民住房还可以拥有商业活动,比如街角商店、咖啡馆、教堂、学校等公用建筑,以及公园和绿地

---

[1] Robert Steuteville, et al., "Principles of Human-Scale Communities", Robert Steuteville, ed., *New Urbanism: Comprehensive Report & Best Practices Guide*, Ithaca, NY: New Urban Publications Inc., 2001, pp. 4–8.

等开放空间。[1]

第四，住房类型和居民人口的多样化，包括独户房屋、排屋、公寓等。他们通过三种方法实现住房的混合：其一，将不同规模的住房混合，但要外观协调；其二，在商店上面提供公寓住房；其三，鼓励在独户房屋后面的车库上建造公寓，或阁楼，用作出租单元。这样，年轻人和年老人、单身和家庭、穷人和富人都能够找到他们的住所，从而实现人口的多样化。[2]

第五，密度较高。核心区和镇中心的密度很高，建筑退红较小，从0到10英尺不等；建筑地块变化多样，既有18英尺宽的小型排屋，也有雄伟的办公大楼；商业建筑的容积率（FAR）很高，而住房密度一般为每英亩15—100套之间。普通邻里（Neighborhood General）的住房不仅拥有独户房屋和双户联体房屋，还有密度更高的排屋、附属建筑以及小型公寓楼，建筑密度为每英亩6—20套住房。即使是邻里边缘区（Neighborhood Edge）即郊区，其密度与主流的郊区社区相比也高得多，每英亩住房可达3—8套。[3] 由于结构比较紧凑，可以减少基础设施投资、汽车使用和空气污染，且有利于公共交通的发展。

第六，街道特征。与常规郊区社区的树枝状或豆荚状的街道不同，传统邻里开发项目的街道布局呈网格状，使汽车和行人可以有更多的路径选择，从而分散交通流量，同时网络交叉的街道还缩短了某些目的地之间的距离，便于步行或骑车出行。街道相对狭窄，以便降低车速，提供多种人行步道，拥有行道树，创造一种适合步行和骑车的环境。他们还采纳了传统城镇的后巷和里弄的街道布局

---

[1] Robert Steuteville, et al., "Principles of Human-Scale Communities", Robert Steuteville, ed., *New Urbanism: Comprehensive Report & Best Practices Guide*, Ithaca, NY: New Urban Publications Inc., 2001, p. 7.

[2] Alex Krieger, *Andres Duany and Elizabeth Plater-Zyberk: Towns and Town Making Principles*, New York: Rizzoli International Publications, Inc., 1991, pp. 21 – 23.

[3] Robert Steuteville, et al., "Principles of Human-Scale Communities", Robert Steuteville, ed., *New Urbanism: Comprehensive Report & Best Practices Guide*, Ithaca, NY: New Urban Publications Inc., 2001, pp. 7 – 8.

模式，即在街区住房的背后设计一条巷道，用于行人和停放汽车。如此，停车位和车库门就很少面对街道，使街道和建筑显得更加优雅美观。

第七，街区较小，各具特色。摒弃了常规郊区的"超级街区"，而代之以小型街区，路段一般不超过 230×600 英尺，建筑退红较小，住房挨近街道，这样可以缩短步行距离。住房前部往往拥有一个门廊，作为私人空间和公共空间的一个过渡，可以成为邻里之间交往的场所。临街建筑的设计独具匠心，各具特色，以便增加人们步行的乐趣。街道被看作城镇或邻里主要的公共场所，而不仅仅是车辆和行人的通道。建筑的高度与街道的宽度要成比例，以便确定街道的特点，并显示其在整个城镇规划中的空间地位。

第八，公共建筑与广场。公共建筑如学校、会议厅、剧院、教堂、俱乐部、博物馆等一般位于广场周围，或在街道的终端。由于它们空间位置重要，所以成为地标性建筑。它们是非正式社交活动和娱乐的场所，也是大型聚会的场所。[1]

（二）"公交导向式开发"理论

如果说杜安伊夫妇的"传统邻里开发"（TND）更加注重空间形体设计的话，那么，彼得·卡尔索普（Peter Calthorpe）的"公交导向式开发"（TOD）则更加关注行人和公共交通，更加关注区域发展和生态资源的保护，其开发密度也远远高于"传统邻里开发"（TND）模式。

"公交导向式开发"（TOD）是由"步行口袋"（Pedestrian Pockets）发展而来的。1989 年，卡尔索普和道格·克尔鲍格（Doug Kelbaugh）出版了一本小册子《步行口袋手册》（*The Pedestrian Pocket Book*），论述了步行友好社区的设计方式。与"传统邻里开发"（TND）相似，步行口袋也是一种功用混合的小型社区，它以公交站

---

[1] Alex Krieger, *Andres Duany and Elizabeth Plater-Zyberk: Towns and Town Making Principles*, pp. 21–23.

点为核心,社区半径大约为 1/4 英里或在步行 5 分钟的范围之内。社区内拥有住房、办公、零售、日托、娱乐和公园等各种功能。功用的混合支撑了多样的交通手段:步行、公共汽车、轻轨、共同乘车或私人汽车,其目标是要创造一个可选择的环境。中午人们能够步行就近从事购物、餐饮、娱乐和社交等活动。公共汽车或轻轨站点接近住房或就业地点。① 人们可以从居住区步行到达邻里购物中心、邻里公园、日托中心、各种服务和工作地点。关注行人和公共交通是步行口袋的主要特征,卡尔索普写道:"这个方法的核心,从理论上和实践的层面来讲,就是关注行人。行人是使社区主要的品质变得有意义的催化剂……行人是被我们遗忘的衡量社区的标准,他们给我们社区的中心和边缘设定了尺度。如果没有行人,一个地区的中心会很容易衰落。商业和市政用地很容易逆中心化地分散到远距离的连锁店集中区和行政中心。住房和工作地会被隔离,一个在住宅小区里,另一个在办公园区内。"②

步行口袋中的住房也是多样化的,它为各种家庭类型都提供了可负担的住房。排屋和双联住房为居民家庭提供了附属的车库、土地所有权、小型私家院落。在这种居住环境中,儿童可以安全地玩耍,通勤时间也有所缩短。步行口袋的开放空间包括私家院落、房屋周围的准公共空间、中心公园、主街购物区等。中心公园提供了就业人员的午餐地点、儿童游戏场地、日托机构等的共用场所和社区聚会的活动中心。步行通道将所有这些地点连接起来,行人不必穿越马路。每个步行口袋并不是孤立独处的,而是互相联系构成一个体系,它们的功用和规模各不相同,每个步行口袋彼此之间相距 1 英里左右。此外,这些步行口袋还要融入整个区域性的发展之中,即通过轻轨线路将步

---

① Peter Calthorpe, " Pedestrian Pockets: New Strategies for Suburban Growth ", Doug Kelbaugh, ed., *The Pedestrian Pocket Book: A New Suburban Design Strategy*, New York: Orinceton Architectural Press, 1989, pp. 11 – 12.

② [美]彼得·卡尔索普:《未来美国大都市——生态、社区、美国梦》,郭亮译,中国建筑工业出版社 2009 年版,第 17 页。

行口袋与整个区域的轨道交通连接起来。① 步行口袋的好处是节约能源，减少交通拥堵，减少通勤时间，保护土地和资源，住房更加实惠，老人和孩子能够接近服务设施，等等。

在步行口袋的基础之上，卡尔索普又提出了"公交导向式开发"（TOD）的设计理念。"所谓'公交导向式开发'是指一种混合型的社区开发模式，它位于以公交站和中心商业区为中心，平均半径为2000英尺（约610米）的范围内。TOD将住房、零售、办公、开放空间和公共设施等有机地结合在一个适合步行的环境内，让居民和工作者的各种出行方式（公交、自行车、步行或小汽车）都很方便。"②

根据罗伯特·斯托特维尔（Robert Steuteville）的总结，③ "公交导向式开发"（TOD）的设计原则包括如下几个方面：

第一，公交支撑的高密度开发。在公共交通的支撑下，在步行的范围内进行住房和就业的高密度开发。为了在公交站点步行范围内最大限度地增加居民和就业人员，住房和就业开发实行中等密度到高密度的开发。在外层郊区，最低密度应该是每英亩7套住房，在城市中心区为每英亩20--30套住房。

第二，开发项目的空间范围。居民住房距离公交站点的最大距离在步行范围以内，即步行5分钟或1/4英里的距离。TOD的规模以及相邻的TOD之间的距离要因地制宜，由于大型TOD的公交服务频率较高，居民的分布范围可以稍微大些，即距离公交站点可达1/4英里，而对于一般的公共汽车站点而言，站点之间的距离应该稍近些，一般只有一两个街区远。TOD的形式可以类似于连续的轴状或长廊状，而不应该是一系列分离的点状。

第三，混合功用：在"公交导向式开发"（TOD）的核心区接近

---

① Peter Calthorpe, "Pedestrian Pockets: New Strategies for Suburban Growth", Doug Kelbaugh, ed., *The Pedestrian Pocket Book: A New Suburban Design Strategy*, New York: Orinceton Architectural Press, 1989, pp. 14 – 18.

② [美] 彼得·卡尔索普：《未来美国大都市——生态、社区、美国梦》，第56页。

③ Robert Steuteville, et al., "Planning and Transit", Robert Steuteville, ed., *New Urbanism: Comprehensive Report & Best Practices Guide*, pp. 9 – 12.

公交站点的地方，拥有多样的和互补的高端经济社会活动，比如零售、专业服务、住房、就业等。混合功用允许居民和就业人员步行办理杂务，不必开车。那些在核心区以外，但到公交站点又在步行范围的社区，居住和就业功用的多样性以及公共设施的存在，可以创造全天候的活动，加强购物和就业地点的活力，使整个社区更加富于生机与活力。

第四，步行取向的场地设计："公交导向式开发"（TOD）的建筑设计和场地设计应该创造出一种宜人的环境，使步行者心神愉悦，驻足流连。应该鼓励富于情趣的环境设计，公交站点、行道树、园艺设计和街旁座椅的设置等，可以使其成为一个人们聚会和公共活动的场所。卡尔索普写道："一个'步行友好'的环境可能是TOD这一概念最核心的内容。"①

第五，街道设计：街道应该是网格状，从而减少步行和骑车的距离，将汽车交通分散到各个街道，减少车流。街道应该拥有人行步道或其他人行通道，在公交站点和核心区位之间提供直接和快速的通道。邻里街道应该狭窄，迫使车辆减速，从而为行人、儿童、骑车者提供一个安全的环境。跨越社区的交通应该安排在开发项目边缘的干道之上。

第六，公交站点和核心区的位置：公交站点和镇中心应该处于项目的中心位置，这里应该是一个步行取向的区域。

第七，"公交导向式开发"（TOD）的规模：应该根据公交类型和开发项目在区域中的位置来确定TOD的开发规模，一般而言，普通规模的TOD应该以公交站点为核心，以1/4英里为半径，占地面积大约为125英亩。那些位于轻轨车站和主要公共汽车换乘中心的TOD，其最小规模也要有60英亩。而沿公共汽车线路的TOD则一般为30英亩，因为公共汽车站点一般在距离上较为接近。一连串的TOD开发就会形成一条连续的狭窄的开发长廊。

---

① ［美］彼得·卡尔索普：《未来美国大都市——生态、社区、美国梦》，第41页。

(三) 新城市主义宪章及其内容

杜安伊夫妇的"传统邻里开发"(TND)和卡尔索普"公交导向式开发"(TOD)模式存在诸多相似之处,比如,他们都反对美国常规郊区的低密度蔓延式的发展模式,都主张社区要有明确的界限,其规模要有一定的限度,都倡导较高密度功能混合的开发,反对以汽车为尺度而主张以人为尺度,建设适于步行的社区环境等等。这些共识为他们的联合创造了条件。

1991年,加州地方政府协会召集了一次新城市主义规划会议,参加会议者包括当时最负盛名的一些新城市主义规划师,比如杜安伊夫妇、卡尔索普、斯蒂法诺斯·波利佐伊迪斯(Stefanos Polyzoides)、伊丽莎白·莫尔(Elizabeth Moule)、迈克尔·科比特(Michael Corbett)、彼得·卡茨(Peter Katz)等。会上第一次通过了新城市主义规划原则,由于会议是在约塞米蒂国家公园的阿华尼宾馆(Ahwahnee Hotel)举行的,因此该原则被称为"阿华尼原则"(the Ahwahnee Principles)。阿华尼原则分为社区原则(Community Principles)、区域原则(Regional Principles)和实施战略(Implementation Strategy)三个方面。[①] 阿华尼原则的内容很快体现于新城市主义宪章之中。

1993年10月,杜安伊等新城市主义规划师在弗吉尼亚州北部的亚历山大市召开会议,成立了"新城市主义大会"(CNU)。新城市主义大会成员的背景各异,包括城市设计师、建筑师、地产开发商、政府住房与交通官员、环境保护主义者、太阳能设计师、社区公民活动家等,此外还有许多外国人士。"新城市主义"(New Urbanism)这一名称是在经过激烈的争论后达成的。根据新城市主义大会出版的《新城市新闻》(*New Urban News*)的定义,"新城市主义的开发一般包括街道和街区网络的相互连接,一个明确的邻里社区中心,土地利用的混合和住房类型的混合,紧凑的形式,步行取向的设计,强调居

[①] William Fulton, *The New Urbanism: Hope or Hype for American Communities?* p.6.

民空间的质量"①。

1996年,在新城市主义大会的第四次会议上,通过了《新城市主义宪章》(Charter of the New Urbanism),成为新城市主义运动的行动纲领,对美国的城市规划、城市政策和城市建设发挥了极大的影响。

《新城市主义宪章》首先对当时美国城市的发展现状进行了批评,"本次代表大会认为:城市的无序蔓延、中心区衰落、种族及贫富空间分异、环境恶化、农田减少、自然破坏、传统丧失等等,彼此相互联系,共同构成了对城市社会发展的巨大挑战"。该宪章确定了在城市发展实践及相关政策制定中所应遵循的总原则:"人口及功能混合性原则;步行、公交、轿车等同对待原则;公共空间与公共设施均衡布局原则;建筑与景观特色性原则。"②

《新城市主义宪章》在城市规划设计、开发建设以及公共政策的制定方面分为三个层次。第一个层次是区域层次,包括大都市区、城市和城镇。在这个层次上,宪章特别强调大都市区内部各个部分要有明确的中心和"自然地理边界",指出大都市区的多中心特征,"各个中心都有其明显的核心和边缘"。宪章指出大都市区"是当今世界的一个基本经济单元","具有环境、经济与文化上的依存关系",因此,在制定公共政策、空间规划和发展战略时应该彼此合作。城市的发展应该限定在一定的边界之内,提倡内部的集约发展,反对空间蔓延式的发展,以便保护环境、节省投资和维护社会结构的稳定。市镇建设"应该强调城市功能的空间混合和集中布局,促进区域经济发展并有利于不同的收入阶层。住房应分散布局,要与就业岗位的空间分布相匹配,避免贫富的空间分异"。在交通问题上提倡发展综合性的交通网络,大力发展公共交通、步行和自行车交通,减少对私人汽车

---

① Mark J. Eppli and Charles C. Tu, *Valuing the New Urbanism: The Impact of the New Urbanism on Prices of Single-Family Homes*, Washington D. C.: the Urban Land Institute, 1999, p. ix.

② 《新城市主义宪章》,http://amoeba1983. spaces. live. com/blog/cns! 5EC3433FF1C70A99! 153. entry,下载时间:2007年8月1日10:30。

的依赖。①

宪章的第二个层次是城市的邻里、城区和走廊。强调不同的邻里、城区和走廊要"具有明显的地域特征",避免千城一面的局面;主张邻里应该"布局紧凑、方便步行和功能混合",日常活动应该安排在步行范围之内,以方便步行,尤其是老人和孩子,城市应该建立步道系统,以减少汽车出行,节省能源。邻里内的住房样式和价格应该多样化,以"有利于不同收入、种族和不同年龄的人群混合居住和相互交往,从而有利于社区的社会稳定"。邻里布局要以公交站点为核心,建筑密度和土地利用模式要合理,并尽量安排在步行距离以内。商业、行政和市民公共活动空间的布局,应该与邻里、城区有机融合,而不是相互分离,各类公园、绿地、球场等公共场所应该在邻里内分散布局,以便于人们的休闲与交往。②

宪章的第三个层次是街区、街道和建筑。在这个层次上,首先突出"共享空间"的重要性,主张将道路和公共空间作为"共享空间"来对待,道路和广场应成为安全、舒适和有吸引力的地方,其设计和布局要合理,以"有利于促进步行、增进邻居间的相互了解、增强社区的共同保护意识"。建筑物和景观设计要与周围环境相协调,包括气候、地形、历史以及现有建筑物的风格等方面。"在道路和建筑设计上应该强化安全环境的营造,但不是以牺牲通达性和开放性为代价。"道路设计在考虑私人汽车的同时,也要"给步行者以平等的尊重"。"历史建筑、街区和文化景观的保护与更新,应该充分体现城市社会的延续与发展。"在这个层次上特别强调城市设计的重要性。③

从新城市主义宪章的内容我们可以看到,新城市主义者所要达到的3个目标:首先是经济或效率目标。通过实现城市化模式的转变,

---

① 《新城市主义宪章》,http://amoeba1983.spaces.live.com/blog/cns!5EC3433FF1C70A99!153.entry,下载时间:2007年8月1日10:30。
② 《新城市主义宪章》,http://amoeba1983.spaces.live.com/blog/cns!5EC3433FF1C70A99!153.entry,下载时间:2007年8月1日10:30。
③ 《新城市主义宪章》,http://amoeba1983.spaces.live.com/blog/cns!5EC3433FF1C70A99!153.entry,下载时间:2007年8月1日10:30。

来改变二战以来美国常规郊区的低密度蔓延、功能分离的发展模式，为城市和社区设立明确的中心和确定的边界，限制城市的蔓延，提高城市和郊区的密度，实现功能混合，减少基建投资，缩短出行距离，鼓励步行，推动公共交通的使用，减少对私人汽车的依赖，缓解交通拥堵，减少人们在出行中时间和金钱方面的浪费，从而提高城市效率。另外，通过内向型的嵌入式开发（infill development），提高中心城市的活力，改变其衰败的局面；通过大都市区内各政府机构的协调，改变零和游戏规则，使大都市区作为一个整体或一个"基本的经济单元"，实现互利共赢。

其次，社会目标：改变常规郊区在阶级、家庭和种族方面的分异与隔离，通过将不同类型和规模的住房在一个邻里中的混合，将不同收入、不同家庭结构，乃至不同种族的居民整合起来，从而推进不同人群之间的社会交往，增强社区感，推进社会稳定和谐发展。另外，改变常规郊区公共空间私有化的趋势，增加邻里社区的公共空间，使人们找到交往的场所，增强私人空间和公共空间的连接性，便于邻居之间的交谈和会面，同样可以增加社会交往和社区感的增强。

再次，生态环境目标：通过确定城市和郊区的发展边界，提高社区的建筑密度和功能的混合，限制郊区的低密度蔓延，从而减少土地浪费，减少对野生动物栖息地的侵入，从而减少对生态环境的破坏。另外，密度的提高和功能的混合，可以缩短出行距离，增加步行、骑车和改善公共交通，减少私人汽车出行，从而减少能源消耗和汽车尾气的排放，减少空气污染。汽车出行的减少，还可以减少公路和停车场的修建，同样可以节约土地，减少水体污染等。

2000年在"海滨研究院"（Seaside Institute）举行的一次会议上，与会者对新城市主义原则的认识有了进一步的提高，即不仅认识到城市设计的重要性，而且认识到政府政策的重要性，表明新城市主义设计师开始跳出形体设计的藩篱。比如，他们认为，仅仅良好的设计本身并不充分，还必须由培训、教育、保健和其他服务支撑，使低收入居民能够跻身于中产阶级行列；各级政府都必须参与，联邦政府应该制定全国性的住房政策、邻里开发和再开发政策，为低收入居民提供必要的服务设施；州政府应该要求地方采纳包容性的住房政策，并对那些违反政策的社区进行惩罚；社区官员、新闻媒体、选任官员、开发商都必须接受教育，以了解混合收入、混合使用的邻里开发的意义。①

四 新城市主义的实施及其困境

随着新城市主义大会的成立和新城市主义宪章的制定，新城市主义的规划理论也得到了广泛传播和实践应用，新城市主义项目的发展十分迅速。但要改变美国大都市区的蔓延式发展模式却绝非易事，新城市主义规划理论的实施仍然面临着诸多困难，而在这些困难面前，许多新城市主义项目并不能达到应有的标准，而且新城市主义理论本身也存在诸多缺陷，因而遭到了学术界的批评。

（一）新城市主义项目的进展

杜安伊夫妇在设计完第一个"传统邻里开发"（TND）的市镇"海滨"（Seaside）以后，又设计了其他一系列新城市主义开发项目，其中最著名的是马里兰州的肯特兰兹（Kentlands）和佛罗里达州的"欢乐节日"（Celebration）。

肯特兰兹是杜安伊夫妇于1988年设计的另一个著名的"传统邻里开发"（TND）项目，位于首都华盛顿西北13英里的盖瑟斯堡（Gaithersburg），规划面积352英亩，包括1600套住房、100万平方英尺的办公空间和一个面积达120万平方英尺的大型零售中心。到1998年底，已经有1200套住房和33.5万平方英尺的零售空间建成。其他设施还包括一所小学、一个俱乐部、一个日托中心和一所教堂。②肯特兰兹由6个邻里社区构成，由水塘和林地等自然地貌将其彼此分

---

① Robert Steuteville, et al., "Building Community", Robert Steuteville, ed., *New Urbanism: Comprehensive Report & Best Practices Guide*, p. 10.
② Mark J. Eppli and Charles C. Tu, *Valuing the New Urbanism*, pp. 25 – 27.

开，从而使其具有明确的边界。每个邻里都提供了充足的广场、公园和市政设施等公共空间。肯特兰兹的街道呈网络状分布，此外还有一些环路，街道比较狭窄，还设置了人行步道，从而创造出一种步行友好的环境。住房背后是巷道，代替了常规郊区的私家车道和屋前车库。街道景观体现了大西洋中部各州许多旧邻里的联邦主义风格（Federalist style）。地方公共汽车服务与地区性的地铁系统相连。住房的建筑地块较小，许多住房距离街道很近。肯特兰兹的住房类型变化多样，包括各种规模的独户房屋、排屋、公寓和移动房屋等。开发商为了使建筑景观多样化，还将每个建筑地块分配给不同的建筑商，而不是由一个建筑商对整个邻里进行建设，以免建筑模式千篇一律，单调乏味。① 肯特兰兹体现了新城市主义的许多特征，比如功能混合、住房多样、街道交叉、步行友好、建筑设计别致、邻里边界明确等。这些特征鼓励了社区居民的交往，维克托·麦克唐纳（Victor Macdonald）评价道："肯特兰兹的街道生活十分丰富。我有一个朋友说，他骑车穿过社区，竟花去了两个小时，因为他要停下来与许多人谈话。"而艾琳·施利希廷（Eileen Schlichting）则分析道："之所以会这样特色迥异，是因为规划确实能够产生这些纽带，使你能够在街头与你的高邻邂逅相逢，不期而遇。"②

佛罗里达州的"欢乐节日"（Celebration）是最大的一个新城市主义开发项目，是由沃尔特·迪士尼公司的一个子公司"欢乐节日"公司（Celebration Company）于90年代初期开发的，位于佛罗里达州奥西奥拉县（Osceola County）。该项目投资25亿美元，占地4900英亩，建于奥兰多市（Orlando）郊区的一片湿地和农田之上，由几个居民村构成，即"欢乐节日村"（Celebration Village）、西村（West Village）、伊威林湖（Lake Evalyn）、北村（North Village）和南村（South Village）等，规划人口为2万人，住房达8000套，其中包括

---

① William Fulton, *The New Urbanism: Hope or Hype for American Communities?*, p. 27.
② Robert Steuteville, et al., "Building Community", Robert Steuteville, ed., *New Urbanism: Comprehensive Report & Best Practices Guide*, p. 3.

独户房屋、排屋和公寓等，预计 10—15 年完成。开发公司对建筑设计进行了详细而严格的规定，包括每种建筑的结构、色彩和屋顶等，只允许 6 种式样的建筑出现。① 镇中心被设计为一个传统城镇的大街（Main Street），分布着镇政府大楼、银行、邮局、电影院、零售店、饭店和公寓住房。镇中心旁边有一个小型湖泊，湖泊对面是一个湖滨公园，这里有网球场、篮球场、排球场和游泳池。此外，该镇还有跑步和骑车用的小道，众多社区公园散布其间。该镇的公共学校占地 36 英亩，可容纳从幼儿园到 12 年级的学生达 1000 名，其位置便于儿童步行或骑车上学。② 到 1996 年中，第一批居民搬入该项目的住房，镇中心、公共学校和一个办公复合体业已竣工。镇中心拥有 7.7 万平方英尺的零售空间，可容纳 20 多个零售商店，此外还有一个影剧院、一些饭店和旅馆，以及大约 40 个企业办事处等。③

由于"欢乐节日"的邻里中心与镇中心实现了功能混合开发，住房类型多种多样，以及屋前门廊的设计、众多的公园和人行步道，便于居民步行，为儿童和成人都提供了足够的活动空间，有助于居民之间的相互接触，从而加强了该镇的社区感和凝聚力。根据"欢乐节日生活质量调查"，该镇有 90% 的居民认为，该镇的空间结构有助于提高生活质量，而且该镇 96% 的居民认为，该镇的空间特征还有助于提高居民参与社区生活。纽约大学的文化人类学教授安德鲁·罗斯（Andrew Ross）于 1996 年在"欢乐节日"居住了一年并对其进行了研究，他对该镇的邻里关系评价道："不可否认的是，社会关系奠基于邻近性，并确实依赖于城镇的物质空间设计。没有谁会在该镇得出不同的结论。""其负面就是他们也感到，在一个小城镇，他们的行为受到了更多的关注。""你不可能不认识你的邻居。在我访问的人

---

① John C. Henry, "An Honest to Goodness Town", in IMCL Council: *Documentation on New Urbanism*: *Selected from Presentation at the International Making Cities Livable Conferences*, Carmel, California, 1997, p. 5.
② Mark J. Eppli and Charles C. Tu, *Valuing the New Urbanism*, p. 34.
③ Robert Steuteville, et al., "TND: Hot Trend in Community Design", Robert Steuteville, ed., *New Urbanism: Comprehensive Report & Best Practices Guide*, p. 5.

们中,高达70%的人不能对他们曾经居住过的社区有如此的评价。"此外,该项目的设计还减少了人们开车出行,在上述调查中,有63%的居民回答使用汽车比住在从前的社区有所减少,29%说没有变化,只有8%说开车多了。而在回答开车减少的居民中,有43%说开车大为减少。① "欢乐节日"的设计师雅克林·罗伯逊(Jaquelin Robertson)说道,"对任何优雅城镇的考验……就是你是否愿意停下来,停好你的车子,然后从车里出来步行"②。

然而,对"欢乐节日"的批判之声也不绝于耳,其中最主要的一项指责,就是该项目没有采用嵌入式开发,而是占用了大片绿地。比如,弗朗茨和科林斯于1999年批评了"欢乐节日"处理自然环境的方式,为了给新增建筑物开拓空间填埋了大片湿地。马歇尔也于2000年指出,"'欢乐节日'是一个常规的郊区居住区,但是它打扮成了一个小城镇"③。而对"欢乐节日"抨击最为猛烈的则是约翰·C. 亨利(John C. Henry),他在一篇文章中对该镇提出了25项指责。比如,他的第一项指责就是,该项目建于一片湿地之上,虽然投入1500万美元实施了环境保护措施,但植物区系、动物群落和野生动物栖息地仍然受到了破坏。亨利还认为,"欢乐节日"的设计与开发存在一种控制和集权主义的压抑感,缺乏个体性创造和贡献,建筑设计和规划过于僵化,不允许个别情趣的表达,过于专注于永久性的完美,未来已经写在了墙壁上,"罗马并非一日建成"。他引用了赫尔曼·赫茨伯格(Herman Hertzberger)的论述:"一个人对其周围环境所能发挥的影响越大,他就会变得越加积极主动。"他认为"欢乐节日"的弱点就在这里,那里的居民未能对他们的空间和社会环境发挥任何重要的影响。他又引用罗伯特·格拉茨(Robert Gratz)论述:"一个城市最好的专家

---

① Robert Steuteville, et al., "Building Community", Robert Steuteville, ed., *New Urbanism: Comprehensive Report & Best Practices Guide*, pp. 4–8.

② John C. Henry, "An Honest to Goodness Town", in IMCL Council: *Documentation on New Urbanism: Selected from Presentation at the International Making Cities Livable Conferences*, Carmel, California, 1997, p. 8.

③ [加]吉尔·格兰特:《良好社区规划——新城市主义的理论与实践》,第168、80页。

是其使用者。对于一个地方的观念应该来自下面的社区基层,而非来自上面的市政大厅。"他指责开发商在出售地产的合同中加入了箝口条款,禁止户主将不满情绪透露给媒体,指责开发公司已经保留了绝对的权力来"拒绝该社区协会的任何行动、政策或计划"①。

西拉古纳(Laguna West)是由卡尔索普设计的第一个"公交导向式开发"(TOD)项目。西拉古纳位于萨克拉门托市以南大约 12 英里的埃尔克格罗夫(Elk Grove)的一片 1045 英亩的稻田上。埃尔克格罗夫在 20 世纪 80 年代后期发展异常迅猛,大部分开发属于常规郊区开发,只有西拉古纳是按照新城市主义的原则进行开发的。1990年,萨克拉门托的开发商菲尔·安杰利德斯(Phil Angelides)邀请卡尔索普在埃尔克格罗夫设计一个新城市主义的社区。西拉古纳围绕一个 73 英亩的人工湖而建,与湖毗邻的是一个镇广场公园(Town Square Park),其中包括篮球场、游戏场地、公园等,西拉古纳的镇会议厅(Laguna Town Hall)位于该广场的公园之内。除了这一主要的广场公园以外,该镇还有其他一些公园、小道、自行车道等。西拉古纳规划中包括 2000 套独户房屋、1200 套多户住房,1998 年还建成了一座老年公寓综合体。该项目独户房屋的比例比卡尔索普设想的要多,② 西拉古纳的建筑外观与埃尔克格罗夫其他地区的建筑风格十分相似。西拉古纳采取了混合功能的开发模式,除了住房以外,还有一些零售空间、办公空间和轻工业就业,其中包括著名的苹果公司(Apple Computer)和 JVC 公司(JVC Corp.)在此建立的办事处和工厂设备。此外,还有一个日托中心、一座教堂和小学等。③ 西拉古纳与周围常规郊区的区别是,西拉古纳拥有公共空间和步行友好的环境。西拉古纳起初还计划成为该地区轻轨系统的一个主要站点,但该

---

① John C. Henry, "An Honest to Goodness Town", in IMCL Council: *Documentation on New Urbanism*: *Selected from Presentation at the International Making Cities Livable Conferences*, Carmel, California, 1997, pp. 7 - 9.

② Mark J. Eppli and Charles C. Tu, *Valuing the New Urbanism*, pp. 28 - 29.

③ William Fulton, *The New Urbanism*: *Hope or Hype for American Communities?*, p. 13.

站点直到1998年尚未完成。① 卡尔索普与公共工程官员费了很大周折才被允许修建更窄的街道，在停车场种植了一些树木。而且该项目还设计了一些死胡同，这是与新城市主义的规划原则背道而驰的，这是因为在美国的城市设计中，地方政府乃至居民协会往往能够在项目规划方面发挥巨大影响，规划师也往往无能为力，因此，西拉古纳"公交导向式开发"（TOD）的尝试并不成功。②

"公交导向式开发"（TOD）比"传统邻里开发"（TND）更加注重区域问题和可持续发展问题，更注重解决大都市区的交通拥堵问题，更能够在区域范围内实施。波特兰大都市区的"公交导向式开发"（TOD）模式就是最显著的一例。

20世纪90年代初期，波特兰大都市区政府提出一项建议，准备修建一条"西部支线公路"（Western Bypass Highway），该公路将延伸到该大都市区城市增长边界（UGB）以外很远的地方，从而将对该边界以外的保留区形成巨大的开发压力。"俄勒冈千友会"（1000 Friends of Oregon）为了抵制该公路计划的实施，于1997年完成了一项新的发展规划，即"土地利用、交通和空气质量联合方案（LUTRAQ），准备用一条新建的轻轨系统取代公路方案，用"公交导向式开发"（TOD）模式取代蔓延。LUTRAQ方案针对不同的区位提出了3种TOD发展模式，都采取步行混合开发模式，只是其开发密度不同。首先是各个混合功用的中心区（mixed-use centers），位于波特兰市和现有各城镇的中心区，这些地方将提供轻轨服务，这里将采用嵌入式的开发模式，住房密度为每英亩12—15套住房，是开发密度最高的地区。其次是城市TOD（Urban TODs），位于距离各城镇中心较远的轨道交通站点附近，同样采用混合开发，拥有一些就业，住房密度平均为每英亩15套住房。最后是邻里TOD（Neighborhood TODs），是步行和混合功用的邻里，位于新的轻轨交通站点2英里的范围以内，辅以方便的公共汽车服务或自行车道，密度为每英亩约8

---

① Mark J. Eppli and Charles C. Tu, *Valuing the New Urbanism*, pp. 28 – 29.
② William Fulton, *The New Urbanism: Hope or Hype for American Communities?* p. 14.

套住房，拥有一些零售和民用设施。①

为了配合 LUTRAQ 土地利用规划的实施，"俄勒冈三县大都市区交通专区"（Tri-Met）对轻轨线路的延伸进行了规划，这些轻轨线路包括西线，将连接到希尔斯伯勒（Hillsboro），南端支线将由比弗顿（Beaverton）延伸到图阿拉丁（Tualatin）。这些轨道交通体系将由几条高速公共汽车线路与外围地区的活动中心连接起来。除了传统的轨道交通系统以外，还有人行道和自行车道的投资。LUTRAQ 规划方案认识到，要使轨道交通系统顺利运行，就需要有步行友好的环境。LUTRAQ 方案比"西部支线公路"方案在评估中具有更好的预期效果：前者比后者可以减少 22.5% 的单人开车通勤，增加 27% 的公交、步行和骑车出行。即使不修建任何新的公路，LUTRAQ 方案也可以比后者减少 18% 的交通拥堵，减少空气污染 6%—8.7%，减少温室气体 7.9%，减少能源损耗 7.9%。② 因此，LUTRAQ 方案在公民表决中获胜，并于 1996 年被俄勒冈交通局采纳，随后一条新的轻轨线路于 1999 年通车。由于波特兰大都市区在区域规划中采纳了"公交导向式开发"（TOD）模式，使该大都市区成为美国蔓延程度最低、交通状况和环境质量最好的大都市区之一。

随着新城市主义规划理论影响的扩大，新城市主义项目越来越多，1996 年美国只有 45 个新城市主义开发项目正处于建设之中，另外还有 57 个项目处于规划设计阶段；随后数量逐年上升，1997 年建设中的项目和规划中的项目分别上升到 64 个和 71 个，1998 年又分别上升到 97 个和 104 个，新城市主义的社区开发已经出现于 35 个州。③ 进入 21 世纪以后，新城市主义项目的开发明显加快，仅 2003—2004 年一年的时间内就增加了 37%。按照施托伊特弗的报告，当时美国共有 648 个街区规模的新城市主义开发项目，其中已经完成或正在进

---

① Peter Calthorpe, William Fulton, *Planning for the End of Sprawl: The Regional City*, p. 110.

② Peter Calthorpe, William Fulton, *Planning for the End of Sprawl: The Regional City*, pp. 111 – 113.

③ Mark J. Eppli and Charles C. Tu, *Valuing the New Urbanism*, pp. 5 – 6.

行的有 369 个。① 这些开发项目既有郊区绿地的新开发项目，也有中心城市的嵌入式开发项目和再开发项目，比如波特兰、丹佛、奥斯丁、西雅图、圣迭戈、密尔沃基等。此外，还许多郊区购物中心和办公园区的改造项目。20 世纪后期，美国每年有 20% 的购物中心破产，一般由功用单一的土地利用模式改造为与附近社区相整合的多功能的社区。② 郊区的嵌入式发展比较困难，因为许多郊区为了保持自己小型同质性的社区特征，用法律手段将本社区定位为非增长和慢速增长的社区，力图阻止其密度的提高和混合功用的出现。

随着新城市主义规划运动的深入，许多地方政府制定了新城市主义的分区制和规划法令，在法律上认可或者鼓励新城市主义项目的开发活动，以图改变低密度蔓延式的开发模式。到 2000 年 11 月，美国已经有 38 个地方政府制定了新城市主义的规划法规，其中制定了一般性新城市主义规划法规的地方政府有 8 个，制定了嵌入式新城市主义法规的地方政府有 10 个，制定了"传统邻里开发"（TND）型新城市主义法规的地方政府有 9 个，制定了"公交导向式开发"（TOD）型新城市主义法规的地方政府有 5 个，制定了乡村社区和城镇类型新城市主义法规的地方政府有 6 个。③ 当然，这些制定了新城市主义法规的地方政府在美国所有地方政府中的数量可谓九牛一毛，沧海一粟，但其发展趋势却是大有前景，充满希望的。

另外，新城市主义的规划与开发甚至对联邦政府也产生了很大影响，其中一个重要表现就是联邦公共住房项目中于 1992 年开始的"希望六号计划"（HOPE VI）。联邦住房与城市发展部（HUD）的部长亨利·西斯内罗斯（Henry Cisneros）是新城市主义宪章的签署者之一，该部大量借鉴了新城市主义的原则，不再将公共住房项目与其他城市社区隔离开来，而是将公共住房整合到城市的文脉之中，将超级

---

① ［加］吉尔·格兰特：《良好社区规划——新城市主义的理论与实践》，第 73 页。
② John A. Dutton, *New American Urbanism: Re-forming the Suburban Metropolis*, Milano, Italy: Skira, 2001, pp. 111 – 113.
③ Robert Steuteville, et al., "Local Laws: Challenges and Solutions", Robert Steuteville, ed., *New Urbanism: Comprehensive Report & Best Practices Guide*, pp. 5 – 7.

街区划分为更小的街区，贯彻了人性化尺度的规划理念，实行功能混合开发，用独户房屋、排屋和小型公寓建筑取代高层建筑，增加非居住功能，以便增加社区的活力，比如社区教育、娱乐设施、医疗设施、村镇中心、小型企业或商店等。"希望六号计划"（HOPE VI）还运用排屋来塑造新的街道、街区和开放空间，使其具有连续的整体感。排屋还能使每个房屋背后拥有自己的私人空间。"希望六号计划"（HOPE VI）的住房更邻近街道，有更多的窗户、门廊朝向街道，从而能够使更多的眼睛注视着街道，因而有利于创造一个安全的公共环境。每套住房都有自己的入口、后院或前院，从而有一个与公共场所缓冲的空间。街道较为狭窄，允许路边停车，从而可以降低车速，创造一个步行环境。[①]

（二）新城市主义面临的困难与批判

虽然新城市主义规划在郊区、中心城市、州乃至联邦政府都得到了支持，并有许多项目得以实施，但总的来说，新城市主义项目在全国城市和郊区开发中并不占主导地位，或者说所占的比例仍然很低。新城市主义项目之所以面临巨大困难，是由于一系列主客观因素所造成的。

第一，也是最主要的一个障碍，就是常规的郊区规划思想和郊区生活方式的理念。这种规划思想和生活方式的理念强调低密度、功能分离和汽车导向。地方官员不愿意对这些常规的地方规划法令加以修改。而更加顽固的抵制则来自郊区普通居民，他们为了保护自己的郊区生活方式，往往利用环保主义为幌子，掀起了"邻避主义"运动，反对在本社区周围进行开发活动，更反对进行嵌入式开发，阻止社区密度的提高，禁止其他居民的进入，尤其是下层居民。伊利诺伊州甚至通过了全州性的立法，包含了禁止紧凑型、混合功用开发的条款，所规定的住房地块的大小、退红、街道宽度和长度、停车要求等，都

---

① John A. Dutton, *New American Urbanism*, p.104.

与新城市主义原则背道而驰。①

第二，新城市主义项目面临着巨大的财政困难。社区开发项目受金融机构的巨大影响，金融界通常认为，对一个没有销售记录的新城市主义社区进行投资存在很大的风险，因而贷款机构对其投资疑虑重重。根据一份《房地产投资市场调查报告》(Real Estate Capital Market Report)的资料，到2000年3月为止，美国开发总投资与新城市主义开发项目的投资分别为19968亿美元和43亿美元，两者之比为464:1。② 投资机构主要集中于短期投资，即不超过5年的投资。短期投资可以减少风险，加快资金流动。然而，新城市主义项目却往往是长期投资。

第三，新城市主义项目开发成本高，住房价格高昂是阻碍新城市主义项目广泛进行的一个重要因素。新城市主义规划的一个中心论点就是住房的多样性和可选择性。但新城市主义社区中的住房价格往往高于邻近的常规郊区。这是因为新城市主义社区往往比常规郊区提供了更加完备的服务设施，比如城镇中心、邻里公园、福利设施、人行步道等。甚至某些设施还要提前提供，以使消费者对该社区的前景充满信心。这些要求都提高了前期投资和运营成本。比如海滨(Seaside)社区的地块原价为2万美元，而到2000年则达到40万美元。③ 肯特兰兹(Kentlands)由于开发成本较高，独户房屋每平方英尺的上市价格比附近社区的住房高出30%。④

第四，社会平等理想很难实现。从一开始，新城市主义运动就与社会平等理想相联系，这主要体现在住房和人口的多样性方面。然而，一方面，像在常规郊区一样，富裕居民不愿意迁入修建了廉价住房的居民区，另一方面，新城市主义项目一开始就瞄准了高端消费

---

① Robert Steuteville, et al., "Local Laws: Challenges and Solutions", Robert Steuteville, ed., *New Urbanism: Comprehensive Report & Best Practices Guide*, p. 16.
② Robert Steuteville, et al., "Finance: Sources, Strategies, and Returns", Robert Steuteville, ed., *New Urbanism: Comprehensive Report & Best Practices Guide*, p. 3.
③ John A. Dutton, *New American Urbanism*, p. 122.
④ William Fulton, *The New Urbanism: Hope or Hype for American Communities?*, p. 28.

者，成为精英阶层的社区。另外。不同阶层的居民居住在同一个邻里之中，高端和低端的服务和设施都要提供，因而开发公司不堪重负。而且社会学家发现，超越阶级界限的友谊凤毛麟角，世所罕见，因为他们具有不同的价值观念和行为方式。住房混合不能与社会整合同日而语，相提并论。因此，新城市主义项目很少能够体现社会阶级或族裔群体的多样性和异质性，于是往往遭到某些学者的指责，比如吉尔·格兰特写道："从某些方面讲，新城市主义再生和强化了现存的权力制度。它对社会公正和授权于民的承诺依然没有实现；进一步讲，他们可能说的比实现的多，理论和实践之间的差距正在增加。"[1]

第五，新城市主义项目导致了新的郊区蔓延。新城市主义的目标之一就是克服郊区的蔓延。虽然新城市主义倡导旧社区再开发和嵌入式开发，许多新城市主义项目位于中心城市、废弃的工业地区、衰败的内层郊区、倒闭的购物中心和办公园区，并且支持建立城市增长边界，以限制郊区的蔓延；然而，大多数新城市主义项目属于绿地开发，即位于大都市区的郊区地带，从而进一步推动了大都市区的蔓延。正如亚历克斯·马歇尔（Alex Marshall）所指出的，"这些新的小区不能治愈蔓延的病痛。它们本身就是蔓延"。肯特兰兹的公民议会主席理查德·阿金（Richard Arkin）一针见血地指出，该镇代表的是"新郊区主义"，而非"新城市主义"，"如果确实要促进新城市主义的发展，就要禁止继续在农田之上开发，停止修建公路和州际高速公路，而是修建大众化的公共交通"[2]。

第六，新城市主义的街道布局很难与现代生活相契合。为了建立步行友好的环境，新城市主义项目的街道一般比较狭窄，交叉路口较多，允许路边停车，恢复了后巷等。这种设计遭到了一些官员的抵制。如果街道过于狭窄，消防车等大型车辆难以通过，发生火灾无法救援；街道狭窄会降低交通速度；沿街停车有碍清雪车和清扫车工

---

[1] ［加］吉尔·格兰特：《良好社区规划——新城市主义的理论与实践》，第170页。
[2] John C. Henry, "An Honest to Goodness Town", in IMCL Council: *Documentation on New Urbanism: Selected from Presentation at the International Making Cities Livable Conferences*, Carmel, California, 1997, p. 10.

作，或遮挡过街儿童视线，容易发生交通事故；过多的交叉路口会减缓车流；后巷的设置会导致污秽和犯罪。在1991年的一次采访中，交通工程师保罗·博克斯（Paul Box）称狭窄的街道为"退步"。得克萨斯大学的苏珊·汉迪（Susan Handy）认为，在步行和公交友好的邻里社区，居民们似乎并不用步行取代开车出行，步行只是对开车的补充，而不是取代。①

第七，集权主义的规划方式。虽然新城市主义批判了集权主义和家长制的规划方式，但其本身存在同样的问题。从组织模式上看，新城市主义者模仿国际现代建筑协会（CIAM）的组织形式，同样成立了新城市主义大会（CNU），同样发表了宣言，即《新城市主义宪章》，同样制定了统一的规划原则，尤其是统一的空间布局原则，忽视了城市社区的时代性和社会性，具有强烈的环境决定论或空间决定论的色彩。新城市主义者把社会问题视为空间技术问题，只有少数专业人士通过良好的设计才能解决。吉尔·格兰特指出，这种认识显而易见地给予了建筑师、设计师和规划师以特殊的权力。当新城市主义者要求由设计师进行评估和控制时，更强烈地显示了它的独裁主义色彩。② 这一点在"欢乐节日"项目中体现得最为明显，该社区的居民对其空间环境和社会环境的影响微乎其微，开发公司保留了绝对权力，它可以拒绝社区协会的任何行动、政策或计划。埃文·麦肯齐（Evan Mckenzie）评价道："这简直是闻所未闻……户主对于协会而言是毫无权利的，而协会对于迪士尼公司又是毫无权利的。我再也想象不出更加不民主的情形——它是绝对的自上而下的控制。"③

（三）对新城市主义的评价

新城市主义规划思想和开发运动就是为了克服主流城市规划思想

---

① William Fulton, *The New Urbanism: Hope or Hype for American Communities?* pp. 17–18.
② [加] 吉尔·格兰特：《良好社区规划——新城市主义的理论与实践》，第175页。
③ John C. Henry, "An Honest to Goodness Town", in IMCL Council: *Documentation on New Urbanism: Selected from Presentation at the International Making Cities Livable Conferences*, Carmel, California, 1997, p. 9.

为美国城市发展所造成的种种弊端，克服美国大都市区低密度蔓延所产生的种种危害。确实，自从新城市主义规划思想于20世纪80年代产生以来，特别是90年代新城市主义大会成立和新城市主义宪章通过以来，新城市主义运动在美国城市和郊区的开发与改造中发挥了积极的作用。但由于新城市主义规划理论和开发运动自身存在的缺陷，由于美国独特的政治、经济、文化、生活方式、种族和阶级关系等一系列的原因，新城市主义运动并没有达到其预想的效果，因而学术界，尤其是城市规划学界，对新城市主义规划思想和开发运动提出了见仁见智的评价，尤其是批判性的评价占据了主导地位。

笔者认为，新城市主义作为一种新生事物，作为一种试图修正美国城市发展弊病的努力，要给予充足的时间去验证，也要对其成就给予充分的肯定，对其不尽如人意之处也要进行客观的分析，而不是全盘否定，彻底推翻。另外，没有任何一种思想理论尽善尽美，毫无瑕疵，也没有任何一种政策措施是万应药方，包治百病，要获得理想的治理效果，往往需要多种理论多种策略齐头并进，多方并举。社会现实是社会合力的结果，而现实的改造也需要合力推动。美国学者泰格兰·哈斯（Tigran Haas）对新城市主义有一个比较中肯的评价。他指出："聚集在新城市主义大旗之下的群体并不将这一运动视为一副万应药方，而更是将其视为一个竞技场——为我们当代和未来的城市和区域培育丰富的良好城市思想的场所。""新城市主义对于已经在过去50年里主导了美国生活和空间景观的郊区开发提供了另一种选择。""简而言之，该运动对于当前的建筑设计、城市设计、城市规划、政策制定以及复兴和修复我们的城市提供了一个全新的思考。"[①]

诚然，无论新城市主义有怎样的不足与缺陷，其效果无论多么不尽如人意，但它使我们用一种全新的眼光看待美国大都市区发展中出现的问题，提出了某些克服这些问题的策略原则，并且将其付诸实施。它虽然不能完全克服美国大都市区的蔓延及其危害，但它毕竟已

---

① Tigran Haas, ed., *New Urbanism and Beyond: Designing Cities for the Future*, New York: Rizzoli International Publications, Inc., 2008, pp. 9–10.

经取得了某些令人喜悦的成果。另外，我们不能赋予城市规划以过多的社会政治任务，它不是政治革命和社会改革。"事实上，城市特征（包括建筑设计、规划和城市设计）确实能够支持这些高尚的目标，并有助于为所有人提供良好的生活质量。但仅仅城市的特征不能创造并实现这一点。这不是它的任务，这是社会科学和社会政策的制定所应承担的任务。"如果我们将这些巨大而沉重的政治任务和社会任务的负担赋予城市规划，那么这样的城市规划和城市发展蓝图就会沦为乌托邦，就会像20世纪初期霍华德的田园城市理想那样，它可能会获得某些幻想家溢美言辞的吹捧，但它永远不会转化为实实在在的社会现实。针对那些对新城市主义提出各种苛评的评论家们，查尔斯·舒尔默（Charles E. Schumer）嘲讽道："一种文化的惰性在发挥作用。批评胜于建设；批评家比那些力图进行建设的人们受到更多的尊重。无论批评家的人数如何之少，也不管其观点多么荒谬，这都不重要。他或她在政治圈、在新闻媒体、在公共争论中，似乎总是出尽风头。"[1] 此言一语中的，回顾历史，正是那些乌托邦主义的批评家，不止一次地毁灭了实用的但不那么完美的改革方案。19世纪末20世纪初期美国的城市美化运动就是这样，这一运动不仅仅要美化城市，而是对19世纪工业化过程中美国城市的弊端进行全面的改造，包括空间布局、城市功能、环境卫生、住房改革等多个方面。但由于城市美化运动的不完美，遭到了一些怀揣乌托邦幻想的理论家的批判和嘲讽，最终走向失败。结果，城市美化运动这一城市取向的规划思想让位于分散化取向的田园城市运动，使美国大都市区走上了一条低密度蔓延的道路，结果弊端丛生，贻害无穷。当然，美国大都市区的低密度蔓延不能完全归咎于这些批评家和城市美化运动的失败，但他们无疑为美国城市的衰落和大都市区的蔓延发挥了推波助澜的作用。[2] 目前，关于新城市主义的评价问题也存在着同样的情形，我们可以指出新城市主义的不尽如人意之处，但不能对其全盘否定。尽管许多新城

---

[1] Tigran Haas, ed., *New Urbanism and Beyond*, p. 11.
[2] 参见孙群郎《美国城市美化运动及其评价》，《社会科学战线》2011年第2期。

市主义开发项目位于郊区的绿地之上，占用了新的土地资源，在一定程度上推动了大都市区的蔓延，但假如这些土地交给常规郊区开发，其结果是可想而知的，更何况新城市主义也倡导旧城改造和再开发，提倡提高开发密度，混合功用等一系列有利于可持续发展的理念。总之，对于新城市主义必须给予充分公允的评价。

五　增长管理运动的兴起

由于新城市主义主要限于城市规划学界，所以其影响存在极大的局限性，要从根本上改变美国大都市区的发展模式，必须使人们的增长伦理发生根本的转变，并且由政府进行干预，有广大民众的积极参与。在20世纪60年代末70年代初，过去美国人那种风风火火的"增长伦理"受到了的质疑并发生了重大变化，一场影响深远的增长管理（growth management）运动悄然兴起，许多地方政府和州政府制定并实施了增长管理的法律和发展规划，甚至联邦政府也采取了一些相关措施，对大都市区的无序增长和低密度蔓延的治理发挥了积极的作用。

（一）美国人"增长伦理"的转变

增长或发展是美国自殖民地时期以来的一个核心主题，这一主题在早期最显著的空间表现形式就是对西部边疆的拓殖，二战后的表现形式就是人们向郊区的大举搬迁和蔓延式的开发活动。为了开拓西部，19世纪的美国人怀着兴奋躁动的心情浩浩荡荡地涌向西部，在那里发掘矿藏，开垦土地，放牧牛羊，设州置县，建立城镇，昔日古老沉寂的大地瞬间繁忙兴旺起来。边疆成为上帝赐予美国人的"流着奶与蜜的迦南地"，新的"应许之地"，边疆一词也成为美国征服新领域的一个象征性用语，每当美国出现新的发展机遇之时，他们总是以"边疆"一词进行比喻和描述。对于美国人的这种狂热的"增长伦理"（growth ethic），美国学者詹姆斯·M.奥利里（James M. O'Leary）形象地描述道："到西部去，年轻人。到大城市去，农村小伙。将业绩做大。万纳巴加县的小镇增长得异常迅猛。增长是件好事。两个世纪以来,这一点成为美国主流的伦理思想,即越大越好。迎宾席总是摆放在门口,因为更多的人口就意味着更多的金钱,更多的商业,更多的增长。让我们自己的州(县、镇)增长起来。因此欢迎光临。带来你的金钱。带来你的市场。"①

二战以后,尤其是20世纪五六十年代,美国成为一个丰裕的社会,经济发展空前繁荣,人们的增长狂热又达到一个新的高度。与19世纪不同的是,这次增长狂热不是出现于西部边疆,而出现于大都市区的"马唐草边疆"——郊区。② 许多大都市区的官员对增长额手相庆,顶礼膜拜,因为他们认为,增长意味着扩大税收基础,减少人均基础设施负担,从而稳定甚至改善地方税收状况;新增长可以"自我支付"(pay its own way),即新的基础设施可以由新的税收支付,新增长可以带来更广泛的物资和服务,提高工资水平,增加就业机会。③ 许多地方政府通过各种手段积极促进本社区的增长,这些手段包括税收刺激、广告宣传、开发就业园区和吸引新的产业等。

然而,增长不可能是没有限度的,它不能超过某一区域的自然承载力和社会承载力,自然承载力主要是指水、土地、大气等自然资源的承受能力,社会承载力主要包括规划能力、服务能力、管理水平、法律制度、政府机构等方面的社会能力。如果增长超过了自然和社会的承载力,就会导致环境的恶化和社会矛盾的激化。果然,战后美国大都市区的增长狂热导致了蔓延式开发,导致了经济、社会和生态方面的严重后果。

于是在20世纪60年代末70年代初,"增长伦理"受到了人们的质疑,一种反对增长的"新情绪"(new mood)迸发出来。学者们著

---

① James M. O'Leary, "Growth vs. No-Growth: The Suburban Dilemma", in Randall W. Scott, ed., *Management & Control of Growth: Issues, Techniques, Problems, Trends*, Volume I, Washington, D. C.: The Urban Land Institute, 1975, p. 54.

② Kenneth T. Jackson, *Crabgrass Frontier: The Suburbanization of the United States*, New York: Oxford University Press, 1985.

③ Randall W. Scott, ed., *Management & Control of Growth: Issues, Techniques, Problems, Trends*, Volume I, p. 5.

书立说阐明增长的危害，大众媒介为阻止增长大造舆论，在政府举行的听证会上、在地方官员的选举中、在发行公债的公民表决中，人们越来越明确地反对没有限度的增长。于是，许多地方政府对发展政策做出了重大调整，州和联邦政府也制定了各种各样的土地利用和管理规划，以协调州、区域和地方社区的增长。对此，美国学者兰德尔·W. 斯科特（Randall W. Scott）评价道："美国的增长伦理受到了越来越多的挑战，它不再作为一个进步的前提条件而被人们毫不保留地接受。它对生活质量的影响正经受着广泛的讨论，而对它的管理和控制则被许多人视为现代土地利用政策的根本内容。"①

图 8.1　增长与环境的矛盾

资料来源：Adam Rome, *The Bulldozer in the Countryside: Suburban Sprawl and the Rise of American Environmentalism*, Cambridge: the University of Cambridge, 2001.

---

① Randall W. Scott, ed., *Management & Control of Growth: Issues, Techniques, Problems, Trends*, Volume I, p. 2.

基于增长所造成的负面影响，有些人甚至提出了"零增长"（zero growth）、"停止增长"（stop growth）和"非增长"（non-growth）等概念，试图部分乃至全部地制止增长。他们对地方官员说："停止吧！""够了吧！""在我们制定出规划——真正的规划——之前先停下来吧。"[①] 他们还组织了众多的地方团体以抵制增长，许多地方政府开始排斥外来居民，不仅排斥低收入群体和少数族裔，甚至排斥中产阶级和富裕阶层，抵制所有阶层所带来的增长压力。零增长的倡导者一般是那些已经迁居郊区良好生活环境的既得利益者，他们的主张势必遭到尚未迁移到郊区的居民的反对。对此批评最激烈的莫过于黑人领袖，因为黑人由于经济条件的限制，大多蜗居于中心城市和衰败的内层郊区。他们指责持倡导零增长观点的地方官员和规划人员竭力维持富人与穷人、白人与黑人的阶级和种族鸿沟，甚至使用了异常激烈的言辞，比如"使恶毒的种族灭绝合法化"，"呼唤种族大屠杀的幽灵"等。1972年安东尼·克罗斯兰（Anthony Crosland）在《纽约时报》上撰文写道："他们的方法就是在原则上敌视增长，对于普通民众的需求漠不关心。它具有明显的阶级偏见，反映了中产阶级和上层阶级的价值判断。它的倡导者往往是一些善良而富于奉献精神的人们。但他们是一些富足的人们，希望踢翻他们身后的梯子，虽然他们并非有意识地这样做，但他们的基本目标却是如此。"[②] 与此同时，这种零增长的观点也遭到了开发商、建筑商、广告商、商业集团和地产所有者等与土地开发相关的利益集团的反对，其原因自不待言，无须赘述。

另外，零增长的观点和措施也不会产生良好的效果，因为零增长政策也许能够控制实施这种政策的社区的开发活动，保护本社区的自

[①] William K. Reilly, "Six Myths: About Land Use in the United States", in Randall W. Scott, ed., *Management & Control of Growth: Issues, Techniques, Problems, Trends*, Volume I, p. 100.

[②] Earl Finkler, "Nongrowth as A Planning Alternative: A Preliminary Examination of an Emerging Issue", in Randall W. Scott, ed., *Management & Control of Growth: Issues, Techniques, Problems, Trends*, Volume I, pp. 120 – 121.

然环境，提高本社区的生活质量，但它也会把开发活动转移到其他不实行零增长政策的社区，甚至是更远的大都市区边缘区，乃至乡村地带和荒野之中，从而导致蔓延式或蛙跳式的开发，损害其他地区的自然环境和资源，降低其他社区的生活质量。零增长不是停止增长，而只是开发活动的转移，因此不是克服大都市区蔓延及各类社会环境问题的良方。而且在市场经济体制中，零增长就等于自取灭亡。"根本的问题是，我们的州和地方政府应该尽快地建立有序和有效的机制，以便做出理性的土地利用抉择。"① 也就是要对增长加以规范和管制，即实施"有管制的增长"（Managed Growth）。所谓"有管制的增长"就是各级政府利用各种技术、方法、政策、规划和行为，以便有目的有计划地指导地方政府的土地利用模式，包括开发的方式、地点、速度和性质等方面。② 这种新的"有管制的增长"观念及其政策措施被称为"静悄悄的革命"（quiet revolution）。

"静悄悄的革命"首先是关于土地伦理的革命。在19世纪，美国人把土地仅仅视为一种商品，一种发财的工具。但是随着生态科学的发展，人们认识到各种土地利用模式是彼此联系和相互影响的，整个自然界就是一个互相联系的整体，土地是一种稀缺的资源，而不仅仅是一种任意挥霍的商品。其次，"静悄悄的革命"也是一次土地利用政策的革命，增长管理政策逐渐在地方、区域和州各个层次上得以实施并扩大开来，甚至联邦政府也采取了相应的措施予以支持。弗雷德·P. 博塞尔曼（Fred P. Bosselman）和戴维·L. 考利斯（David L. Callies）于1971年在《静悄悄的革命——土地利用控制》一文中写道："在我们的土地管理方式上，我国正处于一场革命的进程之中。这是一次和平的革命，完全在法律范围内进行的革命。这是一场静悄悄的革命，其支持者既包括保守人士，也包括自由主义者。这是一次

---

① Russell E. Train, "Growth with Environmental Quality", in Randall W. Scott, ed., *Management & Control of Growth: Issues, Techniques, Problems, Trends*, Volume I, p. 44.
② Randall W. Scott, ed., *Management & Control of Growth: Issues, Techniques, Problems, Trends*, Volume I, p. 4.

没有组织的革命,没有中央领导层的革命,但它仍然是一次革命。"[1]革命的手段就是新的土地利用政策和法律,这些政策法律形式各异,但其共同特征就是州政府和区域机构直接介入到地方政府的土地利用管理之中。

(二) 地方政府的增长管理措施

美国学者杰伊·M. 斯坦 (Jay M. Stein) 对增长管理的概念进行了概括:尽管"增长管理规划存在各种形式,但基本都要求利用政府的规制权力,以一种综合的、理性的和经济的方式,以实现经济发展与保护和保留我们的自然和人造系统的平衡目标。其理念就是要求政府建立和加强制度机制,以便有效地运用税收、开支和规制权力来系统地影响社区行为的空间分布"[2]。简单地说,增长管理的核心是通过政府的政策和干预,对缺乏管理的土地利用进行规范和管制,其最终目标是通过良好的规划保护环境和提高生活质量。

最早对无序增长做出反应的是地方政府,因为土地利用管理属于地方政府的权限,而且地方政府最早感受到增长所带来的压力和危害。地方政府的增长管理措施多种多样,不一而足。最直接的一种方法就是对开发活动的总量进行控制,即限制本社区住房供应的总数,从而限制本社区的人口增长。比如,1972 年佛罗里达州的博卡拉顿 (Boca Raton) 进行公民投票,通过了一条宪章修正案,规定了该镇的人口限额 (population cap),其方法是将该镇的住房限制在 4 万套以内,包括独户房屋和多户住房。如果平均每户人口为 2.5 人,那么该镇的人口上限就是 10 万人。当该镇达到这一人口限额时,该镇将拒绝任何住房开发。旧金山湾区的佩塔卢马 (Petaluma) 也对住房的数量进行了限制,但与博卡拉顿稍有不同的是,佩塔卢马不是限定该

---

[1] Fred P. Bosselman and David L. Callies, "The Quiet Revolution In Land Use Control", in Randall W. Scott, ed., *Management & Control of Growth: Issues, Techniques, Problems, Trends*, Volume I, pp. 245 – 248.

[2] Jay M. Stein, ed., *Growth Management: The Planning Challenge of the 1990s*, Newbury Park, CA: Sage Publications, Inc., 1993, p. vii.

社区住房的总数，而是对住房的开发进度进行了限制，即将每年的住房开发限制在500套以内。① 到20世纪70年代末，加州的其他许多城市也实施了住房开发限额制度，而且这种限制还扩大到工商业方面。该措施的一个变种是对住房开发的百分比进行限制，即每年的住房开发不许超过本社区现有住房的某一百分比。

第二种控制增长的方法是限制用于住房开发的土地供应量和建筑密度，由地方政府将潜在的开发用地买断，用来作为休闲用地或开放空间。马萨诸塞州的林肯镇就采取了这种政策，该镇购买了800英亩的土地用于开放空间。这种方法最适合于那些财力雄厚的地方政府，科罗拉多州的阿斯彭（Aspen）采取各种财政手段购买土地，加州帕洛阿尔托（Palo Alto）的社区顾问认为，购买土地比在它们开发后提供服务设施更为划算。② 实行这一政策最著名的地方政府是加州海岸一个5万人的城镇圣克鲁斯（Santa Cruz），1975年，该镇制定了一个新的住房政策，对住房的密度、式样和地点都作出了详细的规定。1978年该镇又通过了一个更加严格的增长控制议案。它包括两个主要的内容，其一是将原规划中的某些住房用地重新规划为绿带，从而减少住房用地的供应；其二是限制该市每年的增长率。在这一政策之下，该镇关闭了两个城市"扩展区域"（expansion areas），其面积大约为1000英亩，从此，这两个区域不能进行任何类型的住房开发。此外，该计划还将面积大约为500英亩的15个较小的"特殊区域"（special areas）的住房密度降低了一半。在上述两种区域内，住房用地总共大约减少了一半，而所规划的住房减少了大约2/3。这样一来，新规划住房数量仅相当于原规划开发住房的1/5，排除潜在的新家庭大约5000户。③

---

① Randall W. Scott, ed., *Management & Control of Growth: Issues, Techniques, Problems, Trends*, Volume I, pp. 70, 431.

② Randall W. Scott, ed., *Management & Control of Growth: Issues, Techniques, Problems, Trends*, Volume I, p. 430.

③ Paul L. Niebanck, "Growth Controls and the Production of Inequality", in David J. Brower, et al., eds., *Understanding Growth Management: Critical Issues and a Research Agenda*, Washington, D. C.: The Urban Land Institute, 1989, pp. 109 – 110.

第三种控制增长的方法是通过控制基础设施的供应来控制开发进度，这种方法被称为"基础设施同步要求"（concurrency requirement）。比如1969年，纽约州的拉马波镇（Ramapo）制定了一个为期18年的基础设施建设计划，规定只有在某项住房开发项目与该镇为其提供的基础设施预计同时完成的情况下，才允许项目的开发，以便为该项目的居民提供适当的服务；或者，如果该开发项目完成之时，市政基础设施不能预期完成，但开发商自己同意提供相关的基础设施，也可以进行开发。1972年，纽约上诉法院在一次判决中维护了拉马波镇对开发进度进行控制的增长管理法规。加州的马林县（Marin County）在70年代初期投票，拒绝发行公债以扩大供水设施，虽然该县需要新的供水服务设施，但担心更多的服务会吸引更多的新居民。1973年，加州圣何塞的一项公民提案规定，如果没有足够的学校教育设施，或开发商不能自己提供这些学校教育设施，那么就不能允许对现有的分区制法规进行修改，从而不能进行新的住房开发活动。[1] 马里兰州的蒙哥马利县实施了类似的增长管理措施。1973年，该县议会制定了"充足公共服务设施法令"，要求开发项目必须同时提供相关的基础设施，否则不能进行开发。1986年该县又通过了一个修正案，明确了县议会在审查是否具备充足的基础设施方面的职责，这些法定的基础设施主要包括道路交通、公共学校、给水排水、警察、消防和医疗卫生等方面。到1995年，在马里兰州实施"充足公共服务设施法令"政策的县多达18个。实施该政策的结果是土地开发获批的难度和开支更大了，从而对开发进度发挥了一定的制约作用。[2]

第四种控制增长的办法是对城市开发的空间范围进行限制。加州的圣何塞是实施这种增长管理方法的一个典范。圣何塞位于旧金山湾南岸，是圣克拉拉县政府所在地和首位城市。从20世纪60年代后期开始，圣何塞居民开始反对无限制的增长。1968年，该市政府制定

---

[1] Irving Schiffman, *Alternative Techniques for Managing Growth*, Berkeley: Institute of Governmental Studies Press, 1999, p. 6.

[2] Douglas R. Porter, AICP, ed., *Performance Standards for Growth Management*, a PAS Report, Washington, D. C.: the American Planning Association, 1996, pp. 19 – 24.

了一份城市开发政策，将该市划分为三种服务区，即城市服务区、土地保护区和城市过渡区。城市服务区就是现在已有基础设施和在未来 5 年内将要提供服务设施的区域。它包括 5 年内开发所需要的土地，如果 5 年后土地使用完毕，其边界可以扩展，但扩展只能在该市基础设施改进计划所允许的范围内。土地保护区就是当前没有服务设施的区域，而且将来也不会提供服务设施。该区域不允许进行开发活动，除非得到特别审批，而且该区域内的某些地区将永远禁止开发。城市过渡区介于两者之间，将来可以成为城市服务区。圣何塞的这一城市开发政策于 1972 年被圣克拉拉县所采纳。[1] 1976 年，圣何塞市制定的总体规划再次强调了这样一个原则，即城市开发必须与基础设施的提供相适应，并且必须限于城市的边界之内。城市服务区的设立如同城市增长边界一样，可以有效地集中城市开发，保护土地资源，节省基础设施开支，减少交通拥堵，降低环境污染，是一项有效的增长管理措施。

地方政府增长管理的实质是对社区开发的一种排斥，是一种以邻为壑的"邻避主义"政策。这种政策是为了保护本社区的自然环境和小型同质的社会环境，把自己希望避免的开发活动转移到其他社区，比如住房开发，尤其是低档住房开发，从而避免或减少基础设施开支以及穷人和少数族裔，转嫁财政负担和社会矛盾。即使允许一些有限度的开发活动，也是那些能够为本社区增加财政收入的工商业开发，或有助于本社区社会稳定的高端住宅及其居民。这种地方增长管理措施不但不能有效地解决大都市区的空间蔓延和政治上的巴尔干化问题，反而会进一步导致大都市区的空间蔓延和巴尔干化，不能有效地解决增长所造成的环境问题和社会问题。正如某位学者所指出的，"地方政策主要会影响大都市区的内部结构和开发布局，而且，如果这一政策是由地方政府自私自利的人员制定的，它还会是低效的和不

---

[1] American Planning Association, *Local Capital Improvements and Development Management: Analysis and Case Studies*, a report to U. S. Department of Housing and Urban Development, Washington, D. C. : U. S. Government Printing Office, June 1980, pp. 142 – 143.

公正的"①。要有效地解决这些问题，至少应该在区域范围内实施增长管理，然而，区域机构往往不是具有实权的政治实体，其活动必须有州政府的推动和权威保障，只有州政府才具有足够的权威对地方增长管理和区域增长管理进行宏观的指导与协调。因此，州政府的增长管理政策和法律规范才是有效的增长管理的关键所在。

(三) 州政府的增长管理政策

事实上，早在20世纪70年代初期，也就是地方政府的增长管理正在启动和初步发展的时期，许多人就已经预见到，地方政府没有能力或不愿对更广泛的环境和社会问题进行有效的管理，它们更多的是专注于保护本社区的特征、环境质量、税收收入和财政压力等小范围的问题。而一些宏观的区域性问题是地方政府所无法解决的，比如大都市区的蔓延和中心城市的衰落；无序的开发导致的环境恶化；关键地区的土地利用规划；经济和种族居住隔离；大都市区的交通拥堵和能源浪费；低密度开发模式导致的资源浪费和农田占用等。因此，一些环保组织和其他社会团体主张由州政府承担更广泛的责任，来保护自然环境，平衡社会需求，缓和社会矛盾。增长管理的这种由地方政府向州政府的转移，是"静悄悄的革命"的重要内容之一。

从20世纪70年代初期开始，人们认识到地方政府没有能力有效地进行增长管理，于是州政府开始采取更有力的措施，以便对州、区域和地方政府之间的增长规划和管理举措进行协调。州政府的增长管理经历了两次高潮，第一次高潮出现于70年代，主要强调环境问题和生活质量问题。夏威夷州早在1961年就制定了土地利用法规，1978年又制定了夏威夷州发展规划。70年代又有6个州通过了增长管理立法，要求州、区域和地方政府采取行动，避免无序开发造成的负面影响，它们是佛蒙特（1970）、佛罗里达（1972）、加州

---

① Randall W. Scott, ed., *Management & Control of Growth: Issues, Techniques, Problems, Trends*, Volume I, p. 408.

(1972)、俄勒冈(1973)、科罗拉多(1974)、北卡罗来纳(1974)。① 除了这些已经制定了增长管理政策的州以外,还有很多州开始着手制定相关政策,到1975年,至少有21个州正在着手制定发展规划。南部的15个州还组成了"南部增长政策委员会",以制定该地区的增长管理备选方案,规范未来几十年内的开发模式。②

在这一时期,许多州政府还成立了州一级的规划和管理部门以及区域性的规划和管理机构,以便协调全州和区域范围内的规划活动。区域性增长管理和规划机构主要是在州政府有关立法的推动之下建立起来的,此外还受益于联邦政府的政策引导,比如A—95联邦援助资金。1970—1975年,有47个州建立了A—95区域性信息交流处,超过一半的州建立了区域规划机构。一般而言,州政府机构确立全州范围的发展目标和管理政策,并授权地方政府制定综合性的发展规划,由州级规划机构和区域性规划机构负责审核和监督地方规划,以确保地方规划与州和区域规划目标相协调,从而加强了州政府和区域机构对土地利用的规范与管制。③ 然而,州和区域机构的这种介入也常常在州、区域和地方政府之间产生紧张关系,所涉及的问题主要包括:第一,每层政府机构的权限分配问题;第二,这些权力如何实施;第三,州政府和区域机构如何控制地方政府。④

然而,1974—1975年的经济衰退使大都市区的开发压力减小,人们希望通过开发活动来刺激经济活力,于是州政府的增长管理势头一度减弱。20世纪70年代后期和80年代初期经济衰退过后,开发活动又造成了新的增长压力,于是80年代中期又出现了州政府增长管理立法的"第二次浪潮"。在第二次浪潮中,制定增长管理政策的州

---

① John M. De Grove, "Growth Management and Governance", in David J. Brower, et al., eds., *Understanding Growth Management: Critical Issues and a Research Agenda*, p. 23.

② Randall W. Scott, ed., *Management & Control of Growth: Issues, Techniques, Problems, Trends*, Volume III, Washington, D. C.: The Urban Land Institute, 1975, p. 320.

③ Frank Schnidman, et al., eds., *Management & Control of Growth: Techniques in Application*, Volume IV, Washington, D. C.: The Urban Land Institute, 1978, p. 254.

④ Arthur C. Nelson, AICP, James B. Duncan, AICP, *Growth Management Principles and Practices*, p. 19.

数量激增，出现了所谓的"增长管理热"，"增长管理"一词正式出现于一些州的相关立法之中。佛罗里达州于1984年、1985年和1986年连续三年通过了增长管理立法，成为第二次高潮的开端，到90年代初期，俄勒冈、佛罗里达、佐治亚、新泽西、科罗拉多、加州、夏威夷、缅因、佛蒙特、罗得岛、华盛顿等州，都通过了某种形式的增长管理立法。[1] 而到90年代中期，美国已有19个州制定了全州范围的增长管理立法或建立了相关的研究团队。[2] 第二次增长管理高潮所关注的焦点不仅仅是环境问题和生活质量问题，而且还增加了对社会问题的关注，比如对便宜住房的需求问题，而且越来越将增长管理政策奠基于现实的基础之上，即竭力达到环境保护和经济发展的平衡，即第二次增长管理的高潮几乎囊括了所有的经济、环境和社会问题。[3]

州政府的增长管理方式主要有两种：第一种可称之为自上而下的增长管理，即州政府在增长管理过程中发挥了强有力的作用，州政府通过制定相关的立法和规划，确立全州性的发展目标，地方政府的规划必须经过州政府和区域机构的审批，以便确保与州政府规划目标的协调一致。凡是与州政府的规划目标不协调的地方规划都不能获得批准和付诸实施，否则，州政府将扣留给予该地方政府的规划援助资金。在更严格的情况下，州政府将收回下放给地方政府的治安权（police power），即地方政府制定分区制法规和发展规划的权力，由州政府或区域机构代替地方政府制定发展规划。实施这种增长管理方法的主要代表是俄勒冈和佛罗里达，另外，缅因、新泽西、罗得岛、华盛顿等州也在一定程度上采取了这种方法。第二种州政府的增长管理方式为自下而上的增长管理，即州政府授权地方政府制定综合发展规划，由区域规划机构审核这些规划是否与州规划目标相协调。即使地

---

[1] Jay M. Stein, ed., *Growth Management: The Planning Challenge of the 1990s*, p. vii.

[2] Randall G. Holcombe and Samuel R. Stanley, "Land-Use Planning: An Overview of the Issues", in Randall G. Holcombe and Samuel R. Stanley, eds., *Smarter Growth: Market-Based Strategies for Land-Use Planning in the 21st Century*, Westport, Connecticut: Greenwood Press, 2001, p. 2.

[3] John M. De Grove, "Growth Management and Governance", in David J. Brower, et al., eds., *Understanding Growth Management: Critical Issues and a Research Agenda*, p. 32.

方规划与州政府规划目标不很协调，州政府也无权去阻止地方规划的实施。实行这种增长管理政策的州一般是一些强调草根民主的州，或公民的环保意识薄弱而财产权意识强烈的州，比如加州、佛蒙特州和佐治亚州等。①

（四）联邦政策对增长管理的影响

总体而言，美国联邦政府的政策不利于对增长的有效管理。与欧洲国家不同，美国联邦政府从来没有制定过全国性的土地利用政策和综合发展规划，也没有全国性的土地利用规划机构对各州和地方政府的发展规划进行规范，这也许是美国大都市区的蔓延程度远比欧洲国家严重的原因之一。

然而，从20世纪50年代开始，联邦政府的某些立法还是在一定程度上推动了各州、区域和地方政府的增长管理政策的制定和实施。比如，1954年国会制定了联邦住房法，其中第七条第1款为了推动制定增长管理规划，授权联邦政府对各州城市和区域的规划活动提供资金援助，并由州政府机构对这些规划活动进行监督，而联邦政府则对各州的规划机构提供指导。到1967年，联邦政府根据该法进行了399次拨款，援助各州主要规划项目大约162个，其中1/3的拨款给予了各州政府，1/6直接拨给地方政府，1/2通过州政府提供给地方政府。1959—1969年，联邦援助资金从60亿美元增加到200亿美元。在该法的推动之下，全国市政联盟于1955年发表了一个《州与区域规划示范法》，对于推动各州制定规划法规发挥了指导作用。1960—1968年，进行至少一项规划活动的州从13个增加到39个。1964年各州规划机构还成立了"州规划机构联合会"，此外，各州规划机构的地位也大为提高，它们大多直属州长办公室，受州长的直接领导。②

---

① Arthur C. Nelson, AICP, James B. Duncan, AICP, *Growth Management Principles and Practices*, pp. 22 – 26.

② Frank Schnidman, et al., eds., *Management & Control of Growth: Techniques in Application*, Volume Ⅳ, pp. 252 – 253.

在各项联邦政策中，对各州和地方政府增长管理影响最大的是联邦"管理和预算办公室"的 A—95 通函（Circular No. A - 95）援助项目。A—95 援助项目源于两项联邦立法，第一项是 1966 年的《示范城市和大都市区发展法》，其中第 204 款授权大都市区内各种公共设施的开发项目可以申请联邦援助，而每项申请书都必须得到大都市区规划机构的审批，以确保这些项目符合大都市区的综合性发展规划，然后，大都市区审批机构的评语要与申请书一起提交给联邦拨款机构进行评估。第二项立法是 1968 年的《政府合作法》，其中第四条第 401（c）款规定：各级政府的发展规划要"在最大可能的限度内与国家目标保持一致，所有联邦援助的开发目标应该符合并推进州、区域和地方综合规划"。这两项立法都授权联邦"管理和预算办公室"制定和实施这两项立法的规章和细则，于是，该办公室发布了"第 A—95 号通函"，根据该通函对地方和大都市区综合规划项目所进行的援助称为 A—95 援助。这些细则有力地推动了地方开发项目与区域规划之间的协调一致。[①] 然而，A—95 计划并不是全国性的综合发展规划和综合性的土地利用法规，它只是依靠区域规划机构对开发项目进行审查程序。

联邦政府的增长管理措施的最大特点就是其单一性，即通过单项立法而不是综合措施进行增长管理。这一点明显地体现在国会通过的一系列环境立法当中，它们都在某一方面对各州的土地利用产生了某些影响，但没有一项立法是专门针对土地利用问题的。最早的联邦环境立法是 1948 年通过的《联邦水污染控制法》，随后国会通过了一系列有关的环境立法及其修正案，它们都在不同程度上促进了州和地方政府增长管理政策的发展。比如 1965 年的《水资源规划法》授权联邦政府向各州发放配套资金，帮助各州制定综合性的水资源和相关土地资源的规划。同年的《土地和水资源保护基金法》授权联邦政府

[①] Randall W. Scott, ed., *Management & Control of Growth: Issues, Techniques, Problems, Trends*, Volume III, pp. 298 - 299.

向各州提供配套资金，帮助制定全州范围的综合性户外娱乐空间规划。[1]

在所有联邦环境立法中，对增长管理产生最大影响的是1969年国会通过的《全国环境政策法》（NEPA），该法要求大型公共项目必须提交"环境影响声明"（EIS）。所谓"环境影响声明"就是关于拟定中的开发项目潜在的环境影响评估报告。这里的"环境"一词不仅包括自然环境，而且还包括对经济活动、公共设施、地方政府的财政开支和税收、对住房和其他开发活动的影响。该法通过仅仅5年后，就有17个州制定了类似的环境政策立法，规定大型公共开发项目必须提交环境影响报告，其中7个州还要求大型私人开发项目也提交环境影响报告。许多大型公共和私人开发项目由于不能达到环境要求而被迫推迟，而有些项目甚至被永久性地取消，从而在一定程度上减缓了大都市区的开发速度。该法还授权联邦政府成立了直属总统的环境质量委员会（CEQ）和环境保护局（EPA），环保局成为对土地利用最有影响的联邦机构。然而，这些环境立法没有一项是针对增长管理的核心问题，即土地利用问题的，都是头痛医头、脚痛医脚的单一功能的立法，并不具有总体规划与综合治理的能力。比如，联邦政府的水资源管理法虽然暂时禁止在某些郊区铺设排污管道，但由于没有综合性土地利用规划，开发商可以在没有排污管道的情况下进行开发，或者到其他有排污管道的地方进行开发，结果导致了蛙跳式的开发和更严重的郊区蔓延。[2] 后来，联邦政府通过的其他环境立法都存在这样的问题，比如1970年的《清洁空气法》、1972年的《滨水地区管理法》和《联邦水体污染控制法》等。

到20世纪70年代，随着"静悄悄的土地利用革命"的发生，人们越来越认识到土地利用规划的重要性，一些州和地方政府制定了综合性的土地利用规划，在这种氛围之下，国会也开始考虑制定全国性

---

[1] Frank Schnidman, et al., eds., *Management & Control of Growth: Techniques in Application*, Volume IV, p. 253.

[2] Randall W. Scott, ed., *Management & Control of Growth: Issues, Techniques, Problems, Trends*, Volume III, pp. 142, 422.

的土地利用法规。尼克松总统在其第一次国情咨文中宣称:"我承诺,在这些问题尚未严重到不可挽回之前,本国将制定一个全国性的增长政策。"[①] 他在1972年2月关于环境的国情咨文中又谈到了这个问题。他写道:"一种成熟的新思想正在孕育一种新的土地伦理,这种伦理认识到,滥用土地会危害公众利益,并且会限制我们及子孙后代的选择机会。现在,我们必须授权我们的各级政府部门,使之能够履行这种新观念所包含的职责。我们必须建立必要的行政和管理机构,保证土地能够得到明智的利用,制止没有计划、浪费资源和破坏环境的开发活动。"[②]

在这种鼓舞人心的形势下,1970年1月,民主党参议员亨利·杰克逊(Henry Jackson)向国会提交了联邦《土地利用规划法》(Land Use Planning Act),从而掀起了一场有关土地利用管理的全国性大辩论。杰克逊的一个雄心勃勃的目标就是要力图保证,"**将来所有的**开发"都将"符合合理的生态法则"。他在议案中提出,联邦政府为各州的综合土地利用规划提供资金援助,各州政府收集有关土地生态特征的数据,并提出不同地区的发展方向。1971年冬,尼克松政府提出了由国家环境质量委员会(CEQ)起草的另外一个替代方案。这两个议案的共同特点是,它们都不要求联邦政府采取直接的行动,而仅仅是通过联邦资助资金来鼓励各州制定自己的土地利用法规。经过妥协,1972年国会出台了一个折中的法案,即《土地利用政策和规划援助法》(Land Use Policy and Planning Assistance Act),其主要条款是:只要州政府愿意对其土地进行清查并建立土地利用管理系统,联邦政府就对其进行资金援助。然而,经过多次冲突和妥协之后,法案终于在1974年1月获得国会两院的通过。但是,出人意料的是,尼克松总统突然改变了态度,拒绝在法案上签字。由于国会未能凑足2/3的多数推翻总统的否决,美国历史上唯一的一次制定增长管理法

---

① Randall W. Scott, ed., *Management & Control of Growth: Issues, Techniques, Problems, Trends*, Volume Ⅲ, p. 411.
② [美] 亚当·罗姆:《乡村里的推土机——郊区住房开发与美国环保主义的兴起》,高国荣、孙群郎等译,中国环境科学出版社2011年版,第185页。

规的尝试最后彻底失败了。① 事实上，该法案并没有授权联邦政府制定全国性的土地利用规划，而仅仅是对各州的土地利用法规的制定进行资金援助，与欧洲国家的全国性土地利用规划相比，这仅仅是一个软弱而又无力的立法尝试而已。尽管如此，该法仍然失败了。事实上，尼克松的否决并非滥用职权，而是代表了广大公众的民意，因为在长达 4 年的法案制定和辩论过程中，根据民意调查，大多数选民反对这一法案，因为它威胁了美国公民最珍视的一项基本权利，即财产权。这说明，在美国这样一个自由主义占主导地位的国家，威胁公民基本权利的土地利用法规是难以成功的。

总之，当代美国的高速增长和大都市区的低密度蔓延造成了一系列经济、社会和环境危害，到 20 世纪 60 年代末 70 年代初美国的增长伦理发生了巨大变化，出现了所谓的"静悄悄的土地利用革命"，美国各级政府都实施了某些增长管理措施，由于各州和各地方政府的情况千差万别，政策措施各不相同，所以其增长管理所收到的效果也迥然有别。然而，美国各州的增长管理面临着一些共同的困难，使其增长管理充满着变数，面临着考验。第一，美国的联邦政府不能像英国等欧洲国家那样可以制定全国性的土地利用法规，不能有力地指导和规范各州的发展模式和开发进程；第二，以加州为代表的一些具有"草根民主"和地方自治传统的州，州政府无法制定全州性和综合性的增长管理立法，更不能制定全州性的土地利用规划，不能成立强有力的州和区域规划和管理机构，地方政府在制定增长管理法规和土地利用规划方面拥有太大的自由度，因而州政府不能有效地实施增长管理政策；第三，20 世纪 90 年代以来，对财产权的保护已经形成一场政治运动，即财产权运动。在法院和立法机构中，保护财产权的倡导者已经对美国的环境和土地利用政策构成了巨大的挑战。因而，美国的增长管理的前景仍然是波诡云谲，前途未卜。

---

① ［美］亚当·罗姆：《乡村里的推土机》，第 195—196、203 页。

六 加州的增长管理及其局限性

加利福尼亚州（简称加州）位于美国的太平洋沿岸，是美国的第一人口大州。加州拥有漫长的海岸线，地形地貌复杂多变，自然资源丰富，森林茂密，土地肥沃，盛产蔬菜水果，是美国农业最发达的州。然而，战后加州各城市的快速发展和低密度蔓延式发展给该州的自然资源和生态环境造成了极大的危害，大量农田被城市开发所侵占，农业经济面临着严重的威胁。此外，交通拥堵日益严重，基础设施浪费巨大，地方财政捉襟见肘，阶级和族裔隔离难以克服。为了解决低密度蔓延所造成的生态、经济和社会问题，加州政府和地方政府较早地进行了增长管理活动，取得了一定的成效。然而，与俄勒冈和佛罗里达等州相比，加州政府和区域机构在增长管理中所发挥的作用不大，是一种典型的自下而上的增长管理模式，因而其增长管理的效果相对而言也大为逊色。

（一）加州的快速发展所面临的问题

加州是美国发展最快和城市蔓延最严重的州之一。因此，该州的农地和自然资源受到的破坏也最为严重。比如，在旧金山湾大都市区的圣克拉拉县，1950年农田面积为13.5万英亩，而到1978年，该县已有9万英亩的农田用于城市开发。在加州南部也是如此，奥兰治县的农田，尤其是橘园，从1948年的13万英亩减少到1981年的不足2.5万英亩。[1] 加州的橡树林自20世纪50年代以来面积大为减少，每年大约有2万英亩的橡树林被砍伐用于住房开发。[2] 进入80年代以后，加州的人口增长速度更快，仅10年间就增加了600万人，比美国历史上任何一个州的增长速度都快。即使在经济衰退的1990年，

---

[1] Tim Palmer, ed., *California's Threatened Environment: Restoring the Dream*, Washington, D. C.: Island Press, 1993, p. 146.

[2] Tim Palmer, ed., *California's Threatened Environment*, p. 249.

加州人口也增加了79.3万人。①因此，住房开发也以前所未有的速度吞噬着加州土地，该州每年有15万英亩的土地被住房开发所侵占，其中包括最肥沃的一等农田5万英亩。②加州中央谷地（Central Valley）的农业产值为133亿美元，该谷地有美国10个农业产值大县中的6个，其中包括弗雷斯诺县（Fresno County），该县的农业产值超过了美国的24个州。然而，1981—1992年，该地区的土地开发增加了两倍以上。③

除了农田被占用和农业产值减少以外，还存在两个更严重的问题。首先是城市附近的农田往往是最肥沃的农田，因此被占用的往往也正是这些农田，所导致的农业损失无疑更大。为了弥补农田的损失和维持农业生产，那些远离城市相对贫瘠的土地也被开垦为农田，比如森林和湿地等。这样，城市开发不仅占用了肥沃的农田，而且还威胁了森林资源和野生动物栖息地。此外，新开垦的农田需要大量使用化肥才能获得高产，从而造成了环境污染。其次，由于城市开发占用农田，尤其是那些以蛙跳的方式分散地进行的开发活动，使原本整片的农田被分割碎化，使农场规模缩小，规模效益受到危害，农业单位产量下降。另外，那些与农业生产相关的产业也受到影响，比如农业机械的销售与维修等。如果这些产业的利润下降而导致其关门大吉，那么，这里的农业生产也就无法进行，从而形成恶性循环，损失惨重。

交通拥堵和空气污染问题是加州发展所面临的最严重的问题之一。严重的空气污染导致洛杉矶在20世纪四五十年代发生了一系列严重的光化学烟雾事件，洛杉矶被称为"美国烟雾之都"。1968年，

---

① William Fulton, "Sliced on the Cutting Edge: Growth Management and Growth Control in California", in Jay M. Stein, ed., *Growth Management: The Planning Challenge of the 1990s*, p. 114.

② Florida Atlantic University, Florida International University, Joint Center for Environmental Problems, *Plowing the Urban Fringe: An Assessment of Alternative Approaches to Farmland Preservation*, Fort Lauderdale, Florida: University Tower, 1989, p. 23.

③ F. Kaid Benfield, et al., *Once There Were Greenfields: How Urban Sprawl Is Undermining America's Environment, Economy and Social Fabric*, New York: Natural Resources Defense Council, 1999, p. 66.

加州州长罗纳德·里根成立了"加州空气资源委员会"(CARB),对该州的汽车尾气和炼油业的废气排放标准进行了规范。但由于大都市区的空间结构和人们对私人汽车的严重依赖,加州城市平均每年有109天空气质量未能达标。[1] 空气污染不仅损害了人们的身体健康,而且还给农业生产造成极大的损失。

于是在20世纪70年代以后,那种狂热的"增长伦理"受到了人们的质疑,美国发生了"静悄悄的土地利用革命"。正因为加州的人口增长最快,环境受到的威胁最大,所以加州的增长管理政策的实施也最早。早在1955年,该州就要求地方政府制定总体规划(general plans),内容包括土地利用和交通问题。1971年,加州议会通过的AB1301规划法是该州里程碑式的规划立法,要求县和城市的分区制和细分法令必须与总体规划相协调。地方总体规划的修改每年不得超过4次。在大多数情况下,州政府并不要求地方政府的总体规划与州政府特定的政策目标相一致。唯一的例外是总体规划中的住房问题,必须满足该州为所有各社区和收入阶层提供住房的目标。加州地方总体规划必须包括7个方面的内容:土地利用、住房、交通、土地保护、开放空间、安全、噪音等。而地方政府又往往增加其他方面的内容,比如人力资源、历史古迹的保护、社区设计等。[2]

(二) 加州的农地保护

1965年加州议会通过的《加州土地保护法》(CLCA)是美国最早限制土地开发,保护农地和开放空间的立法之一,也称为《威廉森法》(Williamson Act)。该法论述了土地保护的意义,"第一,最大限度地保留有限的农地对于保护本州的经济资源是十分必要的,这不仅对于维持本州的农业经济是十分必要的,而且对于确保本州乃至全国未来居民拥有充足、健康和营养丰富的食物也是十分必要的"。"第

---

[1] Peninah Neimark and Peter Rhoades Mott, eds., *The Environmental Debate: A Documentary History*, Westport, Connecticut: Greenwood Press, 1999, p. 266.

[2] Arthur C. Nelson, AICP, James B. Duncan, AICP, *Growth Management Principles and Practices*, pp. 26-27.

二，将优质农地转变为城市用地是草率的和不必要的做法，对此进行抵制有利于公众利益，而且也有利于城市居民自身，因为这会阻止城市非连续的开发模式，而这种开发模式不必要地提高了向社区居民提供社区服务的费用。""第三，在一个迅速城市化的社会，作为开放空间的农地具有显而易见的公共价值，将这些土地保留下来用于农业生产，对于当前和未来城市或大都市的发展都具有物质的、社会的、美学的和经济的意义。"①

该法规定，通过削减农地的财产税，阻止将农地和开放空间转变为城市用地。为此，加州制定并实施了农业保护区计划。但该计划不是由州政府的有关机构执行，而是由县政府负责执行，而且县政府和农场主的参与也是自愿的。土地所有者可以与参加该计划的城市或县政府签定为期10年的合同。在土地合同的有效期内，这些土地只能用于农业生产，而不能用于其他方面。在该州的58个县中，有49个参与了该计划。县政府以下的地方政府也可以建立它们自己的农业保护区，但农业保护区的建立必须由土地的所有者提出申请。虽然该法规定，一个农业保护区的面积至少应为100英亩，但它也允许地方政府建立规模更小的农业保护区。如果农场主参加了该计划，其土地将根据其农业价值进行财产税的评估，而不是根据该土地在市场上的价格进行评估，这样可以减少农场主的财产税，鼓励他们将自己的土地用于农业生产。当土地保护合同的10年期限届满时，如果农场主或地方政府不提出解除合同，合同将继续有效。如果农场主提出解除合同，那么在随后的6年内，该土地的财产税评估将逐年增加，直到达到该土地的市场价格为止。而要取消合同，农场主还必须向州政府交纳一笔费用，相当于该土地市场价格的12.5%。②

加州宪法第28条修正案于1966年11月生效，进一步推动了《威廉森法》的实施。该修正案允许地方政府利用税收方法鼓励农场主和地

---

① Peninah Neimark and Peter Rhoades Mott, eds., *The Environmental Debate*, p. 196.
② Florida Atlantic University, Florida International University, Joint Center for Environmental Problems, *Plowing the Urban Fringe*, pp. 25–26.

产主不把土地出售给开发商。该修正案规定:"第一条……维护、保护、保留和使用其他方法继续保护开放空间,用于生产食物和木材,确保将自然资源和优美风景用于本州及其公民的经济和社会福利,这样对本州而言是最为有利的。""第二条……州议会有权划定开放空间的范围,有权制定条款,规定何时将这种土地置于严格的限制之下,这由州议会具体规定,这些土地只能用于娱乐,用来作为优美的景观供人欣赏,用来作为自然资源,或者用来生产食物或木材。"[1]

1976年,加州议会对威廉森法进行了修订,州政府对参加该计划的县进行拨款,以弥补县政府由于参加农业保护区计划而蒙受的财产税损失,并资助参与该计划的县在有关方面的行政开支,从而鼓励地方政府积极参与该计划。1987—1988财政年度,加州政府为补偿县政府签定土地保护合同的开支而进行的拨款额达1450万美元。[2] 加州的农业保护区计划对于保护农地发挥了一定的作用,到90年代初期,加州大约有1500万英亩的农地参与了该计划,占加州农地总量的一半。[3]

然而,《威廉森法》的自愿性特征注定了该计划不会取得理想的效果。这是因为:第一,该法不能有效地保护城市附件的农地。如果农场主认为他们有高价出售地产的机会,他们就不愿参加这一计划,即使参加了也会随时退出,放弃农业经营。而愿意参加这一计划的往往是那些远离城市的农地,因而近期没有进行开发的可能性。这样,该计划就保护了不必进行保护的土地,而需要保护的土地又无法进行保护,白白浪费了政府资金。第二,地方政府缺乏积极性。因为农场主参加了这一计划,土地价格和财产税评估就会大打折扣,县政府和其他地方政府的财政税收就会遭受损失。因此该州有9个县,其中包括几个农业生产非常重要的县,没有参与该计划。即使那些参与了该计划的县,在实施过程中也存在诸多问题。许多土地在作为城市用地和农业用地上,以及在税

---

[1] Peninah Neimark and Peter Rhoades Mott, eds., *The Environmental Debate*, p. 196.
[2] Florida Atlantic University, Florida International University, Joint Center for Environmental Problems, *Plowing the Urban Fringe*, p. 24.
[3] Tim Palmer, ed., *California's Threatened Environment*, p. 150.

收上存在很大差距，即使州政府对县政府进行了财政补贴，也很难弥补这种差距。① 第三，如果地方政府参与了该计划，为了弥补财政收入的减少，也可能会修改土地利用规划或分区制法规，进行税收较高的工商业开发活动，即实行所谓的财政性区划（fiscal zoning），导致地方政府间在土地利用方面的无序竞争，从而导致蔓延式开发。

结果正如"加州公共事务研究院"的公共政策分析家和顾问丹尼尔·梅兹曼宁（Daniel Mazmanian）于1982年所指出的，"加州在保护农地方面的纪录是非常糟糕的……一般而言，蔓延的进程、土地的分割，以及重要农地的毁坏仍然在进行中，没有受到制约。"② 此言不虚，在中央谷地县（Central Valley County），从该计划的实施到1988年底，大约有5295英亩的土地退出了该计划，而1989—1990年，竟有2.5万英亩的土地退出了该计划。就整个加州而言，每年有高达5万英亩的农地用于城市开发。③ 对此，早在1980年，库格林（Coughlin）就在制度层面上进行了分析，地产税评估方面的差别，"应该是辅助性的，应该与其他各种直接和间接的控制措施一起协调发挥作用，而这些措施应该包含在一个连续的规划框架之内。应该制定某些直接的土地利用控制措施，比如农业生产专区"。另一位学者班塔（Banta）也于1980年指出："将来的农地管理，尤其是受到城市（扩张）压力的地区，似乎在于……一系列自愿的和强制性的计划，并辅之以对农地所有者在财政和其他方面的优惠措施，以平衡（给他们造成的）不便和不公平。"④ 由此可见，仅仅依靠自愿性措施不能很好地进行增长管理和保护农地等自然资源。

---

① Florida Atlantic University, Florida International University, Joint Center for Environmental Problems, *Plowing the Urban Fringe*, p. 41.

② Florida Atlantic University, Florida International University, Joint Center for Environmental Problems, *Plowing the Urban Fringe*, p. 37.

③ Tim Palmer, ed., *California's Threatened Environment*, p. 150.

④ Florida Atlantic University, Florida International University, Joint Center for Environmental Problems, *Plowing the Urban Fringe*, p. 41.

(三) 对海滨地区的保护

对海滨地区的保护是加州增长管理的另一项重要内容。在 20 世纪 60 年代末 70 年代初期，加州一些公民团体和环保组织，曾多次敦促州议会通过一项保护加州海滨地区的综合性立法，这项法案在 1970 年、1971 年和 1972 年连续 3 次遭到失败。尽管该法案得到了州议会两院的多数支持，但每次都遭到了参议院保守的自然资源和环境问题委员会的阻挠。于是，该州一个选民基础十分广泛的联盟"加州海滨联盟"（California Coastal Alliance）举行了长达 11 小时的开车游行和请愿活动，要求制定加州海滨地区的增长管理法规。这一活动终于取得了成效，1972 年 11 月，加州以公民投票的方式通过了第 20 号公民提案（Proposition 20），加州议会将其再次通过，成为 1972 年的《加州海滨地区保护法》（Californian Coastal Zone Conservation Act）。[1]

该法在一定程度上限制了地方政府的自治权，加强了州政府的权力。该法将海滨地区的规划和管理责任授予了"加州海滨委员会"（CCC）和六个区域性的海滨地区委员会手中。加州海滨委员会由州长和州议会任命。这是一个由专业人士构成且资金充足的州政府机构。虽然区域委员会中拥有地方政府官员，但区域委员会可以制定海滨地区的长期开发规划，地方政府在海岸线 1000 码以内的任何开发项目都必须得到区域委员会的许可，而加州海滨委员会则拥有上诉权。[2] 这样，该法就确立了州政府和区域委员会在保护海滨地区的直接控制权。

然而，地方政府对上述立法授予州委员会和区域委员会的直接控制权进行了抵制，于是，州议会于 1976 年通过了《滨海地区法》（Coastal Zone Act），重新恢复了地方政府的控制权，将制定规划和开发项目的审批权划归 68 个海滨地区的地方政府，州委员会和区域委

---

[1] John M. De Grove, "Growth Management and Governance", in David J. Brower, et al., eds., *Understanding Growth Management: Critical Issues and a Research Agenda*, pp. 26–27.

[2] Arthur C. Nelson, AICP, James B. Duncan, AICP, *Growth Management Principles and Practices*, p. 56.

员会的权力大为削弱。① 该法要求每个地方政府都要制定一个地方性的海岸规划，包括土地利用规划和实施细则。地方规划同样必须得到州委员会的批准。该法取消了《加州海滨地区保护法》规定的1000码的管理范围，将海滨地区的管理范围修改为从5英里到几百英尺不等。该法设计了一系列保护农地的具体措施：第一，划定稳定的边界，将城市地区与乡村地区分别开来；第二，限制城市周围地区农地向城市用地的转变；第三，优先开发那些不适于农业的土地，从而减缓农业土地的城市开发；第四，确保公共服务和公共设施的扩大不影响农业发展；第五，确保一等农地的产量不受开发活动的影响。②

在上述两项法律的推动下，加州所有15个滨海县和相关地方政府都制定了地方性的海岸保护规划，并得到了州政府的批准。《加州海滨地区保护法》主要是通过土地开发权的转让和开发权的购买，来保护农地、恢复被破坏的土地和保护生态脆弱的地区。该法还授权州政府提供资金，帮助私人土地信托公司征购土地加以保护。③ 土地开发权的转让（easement）是保护农业用地的一个有效方法。这种转让包括购买和捐献两种，一般是将土地的开发权从土地所有者转移给非营利的土地保护组织，开发权一经转让，土地所有者就永远失去了这一权利，除非经过烦琐的法律程序。比如，在旧金山湾大都市区附近的马林县（Marin County），农地托管组织（Marin Agricultural Land Trust）通过这种方法保护了1.5万英亩的农业用地。有些开发权的转让是通过县政府的购买获得的，由政府掌管。1988年，加州政府还发行了债券，以资助地方政府购买农地和野生动植物栖息地的开发权。④

然而，由于海滨地区的土地价格昂贵，而且政府拨款有限，仅仅

---

① John M. De Grove, "Growth Management and Governance", in David J. Brower, et al., eds., *Understanding Growth Management: Critical Issues and a Research Agenda*, p. 27.

② Florida Atlantic University, Florida International University, Joint Center for Environmental Problems, *Plowing the Urban Fringe*, p. 30.

③ Florida Atlantic University, Florida International University, Joint Center for Environmental Problems, *Plowing the Urban Fringe*, p. 24.

④ Tim Palmer, ed., *California's Threatened Environment*, p. 151.

通过直接购买土地开发权的方式所能保护的土地甚少。因此，当时负责土地资源保护的州政府机构"海滨地区保护局"（Coastal Conservancy）的一位官员约瑟夫·皮特里洛（Joseph Petrillo）指出，对农地最大的威胁是城市扩张，必须采用综合的办法，比如规划管制、直接购买，以及利用土地托管组织购买土地等多种方法，才能限制城市向农业地区的蔓延。同时，上述两项法律也未能得到有力的执行。尽管"加州海滨委员会"对各县地方性海岸规划的制定进行了大量的指导和财政资助，但地方政府在规划的制定和提交审批方面总是行动迟缓。到1985年只有39个地方政府提交了规划方案并获得批准，而其中36个县主要是农业县，很少受到城市蔓延的威胁。[①]

尽管如此，上述两项法案还是收到了一定的成效，1976年以后，加州海滨地区的住房开发大为减少，而有些县甚至没有再出现住房开发。海滨地区的农地、开放空间和美丽风景得到了保护，蔓延式和蛙跳式的社区开发有所缓和，海洋产业和港口发展受到鼓励，尤其是在已经开发的地区。

（四）对野生动物栖息地的保护

加州的无序开发和城市蔓延不仅侵占了大量农地，威胁了海滨地区的生态环境，而且还侵占了大量的开放空间，严重地侵害了野生动植物栖息地，威胁着物种的生存和延续，于是加州政府不得不做出反应。

1974年，加州议会通过了《开放空间地役权法》（Open Space Easement Act），授权公共机构和非营利组织，比如土地托管组织等，通过购买或捐献的方式获得开放空间的地役权，以便直接将某些重要的开放空间和野生动物栖息地保护起来。

1988年，美国鱼类和野生动物管理局（the U. S. Fish and Wildlife Service）在加州里弗赛德县（Riverside County）西部发现了一个8.5万英亩的濒危动物更格卢鼠（Stephens' Kangaroo Rat）的栖息地，于

---

① Florida Atlantic University, Florida International University, Joint Center for Environmental Problems, *Plowing the Urban Fringe*, pp. 39–43.

是这里的开发活动立即被禁止。联邦政府、里弗赛德县政府、各地方政府和开发商经过谈判与协调，确立了一种环境保护费制度，成立了一个联合机构"里弗赛德县栖息地保护署"，同时还建立了一个多达每英亩1950美元的基金，对该栖息地内的所有开发活动进行收费，此外，各地方政府还制定了野生动物栖息地保护规划（HCPs）。到1990年初，对开发活动大约收取了2500万美元的资金。这些资金与加州和联邦政府提供的资金一起，将被用来在里弗赛德县征购74667英亩的更格卢鼠的栖息地。[①]

然而，虽然有联邦政府和州政府的积极干预和资助，但地方政府并没有能够很好地执行保护规划，开发活动仍然难以禁止。1985—1989年，洛杉矶大都市区每年大约开发10万套以上的住房，其中40%位于里弗赛德县的西部和圣贝纳迪诺县（San Bernardino）。而且里弗赛德县的分区规划制度比邻近的奥兰治县和洛杉矶县更加宽松，即使这些宽松的分区制法令也相继被废除或得不到实施。与此同时，由于1978年加州通过的第13号公民提案（Proposition 13）降低了财产税率，各个城市和县政府的财政收入减少，于是它们竭力争夺那些能够产生高额税收的土地开发模式，积极进行工业和商业的开发。[②]因此，地方性保护措施很难对野生动物栖息地提供有效的保护。

1990年春，联邦政府和加州有关法律将该州524种动物列为濒危物种，1991年秋，联邦政府和加州法律又将212种植物列为稀有或濒危植物。但是，根据"加州本地植物协会"（California Native Plant Society）的报告，加州还有541种植物已经成为濒危物种，但并没有被联邦政府和加州法律列为濒危物种。[③] 在美国的许多地方，野生动物栖息地的保护规划引起了有关财产权和环境保护的冲突，从而严重

---

① Arthur C. Nelson, AICP, James B. Duncan, AICP, *Growth Management Principles and Practices*, p. 61.
② Thomas D. Feldman and Andrew E. G. Jonas, "Sage Scrub Revolution? Property Rights, Political Fragmentation, and Conservation Planning in Southern California under the Federal Endangered Species Act", *Annals of the Association of American Geographers*, 90 (2), 2000, pp. 265 – 266.
③ Tim Palmer, ed., *California's Threatened Environment*, p. 231.

地阻碍着对野生动植物栖息地的保护。由于加州南部地区的郊区蔓延异常迅速，因此，这一地区有关财产权和环境保护的冲突也最突出。1991年，加州政府制定了一个"自然群落保护规划"（Natural Communities Conservation Planning），试图在保护生态系统的基础之上协调发展与保护之间的矛盾。在加州南部滨海地区制定了一个区域性的"自然群落保护规划"，规划区域的面积覆盖了下列各县的全部或部分地区：奥兰治县、里弗赛德县、圣贝纳迪诺县、圣迭戈县、洛杉矶县等。①

然而，在美国，对野生动物栖息地的保护权往往在不同的政府机构和不同的地方政府之间进行了分割，因而对于保护计划的实施非常不便。为了克服这一点，加州与联邦政府的10个相关机构签订了一个协议，成立了一个"生物多样性行政委员会"（Executive Council on Biological Diversity），加州被划分为11个区域，该委员会为这11个区域分别制定了保护规划，以便保护物种的多样性，并跨越传统的联邦、州、县和地方政府的行政界限，从而有利于统一行动。② 但是，郊区的蔓延和动物栖息地的减少需要制定全州性的整体综合规划，然而，加州始终没有制定这样的规划，无法对地方政府的规划加以指导与监督，此外再加上加州南部政治上的巴尔干化，使这种规划的制定和实施更加困难。

（五）加州的增长管理所面临的问题

加州的增长管理所面临的最大问题就是前文提到的自下而上的增长管理方法，也就是由地方政府主导的分散的增长管理，这种增长管理不能有效地阻止郊区的蔓延及其造成的各种危害。这是因为大都市区的蔓延本身就是分散的地方规划和管理造成的，现在反过来还用这

---

① Thomas D. Feldman and Andrew E. G. Jonas, "Sage Scrub Revolution? Property Rights, Political Fragmentation, and Conservation Planning in Southern California under the Federal Endangered Species Act", *Annals of the Association of American Geographers*, 90 (2), 2000, p. 257.

② Tim Palmer, ed., *California's Threatened Environment*, p. 235.

种方法去治理由其导致的后果,这只能是饮鸩止渴,中毒日深。

从数量上讲,加州地方政府的增长管理措施确实多得令人惊叹,根据一项调查,仅1989年加州的各县和各城市就采取了850多项增长控制措施。而且许多增长管理方法,比如建筑限额制,也是由加州地方政府所首创。但是,加州不像其他许多州那样制定了范围广泛的州增长管理立法,比如俄勒冈、佛罗里达和新泽西等州,也没有制定全州范围的规划和区域规划,因此,加州不能对全州和全区域的增长进行全面的综合性的规划和管理,增长管理仍然是该州58个县和450个城市的职责,而这些地方政府各自为政,自行其是,以邻为壑,毫不顾及其增长管理措施对其他地方政府的负面影响。另外,加州也没有一个全州性的行政机构来监督和审核地方规划,虽然存在一个隶属于州长的"规划研究办公室"(OPR),但它只是一个信息咨询机构。在一般情况下,加州的规划法律不是由州政府监督执行,而是由该州的公民或公民团体监督执法程序,并通过司法诉讼对地方规划机构进行监督。这种增长管理被威廉·富尔敦(William Fulton)称为"公民执法"(citizen enforcement)。这种公民执法不能起到未雨绸缪的作用,而只能是亡羊补牢,而且诉讼过程烦琐拖沓,不能起到及时纠正的作用,效果很差。因此,加州的增长管理虽然起步较早,但在深度和强度上远远落后于其他各州,结果使该州的大都市区蔓延及其导致的各类问题更加每况愈下。[①]

非但如此,加州的某些立法反而产生了反面作用。由于郊区的快速增长,地方政府的财政开支扶摇直上,因而地产税率迅速提高,美国的许多地区发生了税收反抗运动,地方选民或州议会纷纷提出议案,对地方政府的地产税率和财政开支加以限制。加州公民首先发难,于1978年提出了第13号公民提案(Proposition 13),并在全民表决中获得通过,随后加州议会以2∶1的比例再次通过了该提案,

---

① William Fulton, "Sliced on the Cutting Edge: Growth Management and Growth Control in California", in Jay M. Stein, ed., *Growth Management: The Planning Challenge of the 1990s*, pp. 114–115.

成为该州宪法的一项修正案。该修正案将加州的财产税率降低了57%，即降低到1975年的水平，规定地产税率不得超过1%，而在地产出售时，地产税率不得超过2%。1979年，加州公民又在公民投票中以压倒优势通过了另一项提案，对州和地方政府的财政开支规定了上限。[1] 由于当时加州许多地方政府的地产税率已经接近2%，依靠提高地产税率来增加财政收入的空间已经饱和，但由增长导致的财政开支却在不断增加。由于地方政府不能从新开发项目中征收足够的地产税抵消开发项目的基础设施开支，于是一些地方政府便开始对新开发项目征收高额收费，或者实施财政性区划（fiscal zoning），竭力吸引汽车公司、购物中心、高档酒店等能够产生更多税收的工商业投资，而将产生地产税较少的住房开发推向其他社区，甚至是更远的外围小型郊区，从而导致了更加严重的蔓延式开发或蛙跳式开发。比如在80年代，洛杉矶的圣费尔南多河谷（San Fernando Valley）逐渐发展成为一个就业中心，但该谷地的地方政府反对新的住房开发项目，而附近以住房开发为主的文图拉县（Ventura County）的多数城市也限制住房开发，于是，开发商不得不以蛙跳的形式跳过安杰利斯国家森林（the Angeles National Forest），远在50英里以外的安蒂洛普谷地（Antelope Valley）进行住房开发。结果导致了就业与住房分布的严重失衡，迫使就业人员驱车50乃至70英里进行通勤就业，如此漫长的通勤距离必然导致交通拥堵和空气污染。[2] 可见，加州自下而上的增长管理不能有效地解决大都市区的蔓延及其产生的各类问题。

七 波特兰大都市区的增长管理及其启示

俄勒冈州的增长管理方式与加州形成了鲜明的对照，是一种典型

---

[1] George S. Blair, *Government at the Grass-roots*, Pacific Palisades, California: Palisades Publishers, 1981, pp. 33 – 34.
[2] William Fulton, "Sliced on the Cutting Edge: Growth Management and Growth Control in California", in Jay M. Stein, ed., *Growth Management: The Planning Challenge of the 1990s*, p. 121.

的自上而下的增长管理,由于该州制定了全州范围的增长管理和土地利用法规,确立了全州性的规划目标,并设立了城市增长边界,对大都市区的蔓延进行了强有力的遏制,所以该州的增长管理取得了良好的效果。而在该州所有大都市区的增长管理中,以波特兰大都市区的成就最为突出,可谓美国区域性增长管理的典范,备受有关部门和学术界的推崇。波特兰大都市区的主要增长管理措施包括:成立了综合性的具有强制力的大都市区政府;制定了区域性的增长管理政策,其中最重要的是划定了大都市区范围的城市增长边界;积极进行中心城市的再开发和复兴活动;建立了综合性的大都市区交通系统等。

(一) 俄勒冈州增长管理政策的制定

俄勒冈州的增长管理政策源于其强烈的环境意识。俄勒冈州位于美国西北部的太平洋沿岸,南北分别与加州和华盛顿州为邻,自然资源丰富,土地肥沃,森林茂密,山河秀丽。威拉米特河谷(Willamette Valley)的肥沃农田从波特兰向南延伸100英里,这一地区容纳了该州75%的人口。该州人口从1950年的150万增加到1970年的210万,再到1990年的280万。1960—1980年,该州人口的增长速度是全国平均速度的2倍,两者分别为49%和26%。[1] 而威拉米特河谷则容纳了该州的大部分新增人口,因此大量的农地和开放空间被城市开发所吞噬,仅在20世纪60年代,该河谷就丧失了大约34%的农地,仅仅克拉克默斯县(Clackamas County)每年就损失农地达1万英亩。[2]

波特兰是该州的最大城市,位于该州西北部哥伦比亚河的支流威拉米特河畔。随着大都市区的膨胀,城市开发的密度越来越低,1950—1960年,波特兰—温哥华(Portland-Vancouver)城市化地区的面积由114平方英里增加到191平方英里,而人口密度则由每平方英

---

[1] Deborah A. Howe, "Growth Management in Oregon", in Jay M. Stein, ed., *Growth Management: The Planning Challenge of the 1990s*, p. 62.

[2] Constance E. Beaumont, *Smart States, Better Communities; How State Governments Can Help Citizens Preserve Their Communities*, Washington, D.C.: National Trust for Historic Preservation, 1996, p. 287.

里4517人下降到3405人；而到1970年，该城市化地区的面积增加到267平方英里，人口密度却下降到每平方英里3092人。[1]

这种土地资源的浪费是由土地开发的随意性决定的，在1973年俄勒冈州制定增长管理立法之前，这种随意性是异常明显的。俄勒冈千友会（1000 Friends of Oregon）的行政首长罗伯特·利伯蒂（Robert Liberty）回顾了20世纪60年代后期和70年代初期的发展状况：杂乱无章的开发活动在任何地方都是不受限制的；城镇和城市没有任何边界限制，可以随意向外扩展；县委员会的投票可以轻易地修改分区制法规，改变土地的利用方式，从而使邻里、农地和林地的面貌大为改观。[2]

为了使威拉米特谷地的自然环境和农业生产免遭毁灭性破坏，使这里的居民社区免遭城市蔓延和无限制开发的危害，该谷地的农场主们采取了积极的行动。他们首先于60年代初期提出了"农场专用"土地的思想，要求该州议会根据农地的实际生产能力来确定土地的财产税率，而不是根据土地作为开发用地的市场价格来确定财产税率。他们还于1967年召开了一次研讨会，主题为"威拉米特河谷——我们在土地利用方面的前景是什么？"这一行动促使俄勒冈公民对于城市开发给农地所造成压力产生了警觉。[3]

除了占用农地以外，俄勒冈州的快速增长还导致了环境污染、资源破坏、基础设施增加和财政负担加重等一系列问题。为了解决这些问题，波特兰大都市区成立了一系列民间团体，在这些团体的推动之下又成立了一些区域性政府机构，以便解决大都市区蔓延所产生的各类问题。比如，在一些公民、规划人员和企业人士的倡议之下，1961年1月成立了一个民间组织"大都市区前景"（Metropolitan Area

---

[1] Carl Abbott, "Planning a Sustainable City: The Promise and Performance of Portland's Urban Growth Boundary", in Gregory D. Squires, ed., *Urban Sprawl: Causes, Consequences & Policy Responses*, p. 221.

[2] Constance E. Beaumont, *Smart States, Better Communities*, p. 287.

[3] Carl Abbott, "Planning a Sustainable City: The Promise and Performance of Portland's Urban Growth Boundary", in Gregory D. Squires, ed., *Urban Sprawl: Causes, Consequences & Policy Responses*, p. 211.

Perspectives，MAP），它是波特兰地区第一个倡导成立大都市区政府的组织。在该组织的推动之下，1963年成立了"波特兰大都市区研究委员会"（PMSC），负责制定该大都市区的综合服务计划。在该委员会的努力之下，波特兰大都市区还成立了其他几个大都市区机构：比如1970年成立的"大都市服务专区"（MSD）、1966年成立的"哥伦比亚区域政府协会"（CRAG）、1969年建立的"波特兰大都市区地方政府边界委员会"（PMAGB C）等等。[1]

然而，地方政府和区域政府的管辖范围和管理能力毕竟是有限的，只有州政府才拥有更大的管辖范围和管理权威，于是，在环保主义者的推动之下，20世纪60年代俄勒冈州政府采取了一系列措施，以保护土地和自然资源，控制污水排放，处理固体垃圾，修建自行车道等措施。俄勒冈州还最先采取措施，制定了海滨地区增长管理规划。

推动俄勒冈州走向增长管理的一个重要步骤是"参议院第十号法案"（Senate Bill 10 或 SB10）的通过。在该州共和党州长汤姆·麦考尔（Tom McCall）的敦促下，1969年州议会通过了上述法案，这是一个土地利用规划法案，它要求各城市和各县制定综合性规划，实施土地利用管制，这些地方规划必须达到法案所规定的10个目标，其中主要内容之一就是保护农地。该法案还规定完成地方规划的最后期限为1971年12月31日。然而，该法没有确立评估这些地方规划的标准，也没有采取有力措施使它们互相协调，没有确定有效的实施机制，因此该法没有产生多大效果。麦考尔于1970年再度当选为州长之后，他呼吁加大"参议院第十号法案"的执行力度。与此同时，在该法案的全民复决中，全州有55%的选民投票予以支持。[2]

1969年的"参议院第十号法案"仅仅是一个起步，真正推动俄

---

[1] Robert T. Dunphy, *Moving beyond Gridlock: Traffic and Development*, Washington, D. C.: the Urban Land Institute, 1997, p. 40.

[2] Carl Abbott, "Planning a Sustainable City: The Promise and Performance of Portland's Urban Growth Boundary", in Gregory D. Squires, ed., *Urban Sprawl: Causes, Consequences & Policy Responses*, p. 212.

勒冈州走上增长管理道路的是"参议院第一百号法案"。麦考尔州长再次发挥了领导作用,他于1973年1月在一次演讲中说道:"当前对于我们的生态环境和整个生活质量存在着一种肆无忌惮的威胁,即对土地的疯狂掠夺。""蒿草丛生的居民小区、沿海地带的共管住房,以及威拉米特河谷中郊区的贪婪伸展,都发出了这样的威胁:摧毁俄勒冈州在全国作为环境典范的地位……俄勒冈今天和未来的利益必须得到保护,防止人们对土地进行挥霍无度的浪费。"①

在州长和有关人士的推动之下,更有力的增长管理法案《俄勒冈土地利用法》(Oregon's Land-Use Law),即"参议院第100号法案"(Senate Bill 100)获得了州议会的通过,并于1973年5月29日由州长麦考尔签署生效,该法成为俄勒冈州增长管理的政策框架,成为该州在土地利用规划和增长管理方面的一个重要的里程碑。

在州议会对法案的辩论中,最关键的问题是州政府承担多少直接的权力来履行增长管理的职责,由于激烈的冲突和争论,州政府的管辖权在最后文本中遭到了很大的削弱。比如,法案的最初文本规定成立区域性的规划机构,使其在制定发展规划和协调地方规划方面拥有强制性权力,但该款由于遭到地方政府的强烈反对而被删除。同样,法案的原始文本曾授权该州"土地保护与开发委员会"(Land Conservation and Development Commission, LCDC)在该州划定关键区域(critical areas),并在这些区域中行使直接的审批权,但该项权力在最后文本中也受到削弱。最后,州议会制定的规划目标和政策实施不是通过制定全州性的综合规划来实现,而是通过地方规划和实施细则来实现。② 尽管受到了诸如此类的削弱和限制,但该法仍然是美国最强有力和最有效的增长管理法规。

《俄勒冈土地利用法》最重要的内容之一,就是确立了该州的总

---

① Carl Abbott, "Planning a Sustainable City: The Promise and Performance of Portland's Urban Growth Boundary", in Gregory D. Squires, ed., *Urban Sprawl: Causes, Consequences & Policy Responses*, p. 207.

② John M. De Grove, "Growth Management and Governance", in David J. Brower, et al., eds., *Understanding Growth Management: Critical Issues and a Research Agenda*, p. 24.

体规划目标，以作为州政府各机构和各地方政府制定土地利用规划的标准。在该法通过后的3年里，州"土地保护与开发委员会"（LCDC）制定了一个全州范围的发展指南，逐步确立了该州的19项规划目标，建立了一个全州范围的土地利用规划体系。在这些规划目标之中，具有核心地位的是第3项目标和第14项目标。第14项目标规定，在各个城镇和大都市区周围建立城市增长边界（urban growth boundary，UGB），"以划定和区分城市用地和乡村土地"。为了确定这一边界，各县和各城市政府要对辖区内的土地进行清查，为未来20年内用于的住房开发、经济发展、开放空间等方面预留足够的土地。然后，在这些土地周围划出一条界线，即城市增长边界（UGB），未来20年内的城市开发只能限于该界线以内。第3项目标则规定，城市增长边界（UGB）以外的地区为"农业专属用地"（exclusive farm use，EFU），并成立一个"土地保护署"（the Soil Conservation Service）对这些土地进行分类保护，那些被该署划分为一等农地的土地，必须作为耕地加以保护。[①] 同时，该发展指南禁止将这些农业用地合并到城市用地之内，也禁止在农业用地之上提供城市类型的服务设施。城市增长边界的设立，有利于遏制城市蔓延式的开发及其导致的农地流失、环境危害和财政浪费。[②] 对于城市增长边界的重大意义，美国著名的城市史专家卡尔·艾博特（Carl Abbott）指出："作为该州规划体系中最为重要的部分，城市增长边界不仅仅是一个调控机制；城市增长边界是一个表征，它表明了一个在道义上的明智选择，对许多（并非全体）俄勒冈人而言，它是一种警醒的、细心的和理性的管理。"[③]

当然，俄勒冈州发展指南的其他规划目标也具有同样重要的意

[①] Florida Atlantic University, Florida International University, Joint Center for Environmental Problems, *Plowing the Urban Fringe*, p. 53.

[②] Constance E. Beaumont, *Smart States, Better Communities*, p. 288.

[③] Carl Abbott, "Planning a Sustainable City: The Promise and Performance of Portland's Urban Growth Boundary", in Gregory D. Squires, ed., *Urban Sprawl: Causes, Consequences & Policy Responses*, p. 211.

图 8.2 俄勒冈州的城市增长边界

[图片说明：俄勒冈州的城市增长边界往往沿公路设立，图片中的左侧为开发区，而右侧为农业专属区或开放空间保护区。资料来源：Tom Daniels, Deborah Bowers, *Holding Our Ground: Protecting America's Farms and Farmland*, Washington, D. C.: Island Press, 1997, p. 140.

义，比如第 4 项目标要求保护林地，第 5 项目标要求保留开放空间、自然资源、风景名胜和历史古迹等；第 11 项目标规定要有序而有效地安排公共基础设施，以满足城市和乡村的发展需求。第 12 项目标要求地方交通规划要考虑汽车以外的多种交通模式。这些措施结合起来，就是要有效防止蔓延式的城市开发，以达到理性科学的土地利用和综合治理的目标。[1]

《俄勒冈土地利用法》的另一重要内容就是确立了严格的执行和监督程序。如果没有严格的执行监督机制，再崇高的规划目标也仅仅是坐而论道，纸上谈兵，而这正是美国众多立法的一个主要缺陷。《俄勒冈土地利用法》规定，州政府有关机构对地方政府规划的制

---

[1] Constance E. Beaumont, *Smart States, Better Communities*, p. 288.

定、修改和实施过程拥有审批权和监督权。为了执行州政府的这一权力，该法授权州政府成立了"土地保护与开发委员会"（LCDC），该委员会的7位委员由州长任命，由州参议院批准，委员是志愿性的，没有薪俸，任期4年。[1] 该委员会所确定的19项规划目标，不仅具有咨询性质，而是具有一定的强制力。该州的242个城市和36个县都必须根据这19项规划目标，制定自己的综合规划和分区制法规，该委员会有权审查地方规划是否符合这些规划目标，如果地方规划没有达到这些规划目标的要求，那么该委员会有权责令其进行修改。[2] 该委员会还积极推进公民的参与，以确保地方政府在制定发展规划过程中的公平与民主。

除了"土地保护与开发委员会"（LCDC）以外，俄勒冈州还成立了另外两个机构来监督州和地方规划的实施。其一是"土地保护与开发部"（DLCD），它是"土地保护与开发委员会"（LCDC）的执行机构，为该委员会提供行政服务和人员支持，其总部设在塞勒姆（Salem），此外，在波特兰、纽波特和本德（Bend）等地也有代表机构。[3] 其二是1979年成立的"土地利用上诉委员会"（LUBA），它是一个具有司法性质的仲裁机构，由州长任命的3名成员组成，地方政府之间以及地方政府与州政府之间有关发展规划方面的争端，可以通过该委员会进行仲裁。如果制裁不能解决争端，可以向州上诉法院起诉，最后可以上诉到州最高法院。[4]

俄勒冈州增长管理政策的实效性，不仅体现在州政府机构有权要求地方政府制定综合发展规划，而且还体现在这些地方规划得到批准以后，州政府还有权对其进行跟踪监督，从而有力地保障了州规划目标能够得到真正的贯彻，这是其他许多州的增长管理措施所不能企及

---

[1] Donald C. Williams, *Urban Sprawl, A Reference Handbook*, Santa Barbara, California: ABC-CLIO, Inc., 2000, p. 115.

[2] Florida Atlantic University, Florida International University, Joint Center for Environmental Problems, *Plowing the Urban Fringe*, p. 52.

[3] Donald C. Williams, *Urban Sprawl, A Reference Handbook*, p. 115.

[4] Constance E. Beaumont, *Smart States, Better Communities*, p. 290.

的。《俄勒冈土地利用法》要求"土地保护与开发委员会"(LCDC)在批准地方规划以后,在5年内继续对其贯彻实施情况加以监督,此后每隔4—7年进行一次核查。如果一个地方政府希望修改其发展规划或土地利用细则,首先必须通知该委员会,在该委员会委员的监督下举行听证会,而且该委员会还要将有关听证会的情况通知该州的其他有关机构。如果地方政府在没有提前通知该委员会的情况下,擅自对其土地利用法规进行了修改,那么任何人都可以向"土地利用上诉委员会"(LUBA)进行起诉。[1] 这样,俄勒冈州就成为美国第一个制定土地利用法规,确定全州规划目标和严格的执法程序的州。

(二)波特兰大都市区政府与城市增长边界

《俄勒冈土地利用法》的制定和实施,使俄勒冈州成为美国实施增长管理政策最有力和最有效的州之一,而该州的波特兰大都市区的增长管理更是蜚声全美,这是因为波特兰成立了美国最强有力的大都市区政府,最坚定地贯彻了城市增长边界的措施。

波特兰大都市区同样出现了低密度蔓延所引发的一系列环境和社会问题,于是,在该州的一些民间人士和规划人员的敦促之下,于1963年成立了"波特兰大都市区研究委员会"(PMSC),负责制定该大都市区的综合服务计划。此外,该大都市区还成立了其他几个大都市区机构,比如1966年成立了"哥伦比亚区域政府协会"(CRAG),它是该大都市区的规划机构,拥有地方政府申请联邦A—95援助的审查权;1969年成立了"波特兰大都市区地方政府边界委员会";1970年成立了"大都市服务专区"(MSD),负责大都市区范围的垃圾处理,并负责经营波特兰市的动物园。[2]

1973年,俄勒冈州议会通过了一项具有强制性的决议,规定波特兰大都市区的城市和城市化县都必须加入"哥伦比亚区域政府协

---

[1] Florida Atlantic University, Florida International University, Joint Center for Environmental Problems, *Plowing the Urban Fringe*, p. 54.

[2] Robert T. Dunphy, *Moving beyond Gridlock*, p. 40.

会"（CRAG），这是当时美国成立最早且最有权威的政府协会（COG）之一。1978年，波特兰大都市区的选民以11∶9的多数票，决定将"哥伦比亚区域政府协会"（CRAG）与"大都市服务专区"（MSD）合并为一个综合性的大都市区政府（Metro），管辖范围包括3个城市化县和24个市镇法人，人口达130万。这一改革实现了两个方面关键性的突破：其一，它是一个综合性的大都市区政府，而非单一功能的大都市区服务机构，它有权制定整个大都市区的综合发展规划，有权对地方政府的发展规划进行审查，以使其与区域规划相协调。此外，州议会还赋予了它一系列其他服务职能，包括轨道交通、给水排水、公园和娱乐设施、图书馆、监狱和文化设施等，因而它拥有非常广泛的管辖权，这在美国实属凤毛麟角，寥寥无几。其二，波特兰大都市区政府拥有民选议会和民选官员，行政部门拥有自己的规划机构。议会由13位民选成员组成，实行非党派选举，其中12位委员分别从12个选区选举产生，第13位为议长，在整个大都市区普选。[1] 由于议会成员和政府官员是由选举产生的而非来自地方政府的推举，因而拥有更大的权威，所以，波特兰大都市区政府是一个真正的政府实体，这也是波特兰大都市区的增长管理最有成效的根本原因。而美国的许多大都市区政府或政府协会（COG）则大相径庭，其官员不是由选民选举产生，而是由地方政府委派，他们不代表选民，而是代表地方政府，地方政府可以拒绝派代表参加，也可以撤回自己的代表，这样的大都市区政府或政府协会更像是一个协商机构，而不是具有决策权的政府机构，因而其权力十分有限，不能有效地制定和实施增长管理政策和措施。波特兰大都市区政府（Metro）是当时美国唯——个直选的大都市区政府。

更难得的是，1993年俄勒冈州选民投票修改了俄勒冈州宪法，授予了波特兰大都市区政府以自治宪章，使其拥有了自治权。该宪章的第5条第2款（d）项规定了"区域规划框架"的执行："在法律

---

[1] John C. Bollens, Henry J. Schmandt, *The Metropolis, Its People, Politics and Economic Life*, New York: Harper & Row, Publishers, 1982, p. 367.

所允许的最大限度内,大都市区政府议会应该制定法令",以便授予大都市区政府下述权力:第一,在整个区域规划框架制定后的 3 年内,要求地方政府制定综合规划和实施细则,而且它们必须与区域规划框架相符合;第二,审查和判定地方综合规划是否符合区域规划框架;第三,要求辖区内的每个城市和县制定地方土地利用政策,并与区域规划框架保持一致;第四,要求对地方土地利用标准和程序进行修改,以矫正与区域规划框架不协调的决策和实践过程。[1]

由于拥有这样一个强有力的大都市区政府,从而为波特兰大都市区制定各项增长管理政策和措施,并监督这些政策和措施的贯彻执行,提供了制度和机制方面的保证。

早在 1977 年,也就是在波特兰大都市区政府成立之前,"哥伦比亚区域政府协会"就已经着手制定大都市区的增长管理规划,1979 年以后由波特兰大都市区政府接手完成,1980 年该规划获得了州"土地保护与开发委员会"的批准。波特兰大都市区增长管理规划将该大都市区内 24 个市镇法人和 60 个专区的发展规划协调起来,并且划定了城市增长边界(UGB),规定所有的城市开发都必须位于城市增长边界之内。与美国其他地区的城市增长边界不同,波特兰的城市增长边界是"大都市区增长边界"(MetroGB),而不仅仅是"市镇法人增长边界"(MuniGB),它为整个大都市区确立了一个区域性的增长边界。在大都市区的边缘地区,一些居民社区与城市化地区没有连成一片,则有自己的增长边界。波特兰大都市区的城市增长边界周长达 200 英里,容纳土地 23.4 万英亩(365 平方英里),可以满足 20 年(到 2000 年为止)内的城市发展的土地需求。该边界的首要目的是保护土地资源,限制城市蔓延。城市增长边界以外的乡村土地分为三等,即专属农业用地(EFU)、专属林地和例外用地。一般情况下,不允许在专属农业用地和专属林地上进行住房开发和其他"非乡村"(nonrural)用地开发活动。而例外用地则由于地块太小,或太接近现

---

[1] Donald C. Williams, *Urban Sprawl, A Reference Handbook*, p. 91.

有的开发用地，不适于农业生产，可以进行开发，但密度要低。[1]

1991大都市区政府制定了一个名为"区域城市增长目标与目的"（RUGGOs）的规划文件，强调紧凑型的开发、混合的土地利用、发展公共交通、加强现有城市中心的再开发等。1994年12月，大都市区政府又制定了"2040年区域增长远景规划"（Region 2040 Growth Concept），继续支持紧凑型的开发模式，主张将新的就业和住房开发集中于波特兰等城市中心、郊区次中心和交通线路附近。该规划强调永久性地保护城市增长边界以外的乡村保留区，包括耕地、林地、风景区等，并要求交通设施的改善要适应土地的开发目标。在该规划的制定过程中，广大选民、政府官员、规划人员、开发商、地产商等进行了广泛的参与，大都市区政府收到了1.7万封通信调查回执，人们强烈地支持高密度、小宅地、公交导向的开发模式等。[2] 这种现象在美国几乎是绝无仅有，独一无二的。

1996年10月，波特兰大都市区政府又制定了2040年远景规划的实施细则，即"城市增长管理功能规划"，该细则规定，将2017年以前新增加的50万居民和就业分布于城市增长边界以内，包括如下条款：第一，住房和就业集中于该大都市区的24个城市和3个县高密度开发的市镇法人边界以内；第二，新住房的开发密度至少也要达到所规定的最高标准的80%；第三，禁止在工业区内修建"巨型盒子"式的零售机构；第四，对新开发项目的最低和最高停车面积比率作出了规定；第五，要求大都市区政府开发某些特别的可负担的住房；第六，如果某些社区有足够的证据表明，现有的城市增长边界已不足以容纳开发目标，那么该细则对扩大城市增长边界的程序作出了相应规定。[3]

---

[1] Robert T. Dunphy, *Moving beyond Gridlock*, p. 48.

[2] Carl Abbott, "Planning a Sustainable City: The Promise and Performance of Portland's Urban Growth Boundary", in Gregory D. Squires, ed., *Urban Sprawl: Causes, Consequences & Policy Responses*, p. 217.

[3] Carl Abbott, "Planning a Sustainable City: The Promise and Performance of Portland's Urban Growth Boundary", in Gregory D. Squires, ed., *Urban Sprawl: Causes, Consequences & Policy Responses*, p. 218.

上述波特兰大都市区的发展规划和城市增长边界，为未来的城市开发提供了较为充分的土地储备，同时限制了城市开发的无序蔓延。然而，随着20世纪80年代经济的复苏和外来人口的增加，城市增长边界的扩展就成为人们争论的一个重要话题。最强烈要求扩大城市增长边界的是边界以外的地产主和土地开发利益集团，因为城市增长边界的存在危害了他们的切身利益。唐·莫里赛特（Don Morissette）是波特兰大都市区议会的一位议员，也是一位地产开发商，他自己出资聘请了波特兰州立大学的一些规划学教授，论证了扩大城市增长边界的经济原理，竭力鼓吹城市增长边界的扩展。而波特兰中央商务区的利益集团、环保主义者、内层郊区的许多地方官员等则反对扩大城市增长边界，他们认为扩大城市增长边界就是鼓励大规模的郊区蔓延。[1]于是双方展开了激烈的旷日持久的争论。

与此同时，大都市区政府内部也出现了分歧。波特兰大都市区政府主席迈克·伯顿（Mike Burton）建议将城市增长边界仅扩大4000—9000英亩，而大都市区议员唐·莫里赛特则主张至少应该扩展1万英亩。1996年以后，伯顿采纳了自己当初建议的最低数额，即增加4000英亩。1998年12月，俄勒冈州议会做出折中性决定，先将3500英亩的土地划入城市增长边界以内，在不久的将来再增加1900英亩，即总共增加5400英亩。波特兰大都市区政府估计，新增加的土地可以容纳2.3万套独户房屋和公寓住房、1.4万个工作职位。[2]尽管城市增长边界有所扩展，但它的存在毕竟损害了某些地产商和地产主的利益，在他们的煽动下，2000年秋季俄勒冈州举行了一次公民投票，通过了一项法案，即"措施7"（Measure 7），要求政府对土地所有者的损失进行赔偿。[3]虽然这一法案被法院宣布无效，

---

[1] Jerry Weitz, *Sprawl Busting: State Programs to Guide Growth*, Washington, D. C.: Planners Press, 1999, p. 155.

[2] Carl Abbott, "Planning a Sustainable City: The Promise and Performance of Portland's Urban Growth Boundary", in Gregory D. Squires, ed., *Urban Sprawl: Causes, Consequences & Policy Responses*, p. 219.

[3] Oliver Gillham, *The Limitless City: A Primer on the Urban Sprawl Debate*, Washington, D. C.: Island Press, 2002, p. 217.

第八章 大都市区问题的综合治理

但双方却展开了长期的诉讼活动。

尽管不断有人企图扩大城市增长边界，但波特兰大都市区的城市增长边界还是比较稳固的，而且它确实发挥了应有的作用，它提高了新建住房的密度，节约了城市用地，限制了大都市区的蔓延，对于保护农地和生态环境发挥了积极作用。1973年俄勒冈州规划指南中的第10项目标要求地方政府提高住房密度，提供混合型住房。波特兰大都市区规划所要求的住房密度是每英亩6、8和10套住房。[①] 这样高的住房开发密度在美国是非常罕见的。当然，这一雄心勃勃的目标是很难实现的，在波特兰的城市增长边界以内，住房开发密度通常只相当于规划密度的70%。[②] 嵌入式开发可以大幅度提高开发密度，在90年代初期，该大都市区37%的新增就业位于旧社区的嵌入式开发项目中。在住房密度大幅度提高的同时，每套住房的地块面积也在大幅度下降，从1979年的1.3万平方英尺下降到20世纪末的6700平方英尺。[③] 住房密度的提高和地块面积的下降，减少了对土地供应的需求，从而减少了对农地和开放空间的威胁。因此，1979—2000年，波特兰大都市区95%的新增人口集中于城市增长边界以内，城市增长边界只向外扩展了6000英亩，即只增加了2%的城市用地。[④] 农业仍然是俄勒冈州和波特兰大都市区的主要经济部门之一。

然而，90年代波特兰大都市区出现了住房价格上涨的现象，1989—1996年，每套住房的中等价位从6.4万美元上升到14万美元，即每年提高25%。美国住房建筑商协会（NAHB）以及一些市场主义者认为，这是由于城市增长边界限制了住房开发的土地供应而导致的。但与西部其他城市相比，无论是从每套住房的价格来看，还是从价格的上升速度来看，波特兰大都市区都是较为低廉和缓慢。比如从2000年第一季度到2001年第一季度，萨克拉门托每套住房的平均价

---

① John M. Degrove, Patricia M. Metzger, "Growth Management and the Integrated Roles of State, Regional, and Local Governments", in Jay M. Stein, ed., *Growth Management*, p. 8.
② Oliver Gillham, *The Limitless City*, p. 218.
③ Jerry Weitz, *Sprawl Busting: State Programs to Guide Growth*, p. 155.
④ Oliver Gillham, *The Limitless City*, p. 218.

格从 13.3 万美元上升到 16.34 万美元，上升了 18.6%；旧金山从 41.86 万美元上升到 48.33 万美元，上升了 15.5%；西雅图从 22.61 万美元上升到 23.57 万美元，上升了 4.2%；美国西部从 17.57 万美元上升到 18.35 万美元，上升了 4.4%；而波特兰只从 16.67 万美元上升到 17.03 万美元，仅上升了 2.2%。① 而除了波特兰以外，上述这些大都市区都没有划定城市增长边界，可见，波特兰大都市区住房价格的上升不能完全归咎于城市增长边界，这与美国住房价格的整体上升和物价上涨存在密切的联系。

高密度和小宅地的住房开发也有利于中低收入的居民。俄勒冈州"土地保护与开发委员会"（LCDC）的住房条例（Housing Rule）和波特兰的城市增长边界都鼓励开发多户住房，规定独户房屋和多户住房的比例为各占 50%。大量公寓住房的供应可以满足许多小家庭的需求，还可以降低房租，到 1999 年底，一居室公寓住房的年租金在波特兰平均只有 746 美元，低于美国同类住房的平均值 858 美元，也低于西海岸其他城市。90 年代波特兰公寓住房的平均租金只上升了 33%，而独户房屋的售价却上升了 1 倍，如果将通货膨胀考虑在内，两者实际只分别上升了 5% 和 59%。②

此外，紧凑的开发模式还可以使住房与就业相互接近，便于提供公共交通；还可以节约地方政府的基础设施投资等。可见，波特兰大都市区的城市增长边界对于限制城市用地，保护农地和生态环境，提高居民的生活质量发挥了重大作用。

（三）中心城市的再开发与综合性交通政策

城市增长边界仅仅是波特兰大都市区增长管理措施的一项内容，其功能主要是限制大都市区的蔓延式开发，保护农地和生态环境。事实上，增长管理的内容是多方面的，比如中心城市的再开发和综合性

---

① Oliver Gillham, *The Limitless City*, p. 219.
② Carl Abbott, "Planning a Sustainable City: The Promise and Performance of Portland's Urban Growth Boundary", in Gregory D. Squires, ed., *Urban Sprawl: Causes, Consequences & Policy Responses*, p. 228.

交通政策就是两项重要内容。

1. 波特兰市的再开发与复兴

从20世纪50年代开始，美国各城市就展开了城市更新计划，在联邦资金的支持下，力图恢复中心城市的活力，但这种大规模推倒重建的城市更新运动，不但没有阻止中心城市的衰落，反而造成了更多的社会问题，如住房的减少、穷人和少数族裔的流离失所、历史古迹的毁坏、更严重的郊区蔓延等。70年代联邦政府停止了城市更新计划，中心城市的复兴越来越依靠私人部门来进行，这样，在美国各大城市出现了绅士化运动，中心城市的某些街区出现了新的生机（参见第五章）。波特兰市也不例外，从1970年到90年代中期，已经有10亿美元以上的私人资金投入到波特兰的中央商务区。1972年，波特兰市政府批准了一个中央商务区的再开发计划，总体战略是将开发活动集中在滨河区和中央商务区的核心地带，通过塑造一个适于步行和混合开发的环境，恢复其生机活力。1974年，该市将沿威拉米特河东岸的"码头快车道"（Harbor Drive）拆除，1977年将其改建为一个1.2英里长的滨河公园。公园的建成受到人们的欢迎，滨河区恢复了人气，推动了"河岸区"（River Place）的开发。"河岸区"是一个混合开发项目，是波特兰发展委员会（PDC）的一个73英亩开发计划"南部滨水更新区"的一部分，与滨河公园毗邻，它包括一个74套住房的旅馆、一个可以接纳200条船的船坞、190套共管住房（condominium）、4万平方英尺的办公和零售空间和864个车位。[①]

威拉米特河东岸娱乐、企业、住房等项目的开发，表明该市的再开发计划收到了一定的成效。威拉米特河东岸与中央商务区的"劳埃德中心—科里塞姆区"（Lloyd Center/Coliseum district）隔河相望，该区的轻轨火车站可以吸引零售业和其他类型的高密度开发项目，比如1995年完成的罗斯花园（Rose Garden）体育馆，投资2.62亿美元，拥有2万多个座位，此外还有附近的俄勒冈会务中心（Oregon Convention Center）等。自从"大都市区快速交通系统"（MAX）开

---

① Robert T. Dunphy, *Moving beyond Gridlock*, p.45.

通以后，劳埃德中心—科里塞姆区已经在附近吸引了7.5亿美元的开发资金，而且1980—1991年，这里的地产价格上升了134%，而该市所在县的地产价格只上升了67.5%。① 1970—1995年，中央商务区的就业增加了73%。中央商务区及周围地区几乎囊括了整个大都市区所有主要的文化和娱乐设施——博物馆、大学、影剧院、体育馆以及一个会务中心。中央商务区与周围的居民区紧密相连，其中许多是上层中产阶级的居住区，他们对于波特兰中心区的投资进行了有力的政治支持。②

除了中央商务区以外，该市其他城区也得到了开发。比如，该市北区的阿迪达斯村（Adidas Village）的开发就是一个典型的例子。1995年，生产运动鞋和运动服装的阿迪达斯公司在波特兰市的分公司迁移到该市的一个郊区。但新厂址环境单调乏味，通勤距离漫长，缺乏交通手段，因而遭到了雇员们的反对。而且新选址远离供应商、飞机场和它在波特兰市区的分厂，因而对公司本身的发展十分不利。因此，两年以后，该公司的总部决定将其回迁波特兰市。此时，贝丝凯泽医院（Bess Kaiser Hospital）的出售为其创造了良机。该医院位于波特兰市区的北部，由于该地医疗机构过多，90年代该医院的母公司决定将其出售。波特兰的一位开发商吉姆·温克勒（Jim Winkler）在竞标中获胜。温克勒在规划中强调改进公共空间和服务设施，并尽可能地保存并使用原来的建筑，他希望寻求一个主张再开发的公司将其总部安置在其开发区内，于是温克勒和阿迪达斯公司一拍即合。两者花费了几年的时间对开发区进行了规划。阿迪达斯公司在开发方案中加入了自身特色，突出其运动设施，其中包括一个体育馆和一个足球场，两者都对外开放。新建筑以这些运动场地为核心进行布局。阿迪达斯的新总部被命名为"阿迪达斯村"。与一般公司的办公园区不同，它没有围墙和大门，并不将自己与周围隔绝开来，而

---

① Robert T. Dunphy, *Moving beyond Gridlock*, p. 45.
② Carl Abbott, "Planning a Sustainable City: The Promise and Performance of Portland's Urban Growth Boundary", in Gregory D. Squires, ed., *Urban Sprawl: Causes, Consequences & Policy Responses*, p. 216.

是对公众开放，其宜人的环境、步行通道和公共空间吸引了人们的驻足与流连。该公司还建设了自行车道、新的交通灯和重新设置了公共汽车站点。① 这样，贝丝·凯泽医院区就由原来的一个衰败街区变成了一个生机勃勃的街区。

2. 波特兰大都市区的综合性交通政策

交通问题是城市空间布局中最重要的因素之一，美国城市的发展之所以出现横向的低密度蔓延，根本原因之一就是其交通手段的单一性，即严重地依赖私人汽车的交通方式。美国公路网的四通八达和私人汽车的广泛普及，消除了城市开发的地理界限，因此美国的城市像摊大饼一样蔓延开来。然而，城市的低密度蔓延反而导致了严重的交通拥堵，对大都市区的发展造成了严重危害。因此，在1993年"波特兰区域规划框架"中的一项重要内容，就是建立一个"区域交通运输和大众交通系统"②。

自20世纪50年代以来，美国许多大城市的居民掀起了"反抗公路"(freeway revolt) 运动，对修建和扩建公路的政策加以抵制。波特兰也不例外，前文提到，1974年，该市将沿威拉米特河东岸的"码头快车道"拆除。与此同时，波特兰大都市区政府决定把发展公共交通作为其交通政策的重点，尤其是轨道交通的发展。1979年，波特兰大都市区政府成立了一个"联合交通政策咨询委员会"(JPACT)，作为大都市区公共交通机构的规划人员与地方民选官员的一个协商和制定区域交通政策的机构。该机构否决了一个放射状高速公路的修建计划，而决定建立一个由4条从波特兰市辐射出来的轻轨列车线路构成的轻轨交通系统，即"大都市区快速交通系统"(MAX)，该系统于1986年开始筹建。该轻轨系统将波特兰市与格雷舍姆、比弗顿、奥伦科站、希尔斯伯勒等郊区城市和波特兰国际机场联系起来。该轻轨系统与公共汽车一起形成了整个大都市区的公共交通系统。到90年代末，仅快速

---

① F. Kaid Benfield, et al., *Solving Sprawl: Models of Smart Growth in Communities Across America*, New York: The Natural Resource Defense Council, 2001, pp. 12 – 14.

② Donald C. Williams, *Urban Sprawl, A Reference Handbook*, p. 90.

交通系统（MAX）就每天运送乘客 6.2 万人次，而其中许多乘客是拥有自己的私人汽车的。波特兰大都市区的交通管理机构"俄勒冈三县大都市区交通专区"（Tri-Met）自豪地宣称，波特兰是美国唯一的一个公共交通乘客增长率超过汽车里程增长率的地区。[1]

俄勒冈州"土地保护与开发委员会"（LCDC）于1991年制定了一个交通规划条例（TPR），主张将土地利用和交通问题结合起来，要求地方政府修改其土地利用法规，鼓励在公共交通线附近进行嵌入式、组团式、高密度、混合功用的开发。[2] 1993年9月，波特兰大都市区政府发起了一系列关于如何实施该条例的区域性讨论会，得出了下述结论：第一，需要制定一个区域性的交通规划，以指导开发项目如何适应总体规划；第二，为了使交通规划条例的要求适应特殊的开发环境，各开发项目的标准应该是明确的、客观的和灵活的；第三，规划标准应该适应具体的环境，所有方面都应该支持公共交通、步行和自行车设施；第四，增长管理措施应该鼓励混合开发。在此基础上，1995年4月，俄勒冈州"土地保护与开发委员会"（LCDC）修改了交通规划条例（TPR）中有关城市部分的开发内容，要求新的开发更有利于公共交通的发展。[3]

公共交通的发展固然可以节省能源、减少交通拥堵和空气污染，鼓励高密度组团式的开发，但公共交通不可能完全取代私人交通。但前文已经指出，私人汽车不可提倡，而自行车可以解决短途交通需求，而且符合绿色出行的要求，因而得到了该州公众和政府部门的积极支持。从20世纪90年代开始，在俄勒冈"自行车交通联盟"（BTA）的宣传鼓动下，俄勒冈州和波特兰大都市区都对发展自行车交通倍加关注，分别制定了自行车法案（Bicycle Bill）和"自行车总体计划"（Bicycle Master Plan），对于减少交通拥堵和改善环境发挥积极作用。

---

[1] Jim Motavalli, *Breaking Gridlock: Moving toward Transportation That Works*, San Francisco, Sierra Club Books, 2001, p. 76.
[2] Oliver Gillham, *The Limitless City*, p. 220.
[3] Robert T. Dunphy, *Moving beyond Gridlock*, pp. 49-50.

(四) 波特兰大都市区增长管理的启示

20世纪70年代以来，波特兰大都市区的增长管理取得了较为显著的成就。大都市区综合规划确定了该大都市区的发展框架，协调了整个大都市区和辖区内各县和城市的规划，使整个大都市区的发展呈现出理性有序的发展态势。该规划框架中的城市增长边界、振兴中心城市的举措、发展综合性的交通体系，构成了波特兰大都市区增长管理的核心，也体现了该大都市区增长管理政策和举措的综合治理特征。正是这种综合治理才有效地限制了城市开发的土地消耗，提高了开发密度和混合功能，保护了农地和生态环境，节省了基础设施开支，缩短了通勤和出行距离，缓解了交通拥堵和环境污染，减少了阶级和族裔隔离，从而收到了较为全面而综合的治理效果。我们可以从波特兰大都市区的增长管理政策及其显著效果中得出这样一些启示：

第一，一个州或大都市区的增长管理政策和举措的效果，关键取决于该州或大都市区居民的价值观念。俄勒冈州和波特兰大都市区的公民拥有强烈的环境意识和公民责任感，虽然有些人对私人财产权也很重视，但大多数公民更加注重集体利益而非个人利益，在需要采取公民行动时，他们能够担当大任，挺身而出。这样的事例不胜枚举。比如"俄勒冈千友会"（1000 Friends of Oregon）的成立及其活动就是其体现。早在1973年《俄勒冈土地利用法》制定的过程中，一位年轻的律师亨利·R. 里士满（Henry R. Richmond）就已经预见到该法的实施必然遭到顽强的抵制，于是他在1975年组成了"俄勒冈千友会"。该组织成立以后便积极地投入行动，捍卫该法的存在和实施，到1996年该组织已经审阅了大约2/3的县发展规划以及40个城市的发展规划。此外，"俄勒冈千友会"还组成了"律师合作计划"组织，在司法诉讼中捍卫该法的原则。从1982年到90年代中期，该组织已经进行了100多次诉讼，其中75%获得胜诉。[①] 正是由于"俄勒冈千友会"这样的民间组织发挥了如此巨大的作用，其他许多州才竞

---

① Constance E. Beaumont, *Smart States, Better Communities*, pp. 290–292.

相效法，到 1999 年，美国已经出现了 8 个"千友会"这样的组织，都是仿照"俄勒冈千友会"而建立的。① 又如，在有关波特兰大都市区城市增长边界的扩展问题上，支持者和反对者展开了激烈的争论。1995 年 12 月，《俄勒冈人》(The Oregonian) 杂志对此进行了一次问卷调查，有 600 名读者对该调查进行了回应，其中只有 45 人主张废除城市增长边界，完全开放郊区土地市场，仅占回答人员的 7.5%；有 194 人希望完全停止人口的增加，占 32.3%；有 277 人主张将人口的增加限制在现有固定的城市增长边界以内，占 46.2%；有 107 人主张将城市增长边界稍加扩大，占 17.8%。也就是说，绝大部分调查对象主张限制扩大甚至冻结城市增长边界。② 在一个大都市区内，普通居民、企业人士和政府官员的绝大部分主张冻结或限制城市增长边界的扩大，这在美国实属罕见。如果没有这种强烈的环境意识和公民责任感，任何有效的增长管理政策都不能制定出来并实施下去。

第二，一个州或大都市区的增长管理政策和举措要取得良好的效果，另一关键就是制度保障问题。首先是州议会要给予强有力的制度保障，这可以说是重中之重。1973 年制定的《俄勒冈土地利用法》确立了该州的 19 项总体规划目标，以作为州政府各机构和地方政府的规划标准。问题的关键在于，这些规划目标不仅仅具有咨询性质，而且具有相当程度的强制力，并且该法的执行机构"土地保护与开发委员会"(LCDC) 具有强制执行权。另外，波特兰大都市区政府是一个综合性的大都市区政府 (Metro)，有权制定整个大都市区的综合发展规划，有权对地方政府的发展规划进行审核，并要求其与区域规划相协调。而且该大都市区政府拥有民选议会和民选官员，拥有选民的授权，是一个真正的政府实体。这是保证大都市区增长管理政策能

---

① Constance E. Beaumont, ed., *Challenging Sprawl: Organizational Responses to a National Problem*, A Report by the National Trust for Historic Preservation, Washington, D. C.: National Trust for Historic Preservation, 1999, p. 57.

② Carl Abbott, "Planning a Sustainable City: The Promise and Performance of Portland's Urban Growth Boundary", in Gregory D. Squires, ed., *Urban Sprawl: Causes, Consequences & Policy Responses*, p. 219.

够得到有效实施的最主要的制度保障。而美国其他的大都市区政府绝大多数不是政府实体，而是由地方政府委派的官员组成的咨询机构，其政策措施也不具有强制力，而是只具有咨询性质，因而无法得到地方政府的尊重和执行，根本无法实现增长管理的目标。

第三，从增长管理的方法来看，波特兰大都市区的发展规划是综合性发展规划，政策内容包括众多方面，其中最主要的是城市增长边界、中心城市的再开发和复兴计划、综合性大都市区交通体系的建立等。尤其是其城市增长边界与众不同，波特兰的城市增长边界是"大都市区增长边界"，而不仅仅是"城市增长边界"，前者比后者更能有效地控制城市的低密度蔓延。虽然市和县划定的城市增长边界对于控制地方范围的增长具有一定的效果，但却无法控制区域范围内的城市蔓延。这是因为，如果一个地方政府制定了城市增长边界，而其他地方政府没有制定，或其城市增长边界比较宽松，就会导致它们的土地供应和控制程度不同。这样，低密度的开发可以由控制强的地方转移到控制弱的地方，所以不能有效地控制蔓延式的开发。而区域性的城市增长边界则不同，它可以覆盖整个大都市区，囊括了众多的县、城市和村镇，如果再加上区域政府具有真正的规划权和强制执行权，就可以对整个区域范围内的增长活动进行有效的管理，从而限制大都市区的蔓延。

八　精明增长运动的兴起与发展

美国大都市区的低密度蔓延产生了一系列严重的经济、社会和生态问题，于是从 20 世纪 60 年代开始，美国逐渐兴起了一场增长管理运动，一些地方政府和州政府制定并实施了增长管理立法和发展规划，对大都市区的低密度蔓延及其危害进行规范和治理，而到 90 年代中期，这种增长管理运动发展成为涉及内容更广、波及范围更大的精明增长（Smart Growth）运动。美国学术界往往将 20 世纪七八十年代的增长管理运动和 90 年代以来的精明增长运动合称为广义的精明增长运动。这一运动在一定程度上取得了更加显著的成效，但该运动也面临着公民财产权运动和法院司法判决的挑战。

(一) 从"增长管理"走向"精明增长"

根据美国学者约翰·德格罗夫（John Degrove）的研究，广义的精明增长可以分为三个发展阶段，第一阶段为20世纪70年代，主要强调环境问题和增长控制，有7个州制定了增长管理法规，这些法规以全州范围或特定区域内的土地开发管制为基础，要求州、区域和地方政府采取行动，避免无序开发造成的负面影响。第二阶段为20世纪80年代到90年代初期，该阶段制定增长管理政策的州数量激增，出现了所谓的"增长管理热"，所关注的焦点不仅是环境和增长控制问题，而且几乎囊括了所有的经济、环境和社会问题，更加注重经济发展和环境保护的平衡，更加注重生活质量，并且增加了对社会问题的关注，比如满足对便宜住房的需求问题等。[1] 第三阶段始于20世纪90年代中后期，是"转向精明增长"的时期，即从反增长（anti-growth）到顺应增长（growth-accommodating）的转变。全州范围的政策除了土地利用管制、城市增长边界和综合发展规划等以外，还特别强调中心城市和旧社区的再开发问题，修改分区制法规以促进紧凑型的开发，协调州政府各部门的精明增长政策，改善资本投资以符合可持续发展等方面。[2] 在这一阶段，精明增长政策不断深入人心，精明增长实践在地方、区域、州和联邦各个层次迅速展开。

这种精明增长的转向来自一系列组织机构的倡导与推动，其中尤以美国规划协会（APA）贡献最大。早在1991年该协会就倡导展开新的增长法规和规划方面的研究工作，并得到美国住房与城市发展部、环保局、交通部、农业部等政府机构和民间团体的支持。1994年，该协会拟定了一份《精明增长计划》（Smart Growth Project）。1996年，国际城市与县管理协会（International City-County

---

[1] John M. De Grove, "Growth Management and Governance", in David J. Brower, et al., eds., *Understanding Growth Management: Critical Issues and a Research Agenda*, p. 32.

[2] [美] 英格拉姆等：《精明增长政策评估》，贺灿飞等译，科学出版社2011年版，第9页。

Management Association，ICCMA)、美国规划协会（APA）与美国环保局等7个政府机构和非营利组织创建了精明增长网站（Smart Growth Network），提出了精明增长"十项原则"（后文将详细阐述），这些原则至今仍然是精明增长运动的指导方针。该网站的建立为精明增长理论的研究和宣传提供了一个平台，其贡献主要体现在四个方面：其一，进行公众教育，增强其对精明增长的理解；其二，提高精明增长的实践方法；其三，研发和分享信息、革新政策和实施手段；其四，研究策略，创造机会，克服障碍，以实施精明增长政策。[①] 2000年美国规划协会（APA）又联合60家公共团体成立了"美国精明增长联盟"（Smart Growth America），成为美国最有影响力的精明增长组织，该组织与联邦政府的许多高层机构建立了密切的联系，比如"参议院精明增长工作组""住房可持续发展领导小组""国会宜居社区工作组"等，并在多个高端项目中发挥了重要作用。2002年美国精明增长联盟还成立了一个分支机构"精明增长领导研究所"，得到了美国环保局（EPA）的资助，为许多城市的精明增长政策提供了技术支持。

为了贯彻精明增长的十项原则，实现精明增长的发展目标，国际城市与县管理协会（ICCMA）、环保局和精明增长网站发表了一系列相关文件，比如《为什么要精明增长？》（Why Smart Growth）、《最佳开发实践》（Best Development Practices）、《步行与公交友好的设计》（Pedestrian-and Transit-Friendly Design）等，而2002年1月公布的第四个文件《转向精明增长——实施策略100条》（Getting to Smart Growth: 100 Policies for Implementation）是该网站发布的最有影响的文件之一。该文件指出，虽然许多州和地方政府正在实施精明增长政策，正在创造良好宜居的社区，但更多的社区对于如何实施精明增长政策还不甚了了，其目的就是对这些社区的精明增长实践进行指导。该文件介绍了精明增长的十项原则和实施这些原则行之有效的政策措

[①] http://www.smartgrowth.org/network.php#partners，下载时间：2013年6月20日，17:19。到2013年6月，该网站已经拥有40多个成员组织。

施和技术手段,其中包括正式的立法和行政措施,以及一些非正式的方法、规划和计划等。该文件按照精明增长的十项原则分为十个部分,每一部分都根据一项原则介绍十种政策措施和技术手段,并且都以实例加以说明。①

由于篇幅所限,此处只对该文件的第一章作简单扼要的说明。第一章对精明增长十大原则中的第一项原则——混合性的土地利用模式——及其具体措施进行了介绍和说明。文件论述了混合性土地利用模式的内涵及其意义,随后列举了实施该项原则的策略手段:其一,州政府提供资金方面的激励机制,促使居民在其就业地点附近居住;其二,利用精明增长法规替代现有的常规开发法规;其三,采用创新性分区制措施,以鼓励混合功能的社区和建筑;其四,对混合性土地利用的地产给予财政优惠;其五,根据建筑类型而非土地利用模式制定分区制法规。第六,利用灵活的分区制措施允许开发商根据市场需求安排开发空间;第七,将衰败的购物城和商业街改造为混合功能的开发项目;第八,为社区提供适当规模的混合功用的开发范例;第九,创造机遇将单一功用的商业和零售开发项目转变为步行的混合功能的社区;第十,对于创造就业与住房平衡的社区进行奖励。而且更重要的是,在每项策略措施的后面都列举了众多的开发实例予以说明,以达到理论与实践的结合。②

《转向精明增长——实施策略100条》在公布以后产生了极大的反响,从2002年1月该文件的公布到2003年9月仅仅一年多的时间里,就有2万份打印文件散发出去,文档被下载6.8万次。需求人员大多是开发商、地产商、建筑师、规划师和规划委员会、城市和县的经理人员、市长、县委员会成员,甚至还有普通公民,等等。于是,国际城市与县管理协会(ICCMA)、美国环保局和精明增长网站又撰

---

① International City-County Management Association, Smart Growth Network: *Getting to Smart Growth: 100 Policies for Implementation*, pp. i – ii. http://www.smartgrowth.org/pdf/gettosg.pdf#search = Glendening. 下载时间:2013年10月20日,22:02。

② International City-County Management Association, Smart Growth Network: *Getting to Smart Growth: 100 Policies for Implementation*, pp. 1 – 8.

第八章　大都市区问题的综合治理

写了《转向精明增长第二卷——实施策略新增100条》，对于精明增长原则提出了100条新的实施策略。[1]

对精明增长运动产生重大影响的另一文件是《精明增长立法指南——变化中的规划与管理立法范本》（简称《立法指南》）。美国规划协会与其他相关组织从1995年开始到2002年，经过7年的艰苦劳动，终于完成了长达2000页的《立法指南》及其使用手册（User Manual），其目的是帮助州和地方政府制定和实施新的科学的土地利用法规。《立法指南》由序言和十五章正文构成。序言指出，20世纪20年代以来的分区制已经过时，不再能够满足21世纪城市发展的需要，并列举了四个方面的理由：第一，城市规划更需要政府间的合作。随着大都市区的膨胀和结构的复杂化，地方规划越来越不能适应形势的发展，因此州政府必须担当主导角色，发挥积极作用。第二，美国社会的土地伦理已经发生了深刻变化，人们不再将土地仅仅视为一种可以买卖的商品，而且将其视为一种宝贵的资源。第三，美国公民越来越积极地参与社区规划，并希望产生积极的效果。第四，司法部门的挑战。法院要求，如果政府的管理行为对私人土地构成了征用，或如果在保护公众健康、安全和普遍福利方面走得太远，也就是传统的治安权对土地利用的控制过于严苛，从而给土地所有者造成了经济损失，政府就必须对土地所有者进行补偿，否则就会违反美国宪法第五条修正案和公平原则，并且还会增加公共财政的负担。可见，制定合乎宪法和社会公平的精明增长法规的重要性。[2]

随后，《立法指南》的各个章节对精明增长立法的制定程序和内容进行了指导。第一章"规划法改革的启动"，讨论了如何通过州议会、州长、私人利益集团来启动规划立法的改革。第二章"目标和授

---

[1] International City-County Management Association, Smart Growth Network: *Getting to Smart Growth II: 100 More Policies for Implementation*, p. i. http://www.smartgrowth.org/pdf/gettosg.2pdf#search = Smart Growth Project, 下载时间：2013年6月19日，10：26.

[2] American Planning Association, *Growing Smart Legislative Guidebook: Model Statutes for Planning and the Management of Change*, 2002 Edition, p. xxix. http://www.planning.org/growingsmart/, 下载时间2013年6月20日星期四，21：18.

权"讨论了州政府制定规划立法的原因和目标。立法目标给出了四种选择：咨询性质的规划、激励性质的规划、强制性的规划、合作性的规划。该章还列举了授予地方政府规划权的内容。第三章"名词解释"介绍了一些有关概念。第四章"州政府规划"建议州议会成立各种形式的规划机构，并对这些机构的功能和类型，及其制定规划的程序等进行了说明，最后根据马里兰州1997年的精明增长法制定了一个精明增长立法范本。第五章"州土地利用控制"提供了几个土地利用方面的立法范本。第六章"区域规划"提供了多种组建区域规划机构的方法及其组织结构。第七章"地方规划"提供了州政府授权地方政府制定发展规划的立法范本。第八章"地方土地开发的管理"中的立法范本授权地方政府制定各种土地开发管理规章。第九章为"特殊土地和环境敏感土地的开发管理与土地利用激励机制"，该章的立法范本阐述了土地开发管理中的各种专门问题，包括环境问题。第十章为"土地利用决策的行政与司法监督"，该章的立法范本探讨了对地方政府开发项目申请书的审查，以及土地利用决策获得审批后的司法审查。第十一章"土地开发管理规范的执行"介绍了地方土地开发管理规范的执行方式。第十二章"州环境政策与地方规划的整合"，讨论了对地方综合规划的环境影响评估问题，以及如何将州政府的环境政策与地方规划整合起来的问题。第十三章"对规划的财政支持"提供了对规划行为进行财政支持的方法。第十四章"税收公平措施与减税计划"，讨论了采用各种方法来解决财政公平问题，即地方政府间的收入差别问题，这种差别是由开发类型的不同而造成的。第十五章"州级地理信息系统以及规划的公共记录、土地开发管理和开发许可"，提供了建立州级地理信息系统（GIS）的立法范本。《立法指南》对于各州和地方政府精明增长法规的制定与实施发挥了重要的指导作用。[1]

除了全国性的精明增长组织以外，美国还出现了一些地方性的精明增长组织，比如宾夕法尼亚州的"威斯特摩兰县精明增长合作组

---

[1] American Planning Association, *Growing Smart Legislative Guidebook*, p.62.

织"(Smart Growth Partnership of Westmoreland County)就是一个著名的范例。该组织的成立肇始于1999年宾夕法尼亚州的格林斯堡市(City of Greensburg)建立200周年纪念活动。这一纪念活动的口号是"怎样的过去——怎样的未来"。这一口号给予了匹兹堡大学校长弗兰克·卡斯尔博士(Dr. Frank Cassell)以很大的触动,于是卡斯尔产生了召集社区官员成立一个组织,以处理社区所面临的主要问题,而最主要的问题就是城市蔓延所引发的一系列问题。而当时的国会参议员艾伦·库科维奇(Allen Kukovich)及其工作人员正在制定一项规划方案,以成立一个公私合作的机构来处理该区域的社区规划问题。[1]于是,在有关人员的努力之下,来自威斯特摩兰县的150多名官员以及来自宾夕法尼亚州西南部的一些官员,于2001年夏齐聚格林斯堡市的匹兹堡大学校园,并宣告成立了"威斯特摩兰县精明增长合作组织"。该组织是一个以社区为基础的非营利组织,其使命就是与该县的社区进行合作,共同应对经济增长和复兴衰败社区所面临的挑战。该合作组织通过其宣传教育活动,使公众了解了精明增长的重要意义,并与威斯特摩兰县议会共同为该县制定了第一个综合性规划,以保护环境、限制蔓延、创造高质量的就业等。此外,数百名地方官员还参加了该组织举办的培训班,学习如何实施精明增长战略。许多开发商在该组织专家的帮助下制定了良好的开发方案。该组织还对那些在精明增长方面作出成就的开发商、地方政府和个人予以表彰,颁发获奖证书。该组织对于推动威斯特摩兰县的精明增长政策举措发挥的重要作用。[2]

(二)精明增长的概念和原则

"精明增长"的概念出现于20世纪90年代之初,但对这一概念

---

[1] Smart Growth Partnership, http://www.smartgrowthpa.org/aboutus.asp,下载时间:2013年6月21日星期五9:39。

[2] Smart Growth Partnership of Westmoreland County, *Helping Build Healthy, Safe and Livable Communities since 2001*, pp. 1 - 2, http://www.smartgrowthpa.org/filessgp% 202004% 20annual.pdf/,下载时间:2013年6月21日星期五10:49。

的界定可谓见仁见智，众说纷纭。一般而言，某些学者和环保组织往往更加注重精明增长在限制蔓延和保护环境方面的特征，比如，根据"蔓延观察通讯处"（Sprawl Watch Clearinghouse）的定义，精明增长就是"呼吁结束蔓延，呼吁一个新的城郊合作的前景和一种区域增长管理"。该定义可谓抓住了问题的症结，即城市蔓延和区域管理，但不太全面。自然资源保护协会（Natural Resources Defense Council）的定义是，精明增长就是要"为城市注入活力，新的开发应该是紧凑的、步行友好的和公交导向的，并且将最秀美的景观留给子孙后代"。这一定义瞄目于精明增长的手法与自然资源的保护。[1]

而与经济发展和土地开发相关的一些官员和专业组织，虽然也谈到环境保护和生活质量问题，但他们更加注重经济发展和土地开发的必要性。比如，城市土地研究院（ULI）的定义是，"精明增长并不试图阻止或者限制增长，而是将其纳入这样一个轨道，以便增强经济，保护环境，保护或提高一个社区的生活质量"。这一定义虽然也提到了环境保护和生活质量，但其强调的重点在于经济发展，因为该研究院是由地产利益集团出资建立的一个研发机构。又如，马里兰州的州长帕里斯·格伦迪宁（Parris Glendening）认为，精明增长"不是没有增长或缓慢的增长，而是以理性的增长为目标，从而在满足我们对工作和经济发展的需求与拯救我们的自然环境的愿望之间达到一种平衡"。全国工业和办公资产协会（National Association of Industrial and Office Properties）的定义是，"精明增长通过采取措施，尊重自由选择的重要性、灵活的土地利用模式和自然资源的管理，以促进经济的繁荣，并且提高生活质量"[2]。这一定义乃是从私人经济利益出发，强调"自由选择"和"促进经济"，其实质是反对精明增长，或只要增长，不要管理。1999年全国住房建筑商协会（NAHB）的主席加里·贾金斯基（Gary Garczynski）在美国参议院的一次听证会上为精明增长所给出的定义是："在最广泛的意义上，精明增长就是通过达

---

[1] Oliver Gillham, *The Limitless City*, p. 157.

[2] Oliver Gillham, *The Limitless City*, p. 157.

成一种政治妥协,以及根据市场行情和运用创造性的土地利用规划概念,来满足由于人口的日益增长和经济的繁荣而导致的对住房的潜在需求。它意味着懂得,郊区就业的增加和对独户房屋生活的强烈渴求将继续推动郊区的增长。与此同时,精明增长还意味着通过制定规划和更高密度的开发活动,以'更精明的方式'来满足对住房的需求,意味着保留真正的开放空间,保护环境敏感的地区。"① 这一定义简直是打着精明增长的幌子兜售住房开发,尤其是独户住房开发,其结果必然是大都市区的空间蔓延。我们可以看出,上述各组织和官员对精明增长的定义往往与他们关注的对象和切身利益密切相关,带有明显的专业特点,未免有些以点带面,以偏概全,这一点已经预示了美国的精明增长运动必然是前途坎坷,困难重重的。

  学术界作为一个追求理性思维和科学探讨的群体,其审视问题的角度往往并不从自身利益出发,而是更加具有中立性和客观性,所以学者们的定义往往更加全面,能够抓住问题的本质,他们既关注到环境问题,更注意到中心城市和旧郊区在精明增长中的地位。比如 F. 凯德(F. Kaid)等学者的定义为:"一般而言,精明增长就是为复兴社区而投入时间、精力和资源,从而给中心城市和旧郊区带来活力。新的精明增长则更加以城镇中心为核心,更加以公共交通和步行街区为导向,住房、商业和零售等功能的混合程度更高。它还保护开放空间和许多其他环境福利。"② 道格拉斯·R. 波特(Douglas R. Porter)认为:"精明增长意味着以一种精明的方式来满足增长的发展模式,精明的方式就是经济上的可行性、环境上的负责任和协调的决策方式等。精明增长要求所开发的社区比 20 世纪开发的大多数社区更加宜居、更加富有效率,在财政和环境方面更加负责。"③ 里贾纳·C. 格雷(Regina C. Gray)在一篇文章中给出的定义是:在最普遍的意义上,"精明增长"可以定义为一种增长管理政策,它通过限制高速发

---

① Donald C. Williams, *Urban Sprawl, A Reference Handbook*, p. 137.
② F. Kaid Benfield, et al., *Solving Sprawl*, p. 2.
③ Douglas R. Porter, *Making Smart Growth Work*, Washington, D. C. : the Urban Land Institute, 2002, p. 1.

展的大都市区的土地开发活动,并将宝贵的资金投入到衰败的城市和郊区邻里来阻止蔓延。精明增长政策拥有三个明显的特征:第一,它们一般鼓励紧凑的设计和高密度的开发;第二,它们尤其对蔓延式的社区开发项目进行严格的限制;第三,它们一般对土地利用规划决策采用综合性的方法。[1]

笔者认为,到目前为止,最全面而又最流行的定义乃是国际城市与县管理协会(ICCMA)所给出的定义,因为它兼顾了经济、社区和环境等多方面的内容:"精明增长是一种服务于经济、社区和环境的发展模式。它提供了一个框架,使社区能够做出明智的决策,从而确定有关增长的方式和位置。精明增长使社区有可能选择支持经济发展和就业的增长方式;创造拥有住房、商业和交通等方面多种选择的活力旺盛的邻里;建立能够为家庭生活提供一个清洁环境的健康社区。"[2]

关于精明增长的原则或特征,学术界也同样众说纷纭,莫衷一是。比如,道格拉斯·R. 波特认为,精明增长的基本原则有六条:其一,紧凑的多功能的开发;其二,保护开放空间;其三,交通手段的多样化;其四,更加宜居;其五,高效的管理和基础设施的扩建;其六,建成区的嵌入式开发、再开发和适应性应用。[3]

城市土地研究院(ULI)对精明增长特征的概括是:其一,开发活动经济可行,保护开放空间和自然资源;其二,综合性、混合性和区域性的土地利用规划;其三,公共部门、私人组织和非营利部门在增长和开发问题上进行协作,以取得互利共赢。其四,开发进程要具有确定性和可预见性;其五,对基础设施进行维护和改进,从而服务于现有的和新来的居民;其六,进行嵌入式住房开发,对棕地和旧建筑进行再开发利用;其七,将城市中心和居民邻里纳入区域经济发展的总体规划之中;其八,郊区要采取紧凑的开发模式,且与现有的商

---

[1] Regina C. Gray, "Ten Years of Smart Growth: A Nod to Policies Past and a Prospective Glimpse into the Future", *Cityscape*, Vol. 9, No. 1, (2007), p. 110.

[2] International City-County Management Association, Smart Growth Network: *Getting to Smart Growth: 100 Policies for Implementation*, p. i.

[3] Douglas R. Porter, *Making Smart Growth Work*, p. 1.

业区、新镇中心、附近现有的或规划中的交通设施相整合；其九，城市边缘地带的开发要包含混合的土地利用模式，节约基建投资，保护开放空间，提供多种交通选择。①

美国学者康斯坦斯·E. 博蒙特（Constance E. Beaumont）也将精明增长的特征概括为九个方面：其一，尽可能地再开发利用现存的建筑和土地；其二，保持地方社区的特色和认同；其三，保留农地、森林、风景和环境脆弱地带；其四，增强社区感；其五，复兴传统的城市中心和居民社区；其六，在现有城市的空地和使用率低的城区进行嵌入式开发，并与周围环境和谐地融为一体；其七，除了私人开车以外，还能选择步行、骑车或乘坐公交等交通方式；其八，在能够有效地提供服务的地方开发良好的新社区；其九，为子孙后代保护环境，以使他们拥有充足的资源和保持经济繁荣。②

然而，关于精明增长的原则，最流行并广为接受的莫过于1996年美国规划协会（APA）所提出的十项原则：③ 第一，混合性的土地利用模式。通过将居住、商业和娱乐等不同的土地利用模式混合布局，可以鼓励就业人员和购物者步行、骑车、乘坐公交和共同乘车，减少独自开车的出行模式，从而减少交通拥堵。混合的土地利用还可以将多样化的人口和商业活动集中在一起，从而增强街道的活力和安全度，提高地产价值，增强税收基础。

第二，采用紧凑的建筑设计。显然，紧凑的建筑设计比常规的（conventional）低密度的开发模式更节省土地和基建投资，保护农地、森林、开放空间、野生动物栖息地等；有利于净化雨水，减少洪灾；缩短通勤距离，增加交通选择，鼓励步行、骑车和乘坐公交，减少交通拥堵和空气污染；增加接触机会，增强邻里观念，促进社会互动，融洽社区关系。

---

① Urban Land Institute, *Smart Growth: Myth and Fact*, Washington, D.C.: Urban Land Institute, 1999, p. 3.

② Constance E. Beaumont, ed., *Challenging Sprawl*, p. 7.

③ Smart Growth Principles, http://www.smartgrowth.org/network.php, 下载时间：2013年6月20日，17:07。

第三，创造多样化的住房选择机遇。同类住房的聚集会导致同类居民的聚居，形成居住隔离，妨碍社会互动，削弱社区观念，引发社会矛盾。通过提供多种类型的住房，可以增强社区人口的多样化，使人口活动达到白天和夜晚、周末和工作日的时间平衡，从而增强社区的活力和安全性；更重要的是可以促进住房机会均等和社会公平。

第四，建设步行友好的邻里。步行友好的邻里可以增加交通选择范围，比如步行、骑车、乘坐公交、开车等，从而减少交通拥堵，降低交通成本，增进社会互动，扩大消费选择，减少环境污染，增强公民健康等。

第五，创造具有鲜明场所感的社区，从而增强特色和魅力。利用自然的和人为的边界和地标，来区分各个不同的邻里、社区、城镇和区域，调整开发项目的空间布局和建筑朝向，协调建筑物和开放空间的关系，从而创造出一种完整而鲜明的场所感。社区的开发活动要符合美学观念，反映当地居民的价值观念和文化特点，创造一种能够产生公民自豪感的空间环境，从而增强社区的凝聚力。

第六，保护开放空间、农地、自然景观和重要环境区域。保护开放空间可以提高环境质量，有益身心健康；可以保护野生动物栖息地和自然美景；可以获得各种经济效益，比如提高地产价值，增强税收基础，发展旅游经济等。保护农地和牧场可以维护农业经济，提供特色农副产品。

第七，将开发活动导向现有社区，从而增强其活力。将开发活动导向现有的社区，尤其是中心城市和内层衰败的郊区，进行嵌入式开发和再开发，可以减轻边缘地带的开发压力，保护开放空间和农地；可以提高已开发土地和基础设施的利用率，节省基建投资；可以使居住、就业和服务彼此接近，减轻交通压力，减少硬化地面，提高地方和区域的水质和空气质量；可以使现有居民区和商业区恢复活力，提高效益，增强税收基础；可以使重要的文化设施更加具有活力，增强现有城市和社区的文化氛围，提高生活质量。

第八，提供多样化的交通选择。提供多种形式的交通设施，确保人行道、自行车道、公共交通和公路设施的衔接性，提高公交服务质量，既可以减少交通拥堵，减少空气污染，还可以增强社会的公平性，便于弱势群体的出行。

第九，使开发决策具有可预测性、公平性和成本高效性。"要使精明增长流行起来，对于开发商来说，州和地方政府的创新性开发决策就必须是快捷的，成本收益高效的和可预测的。通过为紧凑的、步行友好的、混合功能的开发项目创造一个有利的政策环境，政府部门就能创造一个更有吸引力的投资环境，私人部门就会乐于参与精明增长。"[1]

第十，鼓励社区居民和利益相关者积极参与开发决策。在制定和实施精明增长政策和土地利用规划的过程中，通过举行听证会或其他方式，调动公民积极参与，令每个阶层都能提出自己独特而有价值的见解，可以反映各个阶层的利益和愿望，从而能够获得公民的广泛支持，增强精明增长政策的生命力。

上述精明增长的原则内容广泛，科学合理，迅速成为全国许多州、区域和地方政府制定精明增长政策和土地利用规划的指导方针，对于推动精明增长运动的发展发挥了重要作用。

（三）精明增长运动的发展历程

到20世纪90年代中后期，增长管理运动发展为精明增长运动。与增长管理相比，精明增长的一个重要变化就是关于增长理念的变化，即由过去的增长控制到顺应增长的转变，只有这种观念上的变化，精明增长才能成为可持续的发展策略，才能被人们普遍接受，否则就会因遭到人们的反对而举步维艰，难以为继。从领导力量来看，州政府越来越担当了运动的领导角色，因为只有州政府才拥有最高的决策权和管辖权，地方政府的权力是州政府授予的，而区域政府的权力同样必须由州政府的授权作保障；同时，也只有州政府的空间管辖范围足够广大，才能超越地方和区域界限进行宏观把握，综合治理。

---

[1] International City-County Management Association, Smart Growth Network: *Getting to Smart Growth: 100 Policies for Implementation*, pp. 69–70.

在州政府的精明增长举措中，具有里程碑意义的是 1997 年马里兰州通过的《精明增长和邻里保护总议案》，这是美国第一个以"精明增长"命名的增长管理法案（后文有专题介绍，此处只加以粗略介绍）。该法包括五个单独的法案：《优先资助区法》规定，将该州的基础设施投资主要集中于现有的社区或州和地方政府规划将要进行开发的地区，通过对基础设施投资的区位限制，来引导全州土地开发活动的空间分布，从而达到限制城市蔓延的目标。《乡村遗产法》规定，州政府通过资金援助，帮助地方政府或非营利组织购买地役权（或开发权），以便对乡村地区的农地和开放空间进行保护。上述两项措施是马里兰州精明增长政策的核心。《棕地再开发计划》资助私人资本对中心城市或旧社区的工商业废弃地进行污染治理和再开发活动；《创造就业税收优惠法》对于那些在指定地区创造就业、推动再开发的企业提供税收优惠；《居住接近就业示范计划》规定，州、地方和私人企业对接近其就业地点购买住房的职员进行配套资助，其目的是减少交通流量和交通拥堵。[1]

马里兰州的精明增长政策立即成为各州效法的楷模，在该州通过精明增长法案的第二年，即 1998 年，美国就有 10 个州提出了反对城市蔓延、保护开放空间的议案，其中 8 个州的议案在公民投票中获得通过。[2] 此外，同年还有 34 个州的州长在其就职演说中呼吁实施保护开放空间的措施。[3] 随后 1999—2001 年，美国有 2000 多个规划法案在各州议会被提出，其中大约有 20% 获得通过。在随后的两年里，又有一半以上的州长表示要解决增长带来的挑战，其中 17 个州的州长发布了精明增长的行政命令。[4] 到 2006 年，正式实施精明增长政策

---

[1] Richard Haeuber, "Sprawl Tales: Maryland's Smart Growth Initiative and the Evolution of Growth Management", *Urban Ecosystems*, 3, 1999, p. 140.

[2] Donald C. Williams, *Urban Sprawl, A Reference Handbook*, p. 48.

[3] Timothy J. Dowling, "Reflections on Urban Sprawl Smart Growth, and the Fifth Amendment", *University of Pennsylvania Law Review*, Vol. 148, No. 3 (Jan., 2000), p. 877.

[4] Jonathan D. Weiss, "Smart Growth and Affordable Housing", in *Journal of Affordable Housing & Community Development Law*, Vol. 12, No. 2, Winter, 2003, p. 169.

的州已经接近 20 个。① 其中著名的包括：新泽西州从 1999 年到 2005 年通过了一系列精明增长政策立法，比如《精明增长规划援助法》《州开发与再开发规划》和《精明增长税收优惠法》等。新罕布什尔州于 2000 年通过了《精明增长法案》，同年宾夕法尼亚州的共和党州长汤姆·里奇（Tom Ridge）签署了《增长区法案》，推动地方政府制定综合规划和开发权转让计划，保护农地和开放空间，节省能源等。威斯康星州于 1999 年和 2005 年通过了《增长管理法》和《精明增长法》。亚利桑那州在简·赫尔（Jane Hull）州长的领导下，于 1998 年和 2000 年通过了两个《更加精明的增长法》，也是关于开发权转移的法律。这些精明增长立法涉及的问题非常广泛，比如土地利用规划、农地和自然资源的保护、历史古迹的保护、棕地的再开发等。1997—2006 年，美国各州公民投票通过的用于精明增长政策的财政拨款总额达 583 亿美元，其中资源保护拨款达 235 亿美元。②

地方政府的精明增长计划更是不胜枚举，1997—2006 年，县、市镇法人和专区三种地方政府对 1043 项精明增长法案进行了公民投票，其中获得通过的达 802 项，拨款总额达 415 亿美元。③ 地方政府的精明增长实例数量巨大，内容繁多，此处仅举例一二加以说明。前文提到的宾夕法尼亚州"威斯特摩兰县精明增长合作组织"及其设计规划和教育宣传活动就是一个著名的范例，此处不必重复。

得克萨斯州艾迪生镇的艾迪生环带（Addison Circle）的高密度混合开发是另一个成功的实例。艾迪生镇是达拉斯以北 12 英里的一个就业中心，由于开发活动越来越沿公路向北延伸而形成蔓延式开发。因此镇政府决定创建一个富有生机的镇中心，将住房和就业集中起来，以便遏制蔓延式发展。于是，该镇召集有关部门拟订了一个 15

---

① Regina C. Gray, "Ten Years of Smart Growth: A Nod to Policies Past and a Prospective Glimpse into the Future", *Cityscape*, Vol. 9, No. 1, (2007), p. 109.

② Regina C. Gray, "Ten Years of Smart Growth: A Nod to Policies Past and a Prospective Glimpse into the Future", *Cityscape*, Vol. 9, No. 1, (2007), p. 123.

③ Regina C. Gray, "Ten Years of Smart Growth: A Nod to Policies Past and a Prospective Glimpse into the Future", *Cityscape*, Vol. 9, No. 1, (2007), p. 123.

年的发展规划，即"2020年远景规划"（Vision 2020）。该镇在郊区地带选择了一片80英亩的退化荒地，投入900万美元改进基础设施，并对旧街道和公园加以维护，然后建立了一个新的会务中心、一个剧院和各种公共艺术品。更重要的是，镇政府对原来的分区制进行了修订，采用精明增长的开发原则与手法，比如嵌入式开发、建造公寓住房以节省空间、混合功用、提供社区公园和公共广场、接近公共交通、人性化尺度、步行距离、宽阔的人行道、宜人的街道景致等。到2000年7月，该项目已经有1070套公寓住房完工，其中95%入住，80%的商业空间被出租，办公大楼的租赁也很成功。[1] 艾迪生环路的开发项目成为地方政府精明增长的一个典范。

旧社区的再开发是精明增长的主要原则之一。废弃的丹佛国际机场的再开发就是一个显例，该项目占地4700英亩，成为美国最大的嵌入式开发项目之一。2001年"斯特普尔顿园林城市公司"开始对其进行改建，预计需要15—20年完成，居民将达3万人，就业岗位将达3.5万个。到2006年，该项目已经有7000人入住，有3个小学开放。住房模式包括独户房屋、公寓、排屋、居住—就业单元（live/work units）等。许多住房和办公机构位于镇中心周围步行10分钟的距离之内，步行友好的街道设计便于步行和骑车，还有几条公共汽车线路和一条轻轨将该社区与丹佛市中心连接起来。[2]

随着精明增长运动声势日隆，联邦政府也做出了一定的回应。阿尔·戈尔（Al Gore）副总统于1998年将精明增长政策纳入其总统竞选纲领，并于12月2日在布鲁金斯学会发表了"宜居社区议程"的演讲，他呼吁联邦政府制定一项综合规划，通过加强城市规划、土地征用、棕地再开发、公园修缮等一系列措施，限制城市的蔓延。1999年克林顿政府颁布了《21世纪宜居议程》，主要目标是通过政府拨款，帮助美国社区保护绿色空间，缓解交通拥堵，追求区域性精明增

---

[1] F. Kaid Benfield, et al., *Solving Sprawl*, pp. 83 – 86.
[2] "Smart Growth In Action: Stapleton's Sustainable Development Plan, Denver, Colorado", http://sgnarc.ncat.org/engine/index.php/resources/2006/05/21/Smart-Growth-In-Action-Stapleton39s-Sustainable-Development-Plan-Denver-Colorado, 2013年10月6日下载。

长战略等。该年 11 月 29 日，克林顿总统签署了一个财政法案，规定 2000 年联邦拨款 4.64 亿美元，在 42 个州里资助 119 项土地征购并加以保护。[①] 1999—2001 年，参议院成立了一个"精明增长核心会议"，成员包括 1/5 以上的参议员，同时众议院还成立了一个"众议院宜居核心会议"，成员包括 50 多名众议员。[②] 然而，由于美国实行的是联邦体制，且联邦政府尚未将精明增长问题作为重点予以重视，因此，到当时为止，联邦政府在精明增长运动中的作用不大。

九 马里兰州的精明增长政策

马里兰州地处美国东海岸中部，首都华盛顿位于该州境内，北部与宾夕法尼亚州交界；南部隔波托马克河与弗吉尼亚州相望；东部是切萨皮克湾东岸，东北部与特拉华州连接。该州面积为 10577 平方英里，是美国最富裕的州之一，享有"自由之州"的美誉。马里兰州于 1997 年通过了一个全州性的精明增长立法，吸取了此前本州和其他州增长管理的一些经验教训，既改变了加州那种没有全州统一性综合立法的自下而上的增长管理模式，也竭力避免俄勒冈州那种自上而下的高度集权的具有强制性的增长管理模式，而是采取了一种以激励机制为主的精明增长管理模式，也就是说，马里兰州进行了精明增长模式的新探索，这种新的精明增长模式立即引起了有关部门和学者的高度关注和称赞，但实践证明，这一模式也存在诸多弊端。

（一）马里兰州"走向精明增长"之路

与美国其他地区一样，马里兰州的高速增长和大都市区的低密度蔓延同样造成了严重的经济、社会和生态危害。1970—1996 年，该州人口由 400 万增加到 500 万。郊区人口增长更快，该州最大城市巴

[①] Douglas R. Porter, *Making Smart Growth Work*, p. 29.
[②] Jonathan D. Weiss, "Smart Growth and Affordable Housing", in *Journal of Affordable Housing & Community Development Law*, Vol. 12, No. 2, Winter, 2003, p. 165.

尔的摩的郊区人口同期增长了67%，首都华盛顿的郊区人口增长了72%。郊区开发呈低密度蔓延模式，虽然家庭规模在变小，但住房的面积却越来越大；人们的通勤距离越来越长，该州每年的行车里程从1970年的1200万英里增加到1990年的2800万英里；随着郊区的繁荣发展，旧城镇和内层郊区的人口不断流失，社区衰败严重。[①] 郊区的蔓延吞噬了大量土地，仅20世纪80年代，华盛顿大都市区就丧失了85414公顷的林地、湿地、农田和荒地。[②] 低密度蔓延还造成了严重的环境污染。20世纪后期，该州空气中的臭氧和粉尘含量远远超过健康标准，巴尔的摩大都市区和附近各县被评为"重度污染区"，而华盛顿大都市区及其附近各县更是"严重污染区"。以臭氧含量为例，巴尔的摩大都市区位于全国空气质量最差地区的第五位。水体污染也很严重，根据马里兰大学2002年的材料，切萨皮克湾水平面持续下降，仅有1/3的水质达标，马里兰州仅有36%的河流、43%的湖泊和池塘能够达到饮水标准。[③] 其他问题还包括交通拥堵、基础设施严重滞后、纳税人的税收负担加重等。

上述问题使马里兰州的官员对无序开发及其弊病开始有了清醒的认识。比如1973年，州长马文·曼德尔（Marvin Mandel）在州情咨文中指出，平衡有序的增长不仅是该州的愿景，而且也是该州未来的根本所在。[④] 随着美国增长管理运动的兴起，从20世纪60年代到80年代，马里兰州也采取了一系列增长管理法规和举措，这些法规和举措主要分为两种：第一种是关于自然和资源保护的措施。1967年，该州建立了"马里兰环境信托基金"，用以保护自然景观、自然环境和文化特征。1969年该州制定了"开放空间保护计划"，为公众建立户外休闲空间。1974年州议会制定了全州性的土地利用法规，扩大

[①] John W. Frece and Andrea Leahy-Fucheck, "Smart Growth and Neighborhood Conservation", *Natural Resources & Environment*, Vol. 13, No. 1 (Summer 1998), p. 320.

[②] Richard Haeuber, "Sprawl Tales: Maryland's Smart Growth Initiative and the Evolution of Growth Management", *Urban Ecosystems*, 3, 1999, p. 136.

[③] [美]英格拉姆等：《精明增长政策评估》，第197页。

[④] Richard Haeuber, "Sprawl Tales: Maryland's Smart Growth Initiative and the Evolution of Growth Management", *Urban Ecosystems*, 3, 1999, p. 136.

了该州规划部的责任，第一次实施了"州重点关注地区"的计划，授予州政府干预地方土地利用决策的权力。[①] 1977 年该州制定了马里兰州农地保护计划，以保护农地和林地。1989 年该州政府授权地方政府保护不受潮汐影响的湿地。

第二种是关于防止水土流失和水体污染的措施，尤其是对切萨皮克湾地区的环境保护。1973 年州议会制定了"海岸侵蚀控制计划"，以保护切萨皮克湾地区及其支流地区免受侵蚀。1982 年该州制定了暴雨径流管制法，规定在新开发区进行暴雨径流的定点处理，以防止非点源污染。1984 年制定了切萨皮克湾重点地区保护计划，将海湾及其支流地区的土地开发活动限制在距离海岸线 1000 米以外的地方。[②] 1983 年，马里兰州与弗吉尼亚州、宾夕法尼亚州、哥伦比亚特区和美国环保局签署了切萨皮克湾保护协议，确认了大都市区人口增长、开发模式与环境恶化方面的关联，马里兰州还建立了一个"2020 年研究小组"（the Year 2020 Panel），来对这一问题展开专项研究，并制定了一系列评估标准来监督该州环境政策的改进。该小组于 1988 年提交的研究报告中提出了一系列愿景和行动政策，以纠正该州和大都市区缺少增长管理和发展规划的问题。于是，在威廉·D. 谢弗（William D. Schaefer）州长的领导之下，以该小组的建议为基础拟定了一份马里兰州增长管理法案，要求成立一个州级委员会，负责评估增长所产生的影响问题，但该法案于 1991 年在州议会惨遭失败。[③] 总体而言，这一时期该州的增长管理举措具有零散性和狭隘性，关注的重点只是资源保护和环境保护，不具有全面性和综合性，效果也只是差强人意而已。

进入 20 世纪 90 年代，马里兰州的增长管理政策有了一个新的飞跃，其中一个标志就是 1992 年的"经济增长、资源保护和规划法"

[①] John W. Frece and Andrea Leahy-Fucheck, "Smart Growth and Neighborhood Conservation", *Natural Resources & Environment*, Vol. 13, No. 1（Summer 1998）, p. 321.
[②] ［美］英格拉姆等：《精明增长政策评估》，第 204 页。
[③] Richard Haeuber, "Sprawl Tales: Maryland's Smart Growth Initiative and the Evolution of Growth Management", *Urban Ecosystems*, 3, 1999, p. 136.

的通过。该法是由"2020年研究小组"草拟的,是该州第一个主要的全州性的增长管理法规。该法确立了一个政策框架,列举了7项发展愿景,以指导州政府、地方政府和私人部门的开发活动。这7项发展愿景是:第一,将开发活动集中在适宜的地区;第二,环境敏感地区应该得到保护;第三,在乡村地区,增长应该指向现有的人口中心,自然资源应该得到保护;第四,切萨皮克湾和土地的管理应该成为一种普遍的道德伦理;第五,应该对自然资源加以保护,其中包括减少自然资源的消耗;第六,为了实现前五项愿景,经济增长应该得到鼓励,管理机制应该简化;第七,应该制定详细的资金援助机制,以实现上述愿景。该法案还要求地方政府制定综合发展规划,并与上述愿景保持协调,并规定每6年修订一次。[①] 根据该法,马里兰州成立了"经济增长、资源保护和规划委员会",由17位成员组成,分别代表各个地区和利益集团,负责监督该法的执行,并向州长和州议会汇报工作。该法的批评者认为,它仅仅提出了一些模糊的远景规划,但缺少统一的标准、激励和实施机制,并且由地方政府负责实施规划,更严重的是它缺乏强制力,规划委员会完全是咨询性质的,如果地方规划没有将远景规划目标整合到其综合规划中,该委员会没有权力和手段进行处罚。[②] 尽管如此,该法还是为1997年的精明增长法的制定奠定了基础。

1994年,民主党的帕里斯·N. 格伦迪宁(Parris N. Glendening)就任马里兰州的州长。在当选州长之前,格伦迪宁曾在该州的乔治王子县(Prince George's County)连续12年担任行政长官,拥有丰富的从政经验。该县是华盛顿大都市区的一个郊区县,到20世纪70年代后期,蔓延式的开发开始吞噬该县大量的森林、湿地和农场,而城市地区的人口却在减少,市容衰败。在格伦迪宁的领导之下,该县政府于80年代实施了某些开创性的增长管理举措,将开发活动由乡村地

[①] John W. Frece and Andrea Leahy-Fucheck, "Smart Growth and Neighborhood Conservation", *Natural Resources & Environment*, Vol. 13, No. 1 (Summer 1998), p. 321.

[②] Richard Haeuber, "Sprawl Tales: Maryland's Smart Growth Initiative and the Evolution of Growth Management", *Urban Ecosystems*, 3, 1999, p. 137.

区转向现有社区或指定的增长区内，与此同时限制某些地区给排水设施的提供，从而限制了蔓延式的开发。随后，该县还实施了大规模的城市复兴计划，将该县的基础设施投资集中到首都环路（Capital Beltway）以内地区和美国一号高速公路（U. S. Route 1）沿线的已开发地区。该县还在指定的城市复兴区实施了税收激励机制，鼓励在这些地区进行新的建筑或维修活动。这些增长管理措施都为格伦迪宁就任州长后实施精明增长政策提供了宝贵的经验。[1]

1996 年，格伦迪宁州长发起了一场制定马里兰州精明增长立法的运动，他发表了一系列公共演说，深入广大社区与选民进行广泛接触，宣讲精明增长政策的内容及其必要性。比如该年 6 月在马里兰市政联盟的一次演说中，他宣布增长管理将是其政策日程的首要内容。该演讲阐述了几个方面的重要问题：第一，城市再开发问题应该与自然资源和环境保护问题联系起来；第二，精明增长立法议案不会剥夺地方政府的土地利用决策权；第三，新立法议案的核心是激励机制，而非强制性措施；第四，精明增长立法将不会建立新的官僚机构，而是通过调整现有的政府机构来实现。第五，新政策将不增加税收；第六，政策的制定将通过广泛的民主参与程序进行。[2] 格伦迪宁的这次演讲实际上是向广大选民的一种承诺，消除他们对新政策的疑虑和抵触心理，从而为精明增长政策的制定奠定一个广泛的政治基础。在经过这些准备工作以后，马里兰州精明增长政策的制定程序就正式启动了。

（二）马里兰州"精明增长法"的制定及其内容

1996 年 5 月，格伦迪宁州长任命的一个任务小组开始着手精明增长法案的筹备工作。为了争取选民和有关人士的支持，任务小组列出了一个利益集团和个人名单，通过书面形式或电话采访，征询他们的

---

[1] John W. Frece and Andrea Leahy-Fucheck, "Smart Growth and Neighborhood Conservation", *Natural Resources & Environment*, Vol. 13, No. 1 (Summer 1998), p. 319.

[2] Richard Haeuber, "Sprawl Tales: Maryland's Smart Growth Initiative and the Evolution of Growth Management", *Urban Ecosystems*, 3, 1999, p. 137.

意见和态度，任务小组大约进行了700次访谈或公共会议，汇总了100多条意见，然后将其在马里兰州规划办公室的网页上公开，并将其编制成小册子，分送给所有参加访谈的人员，对有关内容的有效性、公平性和可行性再次征询他们的意见，最后形成了一组立法议案。主要的参与者包括县市联盟、乡村社区、环保组织、企业界、建筑行业和教育界等方面的人士。法案涉及的问题主要包括自然资源的丧失、衰败社区的复兴、内城和旧郊区教育设施的衰败、交通问题、服务设施的提供、生活质量、地方政府的土地利用决策权、经济发展、私人财产权等问题。[①] 总体而言，法案的形成过程具有广泛的代表性和民主性，反映的问题范围也比较广泛和全面，这对于法案的顺利通过发挥了积极作用。

1997年马里兰州议会一举通过了《精明增长和邻里保护总议案》(Smart Growth and Neighborhood Conservation Initiative，简称《精明增长法》)。该法首先宣布其政策目标是："要抢在它们永久丧失之前，拯救我们尚存的最宝贵的自然资源；支持现有的社区和邻里，利用州政府的资金来维护那些拥有基础设施或拟建基础设施的地区；节省纳税人数百万美元的税收，避免不必要的基础设施开支和导致蔓延式开发。"[②] 简单地说，该法有三个直接目标：第一，保护现有的自然资源；第二，将州政府的财政资金集中于已经拥有或拟建基础设施的地区，从而维护现有社区和邻里的稳定与发展；第三，不进行不必要的基础设施投资，从而限制低密度的开发，同时节省纳税人的资金。

马里兰州的精明增长法由五项单独的法案组成。第一个是《优先资助区法》(Priority Funding Areas Act)，规定州政府将与增长相关的基建投资主要集中于现有的社区，或者州政府和地方政府划定将要进行开发的地区。该法案的实质是利用州政府的基建投资对经济增长和开发活动的空间分布加以引导，从而限制大都市区的低密度蔓延。与

[①] Richard Haeuber, "Sprawl Tales: Maryland's Smart Growth Initiative and the Evolution of Growth Management", *Urban Ecosystems*, 3, 1999, p. 138.

[②] Terry S. Szold and Armando Carbonell, *Smart Growth: Form and Consequences*, Toronto: Webcom Ltd., 2002, p. 160.

增长相关的基建投资包括公路、给排水设施、经济发展援助、学校教育等方面的投资。优先资助区的划定方法包括两种,首先,将传统的人口中心作为优先资助区。它们包括该州所有的 157 个市镇法人、巴尔的摩环路之内的地区、首都华盛顿的郊区地区,以及由州政府指定的再开发社区、企业区、遗产区(heritage areas)等。其次,该法案还授权该州的 23 个县在上述地区之外划定优先资助区,但需要达到州政府规定的最低标准,比如,必须已经拥有或地方政府即将提供给排水设施;新的住房开发必须达到每英亩至少 3.5 套住房的密度;必须与该县的长远发展规划相一致。① 该法案规定,州政府每年至少有 16.2 亿美元的资金投入到优先资助区内,其中包括 11 亿美元投入交通系统;4.11 亿美元投入住房和社区开发;5280 万美元用于经济发展;5150 万美元用于环境保护。②

值得注意的是,优先资助区法无权阻止地方政府在任何地方的开发活动。如果各县划定的优先资助区并不符合该法规定的条件,或土地开发活动没有位于县政府划定的优先资助区之内,州政府无权阻止地方政府在这些地区的开发活动,州政府的权力仅仅是扣留这些开发活动在财政上的资助,但开发商和地方政府可以依靠自己的资金、解决基础设施等问题。可见,马里兰州的精明增长政策更加具有引导性而非强制性。

第二个法案是《乡村遗产法》(Rural Legacy Act)。该法案与优先资助区法是马里兰州精明增长法的两个核心法案,优先资助区法是采取间接的方法,通过限制蔓延式开发来保护乡村的农地、林地、自然和文化资源,而乡村遗产法案则是采取直接的行动,通过购买地役权或开发权来永久性地保护这些宝贵的资源。乡村遗产法得到了国家环保局和相关农业组织的支持,其目标是到 2011 年将该州的 20 万英亩土地永久性地保护起来。该法案还将与该州其他土地保护计划协调进

---

① John W. Frece, "Smart Growth: Prioritizing State Investments", *Natural Resources & Environment*, Vol. 15, No. 4 (Spring 2001), p. 238.

② John W. Frece and Andrea Leahy-Fucheck, "Smart Growth and Neighborhood Conservation", *Natural Resources & Environment*, Vol. 13, No. 1 (Summer 1998), p. 323.

行,比如"农地保护计划"和"开放空间保护计划"①。资金来源是地产交易税的一部分和发行州债券。从 1998 年到 2002 年州议会拨款数额为 7130 万美元。该法案由"乡村遗产委员会"负责执行。这是一个自下而上的保护计划,由地产主自愿地向地方政府或土地托管组织提出申请,出售土地的开发权或地役权,然后由后两者再向州政府申请保护资金。②

其他三个法案都是为了支持优先资助区法中的城市再开发计划而制定的。其一是"棕地再开发计划"(Brownfield-Voluntary Cleanup and Revitalization Program)。根据美国环保局 1997 年的定义,棕地就是"被抛弃的、闲置的,或低度利用的工业或商业地产,由于真实的或假想的环境污染而使其发展或再开发变得复杂化"③。该计划就是鼓励对内城地区的棕地进行清理和工商业再开发活动。那些没有产生棕地的工商企业如果购买了棕地进行清理开发,可以享受税收方面的优惠。棕地再开发可以重新利用城市废弃土地,减少郊区开发,保护农地和开放空间,创造就业,增加税收等。其二是《创造就业税收优惠法》(Job Creation Tax Credit),鼓励企业在优先资助区内创业,如果创造的新就业职位超过 25 个,州政府将给予奖励。④ 其三是"居住接近就业示范计划"(Live Near Your Work Demonstration Program),在私人企业或公共部门、州政府和市镇法人三者之间建立了合作关系,如果就业人员在他们的就业地点附近购买住房,尤其是在衰败的社区购房,上述三个机构将分别给予 1000 美元的购房补贴。⑤

---

① John W. Frece and Andrea Leahy-Fucheck, "Smart Growth and Neighborhood Conservation", *Natural Resources & Environment*, Vol. 13, No. 1 (Summer 1998), p. 323.
② Richard Haeuber, "Sprawl Tales: Maryland's Smart Growth Initiative and the Evolution of Growth Management", *Urban Ecosystems*, 3, 1999, p. 141.
③ Miriam Schoenbaum, "Environmental Contamination, Brownfields Policy, and Economic Redevelopment in an Industrial Area of Baltimore, Maryland", *Land Economics*, Vol. 78, No. 1 (Feb., 2002), p. 60.
④ John W. Frece and Andrea Leahy-Fucheck, "Smart Growth and Neighborhood Conservation", *Natural Resources & Environment*, Vol. 13, No. 1 (Summer 1998), p. 323.
⑤ John W. Frece, "Smart Growth: Prioritizing State Investments", *Natural Resources & Environment*, Vol. 15, No. 4 (Spring 2001), p. 274.

除了1997年州议会通过的上述5项精明增长法案以外，在随后的年份里，州议会不断通过新的相关立法，以推动或维护精明增长政策的执行。2000年，州议会制定了预留地标准和混合功用开发法和全州建筑复原法，并在马里兰大学内建立了"精明增长研究与国家教育中心"。2001年制定了社区保护计划，为地方复原计划提供弹性资助；该年还成立了马里兰州精明增长办公室，直接受州长办公室领导，主要负责对全州各部门的精明增长活动进行评估，等等。[①]

（三）马里兰州精明增长计划的实施与效果

前文指出，马里兰州精明增长法的两个核心法案是"优先资助区法"和"乡村遗产法"，前者的目的是保护现有的居民社区，促进衰败的中心城市和陈旧社区的再开发，恢复其生机与活力，并通过限制蔓延式开发来保护乡村地区的农田和自然资源，节约政府的基建投资；而后者则是通过购买地役权或开发权直接地永久性地保护这些宝贵的资源。其他三个法案则是对这两个法案的辅助措施。马里兰州的精明增长计划于1998年10月1日正式实施，并在随后的几年里取得某些成果。

马里兰州政府与地方政府密切合作，在州政府190亿美元的总拨款中，每年拨款20亿美元投放于优先资助区，用于交通、住房、经济发展和环境改善。此外，格伦迪宁州长还于1998年发布行政命令，要求该州各部门将精明增长计划以外的一些灵活资金用于优先资助区，尤其是旧城区的再开发，地方政府如果接受州政府的援助资金，也必须遵守这一命令。在该命令的推动之下，州政府决定将马里兰大学的一个新校园安置在黑格斯敦（Hagerstown）市中心区的一个经过修整的百货大楼之中，而不是在郊区农田之上进行新的开发活动。同样，托尔伯特县（Talbot County）政府将其社会服务部的新办公地点安置在县政府所在地伊斯顿（Easton）市中心的一个翻修的大楼里，而不是按原计划安置在该市的飞机场附近。马克·韦斯博士

---

① ［美］英格拉姆等：《精明增长政策评估》，第205页。

(Dr. Marc A. Weiss)写道:"正是整个州政府各部门之间以及州政府和地方政府之间的这种密切合作,才是精明增长和邻里保护法的真正创新的核心所在。"①

教育投资是引导区位开发的一个重要杠杆。马里兰州政府对公立学校的投资占该州公立学校建筑投资的一半以上,因而对公立学校的空间分布具有重大影响。在格伦迪宁就任州长之前的9年间,州政府对旧社区中旧学校的维护费用仅占38%,即使在格伦迪宁就任州长的1995年,这一比例也只有43%,而大部分教育经费被投入郊区的新学校。为了使自己的孩子在最好的学校就读,许多家庭纷纷从旧社区迁入郊区,从而导致了郊区的低密度蔓延。在格伦迪宁州长的指导下,对旧学校的投资迅速增加,到2000财政年度,州政府将84%的教育经费投入旧社区校舍的建设和维修之中,并将该州的学校建设预算提高了两倍。这一变化是该州精明增长计划获奖的重要原因之一,因为这种政策的转变增强了旧社区对年轻家庭的吸引力,从而有利于限制蔓延式开发。②

基础设施的延伸是导致蔓延式开发最重要的因素之一,因此,马里兰州的环境部对给排水设施的投资区位和时间进度进行了严格的限制,而该州的住房与社区发展部则将住房的优先贷款权给予了优先资助区,尤其是老城镇的住房开发,而对优先资助区以外的住房贷款予以严格的控制。公路的延伸曾是诱发蔓延式开发重要因素,因此,控制公路建设是精明增长政策的重要内容。到2001年,该州已经取消了6条主要的公路建设项目,而将这些交通投资转向现有公路的修缮和公共交通的发展,其中仅用于扩建公共汽车和轨道交通的拨款就达5亿美元。③ 该州还鼓励步行和骑车出行,该州每年用于修建人行道

---

① Dr. Marc A. Weiss,"The Smart Growth Experience: Lessons from the United States", December, 2001, p. 4. http://www.globalurban.org/GUD%20Smart%20Growth%20Report.pdf, 2013年10月7日下载。
② John W. Frece,"Smart Growth: Prioritizing State Investments", *Natural Resources & Environment*, Vol. 15, No. 4 (Spring 2001), p. 236.
③ Dr. Marc A. Weiss,"The Smart Growth Experience: Lessons from the United States", December, 2001, p. 3.

的资金从200万美元增加到500万美元。在2001年以前的6年里，该州已经修建了50英里的人行道。2000年还在该州交通部内设立了一个"自行车和步行项目办公室"，以推进自行车道和人行道的建设。[1]

居住接近就业计划也取得了一定成效，到2001年，全州已经有66家企业参加了该计划，至少有334个雇员在7个社区中按照该计划购买了住房，其中80%为首次购房者。[2] 棕地开发是马里兰州精明增长计划的一项重要内容。巴尔的摩市是该州的最大城市和棕地最集中的地方。早在1991年该州就成立了一个半官方性质的"巴尔的摩开发公司"，其任务是购买并清理棕地，执行城市复兴计划。1997年的优先资助区法和棕地再开发法，都将巴尔的摩市列为基建投资的主要对象。于是，该市公民在2002年投票通过了"经济发展贷款和债券发行法"，决定发行200万美元的债券资助该市的棕地再开发活动。到2006年12月，巴尔的摩市共有1175英亩的棕地开发项目向再开发计划提出了资金援助申请。据估计，这些棕地的再开发可以节省巴尔的摩县的郊区绿地达1238英亩至6444英亩。就整个马里兰州而言，2001年已经有400多个棕地再开发项目向州政府提交了资金援助申请书。[3]

马里兰州的地方政府和民间组织对乡村遗产计划表现出了极大的热情，仅在该计划实施的第一年，马里兰州的地方政府和土地托管机构申请所要保护的土地就达5.3万英亩，所需资金达1.29亿美元，远远超过了该计划第一年2900万美元的拨款。1998年6月，该州拨付了第一批援助资金，由于资金所限，只能对其中的1.6万多英亩土

---

[1] John W. Frece, "Smart Growth: Prioritizing State Investments", *Natural Resources & Environment*, Vol. 15, No. 4 (Spring 2001), p. 275.

[2] John W. Frece, "Smart Growth: Prioritizing State Investments", *Natural Resources & Environment*, Vol. 15, No. 4 (Spring 2001), p. 274.

[3] Dennis Guignet and Anna Alberini, "Voluntary Cleanup Programs and Redevelopment Potential: Lessons from Baltimore, Maryland", *Cityscape*, Vol. 12, No. 3, *Brownfields* (2010), pp. 17–28.

地加以永久性的保护。① 在乡村遗产计划通过的 6 年中，该州置于保护之下的各类土地已经高达 27 万多英亩，相当于当时该州所有获得保护土地的 1/4。②

（四）对马里兰州精明增长政策的评价

马里兰州的精明增长计划是美国第一个以"精明增长"命名的州级精明增长计划，也是美国第一个全州性的以激励机制为基础的反对蔓延的计划。该计划的制定和实施立即引起了美国乃至世界范围有关方面的关注。该计划通过仅仅两年，哈佛大学的"约翰·F. 肯尼迪政府学院"与福特基金会就于 1999 年从 1600 项有关精明增长的参赛计划中，选择马里兰州的精明增长计划作为 25 项优胜奖之一。2000 年，该州的精明增长计划又被选为全美十大政府创新计划之一，获得了"美国政府计划奖"，该奖的协办方除了前述两个机构以外，还包括"美国景观设计协会"和"新城市主义大会"等权威机构，其影响可见一斑。③ 马克·韦斯博士则夸奖说，"在美国众多的州和地方政府的精明增长政策中，我已经对它们全部进行了仔细的研究，其中马里兰州的精明增长计划是最好的和最有创意的"④。可见，马里兰州的精明增长计划受到了多么广泛的关注和崇高的赞誉。

然而，马里兰州的精明增长计划于 1997 年初通过，而正式实施则是 1998 年 10 月 1 日，实施的时间到目前为止还很短暂，因此，虽然该计划已经取得了前文阐述的一些成果，但总体而言还难以进行全面的评价。而且一些实证研究似乎证明了上述奖励和赞美有过誉

---

① John W. Frece and Andrea Leahy-Fucheck, "Smart Growth and Neighborhood Conservation", *Natural Resources & Environment*, Vol. 13, No. 1 (Summer 1998), p. 323.

② Christine Shenot, Maryland Governor's Office of Smart Growth, "Maryland's Smart Growth Initiative: Urban Revitalization and the Bay", *Proceedings of the 13th Biennial Coastal Zone Conference*, Baltimore, MD, July 13 - 17, 2003, http://www.csc.noaa.gov/cz2003/proceedings/pdf_files/shenot.pdf, 2013 年 10 月 8 日下载。

③ http://smartgrowth.umd.edu/smartgrowthinmaryland.html, 下载时间：2013 年 6 月 21 日星期五 12：29。

④ Dr. Marc A. Weiss, "The Smart Growth Experience: Lessons from the United States", December, 2001, p. 1.

之嫌。

前文指出，马里兰州在精明增长法案的草拟过程中曾设计了广泛的公众参与程序，这为法案的顺利通过创造了条件。同样，为了获得地方政府和民众的广泛支持，确保精明增长政策的顺利实施，法案规定在其实施过程中也要遵守广泛的公众参与程序。然而调查发现，该计划在实施过程中公众的参与程度很低，各县在划定优先资助区时，并没有按照要求举行公开的听证会来确保公众参与。许多县向州政府提交的优先资助区方案，甚至没有按照法律要求征得下辖各地方政府的同意。与此同时，州政府机构对优先资助区内开发项目的资助方案，也同样缺少公众参与程序。由于实施过程中缺少公众参与程序，因而往往遭到地方政府和公众的抵制，使精明增长政策不能顺利进行。[1]

马里兰州精明增长计划的一个最大特点是以引导性的激励机制为主要手段，而缺乏强制性的管制机制。这是该计划引人注目和广受称赞的原因之一，但这也正是其最大的弱点之所在。

从州际对比的角度来看，加州的精明增长属于自下而上的政策，即该州的增长管理主要是由地方政府进行，州政府虽然通过了一些分类性的增长管理法规，比如，土地保护法、滨海地带保护法、开放空间开发权获取法等，但从来没有制定一个全州性的综合性的增长管理法规，因而加州的增长管理流于分散化和零散性，效果不是十分理想，不能有效地控制大都市区的低密度蔓延和无序开发。相比之下，俄勒冈州和佛罗里达州的增长管理属于自上而下的政策，州政府制定了全州性的增长管理立法乃至土地利用规划，比如，俄勒冈州于1973年制定的《俄勒冈土地利用法》确立了该州的19项总体规划目标，以作为州政府机构和各地方政府的土地利用规划指南，而且这些目标具有一定的强制力，而不仅具有咨询性质，尤其是以波特兰大都市区为代表的城市增长边界。因此，俄勒冈州的增长管理收到了显著

---

[1] Richard Haeuber, "Sprawl Tales: Maryland's Smart Growth Initiative and the Evolution of Growth Management", *Urban Ecosystems*, 3, 1999, p.142.

的效果。但是，这种具有强制性的增长管理立法和全州性的土地利用规划，往往容易遭到来自地方政府的激烈反对，很难付诸实施，甚至存在被取消的危险。这种强制性的立法和规划在俄勒冈州这种具有强烈环境意识的州尚能实施，但在一些更加强调财产权和地方自治的州，比如马里兰州和佛蒙特州，就很难付诸实施。

于是，马里兰州选择了第三条道路。马里兰州号称"自由之州"，地方政府十分珍视它们的自治权。因此，在1997年精明增长政策制定以前，该州的立法部门和公众已经就土地利用问题进行了近30年的争论，政策的制定者从中汲取的经验教训就是，不能制定强制性的精明增长法规，也不能制定全州性的土地利用规划，因为这会遭到地方政府和某些公民团体的激烈反对，比如"马里兰县政府协会"(Maryland Association of Counties)。[①] 因此，马里兰州采取了一种折中的政策，即可以制定全州性的精明增长立法，但不制定全州统一的土地利用规划；要对本州的城市开发和资源保护进行引导，但又不剥夺地方政府的土地利用规划权；通过激励机制来对地方政府加以引导，而不是采取强制性的措施进行管制。另外，为了避免公众的反对，马里兰州的精明增长计划只强调合理利用现有的政府资金，而不要求增加政府预算，从而不必增加税收。简单地说，马里兰州的精明增长政策只有"胡萝卜"，而没有"大棒"。

但是，这种只有"胡萝卜"而没有"大棒"的政策也付出了一定的代价。由于马里兰州的精明增长政策过于注重地方自治权，在优先资助区的划定方面没有规定统一的标准，因此，各县在划定优先资助区时往往标准不一，有的比较严格，有的过于宽松，其类型五花八门，漏洞百出。当开发商在一个优先资助区受到较严格的控制时，他可以转向另一个较宽松的优先资助区，这样，州政府就资助了较宽松的优先资助区的开发，从而鼓励了蔓延式开发。另外，虽然州政府对地方政府在优先资助区以外的开发活动可以扣留援助资金，但它却没

[①] John W. Frece and Andrea Leahy-Fucheck, "Smart Growth and Neighborhood Conservation", *Natural Resources & Environment*, Vol. 13, No. 1 (Summer 1998), p. 320.

有权力禁止地方政府进行这种开发活动，从而不能有效地限制蔓延式开发，因为该法的核心机制是激励机制，而不是管制机制。可见，马里兰州的精明增长计划由于激励机制而获得了通过，却由于缺乏管制机制而丧失了效用。根据一项研究，在 8 个实施精明增长政策的州中，马里兰州只居于中等位置，它虽然不像佛罗里达州和新泽西州蔓延得那样快，但也不如俄勒冈州和得克萨斯州那么集中。由于缺乏强有力的管制机制，使优先资助区获得了地方政府在政治上的拥护，但这种软弱的政策在有效限制蔓延式开发方面作用不大。[1]

然而反过来讲，如果将强制性的管制机制纳入马里兰州的精明增长政策之中，必然会危害地方政府的自治权，很可能会导致该政策的完全失败。这就是民主与效率之间存在的固有矛盾，民主是美国根深蒂固的价值目标，而效率则是一种理性的现实追求，两者之间长期以来处于一种博弈关系之中，鱼和熊掌不可兼得，如何处理两者之间的关系，是美国人一直以来探索的一个难题。另外，美国大都市区的低密度蔓延已经持续了几十年甚至上百年，已经成为一种结构化的痼疾，即使通过再"精明"的举措，也不可能在一朝一夕之间得到医治。可喜的是，马里兰州的乃至美国的精明增长运动毕竟在不断地取得良好的成果，毕竟在逐步矫正过去那种放任自流的蔓延式开发。就此而言，马里兰州乃至美国的精明增长运动还是大有前景的。

十　精明增长运动所面临的挑战

精明增长运动到 21 世纪初期已经形成了一定的声势，在遏制蔓延、复兴城市、保护环境、提高生活质量、维护社会公平等方面取得了一定的成就。然而，任何一个运动的兴起和政策的出台，都会对某些利益集团造成伤害，因而也就会随之出现某种形式的制约或反对力量，即使是"精明"的增长也不例外，于是，一股反精明增长的潮流悄然形成。择其要者，精明增长所面临的挑战主要包括三个方面：

---

[1] [美] 英格拉姆等：《精明增长政策评估》，第 201 页。

学术界的批评、草根阶层的邻避主义、最高法院的司法判决等。

许多学者从公民权利和社会公平的角度来论证他们反对精明增长的理由。比如，克林特·伯里克（Clint Bolick）在《颠覆美国梦》一文中指出，自由选择居住地是美国人的宪法权利，在郊区定居可以相对廉价地获得住房所有权，实现举世闻名的美国梦。而"任何有效的精明增长计划的核心都是强制"，"居于精明增长思想核心的是根深蒂固的家长式作风"[1]。更多的学者认为，精明增长政策限制了住房开发的土地供应量，提高了住房价格，加重了中低收入居民的购房负担，造成社会的不公平。而蔓延式的开发则可以降低住房价格，各类家庭都能获得住房机遇，从而促进社会公平。[2]

有些学者则是从资源和效果的角度来论证其反对精明增长的理由。精明增长理论认为，蔓延式开发造成了土地资源的极大浪费。而兰德尔·G. 霍尔库姆（Randall G. Holcombe）等人则认为，直到1999年，美国的国土面积只有5.4%得到开发，美国仍然是一个乡村化的社会。[3] 克林特·伯里克则宣布，美国每年用于城市开发的土地只有大约100万英亩，再过200年城市化面积才能达到美国大陆总面积的10%。[4] 而兰德尔·奥图尔（Randal O'Toole）则声称，波特兰市的精明增长政策导致了交通拥堵、空气污染、消费者开支和税收的增加、开放空间的消失，以及其他有碍城市宜居的问题。[5]

---

[1] Clint Bolick, "Subverting the American Dream: Government Dictated 'Smart Growth' Is Unwise and Unconstitutional", *University of Pennsylvania Law Review*, Vol. 148, No. 3 (Jan., 2000), pp. 859–867.

[2] Robert W. Wassmer and Michelle C. Baass, "Does a More Centralized Urban Form Raise Housing Prices?", *Journal of Polly Analysis and Management*, Vol. 25, No. 2 (Spring, 2006), pp. 441–442.

[3] Samuel R. Stanley, "An Overview of U. S. Urbanization and Land-Use Trends", in Randall G. Holcombe and Samuel R. Stanley, eds., *Smarter Growth: Market-Based Strategies for Land-Use Planning in the 21st Century*, Westport, Connecticut: Greenwood Press, 2001, pp. 15–16.

[4] Clint Bolick, "Subverting the American Dream: Government Dictated 'Smart Growth' Is Unwise and Unconstitutional", *University of Pennsylvania Law Review*, Vol. 148, No. 3 (Jan., 2000), p. 861.

[5] Terry S. Szold and Armando Carbonell, *Smart Growth: Form and Consequences*, pp. 201–202.

因此，一些学者提出了所谓"基于市场策略"（market-based approaches）的规划，用市场这只看不见的手进行协调，认为这种策略可以提供一个走出政治困境和学术界纠缠的道路。这种方法的好处是市场价格可以提供资源利用方面的信息。霍尔库姆和斯坦利就认为，"土地利用决策能够由市场这只看不见的手以同样的方式进行协调"。他们认为这种基于市场的策略的另一好处就是可以提供一个走出政治困境和学术界纠缠的道路。霍尔库姆和斯坦利认为，"基于市场策略"的理由有如下几条：其一，20世纪后期，人们往往将市场主导下的住房开发看成是一种社会弊病，但事实上，这正是实现美国公民所期望福利的重要手段。有人指责大地块的独户住房是一种浪费，但居民愿意居住在独户房屋中，并希望拥有自己的院落，而不愿居住在联体住房或公寓中。随着美国人生活水准的提高，当初只有富裕阶层才能享有的生活，现在中产阶级甚至较为贫困的家庭也能享用。其二，市场对于没有得到认可的需求不会作出反应，政府也是如此。由于郊区生活越来越受到人们的青睐，以及汽车越来越普及，郊区生活越来越成为一种现实的选择。市场的反应就是建立更多的郊区住房。由于交通拥挤以及人们抱怨附近缺乏零售和就业，市场又会作出反应，进行了混合功用的开发。其三，许多人没有认识到，城市蔓延引起的某些问题是由政府规划不当造成的，在道路和基础设施方面更好的规划将会推动私人机构作出更明智的决策，而无须政府干预。私人决策往往基于基础设施的位置和交通走向而作出。其四，人们默认了这样一个假设，即人们同意土地利用模式存在问题，政府规划可以解决这些问题。但事实上并非如此。人们也许同意存在的问题，但如何解决就难以达成一致了。另外，政府的解决办法往往是政治手段办法，但政治程序存在一定的问题，比如容易受到特殊利益集团的影响。"与政治手段的办法相反，市场机制提供了一种动力，可以产生一种财产价值最大化的结果。"但精明增长政策的倡导者认为，城市蔓延及其相关问题正是由市场机制导致的，所以解决之道就是要使土地利用决策摆脱市场操纵，而由政府进行有效的规划和管理。①

第二种制约力量来自草根民主,即所谓的"邻避主义"(NIMBY)或"邻避主义综合征"(NIMBY syndrome)。邻避主义就是"不要在我家后院"(not in my back yard),即不在自己的社区及其周围安置"不受地方欢迎的土地利用"模式(locally-unwanted land use, LULU),包括穷人和少数族裔的住房、某些商业和工业企业、某些有危害的设施等。邻避主义的核心在于担心其社区的物质环境和人口构成发生不利的变化。为了避免"不受地方欢迎的土地利用",社区居民往往开展各种形式的抵制活动,地方官员不得不唯其马首是瞻,于是,随之出现的是一种"官避主义"(NIMTOO, Not In My Term of Office)现象,即"不要在我的任期内"改变现有的土地利用模式,这样,邻避主义情绪就官方化和制度化了。②

邻避主义的传统表现形式是地方政府制定的排他性分区制法令和住房建筑法令。随着增长管理运动的兴起,邻避主义的表现形式更加多样且隐蔽,社区居民和地方政府打着环保主义、增长管理甚至精明增长的旗号,限制建筑数量、基础设施投资和社区人口上限,确立烦琐的项目审批程序,强迫开发商提供大量的基础设施、缴纳高额的影响费等。这样,增长管理和精明增长就成为邻避主义的护身符。

邻避主义是一种狭隘的自私行为,对于精明增长产生了极大的危害。它使州和区域范围的精明增长政策和土地利用规划难以付诸实施,从而使精明增长的战略目标难以实现。由于地方社区的排斥,廉价住房分布不均,供不应求,价格上涨,既加重了低收入家庭的购房负担,又迫使就业人员长途通勤,导致车流量增加,交通拥堵恶化,尾气排放增多,空气和水体污染加重,基础设施开支上升,税率提高

---

① Randall G. Holcombe and Samuel R. Stanley, "Land-Use Planning: An Overview of the Issues", in Randall G. Holcombe and Samuel R. Stanley, eds., *Smarter Growth: Market-Based Strategies for Land-Use Planning in the 21st Century*, Westport, Connecticut: Greenwood Press, 2001, pp. 8 – 10.

② U. S. Department of Housing and Urban Development, "*Not in My Back Yard*", *Removing Barriers to Affordable Housing*, Report to President Bush and Secretary Kemp, Washington, D. C., 1991, Chapter 1, pp. 5 – 8.

等一系列问题。同时，由于现有社区的抵制，开发活动不得不转向更远的郊区或乡村地区，导致新一轮的蔓延式乃至蛙跳式开发，造成新的环境、社会和经济问题，形成恶性循环。

第三种挑战也是最大的一种挑战来自最高法院的司法判决。美国民主的一个显著特点是，当一种改革运动达到高潮时，往往会兴起一个与之抗衡的运动对其形成制约，从而确保社会各集团利益的平衡。政府结构的分权制衡原则为这一平衡提供了制度保障，而最高法院越来越扮演了这一制衡角色。随着20世纪七八十年代精明增长运动的兴起，各级政府对私人的土地利用加大了管制力度，由此侵害了某些人的私人财产权，因而一种捍卫私人土地利用权及其财产价值的财产权运动（property rights movement）应运而生，而在司法判决中，各级法院往往倾向于保护私人财产权，从而对各级政府的精明增长政策形成了一定的威胁和反制。

联邦宪法第五条修正案的征用条款规定："人们的私有产业，如无合理赔偿，不得被征为公用。"① 在1922年以前，各级法院都一般认为，只有对私有财产的"直接占用"才能构成征用，才能由政府进行公平的赔偿。该年联邦最高法院首次提出了"管理性征用"（regulatory taking）和"价值损失"的原则，即如果政府的管制行为造成了私人财产的损失价值，即使没有直接占用，也应进行赔偿。然而，在随后的数十年间，联邦法院并没有根据这一原则进行裁决，而是对政府的管制行为进行了某种程度的支持。

然而，随着政府管制的加强和财产权运动的兴起，最高法院的态度发生了急剧的转变，越来越通过司法判决捍卫私人的财产权，其中有几个著名的判例成为这一转变的标志。其一是1987年的"诺兰诉加州海岸委员会"案（Nollan v. California Coastal Commission，简称诺兰案），该案确立了一个新的"实质性联系"的审查原则，即有关部门在审批开发项目时所施加的批准条件，必须与州政府正当而合法的

---

① 《合众国宪法·权利法案·第五条修正案》，载《美国历史文献选集》，美国驻华大使馆新闻文化处，1985年，第45页。

目标之间存在"实质性联系"。这一原则对政府的管制行为提出了严重的挑战。比如政府征收的开发影响费（impact fee），如果这些费用不是用于专项基金，那么就不存在实质性联系，就存在着违宪的危险。[1] 因此，某位研究人员指出："这一判决必将使政府管制土地利用，保护公共健康和安全免受各种危害的努力付之东流。"[2]

其二是1992年的"卢卡斯诉南卡罗来纳海岸委员会"案（Lucas v. South Carolina Coastal Council，简称卢卡斯案）。最高法院在该案中首次提出了"部分征用"（partial taking）的审查原则。在传统的判决中，一般强调"整体征用"（total taking），即只有当一项"管理行为剥夺了某块土地所有的经济利益或生产用途之时"，才构成了管理性征用。[3] 而"部分征用"则要求，即使某些管制行为只是部分地损害了某块地产的经济价值，也会构成征用而需赔偿。这一原则对精明增长政策造成了更大的威胁，因为政府管制行为总会对某些土地的价值造成负面影响。环保集团认为，如果这种征用案件获得成功，其结果将是摧毁多年来取得的环保成果。一些政府管理人员也同意，这种趋势将会压垮本来就很紧张的政府财政预算。[4]

第三个具有重大影响的判例是1994年的"多兰诉泰格德市"案（Dolan v. City of Tigard，简称多兰案），该案确立了"粗略比例"（rough proportionality）原则，即政府的审批条件不仅要符合"实质性联系"原则，而且审批条件（比如土地和资金的捐献）还要与开发

---

[1] Duane J. Desiderio, "Growing Too Smart: Takings Implication of Smart Growth Policies", *Natural Resources & Environment*, Vol. 13, No. 1 (Summer 1998), p. 332.

[2] Charles Wise, "New Life for the Fifth Amendment: the Supreme Court's New Doctrine of Regulatory Takings", *Public Administration Quarterly*, Vol. 16, No. 3 (Fall 1992), p. 304.

[3] Robert H. Freilich, Elizabeth A. Garvin, "Takings after *Lucas*: Growth Management, Planning, and regulatory Implementation Will Work Better Than Before", in David L. Callies, ed., *After Lucas: Land Use Regulation and the Taking of Property without Compensation*, Chicago: American Bar Association, 1993, p. 60.

[4] Rosemary O'leary, "Regulatory Takings: Upcoming Supreme Court Decision in Lucas v. South Carolina Should Clarify Direction of Regulatory Takings Trend", *Natural Resources & Environment*, Vol. 6, No. 4 (Spring 1992), p. 63.

影响之间形成"粗略比例"的关系,否则就具有敲诈性。① 这一审查原则同样对精明增长造成了巨大威胁,因为这种比例关系的确定是非常困难的,而征收费用或土地捐献一旦高于某一比例,就会构成征用和违宪。

为了避免精明增长法规的实施构成征用,1991年华盛顿州首先制定了财产权法,到1997年,美国所有的州都曾提出过这种法案,已经通过的超过了250项。② 对于这些财产权法规的作用,按照美国学者柯克·埃默森(Kirk Emerson)等人的评价,它们"不但不会减少政府的赔偿责任,相反,某些条款无疑还会使政府机构更易遭受索赔要求和宪法挑战;不但不会通过减少诉讼来降低业主的财产损失,相反,某些条款还会更易导致法院争讼"③。

邻避主义、财产权运动和司法判决对美国的增长管理和精明增长造成了极大的挑战。邻避主义和财产权运动是美国个人主义和自由主义在环境与发展这一矛盾对立中的一个鲜明的体现,它表明,在环境危机和资源枯竭这种集体挑战面前,美国公众更加关注的是个人利益,而将集体利益乃至人类生存置之度外,这正是人性自私的致命弱点。笔者愈发体会到汤因比对人性中自我中心天性与社会性分析的精妙,他写道:"人的情绪、意识和意志都不是集体性的,而是个人的情操。每一个社会成员的内心精神生活都是为了控制自我而不得不进行精神战斗的战场。这种精神战斗是人类最紧迫而又最艰难的任务。说它艰难,是因为人是有生命的存在,凡是有生命的存在天生就是以自我为中心的……人不作为社会动物就不能生存,而顽固的自我中心

---

① Clint Bolick, "Subverting the American Dream: Government Dictated 'Smart Growth' Is Unwise and Unconstitutional", *University of Pennsylvania Law Review*, Vol. 148, No. 3 (Jan., 2000), p. 870.

② Kirk Emerson and Charles R. Wise, "Statutory Approaches to Regulatory Takings: State Property Rights Legislation Issues and Implications for Public Administration", *Public Administration Review*, Vol. 57, No. 5 (Sep.-Oct., 1997), p. 412.

③ Kirk Emerson and Charles R. Wise, "Statutory Approaches to Regulatory Takings: State Property Rights Legislation Issues and Implications for Public Administration", *Public Administration Review*, Vol. 57, No. 5 (Sep.-Oct., 1997), p. 421.

天性严重地威胁着人的社会性,因为人类的社会性不是像某些昆虫那样的天性。""无论人类在征服大自然的道路上如何挺进,只要人类不能进一步控制自己的人性,人类就依然听命于大自然的摆布,而人性是不能像大自然那样由集体行动来控制的。""在人类生活中,只有当所有的社会成员在内心精神生活中战胜了自我中心的天性时,才能防止这种天性导致的社会灾难。"① 由此看来,只有人类的集体意识最终战胜了个人的自私天性,才能使人类摆脱环境危机和避免灭顶之灾,然而,这场战役能否胜利呢?

小 结

当代美国大都市区的低密度蔓延产生了一系列严重的经济、社会和生态问题,这些问题的产生固然有着技术、经济、政治、社会、文化等复杂的多方面的原因,然而,欧美主流的城市规划思想也难辞其咎。霍华德的田园城市理论确实存在一些合理之处,但其中的不合理因素也相当不少,比如,分散化的空间布局、隔离的土地利用模式、过大的绿地空间等。正是由于田园城市理论中所包含的这些缺陷与不足,才使英美一些城市规划师在实施田园城市的项目中阉割和篡改,最终嬗变为一种花园郊区思想。而以勒·柯布西耶为代表的现代主义城市规划思想,对欧美的城市规划与发展产生了更大的影响。现代主义城市规划思想的核心是理性主义和功能主义,其最主要的规划原则就是功能分区制,《雅典宪章》将城市功能分为四个方面,即居住、工作、游憩与交通。另外,现代主义的城市规划是以汽车为中心,背离的人性化尺度,主张建立"超级街区",提供充足的公共停车场地。战后,美国郊区的土地利用分区制和就业中心的平面式发展,都受到了这种规划思想的影响,并产生了一系列严重的社会、经济和生态问题,因而遭到了越来越多的城市规划师、设计师和城市学者的批评。在这种批评和反思的基础之上,产生了"新城市主义"规划

---

① [英]阿诺德·汤因比:《历史研究》,第311页。

思想。

新城市主义规划思想分为两种，其一是由杜安伊夫妇提出的"传统邻里开发"（TND）的设计理念；其二是由卡尔索普提出的"公交导向式开发"（TOD）的设计思想。"传统邻里开发"（TND）的设计理念主张每个邻里都要拥有一个明确的中心和边界，社区功能混合，住房类型和居民人口的多样化，提高建筑密度，街道呈网格状，街区较小，富有特色等。"公交导向式开发"（TOD）的设计原则包括：公交支撑的高密度开发，开发项目适宜的空间范围，混合功用，步行取向的场地设计，网格状的街道设计，公交站点处于中心位置。这两种规划思想有着相似的规划理念，这些共识为他们的联合创造了条件。在他们的共同努力之下，成立了"新城市主义大会"（CNU），并制定了《新城市主义宪章》，制定了共同的城市规划设计原则。除了发展新的规划设计理念以外，新城市主义设计师还进行了许多实践活动，许多地方政府制定了新城市主义的分区制和规划法令，联邦政府也在公共住房项目"希望六号计划"（HOPE VI）中大量借鉴了新城市主义的原则。新城市主义在实践中也难免存在一些不足乃至缺陷，并受到了一些城市规划学者的批评。但笔者认为，新城市主义者毕竟一些合理的规划设计理念，倡导旧城改造和再开发，提倡提高开发密度，混合功用等一系列有利于可持续发展的理念，其实践活动虽然不能完全克服美国大都市区的蔓延及其危害，但它毕竟指出了一个新的发展方向，并且已经取得了某些令人喜悦的成果。因此，对于新城市主义必须给予充分公允的评价。

在新城市主义兴起的同时，另一种新的增长理念也异军突起，即"精明增长"理念和实践活动。"精明增长"的发展思想是由增长管理运动发展而来的。由于大都市区的空间蔓延产生了一系列问题，于是"增长伦理"受到了人们的质疑，甚至有人提出了"零增长"的概念。但"零增长"是不可能的，于是有人提出了"有管制的增长"理念，这种新的观念及其政策措施被称为"静悄悄的革命"。一些地方政府和州政府实施了增长管理政策，其中比较著名的有俄勒冈、佛罗里达、加州、佛蒙特、新泽西等州，它们的增长管理政策确实取得了良好的成果。增长管理运动在20世纪90年代逐渐发展为"精明增长"运动。1996年，国际城市与县管理协会（ICCMA）、美国规划协会（APA）与美国环保局等7个政府机构和非营利组织创建了精明增长网站（Smart Growth Network），提出了精明增长"十项原则"，成为精明增长运动的指导方针。这样，到20世纪90年代中后期，增长管理运动发展为精明增长运动。精明增长运动的领导力量来自州政府，因为只有州政府才拥有最高的土地利用决策权和管辖权，同时，也只有州政府的空间管辖范围足够广大，才能超越地方和区域界限进行宏观把握，综合治理。在州政府的精明增长举措中，具有里程碑意义的是1997年马里兰州通过的《精明增长和邻里保护总议案》，这是美国第一个以"精明增长"命名的增长管理法案。马里兰州精明增长计划的一个最大特点是以引导性的激励机制为主要手段，而缺乏强制性的管制机制。这是该计划能够得以制定并实施的原因之一，但这也正是其最大的弱点之所在。美国的精明增长运动在遏制蔓延、复兴城市、保护环境、提高生活质量、维护社会公平等方面取得了一定的成就。但是，一股反精明增长的潮流悄然形成，包括学术界的批评、草根阶层的邻避主义、财产权运动和最高法院的司法判决等，这些都使得增长管理和精明增长运动的效果大打折扣。之所以出现这种局面，与美国的民主制度有着密切的关系。精明增长以及新城市主义运动之所以能够兴起，是在民主制度下有识之士的倡导和推动的结果，而这些运动不能取得立竿见影的效果，同样是由于在民主制度下反对利益集团抵制的结果。这样，在民主与效率之间就形成了一种博弈关系，正如福山所说的那样，"民主中不存在经济理性。倘若是这种情况，民主政治会成为经济效率的累赘"[1]。事实上，不仅在增长管理和精明增长问题上如此，而且长期以来，在美国改革与反改革之间始终

---

[1] ［英］弗朗西斯·福山：《历史的终结及最后之人》，黄胜强、许铭原译，中国社会科学出版社2003年版，第233页。

存在着一种博弈关系，博弈双方需要互相妥协与平衡，公平与效率两者都应兼顾。美国永远不会堕入地狱，因其民主；美国也很难达到天堂般的理想境界，同样因其民主。因此，美国大都市区的蔓延不会得到迅速的治理，同时精明增长和新城市主义也总是使人充满期待。

结　　论

　　美国是一个在资本主义时代诞生的国家，它没有古代史，因而也就没有古老传统的羁绊。如果说它有传统的话，那么这一传统就是资本主义精神，自诩是自由、民主、市场经济和放任主义。同时，美国又是一个在荒野中成长起来的国家，可以说，美国的城市都是新城市，是在较短的时期内创建和发展起来的城市。美国的城市几乎全部是工商业城市，是市场经济的产物，政府干预的成分被限制在最低程度，而且又很少受到战争和重大自然灾害的影响。所以，如果说美国城市的发展过程是一个"自然"的演进过程也许并不夸张。这就为我们探寻美国城市发展的轨迹，得出规律性的认识创造了条件。

　　美国城市的发展经历了从城市化到大都市区化的转变。美国大都市区的形成是在城市化和郊区化，或者说是在聚集与扩散两种趋势的交错发展、对立统一的运动中形成的。在这一运动过程中，美国城市由原始简单的"步行城市"，发展为单中心结构的大都市区，再发展为多中心结构的大都市区复合体，乃至跨州越县，绵延千里的大都市连绵带。美国的城市景观和空间结构已经发生了沧海桑田般的变化，昔日农业社会那种田园牧歌式的乡村小镇已经销声匿迹，工业化初期那种结构紧凑、功能混合的城市共同体已成过往云烟。美国后工业时代的大都市区最显著的空间特征就是无序蔓延，进一步说，就是密度低下、功能分割和对私人汽车的严重依赖。美国大都市区空间结构的这种变迁是在技术进步、经济变革、社会关系、政府政策、文化传统等共同作用下实现的。

　　美国大都市区的起起落落和兴衰更替，也曾引得美国部分城市学

结 论

者几度情绪跌宕,学说变更。比如,中心城市的衰落和郊区的蔓延诱使一些美国学者惊呼"逆城市化"时代的来临,为城市的发展前景忧心忡忡,惶惶不安;随后,某些大城市出现了人口增长现象,一些学者又为所谓"再城市化"或"回归城市"运动额首称庆,欣喜若狂。某些欧洲学者甚至根据欧洲城市类似的发展现象,提出了城市空间发展周期论,将城市的发展周期分为城市化、郊区化、逆城市化和再城市化四个阶段,甚至将这一周期在数学坐标中表示出来。这样,由多元化因素,特别是人文因素所影响的城市发展进程,就由一元化的数学因素所单一决定了,这种追求科学化的尝试反而导致了非科学化的结论。而今,当我们回顾美国城市的发展史,俯视美国大都市区空间结构的变化之时,发现所谓"逆城市化"和"再城市化"都不过是子虚乌有的无稽之谈,影响大都市区空间结构演变的只有城市化和郊区化,或聚集与扩散两种运动。而在城市化和郊区化的关系中,也不是在首先完成城市化之后才出现郊区化,而是城市化与郊区化同步发展,交错进行,聚集与扩散贯穿于城市发展的始终。基于对美国城市史的这一认识,笔者提出了聚集扩散论。这一理论创新既有重要的学术价值,也有重要的现实意义。

大都市区化为美国经济的发展创造了有利条件,大都市区的宏观聚集使美国经济获得了聚集效益,从而使大都市区成为美国经济发展的助推器和发动机,特别是中央商务区的形成,以其强大的吸引力和辐射力将中心城市、众多郊区和广大的乡村腹地紧密地连接起来,作为一个整体参与区域竞争乃至全球竞争,为大都市区共同体的共同繁荣发挥了积极作用。然而,事务的发展总是充满了矛盾,当大都市区化为美国经济的发展创造有利条件的同时,大都市区空间的无序蔓延却又给美国社会造成了一系列政治、经济、社会和生态危害。

需要强调的是,大都市区化不等于大都市区蔓延。大都市区化是城市化的必然结果,是城市有机体由简单到复杂、由低级到高级的演变。而大都市区蔓延则是指美国大都市区的空间结构特征,进一步讲,这种无序蔓延的具体表现就是"分散"和"分割"。分散就是大都市区的分布越来越稀疏,各个社区之间相距越来越遥远,甚至同一社区的住房之间的距离也在迅速扩大，整个大都市区呈水平式低密度的发展模式；分割是指城市社区功能的分割，将本来应该属于同一社区的各种功能彼此隔离开来，比如将住房、就业、购物、娱乐休闲和社会服务等分布于不同的社区。这种"分散"与"分割"使大都市区居民的出行严重地依赖私人汽车。与此同时，在大都市区分散和分割的空间布局之下，城市社区之间的连接性和可达性却不够完善，或者说社区之间的道路系统不够发达，尤其是郊区社区之间的交通道路严重不足，从而给大都市区居民的社会生活造成了极大的不便。此外，大都市区的分割还表现在社会与政治方面，即人口分布方面的阶级分异和种族隔离，以及大都市区政府结构方面的碎化或巴尔干化，而阶级和种族界限往往又与政治界限相重合，郊区富裕阶层和中产阶级利用政治边界来达到排斥下层阶级和少数族裔的目的，美国大都市区出现了"共同体的崩塌"（collapse of community）。

美国向来以一个自由、民主、平等的社会自居，有些学者甚至认为美国是一个无阶级社会，或者是中产阶级社会，阶级意识淡薄。但事实上，美国是一个阶级意识非常强烈的社会，尤其是中产阶级或曰布尔乔亚具有强烈阶级意识，随着"丰裕社会"的来临和中产阶级的日益扩大，他们深切地感觉到了一种地位危机感。为了维护中产阶级的地位或形象，他们竭力逃避下层阶级，从阶级混杂的中心城市中逃离出来，在环境优雅的郊区购买房产和营建自己的世外桃源。美国大都市区的阶级分异不仅仅是一个单纯的经济过滤的结果，更是一个有意识的选择与排斥的结果，郊区居民利用房产销售和出租中的限制性契约，以及郊区社区的排斥性分区制法规等手段，吸引相同的阶级或更富裕的阶级，而将下层阶级和贫困人口阻挡在其社区范围之外。这些布尔乔亚们思想狭隘，目光短浅，自私自利，不顾大局，害怕变革，其核心目标是维护自己的房产价值和社区稳定，而将大都市区的整体利益和社会责任抛于脑后。毫不夸张地说，美国大都市区的人口分布模式和蔓延式的空间结构，就是在中产阶级价值观念的影响和操纵之下形成的，他们对美国大都市区的诸多社会问题负有不可推卸的责任。

结　论

种族隔离是美国大都市区内比阶级分异更加显著的一个人口分布特征。如果说阶级分异是中产阶级布尔乔亚影响的结果，那么种族隔离就是绝大多数美国白人普遍怀有的种族歧视和种族隔离政策的结果。白人实行种族隔离的手段比阶级分异的手段更加多样和露骨，不仅通过种族限制性契约和排斥性分区制法规限制黑人的迁入，而且还通过房地产经纪人的引导和金融机构的房贷歧视制造种族隔离，甚至联邦政府也发挥了恶劣的影响。白人的种族歧视与种族隔离政策导致了黑人的高度城市化、高度隔离化和低度郊区化"两高一低"的空间分布模式。

由于美国大都市区的阶级分异和种族隔离，在美国大都市区中形成了两个世界，一个是以中产阶级和富裕阶层为主的郊区世界，他们在郊区享受着一种富足、稳定和优雅的生活方式，另一个是以下层阶级和少数族裔为主的中心城市，他们遭受着失业、贫困、疾病、衰败和混乱的悲惨的境遇，在一个恶性循环的怪圈中不能自拔。为了克服大都市区的阶级分异和种族隔离，美国社会展开了一系列社会运动，比如黑人民权运动、开放郊区和住房市场运动，各级法院进行了进步性质的司法判决，各级政府也实施了一系列改革措施。然而，由于根深蒂固的阶级偏见和种族歧视，美国大都市区的阶级分异和种族隔离现象仍然十分严重。

在美国大都市区的空间蔓延过程中，出现了政治的碎化或巴尔干化现象，即小型地方政府林立，中心城市与郊区之间、郊区地方政府之间互不统属，各自为政，彼此竞争的局面。这种政治上的碎化不仅使大都市区内部的各种问题难以解决，而且还损害了大都市区作为一个整体在区域经济乃至全球经济中的竞争能力。因此美国学术界提出了五花八门的改革理论，许多大都市区还进行了地方政府体制的改革。20世纪60年代以前为传统改革时期，强调地方政府之间的合并，成立高度集权的综合性的大都市政府；60年代公共选择学派兴起，运用经济学的理论和方法来研究政治问题，但仍然存在许多弊端；90年代以来进入"新区域主义"改革时期，对大都市区的治理，从一元走向多元，从单一维度走向多种维度，尤其强调第三部门在大都市区治理中的重要作用。然而，到目前为止，美国仍然未能克服大都市区空间蔓延所造成的各种危害。之所以出现这种局面，笔者认为，美国的联邦体制和民主自治传统负有不可推卸的责任，尤其是州政府过于软弱，没有发挥中央政府的领导作用，没有给予区域政府以应有的权力。

大都市区的空间蔓延还威胁了大都市区自身的生存与发展。郊区化是导致中心城市衰落的最主要的原因之一，由于中产阶级和富裕阶层不断向郊区迁移，而将大多数贫困阶层和少数民族抛弃在中心城市，导致了中心城市税收的减少和福利负担的加重，从而导致了中心城市税收减少和开支增加的两面夹击。另外，去工业化和就业的郊区化则如同釜底抽薪，更加削弱了中心城市的经济活力。金融机构的红线政策即对中心城市的贷款歧视，导致了中心城市的储蓄资金未能作为房贷资金或发展资金投入到中心城市本身，而是流失到郊区、其他地区甚至国外，从而导致了中心城市资金的短缺和衰败。中心城市的衰落不仅削弱了自身的发展活力，而且还危及了整个大都市区的发展前景。因此，美国各级政府采取了一系列政策措施以恢复中心城市的生机与活力，比如城市更新计划和《社区再投资法》的通过等；与此同时，民间团体、私人部门还在内城街区展开了绅士化运动，对中心城市的复兴发挥了积极作用。笔者认为，从总体上来说，美国大都市区的发展，特别是东北部和中西部大都市区的发展前景，取决于中心城市是否能够得到复兴。

美国大都市区的低密度蔓延还导致了大都市区的交通拥堵，交通拥堵的根源在于大都市区的空间结构特征，主要包括低密度蔓延、就业与住房的失衡、社区功能的分割、社区空间设计和道路体系等。大都市区的空间蔓延还导致了空气和水体污染、开放空间和耕地的吞噬、野生动物栖息地的破坏、严重的水土流失和洪涝灾害的加剧等。因此，美国大都市区空间蔓延的发展模式是一种不可持续的发展模式。

美国大都市区的空间蔓延所导致的这一系列社会、经济和生态危害，引起了美国学者和规划人员的深刻反思。首先是城市规划学界和

结 论

城市学者对一系列主流的城市规划思想的批判，这些主流的城市规划思想包括霍华德的田园城市理论、欧洲现代主义城市规划理论、美国本土的城市规划与实践等。在此基础上，在美国城市规划学界产生了新城市主义理论和实践，包括"传统邻里开发"（TND）和"公交导向的开发"（TOD）。与此同时，美国公众的"增长伦理"也发生了极大的转变，出现所谓"静悄悄的土地利用革命"，增长管理和精明增长运动的兴起，特别是精明增长"十大原则"的提出，对美国大都市区的空间设计和发展道路指明了方向。

然而，在自由、民主和个人主义的政治氛围之下，对于美国人的迁徙自由和居住地选择权的限制，必然遭到众多选民的强烈反对，比如，科罗拉多州的一个养猪农场主告诫该州众议院的一个委员会说："我们不能像养猪一样来管束人民，我们应该赋予人民以选择住所和居住条件的权力，只要他们承担得起。"[1] 更为严重的是，随着增长管理和精明增长运动的兴起，还兴起了两个与之对立且更为强劲的运动，即来自草根的邻避主义和财产权运动，而且这两者都受到了地方和州法院乃至联邦最高法院的司法庇护。另外，关于大都市区的发展问题还存在着不同利益集团的激烈冲突，对于那些已经居住在郊区的既得利益者来说，他们希望限制人们向郊区的移居，而对于那些尚未移居郊区的人们来说，限制郊区的发展则等于剥夺了他们到郊区享受独户住房生活的希望，是"撤走梯子"。与此同时，美国学术界对此也争论不休，各持一端，各级政府更是无所适从，进退失据，其政策也是犹抱琵琶半遮面。新城市主义规划和精明增长政策在美国大都市区的治理中能否奏效，美国大都市区的发展将何去何从，我们还要拭目以待，静观其变。

它山之石，可以攻玉。通过考察美国大都市区的空间蔓延及其产生的政治、社会、经济和生态危害，我们可以得出如下经验教训：

第一，城市空间发展理论需要更新。长期以来，城市空间周期论（spatial cycles）一直统治着各国学术界的城市空间研究。该理论将城

---

[1] Susan S. Fainstein and Norman I. Fainstein, *Restructuring the Cities*, p. 193.

市的发展分为四个阶段,即城市化、郊区化、逆城市化和再城市化,从而形成一个城市空间的发展周期。这一理论曾对我国城市发展战略产生了严重的负面影响,比如我国曾根据逆城市化理论,制定了"控制大城市规模,合理发展中城市,积极发展小城市"的城市发展战略,阻碍了我国的城市化发展进程和经济发展。事实上,在城市的发展过程中始终存在着聚集与扩散这样两种交错发展、对立统一的运动,它们共同推动着城市空间机构的发展演变。据此,笔者提出了一个新的城市空间发展理论——聚集扩散论。因此,在城市建立的初期,就应做好城市规划乃至区域规划,防止大都市区蔓延造成的不利影响;而当大都市区的空间扩散占据主导趋势之时,也不要对中心城市乃至大都市区的发展丧失信心,因为在大都市区进行空间分散的同时,也在进行着某些高端经济活动的聚集,进一步推动了中央商务区功能的转变和高端功能的强化。根据聚集效益、规模效益和人的社会属性,城市在分散的同时也存在着更高水准的聚集,城市始终是人类发展进步的载体和助推器。笔者希望这一新的城市空间发展理论能够得到学术界的广泛验证,对我国城市空间的合理发展做出积极的贡献。

第二,关爱社会弱势群体,创造和谐社会,确保各个阶层共同发展,共同进步。在美国大都市区的发展过程中,由于布尔乔亚的阶级偏见和白人的种族歧视,导致了人口分布中的阶级分异和种族隔离,导致了中心城市的衰落,既危害了中心城市的发展,也拖累了整个大都市区的竞争力。中心城市贫民窟的泛滥和社会问题的滋生,不仅危害了下层阶级和少数族裔的生存与发展,对于白人中产阶级也同样造成了严重的危害,暴力、犯罪、吸毒、家庭破裂和社会解组不仅限于中心城市,而且也在日益向内层郊区泛滥,从而对郊区中产阶级的生活造成危害,同时逼迫着这些布尔乔亚们进一步向远郊迁移,既浪费了资金、土地、资源,又造成了他们生活的不便,更损害了美国人根本的价值观念和立国之本。不是"城市让生活更美好",而是"'和谐的'城市让生活更美好"。

第三,为了防止大都市区化导致的政治碎化或巴尔干化现象,必须加强中心城市对郊区的领导地位，以达到大都市区的协调发展。在美国大都市区空间蔓延的过程中，郊区的政治实体急剧增多，将大都市区的版图分割得支离破碎，从而导致了大都市区政治的碎化或巴尔干化，对于解决大都市区的诸多问题造成了严重的障碍。而大都市区在社会、经济和生态上是一个有机的统一体，为了大都市区的协调发展，就需要各地方政府密切配合，桴鼓相应。从20世纪以来，美国学术界就开始探讨大都市区的政府体制改革，建立区域政府，加强州政府的权力，尤其是20世纪后期精明增长运动兴起以后，一些州政府发挥了中央政府的职能，加强了对地方政府的领导，建立了一些区域性的政府机构，进行了区域综合治理，收到了一定的成效。当然，中国的政治体制与美国截然不同，中国实行的是市辖县的政府体制，省地级市对下辖各县和各市拥有领导权，从而可以制定区域发展规划，协调大都市区的发展。但公共选择理论成为当今世界十分流行的一种政治理论，许多国家都在尝试权力下放，中央政府或州政府将权力下放给城市地方政府。我国学术界也对这种理论进行了研究和介绍，呼吁我国权力下放。这在一定程度上是正确的，但要注意把握分寸，在权力适当下放的同时，还要发挥省地级市政府、省政府乃至中央政府的宏观把握和调控，以达到地方、区域、全省乃至全国的协调发展。

第四，加强中心城市的再开发。在整个大都市区中，中心城市处于核心地位和领导地位，尤其是中央商务区是整个大都市区的灵魂所在，这里聚集着众多的公司总部、商业部门、金融机构、生产服务业等，因此，中央商务区以其强大的吸纳力和辐射力影响和统御着整个大都市区，中心城市兴旺，则大都市区繁荣，中心城市衰落，则大都市区萧条。然而，中心城市的衰落是美国大都市区面临的最严重的问题之一，衰落的原因主要有三个方面，即郊区化、去工业化和金融机构的红线政策，这三者相互结合，共同作用，从而导致了严重的"城市危机"（urban crisis）。对我国城市发展的经验教训是：防止产业的郊区化所导致的城市空心化，既要做到"退二"，改善城市环境，更要强调"进三"，在中心城市积极发展第三产业。为了防止中心城的衰败，要对中心城市加大投资力度，对衰败的城区进行积极的再开发活动，保持中心城市的生机与活力，从而带动整个大都市区的发展与繁荣。

第五，限制城市低密度蔓延，保护自然资源和生态环境。美国大都市区的空间蔓延还对自然资源和生态环境造成了严重的危害。蔓延导致了对私人汽车的依赖，而汽车尾气则成为目前美国最主要的空气污染源之一；郊区化粪池的使用和公路等硬化面积的增加，导致了地下水和地表水的污染；蔓延吞噬了大量的开放空间和耕地，减少了大都市区居民的野外活动空间，破坏了野生动物的栖息地，导致了严重的水土流失和洪涝灾害。虽然地方、州和联邦政府采取了一系列治理措施，但这些政策措施往往过于零散，甚至彼此矛盾，相互冲突，因而未能收到良好的效果。对我国城市发展的经验教训是：限制城市的低密度蔓延或摊大饼的发展模式，让城市成为城市，让自然成为自然，留一方天地给大自然，保护空气和水体的清洁，保护珍贵的耕地、开放空间、野生动物栖息地，减少洪涝灾害。我国大都市区的发展模式应该是发展高级功能的中心城市，周围辅以高密度综合性的卫星城，而非密度低下功能单一的郊区。

第六，强调土地利用模式的混合，发展公共交通，减少交通拥堵。美国大都市区的空间结构特征导致了严重的交通拥堵，这些特征包括低密度蔓延、就业与住房的失衡、土地利用模式的分割、社区空间设计和道路体系不合理等方面。美国各级政府和私人部门采取了一系列治理措施，比如扩建公路，发展公共交通，实施共同乘车计划，进行高密度混合功用的开发，建立公交友好和步行友好的社区等。然而，由于交通拥堵的根源深植于大都市区的空间结构之中，因此交通拥堵已经成为美国大都市区的一个难以根除的痼疾。对我国城市发展的经验教训是：提高城市发展密度，缩短通勤和出行距离；避免大规模的功能分区，避免发展专门的商业区、工业区、办公区、文化区、住房区等，而应该进行混合功能的开发，使居民能够就近上班、购物和从事其他社会活动，从而有利于步行，减少乘车的必要；积极发展公共交通，鼓励市民拼车出行，减少汽车流量；实施错峰出行，分散交通流量,从而减少交通拥堵。

第七,借鉴美国城市规划和城市发展战略成功的经验,做好综合治理与发展。美国大都市区空间蔓延所造成的种种危害,迫使城市规划学界进行了深刻的反思,对欧美主流城市规划理论进行了深入的批判,在此基础之上兴起了新城市主义规划理论和实践活动,包括"传统邻里开发"(TND)和"公交导向的开发"(TOD)。尽管新城市主义存在着诸多不足与缺陷,但它使我们用一种全新的眼光看待大都市区的蔓延及其危害,为美国乃至世界范围大都市区的发展提出了一种新思路和新方法。与此同时,在美国兴起了另一个范围更广、影响更大的精明增长运动。如果说新城市主义主要限于城市规划,那么精明增长则更加注重政府政策,更加具有综合治理的特征。精明增长的"十项原则"倡导限制城市的低密度蔓延,提高土地的利用效率,对中心城市进行合理的再开发,保护农田、自然资源和生态环境,主张土地的混合利用,减少交通拥堵,提高人们的生活质量,使经济发展、社会和谐和生态保护彼此相互协调,从而实现一种"精明的"理性的增长。在精明增长运动的推动之下,美国的一些州和地方政府制定并实施了一系列土地利用政策和措施,对大都市区的低密度蔓延及其危害进行了管制和治理。

在美国的精明增长政策中,加州实行的是自下而上的增长管理举措,给予了地方社区和地方政府太多的权力,区域机构和州政府没有能够充分发挥作用,从而导致地方政府放任自流,各行其是,治理效果不佳。马里兰州采取了折中的治理措施,州政府进行了积极的干预,也给予了地方政府以一定的自由裁量权,但该州精明增长政策的致命弱点是仅仅依靠激励措施,即主要依靠州政府的资金奖励对地方政府加以引导,而缺乏严厉的制裁措施,治理效果差强人意。笔者认为,俄勒冈州的精明增长立法和波特兰大都市区的城市增长边界是一个很好的借鉴,该州采取了自上而下的增长管理政策,制定了较为严厉的法律法规,通过一条不可逾越的城市增长边界,限制整个大都市区每个城市的发展界限,从而能够有效地限制城市乃至整个大都市区的蔓延及其产生的各类社会、经济和生态危害。然而,无论是新城市主义规划还是精明增长政策，任何一项单一的政策措施都不能产生显著的效果，必须依靠各级政府、私人部门、规划学界、市民组织以及各界人士，各种政策措施多方并举，密切配合，才能实现城市与环境的综合治理，协调发展。

主要参考文献

一 研究报告、政府和组织文件

American Farmland Trust, *Farming on the Edge*, DeKalb, Illinois, 1997.

American Farmland Trust: *Saving American Farmland: What Works*, Washington DC, 1997.

National Trust for Historic Preservation, *Challenging Sprawl: Organizational Responses to a National Problem*, a Report, Washington, D. C.: National Trust for Historic Preservation, 1999.

U. S. Department of Commerce, Bureau of the Census, *1992 Census of Transportation, Communications, and Utilities: 1993 Commodity Flow Survey*, Washington, D. C.: U. S. Government Printing Office, October 1996.

U. S. Department of Commerce, Bureau of the Census, *Boundary and Annexation Survey, 1970-1979*, Washington, D. C.: U. S. Government Printing Office, December 1980.

U. S. Department of Commerce, Bureau of the Census, *Journey to Work: Census 2000 Brief*, Washington, D. C.: U. S. Government Printing Office, March 2004.

U. S. Department of Commerce, Bureau of the Census, *Statistical Abstract of the United States, 1975*, Washington D. C.: U. S. Government Printing Office, 1975.

U. S. Department of Commerce, Bureau of the Census, *Statistical Abstract of* the United States, *1998*, Washington D. C.: U. S. Government Printing Office, 1998.

U. S. Department of Transportation, *Federal Transit Act: As Amended Through June 1992, and Related Laws*, Washington, D. C., 1992.

U. S. Department of Transportation, *Counting the New Mobile Workforce*, Washington, D. C., 1997.

U. S. Regional Plan Association, *The Renaissance of Rail Transit in America*, New York: American Public Transit Association Press, 1991.

U. S. Advisory Commission on Intergovernmental Relations, *Central City-Suburban Fiscal Disparity & City Distress, 1977*, Washington, D. C.: U. S. Government Printing Office, December, 1980.

U. S. Advisory Commission on Intergovernmental Relations, *City Financial Emergencies: The Intergovernmental Dimension*, A Commission Report, Washington, D. C.: U. S. Government Printing Office, July 1973.

U. S. Advisory Commission on Intergovernmental Relations, *Fiscal Disparities: Central Cities & Suburbs, 1981*, Washington, D. C.: U. S. Government Printing Office, August, 1984.

U. S. Advisory Commission on Intergovernmental Relations, *Mandates: Cases in State-Local Relations*, A Commission Report, Washington, D. C., September 1990.

U. S. Advisory Commission on Intergovernmental Relations, *The Problem of Special Districts in American Government*, A Commission Report, Washington, D. C., May 1964.

U. S. Advisory Commission on Intergovernmental Relations, *Bankruptcies, Defaults, and Other Local Government Financial Emergencies*, A Commission Report, Washington, D. C.: U. S. Government Printing Office, February 1985.

U. S. Commission on Civil Rights, *Equal Opportunity in Suburbia*, a Report of the United States Commission on Civil Rights, Washington, D. C.: July 1974.

U. S. Department of Commerce, Bureau of the Census, *1970 Census of Population*, *Volume I*, *Characteristics of the Population*, Washington, D. C.: U. S. Government Printing Office, June 1973.

U. S. Department of Commerce, Bureau of the Census, *Census of Population: 1950*, *Volume I*, *Number of Inhabitants*, Washington, D. C.: U. S. Government Printing Office, 1952.

U. S. Department of Commerce, Bureau of the Census, *Population Trends in the 1980's*, Washington, D. C.: U. S. Government Printing Office, 1992.

U. S. Department of Commerce, Bureau of the Census, *Changes in American Family Life*, Washington, D. C.: U. S. Government Printing Office, August 1989.

U. S. Department of Commerce, Bureau of the Census, *Demographic Trends in the 20th Century*, Census 2000 Special Report, Washington, D. C.: U. S. Government Printing Office, 2002.

U. S. Department of Commerce, Bureau of the Census, *Statistical Abstract of the United States*, *1970*, Washington D. C.: U. S. Government Printing Office, 1970.

U. S. Department of Commerce, Bureau of the Census, *Statistical Abstract of the United States*, *1985*, Washington D. C.: U. S. Government Printing Office, 1984.

U. S. Department of Commerce, Bureau of the Census, *Statistical Abstract of the United States*, *1990*, Washington D. C.: U. S. Government Printing Office, 1990.

U. S. Department of Commerce, Bureau of the Census, *Selected Characteristics of Travel to Work in 20 Metropolitan Areas*, *1977*, Washington D. C.: U. S. Government Printing Office, 1977.

U. S. Department of Commerce, Bureau of the Census, *The City-Suburb Income Gap: Is It Being Narrowed by a Back-to-the-City Movement?* Washington D. C.: U. S. Government Printing Office, 1977.

U. S. Department of Housing and Urban Development, *Changing Conditions in Large Metropolitan Areas*, Urban Data Report, Washington, D. C., November 1980.

U. S. Department of Housing and Urban Development, Environmental Protection Agency, *The Costs of Sprawl: Environmental and Economic Costs of Alternative Residential Development Patterns at the Urban Fringe*, Washington, D. C. : U. S. Governmental Printing Office, April 1974.

U. S. Department of Housing and Urban Development, Environmental Protection Agency, *The Costs of Sprawl: Executive Summary*, Washington, D. C. : U. S. Governmental Printing Office, April 1974.

U. S. Department of Housing and Urban Development, *Equal Credit Opportunity: Accessibility to Mortgage Funds By Women and by Minorities*, Volume I, Washington, D. C. : U. S. Government Printing Office, May 1980.

U. S. Department of Housing and Urban Development, *Measuring Racial Discrimination in American Housing Markets: The Housing Market Practices Survey*, Washington D. C. : U. S. Government Printing Office, April 1979.

U. S. Department of Housing and Urban Development, *Redlining and Disinvestment as a Discriminatory Practice in Residential Mortgage Loans*, Part I, Washington, D. C. : U. S. Government Printing Office, July 1976.

U. S. Department of Housing and Urban Development, *Redlining and Disinvestment as a Discriminatory Practice in Residential Mortgage Loans*, Part II, Washington, D. C. : U. S. Government Printing Office, July 1977.

U. S. Department of Housing and Urban Development, *The State of the Cities*, 1999: *Third Annual Report*, Washington, D. C., June 1999.

U. S. Department of Housing and Urban Development, "Not in My Back Yard", *Removing Barriers to Affordable Housing*, Report to President Bush and Secretary Kemp, Washington, D. C., 1991.

U. S. Department of Housing and Urban Development, *Neighborhood*

Networks: *No Car? No Problem! Innovative Transportation Solutions*, Washington, D. C., June 1999.

U. S. Department of Housing and Urban Development, *The State of the Cities, 2000: Megaforces Shaping the Future of the Nation's Cities*, Washington, D. C.: U. S. Government Printing Office, June 2000.

U. S. Department of Transportation, *1990 NPTS Report Series: Demographic Special Reports*, Washington, D. C., April 1994.

U. S. Department of Transportation, *Incentives and Disincentives for Ridesharing: A Behavioral Study*, Washington, D. C.: U. S. Government Printing Office, August 1978.

U. S. Department of Transportation, *Intermodal Surface Transportation Efficiency Act of 1991*, Washington, D. C., 1991.

U. S. Department of Transportation, *Legal Impediments to Ridesharing Arrangements*, Washington, D. C.: U. S. Government Printing Office, December 1979.

U. S. Department of Transportation, *Transportation Equity Act for the 21st Century*, Washington, D. C., 1998.

U. S. Department of Transportation, *Home-to Work Trips and Travel: 1977 Nationwide Personal Transportation Study*, Washington, D. C., December 1980.

U. S. Department of Transportation, *Our Nation's Travel: 1995 NPTS Early Results Report*, Washington, D. C.: U. S. Government Printing Office, 1995.

U. S. Department of Transportation, *The National Capital Region Congestion & Mobility Summit, Summary Report*, Washington, D. C., May 28, 1998.

U. S. Department of Transportation, *The New Suburb*, Final Report, Washington, D. C.: U. S. Government Printing Office, July 1991.

U. S. Department of Transportation, *The Status of the Nation's Local Mass transportation: Performance and Conditions*, Report of the Secretary of Transportation to the United States Congress, Washington, D. C., June

1987.

U. S. Department of Transportation, *Travel Mode Special Reports*, 1990 NPTS Report Series, Washington, D. C.: U. S. Government Printing Office, April 1994.

U. S. Department of Urban Studies, National League of Cities, *Adjusting Municipal Boundaries: Law and Practice*, Washington, D. C., 1966.

U. S. Environmental Protection Agency, *Environmental Quality and Community Growth: How to Avoid Flooding, Traffic Congestion, and Higher Taxes in Your Community*, Washington D. C., August 2000.

U. S. Federal Housing Administration, *FHA Homes in Metropolitan Districts: Characteristics of Mortgages, Homes, Borrowers Under the FHA Plan, 1934 – 1940*, Washington, D. C.: U. S. Government Printing Office, 1942.

U. S. General Accounting Office, *20 Years of Federal Mass Transit Assistance: How Has Mass Transit Changed?* A Report to the Congress of the United States, Washington, D. C., September 18, 1985.

U. S. General Accounting Office, *Telecommuting: Overview of Potential Barriers Facing Employers*, a Report to the Honorable Dick Armey, Majority Leader, House of Representatives, Washington, D. C., July 2001.

U. S. General Accounting Office, *Testimony before the Committee on Finance, U. S. Senate: Alternative Motor Fuels and Vehicles, Impact on the Transportation Sector*, Washington, D. C., July 2001.

U. S. Geological Survey, *Effects of Increased Urbanization from 1970's to 1990's on Storm-Runoff Characteristics in Perris Valley, California*, Water-Resources Investigations Report 95-4273, U. S. Geological Survey, 1996.

U. S. Institute of Transportation Engineers, *Urban Traffic Congestion: What Does the Future Hold?* Washington D. C.: Institute of Transportation Engineers, 1986.

U. S. Kerner Commission, *The 1968 Report of the Commission on Civil*

Disorders, New York: Pantheon Books, 1988.

U. S. National Advisory Commission on Civil Disorders, *Report of the National Advisory Commission on Civil Disorders*, Washington, D. C.: U. S. Government Printing Office, March 1968.

U. S. National Committee against Discrimination in Housing and the Urban Land Institute, *Fair Housing & Exclusionary Land Use: Historical Overview, Summary of Litigation & A Comment with Research Bibliography*, Washington, D. C: the Urban Land Institute, March 1974.

U. S. National Health Council, *Urban Sprawl and Health: Report of the 1958 National Health Forum*, New York: National Health Council, January 1959.

U. S. National Municipal League, *The Government of Metropolitan Areas in the United States*, New York: National Municipal League, 1930.

U. S. Department of Commerce, Bureau of the Census, *Historical Statistics of the United States, Colonial Times to 1950*, Washington D. C.: U. S. Government Printing Office, 1957.

U. S. Department of Commerce, Bureau of the Census, *Historical Statistics of the United States, Colonial Times to 1970*, Washington D. C.: U. S. Government Printing Office, 1975.

U. S. National League of Cities, *Adjusting Municipal Boundaries: Law and Practice*, Washington, D. C., 1966.

Wibben, Herman C., *Effects of Urbanization on Flood Characteristics in Nashville-Davidson County, Tennessee*, Water-Resources Investigations 76-121, Report No. 2, U. S. Geological Survey, 1976.

二 英文著作与论文

Alba, Richard D., John R. Logan, "Variations on Two Themes: Racial and Ethnic Patterns in the Attainment of Suburban Residence," *Demography*, Vol. 28, No. 3 (Aug., 1991).

Anderson, Dan R., "The National Flood Insurance Program: Problems and

Potential", *The Journal of Risk and Insurance*, Vol. 41, No. 4 (Dec., 1974).

Andrews, Justin M., "Community Air Pollution, a Developing Health Problem", *Public Health Reports (1896 - 1970)*, Vol. 71, No. 1 (Jan., 1956).

Aryeetey-Attoh, Samuel, et al., "Central-City Distress in Ohio's Elastic Cities: Regional and Local Policy Responses", *Urban Geography*, Vol. 19, No. 8, 1998.

Atkinson, Rowland and Gary Bridge, eds., *Gentrification in a Global Context: the New Urban Colonialism*, New York: Routledge, 2005.

Azous, Amanda L., Richard R. Horner, eds., *Wetlands and Urbanization: Implications for the Future*, Washington, D. C.: Lewis Publishers, 2001.

Badcock, Blair, *Unfairly Structured Cities*, Oxford, England: Basil Blackwell Publisher Limited, 1984.

Baldassare, Mark, *Trouble in Paradise: The Suburban Transformation in America*, New York: Columbia University Press, 1986.

Beaton, W. Patrick: "The Impact of Regional Land-Use Controls on Property Values: The Case of the New Jersey Pinelands", *Land Economics*, Vol. 67, No. 2 (May, 1991).

Benfield, F. Kaid, et al., *Once There Were Greenfields: How Urban Sprawl Is Undermining America's Environment, Economy and Social Fabric*, New York: Natural Resources Defense Council, 1999.

Benjamin, Gerald, Richard P. Nathan, *Regionalism and Realism: A Study of Governments in the New York Metropolitan Area*, Washington, D. C.: Brookings Institution Press, 2001.

Berg, L. van den, L. Burns, and L. H. Klaassen, eds., *Spatial Cycles*, U. K.: Gower, Aldershot, 1986.

Bergman, Edward M., *Eliminating Exclusionary Zoning: Reconciling Workplace and Residence in Suburban areas*, Cambridge, Mass: Ballinger Publishing Company, 1974.

Berman, David R., *Local Government and the States: Autonomy, Politics, and Policy*, Armonk, NY: M. E. Sharpe, Inc., 2003.

Berry, Brian J. L., ed., *Urbanization and Counterurbanization*, London: Sage Publishers, 1976.

Berry, David and Thomas Plaut, "Retaining Agricultural Activities under Urban Pressures: A Review of Land Use Conflicts and Policies", Policy Sciences, Vol. 9, No. 2 (Apr., 1978).

Bhutta, Neil, "The Community Reinvestment Act and Mortgage Lending to Lower Income Borrowers and Neighborhoods", *Journal of Law and Economics*, Vol. 54, No. 4 (November 2011).

Binford, Henry C., *The First Suburbs: Residential Communities on the Boston Periphery, 1815–1860*, Chicago: The University of Chicago Press, 1985.

Bish, Robert L., and Vincent Ostrom, *Understanding Urban Government: Metropolitan Reform Reconsidered*, Washington, D. C.: American Enterprise Institute for Public Policy Research, 1979.

Bish, Robert L., *The Public Economy of Metropolitan Areas*, Chicago: Markhan Publishing Company, 1971.

Blair, Roger D., "Problems of Pollution Standards: The Clean Air Act of 1970", *Land Economics*, Vol. 49, No. 3 (Aug., 1973).

Bluestone, Barry, Bennett Harrison, *The Deindustrialization of America: Plant Closings, Community Abandonment, and the Dismantling of Basic Industry*, New York: Basic Books, Inc., Publishers, 1982.

Bobo, Benjamin F., *Locked in and Locked out: The Impact of Urban Land Use Policy and Market Forces on African Americans*, Westport, Connecticut: Praeger Publishers, 2001.

Boesel, David & Peter H. Rossi, eds., *Cities under Siege: Anatamy of the Ghetto Riots, 1964–1968*, New York: Basic Books, Inc., Publishers, 1971.

Bollens, John C., *Special District Governments in the United States*, Berkeley and Los Angeles: University of California Press, 1957.

Bowman, Ann O'M., Richard C. Kearney, *State and Local Government*, Boston: Wadsworth, Cengage Learning, Eighth Edition, 2011.

Bradbury, Katharine L., Anthony Downs, Kenneth A. Small, *Urban Decline and the Future of American Cities*, Washington, D. C.: The Brookings Institution, 1982.

Brewer, Richard, *Conservancy: The Land Trust Movement in America*, New England: University Press of New England, 2003.

Brody, Samuel D., et al, *Rising Waters: The Causes and Consequences of Flooding in the United States*, Cambridge, UK: Cambridge University Press, 2011.

Brower, David J., et al, eds., *Understanding Growth Management: Critical Issues and a Research Agenda*, Washington, D. C.: The Urban Land Institute, 1989.

Bryant, C. R. and L. H. Russwurm, "North American Farmland Protection Strategies in Retrospect," *GeoJournal*, Vol. 6, No. 6, Farmland Preservation in North America (1982).

Buder, Stanley, *Visionaries and Planners: The Garden City Movement and Modern Community*, New York: Oxford University Press, 1990.

Butler, Tim, *Gentrification and the Middle Classes*, Aldershot: Ashgate Publishing Ltd., 1997.

Calhoun, Yael, *Environmental Issues: Water Pollution*, Philadelphia: Chelsea House Publishers, 2005.

Callies, David L., ed., *After Lucas: Land Use Regulation and the Taking of Property without Compensation*, Chicago: American Bar Association, 1993.

Calthorpe, Peter, William Fulton, *Planning for the End of Sprawl: The Regional City*, Washington, D. C.: Island Press, 2001.

Calthorpe, Peter, *The Next American Metropolis: Ecology, Community, and the American Dream*, New York: Princeton Architectural Press, 1993.

Cebula, Richard J. and K. Leslie Avery, "The Tiebout Hypothesis in the

United States: An Analysis of Black Consumer-Voters, 1970 – 75," *Pubilc Choice*, Vol. 41, No. 2 (1983).

Cervero, Robert, *America's Suburban Centers: The Land Use-Transportation link*, Boston: Unwin Hyman Inc., 1989.

Cervero, Robert, *Suburban Gridlock*, New Brunswick, N.J.: the Center for Urban Research, 1986.

Champion, A. G., ed., *Counterurbanization: The Changing Pace and Nature of Population Deconcentration*, London: Edward Arnold, A Division of Hodder & Stoughton, 1989.

Collins, T. Beryl Robichaud, Emily W. B. Russell, eds., *Protecting the New Jersey Pinelands: A New Direction in Land-Use Management*, New Brunswick: Rutgers University Press, 1988.

Daniels, Tom, Deborah Bowers, *Holding Our Ground: Protecting America's Farms and Farmland*, Washington, D.C.: Island Press, 1997.

Dansereau, Pierre, *Challenge for Survival: Land, Air, and Water for Man in Megalopolis*, New Work: Columbia University Press, 1970.

Desiderio, Duane J., "Growing Too Smart: Takings Implication of Smart Growth Policies", in *Natural Resources & Environment*, Vol. 13, No. 1 (Summer 1998).

Dingemans, Dennis, "Redlining and Mortgage Lending in Sacramento", *Annals of the Association of American Geographers*, Vol. 69, No. 2 (Jun., 1979).

Dobriner, William M., *The Suburban Community*, New York: G.P. Putnam's Sons, 1958.

Dolce, Philip C. ed., *Suburbia: The American Dream and Dilemma*, New York: Anchor Press, 1976.

Donaldson, Scott, *The Suburban Myth*, New York: Columbia University Press, 1969.

Downs, Anthony, *Stuck in Traffic: Coping with Peak-Hour Traffic Congestion*, Washington, D.C.: The Brookings Institution, 1992.

Downs, Anthony, *New Visions for Metropolitan America*, Washington D. C.: The Brookings Institution, 1994.

Downs, Anthony, *Opening up the Suburbs: An Urban Strategy for America*, New Haven: Yale University Press, 1973.

Duerksen, Christopher and Cara Snyder, *Nature-Friendly Communities: Habitat Protection and Land Use*, Washington: Island Press, 2005.

Dunphy, Robert T., *Moving beyond Gridlock: Traffic and Development*, Washington, D. C.: the Urban Land Institute, 1997.

Easter-Pilcher, Andrea, "Implementing the Endangered Species Act," in *BioScience*, Vol. 46, No. 5 (May, 1996).

Edel, Matthew and Ronald G. Hellman, eds., *Cities in Crisis: The Urban Challenge in the Americas*, New York: Bildner Center for Western Hemisphere Studies, 1989.

Elfring, Chris, "Preserving Land through Local Land Trusts," *BioScience*, Vol. 39, No. 2 (Feb. 1989).

Eppli, Mark J. and Charles C. Tu, *Valuing the New Urbanism: The Impact of the New Urbanism on Prices of Single-Family Homes*, Washington D. C.: the Urban Land Institute, 1999.

Erickson, Donna, *MetroGreen: Connecting Open Space in North American Cities*, Washington: Island Press, 2006.

Fainstein, Susan S. and Norman I. Fainstein, *Restructuring the Cities: The Political Economy of Urban Development*, New York: Longman Inc., 1986.

Farley, Reynolds, "The Changing Distribution of Negroes within Metropolitan Areas: The Emergence of Black Suburbs", *The American Journal of Sociology*, Vol. 75, No. 4 (Jan., 1970).

Feiock, Richard C., ed., *Metropolitan Governance: Conflict, Competition, and Cooperation*, Washington, D. C.: Georgetown University Press, 2004.

Feldman, Murray D. and Michael J. Brennan, "The Growing Importance of

Critical Habitat for Species Conservation," in *Natural Resources & Environment*, Vol. 16, No. 2 (Fall 2001).

Fisher, Irving D., *Frederick Law Olmsted and the City Planning Movement in the United States*, Ann Arbor, Michigan: UMI Research Press, 1986.

Fishman, Robert L., *Bourgeois Utopias: The Rise and Fall of Suburbia*, New York: Basic Books, Inc., Publishers, 1987.

Fletcher, W. Wendell and Charles E. Little, *The American Cropland Crisis: Why U. S. Farmland Is Being Lost and How Citizen and Government Are Trying to Save What Is Left*, Baltimore: The American Land Forum, Inc., 1982.

Fogelson, Robert M., *Bourgeois Nightmares: Suburbia, 1870 – 1930*, New Haven and London: Yale University Press. 2005.

Fox, Kenneth, *Metropolitan America: Urban Life Urban Policy in the United States, 1940 – 1980*, Jackson: University Press of Mississippi, 1986.

Frumkin, Howard, Lawrence Frank, Richard Jackson, *Urban Sprawl and Public Health: Designing, Planning, and Building for Healthy Communities*, Washington, D. C.: Island Press, 2004.

Fulton, William, *The New Urbanism: Hope or Hype for American Communities?* Cambridge, MA: Lincoln Institute of Land Policy, 1996.

Gainsborough, Juliet F., *Fenced Off: The Suburbanization of American Politics*, Washington, D. C.: Georgetown University Press, 2001.

Gillham, Oliver, *The Limitless City: A Primer on the Urban Sprawl Debate*, Washington, D. C.: Island Press, 2002.

Goering, John, Ron Wienk, eds., *Mortgage Lending, Racial Discrimination, and Federal Policy*, Washington, D. C.: The Urban Institute Press, 1996.

Good, Ralph E. and Norma F. Good: "The Pinelands National Reserve: An Ecosystem Approach to Management", *BioScience*, Vol. 34, No. 3 (Mar., 1984).

Goodman, Jay S., *The Dynamics of Urban Government and Politics*, Second

Edition, New York: Macmillan Publishing Co., Inc., 1980.

Gottdiener, M., ed., *Cities in Stress: A New Look at the Urban Crisis*, Beverly Hills, CA: SAGE Publications, Inc., 1986.

Gottmann, Jean, *Megalopolis Revisited: 25 Years Later*, College Park: Maryland: Institute for Urban Studies, the University of Maryland, 1987.

Gottmann, Jean, *Megalopolis: The Urbanized Northeastern Seaboard of the United States*, New York: The Twentieth Century Fund, Inc., 1961.

Grant, Jill, *Planning the Good Community: New Urbanism in Theory and Practice*, New York: Routledge, 2006.

Greenstein, Rosalind and Wim Wiewel, eds., *Urban-Suburban Interdependencies*, Cambridge, Massachusetts: Lincoln Institute of Land Policy, 2000.

Gustanski, Julie Ann and Roderick H. Squires, eds., *Protecting the Land: Conservation Easements Past, Present and Future*, Washington D. C.: Island Press, 2000.

Haar, Charles M., *Suburbs under Siege: Race, Space, and Audacious Judges*, Princeton: Princeton University Press, 1996.

Haas, Tigran, ed., *New Urbanism and Beyond: Designing Cities for the Future*, New York: Rizzoli International Publications, Inc., 2008.

Hall, Peter, *Cities of Tomorrow: An Intellectual History of Urban Planing and Design in the Twentieth Century*, Cambridge, Massachusetts: Blackwell Publishers, Inc., 1988.

Hallman, Howard W., *Small and Large Together: Governing the Metropolis*, Beverly Hills: Sage Publications, Inc., 1977.

Herbers, John, *The New Heartland: America's Flight beyond the Suburbs and How It Is Changing Our Future*, New York: Times Books, 1978, 1986.

High, Steven, *Industrial Sunset: The Making of North America's Rust Belt, 1969 – 1984*, Toronto: University of Toronto Press, 2003.

Holcombe, Randall G. and Samuel R. Stanley, eds., *Smarter Growth: Market-Based Strategies for Land-Use Planning in the 21st Century*,

Westport, Connecticut: Greenwood Press, 2001.

Jackson, Kenneth T., *Crabgrass Frontier: The Suburbanization of the United States*, New York: Oxford University Press, 1985.

Jacobs, Jane, *The Death and Life of Great American Cities*, New York: Random House, Inc., 1961.

Katz, Peter, ed., *The New Urbanism: Toward an Architecture of Community*, New York: McGraw-Hill, Inc., 1994.

Keating, W. Dennis, *The Suburban Racial Dilemma: Housing and Neighborhoods*, Philadelphia: Temple University Press, 1994.

Kirp, David L., et al, *Our Town: Race, Housing, and the Soul of Suburbia*, New Brunswick, NJ: Rutgers University Press, 1995.

Klaassen, Leo H., Jan A. Bourdrez, Jacques Volmuller, *Transport and Reurbanisation*, Gower, 1981.

Klaassen, Leo H., W. T. M. Molle and J. H. P. Paelinck. eds., *Dynamics of Urban Development*, New York: St. Martin's Press, 1981.

Koslowsky, Meni, et al., *Commuting Stress: Causes, Effects, and Methods of Coping*, New York: Plenum Press, 1995.

Kostelanetz, Richard, *SoHo: The Rise and Fall of an Artists' Colony*, New York: Routledge, 2003.

Krieger, Alex, *Andres Duany and Elizabeth Plater-Zyberk: Towns and Town Making Principles*, New York: Rizzoli International Publications, Inc., 1991.

Lambert, Richard D., et al, eds., *Deindustrialization: Restructuring the Economy*, The Annals of the American Academy of Political and Social Science, Beverly Hills, CA: Sage Publications, Inc., September 1984.

Lang, Michael H., *Gentrification amid Urban Decline: Strategies for America's Older Cities*, Cambridge, Massachusetts: Ballinger Publishing Company, 1982.

Langdon, Philip, *A Better Place to Live: Reshaping the American Suburb*, Thomson-Shore, Inc., 1994.

Lave, C., ed., *Urban Transit: The Private Challenge in Public Transportation*, Cambridge, MA: Ballinger, 1985.

Lehman, Tim, *Public Values, Private Lands: Farmland Preservation Policy, 1933 – 1985*, Chapel Hill: University of North Carolina Press, 1995.

Lemann, Nicholas, *The Promised Land: the Great Black Migration and How It Changed America*, New York: Alfred A. Knopf, Inc., 1991.

Leon Krier, *Houses, Palaces, Cities*, London: Architectural Design AD Editions Ltd., 1984.

Lindenmayer, David B., Joern Fischer, *Habitat Fragmentation and Landscape Change: An Ecological and Conservation Synthesis*, Washington: Island Press, 2006.

Little, Charles E., *Challenge of the Land: Open Space Preservation at the Local Level*, New York: Pergamon Press, 1968.

McKelvey, Blake, *American Urbanization: A Comparative History*, Glenview, Illinois: Scott, Foresman and Company, 1973.

Miller, Delbert C., *Leadership and Power in the Bos-Wash Megalopolis: Environment, Ecology, and Urban Organization*, New York: John Wiley & Sons, 1975.

Miller, Gary J., *Cities by Contract: The Politics of Municipal Incorporation*, Cambridge, Massachusetts: The MIT Press, 1981.

Motavalli, Jim, *Breaking Gridlock: Moving toward Transportation That Works*, San Francisco: Sierra Club Books, 2001.

Nelson, Arthur C., James B. Duncan, *Growth Management Principles and Practices*, Washington, D.C.: Planners Press, 1995.

Nelson, Kathryn P., *Gentrification and Distressed Cities: An Assessment of Trends in Intrametropolitan Migration*, Madison: The University of Wisconsin Press, 1988.

Nozzi, Dom, *Road to Ruin: An Introduction to Sprawl and How to Cure It*, Westport, Connecticut: Praeger Publishers, 2003.

Orfield, Myron, *American Metropolitics: The New Suburban Reality*,

Washington, D. C.: Brookings Institution Press, 2002.

Orsi, Jared, *Hazardous Metropolis: Flooding and Urban Ecology in Los Angeles*, Berkeley: University of California Press, 2004.

Owens, David W., *Introduction to Zoning*, Second Edition, Chapel Hill: The University of North Carolina, 2001.

Palen, John J. and Bruce London eds., *Gentrification, Displacement and Neighborhood Revitalization*, Albany: State University of New York Press, 1984.

Palmer, Tim, ed., *California's Threatened Environment: Restoring the Dream*, Washington, D. C.: Island Press, 1993.

Phares, Donald ed., *Metropolitan Governance without Metropolitan Government?* Aldershot, Hants, England: Ashgate Publishing Ltd., 2004.

Platt, Rutherford H., et al, ed., *The Ecological City: Preserving and Restoring Urban Biodiversity*, The University of Massachusetts Press, 1994.

Porter, Douglas R., *Making Smart Growth Work*, Washington, D. C.: the Urban Land Institute, 2002.

Rome, Adam, *The Bulldozer in the Countryside: Suburban Sprawl and the Rise of American Environmentalism*, Cambridge: the University of Cambridge, 2001.

Rose, Harold M., *Black Suburbanization: Access to Improved Quality of Life or Maintenance of the Status Quo?* Cambridge, Mass.: Balling Publishing Company, 1976.

Ross, Stephen and John Yinger, *The Color of Credit: Mortgage Discrimination, Research Methodology, and Fair-Lending Enforcement*, Cambridge, Mass: The MIT Press, 2002.

Rusk, David, *Cities without Suburbs*, Washington D. C.: The Woodrow Wilson Center Press, 1995.

Sampson, R. Neil, *Farmland or Wasteland: A Time to Choose: Overcoming the Threat to America's Farm and Food Future*, Emmaus, Pennsylvania: Rodale Press, 1981.

Sassen, Saskia, *Cities in a World Economy*, Thousand Oaks, CA: Pine Forge Press, 1994.

Schafer, Robert and Helen F. Ladd, *Discrimination in Mortgage Lending*, Cambridge, Massachusetts: The MIT Press, 1981.

Smith, Neil and Peter Williams, *Gentrification of the City*, Boston: Allen & Unwin, 1986.

Sofen, Edward, *The Miami Metropolitan Experiment*, Metropolitan Action Studies No. 2, Bloomington: Indiana University Press, 1963.

Squires, Gregory D., ed., *Insurance Redlining: Disinvestment, Reinvestment, and the Evolving Role of financial Institutions*, Washington, D. C.: The Urban Institute Press, 1997.

Squires, Gregory D., Sally O'Connor, *Color and Money: Politics and Prospects for Community Reinvestment in Urban America*, Albany: State University of New York Press, 2001.

Staudohar, Paul D. and Holly E. Brown, *Deindustrialization and Plant Closure*, Lexington, Massachusetts: D. C. Heath and Company, 1987.

Steiner, Frederick R. and John E. Theilacker, *Protecting Farmlands*, Connecticut: The Avi Publishing Company, Inc., 1984.

Sternlieb, George and James W. Hughes, ed., *Post-Industrial American: Metropolitan Decline & Inter-Regional Job Shifts*, New Brunswick, New Jersey: The State University of New Jersey, 1975.

Steuteville, Robert, et al, *New Urbanism: Comprehensive Report & Best Practices Guide*, Ithaca, NY: New Urban Publications Inc., 2001.

Sugrue, Thomas J., *The Origins of the Urban Crisis: Race and Inequality in Postwar Detroit*, Princeton, NJ: Princeton University Press, 1996.

Szold, Terry S. and Armando Carbonell, *Smart Growth: Form and Consequences*, Toronto: Webcom Ltd., 2002.

Talen, Emily, *New Urbanism and American Planning: the Conflict of Cultures*, New York: Routledge, 2005.

Teaford, Jon C., *Post-Suburbia: Government and Politics in the Edge Cities*,

Baltimore: The Jones Hopkins University Press, 1997.

Teaford, Jon C., *City and Suburb: The Political Fragmentation of Metropolitan America, 1850 – 1970*, Baltimore: The Johns Hopkins University Press, 1979.

Vuchic, Vukan R., *Urban Public Transportation: Systems and Technology*, New Jersey: Prentice-Hall, Inc., 1981.

Wachs, Martin, *Learning from Los Angeles: Urban Form and Air Quality*, The Seventh Smeed Memorial Lecture Presented at University College, London, May 17, 1993.

Wallace, David A., ed., *Metropolitan Open Space and Natural Process*, Philadelphia: University of Pennsylvania Press, 1970.

Warner, Sam B. Jr., *Streetcar Suburbs: The Process of Growth in Boston, 1870 – 1900*, Cambridge, Massachusetts: Harvard University Press, 1962.

Weiher, Gregory R., *The Fractured Metropolis: Politics Fragmentation and Metropolitan Segregation*, Albany: State University of New York Press, 1991.

Wiese, Andrew, *Places of Their Own: African American Suburbanization in the Twentieth Century*, Chicago: The University of Chicago Press, 2004.

Wilson, William H., *The City Beautiful Movement*, Baltimore: The Johns Hopkins University Press, 1989.

Wirt, Frederick M., et al, *On the City' Rim: Politics and Policy in Suburbia*, Lexington, Massachusetts: D. C. Heath and Company, 1972.

Wolff, Reinhold P., *Miami Metro: The Road to Urban Unity*, Coral Gables: University of Miami, 1960.

Wood, Robert C., *1400 Governments: The Political Economy of the New York Metropolitan Region*, Cambridge, Massachusetts: Harvard University Press, 1961.

Wright, Charles L., *Fast Wheels, Slow Traffic: Urban Transport Choice*, Philadelphia: Temple University Press, 1992.

Yago, Glenn, *The Decline of Transit: Urban Transportation in German and U. S. Cities, 1900 – 1970*, Cambridge: Cambridge University Press, 1984.

三 中文论著

柴彦威:《郊区化及其研究》,《经济地理》1995 年第 2 期。

戴超武:《美国移民政策与亚洲移民:1894—1996》,中国社会科学出版社 1999 年版。

丁则民主编:《美国内战与镀金时代:1861—19 世纪末》,人民出版社 1990 年版。

董宪军:《生态城市论》,中国社会科学出版社 2002 年版。

方可:《欧美城市更新的发展与演变》,《城市问题》1997 年第 5 期。

芳汀:《苏荷(SOHO):旧城改造与社区经济发展的典范》,《城市问题》2000 年第 4 期。

冯泽峰:《美国工业与政府政策》,经济科学出版社 1992 年版。

高国荣:《近二十年来美国环境史研究的义化转向》,《历史研究》2013 年第 2 期。

高国荣:《美国环境史学研究》,中国社会科学出版社 2014 年版。

高珮义:《中外城市化比较研究》,南开大学出版社 1991 年版。

高新军:《美国地方政府治理:案例调查与制度研究》,西北大学出版社 2005 年版。

高源:《美国现代城市设计运作研究》,东南大学出版社 2006 年版。

顾朝林、甄峰、张京祥:《集聚与扩散:城市空间结构新论》,东南大学出版社 2000 年版。

韩毅:《美国工业现代化的历史进程:1607—1988》,经济科学出版社 2007 年版。

韩宇:《独特的创新型城市发展道路:美国奥斯汀和北卡研究三角地区高技术转型研究》,《世界历史》2009 年第 2 期。

韩宇:《美国"冰雪带"现象成因探析》,《世界历史》2002 年第 5 期。

韩宇:《美国高技术城市研究》,清华大学出版社 2009 年版。

韩宇：《战后美国东北部服务业发展研究》，《美国研究》2006年第3期。

郝娟：《西欧城市规划理论与实践》，天津大学出版社1997年版。

何怀宏主编：《生态伦理：精神资源与哲学基础》，河北大学出版社2002年版。

胡锦山：《1940—1970年美国黑人大迁徙概论》，《美国研究》1995年第4期。

胡锦山：《20世纪美国城市黑人问题》，《东北师大学报》（哲学社会科学版）1997年第5期。

黄柯可：《美国农业劳动力向城市转移的特点》，《世界历史》2000年第3期。

黄柯可：《人口流动与美国城市化》，《世界历史》1996年第6期。

黄柯可：《试论近代美国城市化特点》，《世界历史》1994年第5期。

金经元：《社会、人和城市规划的理性思维》，中国城市出版社1993年版。

康少邦、张宁等编译：《城市社会学》，浙江人民出版社1986年版。

李文硕：《罗伯特·摩西与纽约城市发展》，博士学位论文，厦门大学，2014年。

李文硕：《罗伯特·摩西与纽约城市发展》，厦门大学，博士学位论文，2014年。

李艳玲：《美国城市更新运动与内城改造》，上海大学出版社2002年版。

梁茂信：《当代美国大都市区中心城市的困境》，《历史研究》2001年第6期。

梁茂信：《当代美国的人口流动及其区域性影响》，《世界历史》1998年第6期。

梁茂信：《都市化时代：20世纪美国人口流动与城市社会问题》，东北师范大学出版社2002年版。

梁茂信：《略论美国政府解决城市社会问题的效用有限性》，《美国研究》2002年第4期。

梁茂信：《美国移民政策研究》，东北师范大学出版社 1996 年版。
林逢春、曾智超：《城市轨道交通对城市发展与环境影响研究》，中国环境科学出版社 2009 年版。
林广：《新城市主义与美国城市规划》，《美国研究》2007 年第 4 期。
林广：《移民与纽约城市发展》，博士学位论文，华东师范大学，1998 年。
刘贵利：《城市生态规划理论与方法》，东南大学出版社 2002 年版。
陆伟芳：《近代英国城市群落与城市发展定位》，《世界历史》2004 年第 6 期。
陆伟芳：《中产阶级与近代英国城市郊区扩展》，《史学理论研究》2007 年第 4 期。
罗肇鸿：《高科技与产业结构升级》，上海远东出版社 1998 年版。
美国驻华大使馆新闻文化处编：《美国历史文献选集》，北京，1985 年。
全永燊、刘小明等：《路在何方？纵谈城市交通》，中国城市出版社 2002 年版。
阮止福：《城市现代化研究》，上海辞书出版社 2008 年版。
沈清基：《新城市主义的生态思想及其分析》，《城市规划》2001 年第 11 期。
沈玉麟编：《外国城市建设史》，中国建筑工业出版社 1989 年版。
石光宇：《纽约全球城市地位的确立及特征分析》，博士学位论文，东北师范大学，2013 年。
石庆环：《二十世纪美国文官制度与官僚政治》，东北师范大学出版社 2003 年版。
石庆环：《美国文官群体研究》，社会科学文献出版社 2011 年版。
唐华：《美国城市管理：以凤凰城为例》，中国人民大学出版社 2006 年版。
王金虎：《19 世纪后期至 20 世纪初期美国城市政治改革》，《史学月刊》2001 年第 3 期。
王金虎：《论十九世纪后期美国社会城市化发展》，《史学月刊》1997 年第 4 期。

王列、杨雪冬编译：《全球化与世界》，中央编译出版社1998年版。

王祥荣：《生态与环境：城市可持续发展与生态环境调控新论》，东南大学出版社2000年版。

王旭：《对美国大都市区化历史地位的再认识》，《历史研究》2002年第3期。

王旭：《富有生机的美国城市经理制》，《历史研究》1989年第3期。

王旭：《美国城市发展模式：从城市化到大都市区化》，清华大学出版社2006年版。

王旭：《美国城市史》，中国社会科学出版社2000年版。

王旭、黄柯可主编：《城市社会的变迁：中美城市化及其比较》，中国社会科学出版社1998年版。

王旭、罗思东：《美国新城市化时期的地方政府：区域统筹与地方自治的博弈》，厦门大学出版社2010年版。

王章辉、黄柯可主编：《欧美农村劳动力的转移与城市化》，社会科学文献出版社1999年版。

谢文蕙、邓卫编著：《城市经济学》，清华大学出版社1996年版。

徐和平、李秀明、李庆余：《公共政策与当代发达国家城市化模式：美国郊区化的经验与教训研究》，人民出版社2006年版。

徐再荣等：《20世纪美国环保运动与环境政策研究》，中国社会科学出版社2013年版。

许学强、周一星、宁越敏编著：《城市地理学》，高等教育出版社1997年版。

杨长云：《澳大利亚人塑造环境的历史记录：评〈破坏和破坏者〉》，《世界历史》2013年第1期。

杨长云：《公众的声音：19世纪末20世纪初美国的市民社会与公共空间》，博士学位论文，厦门大学，2009年。

杨长云：《美国19世纪末至20世纪初的城市改革研究概述》，《社会科学》2007年第8期。

余谋昌：《创造美好的生态环境》，中国社会科学出版社1997年版。

张鸿雁：《侵入与接替：城市社会结构变迁新论》，东南大学出版社

2000年版。

张嘉琳主编：《变化中的美国经济》，学林出版社1987年版。

张京祥：《西方城市规划思想史纲》，东南大学出版社2005年版。

张世鹏、殷叙彝编译：《全球化时代的资本主义》，中央编译出版社1998年版。

赵和生：《城市规划与城市发展》，东南大学出版社2005年版。

周一星：《城市地理学》，商务印书馆1997年版。

周振华：《崛起中的全球城市：理论框架及中国模式研究》，上海人民出版社2008年版。

［法］勒·柯布西耶：《明日之城市》，李浩译，方晓灵校，中国建筑工业出版社2009年版。

［法］托克维尔：《论美国的民主》，董果良译，商务印书馆2002年版。

［法］雅克·阿达：《经济全球化》，何竟、周晓幸译，中央编译出版社2000年版。

［加］吉尔·格兰特：《良好社区规划：新城市主义的理论与实践》，叶齐茂、倪晓晖译，中国建筑工业出版社2010年版。

［美］C. 亚历山大、H. 奈斯、A. 安尼诺、I. 金：《城市设计新理论》，陈治业、童丽萍译，知识产权出版社2002年版。

［美］彼得·卡尔索普：《未来美国大都市：生态、社区、美国梦》，郭亮译，中国建筑工业出版社2009年版。

［美］弗兰克·古德诺：《政治与行政——政府之研究》，丰俊功译，北京大学出版社2012年版。

［美］蕾切尔·卡逊：《寂静的春天》，吕瑞兰、李长生译，吉林人民出版社1997年版。

［美］刘易斯·芒福德：《城市发展史：起源、演变和前景》，倪文彦、宋俊岭译，中国建筑工业出版社1989年版。

［美］特里·S. 索尔德、阿曼多·卡伯内尔编：《理性增长：形式与后果》，丁成日、冯娟译，商务印书馆2007年版。

［美］亚当·罗姆：《乡村里的推土机——郊区住房开发与美国环保主义的兴起》，高国荣、孙群郎等译，中国环境科学出版社2011年版。

[美] 伊恩·伦诺克斯·麦克哈格：《设计结合自然》，芮经纬译，天津大学出版社 2006 年版。

[美] 伊利尔·沙里宁：《城市：它的发展、衰败与未来》，顾启源译，中国建筑工业出版社 1986 年版。

[美] 约翰·霍普·富兰克林：《美国黑人史》，张冰姿等译，商务印书馆 1988 年版。

[美] 詹姆斯·E.万斯：《延伸的城市：西方文明中的城市形态学》，凌霓、潘荣译，中国建筑工业出版社 2007 年版。

[美] 阿列克斯·施瓦兹：《美国住房政策》，黄瑛译，中信出版社 2008 年版。

[美] 奥利弗·吉勒姆：《无边的城市——论战城市蔓延》，叶齐茂、倪晓晖译，中国建筑工业出版社 2007 年版。

[美] 巴里·康芒纳：《封闭的循环：自然、人和技术》，侯文蕙译，吉林人民出版社 1997 年版。

[美] 丹尼尔·贝尔：《后工业社会的来临：对社会预测的一项探索》，高铦译，商务印书馆 1985 年版。

[美] 国际城市（县）管理协会、美国规划协会：《地方政府规划实践》，张永刚等译，中国建筑工业出版社 2006 年版。

[美] 简·雅各布斯：《美国大城市的死与生》，金衡山译，译林出版社 2006 年版。

[美] 卡洛琳·麦茜特：《自然之死：妇女、生态和科学革命》，吴国盛译，吉林人民出版社 1999 年版。

[美] 理查德·D.宾厄姆等：《美国地方政府的管理：实践中的公共行政》，九州译，王谨校，北京大学出版社 1997 年版。

[美] 理查德·瑞吉斯特：《生态城市：建设与自然平衡的人居环境》，王如松、胡聃译，社会科学文献出版社 2002 年版。

[美] 罗伯特·瑟夫洛：《公交都市》，宇恒可持续交通研究中心译，中国建筑工业出版社 2007 年版。

[美] 马里奥·盖德桑纳斯：《X—城市主义：建设与美国城市》，孙成仁、付宏杰译，中国建筑工业出版社 2006 年版。

[美] 迈克尔·麦金尼斯主编：《多中心体制与地方公共经济》，毛寿龙译，上海三联书店 2000 年版。

[美] 迈克尔·麦金尼斯主编：《多中心治道与发展》，王文章等译校，上海三联书店 2000 年版。

[美] 曼纽尔·卡斯泰尔：《信息化城市》，崔保国等译，江苏人民出版社 2001 年版。

[美] 莫什·萨夫迪：《后汽车时代的城市》，吴越译，人民文学出版社 2001 年版。

[美] 尼尔·R. 皮尔斯：《现代城邦：美国城市如何在世界竞争中崛起》，陈福军等译，大连出版社 2008 年版。

[美] 丝奇雅·沙森：《全球城市：纽约、伦敦、东京》，周振华等译校，上海社会科学院出版社 2005 年版。

[美] 文森特·奥斯特罗姆：《美国公共行政的思想危机》，毛寿龙译，上海三联书店 1999 年版。

[美] 文森特·奥斯特罗姆：《美国联邦主义》，王建勋译，上海三联书店 2003 年版。

[美] 文森特·奥斯特罗姆等：《美国地方政府》，井敏、陈幽泓译，北京大学出版社 2004 年版。

[美] 约翰·奈斯比特：《大趋势：改变我们生活的十个新方向》，梅艳译，姚宗校，中国社会科学出版社 1984 年版。

[美] 詹姆斯·M. 伯恩斯等：《美国式民主》，谭君久等译，中国社会科学出版社 1993 年版。

[美] 芭芭拉·沃德、勒内·杜博斯：《只有一个地球：对一个小小行星的关怀和维护》，《国外公害丛书》编委会译校，吉林人民出版社 1997 年版。

[日] 山田浩之：《威胁城市文明的新危机：从欧洲经验中学习什么》，李公绰译，《世界经济译丛》1983 年第 12 期。

[英] 彼得·霍尔：《城市和区域规划》，邹德慈、金经元译，中国建筑工业出版社 1985 年版。

[英] 马丁·阿尔布劳：《全球时代：超越现代性之外的国家和社会》，

高湘泽、冯玲译，商务印书馆2001年版。

［英］迈克·费瑟斯通：《消费文化与后现代主义》，刘精明译，译林出版社2000年版。

［英］M.迈克·詹克斯等编著：《紧缩城市：一种可持续发展的城市形态》，周玉鹏等译，中国建筑工业出版社2004年版。

［英］尼格尔·泰勒：《1945年后西方城市规划理论的流变》，李白玉、陈贞译，中国建筑工业出版社2006年版。

［英］斯蒂芬·贝利：《地方政府经济学：理论与实践》，左昌盛等译，北京大学出版社2006年版。

后　　记

本著是笔者于 2011 年主持并于 2016 年结项的国家社科基金项目"当代美国大都市区空间蔓延的危害及其治理研究"（项目编号：11BSS015）的结项成果，项目的完成花去了 5 年时间。其实，学术界都明白，一项课题的完成绝不是 3 年或 5 年能够完成的，它往往是在前期辛勤劳作的基础上由点点心血凝结而成的。自笔者于 1991 年拜在丁则民先生门下读研之日起，就开始了这一老牛拉破车的艰苦历程，至今已整整 33 个春秋。本人自知驽钝，资质菲薄，然常感于丁先生的谆谆教诲，"板凳须坐十年冷，文章不写一字空。"研究生毕业以后，才知道能够清静下来读书思考是何等幸运之事。从事美国史研究，除了具有深湛的学术功底以外，还需要熟练地掌握英语和英文资料，可是本人在这几方面都十分薄弱。幸运的是，本人在母校东北师范大学历史学院工作期间，母校推荐本人于 2004 年 9 月作为富布赖特学者赴哥伦比亚大学访学一年。对此，笔者要深切地感谢当时的学院领导韩东育和梁茂信两位老师的鼎力支持。笔者将此视为本人学术生涯的一次绝佳转机，在这一年中，本人几乎天天泡在哥伦比亚大学图书馆收集资料。回国时除了邮寄了几箱复印资料，还随身携带了几套同样资料的光盘。当时笔者想，回国途中，除了我们一家三口的生命以外，就数这些资料重要了。在此后的学术研究中，笔者谨记天道酬勤的道理，就真地坐起了冷板凳，因此取得了一些微薄的成就，于 2005 年在商务印书馆出版了《美国城市郊区化研究》，也发表了一些小文。在此，笔者要对那些给予本人学术指导的诸位师友与同仁以由衷的谢意，同时也深切感谢有关出版社和学术刊物的编辑朋友们。本著的出版是对本人这 33 年学术生涯的

后 记

一个长时段的总结，也是向学界师友与同仁们的一次汇报。由于本人的浅薄与粗陋，拙著也一定会存在诸多漏洞和谬误，师友们善意的批评才是对本人的关爱与呵护。

在本书的写作与出版过程中，梁茂信教授、石庆环教授、林广教授和高国荣研究员等师友都提出了宝贵意见并给予了鼎力帮助，本人深表由衷的谢忱！

最后，本人对自己的爱人郑殿娟女士也表示由衷的感谢！在本人的学术成果中，也渗透着她的辛勤汗水和功劳，本人能够做一位"甩手家长，全职书生"，与她包揽家务，举案齐眉，悉心照顾是密不可分的。

孙群郎

2024 年 9 月 5 日于浙江师范大学